D1734221

Ansicht von Foo-chow-foo nebst der langen Brücke.

ROBERT FORTUNES

WANDERUNGEN IN CHINA

WAEHREND DER JAHRE 1843—1845

NEBST DESSEN

REISEN

IN DIE THEEGEGENDEN

CHINA'S UND INDIENS

1848—1851.

AUS DEM ENGLISCHEN UEBERSETZT

VON

Dr. JULIUS THEODOR ZENKER.

MIT KUPFERN UND KARTEN.

LEIPZIG,
DYK'SCHE BUCHHANDLUNG.
1854.

Faksimiledruck 1984 der Ausgabe von 1854.
Gestaltung des Einbands © 1982 Time-Life Books B.V.
Gedruckt und gebunden bei Brepols S.A., Turnhout, Belgien
ISBN 9 06 182-770-1

Verzeichniss der Beilagen.

Wanderungen

in

China

in den Jahren 1843 bis 1845.

Einleitung.

Als die erste Nachricht von dem Frieden mit China nach England gelangte, im Herbst 1842, wurde ich von der Gartenbaugesellschaft in London zum botanischen Sammler ernannt, und in dieser Eigenschaft ging ich mit dem ersten Frühling des folgenden Jahres nach China. Ich lege jetzt meine Reisen und deren Erfolge der Oeffentlichkeit vor, und erlaube mir hier vor allen Dingen zu bemerken, dass ich nicht die Absicht habe, „ein Buch über China" zu schreiben oder „zu machen". Unter diesem Ausdrucke verstehe ich nämlich solche Bücher, dergleichen oft aus unseren Pressen hervorgegangen, welche eine getreue und wahre Darstellung der chinesischen Geschichte von den frühesten Zeiten, und der frühesten Könige Chinas bis zu Taouk-wang und auf die jetzige Zeit herab, zu geben versprechen, so wie der Künste, Wissenschaften, der Religion und Gesetze, und des gesellschaftlichen und sittlichen Zustandes des Volkes: deren Verfasser nach ächt chinesischer „Oula Art", männiglich bei dem stehen bleiben, was sie von früheren Schriftstellern erfahren, und alle Uebertreibungen und Abgeschmacktheiten, die jemals über China und die Chinesen geschrieben worden sind, vermittelst der Scheere und der Feder getreulich der Nachwelt überliefern. *

Dieses hochberühmte Land ist von den Nationen der westlichen Welt lange Zeit wie eine Art Feenreich betrachtet worden. Es liegt so entfernt, dass — wenigstens in früherer Zeit — nur Wenige Gelegenheit hatten selbst zu sehen und zu urtheilen; und diese Wenigen waren überdiess noch auf die engen Gränzen von Canton und Macao beschränkt, die im eigentlichsten Sinne die Vorstädte des Reichs, und weit vom Mittelpunkte des Landes und dem Sitze der Regierung entlegen sind. Selbst die Gesandschaften des Lord Macartney und Lord Amherst, obwohl diese bis in die Hauptstadt gingen, wurden von den eifersüchtigen Chinesen so bewacht, dass sie wenig mehr zu sehen bekamen als ihre in Canton zurückgebliebenen Freunde. So war denn vieles, was man aus den Berichten der Chinesen selbst über ihr Land sammelte, im höchsten Grade übertrieben, wenn nicht ganz erlogen. Von dem vornehmsten Mandarin bis zu dem

---

* Diese Bemerkung bezieht sich nicht auf solche Werke, wie die eines Davis, Staunton, Medhurst und Jocelyn, welche genaue und schätzbare Belehrungen über diejenigen Gegenstände enthalten, welche von ihren Verfassern in Augenschein genommen werden konnten.

niedrigsten Bettler herab sind die Chinesen von den übertriebensten Vorstellungen über ihre eigne Wichtigkeit und Macht erfüllt und bilden sich ein, dass kein noch so gebildetes Volk, kein noch so mächtiges Land, nur einen Augenblick mit ihnen verglichen werden könne. Als ein Beispiel kann ich Folgendes anführen : — Als das erste Dampfboot die Küsten von China besuchte, waren die Chinesen in Canton und Macao nicht im geringsten darüber verwundert, sondern sagten nur, *Have got plenty, all same, inside,* womit sie sagen wollten, dass dergleichen Dinge im Innern ihres Landes etwas sehr gewöhnliches seien. Ferner können sie durchaus nicht begreifen wozu statistische Nachforschungen dienen sollen, sondern bilden sich immer ein, dass wir dabei irgend einen geheimen Grund haben, oder dass die Sache nicht den geringsten Werth weder für uns noch für andere haben könne, und geben sich daher durchaus keine Mühe richtige Angaben zu erhalten.

Von diesem ihrem Hange habe ich während meiner Reisen im Lande oft viele Unannehmlichkeit gehabt, und manchen weiten und beschwerlichen Weg machen müssen, einzig und allein aus dem Grunde, weil sie es nicht der Mühe werth hielten mir richtige Auskunft zu ertheilen, bis ich mir endlich zum Gesetz machte, nichts zu glauben was sie mir sagten, ehe ich nicht Gelegenheit hätte aus eigner Anschauung zu urtheilen.

Da uns so das Land unzugänglich und wir nicht im Stande waren zuverlässige Nachrichten zu erhalten (denn die Berichte der Jesuiten sind, abgesehen von den chinesischen Angaben, in vielen Fällen höchst übertrieben,) so ist es kein Wunder dass die Werke, welche in unserer Sprache über dieses Land geschrieben wurden, mehr wegen der lebhaften Einbildungskraft ihrer Verfasser, als wegen der Thatsachen die sie uns über China und die Chinesen mittheilen, Beachtung verdienen. Wir befanden uns ungefähr in derselben Lage wie die kleinen Kinder die auf dem Jahrmarkt ihres Städtchens mit Verwunderung einen Guckkasten betrachten. — Alles was chinesisch war sahen wir mit vergrössernden Augen an, und bildeten uns ein, wenigstens eine Zeit lang, dass das was wir sahen gewiss und wirklich sei. Aber dieselben Kinder, welche die Scenen von Trafalgar und Waterloo anstaunen, sehen, wenn der Vorhang fällt und das Schauspiel zu Ende ist, dass sie sich, anstatt mitten unter den überraschenden Scenen die eben vor ihren Augen vorübergegangen, eben nur auf dem Marktplatze ihres Städtchens befinden. Nicht anders ergeht es den „grossen Kindern." Dieses geheime Dunkel diente, so lange es währte, den Zwecken der Chinesen; und obgleich wir ihnen vielleicht nicht alles glaubten was sie wollten, so schenkten wir ihnen doch bei weitem mehr Glauben als sie verdienten.

Sehen wir die Sache in diesem Lichte an, so ist es uns nicht schwer den Grund von dem falschen Colorit aller Gemälde anzugeben, die von Schriftstellern welche über dieses Land geschrieben haben entworfen worden sind, und welche die Vollkommenheit in Künsten, Ackerbau, Gartenbau, die Fruchtbarkeit des Bodens, die Betriebsamkeit des Volkes, die Vortrefflichkeit der Regierung und der Gesetze bis zum Himmel erhoben haben. Aber der Vorhang, welcher Jahrhunderte lang das Himmlische Reich bedeckte, ist jetzt zerrissen; und anstatt ein zauberhaftes Feenland zu sehen, finden wir, dass China gerade eben so ist wie andere Länder. Ohne Zweifel

standen die Chinesen in einer sehr frühen Zeit, und als die jetzt gebildeten
Völker des Westens noch rohe Wilde waren, bereits auf derselben Stufe
einer halben Bildung, auf der wir sie noch jetzt finden. Seit langer Zeit
haben sie die Kunst entdeckt Seide zu bereiten, das schöne Porzellan und
lackirte Waaren zu machen, die Jahrhunderte lang in Europa bewundert
wurden; aber diese Thatsachen — selbst ihre Civilisation, ihre Leistungen
in Kunst und Wissenschaft, sogar dass sie die magnetische Kraft in der
Natur entdeckten, die sie zu einem Compass für die Schifffahrt anwenden
konnten — beweisen, wenn wir bedenken was sie sein könnten, und was
sie wirklich sind, keineswegs dass sie ein thätiges und einsichtsvolles
Volk sind, sondern vielmehr gerade das Gegentheil. Die Bewohner der
nördlicheren Provinzen scheinen sich zum grossen Theil in einem Zustande
des Träumens oder in einem Schlafe zu befinden, aus dem sie schwer zu
wecken sind. Tritt in den nördlichen Hafenstädten ein Fremder in einen
Kaufladen, so füllt sich alsbald der ganze Raum, innerhalb und ausserhalb
des Ladens, mit Chinesen, die ihn mit einem dummen träumerischen Blicke
anstaunen; und es ist schwer zu entscheiden, ob sie ihn wirklich sehen
oder nicht, oder ob sie durch irgend einen fremden magnetischen Einfluss, über den sie keine Gewalt haben, hierher gezogen worden sind;
und ich bin beinahe überzeugt, wäre es dem Fremden möglich aus seinen
Kleidern zu schlüpfen und einen Stock an seiner Stelle stehen zu lassen,
die Chinesen würden nach wie vor auf dieselbe Stelle gaffen und keinen
Unterschied bemerken. Das Benehmen der chinesischen Bauern während
des Krieges war in dieser Hinsicht sehr merkwürdig. Als im Jahre 1842
die ganze Flotte von Segelschiffen und Dampfern den Yang-tse-Kiang hin-
aufsegelte, waren, wie mir einige Offiziere erzählten, viele Arbeiter auf
den Feldern an den Ufern des Flusses. Einige Augenblicke lang hoben
sie ihre Köpfe in die Höhe und betrachteten mit einer Art dummen
Staunens unsere herrliche Flotte, dann setzten sie ruhig ihre Arbeit fort,
als wenn dergleichen etwas ganz alltägliches wäre, was sie schon tausend-
mal gesehen hätten. Als das Dampfschiff Medusa den Fluss von Shanghae
mehrere Meilen weit über die Stadt hinauf ging, kam es an eine schmale
Stelle, wo man einige Schwierigkeit hatte einen Platz zu finden der breit
genug war um das Dampfschiff umdrehen zu lassen. Ein Bauer stand am
Ufer, rauchte seine Pfeife und sah mit der grössten Gleichgültigkeit zu,
als das Steuer herabgelassen wurde und das Schiff sich umdrehte, gerade
durch den Fluss schoss und unter den Füssen des Mannes das Ufer berührte.
Der Stoss war, wie man denken kann, ziemlich stark, und der Mann, der
auf einmal aus einer Erstarrung zu erwachen schien, rannte im höchsten
Schrecken pfeilschnell über die Felder, ohne sich nur einmal umzusehen,
und läuft, wie Capitain Hewitt, der die Geschichte erzählte, bemerkt, vielleicht noch heute. Es giebt natürlich viele Chinesen auf die sich das
hier gesagte nicht anwenden lässt, und die eben so thätige Leute sind,
als man nur irgend wo anders finden kann; allein bei den Bewohnern des
nördlicheren Theiles des Landes, den ich zu besuchen Gelegenheit hatte,
ist diese Stumpfheit ganz besonders auffallend.

Obgleich die Chinesen in der Kunst des Ackerbaues andern asiatischen
Völkern weit voran sind, so können sie doch in dieser Hinsicht keinen Augenblick mit den gebildeten Völkern Europa's verglichen werden. Vielleicht ist

1*

über diesen Gegenstand mehr Unsinn geschrieben worden als über sonst irgend etwas das sich auf China bezieht; was sich nur aus dem Umstande erklären lässt, dass die Schriftsteller mit dem Gegenstande selbst durchaus unbekannt waren und sich durch die oben erwähnten Vorstellungen und Vorurtheile irre leiten liessen. Wie lächerlich z. B. ist es wenn sie in so feurigen Ausdrücken von der Fruchtbarkeit des Landes sprechen, wenn wir bedenken, dass sie dieselbe einzig und allein nach dem beurtheilten, was sie in Canton und Macao sahen. Hätten sie die herrliche Gebirgslandschaft von Tein-tung in der Nähe von Ning-po, oder die reiche Ebene von Shanghae gesehen, dann in der That wären die feurigsten Schilderungen der Fruchtbarkeit des chinesischen Bodens an ihrer Stelle, nie aber hätten sie Ausdrücke dafür finden können, nachdem sie dem dürren Boden des Südens einen solchen Charakter beigelegt hatten.

Obgleich es nicht meine Absicht ist einen Theil dieses Werkes der Geschichte und Regierung China's zu widmen, so muss ich doch das was über die Vollkommenheit seiner Verfassung und Gesetze so oft gesagt worden ist im Vorbeigehen berühren. Und auch hierin muss ich von denen abweichen welche in dieser Hinsicht einen so hohen Begriff von den Chinesen haben. Ich glaube, dass kein Land gut regiert werden kann wo die Regierung machtlos ist, und nicht die Mittel hat diejenigen zu bestrafen welche die Gesetze übertreten. In dieser Hinsicht ist China im Vergleich mit den europäischen Staaten sehr schwach, und nur dem ruhigen und harmlosen Charakter des Volkes ist es beizumessen, dass nicht das ganze Staatsgebäude zusammenstürzt. Jeder, der etwas von China gesehen hat, weiss, dass wo die Eingeborenen unternehmend und beherzt genug sind, sie überall, wo es ihr Interesse verlangt, der Regierung Trotz bieten. Was kann z. B. die Regierung thun, wenn die Eingeborenen an der Küste von Fokien — ein kühnes und gesetzloses Volk — ihren Gesetzen nicht gehorchen wollen? Positiv nichts. Selbst weiter nördlich, wo die Mandarinen noch mächtiger sind, z. B. in Shanghae, liefern sich die Chinchew's, wie man die dortige Bevölkerung nennt, oft regelmässige Schlachten mit Feuerwaffen in den Strassen, und zwar am hellen Tage; und die Mandarinen, mit allen ihren Soldaten und ihren Prügeln, wagen es nicht einzuschreiten. Dergleichen würde sicher keine andere Regierung dulden, die nur irgend etwas taugt. Das Verfahren, welches man bei solchen Gelegenheiten beobachtet, um die Schuldigen einzuziehen und zu bestrafen, ist so eigenthümlich und so charakteristisch für die chinesische Regierung, dass es hier nicht unerwähnt bleiben darf. Man lässt nämlich die Kriegführenden so lange und so wüthend kämpfen wie sie wollen, ohne dass die Soldaten einschreiten: wenn aber der schwächere Theil endlich unterliegt, und nachdem wahrscheinlich schon viele bei der Schlägerei das Leben verloren haben, dann kommen die Soldaten mit grosser Macht, ergreifen die welche sich am wenigsten vertheidigen können, und führen sie fort zur Bestrafung. Bei solchen Gelegenheiten geben sie sich nicht besondere Mühe diejenigen festzunehmen welche sich am meisten bei der Schlägerei betheiligt haben, sondern die Schwächsten und die welche am wenigsten Widerstand leisten. Dieses Verfahren der chinesischen Behörden habe ich in den nördlichen Provinzen China's oft mit eigenen Augen angesehen, namentlich in Schanghae. Was würden wir wohl denken wenn so etwas bei uns vorkäme?

Und das ist die Regierung die man für so vollkommen gehalten und so hoch gepriesen hat!

Es kann keinem Zweifel unterliegen, dass das chinesische Reich den Gipfel seines Glanzes schon vor vielen Jahrhunderten erreicht hat, und seitdem mehr rückwärts als vorwärts schreitet. Viele von den nördlichen Städten, die augenscheinlich früher in höchster Blüthe standen, sind jetzt im Sinken begriffen oder liegen zum Theil schon in Trümmern, die Pagoden, welche die Spitzen der entfernteren Hügel krönen, fallen in Trümmer und werden augenscheinlich selten wieder hergestellt, die geräumigen Tempel sind nicht mehr was sie in früheren Tagen waren, selbst die berühmten Heiligthümer auf Poo-too-San (einer Insel nahe bei Chusan), zu welchen, wie ehedem die Juden nach Jerusalem, die Eingeborenen aus weiter Ferne zur Anbetung kamen, lassen deutlich Spuren erkennen, dass sie früher bessere Tage gesehen haben. Allerdings sind es heidnische Tempel, und die Frommen in allen Landen werden mit Freuden den Tag begrüssen wo diese Tempel andern weichen die dem wahren Gotte errichtet werden, aber nichts desto weniger ist es wahr, dass diese Stätten nicht mehr so unterhalten werden wie früher; und hieraus schliesse ich, dass die Chinesen, als Nation, mehr rückwärts als vorwärts schreiten.

Obwohl ich es hier nicht unterlassen durfte, der vorurtheilsvollen Meinungen zu gedenken, welche von denen die über China geschrieben haben der Welt von Zeit zu Zeit mitgetheilt worden sind, so bin ich doch weit entfernt irgend ein Vorurtheil gegen das chinesische Volk zu hegen, welches im Gegentheil in vieler Hinsicht hoch in meiner Achtung steht. Drei volle Jahre habe ich ausschliesslich unter den Chinesen zugebracht, bin über ihre Berge, durch ihre Thäler gewandelt, habe in ihren Häusern gegessen, in ihren Tempeln geschlafen, und nehme daher nach diesen Erfahrungen keinen Anstand zu behaupten, dass sie bei weitem besser sind, als man gewöhnlich glaubt. Die Eingeborenen der südlichen Städte und an der Küste, bis wenigstens nördlich nach Chekiang, mögen reichlich das schlechte Zeugniss verdienen welches ihnen Jedermann giebt, sie zeichnen sich eben so sehr durch Hass gegen die Fremden, als durch übertriebene Vorstellungen von ihrer eigenen Wichtigkeit aus, und ausserdem findet sich das schlechteste Gesindel unter ihnen; aber der Charakter der Chinesen als Nation darf nicht nach einer einseitigen partheiischen Ansicht dieser Art beurtheilt werden, denn man muss bedenken, dass sich in jedem Lande die schlechtesten und gesetzlosesten gerade unter den Bewohnern der Seestädte finden, die häufiger mit Eingeborenen anderer Länder in Berührung kommen; und leider müssen wir gestehen, dass die europäischen Nationen das ihrige dazu beigetragen haben, diese Leute zu dem zu machen was sie sind. Im Norden von China, und namentlich im Inneren des Landes, sind die Eingeborenen ganz verschieden von den Bewohnern der Küste. Es giebt zweifelsohne schlechtes Volk und Diebe unter ihnen, in der Regel aber ist der Reisende keinen Beleidigungen ausgesetzt, und die Eingeborenen sind friedlich, höflich und gefällig; und obgleich sie keinen Anspruch machen können den Nationen des Westens in Bezug auf Wissenschaft, Künste, Regierung oder Gesetze gleich, und noch weniger über ihnen zu stehen, so nehmen sie doch eine bedeutend höhere Stelle ein als die Hindu, Malaien, und andere Völker

des mittlern und westlichen Asiens. Ausserdem machen die Sitten und Gebräuche des Volkes und die eigenthümliche Gestaltung des Landes in der
That einen überraschenden Eindruck auf das Auge des Fremden: — die
Pagoden, als Denkmäler einer verschwundenen Grösse, welche die Hügel
krönen, die auffallende Kleidung und die langen Röcke der Männer, die kleinen verunstalteten Füsse der Frauen. Dazu kommt, dass es das Land des
Thees ist — eines Getränkes, welches allein schon in den Augen eines
Engländers ein Land unsterblich machen könnte, wenn es auch sonst nichts
besässe. Aber ich muss nochmals wiederholen, dass das grosse Geheimniss der Popularität China's und des chinesichen Volkes in der Art und
Weise liegt, in welcher die Fremden sich selbst in früherer Zeit behandeln
liessen, und in dem geheimnissvollen Dunkel, in welches die Chinesen
grundsätzlich alles hüllen was auf ihr Land Bezug hat.

Wanderungen in China.

Erstes Capitel.

Erste Ansicht von China und der Eindruck den dieselbe hervorbringt, — wie sehr es von Java absticht. — Land bei Hong-kong. — Beschreibung des Hafens — Victoria. — Chinesische Städte, Stanley und Aberdeen. — Beschreibung der Insel. — Wirkungen des Regens. — Das glückliche Thal. — Wie die Chinesen die Zufuhr hemmen. — Aussicht von den Bergspitzen. — Klima. — Pflanzenkunde der Insel. — Einheimische Thiere. — Gesundheitszustand der englischen Niederlassung. — Charakter der chinesischen Bevölkerung. — Vermischung mit Fremden. — Bemerkungen über die Niederlassung als Handelsplatz.

Am 6. Juli 1843 erblickte ich, nach einer Fahrt von 4 Monaten von England her, zum erstenmal die chinesischen Küsten: und obgleich ich oft von den dürren und unfruchtbaren Hügeln dieses Landes gehört hatte, so war ich doch in der That nicht darauf vorbereitet sie so kahl zu finden wie sie wirklich sind. Von der See aus haben sie überall ein verbranntes Ansehen und sind mit Steinen von Granit und rothem Thon bedeckt, die überall an der Oberfläche hervortreten. Bäume giebt es nur wenige, und diese sind in ihrem Wachsthum verkümmert und zu nichts zu gebrauchen als zur Feuerung, wozu sie auch in diesem Theile des Landes ausschliesslich benutzt werden. Eine Art Kiefer *(Pinus sinensis)* scheint mühsam für ihr Bestehen zu kämpfen, und wird in grosser Menge an den Abhängen der Hügel gefunden, aber theils wegen des dürren Bodens und theils wegen des in China üblichen Verfahrens, die Zweige zur Feuerung abzubrechen, erreicht sie nie einige Höhe, sondern ist immer ein verkümmerter Strauch. War dieses also „das blumige Land", das Land der Camellias, Azaleas und Rosen, von denen ich in England so viel gehört hatte? Welch ein Abstand zwischen dieser Landschaft und den Hügeln und Thälern Java's, die ich erst vor wenigen Tagen verlassen hatte! Dort ist von den Ufern des Meeres bis zu den Spitzen der höchsten Berge alles mit der üppigsten Vegetation bekleidet, und wenn am Morgen die Sonne aufgeht, oder ihre letzten Strahlen sich über die liebliche Landschaft verbreiten, die Schattirungen des Laubes von allen Farben verdunkelnd, dann kann das Bild, welches sich dem Auge darbietet, wohl gross und erhaben genannt werden.

Nachdem wir noch einige Stunden unter den Inseln frisch weiter gesegelt, erreichten wir endlich die liebliche Bucht von Hong-kong, und warfen der schönen Stadt Victoria gegenüber Anker. Die Bucht von Hongkong ist eine der schönsten die ich je gesehen habe; sie ist acht bis zehn (englische) Meilen lang an einigen Stellen zwei, an anderen sechs Meilen breit; überall mit herrlichem Ankergrund und vollkommen frei von verborgenen Gefahren, durch die Hügel von Hong-kong im Süden und von denen des festen Landes von China am entgegengesetzten Ufer gedeckt, ist sie in der That von allen Seiten vom Lande eingeschlossen, so dass die Schiffe während der grössten Stürme vollkommen sicher hier vor Anker liegen können.

Die neue Stadt Victoria liegt auf der Nordseite der Insel an den Küsten dieser herrlichen Bucht, und hinter ihr erhebt sich steil und majestätisch das Gebirge. Im Jahre 1843 hatte die Stadt, von der See aus gesehen, ein eigenthümliches und unregelmässiges Ansehen; aber da der Plan, nach dem sie angelegt ist, sich immer mehr entwickelt und bessere Häuser entstehen, so wird sie gewiss sehr bald ein recht hübscher Ort werden. Als ich Ende Decembers 1845 China verliess, war sie schon bedeutend gewachsen, und wie durch Zauberei waren neue Häuser und Strassen entstanden. Einige prächtige Gebäude, die zu Casernen für die Soldaten bestimmt sind, waren beinahe vollendet. Einige Kaufleute hatten sich schöne und feste Häuser gebaut, die theils schon fertig, theils im Bau begriffen waren, und westlich der englischen Ansiedelung war eine grosse chinesische Stadt entstanden, wo der grössere Theil der chinesischen Bevölkerung wohnt. Eine schöne Strasse, die Königin-Strasse genannt, führt mehrere Meilen weit am Ufer hin, und an ihren Seiten stehen prächtige Häuser und viele reiche Läden. Manche der hiesigen chinesischen Kaufläden geben denen in Canton nur wenig nach und kommen wenigstens den meisten in Macao vollkommen gleich. Ueberhaupt haben viele Kaufleute ihr Geschäft von Macao nach Hong-kong verlegt, da jenes jetzt, seitdem es die Engländer aufgegeben haben, für den Handel ohne Bedeutung ist. Der Bazar oder der Markt ist ebenfalls einer der schönsten. Wir finden hier alle Naturerzeugnisse China's, die regelmässig von dem festen Lande hierher gebracht werden, wie die im Lande einheimischen Früchte und Gewächse, Vögel, Enten, Kriechenten, Wachteln und Fasanen, Nahrungsmittel aller Art, und alle Luxusartikel, welche die Eingebornen und Fremden nur irgend wünschen können. Ausserdem sind englische Kartoffeln, grüne Erbsen und verschiedene andere Arten fremder Gemüse in Fülle und fast zu allen Jahreszeiten da. Die beiden anderen chinesischen Städte von einiger Bedeutung, ausser der eben angeführten, liegen auf der Südseite und hiessen sonst Klein-Hong-kong und Chuckchew, ihre Namen sind aber in neuerer Zeit von dem Stadthalter, Sir J. Davis, in Stanley und Aberdeen verwandelt worden. Es sind blosse Fischerstädte, in der letzteren aber hält die Regierung beständig eine Militärstation, wodurch die Stadt einige Bedeutung erhalten hat.

Hong-kong ist eine der grössten Inseln an der Mündung des Canton-Flusses, sie ist von Osten nach Westen ungefähr acht Meilen lang, und wo sie am breitesten ist, nicht über sechs Meilen, an manchen Stellen sogar nur drei Meilen breit, und das hier und da hervorspringende Land bildet eine Reihe von Landzungen und Buchten. Man denke sich also eine Insel, die bedeutend länger als breit ist, durchaus gebirgig, nach dem Wasser zu schroff abhängig, hier und da mit tiefen Schluchten, die sich fast zu gleichen Entfernungen an der Küste hin von den Gipfeln der Berge bald tiefer bald breiter bis zu dem Meere hinabziehen. In diesen Schluchten liegen ungeheure Granitblöcke, die entweder von den reissenden Regenbächen bloss gespült, oder in einer frühern Zeit von den Seiten der Ge-

birge hinabgestürzt sind. Diese Schluchten sind reich an trefflichem Wasser, und diesem Umstande verdankt unsere Insel den poetischen Namen,
welchen ihr die Chinesen gegeben haben, Hong-kong, oder richtiger
Heang-Keang, die „Insel der süssen Ströme." Während der
nassen Jahreszeit — denn dann regnet es in Strömen — schwellen diese
kleinen Bäche an und stürzen sich mit reissender Schnelligkeit, alles vor
sich verheerend, von den Bergen herab. Im Mai 1845 suchte einer dieser
reissenden Ströme mit Donner und Regen die Stadt Victoria heim, und die
Verwüstungen, die er hervorbrachte, waren entsetzlich; Häuser wurden
unterwühlt, Strassen, die erst wenige Monate vorher mit grossen Kosten
angelegt waren, wurden weggespült, Gräben aufgerissen und viele Brücken
und andere öffentliche Bauwerke vollkommen unbrauchbar gemacht. Das
„Hong-kong Register" beschreibt das Unwetter mit folgenden Worten:
„Der Schaden war sehr gross, sowohl für die neu angelegten Strassen,
als auch für viele im Bau begriffene Gebäude, und hätte die Heftigkeit
des Regens noch eine oder 2 Stunden länger gedauert, so würden viele Häuser
unterwühlt und zerstört worden sein. Sehr viele Menschen sind zu Schaden
gekommen. Ungefähr um fünf Uhr war die ganze Königinstrasse, von dem
Eingange zu dem grossen Bazar, bis zum Marktplatze, vollkommen überschwemmt, und das Wasser stand zwei bis vier Fuss hoch, alle Strassen,
welche den Hügel hinaufführen, brachten diesem See Wasser zu, namentlich in der Peelstrasse brauste der Strom, alles vor sich her fortführend,
dahin, und die Strasse gleicht noch heute einem ausgetrockneten Flussbette das mit Steinen und Trümmern von Gebäuden bedeckt ist. Die
Durchgänge von der Königinstrasse nach dem Meere zu waren alle voll
mit Wasser angefüllt, die Strasse durch Chunam's-Hong glich mehrere
Stunden lang einem reissenden Strome, und viele Häuser zu beiden Seiten
wurden nur dadurch vor der Fluth gerettet, dass man eiligst Erdwälle
errichtete. Ungefähr um sechs Uhr liess der Regen nach, aber die Strasse
blieb noch längere Zeit ungangbar. Einem Coolie (Lastträger), der es
versuchte den die D'Aguilarstrasse herabstürzenden Strom zu durchwaten,
wurden die Füsse weggerissen, und er rettete sich nur indem er sich an
das Gebälk eines Schuppens anklammerte. Der Graben, welcher sich zuletzt
bildete, konnte das Wasser nicht wegführen, welches grosse Verwüstung
anrichtete und ein neues in der Nähe befindliches Haus beinahe drei Fuss
hoch überschwemmte und mehrere neue Mauern einriss. Alle offenen
Gräben in den obern Strassen haben gelitten, viele sind ganz zerstört
und haben kaum eine Spur der Strasse zurückgelassen. Ein Strom aus
einem entfernten Flussbette strömte den Weg entlang über das Bungalow,
welche der Kronanwalt inne hatte, und riss, indem er sich mit grosser Wuth
auf das Dach eines Nebengebäudes stürzte, einen grossen Theil desselben
mit sich fort. An vielen Stellen wurde die Königinstrasse mehr als 2 Fuss
hoch mit Erde und Sand bedeckt und fast alle Quergräben verstopft. Die
Brücke am Commissariat wurde weggerissen, und die im Wang-nai-chung
ist ebenfalls verschwunden. Mehrere Menschen verloren das Leben durch
den Sturz eines Hauses in dem ein Chinese wohnte, und man erzählt,
dass der Strom zu Pokfowlum in eine Schilfhütte drang, wo sich mehrere
Coolie's befanden die auf der neuen Strasse beschäftigt waren; drei derselben
retteten sich auf einen Baum, die übrigen aber werden vermisst, und man
vermuthet dass sie mit in das Meer geführt worden sind."

Es giebt wenig flachen Boden auf der Insel der sich zur Cultur eignet; der einzige Strich von einiger Ausdehnung ist das „Wang-nai-chung",
oder, wie die Engländer es nennen, das „glückliche Thal," welches ungefähr zwei Meilen westlich von der Stadt liegt; und selbst dieses hat nicht
mehr als etwa zwanzig oder dreissig Acres. Es giebt noch mehrere
kleine Flecken fruchtbaren Bodens nahe am Fusse der Hügel, und einige
terassenförmige Flecke, im Ganzen aber doch nur sehr wenig. In
früheren Zeiten bauten die Chinesen Reis und Gartengewächse im Wang-
nai-chung-Thale, der Platz zeigte sich aber als sehr ungesund und die Regierung, welche fürchtete, dass das Wasser, welches nöthig ist um den
Reis zur Reife zu bringen, das Malaria-Fieber verursachen könnte, verbot
den Eingeborenen die Bebauung und traf Anstalten das Land trocken zu
legen. Aus dieser Beschreibung wird man ersehen, dass unsere Niederlassung auf dieser Insel hinsichtlich der Zufuhren gänzlich von Seiner Himmlischen Majestät abhängt, welche dieselben abschneiden kann sobald es ihr
beliebt. Bald nachdem der gegenwärtige Stadthalter, Sir John Francis Davis,
angetreten war, erliess er auf Rath der gesetzgebenden Versammlung in
Hong-kong ein Gesetz, wonach alle Einwohner der Insel aufgezeichnet werden sollten, sowohl Engländer als Chinesen, letztere natürlich als Unter-
gebene des Stellvertreters Ihrer britischen Majestät. Die chinesische Bevölkerung, die überhaupt immer argwöhnisch gegen die Fremden ist, glaubte
dass dabei noch etwas im Hinterhalt, und der eigentliche Zweck kein anderer sei, als sie zu bedrücken, und lehnte sich gegen das Gesetz auf.
Es fand eine Zusammenkunft aller Compradores und anderer grossen Männer statt, und man beschloss die „Zufuhren" zu hemmen. Mehrere Tage
standen alle Geschäfte still, die Coolies wollten nicht arbeiten, die Schiffe
wollten keine Vorräthe bringen und die Chinesen waren in der That auf
dem besten Wege, die „Gesetzgebende Versammlung zu Hong-Kong" durch
Hunger zu zwingen bessere Gesetze zu erlassen, und sie erzwangen es
zuletzt wirklich dass diese berühmte Verordnung eine ihren Ansichten
entsprechendere Form erhielt.

Von den Gipfeln des Gebirges ist die Aussicht grossartig und im
höchsten Grade ergreifend; schroff und wild sieht man eine Bergkette sich
über der anderen erheben — die höchsten nahe an 2000 Fuss hoch. Das
Meer ist, so weit das Auge reicht, mit Inseln besät, die denselben Charakter haben wie Hong-Kong. Auf der einen Seite liegt unsere schöne
Bucht zu unseren Füssen, in der sich Schiffe und Boote drängen, auf der
anderen erblickt man die weit ausgebreiteten Gewässer des chinesischen
Meeres.

Das Klima von Hong-kong ist keineswegs angenehm, und hat sich bis
jetzt sowohl für Europäer als Chinesen sehr ungesund erwiesen. Im Juli
und August — den heissesten Monaten des Jahres — war das Maximum
der Hitze, welche mein Thermometer zeigte, 94^0 Fahrenheit, und das Minimum zu derselben Zeit 80^0. Der Unterschied zwischen der Hitze des
Tages und der Nacht ist in der Regel ungefähr 10^0. Im Winter sinkt das
Thermometer zuweilen bis auf den Gefrierpunkt, dies ist jedoch ein seltener Fall. Selbst mitten im Winter ist es kaum möglich bei Sonnenschein
ohne Sonnenschirm auszugehen, und wer es versuchen wollte würde sicher
seine Unvorsichtigkeit bereuen. Die Luft ist so trocken, dass man kaum
athmen kann, und kein Schatten bricht die Gewalt der fast senkrecht herab-

fallenden Sonnenstrahlen. Zu anderen Zeiten im Winter weht der Wind kalt und schneidend von Norden, und in den Häusern ist Feuer nöthig; in der That zu allen Jahreszeiten ist das Klima plötzlichen Veränderungen der Temperatur unterworfen.

Die Pflanzenkunde der Insel hat ein bedeutendes Interesse, und würde vor einigen Jahren, als die hier einheimischen Pflanzen noch weniger bekannt waren als sie es jetzt sind, noch interessanter gewesen sein. Bei weitem die schönsten Pflanzen, die man auf dem niederen Lande findet, sind die verschiedenen Species der *Lagerströmia*. Es giebt zwei oder drei Abarten mit rothen, weissen und purpurrothen Blüthen, und im Sommer, wenn sie in Blüthe stehen, sind sie ganz die Hagedornen von China — und übertreffen sogar mit ihren prächtigen Blüthen dieses schöne Pflanzengeschlecht. Ich habe sie in der Regel wild, ganz nahe an der Seeküste angetroffen. Etwas höher hinauf finden wir die schöne *Ixora coccinea*, die in Ueberfülle in den Klüften der Felsen blüht, und ihre scharlachrothen Blüthenköpfe strahlen unter der Sonne von Hong-kong im schönsten Glanze. Die Schluchten sind mit Farrenkräutern und Schlingpflanzen angefüllt, die jedoch für den, der die blühenden Zier-Pflanzen liebt, nicht von so grossem Interesse sind. Unter den Felsen, von denen beständig Wasser herabträufelt, finden wir jedoch hier die schöne *Chirita sinensis*, eine Pflanze mit zierlichen, fingerhutartigen, lilafarbenen Blüthen, welche ich bald nach meiner Ankunft in China an die Gartenbau-Gesellschaft sandte, und die jetzt in vielen Gärten in England zu finden ist.

Es ist merkwürdig und hängt mit der Vegetation von Hong-kong zusammen, dass alle am schönsten blühende Pflanzen hoch oben auf den Bergen, ein- bis zweitausend Fuss über der Meeresfläche, gefunden werden. In den nördlichen Theilen von China, wie in Chusan und dem gebirgigen Lande in der Nähe von Ning-Po, sind dieselben Pflanzen in weniger hohen Lagen einheimisch, und dort finden wir auf den Spitzen der Hügel wenig mehr als Grasarten, wilde Rosen und Veilchen. Man sieht hieraus, dass sich die Pflanzen dem Klima anbequemen, indem sie, je nachdem dasselbe heiss oder kalt ist, eine höhere oder tiefere Lage wählen. Alle die schönen in Hong-kong einheimischen Pflanzen wachsen und blühen, mit Ausnahme der bereits angeführten, hoch oben auf den Hügeln. Mehrere Species der *Azalea*, eine Pflanze, die jetzt in England ziemlich bekannt ist, bedecken die Abhänge der Hügel wenigstens 1500 Fuss über der Meeresfläche, werden aber auf denselben Hügeln niedriger nicht mehr angetroffen. In derselben Lage wächst die *Polyspora axillaris*, und ebenso eine andere Pflanze, vielleicht die schönste von allen, nämlich die *Enkyanthus reticulatus*, der bei den Chinesen sehr beliebt ist. Er blüht im Februar und März, ungefähr zur Zeit des chinesischen Neujahrs, und die Chinesen bringen dann Zweige desselben in grossen Massen zur Verzierung ihrer Häuser von den Hügeln herab. Die Blumen sind, wenn sie gepflückt werden, noch nicht ganz aufgeblüht, wenn sie aber ins Wasser gestellt werden, blühen sie in den Häusern sehr bald auf, und bleiben 14 Tage lang so frisch und schön als ob sie mit der grössten Sorgfalt mit der Wurzel aus der Erde genommen worden wären. Selbst die schöneren unter den einheimischen *Orchideen* wurden nur in einer bedeutenden Höhe gefunden, und die Spitzen der höchsten Hügel sind im Sommer und Herbst mit der purpurrothen *Arundina sinensis* und der gelben *Spathoglottis Fortuni* bedeckt.

Bäume giebt es auf der Insel nur wenige und diese sind meistentheils verkümmert. Die Kiefer *(Pinus sinensis)* ist hier gewöhnlich, wie an der ganzen Küste von China; *Cunninghamia sinensis* ist selten auf Hong-kong, obgleich man sie häufig auf dem Festlande findet; der Talg-Baum ist ebenfalls einheimisch, aber seine Früchte werden nicht benutzt. Manche Arten des Feigengeschlechtes sind gewöhnlich, und eine, die *Ficus nitida*, eine Art Baniane, bildet zuweilen einen sehr zierlichen Baum. Mehrere Arten von Bambus scheinen sehr gut zu gedeihen und sind an den Stellen wo sie gefunden werden sehr schön.

Eigentliche Pflege widmen die Chinesen nur den Fruchtbäumen, und es giebt an manchen Stellen schöne Obstgärten, in denen Mango-Bäume, Leechee, Longan, Wangpee, Orangen, Citronen und Granaten gezogen werden.

Obgleich auf Hong-kong noch viele andere Arten von Sträuchern und Bäumen einheimisch sind, so hat doch die Insel im Ganzen ein dürres und ödes Ansehen; die Natur des Bodens wird stets jeder Verbesserung ein grosses Hinderniss in den Weg legen, aber auch dieses kann, bis zu einem gewissen Grade wenigstens, durch die Freigebigkeit der Regierung, ja sogar durch die Kraft und den Unternehmungsgeist von Privatleuten gehoben, und Hong-kong oder Victoria in wenigen Jahren etwas ganz Anderes werden als es jetzt ist, und wir mögen das, was bereits geschehen ist, für eine Bürgschaft dessen halten was noch geschehen wird. Schon wachsen auf den Ländereien der Herren Dents, des Major Caine, der Herren Jardine, Mathison und Stewart, Bäume, die erst vor Kurzem gepflanzt sind, herrlich heran und bedecken einen ziemlich grossen Theil der Oberfläche des Hügels.

Die Insel ist nicht reich an einheimischen Thieren. Ich habe oft auf den unzugänglichsten Felsenspitzen wilde Ziegen weiden gesehen, auch giebt es Rothwild und Füchse hier, diese sind aber äusserst selten. Von Geflügel trifft man hier nur zwei oder drei Species des Taucherkönigs, einige kleine Singvögel und wenige Holztauben, wo sie nämlich unter Bäumen oder Gesträuchen Obdach finden können. Das Festland ist mit Vögeln bei weitem besser versehen, und die Eingeborenen bringen von dort Fasanen, Rebhühner, Wachteln, Enten, Kriechenten, zuweilen Schnepfen, in grossen Massen herüber. Diese Vögel sieht man selten wild auf den Höhen von Hong-kong, und wo man deren findet, haben sie sich durch Zufall vom festen Lande hierher verirrt. Zum Glück für die armen Chinesen sind ihre Gewässer reicher als das Land, und eine zahllose Menge von Fischen verschiedener Art, die nächst dem Reis das hauptsächlichste Nahrungsmittel bilden, wird täglich auf die Märkte gebracht.

An der Küste findet man viele schöne Granitbrüche, aus denen man die Steine zum Bau der neuen Stadt Victoria gewonnen hat. An verschiedenen Stellen der Insel ist der Granit in Abnahme, und man hat geglaubt dass diesem Umstande jene bösartige Krankheit zuzuschreiben sei welche das „Hong-kong-Fieber" genannt wird, und die bisher alle ärztliche Künste zu Schanden gemacht und Hunderte in das Grab gebracht hat.

Die Herbstmonate August, September und October sind hier äusserst ungesund. Als ich im Jahre 1843 zum ersten Mal diese Insel besuchte, war sie in einem kläglichen Zustande. Ein Ort, „West-Point" genannt, wo einige Casernen standen, und der allem Anscheine nach eine so gesunde

Lage hatte, wie nur irgend ein anderer, war das Grab eines grossen Theiles unserer Truppen, die eine Zeit lang hier im Quartier standen. Die
Sterblichkeit war so gross, dass der damalige oberste Befehlshaber, Lord
Saltoun, sich genöthigt sah, den unglücklichen Rest von hier wegzubringen
und die Caserne niederreissen zu lassen.* Das Wang-nai-chung, jenes
glückliche Thal, welches wir bereits nannten, war ebenfalls ein ungesunder Ort. Einer meiner Reisegefährten und dessen Begleiter, die mit
grossen Hoffnungen für ihre Geschäfte unter den neuen Verordnungen hierher kamen, liessen sich hier nieder, nach einigen Tagen aber bekamen sie
das Fieber und wenige Tage später gingen beide hinüber „in jenes unbekannte Land, aus dem kein Reisender heimkehrt." In dem anderen Theile
der Insel, welcher zu jener Zeit für gesünder gehalten wurde, herrschte
das Fieber in grosser Ausdehnung. Unter denen, welche von demselben
weggerafft wurden, und deren Tod grosse Betrübniss verursachte, waren
der Major Pottinger und der chinesische Dolmetscher Herr J. R. Morrisson,
der Sohn des berühmten Dr. Morrisson. Ersterer war nur wenige Tage
dort gewesen und stand im Begriff mit Depeschen für die Regierung zurückzukehren. Noch viele andere Fälle könnten erwähnt werden, diese
aber reichen hin um zu zeigen in welcher kläglichen Lage sich unsere
neue Ansiedelung zur Zeit noch befindet; und so bösartig und tödtlich war
die Krankheit, dass nur Wenige die davon ergriffen wurden genasen,
und die Aerzte wussten keinen besseren Rath zu geben, als die Insel zu
verlassen und nach Macao zu flüchten.

Die südliche Seite von Hong-kong wurde bisher für gesünder gehalten als die nördliche, wo man mit dem Bau der neuen Stadt Victoria beschäftigt war, und die Einwohner waren daher fast durchgängig der Ansicht, dass man die Stadt hätte an der südlichen Seite gründen sollen, die
dem erfrischenden Winde des Südwest-Monsun mehr ausgesetzt ist, vor
welchem die nördliche zum grössten Theil durch die Bergkette geschützt
wird. Diese Ansicht jedoch erwiess sich bald als irrig, denn die Truppen,
welche später in Aberdeen auf der südlichen Seite lagen, haben dort noch
mehr gelitten als in Victoria.

Meine eigenen Beobachtungen haben mich zu folgenden Schlüssen geführt: — zum grossen Theil rührte die Krankheit und Sterblichkeit ohne
Zweifel von der schlechten Bauart und Feuchtigkeit der Wohnungen her
in welchen unsere Leute leben mussten als die Colonie erst angelegt war:
ferner auch zum grossen Theil von der Glut und den brennenden Strahlen der Sonne von Hong-kong denen sie ausgesetzt waren. Alle im Orient
Reisende, mit denen ich über diesen Gegenstand gesprochen habe, stimmen
darin überein, dass die Sonnenstrahlen hier so heftig und drückend sind
wie in keinem Theile der Tropenländer. selbst unter der Linie. Ich zweifle

---

* Vor meiner Abreise aus China hatte ich Gelegenheit diese Stelle zu besuchen — das Grab manches tapferen Soldaten. Ein schöner Weg, der rund
um die Insel führt und von den Einwohnern als Spaziergang benutzt wird, geht
über die Stelle wo sie begraben sind. Viele Särge waren den Blicken der
Menge ausgesetzt, und die Gebeine der armen Burschen lagen zerstreut auf der
Strasse umher. Es wird allerdings Niemand einen Fehler darin finden dass
man einen Weg hierher gelegt hat, wenn es aber nöthig war die Särge zu ent-
blössen, so hätte wenigstens der gemeine Anstand gefordert dass man sie wieder zudeckte.

nicht dass dies durch den Mangel an üppiger Vegetation und der daraus
folgenden Reflection der Sonnenstrahlen verursacht wird.

Von den kahlen und dürren Felsen und dem eben so dürren Boden
prallen alle Sonnenstrahlen zurück, es giebt weder Bäume noch Gesträuche,
welche Schatten gewähren oder die Kohlensäure zersetzen und zum Einathmen tauglich machen, und so fehlt der Luft jene eigenthümliche Milde,
welche sie selbst in den heissesten Tropenländern angenehm macht.
Wenn dies die Ursachen der Sterblichkeit in unserer neuen Colonie
sind, so wird das Mittel dagegen Jedem leicht einleuchten. An den Häusern der Kaufleute, und eben so an den Casernen, sind bereits manche Verbesserungen vorgenommen um dieselben in einen der Gesundheit zuträglichen
Stand zu setzen, die sich auch als sehr erfolgreich bewährt haben, allein
bei diesen Verbesserungen dürfen die Colonisten nicht stehen bleiben.
Wenn die Regierung und die Einwohner alle ihnen zu Gebote stehenden
Mittel anwenden, um die Seiten der Hügel in der Stadt und Umgegend mit
einem gesunden Pflanzenwuchse zu bekleiden, wenn sie an den Seiten der
Wege, in Gärten und allen anderen Orten, wo es geschehen kann, Bäume
und Sträucher pflanzen, so zweifle ich nicht, dass Victoria bald ein eben
so gesunder Ort sein wird wie Macao. Niemand wird es billigen dass
man gerade Hong-kong für die britische Ansiedelung gewählt hat; da es
aber nun einmal geschehen und nicht wieder rückgängig zu machen ist,
so müssen wir wenigstens den möglichst grössten Vortheil davon zu ziehen
suchen.

Die eingeborne Bevölkerung in Victoria besteht aus Krämern, Handwerkern, Dienern, Schiffern und Lastträgern, und alle zusammen bilden ein
sehr buntes Gemenge. Leider giebt es nichts was angesehene chinesische
Kaufleute veranlassen könnte sich hier niederzulassen, und ehe dies nicht
geschieht werden wir immer eine sehr schlechte Bevölkerung im Lande
haben. Die Stadt wimmelt von Dieben und Räubern, die nur durch die
erst in jüngster Zeit eingeführte bewaffnete Polizei im Zaume gehalten werden können, ehe diese aber eingerichtet war verging kaum eine finstere
Nacht wo nicht ein Haus von einer bewaffneten Bande erbrochen und
Alles, was von Werth darin war, weggenommen oder zerstört wurde.
Diese verwegenen Bösewichte machten nicht einmal mit dem Statthalter
eine Ausnahme, denn einmal in der Nacht wurde das Regierungshaus geplündert, und ein anderes Mal stahlen sie buchstäblich die Waffen der
Schildwache. Diese bewaffneten Banden, zuweilen hundert Mann stark, verschwanden, wie sie kamen, auf eine höchst räthselhafte Weise, und Niemand schien zu wissen woher sie kamen und wohin sie gingen. Solche
Angriffe sind zum Glück jetzt ziemlich selten. Auf allen meinen Wanderungen auf der Insel, und ebenso auf dem festen Lande in hiesiger Umgegend, fand ich die Einwohner harmlos und freundlich. Ich habe ihre
Thalschluchten und Gebirge, ihre Dörfer und kleinen Städte besucht, und
überall, wo ich mit ihnen in Berührung kam, fand ich sie artig und zuvorkommend. Vielleicht aber beruht das ganze Geheimniss nur darauf dass
ich nichts hatte, was sie mir nehmen konnten, denn ich hütete mich in
der Regel irgend etwas Werthvolles bei mir zu tragen, und meine Kleider
waren von dem Herumstreifen unter Felsen und Gesträuchen selbst für
einen Chinesen nicht lockend.

Seitdem die Insel Hong-kong an England abgetreten ist, hat sich die fremde Bevölkerung sehr verändert. Früher gab es hier nur einige Handlungshäuser die sich alle unter einander kannten und denen durchgängig sehr rechtschaffene und ehrenwerthe Männer vorstanden: jetzt wandern aus allen Ländern, von England bis Sidney, ganze Schaaren nach dem himmlischen Reiche, die eine sehr bunte Bevölkerung bilden.

Als Handelsplatz betrachtet wird sich Hong-kong, wie ich fürchte, kaum als zweckmässig bewähren. Der grosse Ausfuhr- und Einfuhrhandel des südlichen China muss nothwendig, wie bisher, über Canton gehen; bis jetzt wenigstens liegt noch keine Veranlassung vor den Handel nach Hongkong zu verlegen. Demungeachtet wird es für manche unserer Kaufleute, namentlich für die welche Opiumhandel betreiben, immer ein wichtiger Platz bleiben, und das Hauptquartier für alle Häuser welche Geschäfte an der Küste haben, weil man hier leicht und schnell Nachrichten über den Stand der englischen und indischen Märkte haben kann, da jetzt zwischen Indien und dem südlichen China eine Dampfverbindung besteht. Ueberdies wird im Fall eines neuen Krieges die Insel bei allen ihren Mängeln immer ein sehr wichtiger Platz sein. Unsere Landsleute können nicht so ganz und gar den freundlichen Schutz vergessen haben, der ihnen ehedem von den Portugiesen in Macao zu Theil wurde, als dass sie wünschen könnten wieder in dieselbe Lage versetzt zu sein, und es ist sehr wichtig für sie, ihr Leben und Eigenthum sicher zu wissen, unter dem Schutze der britischen Flagge, die

   . . . „getrotzt hat tausend Jahre
   dem Kampf und Sturm."

Zweites Capitel.

Abreise von Hong-kong nach Amoy. — Opiumstation in Namoa. — Freiheit, welche die Engländer dort geniessen. — Chinesische Bevölkerung und deren Lebensweise. — Ein neuer Admiral macht neue Gesetze. — Kirschbranntwein verändert dessen Ansichten. — Bericht den er pflichtschuldigst nach Peking sendet. — Natürlicher Tunnel durch die Insel Chapel. — Amoy. — Bemerkungen über dessen Handel. — Reisen im Lande unter dem Volke. — Ein Zopf vermisst. — Die Hügel. — Insel Koo-lung-soo — Folgen des Krieges. — Merkwürdige Felsen. — Ungesunde Natur der Insel. — Pflanzenkunde und Vögel. — Besuch bei einem der angesehensten Mandarinen. — Dessen Haus und Grundstück.

Am 23. August verliess ich die liebliche Bucht von Hong-kong und segelte nach Amoy. Als wir durch die westliche Einfurth aus dem Hafen herauskamen und an der Südseite der Insel herumfuhren, hatte ich eine herrliche Ansicht der kleinen Stadt Chuckchew und der dort eingerichteten Militärstation. Die Stadt, oder das Dorf, denn es ist nur ein kleiner Ort, liegt allerliebst am Ufer einer kleinen Bucht, ganz den erfrischenden Seewinden des Südwest-Monsun ausgesetzt, und wird im Allgemeinen für bei weitem gesünder gehalten als die Stadt Victoria an der entgegengesetzten Seite der Insel.

Ich sollte hier von jenem furchtbaren Fieber aufs Krankenlager geworfen werden, welches, wie ich schon oben bemerkte, um diese Zeit gewöhnlich unsere neue Niederlassung heimsucht. Einige Tage lang lag ich in einem höchst bedenklichen Zustande, ohne im Stande zu sein mir ärztlichen Beistand verschaffen zu können; aber die Seeluft war mir wahrscheinlich zuträglicher als irgend etwas Anderes, und mit Gottes Hülfe das Mittel zu meiner Genesung. Nachdem wir einen tüchtigen Sturm ausgehalten, der uns drei Tage lang in einer tiefen Bucht vor Anker festhielt, erreichten wir endlich die Opiumstation auf Namoa.

Namoa ist eine kleine Insel, etwa auf dem halben Wege zwischen Hong-kong und Amoy, und bekannt als eine der Stationen wo der Opiumschmuggel zwischen fremden Schiffen und chinesischen Schmugglern hauptsächlich betrieben wird. Ich kam eben von England und war noch voll von allen den Vorstellungen die wir uns gewöhnlich von der Heiligkeit des chinesischen Reichs machen. Ich glaubte damals dass es mir vielleicht gelingen könnte eine Ansicht von dem himmlischen Reiche zu gewinnen, dass aber keinem barbarischen Fusse erlaubt sei den heiligen Boden desselben zu verunreinigen. Wie gross aber war meine Ueberraschung und meine Freude, als ich sah dass die Capitäne der Schiffe unbelästigt die ganze Insel durchwanderten. Sie hatten eine ziemliche Strecke weit Strassen angelegt und eine Hütte gebaut, wo sie des Abends, wenn sie ans Land stiegen, zusammenkamen um sich bei einer Pfeife Tabak zu unterhalten: sie hatten Ställe eingerichtet, in denen sie kleine chinesische Ponys zu ihren Spazierritten auf der Insel hielten; in der That, sie schienen ganz die Herren des Bodens und waren nicht der geringsten Belästigung von Seiten der Eingeborenen ausgesetzt.

Hunderte von Chinesen sammeln sich um diesen Ort, wo sie Hütten und einen Bazar oder Markt aufgeschlagen haben, und, was für europäische Augen namentlich auffallend ist, wenn sich die Schiffe nach einem andern Ankerplatze begeben, brechen sämmtliche Einwohner, Häuser, Markt und Alles zugleich mit auf; so leicht ist es diesen Leuten, von einem Orte zum andern zu ziehen. Ein Capitän sagte mir dass man beabsichtige diesen Ort bald zu verlassen, und wenn ich zufällig einen oder zwei Tage nach ihrer Abreise hierher kommen sollte, alle diese bunten Gruppen fort und der ganze Platz leer sein würde. Dies war auch keineswegs übertrieben, denn als ich einige Monate später wieder hierher kam, hatte der Wechsel der Station stattgefunden, und von der kleinen Stadt war keine Spur mehr übrig. Männer, Frauen und Kinder, sammt ihren Hütten, Booten und sämmtlichem Eigenthum, war den Schiffen gefolgt und hatte sich diesen gegenüber am Strande wieder angesiedelt.

Die verschiedene Art wie diese Leute ihren Lebensunterhalt gewinnen ist in der That merkwürdig, und Manches fiel mir namentlich ganz besonders auf. Es giebt Boote aller Art welche Vorräthe nach den Schiffen bringen, wie Enten, Hühner und dergleichen, eine Art aber besteht nur aus fünf bis sechs dicken Bambusstöcken, die in Gestalt eines Flosses zusammengebunden sind; auf diesen rudern die armen Bauern mit zwei Rudern, wobei das Wasser über das Floss und oft auch über ihre Ladung spült. Die Hühner, welche manche dieser Leute brachten, waren in einem jämmerlichen Zustande und konnten unmöglich lange so aushalten.

Einige Monate später wurde bei Herrn Henry Pottinger, damaligem Gouverneur von Hong-kong, von den chinesischen Behörden über dieses Treiben in Namoa Klage geführt. Man brachte vor, die Unterthanen Ihrer

Britischen Majestät hätten Häuser gebaut und Strassen angelegt und machten aus der Insel Namoa ein neues Hong-kong, wozu sie den Verträgen zufolge kein Recht hätten. Der alte chinesische Admiral, der zu allen diesen Ungesetzlichkeiten ein Auge zugedrückt hatte, war seiner Stelle entsetzt, und ein anderer, der bei Unterdrückung der Seeräuberei an dieser Küste besondere Tapferkeit und grossen Heldenmuth an den Tag gelegt hatte, an diese Station geschickt worden, und dieser war es der die Klage erhoben hatte. Sir Henry Pottinger erkannte die Ungesetzlichkeit des Verfahrens, tadelte aber die chinesischen Behörden, weil sie der Sache so lange nachgesehen, und verlangte eine Frist von sechs Monaten, damit die Engländer alles, was sie an der Küste hätten, verkaufen und wegschaffen könnten. Dies wurde von Seiten der Chinesen zugestanden.

Was aber jetzt folgt wird den eigenthümlichen Charakter der Chinesen recht anschaulich machen. Als ich im October 1845 Namoa besuchte, erkundigte ich mich wie die Sachen an der Küste ständen, und erfuhr dass ein wenig Höflichkeit und einige Flaschen Kirschbranntwein den guten alten Admiral auf eine wunderbare Weise besänftigt hätten und dass man eine Eröffnung erhalten hatte, welche aussagte dass es in der That nothwendig sei einige Nachgiebigkeit zu zeigen. Man musste so zum Beispiel das Haus niederreissen, die Ställe und Pferde aber konnten bleiben wie zuvor, und die Capitäne konnten ihre Spazierritte und Erholungen auf der Insel vornehmen wie sie zu thun gewohnt waren. Man gab sogar zu verstehen, dass man ihnen nichts in den Weg legen würde wenn sie eine neue Hütte bauen wollten. Mittlerweile war ohne Zweifel ein schöner Bericht nach Peking abgegangen, wie die Barbaren von der Insel verjagt worden seien die sie zu betreten gewagt hätten; vielleicht war sogar eine Schlacht geliefert und einige unserer Schiffe sammt ihrer Mannschaft genommen und vernichtet worden, was ohne Zweifel der Sache noch etwas mehr Glanz verlieh. Dies ist der gewöhnliche Lauf der Dinge in China. Da die Sachen so standen, so hatte ich keine Schwierigkeit meine botanischen Nachforschungen unter den Hügeln fortzusetzen. Diese Hügel sind eben so kahl wie die welche ich oben beschrieben, und die Naturerzeugnisse, sowohl des Thierreichs wie des Pflanzenreichs, denen von Hong-kong ähnlich.

Die Insel Namoa ist gegen funfzehn (engl.) Meilen lang aber nicht überall von gleicher Breite, und an manchen Stellen nur etwa fünf Meilen breit. Die bedeutendste Stadt liegt an der nördlichen Seite und hat eine hübsche Bucht die von Fischerbooten wimmelt, wie überhaupt sämmtliche Küsten dieses berühmten Landes mit kleinen Segelbooten besetzt sind, welche Fischern gehören, die ein sehr betriebsames und arbeitsames Volk zu sein scheinen. Auf dieser Insel gehen manche dieser Leute ganz nackend, eine Sitte die ich in andern Gegenden China's nicht so allgemein gefunden habe.

Wenn man von Namoa an der Küste hinauf nach Amoy fährt, fallen die kahlen Felsen sehr in die Augen, und an manchen Stellen hat man die Aussicht auf Hügel von Sand, der bei starkem Winde abgelöst und nach den Schiffen hinübergeführt das Thauwerk derselben mit einem weissen Staube überzieht, so dass der Aufenthalt in der Nähe dieser Hügel sehr unangenehm ist. Hie und da erblickt man unter den Hügeln scheinbar iemlich fruchtbare Felder, die mit Bataten, Reis und andern Feldfrüchten

2

bepflanzt sind. Auf den Spitzen der höchsten Berge an der Küste entlang, und landeinwärts so weit das Auge reichen kann, sieht man Pagoden emporragen, die den an den Ufern hinfahrenden Schiffern als vortreffliche Wegweiser dienen. Weiter nach Amoy hin kamen wir bei der Insel Chapel vorbei. Der grosse natürliche Tunnel, durch welchen dieselbe berühmt ist, führt gerade mitten durch und gewährt, wenn die Schiffe mit demselben in eine gerade Linie kommen, einen höchst überraschenden und eigenthümlichen Anblick. Am Nachmittag warfen wir zwischen dieser Insel und Koo-lung-soo im Hafen von Amoy Anker.

Amoy ist eine Stadt dritten Ranges, hat sieben bis acht Meilen im Umfange und etwa 300,000 Einwohner; sie ist eine der schmuzigsten Städte die ich sowohl in China als anderwärts gesehen und übertrifft in dieser Hinsicht selbst das höchst unsaubere Shanghae. Mein Aufenthalt hier fiel gerade in die heissen Herbstmonate, und die nur wenige Fuss breiten Strassen waren mit Matten überdeckt, um die Einwohner vor der Sonne zu schützen. An allen Ecken trieben die wandernden Köche und Bäcker ihr Geschäft und bereiteten ihre Leckereien, und die Düfte welche mir bei jedem Schritte in den Weg kamen, waren höchst unangenehm und fast zum Ersticken. Die Vorstädte sind um vieles reinlicher als die Stadt; da man sich aber in diesem Theile von China keines Fuhrwerkes irgend einer Art zu bedienen pflegt, so sind die Strassen alle sehr schmal.

Von hier und der anliegenden Küste kommen die besten und unternehmendsten chinesischen Schiffer. Viele, oder vielmehr die meisten von denen welche nach Manila, Singapore und andern Theilen der Strassen auswandern, sind Eingeborene von Amoy oder der Küste von Fokien, und dieser Ort ist daher in der Regel ein Hauptstapelplatz des Junkenhandels gewesen. Während des Krieges machten unsere Offiziere die Bemerkung dass die hiesigen Kaufleute besser mit den englischen Sitten bekannt waren als an andern Orten, und alle kannten unsere Niederlassung zu Singapore und sprachen viel davon.

Seitdem dieser Hafen eröffnet worden haben sich viele fremde Kaufleute hier niedergelassen, und der Handel, obwohl im Vergleich zu dem nördlicher gelegenen Hafen von Shanghae gering, ist ziemlich bedeutend. Indische Baumwolle, Baumwollengarn, Zeuge von englischer und amerikanischer Manufactur und Opium scheinen die hauptsächlichsten Einfuhrartikel zu sein, wenn wir nemlich die Producte der Inseln an den Strassen ausnehmen, die hauptsächlich in ihren eignen Junken hergebracht werden. Seit Ankunft des Britischen Consuls sind die Opiumschiffe aus dem Hafen entfernt und liegen jetzt dicht ausserhalb der Grenzen desselben, wo die chinesischen Schmuggler sie ungestraft besuchen können.

Ein Uebelstand für den Hafen von Amoy ist es, dass die Ausfuhrartikel deren wir am meisten bedürfen — nemlich Thee und Seide — nicht so leicht hieher gebracht werden können wie nach dem nördlicher gelegenen Hafen von Shanghae. Dies ist allerdings ein grosser Nachtheil für Amoy, dennoch aber kann es in andern Artikeln noch ziemlich bedeutende Geschäfte machen. Alle Geldsorten haben hier Umlauf, Dollars, Rupien, englische Shillinge und Sixpencestücke, holländisches Gold u. s. w. wird hier angetroffen und cursirt nach dem Gewicht. Inländisches Gold wird zuweilen in beträchtlichen Massen in Barren gebracht, als Zahlung für Baumwolle und Opium, und gilt, wie ich glaube, für sehr fein.

19

Während meines Aufenthaltes machte ich häufige Ausflüge in das Innere des Landes, zuweilen ziemlich weit in den Flüssen aufwärts, wo ich dann an das Land stieg und meinen botanischen Nachforschungen in der Umgegend nachging. Bei diesen Ausflügen kam ich oft unvermuthet an kleine Städte oder Dörfer und ging gewöhnlich hinein ohne im geringsten von den Einwohnern behindert zu werden, die in der That in den meisten Fällen sehr über meinen Anblick ergötzt zu sein schienen. Wenn ich mich an heissen Tagen im Schatten einer grossen Baniane niedersetzte, deren man in der Regel in der Nähe der Häuser antrifft, sammelte sich bald das ganze Dorf um mich, Männer, Weiber und Kinder, und begafften mich mit Neugierde, nicht ganz ohne Furcht, als ob ich ein Wesen aus einer andern Welt wäre. Dann fing wohl einer an meine Kleider zu untersuchen, ein anderer fuhr in meine Taschen, während einige andere meine Pflanzen musterten. In der Regel schienen sie mich für einen Arzt zu halten, und bald war ich von Kranken aller Art und jeden Alters umgeben, die um Rath und Hülfe baten. Die Zahl der Kranken in chinesischen Dörfern setzt wirklich in Erstaunen. Viele sind beinahe blind, und die bei weitem grössere Anzahl, wenigstens in diesem Theile des Landes, war mit höchst ekelhaften Hautkrankheiten behaftet, die wahrscheinlich von ihrer eigenthümlichen Kost und unreinlichen Kleidung herrühren.

Eines Tages wanderte ich zwischen den Hügeln im Innern der Insel, an Stellen die, wie ich vermuthe, vorher noch nie ein Engländer betreten hatte. Der Tag war schön, und sämmtliche Ackerarbeiter waren auf dem Felde bei ihrer Arbeit. Als sie mich erblickten schienen sie zuerst sehr erschrocken, und nach ihren Geberden und ihrer Sprache hätte ich beinahe denken können dass sie böses im Sinne führten. Von allen Hügeln und aus allen Thälern riefen sie „*Wyloe-Fokei*" oder „*Wyloe-san-pan-Fokei*," d. i. „Auf euer Boot, Freund." Bei frühern Gelegenheiten aber hatte ich immer gefunden dass es am besten sei eine trotzige Miene anzunehmen und gerade auf sie los zu gehen, und dann zu versuchen sie in gute Laune zu bringen. In diesem Falle gelang mir diese Taktik vortrefflich: und in wenigen Minuten waren wir die besten Freunde; die Jungen liefen nach allen Seiten hin um Pflanzen für meine Botanisirbüchse zu suchen, und die Alten boten mir ihre Bambuspfeifen zum Rauchen. Als ich jedoch näher nach dem Dorfe kam, schien ihr Verdacht wieder zurückzukehren, und augenscheinlich hätten sie es lieber gesehen wenn ich geblieben wäre wo ich war, oder wieder zurückgekehrt wäre. Dies lag jedoch nicht in meinem Plane, und obgleich sie es mit grosser Mühe versuchten mich auf mein „*san-pan*" zu „*wyloe*" zu vermögen, so war dies doch nutzlos. Dann zeigten sie auf den Himmel, der gerade sehr schwarz aussah, und sagten mir es würde bald ein Gewitter kommen, aber auch dies wollte nicht helfen. Als sie endlich fanden dass ich durchaus nicht zur Rückkehr zu bewegen war, wurden einige Kinder vorausgeschickt um den Bewohnern des Dorfes meine Ankunft zu melden, und als ich dorthin kam war alles, bis auf Hunde und Schweine, auf den Beinen um dem „*Fokei*" eine Pfeife anzubieten. Bald brachte ich alle, die Hunde ausgenommen,[*] in die beste Laune, und zuletzt schienen sie durchaus keine Eile mehr zu haben mich

---

[*] Der chinesische Haushund hat eine grosse Abneigung gegen Fremde und wird sich kaum mit diesen befreunden.

2 *

los zu werden. Einer der angesehensten unter ihnen, dem Anscheine nach der Vorsteher des Dorfes, brachte mir Thee und einige Kuchen, die er mir höflich anbot. Ich dankte ihm und fing an zu essen. Die Schaar welche mich umgab war ganz entzückt. „Er isst und trinkt wie wir,“ sagte einer; „Seht,“ sagten zwei oder drei die hinter mir standen und meinen Hinterkopf mit grosser Aufmerksamkeit betrachteten, „seht hier, der Fremde hat keinen Zopf.“ Jetzt hatte der ganze Haufen, Weiber und Kinder mit eingeschlossen, nichts eiligeres zu thun als hinter mich zu treten um zu sehen ob dem wirklich so sei dass ich keinen Zopf habe. Einer von ihnen, ein ziemlicher Dandy in seiner Art, der einen schönen Zopf von eignen Haaren mit Seide durchflochten hatte, trat jetzt vor, nahm ein Stück Zeug, welches die Eingebornen hier wie einen Turban tragen, vom Kopfe, liess seinen Zopf graziös über seine Schultern herabfallen und sagte in höchst triumphirendem Tone zu mir „schau her.“ Ich gestand dass sein Zopf sehr schön sei und sagte, wenn er mir erlauben wollte ihn abzuschneiden, wollte ich ihn ihm zu Ehren tragen. Der Gedanke an einen solchen Verlust schien ihm grosses Missfallen zu erregen, und die andern lachten ihn tüchtig aus.

Die Hügel in diesem Theile des Landes sind noch kahler als alle andern die ich mich erinnere sowohl vorher als später gesehen zu haben; sie bestehen ganz aus nacktem Felsen und grobem Sand der eben so hart und fest ist wie Stein, und ohne eine Spur von Vegetation. Sie sind von verschiedener Höhe, von fünfhundert bis zweitausend Fuss über der Meeresfläche. Weiter landeinwärts ist der Boden ebener und bei weitem fruchtbarer, und trägt, ausser einer bedeutenden Quantität Ingwer und Zucker, gute Ernten von Reis, Bataten und Erdnüssen.

Die Insel Koo-lung-soo liegt der Stadt Amoy gegenüber und beherrscht dieselbe. Während des Krieges wurde diese Insel von den englischen Truppen in Besitz genommen und bis zum Frühjahr 1845 besetzt gehalten, bis die Chinesen einen Theil des Lösegeldes zahlten, worauf die Insel wieder zurückgegeben wurde. Sie ist kaum zwei Meilen lang und nicht an allen Stellen von gleicher Breite, und scheint vor dem Kriege manchen vornehmen Einwohnern dieses Theiles des Landes als Aufenthaltsort gedient zu haben. Die meisten Häuser der Insel liegen aber jetzt in Ruinen und zeugen von dem Reichthume ihrer früheren Bewohner. Ich konnte die verfallenen Mauern, die hübschen Fischteiche, die alle mit Unkraut überwachsen und mit Schutt angefüllt waren, die Ueberreste von Gärten die eben so verwüstet waren wie die Häuser, nicht ansehen, ohne von ganzem Herzen zu wünschen dass Krieg, und alles das Unglück welches denselben begleitet, lange von meiner friedlichen, glücklichen Heimath fern bleiben und bald in der ganzen Welt unnöthig sein möchten. Alle Erzählungen stimmen darin überein, dass der weniger angesehene Theil der eingebornen Bevölkerung bei weitem mehr dazu beigetragen hat den Häusern dieser Insel ein so wüstes Ansehen zu geben, als unsere Truppen während des Krieges, indem sie alles niederrissen was nur irgend fortzuschaffen und zu gebrauchen war.

Einige ungeheure Steinblöcke (Granit) liegen hier auf eine höchst seltsame Weise auf den Spitzen der Hügel und sind für den Reisenden ein Gegenstand grosser Bewunderung. Ein Block namentlich sieht aus wie wenn ein Riesenarm ihn in seine jetzige Lage gebracht und so gelassen hätte, nur damit die welche ihn in späterer Zeit betrachten darüber erstaunen und sich wundern sollten, nicht allein wie er hieher gekommen, sondern auch wie er in dieser Lage bleiben kann; und sicher würde eine sehr geringe Quantität Schiesspulver, unter demselben angezündet, genügen, ihn von dem Hügel in die Ebene unten hinabzustürzen. Ein anderer ungeheurer Felsen steht nahe am Eingange des Hafens; er scheint jedoch auf dem Punkte gewesen zu sein Platz zu machen, denn er ist jetzt auf der einen Seite durch einen Steinhaufen gestützt. Die Eingebornen haben über diesen Felsen eine Tradition, nach welcher, so lange er steht, die Stadt Amoy nie einem auswärtigen Feinde in die Hände fallen soll. Zum Unglück jedoch für die Prophezeihung wurde Amoy, eben so wie die übrigen von den Engländern angegriffenen Städte, genommen, obgleich der Felsen noch steht wie zuvor.

Die Insel ist sehr ungesund, namentlich an der nordöstlichen und östlichen Seite; Fieber und Cholera herrschen während des Südwestmonsun, und raffen viele Menschen hin. Unsere Truppen litten, als sie diesen Platz in Besitz hatten, bei weitem mehr vom Klima als bei der Einnahme von Amoy von den Kanonen der Chinesen. Im Herbst 1843 hatte die Krankheit unter den Offizieren und der Mannschaft des 18. irländischen Regiments einen Grad erreicht der fast unerhört war. Bangigkeit malte sich auf jedem Gesichte, denn jeder hatte einen Kameraden oder Freund verloren. Es war in der That traurig! Ich habe manche gekannt die heute noch gesund waren und deren Ueberreste am nächsten Abend zur Ruhe bestattet wurden. Der kleine englische Begräbnissplatz war schon beinahe voll, und es verging kaum ein Tag an dem die Zahl der Gräber nicht um zwei oder drei vermehrt wurde; und doch blieben, was gewiss sehr auffallend ist, von einem Detachement des 41. M. N. I., unter Capitain Hall, Offiziere und Soldaten alle vollkommen gesund; sie befanden sich jedoch an einem anderen Theile der Insel.

Ich fürchte dass jemehr wir China kennen lernen, wir desto mehr zu der Einsicht gelangen werden, dass es keineswegs ein gesundes Land sei, wie wir bisher nach den Erfahrungen derer glaubten die in Macao und Canton in ihren schattigen und luftigen Häusern wohnten. Bei meinen Ausflügen auf Koo-lung-soo stiess ich auf die Grabsteine einiger Engländer, die, den Inschriften nach, vor mehr als hundertundfünfzig Jahren hier begraben worden waren: ihre Gräber waren während dieser langen Zeit von den Chinesen erhalten worden, die den Grabmälern der Todten grosse Achtung erweisen. Die Grabsteine sind in jüngster Zeit von einem unserer Capitäne an der Küste durch neue ersetzt und die Gräber ausgebessert worden, und der Capitän hat sich durch diese fromme und lobenswerthe Handlung bei seinen Kameraden den Namen old Mortality erworben.

In mitten solcher steinigen Gebirge und solch unfruchtbarer Landschaft wird man nicht erwarten dass meine botanischen Untersuchungen von besonderem Erfolge waren. Ausserdem hat die Flora noch viel von demselben tropischen Charakter wie in der Provinz Canton. In den Gärten gab es manche hübsche Strauchgewächse, aber der grössere Theil derselben ist bekannt, wie z. B. das *Jasminum Sambac, Olea fragrans,* die *Chinarose,* das *Chrysanthemum* und verschiedene andere gewöhnliche Arten. Die Hecken und Felsenspalten sind voll von einer kleinen Schlingpflanze, *Paederia foetida,* die sehr hübsch aussieht, aber einen sehr unangenehmen

Geruch hat. Es giebt jedoch einige sehr hübsche Rosen auf der Insel, mit kleinen doppelten Blüthen, die sehr zierlich und schön sind, obwohl sie keinen Geruch haben. Von diesen habe ich einige Exemplare in den Garten der Gartenbaugesellschaft nach Chiswick geschickt.

Vögel sind sehr selten und die Species meist sehr wenig zahlreich; dies lässt sich allerdings erwarten, da es hier an Schutz für sie fehlt. Einen kleinen Mina mit weissen Flügeln trifft man in grossen Schaaren; weisshalsige Krähen sind gewöhnlich, desgleichen Reismäher, indische Hühnergeier und zwei oder drei Arten Königsfischer. Während meines Aufenthaltes hier leistete mir Capitän Hall vom 41. N. I. vielfachen Beistand; er ist ein grosser Freund von Botanik und mit den Localitäten aller Pflanzen in der Nachbarschaft wohl bekannt.

Eines Tages ging ich in seiner und des Rev. Abele, eines amerikanischen Missionärs, Begleitung, um einem der angesehensten Mandarinen eine Aufwartung zu machen und dessen Häuser und Gärten in Augenschein zu nehmen. Die Wohnung desselben befindet sich in der Vorstadt, an der Seite eines felsigen Hügels, dicht am Strande. Als wir in die inneren Hof traten wurden wir von einer Anzahl Beamter niederen Ranges empfangen und in eine Art Amtsstube geführt, wo sie uns, nachdem sie uns höflich eingeladen hatten uns zu setzen, ihre Pfeifen zum Rauchen anboten, sowie ihre Schnupftabacksdosen, oder vielmehr Fläschchen von Glas und Stein, die etwas unserm schottischen Schnupftabak ähnliches enthielten, das aber bedeutend besser roch. In dem Zimmer waren zwei Lager oder Betten, auf deren einem eine kleine Lampe brannte; neben dieser lag eine Opiumpfeife, und ich glaube wir hatten den Opiumraucher in seinem besten Vergnügen gestört. Nach Landessitte wurde uns sogleich Thee vorgesetzt; er war aber sehr mittelmässig und wir kosteten denselben nur aus Höflichkeit gegen unsere guten Freunde, denn Herr Abele sagte uns, wir würden weit besseren bekommen wenn wir erst dem Herrn Mandarin selbst vorgestellt wären.

Nach einigen Minuten kam der Mandarin selbst um uns in ein bei weitem prachtvolleres Gemach zu führen. Dieses war ein grosses luftiges Zimmer, auf einer Seite mit schön geschnitzten Fächern aufgeputzt; in der Mitte stand eine Stutzuhr und einige schöne Gefässe mit Blumen. Ich hatte hier Gelegenheit zu beobachten welche Verehrung die Chinesen allem alten zollen. Eines dieser Porzellanstücke, sagte er uns, war seit fünfhundert Jahren in seiner Familie, und hatte die besondere Eigenthümlichkeit, Blumen und Früchte lange Zeit vor Fäulniss zu bewahren. Er schien es wegen seines Alters sehr hoch zu schätzen und ging äusserst vorsichtig damit um. Die andere Seite des Zimmers war ein wenig erhöht und für den „Sing-sang" oder die theatralischen Vorstellungen aufgeputzt, welche die Chinesen, von dem höchsten bis zum niedrigsten, leidenschaftlich lieben. Es wurde Thee gebracht, in einer Theekanne nach europäischem Geschmack, und nicht nach der bei den Chinesen üblichen Sitte servirt, denn diese pflegen gewöhnlich den Thee erst in die Tasse zu schütten und dann das Wasser darauf zu giessen, und die Gäste trinken dann den Aufguss und lassen die Blätter unten in der Tasse übrig, — eine herrliche Mode für solche Leute wie der Herr von Aberdeen, der vor mehreren Jahren, als der Kaffee noch nicht so gewöhnlich war wie jetzt, sich beklagte, dass seine Wirthin ihm nicht auch das Dicke gebe, sondern nur das Dünne. Zucker nehmen die Chinesen nie zu ihrem Thee.

Nachdem der Mandarin verschiedene Fragen an uns gerichtet — wie wir hiessen? was unsere Beschäftigung sei? wie lange wir von Hause entfernt? insbesondere aber wie alt wir wären? — und nachdem er unsere Kleider genau betrachtet, von denen ihm augenscheinlich die bunten Westen sehr gefielen, bat er uns mit ihm hinaus zu gehen und die sein Haus umgebenden Felder zu besehen. Das Haus steht nahe am Fusse eines Hügels und hinter demselben liegt der Garten: die ganze Besitzung ist sehr freundlich, grosse Banianenbäume, welche die Gänge überhängen, und ungeheure schroffe Felsen, welche Grotten bilden, geben Schatten vor der Sonne, und an der Seite des Hügels sprudelt eine sehr hübsche Quelle unter einem Felsen hervor. Das Wasser derselben priess uns der Eigenthümer sehr und wir tranken ihm zu gefallen alle tüchtig: in der That, eine Quelle an diesem Orte ist unschätzbar. Auch ein Teleskop wurde uns gebracht, welches er offenbar für eine grosse Seltenheit hielt; er legte es auf einen grossen steinernen Tisch, richtete es sorgfältig und bat uns dann durchzusehen, wir waren aber nicht gewohnt das Instrument auf diese Art zu gebrauchen und nahmen es nach der gewöhnlichen Weise in die Hände; und er schien sich sehr darüber zu verwundern dass wir auf diese Weise etwas sehen konnten. Nachdem er uns alle Merkwürdigkeiten seines Gartens gezeigt, führte er uns wieder in das Haus zurück, wo uns noch einmal Thee vorgesetzt wurde, nebst sechs bis sieben verschiedenen Arten von Kuchen, die mir jedoch, so sehr sie den Beifall der Chinesen haben mögen, nicht munden wollten. Ich habe seitdem vortreffliche Fladen und kleine Kuchen in Chusan und Shanghae gekostet. Nachdem wir uns noch eine Weile unterhalten, nahmen wir Abschied, und der Mandarin lud uns ein ihn so oft zu besuchen als uns gefällig wäre. Es war jetzt Nacht und es wurde uns mit Fackeln bis zum Flusse geleuchtet, wobei uns, wie gewöhnlich, einige hundert Chinesen folgten, die sich alle höflich und anständig betrugen. In der That, wir wurden überall, wohin wir gingen, mit einer Leibwache dieser Art beehrt.

Drittes Capitel.

Abreise von Amoy. — Sturm im Canal von Formosa. — Nach Chimoo zurückgetrieben. — Bucht von Chimoo. — Wie die Chinesen die Steuern bezahlen. — Charakter der Eingebornen. — Reise im Hügellande. — Pagode zu Chimoo. — Interessante Landschaft. — Raubanfall und Plünderung. — Ansicht meines Dieners über diesen Vorfall. — Rettung nach dem Ufer. — Neue Art über den Triebsand zu kommen. — Neue Pflanzen. — Bucht von Chinchew.

Nachdem ich die ganze Gegend um Amoy bereist und meine Nachforschungen vollendet hatte, segelte ich Ende September wieder dem Canal von Formosa zu, um mich nach unsern nördlicheren Stationen von Chusan, Ning-po und Shanghae zu begeben. Der Monsun jedoch war jetzt von Südwest nach Nordost umgeschlagen und wir hatten sehr stürmisches Wetter mit starken Wellen von Norden, die uns also gerade entgegenkamen.

Das Schiff musste endlich in der Bucht von Chinchew beilegen, weil das Wetter zu schlecht war und der Sturm das Bugspriet zerbrochen hatte, so dass es unmöglich war weiter zu kommen. Einmal ging die See so hoch und das Schiff sank so tief, dass das ganze Deck oft ganz unter Wasser war. Wie heftig der Sturm war kann man daraus entnehmen, dass ein grosser Fisch, der wenigstens dreissig Pfund wog, aus der See an das Fenster am Hintertheile des Schiffes geschleudert wurde, welches dadurch in tausend Stücke zersplitterte, so dass der Fisch durchfiel und auf den Tisch in der Cajüte zu liegen kam.

Nach ein bis zwei Tagen war unser Cargo in ein anderes Schiff übergeladen, in dem auch ich mich einschiffte, und wir setzten unsere Reise wieder fort. Dieses Wagestück aber lief noch unglücklicher ab als das erste; denn nachdem wir mehrere Tage unterwegs gewesen und beinahe den Canal von Formosa hinter uns hatten, traf uns einer jener furchtbaren Stürme die denen welche in jenen Gegenden zur See gewesen so wohl bekannt sind. Unsere neuesten und festesten Segel wurden in Stücken zerrissen, die Plankenbekleidung des Schiffes abgespült, und trotz der besten Seemannschaft und aller Anstrengungen wurden wir weit über die Bucht zurückgetrieben die wir eine Woche zuvor verlassen hatten. Ich werde lange noch dieser furchtbaren Nächte gedenken. Die arme Mannschaft vom Lascar war unter das lange Boot gekrochen um einigen Schutz vor dem Winde zu haben, die See ging sehr hoch und spülte hin und her über unser Verdeck, wie über ein dünnes Bret das auf den Wogen schwimmt. Ich war hinunter gegangen und der Capitän kam ebenfalls für einen Augenblick in die Cajüte, um einmal nach dem Barometer zu sehen, da fühlten wir wie die See mit furchtbarer Gewalt an das Schiff schlug, zugleich hörten wir einen Krach als ob die Seiten des Schiffes zusammenbrächen, in demselben Augenblicke flog uns das Glas vom Fenster am Hintertheile des Schiffes um die Ohren und das Wasser drang mit aller Gewalt in die Cajüte. Ich dachte nicht anders als dass der Schooner in Stücken gegangen sei; Capitän Landers aber eilte auf das Verdeck um den Schaden zu sehen und zu versuchen denselben wieder auszubessern. Die Nacht war sehr finster, er konnte jedoch so viel sehen, dass unsere Wetterplanken eingedrückt und das lange Boot von seinem Platze in der Mitte des Schiffes nach der Leeseite geschleudert war, wo es festlag. Glücklicherweise hielten es die Planken an der Leeseite noch fest, es würde sonst mit unserer ganzen Mannschaft in den wüthend tobenden Ocean hinabgespült worden sein, wo kein menschlicher Arm hätte Beistand leisten können. Zwei Glaskästen mit Pflanzen die ich aus Amoy mitgebracht hatte und die auf dem Deck lagen, waren in Stücken zerbrochen und alles was sie enthielten, wie man leicht denken kann, ganz verdorben. Auf der langen Reise von England nach China, selbst um das berühmte „Vorgebirge der Stürme" herum, habe ich nie einen so heftigen Sturm erlebt wie hier an der Küste von China, beim Anfange des Nord-ost-monsun. Nachdem wir drei Tage vom Sturme herumgeworfen worden waren und nur so viel Segel auf dem Schiffe hatten um dasselbe noch eben zu halten, legte sich der Wind ein wenig, und wir konnten jetzt mehr Segel aufhissen und dem Lande zusteuern, wo wir an einem, von den Eingebornen Chimoo genannten Orte ankamen, weit unter dem Punkte von wo aus wir eine Woche zuvor abgesegelt waren.

Die Bucht von C h i m o o liegt etwa 50 Meilen nördlich von Amoy. Hier war mehrere Jahre lang eine Opiumstation für fremde Schiffe und der Handel wurde, trotz der Mandarinen, selbst während des Krieges fort betrieben. Die Eingebornen der verschiedenen Städte an der Küste dieser Bucht sind ein unabhängiges und gesetzloses Volk. Einer von den Capitänen erzählte mir eine Anekdote die einen guten Begriff von der Art und Weise giebt wie in diesem Theile des Landes die Geschäfte geordnet werden.

Einige Opiumhändler kamen an Bord eines Schiffes, welches in der Bucht vor Anker lag, und baten ihnen einige Flinten zu leihen, für deren jede sie ein grosses Stück Sycee - Silber als Pfand nieder zu legen erbötig waren, welches den Werth der Flinten bei weitem überstieg, und versprachen nach einem oder zwei Tagen die Flinten wiederzubringen. Als man sie fragte was sie damit wollten, sagten sie, die Mandarinen und Regierungsbeamten würden bald kommen um die˙ Steuern zu erheben, und man sei entschlossen diese nicht zu bezahlen; zu diesem Zwecke hätten sie nur vier oder fünf Flinten nöthig: diese wurden ihnen verabreicht. Als sie dieselben nach zwei oder drei Tagen wieder brachten, fragte man sie ob alles gut gegangen sei. „Oh ja‟, antworteten sie, „wir haben die Mandarinen über die Berge gejagt.‟ Und es war gewiss nicht sehr schwer gewesen dieses auszuführen.

Die Bewohner der Städte und Dörfer um die Bucht herum liegen oft mit einander im Kriege. Sie versammeln sich dann, wie ehedem zur Ritterzeit, als noch „Gewalt vor Recht galt‟, die Grenznachbarn in unserm Lande. Eben so wie in jenen Zeiten wird eine Art Schutzzoll erhoben und Friedensverträge geschlossen, bei denen eine von den beiden Partheien die Summe über die man übereingekommen an die andere zahlt. Dies ist jedoch, wie ich leider sagen muss, nicht der schlimmste Zug in ihrem Charakter, denn sie sind die ärgsten Diebe und Räuber die es giebt, wie ich selbst zu meinem eignen Schaden erfahren habe.

Ich hatte eines Tages meinen chinesischen Diener an die Küste geschickt mit dem Auftrage, alle Pflanzen zu sammeln die er in einer gewissen Richtung, die ich ihm angab ehe er das Schiff verliess, finden könnte. Am nächsten Morgen aber kam er mit nur einigen wenigen unnützen Stücken zurück, die er offenbar ganz nahe am Landungsplatze an der Küste aufgerafft hatte. Ich war sehr ärgerlich und schalt ihn ziemlich derb dafür aus; er entschuldigte sich aber und sagte, er habe in der Richtung die ich ihm angegeben nicht gehen dürfen, weil ihn sonst die Chinchew's geschlagen und beraubt haben würden. Ich wollte dies nicht glauben und bildete mir ein es sei nur Faulheit von ihm, denn wie die meisten Chinesen welche einen bestimmten Monatslohn für ihre Dienste erhalten, zeichnete er sich ziemlich durch diese Neigung aus. Ich beschloss daher mich am folgenden Tage selbst aufzumachen und ihn zur Strafe für seine Faulheit einen tüchtigen Weg machen zu lassen. Der nächste Morgen war schön, ich sprang in ein chinesisches Boot welches ich zu diesem Zwecke gemiethet hatte, und erreichte, von der Brandung durchnässt, die an dieser Küste hoch geht und die Landung, namentlich in kleinen Booten, ziemlich gefährlich macht, das Ufer. Als ich an der Küste ankam und mich anschickte nach der Richtung zu gehen die ich im Sinne hatte, umringten mich die Schiffsleute und andere und versuchten es mich von meinem

Vorhaben abzubringen, indem sie mir vorstellten, dass ich sicher von den Chinchew's angefallen und beraubt oder ermordet werden würde. Ich sah auch Waffen, wie Flinten mit Luntenschlössern und lange Bambusstöcke in den Händen der Chinesen, die sie, wie mein Diener sagte, zu ihrer Vertheidigung tragen müssten. Ich hätte jetzt gern einige Leute von der Schiffsmannschaft zum Schutze bei mir gehabt — und allerdings hatte Capitän Woodrow sich erboten mir einige mitzugeben: jetzt aber war es zu spät; und so beschloss ich denn der Gefahr zu trotzen und vorwärts zu gehn. Ich schlug die Richtung nach den Hügeln ein, auf deren einem eine chinesische Pagode stand, die ich grosse Lust hatte zu besuchen, weil ich mir dort eine schöne Aussicht über die Umgegend versprach.

Mehrere Morgen Landes, an der ganzen Küste entlang, werden nur benutzt um das Seewasser verdunsten zu lassen, woraus Salz gewonnen wird, welches in China einen bedeutenden Handelsartikel bildet. Weiter hinein in das Land ist der Boden culturfähig und mit Bataten und Erd-nüssen bepflanzt, die in diesem Theile des Landes in den Herbstmonaten auf die Märkte gebracht werden. Zwischen den Feldern stösst man oft auf Gräber der Eingebornen, die zum Theil schön mit jenen halbkreisför-migen Erdhaufen geschmückt sind die man im südlichen Theile China's gewöhnlich findet, zum Theil aber ohne alle Verzierungen, was na-türlich von den Vermögensumständen der Verwandten abhängt. Die Hügel sind eben so wie in der Nähe von Amoy felsig und kahl; hie und da wachsen an den Seiten und in den Schluchten einige wilde Pflanzen, von denen manche sehr schön sind. Die bereits genannte Pagode steht auf der Spitze des höchsten Berges und ist für die Schiffe an der Küste ein vortreffliches Kennzeichen.

Auf meinem Wege nach den Hügeln wurde ich oft von Hunderten von Chinesen umringt, die mich offenbar für eine grosse Naturselten-heit hielten. Obwohl das Land unfruchtbar war, schien es doch von Einwohnern zu wimmeln; und ich dachte wirklich zuweilen die Steine verwandelten sich in Chinesen, so schnell wuchs zuweilen das Gedränge. Der Anblick war drollig genug: — auf der einen Seite der Thalschlucht stand ich und mein Diener mit unsern Botanisirbüchsen und anderen Ge-räthen und pflückten Blumen aller Art die wir fanden: gegenüber am an-dern Rande standen drei- bis vierhundert Chinesen beiderlei Geschlechts und jeden Alters, die nach uns herüber sahen und in deren Mienen das grösste Staunen abgeprägt war. Und dann, ihre Gesichtsbildung, ihre Sitten und Kleidung, alles war für den Fremden so auffallend, dass ich glaube unsere Verwunderung und Neugierde war von beiden Seiten gleich gross. In der Regel waren sie bescheiden, endlich aber wäre ich doch wegen eines seidenen Halstuches beinahe belästigt worden, indem einige von ihnen grosse Lust nach demselben zu haben schienen und mir sagten dass es ihnen sehr gut um den Kopf stehen würde — denn in diesem Theile China's trägt man ein Tuch als Turban. Die verschiedenartigen Mittel welche sie anwendeten um ihren Zweck zu erreichen machten mir vielen Spass. Einer brachte eine Handvoll Blumen die er in der einen Hand empor hielt, indem er mit der andern auf mein Halstuch zeigte und zu verstehen gab dass er auf diese Weise den Handel abschliessen wolle; ein anderer brachte einige Erdnüsse, noch andere brachten mir ein wenig Unkraut, alle aber nahmen sich in Acht etwas anzubieten das einigen Werth hatte. Ich fing an so gut als möglich chinesisch zu radebrechen, worauf zwei von ihnen so schnell sie konnten in das Dorf liefen, indem sie mir zu verstehen gaben ich möchte warten bis sie wieder zurückkämen. Obwohl ich ihre Absicht nicht errathen konnte, that ich ihnen doch den Gefallen. Sie liessen nicht lange auf sich warten und brachten eine Flasche *sam-shew*, oder chinesischen Brandtwein, in der Meinung dass ich diesen verlangt hätte und den sie jetzt für das Halstuch anboten, offenbar in der Ueberzeugung dass dieses Gebot unwiderstehlich sei. Das Gedränge wurde mir indess doch allmälig zu gross, ich ging daher nach den Hügeln zu und schickte mich an dieselben zu ersteigen — wie ich jedesmal that wenn ich den Chinesen aus dem Wege gehen wollte, da sie in der Regel zu faul sind um noch weiter mitzugehen, wenn einige Anstrengung erforderlich ist. Ich erreichte meinen Zweck vollkommen, denn bald war ich allein. Als ich den höchsten Berg erreichte, auf dem die Pagode steht und auf die Ebene herabschaute über die ich hergekommen, war ich nicht mehr in Ungewissheit woher die Schaaren kamen die mich umringt hatten, denn nach allen Seiten hin erblickte ich grosse Dörfer und Städte. die mir, so lange ich in der Ebene war, nicht sichtbar gewesen waren.

Als ich die Pagode erreichte war ich erstaunt dieselbe in einem höchst verfallenen Zustande und fast ganz in Ruinen zu finden, obwohl der fest gebaute Haupttheil noch beinahe ganz erhalten war. Einige wenige steinerne Blöcke oder Götzen — eine Kuppel mit einer doppelten Mauer, in der eine Wendeltreppe zu den verschiedenen Balcons hinaufführte wo der Wind fürchterlich sauste, sind alles was ich von der Pagode genauer angeben kann. Ich stieg hinauf und hatte oben eine herrliche Aussicht über die ganze Umgegend, mehrere Meilen weit, nach allen Seiten hin. So weit das Auge reicht hat das Land überall denselben dürren und steinigen Charakter. Niemand bemerkte oder belästigte mich hier.

Nachdem ich mich an der Aussicht über das Land von der Spitze der Hügel aus ergötzt hatte, stieg ich auf einem andern Wege, als dem welchen ich gekommen, wieder hinab, kaum aber hatte ich die Ebene erreicht, als ich auch schon wieder von den Eingebornen umringt wurde. Es war schon ziemlich spät am Nachmittage, und mein Diener fühlte sich, wie ich glaube, ziemlich ermüdet. Wo er irgend konnte suchte er sich einige Schritte zu ersparen; und da ich zuweilen ziemlich weite Kreise beschrieb um Pflanzen zu suchen, so nahm er in der Regel den kürzesten Weg in der Richtung die wir, wie er wusste, zuletzt einschlagen mussten. Einige Eingeborne begannen jetzt mir in ziemlicher Nähe zu folgen, und aus ihren Geberden schloss ich dass sie nichts Gutes im Schilde führten, da sie mir aber sagten, dass sie mich an einen Ort führen wollten wo ich manche schöne Pflanzen und Blumen sehen würde, so liess ich sie mitgehen und versuchte sie in guter Laune zu erhalten. Endlich kamen wir vor einem grossen Hause an, welches in einer abgelegenen Gegend stand, und mit vollkommener Zuversicht schritt ich auf dasselbe zu, als die Chinesen anfingen sich dichter um mich zu drängen. Auf einmal fühlte ich eine Hand in meiner Tasche, ich drehte mich schnell um und sah wie der Dieb mit einem Briefe den er entwendet hatte davonlief. Sobald er jedoch bemerkte dass er entdeckt war, warf er den Brief hin und machte sich aus dem Staube; als ich aber in die Tasche griff, fehlten mir auch einige Gegenstände von grösserem Werthe. Ich verdoppelte daher meine Schritte

und sah mich nach meinem Diener um, den ich in einiger Entfernung erblickte und den acht bis zehn dieser Kerls angefallen hatten. Sie hatten ihn
umringt, zeigten ihm ihre Messer und drohten ihn niederzustossen wenn
er den geringsten Widerstand leistete; zu gleicher Zeit versuchten sie ihn
zu plündern und nahmen ihm alles, auch das werthloseste; und meine
armen Pflanzen, die ich mit so grosser Mühe gesammelt hatte, wurden
nach allen Richtungen hin zerstreut. Ich sah ein dass wir uns in einer
gefährlichen Lage befänden, liess die Taschendiebe wo sie waren und eilte
so schnell ich konnte meinem Diener zu Hülfe. Als mich die Chinesen
kommen sahen ergriffen sie sämmtlich das Hasenpanier und machten dass
sie zu ihren Gefährten kamen, die in einiger Entfernung der Sache zusahen. Mein Diener war blass vor Schrecken als ich ihn erreichte, und
sehr aufgeregt; und ermangelte nicht mir alles ins Gedächtniss zurückzu-
rufen was er Tags zuvor gesagt hatte. Ich sah wohl dass nicht zu läugnen war wie wir uns in einer gefährlichen Gesellschaft befänden und
nichts besseres thun könnten als zu sehen wie wir so bald als möglich
davonkämen; ich schlug daher den geradesten Weg nach dem Dorfe ein
wo wir das Boot zurückgelassen hatten, und mein Diener war wohl darauf bedacht mir so nahe wie möglich auf den Fersen zu folgen. Als wir
uns dem Landungsplatze näherten, kamen uns die Bootsleute in grosser
Angst entgegen und sagten, sie hätten schon lange auf uns gewartet und
gefürchtet dass uns die Chinchew's entweder bestohlen oder gar ermordet
hätten. Es war die Zeit der Ebbe und wir mussten etwa eine halbe
Meile weit durch reinen Sand, an dem sich an der anderen Seite die Brandung furchtbar brach. Die Bootsleute sagten anfänglich es sei unmöglich
vor dem nächsten Morgen zu Schiffe zu gehen, und die Leute im Dorfe
versprachen uns gutes *chow-chow* (Essen), und Nachtquartier. Ich dankte
ihnen für alle ihre gütigen Anerbieten, sagte ihnen aber dass ich es vor-
zöge an Bord des *Ka-pan* mit drei Masten zu gehen, weil ich am nächsten
Morgen früh bei Zeiten nach Chusan absegeln wollte. Hierauf wurde einigen andern Bootsleuten die sich dicht in der Nähe befanden ein Zeichen
gegeben, und sogleich war alles in Bewegung. Eine Anzahl Männer trugen
das Boot durch den Sand nach dem Wasser, ich sprang auf den Rücken
eines untersetzten Chinesen, der schnell wie ein Raçenpferd durch den
Triebsand lief und mich im Boote absetzte, und nun ruderten sie uns auf
eine meisterhafte Weise durch die rollende Brandung. Sicher und wohlbehalten erreichte ich das Schiff, obwohl durch und durch nass; meine
Meinung von den Chinesen aber war in Folge des Abenteuers dieses
Tages bedeutend herabgestimmt.

Unter den Pflanzen die bei dem Kampfe zwischen meinem Diener
und den Eingebornen beinahe ganz vernichtet wurden, waren mehrere
hübsche Wurzeln der *Campanula grandiflora,* die auf diesen Hügeln
wild wächst, und eine neue Species der Abelia *(Abelia rupestris).* Beide
sind schliesslich wohlbehalten in England angekommen und befinden sich
jetzt in dem Garten der Gartenbaugesellschaft zu Chiswick.

Die Bucht welche den Namen C h i n c h e w führt ist ebenfalls eine Station für Handelsschiffe gewesen, und liegt einige Meilen weiter nördlich
als die von Chimoo. Ich erwähne diesen Ort, um zu zeigen welche grosse
Veränderung seit dem letzten Kriege mit den Chinesen vorgegangen ist.

Die Capitäne der Schiffe haben jetzt hier, wie zu Namoa, Pferde für ihre Morgen- und Abendspazierritte.

Vor einiger Zeit ereignete sich ein kleiner Umstand der für sich selbst spricht. Es war, ich weiss nicht weshalb, nöthig, die Pferdeställe der Offiziere abzubrechen, die an einer andern Stelle an der Küste wieder aufgebaut werden sollten. Als die Steine von einem Orte zum andern geschafft werden sollten wurden die Arbeiter von einigen Eingebornen aus den untern Volksclassen daran behindert, welche sich die Steine für ihren eignen Gebrauch aneigneten. Nach einigen Tagen kamen unsere Leute zufällig an die Stelle wo der alte Stall gestanden hatte, und fanden zu ihrer Verwunderung sämmtliche Steine wieder an Ort und Stelle gebracht, was ohne Zweifel auf Veranlassung irgend eines hohen chinesischen Beamten geschehen war. Dieser Umstand zeigt, wie ich glaube, dass es den Mandarinen darum zu thun ist mit den Engländern in gutem Einvernehmen zu bleiben, obwohl man aus guter Quelle wissen will dass sie im Innern des Landes zu einem neuen Kriege rüsten.

Die Vegetation und das allgemeine Ansehen des Landes ist ganz dasselbe wie bei Chimoo: doch war mir die Formation eines Theiles des Festlandes nahe am Eingange der Bucht sehr auffallend. Die Hügel bestanden nämlich zum Theil aus Felsen, zum Theil aber aus ungeheuern Sandbänken von Seesand, die durch einen furchtbaren Sturm oder irgend eine Naturrevolution aus dem Grunde des Meeres emporgewühlt zu sein scheinen. Seemuscheln, Steinschiefer, grosse Felsenstücke, tragen eben so wohl wie der Sand dazu bei die mächtige Masse emporzuthürmen, und alles bildet einen auffallenden Contrast zu dem Ansehen welches die ganze Umgebung hat.

Die Eingebornen sind hier, wie an der ganzen Küste dieser Provinz, Diebe und Seeräuber, aber die besten und unternehmendsten Seeleute in China, und man findet sie überall wohin man kommt. Ihr Handel wird dadurch dass die englischen Schiffe in den nördlichen Häfen Zutritt erhalten haben grossen Abbruch erleiden.

Ich darf hier die vielfachen Gefälligkeiten nicht unerwähnt lassen die mir von den Capitänen der Schiffe an den Opiumstationen zu Theil wurden; überall leisteten mir dieselben gern hülfreiche Hand und bestrebten sich durch alle in ihrer Macht stehende Mittel meine Zwecke zu fördern.

Viertes Capitel.

Das Land bei Chusan. — Beschreibung der Insel. — Die Stadt Tinghae. — Ackerbau. — Markterzeugnisse. — Hanfpflanzen. — Palmen. — Klee. — Oelpflanzen. — Flora der Insel. — Hügel mit Azaleas u. s. w. bedeckt. — Der Talgbaum. — Die grüne Theepflanze. — Bambus und andere Bäume. — Früchte. — Yang-Mai und Kum-Quat. — Die Einwohner in den Läden zu Tinghae. — Englische Namen an Ladenthüren. — Eine neue Sprache. — Art und Weise die Fremden zu classificiren. — Augenkrankheiten. — Salzbereitung. — Bereitung des Talges aus Pflanzenstoffen. — Ausbrütung der Eier durch künstliche Wärme.

Unser kleines Schiff war wieder hinlänglich ausgebessert, und wir konnten nun unsere Reise weiter fortsetzen. Diesmal waren wir glücklicher und erreichten nach einer zehntägigen Fahrt von Chimoo aus die Chusan umgebende Inselgruppe. Als wir uns diesen Inseln näherten war ich entzückt über das veränderte Aussehen des Landes, und als wir an der Landspitze von Keto Anker warfen um die Fluth zu erwarten, war Herr Capitän Landers so gefällig mir ein Boot und einige Leute zu überlassen damit ich an die Küste gehen könnte. Der erste Blick auf die Vegetation überzeugte mich dass hier das Feld meiner künftigen Thätigkeit sein müsse, und ich zweifelte jetzt nicht mehr daran dass meine Sendung den glücklichsten Ausgang haben würde. Die Hügel hier waren nicht mehr so dürr und kahl, sondern entweder bebaut, oder mit herrlichem grünen Gras, Bäumen und Buschwerk bedeckt. Mit erleichtertem Herzen kehrte ich auf das Schiff zurück, und wenige Stunden später warfen wir in der schönen Bucht von Chusan Anker.

Chusan ist eine grosse und schöne Insel, zwanzig Meilen lang und an der breitesten Stelle zehn bis zwölf Meilen breit. Wenn man näher kommt gewährt der Anblick der zahlreichen Inseln, welche nach allen Seiten zu aus dem Meere hervorragen, einen überraschenden und malerischen Anblick; herrliche Gebirge thürmen sich über dem Lande empor und fruchtbare Thäler ziehen sich bis an das Meer hinab. Die Insel selbst ist eine fortgesetzte Reihe von Hügeln, Thälern und Schluchten, und die Landschaft hat grosse Aehnlichkeit mit den schottischen Hochlanden. Am Eingange jedes Thales sind Gebirgspässe die man, um in das Innere des Landes zu gelangen, passiren muss. Die Thäler sind reich und schön, rings von Gebirgen umgeben, die an manchen Stellen mit Bäumen bewachsen sind, an andern bebaut werden: hinter diesen sind wieder andere eben so fruchtbare mit reicher Vegetation bekleidete Thäler, von hellen, von den Bergen herabströmenden Bächen bewässert. So kann man von Thal zu Thal, einen Pass nach dem andern überschreitend, die ganze Insel durchwandern, bis endlich die offene See offen vor den Blicken liegt die man schon während der Wanderung an mehreren Stellen flüchtig gesehen. Wären unserer Insel Hong-kong dieselben natürlichen Vortheile und Schönheiten zu Theil geworden wie Chusan, welch ein prächtiger Ort könnte in wenigen Jahren durch unsere unternehmenden englichen Kaufleute daraus gemacht werden!

Die bedeutendste Stadt auf der Insel ist Tinghae, welches bekanntlich im letzten Kriege zweimal von den englischen Truppen eingenommen wurde. Mit jedem andern der fünf Häfen, in denen jetzt die Fremden Handel treiben dürfen, verglichen ist es nur klein: die Mauern haben nicht mehr als drei (engl.) Meilen im Umfang und die Vorstädte sind nicht sehr ausgedehnt; es hat ungefähr 26,000 Einwohner. Als ich hier war, befand sich die Insel in den Händen der Engländer, die sie nach dem Vertrage von Nang-king bis zum Jahre 1845 in Besitz hielten, und Tinghae war daher das Hauptquartier der Truppen: auch zu Sing-kong und Singkie-mun, den westlichen und östlichen Theilen der Insel, hatten wir Stationen. Der Major General, Sir James Schoedde, der den Oberbefehl führte und an den ich von Lord Stanley Briefe hatte, war so gefällig mir in einem Hause innerhalb der Mauern eine Wohnung zu verschaffen, und ich fing sogleich meine Arbeiten an. Ich war so glücklich die Bekanntschaft des Herrn Dr. Maxwell, vom zweiten Regiment der Infanterie von Madras zu machen, welches hier stationirt war. Dieser war selbst ein grosser Freund botanischer Studien, hatte selbst unermüdliche Nachforschungen angestellt, und konnte mir daher manche für mich höchst werthvolle Auskunft geben. Er hatte von allen besonders auffallenden Pflanzen die er auf der Insel gefunden, Zeichnungen gemacht, und so fand ich mich auf einmal in Besitz von Nachweisen und Kenntnissen die ich mir auf eine andere Weise erst hätte in einigen Monaten erwerben können.

Zwei Jahre lang von da an (November 1843) hatte ich häufige Gelegenheit Chusan zu allen Jahreszeiten zu besuchen, und war folglich im Stande mir eine vollkommene Kenntniss des Bodens, der Erzeugnisse und der Flora der Insel zu verschaffen. Der Boden der Insel ist ein fetter, mit grobem Sande gemischter Lehm, in den Thälern noch härter, weil er hier weniger mit Pflanzenstoffen gemischt ist und fast beständig unter Wasser steht. Doch findet man hier Granitfelsen derselben Art wie auf den dürren Hügeln in südlicheren Theilen des Landes, die, obgleich in der Regel mit Boden und Vegetation bedeckt, doch ohne Zweifel früher eben so kahl und dürr gewesen sind wie ihre südlichen Nachbarn.

Sämmtliche Thäler und Hügelabhänge sind bebaut; die hauptsächlichste Feldfrucht in den Niederungen ist Reis, auf den Hügeln hingegen werden meist Bataten gebaut. In den Frühlings- und Sommermonaten wächst auf den hüglichen und höher gelegenen Feldern Weizen, Gerste, Bohnen, Erbsen und Mais; das niedere Reisland aber ist für diese Früchte zu nass. Auch Baumwolle wächst auf der Insel, jedoch nicht in grosser Quantität und nur für den Hausbedarf der kleinen Grundeigenthümer auf deren Feldern sie gebaut wird. Eine Pflanze giebt es hier, die *Urtica nivea,* die sowohl wild wächst als angebaut wird, und gegen drei bis vier Fuss hoch wird. Die Rinde dieser Pflanze giebt eine starke Faser, welche von den Eingebornen bereitet und verkauft wird und wovon Stricke und Taue verfertigt werden. Dieselbe Species soll auch eine sehr feine Faser geben, die zur Verfertigung des Grastuches genommen wird. Eine andere feste Faser wird von den Bracteen einer Palme gewonnen die auf Chusan an den Seiten der Hügel gezogen wird, eben so wie in ähnlicher Lage in der ganzen Provinz Chekiang. Die Artikel entsprechen dem Zwecke zu dem sie gebraucht werden ausgezeichnet; aber die von Manilahanf gemachten Stricke sind bei weitem fester und dauerhafter. Aus den Blättern derselben Palme machen die Eingebornen in den nördlichern Gegenden das sogenannte *So-e,* oder Blätterkleid, und einen Hut von demselben Stoffe, den sie bei Regenwetter aufsetzen; und obgleich sie sich in dieser Kleidung ziemlich komisch ausnehmen, so gewährt dieselbe doch einen trefflichen Schutz gegen Wind und Regen. Im Süden von China wird das *So-e* aus den Blättern des Bambus und anderer breitblätterigen Grasarten gemacht.

Sobald die erste Reisernte eingesammelt ist, wird der Boden sogleich wieder gepflügt und für die Aussaat weniger zarter Gewächse, wie Klee, Oelpflanze und anderer Kohlarten vorbereitet. Den Klee sät man auf rückenartigen Erhöhungen, um ihn über der Fläche des Wassers zu erhalten, welches während der Wintermonate oft die Thäler bedeckt. Als ich zuerst nach Chusan kam und so grosse Flächen mit diesem Gewächse bedeckt sah, konnte ich mir nicht erklären wozu man es gebrauche, denn die Chinesen haben wenig Vieh, für welches an den Seiten der Wege und den unbebauten Stellen der Hügel gerade genug Nahrung wächst. Auf meine Frage erfuhr ich dass der Klee fast ausschliesslich zur Düngung gebaut wird. Die grossen frischen Blätter desselben werden auch abgerissen und von den Eingebornen als Gemüse genossen.

Die Oelpflanze, *Brassica chinensis*, hat zu Anfang des Mai Körner und kann um diese Zeit vom Felde genommen werden. Diese Pflanze wird in diesem Theile von China sowohl in der Provinz Chekiang als in Kiangsoo auf grossen Strecken gebaut, und das aus ihrem Saamen gepresste Oel ist sehr gesucht. Zur Belehrung für diejenigen meiner Leser welche keine botanischen Kenntnisse besitzen, muss ich hier bemerken, dass diese Pflanze eine Art Kohl ist; sie hat einen Blumenstengel von drei bis vier Fuss Höhe, gelbe Blüthen und lange Saamen-Schoten, wie alle Kohlarten. Im April, wenn die Felder in Blüthe stehen, scheint das ganze Land goldgelb gefärbt, und der Duft welcher die Luft erfüllt, ist namentlich nach einem Aprilregen äusserst lieblich.

Der kleine von Ochsen gezogene Pflug und das berühmte Wasserad, welches hier mit den Händen gedreht wird, sind die hauptsächlichsten Wirthschaftsgeräthe. Der Pflug hat ein ziemlich plumpes Ansehen, entspricht aber seinem Zwecke vortrefflich, und passt für die Chinesen in ihrem jetzigen Zustande, und ihre Ochsen und Büffel, wahrscheinlich besser als unser mehr vervollkommneter. Eine ungeheuere Quantität Wasser wird mit grosser Leichtigkeit durch das Wasserad emporgehoben und mit grosser Schnelligkeit über die verschiedenen mit Reis bebauten Flächen gegossen. Ich bin oft lange stehen geblieben um zuzusehen und die Einfachheit und den Nutzen dieser einfachen Vorrichtung zu bewundern.

Die Flora von Chusan und des ganzen Festlandes der Provinz Chekiang ist sehr von der der südlicheren Provinzen verschieden. Fast alle Species die den Charakter der Tropengewächse haben sind gänzlich verschwunden, und statt ihrer finden wir andere, die mit denen verwandt sind welche in den gemässigten Klimaten anderer Theile der Welt gefunden werden. Ich traf hier zum erstenmal die schöne *Glycine sinensis* wild auf den Hügeln, wo sie sich an den Hecken und Bäumen emporwindet, und ihre blühenden Zweige hängen in zierlichen Gewinden an den Seiten der engen Wege herab die über die Gebirge führen. Die *Ficus nitida,* welche im Süden so gewöhnlich in den Umgebungen der Tempel und Häuser wächst, ist hier unbekannt, und viele von den schönen Blumenarten die man im Süden nur auf den Spitzen der Gebirge findet, haben sich hier eine weniger hoch gelegene Stätte gewählt. Ich meine hier namentlich die *Azalea* welche auf dieser Insel in grosser Menge an den Hügelabhängen wächst. Viele von uns haben die schönen Azalea's bei den Festen zu Chiswick gesehen und bewundert, diese sind als besondere Probeexemplare in den meisten Fällen schöner als die welche auf ihren heimathlichen Hügeln wachsen und blühen, aber von der prächtigen und auffallenden Schönheit dieser mit Azalea's bekleideten Berge, wo zu allen Seiten, so weit die Blicke reichen, das Auge auf Blumenmassen ruht, deren schimmernder Glanz und Schönheit alles übertrifft, kann man sich kaum eine Vorstellung machen. Aber nicht allein die Azalea zieht unsere Bewunderung auf sich, sondern auch die Waldrebe, wilde Rose, Geisblatt, die oben genannte Glycine und hundert andere tragen bei die Pracht zu erhöhen und lassen uns bekennen, dass China in der That „das Land der Blumen" ist. Es giebt verschiedene Species von Myrthaceen- und Ericaceengattungen, die ebenfalls auf den Hügeln sehr

gewöhnlich sind, aber nirgends habe ich eine Species des Heidekrautes gefunden, und ich glaube, dass dieses Geschlecht in diesem Theile des Landes gar nicht existirt.

Der Talgbaum (*Stillingia sebifera*) wächst in den Thälern von Chusan in grosser Menge, und grosse Massen von Talg und Oel werden jährlich
aus seinem Samen gewonnen, zu welchem Zwecke in mehreren Theilen
der Insel Talgmühlen errichtet sind. Der *Laurus Champhora*, oder
Champherbaum, ist ebenfalls häufig, es wird aber kein Champher ausgezogen und von der Insel ausgeführt. Der grüne Theestrauch (*Thea viridis*)
wird überall gebaut; aber mit Ausnahme einer kleinen Quantität, die jährlich
auf das feste Land hinübergebracht wird — nach Ning-po und den benachbarten Städten — wird der ganze Ertrag von den Einwohnern selbst
verbraucht. Jeder kleine Bauer und Hausbesitzer hat einige Pflanzen auf
seinem Grundstücke, die er mit grosser Sorgfalt pflegt, man scheint aber
keine Lust zu haben den Theebau in grösserem Maassstabe zu betreiben.
Es ist in der That die Frage ob es lohnen würde, da der Boden kaum
reich genug ist; und obgleich der Strauch ziemlich gut gedeiht so ist er
doch bei weitem nicht so üppig wie in den grössern Theedistricten auf
dem Festlande. Einen eigenthümlichen Eindruck machen die Wälder von
verschiedenen Bambusarten, welche der Landschaft von Chusan einen tropischen Charakter geben. Ich kenne nichts schöneres als den gelben
Bambus mit seinen saubern und geraden Stengeln, wenn der Wind die
zierlichen Blätterbüschel bewegt, was mich immer an unsere jungen Ler-
chenbaumwälder in unserer Heimath erinnert. Die Fichte, welche man
im Süden findet, ist in diesem Theile von China ebenfalls häufig: sie scheint
eine Ausnahme von der allgemeinen Regel zu bilden, da man sie überall im
ganzen Lande und in jedem Breitengrade antrifft. Auch die *Cunninghamia
sinensis*, eine andere Nadelholzart, findet man hier in grosser Menge, diese
ist im Süden seltener. Ausserdem giebt es mehrere Arten der Cypresse
und des Wachholder, die man immer an den Gräbern der Wohlhabenden
findet, welche über das Thal und die Seiten der Hügel zerstreut sind.

An Früchten ist Chusan allerdings nicht sehr reich. Alle Pfirsichen,
Trauben, Birnen, Pflaumen, Orangen u. s. w. die im Sommer in Tinghae
auf den Markt gebracht werden, kommen vom Festlande. Es giebt jedoch
zwei Fruchtarten die auf der Insel gezogen werden und die ganz vortrefflich sind; die eine wird Yang-mai genannt, und ist eine scharlachrothe
Frucht, der Erdbeere nicht unähnlich, aber mit einem Kerne wie die Pflaume;
die andere ist die Kum-quat, eine kleine Citrusart, ungefähr von der
Grösse einer länglichen Stachelbeere, mit süsser Schale und scharfsaurem
Fleisch. Eingemacht ist diese Frucht denen welche mit Canton in Verbindung stehen wohl bekannt, und in der Regel wird alle Jahre eine kleine
Quantität nach hause geschickt. Nach chinesischer Weise in Zucker ein-
gemacht schmeckt sie vortrefflich. Kum-quat-Wäldchen sind an allen
Hügelabhängen in Chusan etwas gewöhnliches. Der Strauch wächst drei
bis sechs Fuss hoch und gewährt, wenn er mit seinen orangengelben
Früchten bedeckt ist, einen sehr hübschen Anblick.

Die Inseln des Archipelagus von Chusan haben alle Abwechselung der
Höhe und des Bodens, und ein grosser Theil der Hügel und Thäler ist

noch in vollständigem Naturzustande*, ich fand daher nicht bloss einen grossen Pflanzenreichthum, sondern auch manches sehr interessante Neue. Die Eingebornen von Chusan sind ein gutmüthiges und friedfertiges Volk und waren gegen mich immer höflich und zuvorkommend. Eben so wie die Vegetation ihrer Hügel, unterscheiden sie sich sehr von ihren Landsleuten im Süden, und ich freue mich es sagen zu können, sehr zu ihrem Vortheil. Ohne Zweifel giebt es auch unter ihnen Diebe und schlechtes Gesindel, aber verhältnissmässig wenig, und diese werden hier besser von der Regierung in Schach gehalten. Die Folge davon ist, dass unbewachtes Eigenthum hier um vieles sicherer, und räuberische Einbrüche fast ganz unbekannt sind. Die Bevölkerung kann in drei Classen eingetheilt werden: — das Landvolk, oder die Bauern und Ackerarbeiter, die Handelsleute in den Ortschaften, und die Mandarinen oder Regierungsbeamten. Der Handel von Tinghae und den andern Ortschaften scheint hauptsächlich in Artikeln zu bestehen die zur Nahrung und Kleidung dienen, und wegen der Menge brittischer Soldaten, die seit unserer Besetzung der Insel, bis dieselbe den Chinesen wieder übergeben wurde, hier waren, war dieser Handel, wie man sich denken kann, in einem sehr blühenden Zustande. Früchte und Gemüse wurden in grossen Quantitäten vom festen Lande herüber gebracht; Fische waren im Ueberflusse da, gute Schafe wurden das Stück mit drei Dollar bezahlt, und die Chinesen überwanden ihre religiösen Vorurtheile sogar so weit, dass sie den Markt mit jungen Ochsen versorgten, die im Preise von acht bis zwölf Dollar verkauft wurden. Es war zum Erstaunen wie schnell sie sich an unsere Sitten gewöhnten und alle unsere Bedürfnisse zu befriedigen im Stande waren. Brod, nach englischer Weise gebacken, war bald in den Läden zum Verkauf ausgestellt,** und selbst fertige Kleider konnte man in ziemlicher Quantität erhalten. Die Schneider kamen schaarenweise von allen Seiten herbei: ein grosser Theil der Läden in der Nähe des Strandes war von ihnen besetzt, und sie hatten ohne Zweifel die beste Einnahme, obgleich sie alle Kleidungsstücke für sehr billige Preise lieferten. Läden mit Merkwürdigkeiten gab es eine Unzahl; hier wurden Götzen oder Götterbilder, aus Bambus geschnitzt oder aus Stein gehauen, verkauft, Weihrauchgefässe, alte Medaillen, Thiere von seltsamen Gestalten die nur im Gehirn der Chinesen existiren, und zahllose Porcellangeräthe und Malereien. Auch seidene Tücher fehlten nicht, und man konnte hier schöne Seidenwaaren haben, billiger und besser als in Canton. Die Stickerei in diesen Läden war höchst sorgfältig gearbeitet und sehr schön, und man muss dieselbe sehen, um sie richtig

---

* Diese Beschreibung wird kaum mit der Aussage derer übereinstimmen die uns die Industrie der Chinesen so gross schildern dass in China jede Handbreit Landes bebaut sei! Thatsachen aber lassen sich nicht bestreiten.

** Eine hier gebräuchliche Art zu kochen und zu backen ist sehr sinnreich. Eine grosse Reispfanne, unter der ein Feuer brennt, wird mit Wasser gefüllt, auf diese wird eine Art Sieb gestellt, das aus Bambus gemacht und mit Brod oder andern Artikeln die gekocht werden sollen angefüllt ist; der Inhalt mehrerer solcher Siebe, die eines über dem andern stehen, wird zu gleicher Zeit gekocht, indem der Dampf durch das untere zu dem höheren hinaufsteigt. Die Seiten schliessen natürlich genau aneinander, so dass der Dampf nicht ausströmen kann, und nur das oberste Sieb ist mit einem genau schliessenden Deckel zugedeckt. Auch unsere gewöhnlichen Kachelöfen sind hier in Gebrauch.

beurtheilen zu können. Die Chinesen wenden dieselbe hauptsächlich bei solhen Artikeln an, wie Umschlagetücher und Schürzen für englische Frauen. Die Ladeninhaber in Tinghae hielten einen englischen Namen für die erste Bedingung um ihren Läden Ansehn und ihrem Geschäfte Fortgang zu verschaffen, und es war höchst unterhaltend, wenn man auf den Strassen ging, die verschiedenen Namen zu lesen welche sie auf Rath und Unterweisung unserer Soldaten und Matrosen angenommen hatten, an die sie sich gewöhnlich in dieser Angelegenheit wendeten. Hier gab es „Stultz, Schneider aus London;" „Buckmaster, Schneider für Heer und Flotte;" „Dominic Dobbs, Materialhändler;" „Squire Sam, Porzellanhändler." Namentlich die Anzahl der Kaufleute „Ihrer Majestät" war sehr gross; unter diesen war ein „Tailor to her Most Gracious Majesty Queen Victoria and his Royal Highness Prince Albert, by appointment," und der Name darunter war ein einziges Wort, welches ich anfänglich nicht sogleich entziffern konnte, es hiess, Uniformsofalldescriptions. Oft verlangten sie von ihren Kunden Certificate, die zum Theil höchst lächerlich ausfielen und mit denen die armen Chinesen nie ganz zufrieden waren, da sie oft von denen welche sie ausstellten zum Besten gehalten wurden; sie zeigten dieselben daher beständig andern ihrer Kunden, mit den Worten, „what thing paper talkie; can do, eh?" Die Antwort war etwa — „O ja Fokei, das geht, nur ein wenig anders wär' es noch besser," der arme Fokei läuft, bringt eine Feder, es wird eine kleine Aenderung angebracht, und das Ding ist, wie man denken kann, noch lächerlicher als zuvor.

Fast alle Eingebornen die mit den Engländern in Berührung kommen verstehen ein wenig Englisch, und da sie eben so einige Worte Portugisisch, Malaiisch und Bengalisch kennen, so mischen sie bald diese Sprachen alle untereinander und bilden das Ganze zusammen zu einer neuen Sprache, die für den vollendetsten Linguisten noch schwer genug zu analysiren sein möchte, und, was das Beste dabei ist, sie bilden sich alle ein, ein vorzügliches Englisch zu sprechen.

Die Art und Weise wie die Chinesen die Fremden auf der Insel classificirten war ziemlich possirlich. Sie kannten nur drei Abstufungen des Ranges in die sie alle reihten — Mandarinen, oder wie sie das Wort aussprechen, Mandali, Sien-sangs, und A-says. In die erste Classe setzten sie alle Personen von Rang die ein Amt bekleideten, so wie die Officiere der Armee und der Flotte; die höheren nannten sie „Bulla Bulla Mandali," die niederen „Chotta Chotta Mandali," mit verunstalteten hindustanischen Worten, welche sehr gross und sehr klein bedeuten. Die Kaufleute wurden mit dem Titel Sien-Sang beehrt, und die gemeinen Soldaten, Matrosen und andere Leute niederen Standes kamen sämmtlich in die Classe der A-says. Das Wort Mandarin ist nicht Chinesisch, sondern wurde bereits von den Portugiesen zu Makao gebraucht, ebensowohl wie von den Engländern, um einen chinesischen Regierungsbeamten zu bezeichnen; Sien-Sang ist ein chinesischer Ausdruck welcher Meister oder Lehrer bedeutet, und in der Regel als ein Ehrentitel gebraucht wird, ungefähr in derselben Bedeutung wie bei uns das Wort Herr; A-say aber ist eine ganz neue Benennung. „I say" oder „Ay say" ist ein bei unseren Soldaten und Matrosen sehr gewöhnlicher Ausdruck; und als im Kriege die nördlichen Städte von unsern Truppen eingenommen wurden, hörten die Chinesen dass unsere Leute einander immer so anredeten, woraus sie schlossen dass dies der

Name der 'Classe sei zu der die niedern Stände gehörten. Es war etwas sehr gewöhnliches dass man sie fragen hörte ob Jemand ein Mandarin, ein Sien-sang, oder ein A-say sei.

Hautkrankheiten sind unter den Eingebornen hier weniger gewöhnlich als im Süden von China, was vermuthlich dem gesünderen Klima zuzuschreiben ist, dagegen sind hier schlimme Augenkrankheiten sehr häufig, die zuletzt in gänzliche Blindheit übergehen. Diese wird ohne Zweifel zum grossen Theil durch die Operation der einheimischen Barbiere hervorgebracht, die, wenn sie ihren Kunden den Kopf bescheren, auch die Augen kitzeln und mit der Sonde in die Ohren fahren, wovon sowohl Blindheit als Taubheit die Folge ist. Die Augenwimpern wachsen in Folge dieses Verfahrens häufig einwärts und die auf dem Auge reibenden Haare verursachen Entzündung. 'Viele von den armen Eingebornen wurden von meinem Freunde Dr. Maxwell geheilt, der mit der grössten Freundlichkeit und Menschenliebe täglich einige Stunden eigens für diesen Zweck bestimmte. Von allen Seiten der Insel kamen ganze Schaaren zu ihm, die sich gern und ohne Murren den schmerzvollsten Operationen unterwarfen. Seine Geschicklichkeit brachte manche höchst merkwürdige Kuren zu stande und sein Ruf verbreitete sich nicht allein über die ganze Insel, sondern auch bis auf das feste Land nach Chinhae und Ningpo — von wo viele kamen und auf die Liste seiner Patienten gesetzt zu werden baten. Als ich einmal mit dem Doctor auf einem botanischen Ausfluge bei einer kleinen Hütte am Fusse der Hügel vorbeikam, stürzte ein Mann mit seiner Frau heraus und bat uns in seine Wohnung einzutreten. Wir thaten es, es wurden uns Stühle gebracht und Thee vorgesetzt, und die guten Leute dankten dem Doctor auf die herzlichste Weise für die Güte welche er ihnen erwiesen hatte. Der Mann war beinahe blind gewesen und nicht mehr im Stande für seine Familie zu arbeiten, als er von dem englischen Wunderdoctor hörte; er kam nach Chusan herüber und erhielt bald sein Gesicht wieder.

In Chusan, wie auf den benachbarten Inseln, gewinnen viele Einwohner ihren Lebensunterhalt durch Bereitung von Salz an der Seeküste. Man häuft zu diesem Behufe auf den Flächen dicht an der See im Winter grosse Haufen von Lehm auf; wenn dann im Sommer die Witterung heisser wird, werden diese Haufen auseinander gebreitet, und mehrmals des Tages regelmässig mit Seewasser begossen, welches schnell verdunstet, und eine sehr mit Salz gesättigte Mischung zurücklässt. Wenn auf diese Weise der Boden vollkommen gesättigt ist, so errichtet man zunächst eine Vorrichtung zum Durchseihen. Dies geschieht indem man einen runden Wasserbehälter von Lehm oder Schlamm macht; in diesen kommt unten etwas Stroh oder Gras und oben darauf einige Kohlen oder Asche: das Ganze wird dann mit einer andern Schicht von Schlamm umgeben und in die Mitte hinein eine Quantität von der salzigen Erde gethan. Diese wird dann regelmässig mit Wasser begossen und die Salztheilchen dadurch in einem flüssigen Zustande in die Filter hinabgetrieben. Ein unten angebrachtes Bambusrohr führt die Flüssigkeit in ein an der Seite gegrabenes Loch, in welches sie hell, rein und sehr salzig kommt, worauf sie so lange in Pfannen gekocht wird, bis das Wasser gänzlich verdunstet ist. Ich kann nicht sagen ob die Chinesen ein Mittel haben das Salz zu reinigen. An der Bucht von Chimoo lassen die Einwohner das Seewasser nur in der Sonne

verdunsten, ohne den Boden so zu sättigen wie in Chusan; das Seewasser ist
aber dort vollkommen hell. In der Inselgruppe bei Chusan aber ist das
Wasser gelb und schlammig, was von den grossen Flüssen des Festlandes
herrührt, die ihr Wasser hier in das Meer ergiessen, namentlich dem Yang-
thse-kiang.

Folgende Beschreibung des Verfahrens wie die Chinesen aus den
Körnern der *Stillingia sebifera* Talg gewinnen, verdanke ich Herrn Dr.·
Rawes, Arzt bei der Armee von Madras, der sich einige Zeit auf der Insel
Chusan aufhielt: —

„Die Körner werden zu Anfange der kalten Jahreszeit, im November
und December, gesammelt, wenn alle Blätter von den Bäumen abgefallen
sind, wie ich in der Umgegend von Singkong, ganz nahe bei unsern
Quartieren beobachtete, als ich einmal im Sah-hoo-Thale auf der Jagd
war. Der Same wird zuerst in ein Gebäude geschafft, wo der Prozess
der Talgbereitung vor sich geht, und von den Stengeln abgelesen und gesondert. Die Körner werden dann in einen hölzernen Cylinder geschüttet,
der oben offen ist aber einen durchlöcherten Boden hat. Dieser wird
über ein eisernes Gefäss (ungefähr von demselben Durchmesser, oder etwas grösser als der hölzerne Cylinder, und etwa sechs bis acht Zoll tief)
mit Wasser gesetzt, wodurch die Körner gut gedämpft und das Talg durch-
weicht wird, so dass es leichter abgesondert werden kann. Der Ofen
welchen ich sahe hatte vier bis fünf eiserne Gefässe in einer Reihe und
war etwa drei Fuss hoch, vier bis fünf Fuss breit, und acht bis zehn
Fuss lang. Das Feuer wurde an dem einen Ende mit Reisstroh, trocke-
nem Gras und anderem leichten Material welches eine grosse Flamme
giebt unterhalten, und das Feuerungsroh war, wie sich versteht, gerade
unter den eisernen Gefässen hingeleitet.

„Nachdem die Körner etwa zehn bis funfzehn Minuten gedämpft worden, schüttet man sie in einen steinernen Mörser in dem sie von zwei
Männern leicht mit steinernen Stössern gestossen werden, um das Talg
von den andern Theilen der Körner abzusondern. Dann werden sie in
ein Sieb gethan, über dem Feuer erhitzt und gesiebt, wodurch sich das
Talg trennt, oder wenigstens beinahe trennt, obwohl in der Regel der ganze
Prozess des Dämpfens u. s. w. noch einmal vorgenommen wird, damit nichts
verloren gehe. Was von den Körnern übrig bleibt wird gemahlen und
zu Oel verpresst.

„Das Talg sieht nun beinahe aus wie grobes Leinsamenmehl, ist jedoch mehr mit weissen Punkten gemischt, und hat seine braune Farbe,
von der dünnen Schale der Körner, die durch das Stossen und Sieben abge-
trennt ist. In diesem Zustande wird es zwischen Ringe von geflochtenem
Stroh geschüttet, von denen fünf bis sechs übereinander gelegt werden
die auf diese Weise einen hohlen Cylinder bilden. Wenn dieser Strohcy-
linder (wie man es nennen kann) voll ist, wird er weggenommen uud unter
die Presse gelegt, die, obwohl sehr plump und einfach, dennoch, wie alles
bei den Chinesen, ihrem Zwecke vollkommen entspricht. Die Presse
besteht aus ziemlich dicken, der Länge nach gelegten Balken, die ungefähr
anderthalb bis zwei Fuss auseinander stehen, mit einem dicken Brette
unten, so dass sie eine Art von Trog bilden, und das Ganze ist mit Eisen
zusammengefügt. Das Talg wird durch Keile, die mit steinernen Hämmern
fest eingetrieben werden, ausgepresst und geht durch ein Loch in dem

Boden der Presse in ein Fass, welches hier eingesenkt ist um die Flüssigkeit aufzunehmen. Wenn das Talg von allen Unreinigkeiten gesäubert ist bildet es eine halbflüssige Substanz von einer schönen weissen Farbe, die bald fest wird und bei kalter Witterung sehr leicht bricht. Die Fässer in denen es gesammelt wird sind inwendig mit einer feinen rothen Erde ausgestreut und gut getrocknet, damit das Talg nicht an den Seiten anhängt. Sobald es hart ist wird es mit Leichtigkeit aus den Fässern herausgenommen und die Kuchen werden in diesem Zustande auf dem Markte verkauft. Da die aus diesen Pflanzentalg gemachten Lichte sehr weich sind und bei heisser Witterung leicht schmelzen, so werden sie gewöhnlich in Wachs von verschiedenen Farben getaucht, wie roth, grün, gelb u. s. w. Die welche zu religiösen Zwecken dienen sind in der Regel sehr gross und schön mit goldenen Schriftzeichen verziert.

„Der Kuchen, oder der Abfall welcher übrig bleibt nachdem das Talg ausgepresst ist, wird als Feuerungsmaterial oder zur Düngung verbraucht, eben so der Abfall von den übrigen Theilen der Körner aus denen Oel gepresst wird."

Ein besonderes Aufsehen erregte in Chusan ein alter Chinese der alljährlich im Frühjahr Tausende von Enteneiern durch künstliche Wärme ausbrütet. Seine Brütanstalt liegt in dem Thale an der nördlichen Seite der Stadt Tinghae, und wird von den Officieren der Truppen und von Fremden die nach Chusan kommen sehr besucht. Die erste Frage welche man an einen Schaulustigen der hieher kommt richtet ist gewöhnlich, ob er die Brütanstalt gesehen habe, und wenn dies noch nicht geschehen ist, so wird ihm jedesmal der Rath gegeben den alten Chinesen und dessen Enten zu besuchen.

Es war ein schöner Morgen gegen Ende des Monats Mai, als ich zum erstenmal einen Ausflug dorthin machte, gerade so ein Morgen wie wir in demselben Monate in England haben, nur vielleicht etwas wärmer. Der Nebel und Rauch wälzten sich langsam an den Seiten der Hügel hin welche die Ebene umgeben in der die Stadt Tinghae liegt. Die Chinesen, die in der Regel sehr früh aufstehen, gingen bereits an ihr Tagewerk, und obgleich der grössere Theil der arbeitenden Bevölkerung sehr arm ist, so scheinen sie doch vergnügt und glücklich. Ich ging durch die Stadt und zum nördlichen Thore hinaus, durch einige Reisfelder wo eben erst die erste Ernte gepflanzt war, und nach fünf Minuten befand ich mich an der Hütte des armen Mannes. Er empfing mich mit chinesischer Höflichkeit, hiess mich niedersetzen und bot mir Thee und seine Pfeife, zwei Dinge die in einem chinesischen Hause immer bei der Hand sind. Ich lehnte sein Anerbieten höflich ab, und bat um die Erlaubniss seine Brütanstalt besehen zu dürfen, wohin wir uns augenblicklich auf den Weg machten.

Die chinesischen Wohnhäuser sind in der Regel schlechte Hütten von Stein und Lehm, mit feuchtem Boden, auf dem kaum ein Vieh schlafen kann, und erinnern sehr an die Hütten welche man noch vor wenigen Jahren in Schottland fand, die aber jetzt, Gott sei Dank, zu den Dingen gehören, die gewesen sind. Die Wohnung meines neuen Bekannten bildete keine Ausnahme von der allgemeinen Regel: schlecht schliesende, lockere, knarrende Thüren, papierne Fenster, die beschmutzt und zerrissen waren; und die Enten, Gänse, Hühner, Hunde und Schweine im Hause und vor den

Thüren, schienen offenbar gleiche Rechte mit ihrem Herrn zu haben. Ausser diesen waren noch Kinder, Enkel, und so viel ich weiss, Urenkel da, welche alle zusammen eine sehr bewegte Gruppe bildeten, und die mit ihren glattrasirten Köpfen, langen Zöpfen und der eigenthümlichen Kleidung einen herrlichen Gegenstand für den Pinsel eines Cruikschank abgegeben hätten.

Das Brüthaus war an der Seite der Hütte gebaut und bestand aus einem langen Schuppen mit Lehmwänden und einem dicken Strohdache. An den Enden und an der einen Seite des Gebäudes standen eine Anzahl Körbe von Stroh, die gut mit Lehm ausgelegt waren um zu verhüten dass sie in Brand geriethen. Unten in jedem Korbe liegt ein Ziegel, oder vielmehr, der Ziegel bildet den Boden des Korbes, und wird durch einen kleinen Feuerherd erwärmt der sich unter jedem Korbe befindet. Oben auf dem Korbe liegt ein Deckel von Stroh, der genau schliesst und während der Ausbrütung verschlossen gehalten wird. In der Mitte des Schuppens sind eine Anzahl grosser Körbe einer über dem andern aufgeschichtet auf welche zu einem gewissen Zeitpunkte des Prozesses die Eier gelegt werden.

Wenn die Eier gebracht werden, legt man sie zuerst in Körbe, unter diesen wird Feuer angezündet und eine gleichmässige Hitze erhalten, so viel ich nach einigen Beobachtungen die ich mit einem Thermometer anstellte beurtheilen kann, etwa 95^0 bis 102^0; die Chinesen aber richten die Hitze nach ihrem Gefühle ein, und sie wird daher, wie man leicht denken kann, bedeutend wechseln. Wenn die Eier vier bis fünf Tage in dieser Temperatur gelegen haben, werden sie vorsichtig eins nach dem andern herausgenommen und an eine Thüre gebracht, in die eine Anzahl Löcher, ungefähr von der Grösse der Eier, gebohrt sind; hier werden sie gegen das Licht gehalten, und die Chinesen erkennen indem sie durchsehen ob die Eier gut sind oder nicht. Die guten werden wieder an ihren Ort zurückgebracht, die schlechten aber ausgeschieden. Nach neun bis zehn Tagen, d. i. ungefähr vierzehn Tage vom Anfange des Prozesses an gezählt, werden die Eier aus den Körben genommen und auf dem Simse hingelegt. Hier wird keine Heizung mehr angewendet, sondern man deckt sie mit Baumwolle und einer Art Flanelldecke zu, unter der sie noch etwa vierzehn Tage liegen bleiben, bis die jungen Enten die Schalen durchbrechen und der ganze Schuppen von jungen lebenden Wesen wimmelt. Die Breter sind breit und können einige Tausend Eier fassen. Die Eingebornen in der Umgegend, welche die jungen Enten aufziehen, kennen genau den Tag wenn sie so weit sind dass sie weggenommen werden können, und zwei Tage nachdem die Schale aufgebrochen ist sind die kleinen Thiere sämmtlich verkauft und nach ihren neuen Quartieren gebracht.

Fünftes Capitel.

Erster Besuch in Ning-po. — Schiffbrücke. — Stadt und Pagode. — Ein Missionsarzt. — Temperatur. — Winterkleidung der Chinesen. — Kohlenbecken. — Meine Wohnung. — Chinesische Spieler. — Beschreibung der Läden. — Seide und Stickerei. — Jadestein. — Kattundruckerei. — Seilerarbeit. — Raritätenhandel. — „Möbelstrasse" und Hausgeräth. — Wechselgeschäft. — Geringe Aussicht für fremden Handel. — Tempel- und Andachtsübungen. —Zwergbäume. — Zucht derselben. — Garten eines Mandarinen. — Aussicht von den nördlichen Hügeln. — Ackerbau. — Einheimische Flora der Hügel. — Gräber. — Särge im Freien.

Ich besuchte Ning-po zum ersten Mal im Herbst 1843. Es ist eine grosse Stadt, auf dem Festland gelegen, beinahe westlich von der Inselgruppe zu welcher Chusan gehört, an der östlichen Küste von China, und hat ungefähr 380,000 Einwohner. Es liegt etwa zwölf Meilen von der See entfernt am Zusammenflusse zweier ziemlich bedeutenden Flüsse, die durch ihre Vereinigung einen mächtigen für grössere Fahrzeuge und Junken schiffbaren Strom bilden. Der eine dieser Flüsse kommt von Westen, der andere von Süden; über den letzteren haben die Chinesen für den Verkehr mit den Vorstädten am gegenüberliegenden Ufer eine Schiffbrücke gebaut. Die Brücke ist nach einem höchst einfachen und sinnreichen Plane erbaut und besteht aus einer Anzahl grosser Boote die in gleicher Entfernung von einander quer über den Fluss vor Anker liegen und die Grundlage bilden auf welcher das obere Holzwerk ruht, und zwar so dass das Ganze mit der Ebbe und Fluth steigt und fällt. Unter der Brücke ist noch hinlänglich Raum, so dass Fischer- und Frachtboote zu jeder Zeit der Fluth durchfahren können, wenn die Strömung nicht allzuheftig ist. Bei der Springfluth ist der Strom zwischen den einzelnen Booten sehr reissend und zuweilen ist es beinahe unmöglich zwischen denselben durchzufahren.

Die Stadt selbst hat ungefähr fünf Meilen im Umkreise, ist stark mit hohen Mauern und Wällen befestigt, und der Raum innerhalb der Mauern ist fast ganz mit Häusern besetzt, die an den meisten Stellen dicht nebeneinander stehen. Sie hat zwei oder drei sehr schöne Strassen, schöner und breiter in der That als ich bisher in irgend einer andern Stadt in China gesehen. Eine sehr hübsche Ansicht der Stadt und Umgegend, so weit das Auge reicht, hat man von einer ungefähr hundert und dreissig Fuss hohen Pagode, in welcher inwendig eine Treppe bis zur Spitze hinauf führt. Die Pagode führt den Namen „ Tien-foong-tah "; oder „der Tempel der himmlischen Winde"; sie ist augenscheinlich sehr alt und, wie manche andere Gebäude dieser Art, ziemlich in Verfall. Jedesmal wenn ich diesen Ort besuchte setzten mir die Priester (Buddhisten) sogleich Kuchen und Thee vor, wofür ein kleines Geschenk erwartet wurde.

Als ich zum ersten mal in Ning-po landete, war der britische Consul, Herr Thom, noch nicht angekommen, und ich wusste beinahe nicht wohin ich gehen und an wen ich mich wenden sollte um ein Unterkommen zu finden. Ich liess mein Boot und meinen Diener am Ufer und ging auf gut Glück in die Stadt, in der Hoffnung dass sich wohl etwas finden würde was ich mir zu Nutze machen könnte. Bald war ich von einer Schaar von Eingebornen umgeben, und unter diesen befanden sich einige Bursche die durch den Umgang mit den Truppen während des Krieges zwar sehr verdorben waren, aber glücklicher Weise etwas englisch verstanden, und mir wesentliche Dienste leisten konnten. Sie sagten mir dass schon ein „Hong - mou - jin" — (rothhariger Mann) — so nennen sie nämlich alle westlichen Nationen — in der Stadt sei, und führten mich sogleich nach dessen Wohnung. Als wir am Hause ankamen, war ich überrascht einen alten Bekannten zu finden. Es war ein amerikanischer Missionsarzt, und à la Chinoise gekleidet, mit Zopf und Zubehör; ich muss aber gestehen, dass sich seine Kleidung ziemlich lächerlich ausnahm. Später, als ich eine genauere Kenntniss der chinesischen Tracht erlangt hatte, musste ich oft lachen wenn ich dachte welche Figur der Doctor in den Augen der Chinesen haben mochte. Der lange, weit herabfallende Ueberrock den er trug war beinahe für einen Mandarinen zu fein, während er einen Hut hatte wie gewöhnlich die dienende Classe und Coolies tragen. Man kann sich ungefähr eine Vorstellung von seinem Aufzuge machen wenn man sich einen londoner Richter in seiner langen und weiten Amtstracht von feinem schwarzen Tuche mit dem Hute eines Aschenkärners denkt. Eines Abends, als es schon dunkel war, ging ich mit ihm aus um ein Opfer anzusehen welches in einer der Hauptstrassen irgend einer chinesischen Gottheit gebracht wurde, sah aber bald dass er in seinem chinesischen Anzuge mehr die allgemeine Aufmerksamkeit auf sich zog als ich in meiner englischen Kleidung. Wie lachten und freuten sich die Chinesen über diese Vermummung! Ich hatte ein Zimmer in demselben Hause erhalten in welchem mein Freund wohnte, der täglich von einer grossen Menge Chinesen besucht wurde, und der, obwohl nicht eben ein guter Chinese, doch ein thätiger Arzt und Missionair war.

Als der Winter näher rückte wurde die Witterung ausserordentlich kalt, und im December und Januar waren die Teiche und Kanäle mit ziemlich dickem Eise bedeckt. Die anziehendsten Läden in der Stadt waren jetzt die Kleiderläden, wo alle Kleidungsstücke mit verschiedenen Arten zum Theil äusserst kostbaren Pelzwerks gefüttert waren. Der ärmste Chinese hat für den Winter immer eine warme Jacke oder einen Rock mit Schafpelz gefüttert oder mit Baumwolle wattirt, und sie können sich nicht vorstellen wie die Europäer in den dünnen Kleidern die sie gewöhnlich tragen aushalten können. Bei kaltem Wetter trug ich gewöhnlich einen dicken, warmen, langen Rock über meine übrigen Kleider, dennoch aber befühlten die Chinesen immer meine Kleider um zu sehen wie dick sie seien und meinten ich müsse sicher frieren. Die Art wie sie sich im Winter warm halten ist von der unsrigen gänzlich verschieden. Selten oder nie denken sie daran zu diesem Zwecke in ihren Zimmern Feuer zu machen, wenn aber die Kälte zunimmt ziehen sie noch eine oder zwei Jacken über, bis sie fühlen dass die Wärme ihrer Körper nicht schneller verfliegt als sie erzeugt wird. Wenn die feuchte Kälte des Morgens allmälig den belebenden Strahlen der Mittagssonne weicht, werden nach und nach die obern Kleider ausgezogen, bis zum Abend, wo man sie der Reihe nach wieder anzieht. In den Frühlingsmonaten werden die Oberkleider eines nach dem andern abgelegt, und wenn der Sommer ankommt findet man die Chinesen in dünne Anzüge von Baumwollenzeug oder dem im Lande verfertigten Grastuch gekleidet. In den nördlicheren Städten bedienen sich die Damen zuweilen eines kleinen Kohlenbeckens, von der Gestalt eines kleinen ovalen Körbchens, mit durchstochenem Deckel, damit die Kohlen brennen und die Hitze durchströmen kann; dieses setzen sie auf ihre Tische oder den Fussboden, um Hände oder Füsse daran zu erwärmen. Die Kinderwärterinnen tragen solche kleine Kohlenbecken auch in den Händen unter den Füssen der Kinder, deren Kleider jedoch so dick und warm sind, dass man nur im kältesten Winter sich dieser Kohlenbecken bedient. Kleine Kinder werden im Winter so verpackt dass sie wie ein Bündel von Kleidern aussehen und beinahe eben so breit als lang sind, und wenn bei warmer Witterung die Wattirung weggenommen wird kann man kaum glauben dass man dieselben Wesen vor sich hat.

Ich habe niemals in England so gefroren wie in diesem Winter im Norden von China, und doch stand, wie man unten sehen wird, wo ich über die Temperatur spreche, das Thermometer nicht sehr tief. Das Haus in welchem ich wohnte war so luftig dass der Wind durch alle Ritzen pfiff, die Fenster waren gross und nicht von Glas wie bei uns, sondern von Papier, und an manchen Stellen ganz offen. Bei Tage ging die Sache ganz gut, ich war meist ausser dem Hause, und vom Morgen bis Einbruch der Nacht in beständiger Bewegung; die langen Abende aber, wenn der Wind durch die Fenster pfiff und auf mein Licht bliess, waren traurig und kalt genug.

Sowohl um einige Abwechselung in diese Eintönigkeit zu bringen, als auch um mich zu erwärmen, schlenderte ich öfters ein wenig auf der Hauptstrasse herum. Die Chinesen, als Nation, sind grosse Spieler; selbst die ärmsten können der Versuchung nicht widerstehen, und nach Sonnenuntergang giebt es auf dieser Strasse eine Menge Tische mit Orangen, Naschwaaren, Spielzeug u. s. w., an deren jedem man Würfel irgend einer Art findet und ein „Glücksrad", welches die Chinesen in grosser Anzahl umstehen, um ihr Glück mit einigen Kupfermünzen zu versuchen, und alle geben durch Blick und Sprache das grösste Interesse an dem Stehenbleiben des Rades oder dem Falle der Würfel zu erkennen.

Ausser den bereits genannten Kaufläden wo Kleider und Pelze verkauft werden, giebt es noch viele andere die unsere Aufmerksamkeit verdienen. Ein wenig von der Hauptstrasse entfernt findet man eine Menge ausgezeichneter Seidenläden und Waarenhäuser, die eben so wie unsere alten Handelshäuser von Aussen ein ziemlich unscheinbares Ansehen haben. Hier findet man in grosser Masse die schönen Stickereien aus den nördlichen Provinzen, die von allen, welche Gelegenheit hatten sie zu sehen, so sehr bewundert werden. Sie sind von denen welche man gewöhnlich in Canton kauft gänzlich verschieden, und bei weitem besser gearbeitet und theurer. Eine bedeutende Nachfrage nach Kleidungstücken nach dem in England üblichen Schnitte hat die Chinesen bewogen die Verfertigung solcher zu versuchen, und man findet deren jetzt in allen Städten im Norden, welche von den Engländern besucht werden, zum Verkauf ausgestellt. Frauenschürzen, Schleier, Shawls, Arbeitsbeutel und andere Artikel nach englischer Façon und schön gestickt, sind am meisten gesucht.

Die Chinesen schätzen ihren berühmten Jadestein sehr hoch, und es giebt hier eine Menge Läden wo derselbe geschnitten und zum Verkauf ausgestellt wird, und wo man ihn in allen den merkwürdigen und phantastischen Formen finden kann welche diesem Volke so grosse Berühmtheit verschafft haben. Die Kunst Baumwollenzeuge zu drucken kann man hier in ihrer einfachsten und ursprünglichsten Gestalt in den meisten Strassen sehen, eben so wie in

43

andern Städten in China. Das Seilerhandwerk wird in den Vorstädten in der Nähe des Flusses in grosser Ausdehnung betrieben, und aus den Bracteen der Palmen, die schon oben angeführt wurden, so wie aus der Rinde einer Urticacee welche die Engländer im Norden von China gewöhnlich Hanf nennen, werden viele starke Taue und Stricke für die Junken gemacht. Wie man leicht denken kann giebt es auch eine Menge Läden in denen Raritäten aller Art verkauft werden, wie Zierrathen aus Bambus in allen möglichen Formen, altes Porzellan, welches „die Blumen und Früchte unglaublich lange Zeit vor dem Verderben schützen soll", lackirte Waaren und andere Luxusartikel die in den Junken aus Japan gebracht werden, schön geschnitzte Rhinozeroshörner, metallene bronzene Figuren und Medaillen, und andere Gegenstände die in den Augen der Chinesen einen grossen Werth haben und die sie für einen ungeheuren Preis kaufen, der offenbar den Werth bedeutend übersteigt. Was mir aber, als einzig in seiner Art, besonders auffiel, war eine besondere Sorte von Möbeln welche in einer Strasse, die von den Ning-po besuchenden Fremden gewöhnlich die „Möbelstrasse" genannt wird, gemacht und verkauft werden. Man findet hier Betten, Tische, Waschtische, Schränke, Pressen, sämmtlich von eigenthümlich chinesischer Form und mit verschiedenen Arten von Holz und Elfenbein ausgelegt, mit Figuren welche das Volk und die Sitten des Landes darstellen und die in der That eine Reihe von Bildern und Darstellungen des Landes und Volkes der Chinesen geben. Jeder der diese Dinge gesehen hat bewundert sie; merkwürdig aber ist es dass man sie, wie es scheint, nur in Ning-po findet, und in keinem andern der fünf Häfen, nicht einmal in Shanghae. Da alle diese hübschen Sachen sehr theuer sind, so werden sie natürlich nur in den Häusern der Reichen gebraucht.

Es giebt einige grosse Banquierhäuser in Ning-po die mit allen andern Städten in Norden in Verbindung stehen, und es ist daher hier der Ort wo der Cours des Geldes geregelt wird, indem die „Stocks" steigen und fallen, gerade wie in England. Der Ort ist, wie man kaum zweifeln kann, sehr wohlhabend; in der Stadt und den Vorstädten leben eine Menge Kaufleute die sich, nachdem sie ihr Glück gemacht, von den Geschäften zurückgezogen haben, und jetzt in den Zerstreuungen oder der Einsamkeit von Ning-po ihr Leben geniessen wollen. Leider aber tragen diese Umstände nicht dazu bei es zu einem Platze für fremden Handel zu machen; und daher finden unsere Kaufleute, obwohl es gross, reich und bevölkert ist, dass der weiter nördlich gelegene Hafen von Shanghae sowohl für den Absatz europäischer und amerikanischer Manufacturwaaren, als auch für den Einkauf von Thee und Seide — den hauptsächlichen Ausfuhrartikeln des Landes — ungleich wichtiger ist. Dennoch aber müsste man, dem Anscheine nach zu urtheilen, meinen, dass in Ning-po ein bedeutender Handel mit dem Auslande getrieben werden könnte, da es an und für sich eine grosse Stadt ist, mitten in einer volkreichen Gegend liegt, und mit allen Theilen des Reichs eine treffliche Verbindung zu Wasser hat. Zeit und die Ausdauer unserer Kaufleute werden bald zeigen ob diese Voraussetzung richtig ist oder nicht.

In dieser Stadt giebt es viele Tempel die von Fremden sehr bewundert worden sind; ich muss aber gestehen dass selbst die besten derselben mir sehr kindisch und wie mit Flitterwerk aufgeputzt vorkamen und keineswegs meine Bewunderung erregten. Der schönste und prächtigste ist der sogenannte Fokien-Tempel. Der Confucius-Tempel war ehedem sehr gross und berühmt, während des Krieges aber ist er fast ganz zerstört worden, und bis zu der Zeit wo ich China wieder verliess war noch kein Anfang gemacht ihn wieder aufzubauen oder auszubessern. Die Chiuesen glauben, wie es scheint, dass die Berührung der Barbaren das heilige Gebäude befleckt habe. Die Tempel der Buddhisten sind mit bemalten hölzernen Bildern ihres Gottes überfüllt. Die „drei kostbaren Buddha's" der „Vergangenheit, Gegenwart und Zukunft," sind in der Regel ungeheuer gross, oft vierzig bis fünfzig Fuss hoch. Vor diesen und den zahlreichen kleinen Götzenbildern beugen die armen verblendeten Eingebornen die Knie, zünden Weihrauch an, und nehmen andere Andachtsübungen vor. Man findet diese Tempel oder „Götzenhäuser," wie sie gewöhnlich genannt werden, in allen Strassen, vor den Thoren der Stadt, und sogar auf den Wällen, und man kann dem andächtigen Sinne der Einwohner seine Bewunderung nicht versagen, obgleich man wünschen muss dass ihre Andacht sich einem höhern und reineren Gegenstande zuwenden möchte. Ich habe oft gesehen wie diese einfältigen Leute — namentlich die Frauen — wie vor Zeiten der Patriarch Jacob, buchstäblich „mit Gott im Gebete zu ringen" schienen und verschiedene Mittel anwandten um sich zu versichern ob der Zorn der Gottheit gegen sie sich gelegt und ihre Gebete Erhörung gefunden hätten. Gewöhnlich bedient man sich zu diesem Zwecke zweier kleinen Stücke Holz, die an der einen Seite flach, an der andern rund geschnitzt sind; diese werden in - die Höhe geworfen, und wenn sie auf die Seite fallen welche man wünscht, so lässt man die Sache gut sein, im entgegengesetzten Falle aber wird noch mehr Weihrauch angezündet und die Gebete und Niederwerfungen fangen wieder von vorne an. Viele religiöse Ceremonien der Chinesen haben grosse Aehnlichkeit mit denen der römisch-katholischen Kirche, und ich erinnere mich dass ich einmal an einem Sonntagnachmittag als ich bei einem Stadtthore vorbeiging, sehr überrascht war, weil ich Klänge von Gebet und Lobgesang hörte die denen des christlichen Gottesdienstes in andern Ländern nicht unähnlich waren. Ich ging sogleich hinein an den Ort von wo diese Töne kamen, und fand, zu meiner Enttäuschung, dass es einer der zahlreichen Tempel war an denen diese Stadt so reich ist, und dass der Lobgesang, dessen Klänge mein Ohr berührten, nur an die Götter der Heiden gerichtet war. Manche dieser Tempel aber sind in einem sehr verfallenen Zustande und werden offenbar jetzt nicht mehr so unterstützt wie ehedem. In der That, die Stadt Ning-po selbst, mit allen ihren Reichthümern und Vortheilen, ist seit Jahren in einem Zustande des Verfalls, und neben vielen andern ein Beispiel welches dafür zeugt was ich oben über den Zustand des Landes im allgemeinen gesagt habe.

Als ich nach Ning-po kam, war meine erste Sorge mich nach den Gärten der Mandarinen zu erkundigen, von denen mir die Offiziere erzählt hatten welche während der Besetzung dieser Stadt durch englische Truppen hier gewesen waren. Da die Chinesen sehr misstrauisch sind, so stiess ich anfänglich auf dieselben Schwierigkeiten wie in Amoy; zuletzt jedoch waren auch diese überwunden, und ich erlangte Zutritt in mehreren Gärten und Pflanzschulen welche Mandarinen gehörten, in denen ich mir manche neue Pflanzen verschaffte, die sich als sehr werthvolle Vermehrungen meiner Sammlung erwiesen. Hier, wie an andern Orten, erkundigte ich mich vielfach nach gelben Camellien und bot einem Chinesen der mir eine bringen wollte zehn Dollar. Was könnte man in China nicht für Dollars haben! Es dauerte nicht lange so wurden mir zwei Pflanzen gebracht von denen die eine hellgelb, die andere so dunkelgelb sein sollte wie die volle gelbe Rose. Beide hatten Knospen, keine aber war ganz aufgeblüht. Ich war beinahe überzeugt dass mich der Chinese betrog, und es schien mir thöricht eine solche Summe für Pflanzen zu bezahlen die ich aller Wahrscheinlichkeit nach später wegwerfen würde; dennoch aber konnte ich es nicht über mich bringen die Gelegenheit, eine gelbe Camellia zu erhalten, unbenutzt vorübergehen zu lassen — und der Gauner spielte seine Rolle so gut. Er hatte in jeden Topf einen beschriebenen Zettel gesteckt, und Schrift und Zettel waren wie es schien mehrere Jahre alt. Ich glaubte so klug zu sein als er, und verlangte er sollte die Pflanzen da lassen und am folgenden Morgen wiederkommen um die Antwort zu holen. Unterdessen bat ich einen angesehenen chinesischen Kaufmann die Schrift an den Täfelchen zu lesen. Es war alles richtig; die Schrift stimmte mit dem überein was mir der Mann gesagt hatte, nämlich dass die eine Pflanze hellgelbe, die andere dunkelgelbe Blüthen habe. „Habt ihr je eine Camellia mit gelber Blume gesehen?" fragte ich meinen Freund, den Kaufmann. „Nein" sagte er in gebrochenem Englisch, „*my never have seen he, my thinkie no have got.*" Am folgenden Morgen kam der Eigenthümer der Pflanze wieder, und fragte mich ob ich mir die Sache überlegt habe. Ich sagte ihm dass ich die Pflanzen mit nach Hong-kong nehmen wollte, wohin ich eben abreisen wollte; dass sie dort bald blühen würden, und dass, wenn sie wirklich gelb wären, er sein Geld erhalten solle. Darauf wollte er jedoch nicht eingehen, und endlich wurden wir mit einander einig, dass ich die Hälfte der Summe sogleich bezahlen sollte, die andere Hälfte, wenn die Pflanzen blühen würden, vorausgesetzt nämlich dass sie echt wären. Auf diese Bedingung erhielt ich die Camellia's, die ich mit nach Hong-kong nahm. Es ist fast unnöthig zu sagen, dass, als sie blühten nichts weiter an ihnen gelb war als die Staubgefässe, und beides waren halb volle ganz werthlose Arten.

Die Gärten der Mandarinen in Ning-po sind sehr hübsch und einzig in ihrer Art; sie enthalten eine ausgesuchte Auswahl von chinesischen Zierpflanzen und Sträuchern und in der Regel eine grosse Menge Zwergbäume. Die letzteren sind zum Theil wirklich merkwürdig und geben abermals ein Beispiel von der Geduld und dem Geiste dieses Volkes. Manche Exemplare sind nur wenige Zoll hoch und scheinen doch schon grau vor Alter. Sie werden nicht nur gezogen um alte Bäume in Miniatur vorzustellen, sondern in die mannichfaltigsten Formen gebracht; manche stellen Pagoden vor, andere haben das Ansehen von Thieren, unter denen der Hirsch besonders beliebt zu sein scheint. Zu letzterem Zwecke wählt man gewöhnlich den Wachholder, der sich leichter in die gewünschte Form binden lässt; die Augen und Zunge werden später hinzugefügt. Einer von den Mandarinen in Ning-po, der, wie ich vermuthe, sich beeifern wollte mir einen besondern Beweis seiner Gewogenheit zu geben, machte mir eins dieser Thiere — Pflanzen, wollte ich sagen — zum Geschenk, da es aber von keinem wirklichen Nutzen für mich war, und meine Sammlungen von andern Dingen voll waren, so musste ich sein Geschenk ablehnen, das in seinen Augen offenbar grossen Werth hatte, und ohne Zweifel wunderte er sich sehr über meinen Mangel an Geschmack.

Ein anderes Beispiel wird zeigen wie leidenschaftlich die Chinesen Dinge dieser Art lieben. Als ich wenige Tage nach meiner Ankunft in China einmal einen Ausflug auf die Hügel in der Nähe von Hong-Kong machte, fand ich ein sehr merkwürdiges Zwerg-*Lycopodium,* welches ich ausgrub und in Herrn Dent's Garten mitnahm, wo ich damals meine übrigen Pflanzen hatte. „*Hai-yah,*" sagte der alte Compradore, als er es sah, und war fast ausser sich vor Entzücken. Sämmtliche Coolies und Diener sammelten sich um das Körbchen um dieses merkwürdige Pflänzchen zu bewundern. Ich hatte sie nicht wieder so erfreut gesehen seit ich ihnen den „Alten - Manns - *Cactus*" *(Cereus senilis)* zeigte, den ich aus England mitgebracht hatte und einem chinesischen Kunstgärtner in Canton zum Geschenk machte. Als ich sie fragte warum sie das Lycopodium so besonders priesen, antworteten sie in cantonschem Englisch, indem sie ihre Hände ein oder zwei Zoll höher hielten als die Pflanze: „*Oh, he too muchia handsome; he grow only a leete and a leete every year; and suppose he be one hundred year oula, he only so high.*"* Diese kleine Pflanze ist wirklich sehr hübsch und nimmt von Natur die Gestalt eines Zwergbaumes in Miniatur an, was ohne Zweifel der Grund ist weshalb die Chinesen solche Vorliebe dafür hegen.

Die Zwergbäume der Chinesen und Japanesen sind von allen welche über diese Länder geschrieben haben beachtet worden, und alle haben versucht eine Beschreibung des Verfahrens zu geben welches man beobachtet um ihnen die gewünschte Form zu geben und ihr Wachsthum zu hindern. Dieses Verfahren ist in der That sehr einfach, und beruht auf einer der gemeinsten Regeln der Pflanzenphysiologie. Wir wissen dass alles was in irgend einer Weise die freie Circulation des Saftes hindert, auch bis zu einem gewissen Grade die Bildung des Holzes und der Blätter hemmt. Dies geschieht durch Pfropfen, Beschränkung der Wurzeln, Entziehung des Wassers, Biegen der Aeste und hundert andere Verfahrungweisen die alle auf demselben Principe beruhen. Dieses Prinzip wird von den Chinesen vollkommen verstanden, und sie machen die Natur ihren Launen dienstbar. Wie mir erzählt wurde, besteht der Anfang des Verfahrens darin dass man die kleinsten Samenkörner von den kleinsten Pflanzen auswählt, was nicht unwahrscheinlich ist, ich kann aber hierüber nicht aus eigner Beobachtung sprechen. Ich habe jedoch oft gesehen dass chinesische Gärtner zu diesem Zwecke Schösslinge von andern Pflanzen auswählten die in ihren Gärten wuchsen. In der Regel wurden verkümmerte Abarten gewählt, namentlich solche die zu beiden Seiten regelmässige Aeste hatten, worauf viel ankommt; denn ein einseitiger Zwergbaum hat in den Augen der Chinesen keinen Werth. Der Hauptstamm wurde dann in den meisten Fällen im Zikzak gebogen, wodurch der Umlauf des Saftes gehemmt und zugleich der Trieb von Seitenästen an den Stellen wo man es besonders wünscht befördert wird. Wenn diese Schösslinge in dem freien Felde oder in den Baumschulen wo man sie gepflanzt hatte Wurzel gefasst hatten, wurden die besten für die Töpfe ausgesucht. Auch hierbei hat man die-

---

* O, es ist gar zu hübsch; es wächst nur ein klein wenig alle Jahre; und gesetzt es wäre hundert Jahr alt, so würde es erst so hoch sein.

selben Grundsätze vor Augen welche ich oben andeutete, indem man sich kleiner und enger Töpfe bedient, die im Vergleich mit dem Bedürfniss der Pflanzen nur wenig Erde fassen, und diesen nicht mehr Wasser giebt als zur Noth hinreicht sie am Leben zu erhalten. Wenn sich Aeste bilden, so werden sie abwärts gebunden und auf verschiedene Weise gebogen; die Spitzen der Hauptäste und stärker wachsenden Zweige werden in der Regel abgeknickt und alle Mittel angewendet das Wachsthum junger irgend kräftiger Schösslinge zu verhindern. Eine Zeitlang kämpft die Natur gegen diese Behandlung, bis ihre Kraft sich zu erschöpfen scheint und sie sich ruhig der Gewalt der Kunst unterwirft. Der chinesische Gärtner muss jedoch immer auf seiner Hut sein, denn wenn die Wurzeln seiner Pflanzen durch die Töpfe in den Boden dringen, oder zufällig genug Feuchtigkeit erhalten, oder die jüngsten Schösslinge einige Zeit in ihrer natürlichen Richtung fortwachsen, so kehrt die natürliche Kraft der Pflanze wieder, wenn sie auch lange unterdrückt war, und die schönsten Exemplare chinesischer Zwergzucht verderben. Zuweilen, wie zum Beispiel bei Pfirsichen und Pflaumen, die oft als Zwergbäume gezogen werden, lässt man die Pflanzen blühen, und da sie dann Jahr um Jahr frei Blüthe treiben, so haben sie wenig Neigung stärker zu wachsen. Die Bäume welche man in der Regel als Zwergbäume zieht sind Kiefern, Wachholder, Cypressen, Bambus, Pfirsichen- und Pflaumenbäume, und eine Art der kleinblättrigen Ulme.

Unter den Mandarinengärten in Ning-po ist namentlich einer der in der Regel von allen Fremden besucht und sehr bewundert wird. Er liegt nahe bei dem grossen Teiche in der Mitte der Stadt. Der alte Herr dem er gehört hat sich längst mit einem unabhängigen Vermögen von den Geschäften zurückgezogen, freut sich jetzt am Abende seiner Tage der friedlichen Beschäftigung mit der Gärtnerei und ist ein leidenschaftlicher Liebhaber von Blumen. Sein Haus sowohl als sein Garten sind einzig in ihrer Art, lassen sich aber schwer beschreiben, und man muss sie selbst sehen um sie würdigen zu können. In diesem Theile des Landes versteht man höchst künstliche Felsen zu bauen die die Natur täuschend nachahmen und in jedem Garten einen Hauptschmuck bilden. Der alte Herr hat die verschiedenen Theile seines Hauses durch Gänge verbunden die ganz das Ansehen von natürlichen Felsenhöhlen haben und auf den ersten Anblick wie ein unterirdischer Durchgang von einem Zimmer zum andern erscheinen, durch welchen der Besucher in den Garten hinter dem Hause tritt. Die kleinen Höfe auf die man im Durchgehen einen Blick wirft, sind mit diesem Felsenwerk ausgeputzt, hie und da sind an verschiedenen Stellen Zwergbäume gepflanzt und Schlingpflanzen hängen natürlich und zierlich an den Wänden herab und berühren mit ihren Enden die kleinen Wasserbehälter die man immer vor diesem Felsenwerk anbringt.

Nachdem wir diese kleinen Höfe durchschritten hatten wurden wir wieder durch ähnliche Durchgänge wie die eben beschriebenen geführt, wo sich uns plötzlich die Aussicht auf den Garten mit seinen Zwergbäumen, Vasen, künstlichen Felsen, verzierten Fenstern und schön blühenden Blumenstöcken öffnete.

Man muss jedoch bemerken dass alles was ich hier beschreibe auf einen sehr kleinen Raum zusammengedrängt war, aber man hatte das möglichste gethan um Windungen, Durchsichten durch die Felsen, Bogen in den Mauern u. s. w. anzubringen und die Gartenmauer durch eine Masse von Gesträuchen und Bäumen zu verstecken.

Hier brachte der alte Dr. Chang — dies glaube ich war sein Name — den Abend seiner Tage in friedlicher Zurückgezogenheit zu. Als ich ihn besuchte war er ausserordentlich höflich, und lud mich nach einer Menge sehr tiefer Bücklinge ein, den Ehrenplatz an seiner Seite einzunehmen. Die Diener mussten Thee bringen, ein Getränk das jedem Fremden angeboten wird, und der von der feinsten Sorte war. Nach allen Seiten wurden Boten zu den Freunden des alten Herrn ausgeschickt, die alle hergelaufen kamen um den Fremden anzusehen. Einer nach dem andern stellte sich ein, bis das Zimmer beinahe voll war. Die Diener, die sich für eben so gut zu halten schienen wie ihre Herren, mischten sich in die Gesellschaft, und machten ihre Bemerkungen über mich mit der grössten Freiheit. Alles was ich an mir hatte wurde mit der grössten Genauigkeit geprüft und kritisirt, namentlich meine Uhr, die sie sehr zu bewundern schienen, und ich wurde oft gebeten, als um eine grosse Gunst, ihnen zu erlauben das Werk anzusehen und sie an ihr Ohr zu halten, damit sie das Picken hören könnten. Der alte Mandarin führte mich nun rings um sein Haus herum und zeigte mir alle Merkwürdigkeiten die es enthielt und deren er eine grosse Menge gesammelt hatte. Alte Medaillen von Bronze, Holz-schnitzereien, Porzellanstücke und dergleichen mehr waren mit grossem Geschmack in den verschiedenen Zimmern aufgestellt: Nachdem wir das Haus besichtigt, gingen wir in den Garten; da es aber Winter war und die Bäume keine Blätter hatten, so konnte ich mir nur eine sehr unvoll-kommene Vorstellung von der Seltenheit oder Schönheit der Pflanzen machen welche er enthielt. Nachdem ich noch einmal Thee getrunken, empfahl ich mich, und versprach dem alten Herrn, wenn ich wieder nach Ning-po käme, ihn wieder zu besuchen.

Ich besuchte damals auch noch einige andere Mandarinen welche Gärten besassen und wurde von allen mit der grössten Höflichkeit aufge-nommen. Einige Kleinigkeiten die ich als Geschenke mitgenommen hatte waren mir von grossem Nutzen, da sie mir nicht allein eine freundliche Aufnahme verschafften, sondern mich auch in Stand setzten Pflanzen oder Ableger von seltenen Arten zu erhalten die man nur in den Gärten der Reichen findet und welche daher nicht zu kaufen waren.

Die flache Ebene auf welcher die Stadt Ning-po liegt ist wenigstens dreissig engl. Meilen breit und von allen Seiten von einer Hügelreihe umgeben die sich nach Osten auf die See zu öffnet, wo die Stadt Chinhae liegt, die gewissermassen den Seehafen von Ning-po bildet. Die Aussicht von den Hügeln ist sehr schön — die weite Ebene bildet, so zu sagen, ein grosses Amphitheater und ist in allen Richtungen von Flüssen und Kanälen durch-schnitten, welche die Eingebornen in Stand setzen die Erzeugnisse ihres Bodens und ihre Waaren nach Ning-po und von da nach Hang-chow-foo und den andern Theilen der Welt zu bringen. Das Hauptproduct des flachen Landes, während des Sommers, in dieser Gegend, ist Reis; im Winter und Frühjahr wird auf demselben Boden die Oelflanze in grosser Ausdehnung gebaut; diese hat zur Zeit der ersten Reisaussaat Körner und ist zur Ernte reif. Klee, den ich schon oben anführte, wird hier eben-falls in grosser Masse und zu gleichem Zwecke gebaut; und überhaupt sind die Producte des Ackerbaues, sowohl in dem niedern Lande, wie an den Seiten der Hügel, dieselben wie die oben beschriebenen auf der Insel Chusan. Die einheimische Flora der Hügel nördlich von Ning-po ist beinahe dieselbe wie die welche man auf Chusan und den benachbarten Inseln findet, aber von grösserer Ausdehnung. Es ist allerdings merkwürdig, immer aber fand ich das Festland von China productiver an Thier- und Pflanzengattungen als die benachbarten Inseln, obgleich dieselben gross und nur in geringer Entfernung vom Lande gelegen waren. Zum ersten mal traf ich hier die schöne gelbe *Azalea sinensis* wildwachsend. Diese Hügel sind etwas kahler als die meisten andern in diesem Theile des Landes und es giebt nur wenige Bäume von einiger Höhe auf denselben. Sie sind sehr verschieden von denen einige Meilen südlich von Ning-po, welche ich unten beschreiben werde.

Die Gräber der Todten sind über die ganze Ebene umhergestreut und können dem Fremden eine Vorstellung von der ungeheuren Bevölkerung des Landes geben. Als ich von Ning-po her durch diese Hügel reiste, konnte ich mir die Anzahl von Gräbern bei denen ich vorbeikam nicht erklären; als ich aber den Gipfel der Hügel erreichte und auf die weit ausgebreitete Ebene hinabblickte die in allen Richtungen mit Städten und Dörfern bedeckt und dicht mit menschlichen Wesen bevölkert ist, war mir die Menge der Gräber nicht mehr räthselhaft. Hier, wie in Chusan und Shanghae, trifft man überall auf Särge die auf der Oberfläche der Erde stehen und zum Theil schon so verwittert sind, dass man die Gebeine der Todten sehen kann. Es fiel mir auf dass ich so viele Särge in Haufen zu dreissig bis vierzig Stück, namentlich von kleinen Kindern, übereinander gehäuft sah, und man sagte mir, dass sie zu bestimmten Zeiten vergraben würden, dem Anscheine nach aber mussten sie schon seit Jahren an einer und derselben Stelle gestanden haben, und ihr Inhalt längst in Staub zerfallen sein.

Sechstes Capitel.

Bemerkungen über die chinesische Sprache. — Eishäuser bei Ning-po. — Deren Einfachheit und Zweckmässigkeit. — Neue Art zu fischen. — Fischende Seeraben. — Beschreibung derselben.

Als ich den Strom nach Ning-po zu hinauf fuhr, bemerkte ich eine grosse Menge mit Stroh bedeckter Häuser, und bat meinen chinesischen Diener sich bei dem Schiffer zu erkundigen was dies für Häuser wären. Er ging sogleich zu dem Mann am Steuer, kam aber nach einer Unterhaltung von wenigstens zehn Minuten mit hängendem Kopfe zurück und schlich sich fort ohne das Resultat seiner Nachforschungen mitzutheilen. „Nun," sagte ich, „was sind das für Häuser die wir dort am Ufer sehen?" Mit dem grössten Ernste entgegnete er, der Schiffer habe ihm gesagt, sie seien für die chinesischen Soldaten welche die kalten Wintermonate in denselben zubrächten. „Unsinn," sagte ich, „man kann diese Häuser nicht alle mit Soldaten voll machen." „Gut," sagte er, „*he have talkie my so fashion.*" Da ich mir nicht vorstellen konnte dass dies wahr sei, ging ich selbst zu dem Manne, und bald brachte ich, mit der geringen Kenntniss

der Sprache welche ich damals besass, heraus, dass in diesen Gebäuden
das Eis aufbewahrt werde, nach welchem während der heissen Sommermonate
grosse Nachfrage sei. Man sieht an diesem Beispiele dass die chinesische
Sprache in den verschiedenen Provinzen so verschieden ist dass ein Eingeborner von Canton und ein anderer aus dem Norden einander nicht verstehen können: und dies ist wirklich in so hohem Grade der Fall, dass
mir mein Diener aus Macao, was die Sprache betrifft, im Norden beinahe
ganz unnütz war. Im vorstehenden Falle bedeutet das chinesische Wort,
oder vielmehr die Sylbe „Ping" sowohl Soldat als Eis, und mein Diener,
der, wie ich vermuthe, in seinem Leben noch kein Eis gesehen hatte,
konnte natürlich nicht anders denken als dass die Häuser, von denen die
Rede war, Soldatenhäuser wären, statt Eishäuser; ziemlich kalte Casernen,
sollte ich meinen.

Die Einfachheit der Bauart dieser Eishäuser fiel mir besonders auf,
und ich zweifelte nur daran dass sich das Eis in den Sommermonaten hier
halten könnte. Das Resultat meiner Erkundigungen hierüber habe ich in
folgendem Schreiben Herrn Professor Lindley mitgetheilt, der dasselbe
in dem „Gardener's Chronicle" 1845 veröffentlicht hat: —

„Kurze Zeit vor meiner Abreise aus England veröffentlichten Sie in
dem „Gardener's Chronicle" eine Anzahl von Briefen und Plänen über die
Erbauung von Eishäusern, die aber, so viel ich mich erinnern kann, mit
denen der Chinesen, welche ich hier beschreiben will, durchaus keine
Aehnlichkeit hatten. Ich habe solche Eishäuser sowohl am rechten Ufer des
Ning-po, oberhalb der Stadt und Festung Chinhae, als auch an verschiedenen anderen Orten im nördlichen China gefunden. Als ich sie im letzten
Winter (1843) zum erstenmale besichtigte, kam mir ihre Bauart und Lage
so verschieden von derjenigen vor welche ich zu Hause zu sehen gewohnt
war, — indem sie in Dingen abwich die ich bei einem Eishause für durchaus unerlässlich hielt, — dass ich hinsichtlich ihrer Zweckmässigkeit
grossen Zweifel hegte; jetzt aber, Ende August 1844, sind viele dieser
Häuser noch ganz voll Eis, und scheinen ihrem Zwecke vollkommen zu
entsprechen. Sie erinnern sich ohne Zweifel nach meinen früheren Beschreibungen des Landes, dass die Stadt Ning-po in der Mitte einer etwa
zwanzig bis dreissig Meilen breiten Ebene liegt. Diese Eishäuser stehen
an den Ufern des Flusses mitten in der Ebene, vollkommen der Sonne
ausgesetzt, — einer Sonne deren Strahlen von denen in unserer Heimath
sehr verschieden sind, — die hell, heiss und glühend, die Wirksamkeit
unserer besten Eishäuser in England eben so zu Schanden machen würde,
wie sie die Constitution unserer Landsleute in China aufreibt.

„Der Boden dieser Eishäuser steht beinahe auf gleicher Höhe mit den
umliegenden Feldern und ist in der Regel etwa zwanzig Yard lang und
vierzehn Yard breit. Die aus Lehm und Steinen erbauten Wände sind ziemlich
dick, zwölf Fuss hoch und mehr eine Eindämmung als Wände zu nennen,
mit einer Thür an der einen Seite in gleicher Höhe mit dem Boden, um
das Eis fortschaffen zu können, und einer Art schräger Terrasse an der
andern, auf der das Eis in das Haus gebracht werden kann. Oben auf
den Wänden, oder der Eindämmung, erhebt sich ein hohes Satteldach aus
Bambusrohr, dick mit Stroh bedeckt, welches ganz das Ansehen eines Heu-
schobers hat. Dies ist der einfache Bau wo sich während der Sommer-

monate und unter der brennenden Sonne von China das Eis vortrefflich erhält.

„Mit dem ihnen eigenen Scharfsinn verstehen es die Chinesen auch ihre Eishäuser auf eine höchst einfache und wohlfeile Art zu füllen. Rings um das Haus ist ein kleines flaches Stück Land das an den Fluss stösst; dieses wird im Winter, ehe die Kälte eintritt, unter Wasser gesetzt, welches dann gefriert und den nöthigen Eisvorrath an der Thüre des Eishauses selbst liefert. Im Frühjahr wird dieses Stück Land gepflügt und mit Reis besäet, und das unten aus dem Eishause durchsickernde Wasser hilft die junge Saat befruchten. Das Eis wird natürlich hier, eben so wie in England, wenn das Haus voll ist, mit einer dicken Strohdecke überdeckt. Auf diese Weise versteht es der Chinese mit geringen Kosten sein Eishaus zu bauen und zu füllen, und sich einen reichlichen Vorrath von Eis zu verschaffen, um während der heissen Sommermonate seine Fische erhalten zu können.

„Jetzt, glaube ich, drängt sich die Frage auf, ob wir nicht nach dem chinesischen Plane wohlfeilere und zweckmässigere Eishäuser bauen könnten als nach dem in England gewöhnlichen System, wo dieselben als Keller unter der Erde angelegt werden. Die beistehende Abbildung kann eine Vorstellung von dem äusseren Ansehen dieser Eishäuser geben, wie sie dem Reisenden der den Ning-po hinauf fährt erscheinen."

Ning-po.   August 1844."

Seit der Veröffentlichung dieses Briefes habe ich sowohl in Ning-po als in Chusan und Shanghae öfter Gelegenheit gehabt diese chinesischen Eishäuser genauer zu untersuchen, und bin zu der Ueberzeugung gelangt dass sie ihrem Zwecke vortrefflich entsprechen. Der Winter 1844—45 war in diesem Theile von China ausserordentlich mild, auf den Teichen und Canälen bildete sich gar kein Eis, und die Eishäuser konnten daher nicht neu gefüllt werden; aber viele derselben enthielten noch grosse Massen von Eis welches im vorhergehenden Jahre eingelegt war, und so konnte der Markt mit Eis versorgt werden, das seit wenigstens anderthalb Jahren gelegen hatte und sich wahrscheinlich noch lange hätte halten können.

Das Eis ist für die Chinesen sehr wichtig, da sie zu ihrer Nahrung sehr auf Fische angewiesen sind, die in ihren Gewässern gefangen werden. Sie können so während der heissesten Witterung ihre Fische eine ziemliche Zeitlang frisch erhalten und nach den verschiedenen Theilen des Landes versenden.

Oberhalb der Stadt werden täglich ungeheure Massen von Fischen im Flusse gefangen. Die chinesische Art zu fischen ist eben so sinnreich als unterhaltend. Eines Tages fuhr ich in einem Boote ziemlich weit hinauf; ich brach kurz vor dem Ende der Ebbe auf um die Fluth vollständig benutzen zu können, und fuhr so weit als möglich hinauf ehe ich umkehrte. Einige Meilen oberhalb Ning-po sah ich an den Seiten des Flusses einige hundert kleine Boote vor Anker liegen, in deren jedem sich zwei bis drei Männer befanden. Eben als ich vorbei fuhr trat die Fluth ein, und sogleich war die ganze Flotte in Bewegung und ruderte mit der grössten Schnelligkeit den Fluss hinauf. Sobald die Leute an einer passenden Stelle des Stromes ankamen, warfen sie ihre Netze aus und fingen an ein lautes Geräusch zu machen und mit ihren Rudern und Ruderstangen in das Wasser zu schla-

gen, wahrscheinlich um die Fische in die Netze zu treiben. Nach ungefähr einer Viertelstunde brachen sämmtliche Boote wieder auf und fuhren
weiter hinauf nach der nächsten Station, wo derselbe Lärm wieder von
neuem anfing, und so weiter, ein grosses Stück im Flusse hinauf, so lange
die Fluth dauerte, worauf sie dann mit der Ebbe zurückkehrten, reich mit
Fischen beladen, die sie am andern Morgen zu Markte brachten.

In den nördlichen Provinzen habe ich auch oft eine andere Art zu
fischen angesehen, die fast noch merkwürdiger ist als die welche ich so
eben beschrieben. Wer mit der chinesischen Geographie bekannt ist, weiss
dass in den nördlichen Theilen des Landes alle Flüsse und Seen an Fischen
reich sind; und in der That jeder kleine Teich wimmelt davon. Ich war
sehr erstaunt, als ich zum erstenmal die Fischer hier ihr Gewerbe betreiben sah. Sie sind buchstäblich Amphibien. Man sieht sie vollkommen
nackend, halb gehend, halb schwimmend; bald heben sie Arme und Hände
über den Kopf empor, bald schlagen sie wieder auf das Wasser und lär-
men und spritzen. Auch die Füsse sind nicht müssig: mit diesen fühlen
sie ob ein Fisch in der Nähe ist und suchen damit in dem Schlamme auf
dem Grunde des Teiches. Im Augenblicke ist der Fischer verschwunden;
jetzt ist er unter dem Wasser und bleibt bisweilen so lange unten, dass
man glauben könnte er sei verunglückt. Dies darf man jedoch nicht fürchten; denn bald kommt er wieder zum Vorschein, und hält, indem er mit
der einen Hand Gesicht und Augen reibt, mit der andern triumphirend
den armen kleinen Fisch in die Höhe, den er soeben gefangen; dieser wird
sogleich in dem Korbe in Sicherheit gebracht, und die Arbeit geht wieder
von vorn an. Das Schlagen und Spritzen auf der Oberfläche des Wassers,
wie ich soeben beschrieben, geschieht um die Fische zu erschrecken die
zwischen den Füssen der Chinesen schwimmen, und in ihrer Angst sogleich
sich unten in den Schlamm wühlen, wo diese geschickten Taucher sie mit
den Füssen fühlen und bald herausziehen.

Die eigenthümlichste von allen Arten des Fischfanges in China ist die
mit einer eigens dazu abgerichteten grossen Art Seeraben, gewöhnlich der
fischende Seerabe genannt. Dies sind wirklich sehr wunderbare Vögel.
Ich habe sie oft auf den Canälen und Teichen im Innern des Landes gesehen und hätte ich mich nicht mit eignen Augen von ihrer ausserordentlichen Gelehrigkeit überzeugt, so würde ich kaum glauben können was
Andere von ihnen erzählen. Die ersten sah ich auf einem Canale einige
Meilen von Ning-po, auf meinem Wege zu einem berühmten Tempel in dieser Gegend, wo ich einige Zeit bleiben wollte, um in der Umgegend natur-
historische Merkwürdigkeiten zu sammeln. Als ich die Vögel erblickte liess
ich meinen Schiffer sogleich die Segel einziehen und wir hielten an um
ein wenig zuzusehen wie sie die Fische fingen. Es waren zwei kleine
Boote, in deren jedem sich ein Mann und etwa zehn bis zwölf Vögel befanden. Die Vögel sassen zu beiden Seiten am Rande der Boote die, wie
es schien, eben erst an der Stelle angekommen und im Begriff waren ihre
Arbeit zu beginnen. Sie wurden jetzt von ihren Herren abgeschickt, und
waren so gut abgerichtet dass sie sogleich ins Wasser gingen, sich über
den Canal nach allen Richtungen hin zerstreuten und sich nach Fischen
umzusehen begannen. Sie haben ein schönes meergrünes Auge, und tauchen
mit Blitzesschnelle unter sobald sie einen Fisch erblicken, der, einmal in
dem scharfgekerbten Schnabel des Vogels gefangen, keine Möglichkeit mehr

hat zu entkommen. Der Rabe kommt dann mit dem Fische in seinem
Schnabel wieder herauf und wird augenblicklich von dem Chinesen wieder
in das Boot zurückgerufen. Gelehrig wie ein Hund schwimmt er seinem
Herrn zu und lässt sich geduldig in den Sän-pan stecken, wo er seine
Beute ausspeit und hierauf wieder an die Arbeit geht. Das wunderbarste
aber ist, dass wenn ein Rabe einen Fisch gefangen hat der zu gross ist
um ihn mit Leichtigkeit allein bis zum Boote bringen zu können, sogleich
einige andere, die seine Noth sehen, ihm zu Hülfe eilen und mit vereinig-
ter Anstrengung das Thier fassen und zum Boote schleppen. Zuweilen
schien ein Vogel lässig zu werden und zu spielen, und schwamm herum
ohne auf seine Geschäfte Achtung zu haben. Dann schlug der Chinese mit
einem langen Bambusrohr, dessen er sich auch bediente um das Boot fort-
zuschieben, nahe an der Stelle wo der Vogel war, auf das Wasser, ohne
jedoch diesen zu treffen, und rief ihm zugleich in einem strafenden Tone
zu. Sogleich liess der Vogel, wie ein fauler Schulknabe der seine Schule
versäumt und dabei betroffen wird, vom Spielen ab und ging wieder an
die Arbeit. Damit die Vögel die Fische welche sie fangen nicht verschlingen können, wird ihnen ein kleines Band um den Nacken gelegt, und
man trägt grosse Sorge dieses Band so anzubringen und zu befestigen dass es
nicht weiter am Halse abwärts rutschen kann, weil sonst der Vogel leicht
ersticken könnte.

Seitdem ich diese Vögel zum erstenmale auf dem Ning-pocanale gesehen, habe ich Gelegenheit gehabt sie und ihre Arbeit auch in verschiedenen andern Theilen Chinas zu beobachten, namentlich in der Gegend
zwischen den Städten Hang-chow-foo und Shanghae; auch auf dem Min-
flusse bei Foo-chow-foo sah ich sie in grosser Menge. Es lag mir viel
daran einige lebendige Exemplare zu erhalten, die ich mit nach England
nehmen könnte, es gelang mir aber nicht einen Chinesen zu bereden sich
von seinen Vögeln zu trennen, oder überhaupt nur über diesen Gegenstand
zu sprechen, weil ich sie gerade in solchen Gegenden des innern Landes
antraf wo man noch keine Engländer gesehen hatte. Ich wandte mich
daher an den Consul Ihrer Majestät in Shanghae (Capitän Balfour), der so
gefällig war einen Chinesen welcher mit dem Consulate in Verbindung
stand in das Land zu senden und mir zwei Paar zu verschaffen. Nun war
es schwer die Vögel auf der Reise von Shanghae nach Hong-kong mit Futter
zu versorgen. Wir verschafften uns eine grosse Menge lebendiger Aale,
die ihre hauptsächlichste Nahrung bilden, und thaten diese in ein Fass
mit Schlamm und frischem Wasser. Sie verschlangen dieselben in einer
höchst gefrässigen Weise, auf einen einzigen Bissen, und spien sie nachher manchmal wieder aus. Wenn ein Vogel so unglücklich war seinen
Aal wieder auszuspeien, so konnte er von Glück sagen wenn es ihm gelang
ihn wieder zu fangen, denn ein anderer, eben so gefrässig als er selbst,
fasste ihn sogleich und verschlang ihn im Augenblick. Oft kämpften sie
tapfer um den Fisch, und dann fiel dieser entweder dem einen ganz zu
Theil, oder, wie oft geschah, ihre scharfen Schnäbel theilten die Beute,
und jeder rannte mit seinem Antheil nach einer andern Seite. Während
der Ueberfahrt hatten wir einen heftigen Sturm, und das Schiff, ein kleiner Schooner, wurde tüchtig hin und her geworfen, so dass das Wasser
über das ganze Deck spülte. Als der Sturm am stärksten war, steckte
ich einmal meinen Kopf aus der Cajüte heraus und das Erste was mir in

die Augen fiel, waren die Seeraben welche die Aale frassen die auf dem ganzen Verdeck herumschwammen. Ich sah sogleich dass das Fass umgestürzt oder in Stücken gegangen sein musste und dass natürlich sämmtliche Aale die den Schnäbeln der Seeraben entgangen waren jetzt im Meere schwammen. Die Vögel mussten nun mit etwas anderem gefüttert werden was gerade an Bord war, als wir aber in Hong-kong ankamen, waren sie nicht mehr im besten Zustande. Zwei starben bald darauf, und da ich keine Hoffnung hatte die andern am Leben zu erhalten, musste ich sie tödten und ihre Haut aufbewahren.

Der Chinese von dem ich diese Vögel kaufte, hatte ungefähr dreissig bis vierzig Meilen von Shanghae, zwischen dieser Stadt und Chapoo, eine grosse Fischerei, wo die Vögel abgerichtet wurden. Sie werden auch von den Chinesen selbst ziemlich theuer bezahlt, wenn ich nicht irre, sechs bis acht Dollar das Paar. Da mir viel daran lag etwas über ihre Nahrung und Lebensweise zu erfahren, so hatte Herr Medhurst jun., Interpret am britischen Consulat zu Shanghae, die Gefälligkeit an den Mann der sie brachte einige Fragen zu richten, und mir folgende Bemerkungen über diesen Gegenstand zukommen zu lassen.

„Die fischfangenden Vögel fressen kleine Fische, gelbe Aale und Brei von Hülsenfrüchten. Um fünf Uhr Nachmittags bekommt der Vogel täglich sechs Taels (acht Unzen) Aal oder Fisch und ein Catty Brei. Sie legen Eier nach drei Jahren, und im vierten oder fünften Monat. Die Eier werden von Hühnern ausgebrütet. Wenn sie legen wollen, werden sie vorn roth, und dann muss man für eine gute Henne sorgen. Auf die Eier muss das Datum, wenn sie gelegt sind, geschrieben werden, und nach fünfundzwanzig Tagen brechen dieselben auf. Wenn sie ausgebrütet sind, nehme man das Junge, setze es in Baumwolle, die über warmem Wasser ausgebreitet ist und füttere es fünf Tage lang mit Blut von Aalen. Nach fünf Tagen kann man ihnen etwas feingehacktes Aalfleisch geben, man muss sie aber sehr sorgfältig hüten.

„Beim Fischen muss ihnen ein Band von Stroh um den Nacken gelegt werden, damit sie die Fische welche sie fangen nicht verschlingen können. Im achten oder neunten Monate des Jahres gehen sie täglich um zehn Uhr des Morgens ins Wasser und fischen bis fünf Uhr Nachmittags, wo sie dann wieder ans Ufer kommen. Dies thun sie bis zum dritten Monate, dann aber können sie nicht mehr fischen, bis wieder zum achten Monate. Das Männchen kann man leicht vom Weibchen unterscheiden, da es in der Regel grösser ist und dunklere, glänzendere Federn hat, namentlich aber an der Grösse des Kopfes, weil das Männchen einen grossen, das Weibchen aber einen kleinen Kopf hat."

Dies ist die Lebensweise dieses merkwürdigen Vogels. Da die hier genannten Monate nach dem chinesischen Kalender angegeben sind, so folgt dass diese Vögel in den Sommermonaten nicht fischen, sondern im Herbst, etwa im October anfangen, und im Mai wieder aufhören — welche Monate ungefähr mit dem achten und dritten Monat des chinesischen Jahres zusammentreffen.

Siebentes Capitel.

Besuch in Shanghae zu Ende 1843. — Meine Wohnung. — Vorurtheile und Aber-
glauben der Einwohner — Beschreibung der Stadt. — Läden und Waaren.
— Nahrungsmittel. — Shanghae ein wichtiger Platz für den auswärtigen
Handel. — Ausfuhrartikel des Landes; Thee und Seide sind leicht hieher zu
bringen. — Beschreibuug des umliegenden Landes. — Canäle. — Ackerbau. —
Grabmäler. — Bäume und Gesträuche. — Gärten und Ziergärten. — Schwierigkeiten in diesen Zutritt zu erhalten. — List und Betrügerei der Chinesen. — Eine chinesische Mahlzeit. — Theatralische Vorstellungen.

Von den fünf Häfen in denen die Fremden jetzt mit den Chinesen
Handel treiben dürfen, ist Shanghae der am weitesten nördlich gelegene.
Es hat eine Bevölkerung von etwa 270,000 Einwohnern, und liegt etwa hundert englische Meilen nordwestlich von der Insel Chusan, am Ufer eines
hübschen Flusses, etwa zwölf Meilen von dessen Vereinigung mit dem berühmten Yang-tse-Kiang, oder dem „Kinde des Weltmeeres." Der Shanghae-
Fluss, wie ihn die Fremden gewöhnlich nennen, ist bei Shanghae eben
so breit, wie die Themse bei der London Bridge. Sein Hauptarm ist tief
und für die welche ihn kennen leicht zu beschiffen; der Fluss hat aber
viele lange Schlammbänke die für fremde Schiffe gefährlich sind, wenn
diese nicht mit gutem Winde heraufkommen, und man hat deshalb bei der
Einfahrt in den Fluss einen tüchtigen Lothsen nöthig.

Ich besuchte diesen Ort zum ersten Male gegen Ende des Jahres
1843, sobald der Hafen vom Consul Ihrer Majestät, Capitain Balfour, eröf-
net war, und nahm nebst zwei oder drei Herren die in Handelsangelegenheiten hier waren meine Wohnung in einer Art Bank oder öffentlichen
Wechselgeschäft. Da keiner von uns einen Apparat zum Kochen bei sich
führte, war unsere Mahlzeit, wie man leicht denken kann, höchst einfach,
und weder chinesisch noch englisch, sondern ein Mittelding zwischen
beiden. Unsere Schlafzimmer waren kläglich kalt, und oft waren wir des
Morgens in unseren Betten von Regen durchnässt; der Schnee wurde durch
das Fenster hineingetrieben und bildete auf dem Fussboden Windwehen;
dennoch erhielt uns die Aufregung, in die wir durch alles was uns umgab versetzt wurden, bei vortrefflicher Gesundheit und in guter Laune,
und wir ertrugen manches mit leichterem Muthe, was wir unter andern
Umständen für Ungemach angesehen haben würden. Sobald wir aus dem
Hause traten schaarte sich das Volk zu Hunderten auf der Strasse um
uns und folgte uns auf allen Schritten und Tritten, eben so begierig uns
mit einem Blicke zu sehen, wie das Volk in London wenn die Königin
vorbeifährt. Alle Thüren und Fenster waren mit Männern, Weibern und
Kindern besetzt die uns mit einer Art dummen Staunens betrachteten, als
ob wir Bewohner des Mondes wären und nicht gewöhnliche Erdensöhne.
Die Kinder namentlich sahen uns mit Furcht und Zittern an, das ihren jungen Gemüthern ohne Zweifel von ihren Eltern eingepflanzt war die selbst
mehr oder weniger dieselbe Furcht hatten. Der Name mit dem wir
beehrt wurden, — *Kwei-tsz*, oder Teufelskind — war ebenfalls geeignet
einen solchen Eindruck hervorzubringen, namentlich in den Gemüthern
der Kinder, und trug viel dazu bei, dass wir mit abergläubischer Scheu betrachtet wurden. Es fiel uns damals fast gar nicht mehr auf wenn wir
Ausdrücke hörten wie — „ die Teufelskinder kommen," — „ kommt,

seht die Teufelskinder;" — und nicht selten wurde uns „Kwei-tsz"
nachgerufen um uns zu verhöhnen. Ueber diese Aufführung wurde von
mehreren Seiten bei dem britischen Consulat Klage geführt, weil man es
für wenig staatsklug hielt, beim ersten Anfange des Handels irgend welche
auch noch so unbedeutende Zeichen der Verachtung zu ertragen, und
der Consul führte sogleich ernste Beschwerde bei dem Taoutae, oder
obersten Mandarin von Shanghae. Dies war das klügste was man den chinesischen Behörden gegenüber thun konnte, und in Folge dessen wurden
solche beleidigende Benennungen auf den Strassen von Shanghae bald nur
sehr selten mehr gehört; und wenn ja einmal ein kleiner ungezogener
Bengel sich an die ihm so früh gelehrte Lection erinnerte und unversehens damit herauskam, so wurde er sogleich von den Verständigeren zu-
rechtgewiesen.

Folgender Vorfall zeigt mit welcher abergläubischen Furcht uns die
Einwohner betrachteten. Einmal war ich nebst einem Freunde zu einem
Mittagsmahl an Bord eines auf dem Flusse vor Anker liegenden Schiffes
eingeladen, und da die Cajüte bedeutend bequemer war als unsere unge-
müthlichen kalten Zimmer, so blieben wir bis beinahe elf Uhr Abends dort.
Nun werden nach Einbruch der Dunkelheit in chinesischen Städten nicht nur die
Stadtthore geschlossen, sondern in den Strassen selbst in den Vostädten,
ist durch eine Menge Thore und Thüren, die etwa um zehn oder elf Uhr
Abends geschlossen werden, alle Communication unterbrochen. Dies ist
ohne Zweifel eine sehr alte Sitte, um jeden plötzlichen Ueberfall eines
Feindes oder eines gesetzlosen Janhagels zu verhüten, die man auch in
friedlicheren Zeiten beibehalten hat. Als wir daher ans Land stiegen fanden wir alle Thore in den Vorstädten geschlossen und verriegelt, und
wir hatten wenigstens ein Thor zu passiren ehe wir unsere Wohnung
erreichen konnten. Nicht ein Laut war zu hören; alle Häuser waren geschlossen, und die ganze dichte Volksmenge die sich bei Tage
in der Strasse drängt ruhte im tiefen Schlafe. „Wie werden wir durchkommen?" sagte mein Freund. „Klopfen Sie an das Thor," sagte ich,
„vielleicht kommt auf den Lärm jemand herbei; oder das Thor giebt nach, so
dass wir uns durchdrängen können, denn es scheint ziemlich alt zu sein." Wir
blieben am Thore stehen, schlugen tüchtig daran und riefen zu gleicher
Zeit, es solle jemand kommen und aufmachen. Da sahen wir endlich das
Licht des Wächters sich bewegen, und mein Freund rief ihm noch einmal zu er solle eilen. Endlich kamen zwei Männer mit ihren Laternen, in
jenem träumerischen Zustande den ich bereits als eine besondere Eigenthümlichkeit der chinesischen Raçe bezeichnet habe, und in Pelze gehüllt,
denn die Nacht war sehr kalt. Sie konnten nicht genau sehen wer an
der andern Seite des Thores stand, und da wir einige chinesische Worte
murmelten, so hielten sie uns für Chinesen die sich verspätet hatten.
Die Riegel wurden weggezogen, das Thor öffnete sich und zwei von dem
gefürchteten „rothhaarigen Volke" standen vor ihnen. Ich werde nie ihr
Erstaunen vergessen als sie uns erblickten, wie das Thor geöffnet war; und
es lässt sich nicht sagen ob sie uns wirklich für Wesen aus einer andern
Welt hielten, oder meinten, wir hätten eine Armee hinter uns um die
Stadt noch einmal einzunehmen; aber schnell wie der Blitz wandten sie
uns den Rücken, liefen davon und überliessen es uns das Thor zu schliessen, oder, wenn wir wollten, die Armee herein zu lassen. Wir gingen ruhig

nach Hause und sahen und hörten nichts weiter von den tapferen Beschützern der nächtlichen Ruhe.

Die innere Stadt Shanghae ist mit hohen Mauern und Wällen umgeben, die nach demselben Plane gebaut sind wie alle andern chinesischen Festungswerke dieser Art. Die Mauern haben etwa drei und eine halbe englische Meile im Umfange, und der grössere Theil des Raumes den sie umschliesen ist dicht mit Häusern besetzt; die Vorstädte namentlich, welche am Flusse liegen, sind sehr ausgebreitet. Obgleich die Thore der Stadt bald nach Einbruch der Nacht geschlossen werden, so ist doch auch später noch der Durchgang gegen Entrichtung eines kleinen „Thorgeldes" gestattet. Wenn das Thor für einen welcher Einlass begehrt geöffnet wird, steht schon ein ganzer Haufe da um mit ihm durchzuschlüpfen, da nur der Erste das „Thorgeld" bezahlt. Dies ist der allgemeine Gebrauch, und wenn ein Armer an das Thor kommt braucht er nur zu warten bis ein Reicherer ankommt, der das Thorgeld bezahlt. Götzentempel trifft man überall, sowohl in der innern Stadt als in den Vorstädten; auch an manchen Stellen auf den Festungswerken sind solche Tempel erbaut, und mit Götzenbildern angefüllt, und die Eingebornen gehen hin und zünden Weihrauch an, beugen die Knie, und verrichten andere Gebräuche heidnischen Götzendienstes. Wahrsager und Taschenspieler sind ebenfalls sehr gesucht und ziehen von der Leichtgläubigkeit ihrer Landsleute guten Gewinn. Man trifft diese Leute auf allen Strassen und öffentlichen Plätzen in Shanghae; besonders auffallend aber ist der Sing-sang oder die theatralishen Vorstellungen an denen die Chinesen ein besonderes Gefallen finden, und die oft in diesen Tempeln aufgeführt werden. Dieses wiederspricht allerdings unseren Begriffen von Religion und Schicklichkeit, aber so oder anders, die Sitten unserer Freunde im himmlischen Reiche sind nun einmal den unsrigen in manchen Fällen gerade entgegengesetzt.

Die Strassen sind durchgängig sehr schmal und bei Tage drängt sich hier eine geschäftige Menge. Die Waaren welche dem durch die Strassen wandernden Fremden am meisten auffallen, sind Seidenzeuge und Stickereien, wie ich früher in Ning-po bemerkt hatte, Baumwolle und baumwollene Zeuge, Porcellan, fertige Kleider aller Art, schön mit Pelz verbrämt, Bambuspfeifen von sechs Fuss Länge, die in den Buden geschmackvoll aufgestellt sind, Bilder, bronzene Figuren und Medaillen u. s. w. und eine Menge Läden sind mit Seltenheiten angefüllt die hier zum Verkauf ausgestellt werden, wie Schnitzereien von Bambus, altes Porcellangeräth und dergleichen, worauf die Chinesen grossen Werth legen. Nahrungsmittel bilden natürlich die hauptsächlichsten Handelsartikel, und es ist zuweilen schwer sich durch die Strassen zu drängen, wo ungeheure Massen von Fischen, Shweinefleisch, Früchten und Gemüsen, die vor den Läden aufgehäuft sind, den Weg versperren. Ausser den gewöhnlichen Arten von Gemüsen, werden das Hirtentaschenkraut und eine Art Klee hier von den Eingebornen viel genossen und wirklich sind diese Gewächse, gehörig gekocht, namentlich der Letztere, nicht schlecht. Speisehäuser, Theehäuser, Bäckerläden trifft man auf allen Schritten, von dem armen Manne der seine Küche oder Backofen auf den Schultern mit sich trägt und auf ein Stück Bambus schlägt um sich seiner Umgebung bemerkbar zu machen, und dessen ganze Kochanstalt keinen Dollar werth ist, bis zum grösten Trinkhause oder Theegarten, wo sich Hunderte von Besuchern drängen. Für wenige

Cash (deren 1000 bis 1200 auf einen Dollar gehen) kann ein Chinese
ein schwelgerisches Mahl von Reis, Fischen, Gemüse und Thee einnehmen,
und ich bin vollkommen überzeugt dass es in keinem Lande der Welt
weniger wirkliches Elend und Mangel giebt, als in China. Die Bettler
sind ein lustiges Volk und werden von den Einwohnern freundlich behandelt.

Shanghae ist bei weitem die wichtigste Station für fremden Handel an der Küste von China, und zieht folglich in hohem Grade die öffentliche Aufmerksamkeit auf sich. Keine andere mir bekannte Stadt besitzt
solche Vortheile, und sie ist in der That das Haupthor — der eigentliche
Schlüssel — zu dem chinesischen Reiche. Wenn man stromaufwärts nach
der Stadt zu geht, trifft ein Wald von Masten das Auge und zeigt dass
hier ein Ort für einen ausgebreiteten einheimischen Handel ist. Von
allen Seiten der Küste kommen Junken hieher, nicht allein aus den südlichen Provinzen, sondern auch aus Shantung und Peechelee, und auch aus
Singapore und von den Malayischen Inseln kommen deren jährlich eine
grosse Menge. Nirgends in der ganzen Welt ist der Transit-Handel landeinwärts leichter als hier. Das ganze Land ist so zu sagen das Flussthal
des Yang-tse-kiang, und bildet eine weite Ebene die von vielen schönen
Flüssen durchschnitten wird, welche wieder durch Canäle verbunden
und durchkreuzt sind, von denen manche fast ganz von der Natur gebildet,
andere staunenswerthe Werke der Kunst sind. Da der Boden sehr flach
ist, so üben Ebbe und Fluth weit ins Land hinein ihren Einfluss und helfen
den Eingebornen ihre Waaren nach Shanghae und ihre Einkäufe von dort
nach den entferntesten Gegenden des Landes bringen. Der Hafen von
Shanghae wimmelt von Booten aller Grösse, die diesen Handel nach dem
Inlande vermitteln, und wenn man weiter in das Land reist, begegnet man
ihnen auf jedem Schritte, oder erblickt in der Ferne über das Land hin
ihre Segel. Seitdem der Hafen eröffnet ist bringen diese Boote grosse
Massen von Thee und Seide herab, um unsere Kaufleute die sich hier niedergelassen haben zu versorgen, und kehren mit europäischen, und amerikanischen Manufacturwaaren, die sie gegen ihre Producte eintauschen, zurück.
Unsere weissen Catune werden von den Chinesen am meisten gesucht,
weil sie dieselben nach ihrer Weise und dem Geschmacke des Volks entspre-
chend färben können. So viel wir von der geographischen Beschaffenheit
des Landes wissen, unterliegt es keinem Zweifel, dass alle Sorten grünen
Thee's und der schwarze vielleicht zum grössten Theil, mit weniger Kosten nach Shanghae gebracht werden können als man sie in Canton oder
einer andern südlicher gelegenen Stadt beziehen kann, Ning-po vielleicht
ausgenommen; und da die Theehändler hier weniger der Gefahr ausgesetzt sind auf dem Rückwege geplündert und ihres Geldes beraubt zu werden, so kann auch dies noch ein besonderer Grund werden dass sie ihren Thee
nach Shanghae bringen. Ich bemerke hier dass nach der gewöhnlichen
Annahme die schwarzen Theedistricte dem Hafen von Foo-chow-foo näher
liegen sollen als dem von Ning-po oder Shanghae; man muss aber bedenken, dass ein sehr kleiner Theil des schwarzen Thee's der jetzt nach
England gebracht wird von den Bohea-Hügeln kommt, da man diesen Thee
für schlechter und der Qualität nach bedeutend geringer hält als andere
Sorten die aus einer ganz anderen Gegend kommen, welche bei weitem
nördlicher und an der nördlichen Seite der grossen Gebirgskette liegt.

Die grossen Seidendistricte des nördlichen China sind hier ganz nabe bei der Hand;und man kann nicht zweifeln dass ein grosser Theil dieser Waare in rohem Zustande in Shanghae abgesetzt werden kann. Wenn man alle diese Umstände in Ueberlegung zieht — die Nähe von Shanghae zu den grossen Städten Hangchow, Soochow und der alten Hauptstadt Nanking, den grossen einheimischen Handel, den leichter durch Flüsse und Kanäle zu vermittelnden Transit-Handel, ferner den Umstand dass Thee und Seide leichter hieher gebracht werden können als nach Canton, und endlich, dass dieser Platz ein bedeutender Markt für unsere Baumwollenwaaren ist, — so lässt sich nicht zweifeln, dass Shanghae in wenigen Jahren nicht allein mit Canton wetteifern, sondern ein weit bedeutenderer Handelsplatz werden wird als dieses. Und wenn ich hinzufüge dass das Klima gesund, die Eingebornen friedlich gesinnt, die hier wohnenden Fremden geachtet sind und bis zu einer Entfernung die eine Tagereise nicht überschreitet in allen Richtungen das Land bereisen dürfen, so wird man zugeben dass diese Stadt manche Vortheile bietet die ihre südlicher gelegene Nebenbuhlerin nicht besitzt.

Ish habe bereits gesagt dass dieser Theil von China ein vollkommenes Netz von Flüssen und Canälen bildet. Diese waren mir auf meiner Reise über Land oft sehr hinderlich, wenn ich, was öfters vorkam, die kaiserliche Heerstrasse verliess. Oft war ich genöthigt fast gewaltsam ein Boot in meinen Dienst zu nehmen, wenn die Eigenthümer keine Lust dazu hatten, namentlich als ich diese Gegend zum erstenmale besuchte, weil ich damals mit den Oertlichkeiten noch unbekannt war und die Chinesen immer fürchteten, ich möchte ihr Boot stehlen, wenn ich erst darin wäre. Solche Vorstellungen machte man sich damals von den Fremden.

Einmal namentlich war ich ziemlich weit westlich von Shanghae landeinwärts gegangen, und auf meinem Rückwege, ich weiss nicht wie, von dem betretenen Wege abgekommen. Ich ging weiter, wie ich glaubte in der rechten Richtung, und fand mich auf einmal an einem breiten und tiefen Canale. Ungefähr zwei engliche Meilen von dem Orte wo ich stand sah ich eine Brücke, und da es beinahe dunkel war, suchte ich so schnell wie möglich dorthin au gelangen. Zum Unglück jedoch, als ich eben glaubte die Schwierigkeiten überwunden zu haben, etwa noch einen Büchsenschuss von der Brücke entfernt, war ich wieder durch einen andern Canal abgeschnitten, der den ersten in einem rechten Winkel durchkreuzte. Ich war jetzt vollständig zum Stillstande gebracht, nach einigen Minuten jedoch sah ich ein Boot kommen das an der Seite wo wir standen von einem Manne gezogen wurde. Sobald es näher kam riefen wir den Leuten an Bord zu, sie möchten das Boot auf uns zu steuern und uns auf die andere Seite übersetzen. Allein, wie es schien, fürchteten sie sich vor uns, denn sie nahmen den Mann der das Boot zog schnell an Bord, steuerten nach der Mitte des Canals und ruderten dann mit allen Kräften davon. Sie würden uns bald aus dem Gesicht gekommen sein, und wir hätten unsern Weg im Dunkeln weiter suchen oder durch den eben so tiefen als schlammigen Canal schwimmen müssen. Noth, sagt man, kennt kein Gebot. „Rufe ihnen zu," sagte ich zu meinem Diener, „wenn sie nicht sogleich anhielten würde ich in das Boot feuern, und sie alle erschiesen," und in demselben Augenblicke schickte ich ihnen eine Kugel über ihre Köpfe. Dies war genug. Sie kamen sogleich auf uns zu und setzten uns schnell auf die andere Seite über. Ich bezahlte ihnen ihren Schreck und gab

ihnen den Rath, wenn sie wieder einen Reisenden in ähnlichen Umständen träfen, höflicher zu sein. Sehr zufrieden und froh fuhren sie weiter,
und wir hörten sie noch lange, als sie uns aus dem Gesicht waren, über
das Abenteuer lachen und scherzen.

Als Ackerland ist die Ebene von Shanghae bei weitem die reichste
welche ich in China gesehen habe, und vielleicht in der ganzen Welt kann
sich kein Strich von gleicher Ausdehnung mit ihr messen. Sie ist ein
grosser schöner Garten. Die nächsten Hügel liegen etwa dreissig Meilen
von Shanghae entfernt. Diese stehen in der weiten Ebene ganz allein,
und sind nicht höher als zwei bis dreihundert Fuss. Von ihrem Gipfel
überblickte ich an einem hellen Tage diese weite Ebene, und nur am
fernsten südlichen Horizont konnte ich noch einige wenige eben so einzeln stehende Hügel erblicken, die, wie ich mich seitdem überzeugt habe,
in der Nähe der tatarischen Stadt Chapoo liegen. Das ganze übrige
Land ist eine grosse ebene Fläche, durch keinen Hügel oder Berg unterbrochen. Der Boden ist ein fetter und tiefer Lehm, der reiche Ernten
von Weizen, Gerste, Reis und Baumwolle trägt, ausser einer ungeheuern
Masse von Gartengewächsen, wie Kohl, Rüben, Brodwurzel, Mohrrüben,
Eierpflanzen, Gurken und andere Gewächse dieser Art die in der Nähe der
Stadt gezogen werden. Das Land, obgleich eben, liegt im Allgemeinen
bedeutend höher als die Thäler unter den Hügeln oder die Ebene um Ning-
po, und eignet sich daher besser zum Bau der Baumwolle, die auch wirklich einen Hauptausfuhrartikel dieser Gegend bildet. In der That, hier
ist das grosse Nanking-Baumwollen-Land, von wo grosse Massen dieser
Waare, in der Regel in Junken, nach dem Süden und Norden von China,
und den benachbarten Inseln versandt werden.* Sowohl die weisse als
die sogenannte „gelbe Baumwolle" aus der das gelbe Nanking gemacht
wird werden in dieser Gegend erzeugt.

Der Boden dieses Landstrichs ist nicht allein auffallend fruchtbar, sondern der Ackerbau scheint auch hier weiter vorgeschritten, und ist dem
in unserer Heimath ähnlicher, als in andern Theilen China's die ich gesehen habe. Man trifft hier Bauerhöfe mit regelmässig und auf dieselbe
Weise aufgeführten Getreidefehmen wie in England, auch der Boden wird
auf dieselbe Weise gefurcht; und sähe man hier nicht Bambuspflanzungen,
die langen Zöpfe und die allgemeine Tracht der Eingebornen, so könnte
man beinahe glauben man befinde sich an den Ufern der Themse

Einen sehr beträchlichen Theil des Grund und Bodens in der Nähe
der Stadt nehmen die Gräber der Todten ein.* Nach allen Seiten hin
begegnet das Auge grossen kegelförmigen Erdhaufen, die mit langem Gras
überwachsen und zuweilen mit Gesträuchen und Blumen bepflanzt sind.
Hier, wie in Ning-po, stösst man beständig auf Särge die im freien Felde
auf der Oberfläche des Bodens stehen und sorgfältig mit Stroh oder Matten überdeckt sind um sie vor der Witterung zu schützen. Zuweilen,
obwohl selten, wenn die Verwandten weniger sorgsam sind als gewöhnlich der Fall ist, traf ich auf zerbrochene oder vor Alter verfallene Särge,
wo die Gebeine bloss lagen. Besonders fielen mir die Kindersärge auf, auf
die ich überall sties; diese erheben sich auf einigen hölzernen Pfosten

---

* Davis sagt in seinem „Chinese," die Todten würden alle an den Seiten
der dürren Hügel begraben.

über den Boden und sind sorgfältig überdeckt um sie vor der Witterung zu schützen — und sie erinnern den Fremden dass ein Vater oder eine Mutter, mit eben so zarten und lebhaften Gefühlen als er selbst besitzt, eines ihrer Lieben verloren haben, von dem sie vielleicht hofften dass es sie im Alter pflegen sollte, und dessen Ueberreste sie jetzt sorgsam bewachen. Die höhern Stände haben gewöhnlich ein Familienbegräbniss in der Nähe der Stadt, mit Cypressen und Pinien bepflanzt und mit einem Tempel oder Altar für die Götzen, wo die verschiedenen religiösen Gebräuche vorgenommen werden. Ein Mann mit seiner Familie hat hier seine Wohnung um den Platz zu beschützen und an gewissen Festtagen Lichter und Weihrauch anzuzünden. Andere werden in öffentlichen Begräbnissen beigesetzt, deren ich in der Nähe von Shanghae mehrere traf. Dies sind grosse Gebäude, jedes mit einer gewissen Anzahl geräumiger Hallen oder Gemächer, wo die Särge reihenweise an den Seiten aufgestellt sind.

Ein flaches und in so hohem Grade bebautes Land, wie ich so eben beschrieben, kann natürlich an einheimischen Pflanzen nicht sehr reich sein. Es giebt jedoch hier manche hübsche Gruppen von Bambus um alle Dörfer und kleinen Bauerhöfe, welche der Landschaft eine Art von tropischen Charakter geben, dies ist aber auch der e i n z i g e Typus der Tropenländer in dieser Gegend, wenigstens was die Bäume betrifft. Ich habe schon gesagt dass man auf den Begräbnissplätzen der Reichen, die über die ganze Gegend zerstreut liegen, Cypressen und Pinien pflanzt. Diese tragen besonders zu dem eigenthümlichen Ansehen der Gegend bei, und hier sah ich zum erstenmal die schöne *Cryptomeria japonica,* eine den *Araucariae* auf der Insel Norfolk und in Brasilien nicht unähnliche Nadelholzart. Wo dieselbe üppig wächst trägt sie sehr zur Zierde bei; sie wächst vom Boden so gerade auf wie ein Lerchenbaum, und die Aeste, welche zierlich und den Zweigen der Trauerweide ähnlich abwärts hängen, gehen fast in horizontaler Richtung vom Hauptstamme aus. Das Holz hat in Krümmungen laufende Fibern und ist sehr fest und dauerhaft. Es wird von den Chinesen sehr geschätzt, und da es schön und dauerhaft ist, so benutzen es die Mandarinen und Priester oft zu den langen Pfosten die man gewöhnlich vor ihren Häusern und Tempeln sieht. Auch den Japanesen ist es bekannt, die es ebenfalls sehr hoch schätzen. Die ersten Saamenkörner und Pflanzen dieses schönen Nadelbaumes, welche ich im Herbste 1843 von Shanghae abschickte, sind glücklich und wohlbehalten im Garten der Gartenbau-Gesellschaft zu Chiswick angekommen. Hoffentlich wird der Versuch gelingen, und sie werden dann eine schöne Zierde der Gehölze in England abgeben.*

Der einzige wirklich grosse Baum den ich in dieser Gegend fand ist die *Salisburia adiantifolia,* gewöhnlich Frauenhaarbaum genannt, wegen der Aehnlichkeit seiner Blätter mit dem Farrenkraut dieses Namens. Dies ist eine der Pflanzen welche die Chinesen besonders gern als Zwergbäume ziehen, in welchem Zustande man ihn daher oft in ihren Gärten sieht. Die Frucht wird unter dem Namen *Pa-kwo* in allen chinesischen Städten auf den Märkten verkauft, und hat Aehnlichkeit mit den getrockneten Mandeln, ist aber weisser, voller und runder. Die Eingebornen scheinen sie sehr zu lieben, obwohl sie von den Europäern selten gegessen wird. Die Trauerweide, offenbar dieselbe Art welche wir in England haben, ist

---

* Der Versuch ist vollkommen gelungen.

ebenfalls an den Ufern aller Flüsse und Canäle, wie auch in den Gärten der Chinesen, sehr gewöhnlich; auch eine Art Ulme giebt es hier, die aber nicht sehr gross wird und daher nur von geringem Werthe sein kann. Obgleich die Zahl der wirklich einheimischen Pflanzen in dieser Gegend nicht gross ist, so besitzt Shanghae doch eine Menge Gewächse die aus andern Theilen des Reiches hieher gebracht und in den hiesigen Gärten verkauft werden. Es giebt hier aber keine solche Gärten der Mandarinen wie in Ning-po, da Shanghae wesentlich Handelsstadt ist und alle die hier wohnen von ihren Geschäften in Anspruch genommen werden. Der Unterschied zwischen diesen beiden Städten ist in dieser Hinsicht wirklich auffallend. Den Mangel an Privatsammlungen ergänzen jedoch die zahlreichen Baumschulen, in denen eine treffliche Auswahl von Pflanzen zum Verkauf gezogen wird, unter denen manche mir neue und in Europa noch unbekannte, die, da sie zugleich sehr schön sind, auch in hohem Werthe stehen. Anfänglich hatte ich grosse Mühe diese Gärten ausfindig zu machen. Die Chinesen, aus schwer zu bestimmenden Gründen — vielleicht Eifersucht oder Furcht — wollten mir nicht den geringsten Nachweiss über einen dieser Orte ausserhalb der Stadt geben. Sie sagten mir, es gäbe viele Blumenläden in der Stadt, läugneten aber irgend welche Kenntniss von Baumschulen oder Gärten in der Umgegend zu haben.

„Wenn ihr Blumen braucht," sagten sie, „so giebt es deren in den Läden; warum kauft ihr sie nicht? Die Leute in Shanghae thuen es, und ihr könnt es auch thun."

„Aber in den Läden finde ich nicht, was ich brauche," sagte ich.

„Dann nennt uns das was ihr braucht, und wir werden es euch verschaffen."

„Aber wie soll ich euch die Namen angeben? ich verstehe eure Sprache nicht; und wenn ich euch die Namen angeben könnte, so würdet ihr es doch aus euren Baumschulen holen lassen."

„Ja."

„Oh, ihr habt also Baumschulen in der Umgegend?"

„Ja; aber sie sind sehr weit."

Ich kannte damals die Chinesen schon genug um an allem zu zweifeln was sie mir sagten, wenn ich nicht guten Grund hatte zu glauben dass sie die Wahrheit sprächen, was aber hier nicht der Fall war. Auch sah ich nicht allein auf den ersten Blick an dem Zustande der Pflanzen, dass sie in der Umgegend gewachsen waren, sondern auch dass sie ganz aus der Nähe hergebracht worden sein mussten, denn sie waren mit einem Theile der an den Wurzeln hängenden Erde aus dem Boden gehoben worden. Einige Tage jedoch war alle meine Mühe vergebens, bis mich ein glücklicher Zufall in Stand setzte über meine chinesischen Freunde den Vortheil zu gewinnen. Nachdem wir einmal einen ganzen Tag umsonst gesucht hatten kehrte ich mit meinem Diener von einem Ausfluge in der Umgegend zurück, und schoss, als wir in der Nähe des nördlichen Thores der Stadt ankamen, einen Vogel der mir neu war, weil ich damals gerade eine Sammlung von Häuten chinesischer Vögel anlegte. Wie man leicht denken kann, war ich sogleich von sämmtlichen Knaben in der Nachbarschaft umringt, die über meine Flinte ganz erstaunt waren welche sich sehr von ihren plumpen Luntenbüchsen unterschied. „Na," sagte ich zu den Jungen die sich um mich herumdrängten, „wer will mir den Weg

zum nächsten Blumengarten zeigen, wo ich Blumen kaufen kann?" *„Lyloe,
lyloe"* rief ein halbes Dutzend von ihnen zugleich, und ich fand zu meiner
Ueberraschung und Freude, dass ich mich fast dicht vor dem Thore einer
sehr guten Baumschule befand, die einem Manne gehörte der in der Stadt
einen Blumenladen hielt, demselben mit dem ich die oben angeführte Unterredung gehalten hatte. Es war jetzt zu dunkel um die Pflanzen gut
zu sehen, ich merkte mir aber die Stelle und ging am nächsten Tage
wieder dorthin. Diesmal jedoch war ich nicht glücklich, denn als ich
näher kam, lief ein Knabe, der als Wache aufgestellt war, schnell nach
dem Hause des Gärtners und meldete meine Ankunft, und lange noch ehe
ich das Thor erreichen konnte, war es verschlossen und verbarricadirt,
und kein Reden und Bitten war im Stande den Leuten ihre Furcht zu
benehmen oder sie zu vermögen mich einzulassen. Am nächsten und
folgenden Tage ging die Sache wieder eben so, obwohl ich verschiedene
Wege einschlug, in der Hoffnung dass die junge Schildwache einmal nicht
an ihrem Posten sein würde. Ich musste endlich auf andere Mittel denken
um zu meinem Zwecke zu gelangen. Der Consul Ihrer Majestät, Capitän
Balfour, hatte von Anfang an dem Erfolge meiner Bemühungen grosse
Theilnahme geschenkt und bot mir mit grosser Gefälligkeit jeden Beistand
an der in seiner Macht stände, wenn ich auf meinem Wege Schwierigkeiten
finden sollte. Ich erzählte ihm also die Sache und bat ihn einem der beim
Consulat angestellten Chinesen zu erlauben mich zu dem Garten zu begleiten und dem Eigenthümer zu erklären dass ich Blumen kaufen wolle
und keineswegs die Absicht habe etwas gegen seinen Willen wegzunehmen.
So weit wir den Charakter der Chinesen kannten, konnten wir wohl
überzeugt sein dass, wenn ihnen dies ordentlich auseinander gesetzt würde,
diese armen Leute, die aus der Zucht und dem Verkauf der Pflanzen
ihren Lebensunterhalt gewannen, sehr erfreut sein würden, wenn ich meine
Einkäufe in ihrem Garten machte. Ich begab mich also am nächsten
Tage wieder auf den Weg, von einem Diener des Consulats begleitet.
Als wir dem Garten näher kamen, war mein junger Freund an seinem
Posten, wie gewöhnlich, lief ₋ogleich davon, und wie vorher wurde das
Thor geschlossen und verbarricadirt. Wir gingen ruhig hinan und klopften,
erhielten aber keine Antwort, und der Ort schien auf einmal ganz verlassen. Der Diener wusste sehr wohl dass die Familie sich dicht am
Thore drinnen versteckt habe, und fing an mit ihnen zu unterhandeln und
sie wegen ihrer Furcht auszulachen. Nach einigen Secunden hörten wir
ein Geräusch im Gebüsche und die Inwohner, die allmälig Muth schöpften,
wagten es dem Thore näher zu kommen. Endlich, nachdem sie vollkommen
beruhigt waren, wurden die Riegel inwendig weggezogen und wir konnten
in den heiligen Bezirk des Gartens eintreten, wo ich bald mehrere sehr
werthvolle Pflanzen fand. Das Eis war jetzt geborsten, und mit Hülfe
des chinesischen Beamten erfuhr ich die Namen und Lage verschiedener
anderer Gärten, die ich bald ausfindig machte, und obgleich es Winter
war, und die Vegetation noch ruhte, so war ich doch binnen wenigen
Wochen im Stande eine Sammlung von Pflanzen zusammenzubringen, die,
als sie blühten, sich nicht allein als ganz neu erwiesen, sondern auch sehr
schön waren. Einige Monate freundlichen Verkehrs brachten eine grosse

---

* „Kommt, kommt."

Veränderung bei diesen misstrauischen und furchtsamen Leuten hervor,
und zuletzt sahen sie mich nicht allein sehr gern kommen, sondern baten
mich auch meine Freunde und Bekannten mitzubringen um ihre Blumen
zu sehen. Ich that dies oft, und da wir immer freundlich und rücksichts-
voll gegen sie waren, machten wir einen günstigen Eindruck auf sie, der,
wie ich hoffe, noch lange dauern wird. Als ich bei meiner Rückkehr nach
England Shanghae zum letzten Mal verlassen wollte, ging ich hin um eine
Sammlung von Pflanzen abzuholen die ich in einem dieser Gärten hatte.
Da sagte der Eigenthümer zu mir: „Wenn Ihr das nächste Mal wieder
nach Shanghae kommt werde ich nicht mehr in diesem Garten sein, sondern
in einem andern, den ich in dem nächsten District übernommen habe; ich
werde mich freuen Euch wieder zu sehen und Euch mit Pflanzen die Ihr
nöthig habt versorgen zu können."

„Danke mein guter Freund," sagte ich, „aber da meine Arbeiten in
diesem „Blumenlande" beendigt sind, muss ich nun wieder in meine Heimath zurückkehren, nach „Ta-Eng-co",* ein Land im fernen Westen, und
ihr werdet mich niemals wiedersehen; lebt wohl."

Er wünschte mir dann freundlich guten Wind und ruhige See, und
ein glückliches Wiedersehen meiner Freunde zu Hause.

Ich erwähne diesen Umstand nur, um zu zeigen welche Veränderung
in zwei Jahren im Gemüthe dieser armen Leute vorgegangen ist, die ich
für eine Bürgschaft dessen halte was aus den Chinesen im Norden gemacht
werden kann, welche sich sehr von ihren hochmüthigen und groben Landsleuten im Süden unterscheiden.

Ein anderes Beispiel mag die List und Verschlagenheit mancher Chinesen hier und anderwärts zeigen. Ein Blumenmaler in Chusan hatte mir
gesagt, dass in den Gärten in der Nähe von Shanghae sich mehrere sehr
werthvolle Abarten der *Moutan* oder Baum-Paeonie fänden. Die Abarten
dieser Blume, welche jährlich aus den nördlichen Provinzen nach Canton
gebracht werden und jetzt in Europa gewöhnlich sind, haben Blüthen die
entweder rosenroth oder weiss sind: man versichert aber immer, obwohl
es nicht geglaubt wird, dass in manchen Theilen Chinas purpurfarbene,
blaue, und gelbe Arten gezogen werden, obwohl solche niemals nach Canton zum Verkauf gebracht werden. Ich stellte deshalb genaue Nachforschungen an, und der Maler bestätigte nicht allein dass er welche gesehen
hätte, sondern erbot sich auch, für eine geringe Summe, mir aus dem Ge-
dächtnisse Zeichnungen von allen den verschiedenen Arten zu machen.
Ich liess die Zeichnungen machen, und als er damit fertig war, nahm ich
sie mit nach Shanghae. Ein Gärtner der einen Blumenladen in der Stadt
hatte, und dem ich die Abbildungen zeigte, versprach mir sogleich die
lebenden Pflanzen zu verschaffen, sagte mir aber dass dies sehr kostspielig
sein würde, weil er deshalb nach Soo-chow schicken müsse, das beinahe
hundert Meilen weit entfernt sei, denn in der Nähe von Shanghae seien
sie nicht zu haben, und der Bote sei wenigstens acht Tage unterwegs.
Ich war natürlich sehr erfreut dieselben überhaupt erhalten zu können,
und gab den geforderten Preis, der im Ganzen, wenn sie hundert Meilen
weit hergebracht werden mussten, nicht übertrieben war. Zur bestimmten

---

* Gross England, oder Grossbritannien, wie England im Norden von China
genannt wird.

Zeit kamen die Moutans an, und es waren höchst werthvolle Arten die man in England sehr theuer bezahlt haben würde. Es waren darunter lila- und purpurfarbene, einige beinahe schwarz, und eine, die der Chinese die gelbe nannte, die jedoch nur weiss war, mit einem leichten gelben Schimmer nahe in der Mitte der Blumenblätter. Kurz, die Sammlung war sehr werthvoll und ich mit meinem Einkauf vollkommen zufrieden. Nicht wenig erstaunt aber war ich später als ich fand dass diese Pflanzen nicht weiter als etwa sechs Meilen von Shanghae hergebracht wurden, und dass die berühmte Stadt Soo-chow selbst ihre „Moutans" von demselben Orte bezog.

Es war im Winter als ich zum erstenmal nach Shanghae kam und es standen daher natürlich nur wenig Pflanzen in Blüthe, ausser dem Chrysanthemum, das hier in eben so mannichfachen Abarten zu finden ist wie im Süden von China, und da die chinesischen Gärtner diese Abarten vollkommen zu pflegen verstehen, so waren sie mir gerade in dieser Jahreszeit besonders interessant. Meine Sammlungen enthielten hauptsächlich einjährige Pflanzen, die in dieser Jahreszeit genauer zu bestimmen oder zu beschreiben unmöglich war, und die ich theils wegen der Familien zu denen sie gehörten ausgewählt hatte, theils weil sie von den Chinesen so hoch geschätzt werden. Jedermann der etwas von praktischer Botanik versteht kann sich eine Vorstellung von dem Werthe der Pflanzen, selbst in diesem Zustande, machen, und ich fand mich in meinen Erwartungen hinsichtlich der Sammlung nicht getäuscht, da manche Exemplare, wie sich später zeigte, wirklich sehr schön und werthvoll waren.

Während meiner Anwesenheit in Shanghae erhielt ich, nebst einigen anderen Europäern, eine Einladung in das Haus eines Mandarinen, um eine theatralische Vorstellung oder „Sing-song" anzusehen und nach derselben auf chinesische Weise bei ihm zu speisen. Es wurden uns Tragsessel gesandt um uns nach seinem Hause zu holen, wo wir einer Gesellschaft seiner Freunde vorgestellt wurden, worauf, nach unabänderlicher Sitte, sogleich Thee herumgereicht wurde. Bald darauf kam ein Diener mit einem Präsentirteller voll feuchter, warmer Handtücher, denen nicht unähnlich die bei uns gewöhnlich in den Küchen gebraucht werden, und reichte jedem von uns eines derselben. Anfänglich konnten wir nicht errathen wozu diese dienen sollten; als wir aber unsere chinesischen Freunde ansahen, bemerkten wir dass sie ihr Gesicht und Hände damit abrieben, und wir thaten sogleich dasselbe, obwohl es uns nicht eben angenehm war. Später fand ich dass dies bei den Chinesen allgemein Sitte ist, und oft bin ich selbst, wenn ich vom Gehen warm war, dadurch erfrischt worden. In heissen Ländern, wie China, ist dies weit besser und der Gesundheit zuträglicher, als Waschen oder Baden mit kaltem Wasser.

Während dies im Hause vorging, bereiteten die Schauspieler in dem grossen Zimmer alles zur Vorstellung vor. Nach einiger Zeit kam einer von ihnen in das Zimmer wo wir waren, mit einigen dünnen langen Karten von Elfenbein in der Hand, auf denen eine Anzahl der beliebtesten Lustspiele verzeichnet waren, welche die Schauspieler auf Verlangen des Wirths und seiner Freunde aufzuführen bereit waren. Wir wurden sehr höflich über unsere Meinung hinsichtlich dieses Gegenstandes gefragt, welche, da wir nicht einen einzigen Buchstaben von der Sprache verstanden, und die grösste Schwierigkeit hatten zu verstehen was uns gesagt wurde, von sehr geringem Nutzen war. Nachdem man sich endlich über ein Stück für die Abendunterhaltung geeinigt hatte, wurden wir alle ins Theater geführt. Das Zimmer war gross und beinahe viereckig, mit einer Bühne am obern Ende, für die Schauspieler und das Orchester. Die eine Seite war von der offenen Gasse nur durch ein Gitter getrennt, so dass auch die Aussenstehenden die Vorstellung sehen konnten. Die Mitte des Zimmers war ganz mit Gästen angefüllt, und von der Decke hingen eine Menge Lampen in chinesischem Style herab. Da es früh am Nachmittag war als das Spiel begann, wurden die Laternen nicht angezündet und die Vorstellung fand bei Tageslicht statt, welches die chinesischen Schauspieler nicht, wie wir in unsern Theatern, aussperren.

Das Spiel begann mit einigen pantomimenartigen Kunststücken, wie wir zu Weihnachten auf den englischen Theatern sehen können. Was hierauf folgte schien, der Sprache und den Geberden der Spieler nach zu urtheilen, sehr pathetisch zu sein. Das Ganze war eine Art Oper und die Schauspieler sangen ihre Rollen mit verstellter Stimme. Die als Zwischenspiele eingeschalteten Gauklerstücke wurden mit grosser Geschicklichkeit und Schnelligkeit ausgeführt und zogen unsere Aufmerksamkeit in höherem Grade auf sich als sonst etwas Anderes, wahrscheinlich weil wir sie am besten verstanden.

Die Kleidung der Schauspieler war prachtvoll und muss sehr viel gekostet haben. Es waren keine Frauen unter ihnen, da es nicht Sitte ist dass diese auftreten; ihre Stelle aber wurde durch Männer und Knaben vertreten, die unter denen ausgewählt waren welche ein am meisten „frauenähnliches" Ansehen hatten, und ihr Aussehen und Kleidung war so gut gewählt und angepasst dass ein sehr geübtes Auge dazu gehörte ihr Geschlecht zu erkennen.

Die Stimmen der Schauspieler waren keineswegs sehr wohlklingend, wenigstens nicht für englische Ohren, das Ganze aber stand mit dem lärmenden Gong und den dudelsackähnlichen Blasinstrumenten, die jetzt bei den Chinesen im Gebrauch sind, in Einklang. In der That, Lärm schien das zu sein was den meisten Eindruck hervorbrachte und wir hatten dessen sicher genug.

Mir fielen die verschiedenen Figuren auf welche die Schauspieler auf dem Schaugerüste machten, und die ohne Zweifel etwas dem Aehnliches vorstellen sollten wie die Scenen oder Bilder auf die man in unsern Theatern so viel Mühe verwendet. Der Quadrant scheint sehr beliebt zu sein und wurde in verschiedenen Acten angewendet. Sie haben keine Scenerie um der Täuschung zu Hülfe zu kommen, nur einen einfachen Schrank, der zuweilen dient um ein Zimmer vorzustellen aus dem ein Schauspieler zum Vorschein kommt. Gefochten wird sehr viel, und dies ist vielleicht das sehenswertheste bei der ganzen Aufführung. Jeder hat zwei Hiebwaffen, die er in der wildesten Weise um den Kopf schwingt und dabei zugleich auf eine höchst phantastische Weise Füsse und Beine wirft, als ob diese eben so viel bei der Sache zu thun hätten wie die Hände und Arme. Die Vorstellung oder das Spiel dauerte drei Stunden, dann verliessen wir das Theater und zogen uns in ein anderes Zimmer zurück. Während wir hier warteten waren die Diener eifrig beschäftigt das Theater wieder in Ordnung zu bringen, welches jetzt in einen Speisesaal umgewandelt wurde. Als alles fertig war wurden wir mit vielen Ceremonien eingeführt und erhielten die ersten Ehrenplätze angewiesen. Wir hatten jetzt Gelegenheit zu beobachten wie weit die Chinesen ihre Ceremonie und Höflichkeit gegen einander treiben wenn sie sich zur Tafel setzen wollen. Unser Wirth und seine Gäste brauchten beinahe eine Viertelstunde ehe sie alle zum Sitzen kamen. Jeder nöthigte seinen Nachbar den höheren Platz einzunehmen und dieser lehnte es wieder seiner Seits ab sich an eine so ausgezeichnete Stelle zu setzen. Nach einer Menge von Bücklingen und Artigkeiten war jedoch Alles wie es schien zu allgemeiner Zufriedenheit eingerichtet und die Mahlzeit nahm ihren Anfang.

Die Tafeln wurden jetzt mit einer Ueberfülle von kleinen Tellern besetzt, die alle die feinsten Früchte und Gemüse enthielten welche die Jahreszeit bot, nebst vielen sehr theuern Gerichten, wie z. B. den berühmten Vogelnestern und anderen, von denen mehrere äusserst wohlschmeckend waren, selbst für den Gaumen eines Engländers. Die Diener waren unaufhörlich beschäftigt die Schüsseln in der Mitte des Tisches wegzunehmen und durch andere zu ersetzen, bis endlich sämmtliche Anwesende vollkommen gesättigt waren. Die Speiseceremonie ging jedoch noch immer fort, indem man wieder neue Gerichte auftrug, die aber nur angesehen und dann wieder weggenommen wurden. Unsere Erstlingsversuche mit den Speisestäbchen müssen unsern chinesischen Freunden höchst lustig vorgekommen sein, die jedoch höflich genug waren uns nicht auszulachen, sondern ihr Möglichstes thaten uns behülflich zu sein. Sobald die Mahlzeit begonnen hatte fing auch das Spiel wieder an, und ging eben so munter vor sich wie vorher. Die Schauspieler welche die Frauenrollen spielten kamen in einzelnen Pausen von dem Gerüste herunter und versorgten die Gäste mit verschiedenen Sorten Wein. Während des Gastmahles wurde jedem Gaste ein Stück Geld zugestellt, welches man beim Schluss des Stücks den Schauspielern als Geschenk geben sollte. Als dieses gegeben war wandte sich das ganze *corps dramatique* um, machte eine höfliche Verbeugung zum Danke, und trat ab. Die Speiseceremonie dauerte jedoch noch immer fort; Hunderte von neuen Gerichten wurden aufgetragen und eben so viele wieder weggenommen. Die chinesischen Gäste rauchten dabei, oder langten zu, wie es ihnen eben gut dünkte, und lobten einstimmig alles was auf der Tafel erschien.

Wir hatten jetzt drei bis vier Stunden bei Tische gesessen, und obgleich die Sache im Ganzen sehr unterhaltend war, so waren wir doch vollkommen befriedigt und fingen an uns zu langweilen. „Wie lange wird die Mahlzeit noch dauern?" sagte ich zu einem neben mir sitzenden Sprachgelehrten, der mir Alles was während des Gastmahles vorging sehr höflich erklärt hatte. „O" sagte er, „die wird noch drei bis vier Stunden dauern, wenn Sie aber gehen wollen, so können Sie es jetzt thun." Wir waren froh zu erfahren dass uns die chinesische Etiquette erlaubte uns zu entfernen und liessen unsere Sänften kommen die im Hofe auf uns warteten. Unser Wirth und seine Freunde leuchteten uns mit Laternen und wir nahmen unsern Rückzug auf dieselbe Weise wie wir gekommen waren. So endigte meine erste chinesische Mahlzeit. Seitdem habe ich oft an solchen Gastereien Theil genommen und in Palästen der Reichen wie in den Hütten der Armen gespeist, und eben so häufig in den Tempeln mit den Priestern.

Achtes Capitel.

Da die Insel Chusan im Norden von China mein Hauptquartier war, so ging ich jetzt mit meinen Sammlungen von Shanghae hieher, um Anstalten zur Abfahrt nach Hong-kong und den südlichen Provinzen des Landes zu treffen. Die Hügel in Chusan waren jetzt mit Schnee bedeckt und die Witterung schneidend kalt. Grosse Massen von Fasanen und Wasservögeln wurden täglich von den Chinesen zu Markte gebracht, die an den Engländern gute Kunden fanden. Auch eine kleine Art Rothwild wurde oft lebendig vom Festlande herüber gebracht. Für einen Dollar konnte man vier bis fünf Fasanen haben und die Enten waren ebenfalls sehr wohlfeil; für ein Stück Rothwild bezahlte man in der Regel zwei bis vier Rupien.

Die Officiere der in Chusan liegenden Truppen, welche grosse Jagdfreunde waren, hatten eine herrliche Jagd wenn sie chinesische Boote mietheten und nach den Hügeln auf dem festen Lande übersetzten, weil es auf der Insel selbst wenig Wild giebt.

Nachdem ich alle meine Sachen gepackt, schiffte ich mich auf einem Schiffe welches nach dem Süden geladen hatte ein, und nach wenig Tagen kamen wir mit gutem Monsunwinde durch die chinesische See und in Hong-kong an, ohne dass uns weiter etwas begegnete was der Erwähnung werth war. Die verschiedenen Sammlungen welche ich im Norden gemacht hatte wurden in Glaskästen aufgestellt und nach England eingeschifft.

Da das südliche China schon von frühern Botanikern durchforscht worden ist, so konnte ich nicht erwarten viel Neues zu finden, oder was verdiente nach Hause geschickt zu werden, und ich traf daher meine Anstalten im März oder April wieder nach dem Norden zu gehen, um den ganzen Sommer vor mir zu haben; einstweilen konnte ich einige Wochen auf den Süden verwenden und beschloss daher Canton und Macao zu besuchen die beide nicht sehr entfernt von Hong-kong liegen.

Der Cantonfluss gehört gewiss zu dem grossartigsten und merkwürdigsten was der Reisende in diesem berühmten Lande sehen kann. Die See ist, nahe an dessen Mündung, voller Inseln, von denen man auf der Fahrt von Hong-kong nach Macao eine hübsche Ansicht hat, und wenn man von einem oder dem andern dieser Orte nach Canton fährt, kommt man bei einer Reihe derselben vorbei die zum grössten Theil gebirgig sind, mit ungeheuren Felsenmassen und gelbem grobkörnigem Sand der nur mit einer spärlichen Vegetation bedeckt ist.

Zuweilen jedoch hatten wir im Vorbeifahren die Ansicht einer schönen Bucht, mit einigen Feldern auf dem flachen Lande nahe der Küste, in deren Mitte hübsche Häuser oder Hütten, von einigen wenigen Bäumen oder Sträuchern umgeben. Wenn man durch diese Inseln fährt kommt einem unwillkührlich der Gedanke, die Bewohner solcher stillen Plätze müssten, entfernt von den Lastern der Welt und dem geschäftigen Treiben der Menschen, glücklich und unschuldig sein, da sie alles was sie bedürfen in reicher Fülle besitzen, denn der Reis wächst üppig um ihre Wohnungen und die See liefert einen unerschöpflichen Vorrath trefflicher Fische, die mit leichter Mühe gefangen werden können. Aber diese Träume von Glückseligkeit und Unschuld schwinden bald — diese stillen Dörfer sind voller Seeräuber welche oft Thaten der kältesten Grausamkeit verüben und die Fahrt zwischen Hong-kong, Canton und Macao furchtbar und gefährlich machen. Lorchas und andere kleine Fahrzeuge die werthvolle Ladung an Bord haben, werden oft angegriffen, die Waaren geraubt, Mannschaft und Reisende ermordet und die Schiffe untauglich gemacht oder zerstört.

Eine Fahrt von wenigen Stunden mit gutem Winde und günstiger Fluth brachte mich in Sicht der berühmten Bocca Tigris, den Eingang zum Cantonflusse. Die Forts welche während des Krieges zerstört wurden, sind in noch grösserem Umfange wieder aufgebaut, und wenn sie mit englischen Soldaten besetzt wären, würde keine Flotte in der Welt durchsegeln können ohne in Stücke geschossen zu werden. Ich glaube jedoch, dass die Chinesen, obgleich sie in der Kriegsgunst eine Lehre bekommen haben, doch noch immer, mit allen ihren Forts, der Kriegstaktik und den Flotten der Engländer und anderer civilisirten Nationen nur geringen Widerstand leisten können.*

Innerhalb der Bogue ist der Fluss sehr breit und hat ganz das Ansehen eines Binnensees. Die Aussicht wird jetzt schön und höchst malerisch, indem das flache bebaute Land in der Nähe der Küsten auffallend von den kahlen Hügeln ausserhalb der Forts absticht. Die entfernten Gebirge scheinen die weite Ebene rings zu umschliessen, und obgleich sie, eben so wie die andern, nackt sind, so geben sie doch dem Gemälde einen hübschen Hintergrund. Wenige Meilen weiter stromaufwärts kommen die Schiffe in den Stromstrecken von Blenheim und Whampoa in Sicht, und die berühmte Pagode von Whampoa, nebst mehreren andern mehr oder weniger berühmten Pagoden, ausser einer Menge von Thürmen und Götzentempeln, welche alle den Reisenden erinnern dass er sich der weitberühmten Stadt Canton nähert, einer der reichsten und wichtigsten des himmlischen Reichs. Der herrliche Strom, mit seinen zahlreichen Verzweigungen, bildet viele Inseln; auf einer derselben ist die kleine Stadt oder das Dorf Whampoa erbaut.

Sowohl auf den vom Flusse gebildeten Inseln als auch auf den Flächen auf dem festen Lande wächst Reis in Menge. Die Fluth wird durch Dämme abgehalten und der Boden kann nach Belieben überschwemmt werden. Diese Dämme lässt man nicht müssig liegen, sondern bepflanzt sie mit Pisangfeigen. Wenn das Land zu hoch ist um von der Fluth überschwemmt zu

---

* Spätern Nachrichten aus China zufolge (vom Mai 1847) ist dieses und andere Forts am Contonflusse wieder von den Engländern eingenommen worden. Die Macht welche dieses bewerkstelligte bestand aus der Brig Espiègle und drei Dampfschiffen, mit nur 900 Mann; 879 Kanonen wurden vernagelt, und diese kleine Heeresmacht war bereit die Hauptstadt selbst einzunehmen, wenn die Forderungen des Bevollmächtigten Ihrer Majestät nicht erfüllt worden wären. Das ist ein Beispiel davon was man in China „Krieg‟ nennt.

werden, so wird ein Wasserrad in Bewegung gesetzt; und es ist wirklich zum Erstaunen welche Wassermasse durch diese einfache Vorrichtung in kürzester Zeit heraufgezogen werden kann.

Auch Zuckerrohr wird in der Nähe vom Whampoa in ziemlicher Menge gezogen, welches, in rohem Zustande, von den Chinesen sehr gesucht wird. Man gebraucht es zur Bereitung von Zuckerkand und braunem Zucker, und manche Sorten des letzteren sind besonders fein, obgleich bei den im Lande lebenden Fremden wenig im Gebrauch, die in der Regel den zu Pulver gestossenen Candis vorziehen, der dann sehr fein und weiss ist. Unsern Hutzucker habe ich in China nirgends gesehen, und ich glaube dass er dort gar nicht gemacht wird.

Eine grosse Menge der gewöhnlichsten Fruchtbäume des Landes wachsen auf der ganzen Ebene und an den Ufern des Flusses. Der Mango, Guava, Wangpee *(Cookia punctata)*, Leechee, Longan, Orangen und Pumelos sind die hauptsächlichsten Arten. Ausser diesen giebt es Cypressen, Thuja, Bananen und andere Arten von Feigenbäumen, und eine Art Pinie, von den Chinesen Wasserpinie genannt, weil sie immer am Ufer der Flüsse und Canäle wächst. Den Bambus und eine der unsrigen sehr ähnliche Art der Trauerweide trifft man ebenfalls häufig an. Der Name, welchen die Chinesen der letzteren geben ist „seufzende" Weide, der mit dem englischen Namen „weinende" Weide merkwürdig übereinstimmt; und wenn man das historische Factum damit in Zusammenhang bringt, dass die Juden an den Wasserbächen Babylons weineten und ihre Harfen an die Weiden hingen, so sehen wir dass sie eben so allgemein als ein Sinnbild der Trauer betrachtet wird, wie die schwarze und dunkle Cypresse in allen Ländern als besonders für Begräbnissplätze und Kirchhöfe geeignet gilt.

An den Ufern des Flusses wachsen, sowohl unterhalb als oberhalb der Stadt, grosse Massen von Wasserlilien, oder Lotus, die eben so wie die Reisfelder eingedämmt sind. Diese Pflanze wird sowohl ihres schönen Aussehens wegen gezogen, als auch wegen ihrer Wurzel, die in grosser Menge zu Markte gebracht wird und bei den Chinesen sehr beliebt ist. Im Sommer und Herbst, wenn der Lotus blüht, haben diese Felder ein buntes und auffallendes Ansehen, zu anderer Jahreszeit aber sind die welken Blumen und Blätter und das sumpfige schmutzige Wasser für die Häuser welche sie umgeben keineswegs eine Zierde.

Einen höchst auffallenden Anblick gewähren auf dem Cantonflusse die ungeheure Menge von Booten, welche in der Nähe der Fremdenfactorei am Ufer hin vor Anker liegen. Hunderttausende von Booten aller Arten und Grössen, von dem prachtvollen sogenannten Blumenboot, bis zu dem kleinen Nachen des Barbiers, bilden hier eine grosse schwimmende Stadt, von einer ungeheuern Menge menschlicher Wesen bevölkert. Wenn man den Fluss hinauffährt, kann man ein sehr kleines Boot bemerken, so klein wie man vielleicht noch keines gesehen, das nur aus einigen aneinander befestigten Bretern besteht. Dies ist das Boot des Barbiers der seinem täglichen Berufe, den Chinesen die Köpfe zu rasiren und die Ohren und Augen zu säubern, nachgeht oder vielmehr nachfährt. Dieser Barbier hat, nebenbei gesagt, eine ziemliche Verantwortung auf sich, denn sein Verfahren hat einen sehr schädlichen Einfluss auf die Augen und Ohren seiner Landsleute. Er handhabt jedoch sein kleines Boot mit grosser Geschicklichkeit und lässt mit Hülfe seiner Ruderstange dasselbe leicht und sanft durch diese schwimmende Stadt gleiten, die aus bei weitem grösseren und mächtigeren Booten besteht, als das seinige. Dann sieht man Boote von verschiedener Grösse, wie in Macao und Hong-kong, überdeckt und in drei Abtheilungen getheilt, die äusserst rein und sauber gehalten werden. Diese werden sowohl von den Eingebornen als Fremden gemiethet um zu den andern im Flusse ankernden Junken und Schiffen überzusetzen, oder zu kurzen Ausflügen nach der Insel Honan, den Fa-Tee-Gärten und andern Orten. Die mittlere Abtheilung des Bootes bildet ein sehr hübsches kleines Zimmer mit Fenstern an den Seiten, welches mit Gemälden und Blumen verschiedener Art geschmückt ist. Die Abtheilungen am Bug haben die Ruderer inne und die am Stern dient als Küche, wo das Essen für die Familie der das Boot gehört zubereitet wird.

Die Boote der Kaufleute aus Hong und die grossen Blumenboote sind sehr prachtvoll. Sie sind eben so wie die andern in Felder abgetheilt, aber in einem weit prächtigern und kostbarerem Style erbaut. Der Leser muss sich eine Art von hölzernem Hause vorstellen welches auf dem Fussboden des Bootes erbaut ist und nahe am Bug den Eingang hat, wo nur so viel Raum gelassen ist dass der Schiffer stehen und rudern kann. Da dieser Eingang die Vorderseite bildet, so ist er in einem höchst prächtigen Style geschnitzt und ein Vorspiel zu dem was im Innern zu sehen ist. An der Decke dieser prächtigen Prunkcajüten hängen eine Menge Laternen herab; Gemälde und Verse schmücken die Seitenwände, und alle Eigenthümlichkeiten dieses merkwürdigen Volks sind in diesen ihren schwimmenden Palästen unsern Blicken dargelegt.

Ferner giebt es hier Handelsboote deren sich die Kaufleute bedienen um ihre Waaren zu den Schiffen bei Whampoa zu bringen, Passageboote die nach Hong-kong, Macao und verschiedenen Theilen des Landes gehen, Mandarinenboote, mit vielen Rudern, die ein ganz eigenthümliches Ansehn haben wenn sie den Fluss auf und ab fahren, (ich habe ein Boot dieser Art gesehen welches an jeder Seite vierzig Ruder hatte,) und endlich grosse schwerfällige Junken welche in die See gehen. Von allen diesen Arten von Booten giebt es Modificationen, je nach dem besondern Zwecke dem sie dienen.

Zu festlichen Zeiten hat der Fluss ein ganz besonders buntes Ansehen, namentlich bei Nacht wenn die Laternen angezündet sind und zahllose bunt geschmückte Boote sich vor der Factorei auf und ab bewegen. Die Wirkung welche zu solchen Zeiten die wilden und von Zeit zu Zeit klagenden Weisen der chinesischen Musik, das lärmende Gong, die dicke und schwüle Luft, das fremdartige Volk — das voller Eigenthümlickeiten und Grillen — auf den Fremden ausüben, wird ihm immer im Gedächtniss bleiben und einen aus Freude, Mitleiden, Bewunderung und Verachtung gemischten Eindruck bei ihm zurücklassen. In dieser ganzen unermesslichen schwimmenden Stadt herrscht die grösste Ordnung; die grossen Boote sind in zwei Reihen gereiht und bilden Gassen in denen die kleineren auf und ab fahren, wie in einer grossen Stadt die Kutschen und andere Fuhrwerke. Die Familien welche auf diese Weise leben scheinen eine grosse Liebhaberei für Blumen zu haben, die sie in Töpfen ziehen, sowohl auf dem hohen Stern ihrer Boote, als auch in ihren kleinen Besuchzimmern. Der chinesische Arbor vitae, Gardeniae, Cycas revoluta, Hahnenkamm, und Orange scheinen besonders beliebt zu sein. Ein Götzentempel — manchmal allerdings klein, aber noch immer ein Ort der Gottesverehrung — fehlt in keinem dieser schwimmenden Häuser. Hier wird täglich Weihrauch, den dieses arme Volk seiner eingebildeten Gottheit bringt, so wie Reis und Oel als Opfer verbrannt.

Die Bevölkerung von Canton mit seinen Vorstädten schätzt man gewöhnlich auf ungefähr eine Million. An den Seiten des Flusses und der vielen Canäle in den Vorstädten sind ganze Strassen von hölzernen Häusern auf fest in den Schlamm eingerammten Pfählen erbaut. Diese Wohnungen gleichen sehr den wandernden Schaubuden die man oft auf unsern Märkten sieht, nur dass hier Pfosten die Stelle der Räder vertreten und sie zu Hunderten zusammengedrängt sind und krumme unregelmässige Strassen bilden. Tausende von Einwohnern leben gesund und froh an solchen Orten welche bald das Grab für Europäer sein würden, — so verschieden ist die Constitution.

Was mich aber am meisten überraschte, waren die alten Frauen und kleinen Kinder die im Flusse badeten und hier ganz in ihrem Element und eben so zu Hause zu sein schienen wie die Fische selbst. Die chinesische Bevölkerung ist berühmt wegen ihrer Geschicklichkeit in und unter dem Wasser. Seit die Insel Hong-kong eine englische Niederlassung geworden ist, haben in Folge dieses Umstandes die Regierungsbeamten welche nach der Bucht geschickt wurden um Diebe einzufangen häufig ihren Zweck verfehlt, denn wenn die Chinesen merkten dass sie in Gefahr waren gefangen zu werden, sprangen sie über Bord, tauchten unter und schwammen unter dem Wasser hin, bis sie ihren Verfolgern aus dem Gesicht waren oder in irgend einem der zahlreichen Boote die zu ihrem Stamme gehörten und in der Bucht ankerten, Schutz fanden.

Ich verfehlte nicht, die berühmten Gärten von Fa-tee in der Nähe von Canton zu besuchen, das „Blumenland," wie der Name sagt, von wo eine grosse Menge jener schönen Pflanzen die jetzt unsere Gärten schmücken, zuerst bezogen wurden. Sie liegen zwei bis drei Meilen oberhalb der Stadt am entgegesetzten Ufer des Flusses und sind eigentlich chinesische Pflanzschulen, wo Pflanzen zum Verkauf gezogen werden.

Hier sah ich eine Probe der weit berühmten chinesischen Gartenkunst, von der wir bei unsern europäischen Schriftstellern so viel lesen; ich will sie daher etwas ausführlicher beschreiben. Die Pflanzen werden hauptsächlich in grossen Töpfen gezogen die reihenweise an den Seiten schmaler gepflasterter Gänge aufgestellt sind, an deren Eingange sich die Häuser der Gärten befinden, durch welche der Besucher in die Gärten gelangt. Es sind ungefähr ein Dutzend solcher Gärten, von grösserer oder geringerer Ausdehnung, je nach dem Geschäft oder den Vermögensumständen des Besitzers, aber sämmtlich kleiner als die kleinsten unserer Kunstgärten in London. Sie haben auch Beete, wo die verschiedenen Pflanzen in den Boden gepflanzt werden, und der erste Prozess der Zwergbaumzucht vorgenommen wird. Hier findet man grosse Sammlungen von Camellien, Azaleas, Orangen, Rosen und verschiedenen andern bekannten Blumen die von den Chinesen gekauft werden wenn sie in Blüthe stehen. Die auffallendste Pflanze im Herbst und Winter ist die merkwürdige fingerförmige Citrone, welche die Chinesen abpflücken und in ihren Wohnungen oder auf ihren Altären aufstellen. Sie wird sowohl wegen ihrer Gestalt als ihres Duftes sehr bewundert. Auch die Mandarinorange wird in Fa-tee häufig gezogen, und zwar als Zwergbaum. Sie blüht und trägt sehr reichlich und die Früchte sind gross, flach, von dunkler Farbe, und haben eine rothe Schale. Die Chinesen besitzen eine grosse Menge von Pflanzen die zum Geschlecht der Orangen gehören, und von einer welche sie *Cum-quat* nennen, — eine kleine länglich runde Frucht — bereiten sie ein vortreffliches Eingemachtes. — Die *Murraya exotica, Aglaia adorata, Ixorae* und *Lagerstroemia* sind im Herbst hier eine besondere Zierde.

Den grössten Reiz aber besitzen die Gärten von Fa-tee natürlich im Frühling. Sie sind dann bunt von Baum-Paeonien, Azaleen, Camellien, Rosen und verschiedenen andern Pflanzen. Die Azaleen sind prachtvoll und erinnerten mich an die Ausstellungen in den Gärten der Gartenbaugesellschaft zu Chiswick; die Ausstellungen zu Fa-tee aber waren viel grösser. Jeder Garten war eine Masse von Blumen, und die verschiedenen Farben von roth, weiss und purpur unter einander gemischt machten einen herrlichen Eindruck auf das Auge. Die Arten welche hauptsächlich hier gezogen werden sind die *Azalea indica, indica alba, phoenicea, lateritia, variegata* und die gelbe *Azalea sinensis.* Im Vorbeigehen will ich erwähnen dass ich die Letztere auf den Hügeln von Ning-po wild fand; es unterliegt daher keinem Zweifel dass sie in China einheimisch ist. Die Luft um Fa-tee herum ist in dieser Jahreszeit mit dem süssen Dufte der *Olea fragrans* und *Magnolia fuscata* geschwängert, welche beide in diesen Gärten in grosser Menge wachsen. Zwergbäume nehmen, wie man denken kann, eine besondere Stelle ein, und werden in den groteskesten und eigenthümlichsten Formen gezogen. Den nächsten Rang nach den Zwergbäumen behauptet bei den Chinesen sicher das *Chrysanthemum,* welches sie mit besonderer Sorgfalt und besser als jede andere Pflanze pflegen. Diese Pflanze steht bei dem chinesischen Gärtner in solcher Gunst, dass er sie stets und auch gegen den Wunsch seines Herrn baut, und in manchen Fällen wird er lieber seine Stellung aufgeben als von der Pflege dieser seiner Lieblingsblume lassen. Man erzählte mir dass der selige Beale zu sagen pflegte, er ziehe das Chrysanthemum nur seinem Gärtner zu Gefallen, da er selbst an dieser Blume gar keinen Geschmack finde.

Die Baumpaeonie ist im Süden von China nicht einheimisch, wird aber alljährig, etwa im Januar, in grossen Massen aus den nördlichen Provinzen gebracht. Sie blüht bald nach ihrer Ankunft und wird von den Chinesen schnell aufgekauft, die damit ihre Häuser schmücken. Wenn die Pflanzen abgeblüht haben werden sie weggeworfen, weil sie so weit südlich wie Canton und Macao nicht gut gedeihen und nicht noch einmal blühen. Der Preis richtet sich nach der Zahl der Knospen, und manche werden ziemlich theuer bezahlt.

Einer von den alten Gärtnern spricht ziemlich gut englisch und treibt einen bedeutenden Samenhandel mit den hier in Canton wohnenden Engländern und Amerikanern; leider aber ist er in schlechten Ruf gekommen, weil seine Sämereien in der Regel, wenn sie am Orte ihrer Bestimmung angelangt sind, nicht aufgehen. Man sagt daher jetzt allgemein der alte Mann koche seine Sämereien damit sein Absatz nicht durch irgend einen unternehmenden Producenten in England oder Amerika verdorben werde. Dies ist jedoch nicht der Fall; ich bin vielmehr überzeugt, dass er alles thut was in seiner Macht steht um sie zu erhalten, manche aber können leicht ein bis zwei Jahr alt werden, ehe sie nach Europa abgehen. Auserdem ist die lange Reise um das Cap, — auf der sie zweimal die Linie passiren müssen — ihrem Keimen sehr schädlich. Es ist jedoch kein grosser Schade dass diese Sämereien nicht fortkommen, da nichts Neues oder Werthvolles darunter ist, denn sie werden von Pflanzen genommen die in den Gärten von Fa-tee gewöhnlich sind, von denen der grösste Theil bereits seit Jahren in unsern Gärten eingeführt ist. Ich möchte daher meinen Freunden in China ernstlich rathen ihr Geld nicht unnütz auf solchen Samen zu verwenden.

Obgleich der Botaniker in diesen Gärten wenig finden wird was ihm neu ist, so lohnt sich doch ein Besuch derselben, und im Frühling, wenn die meisten Pflanzen in Blüthe stehen, gewähren sie einen eigenthümlich prächtigen und grossartigen Anblick und verdienen recht eigentlich den poetischen Namen „Fa-tee" oder Blumenland, den ihnen die Chinesen gegeben haben.

Der Garten welcher ehedem der ostindischen Compagnie gehörte besteht noch. Es ist nur ein kleines Grundstück am Ufer des Flusses, nicht mehr als sechzig Shritt lang, und eben so breit, mit breiten Sandgängen ringsherum, einer Baumgruppe mit einigen wenigen Bäumen in der Mitte, und noch einigen Bäumen zwischen der Mauer und dem Gange ringsherum. Seit Herrn Reeves's Zeit scheint niemand mehr den Pflanzen hier Aufmerksamkeit geschenkt zu haben, und wenn jemals seltene Species hier waren, so sind sie jetzt alle ausgegangen. Einige wenige Palmen, Platanen, *Magnolia grandiflora, Clerodenderon fragrans, Justicia Adhatoda, Ligustrum, Murraya exotica*, der Leechee und noch zwei oder drei bekannte Gewächse sind alles was er enthält. Vor der amerikanischen Factorei ein sehr hübscher öffentlicher Garten, wenigstens sechsmal so gross wie der der Compagnie, mit schönen breiten Gängen wo man spazieren gehen kann, und vielen im Lande einheimischen Gesträuchen und Bäumen. Es ist wahr, man findet hier keine Seltenheiten, der Garten nimmt sich aber recht gut aus. Ein hübscher Garten und Spaziergang sind hier sehr wichtig, denn es können leicht noch einige Jahre vergehen ehe die Fremden hier in Canton dieselbe Freiheit erlangen in der Umgegend herum zu gehen wie in andern Theilen von China.

Die Chinesen trafen damals gerade grosse Vorbereitungen zur Feier ihres Naujahrstages, der auf den 18ten Februar fiel. Von Seiten der Eingebornen war grosse Nachfrage nach Blumen aller Art mit denen sie ihre Häuser und Tempel schmücken. Auf meinem Wege stromaufwärts nach den Gärten von Fa-tee begegnete ich einer Menge von Booten die mit blühenden Pfirsich- und Pflaumbaumästen, *Enkyanthus quinqueflorus*, Camellien, Hahnenkamm, Magnolien und verschiedenen andern Pflanzen die in dieser Jahreszeit in Blüthe stehen beladen waren. Der Enkyanthus wird von den Hügeln hergebracht wenn die Knospen eben bis zum Aufbrechen sind; nachdem man ihn einen oder zwei Tage in das Wasser gesetzt kommen die Blüthen so gesund und frisch hervor als wären die Aeste nie von dem Baume getrennt worden. Diese Pflanze ist bei den Chinesen sehr beliebt. Auch die gewöhnliche Jonquille macht auf einen grossen Theil ihrer Gönnerschaft Anspruch, und in den Strassen von Canton trifft man Tausende von Knollen, die in kleinen Näpfen mit etwas Wasser und einigen weissen Steinen wachsen. Die Chinesen zeigen hier ihre besondere Liebhaberei für verkrüppelte und widernatürlich gewachsene

Pflanzen, indem sie die Knollen verkehrt einpflanzen, in Folge dessen die Pflanzen und Blumen jene eigenthümlich gewundenen Gestalten annehmen, die in den Augen der Chinesen so angenehm zu sein scheinen. Grosse Massen aller dieser Blumen werden in vielen Läden und an den Strassenecken in Canton feil gehalten, wo sie, wie es scheint, reissend abgehen, weil die Chinesen, namentlich in dieser Jahreszeit, es für unumgänglich nöthig halten sich damit zu versorgen. Nicht allein die Häuser und Tempel sind damit geschmückt, auch die Boote auf dem Flusse nehmen einen grossen Theil derselben in Anspruch. In der That, diese Boote sind nichts weiter, als schwimmende Häuser, denn ein grosser Theil der Bevölkerung von Canton lebt auf dem Flusse. Die Blumenboote, wie sie gewöhnlich genannt werden, sind namentlich zur Zeit des Neujahr bunt von Blumen in allen Farben und schimmernden Flaggen die von jedem Mast und Stern wehen. Racketen und Feuerwerke, die bei den Chinesen so beliebt sind, werden mehrere Tage lang in allen Theilen der Stadt in grosser Menge abgebrannt und bilden einen Theil der religiösen Ceremonien bei den Opfern welche man den Göttern darbringt. Am Neujahrstage und den zwei oder oder drei darauf folgenden Tagen sind die Läden geschlossen und die meisten Eingebornen tragen ihre Festtagskleider und gehen bei ihren Freunden und Verwandten herum um sie zu „chin-chin" und ihnen ein glückliches Neujahr zu wünschen, wie bei uns zu Hause. An diesen Tagen werden grosse Lustfahrten nach den Gärten von Fa-tee gemacht, und an besondern Tagen findet man daselbst Hunderte jener Blumenboote gedrängt voll von jungen Chinesen aus den bessern Ständen, die sich hier belustigen wie unsere jungen Leute auf den Märkten zu Richmond or Hampton Court. Auch grosse Gesellschaften von wohlgekleideten Damen fahren in Blumenbooten nach Fa-tee und gehen in den Gärten spazieren; und dies ist die einzige Zeit im Jahre, wo sie in Canton sichtbar sind.

Ich hatte mich mehrere Monate im Norden von China aufgehalten und überall ward mir, ein oder zweimal ausgenommen, von den Eingebornen mit der grössten Höflichkeit begegnet worden, so dass ich schon anfing mir von den Chinesen als Nation eine hohe Meinung zu bilden und geneigt war dem Volke in der Umgegend von Canton eben so zu trauen wie ich es in den nördlichen Provinzen gethan hatte. Bald jedoch erfuhr ich dass ich mich im Irrthume befand, und zwar auf eine höchst unangenehme Weise. Wenige Meilen hinter der Stadt waren einige Hügel die ich mir oft zu besuchen vorgenommen hatte, um ihre botanischen Erzeugnisse zu untersuchen. Eines Morgens machte ich mich auf, ging durch die Stadt und schlug gerade den Weg nach diesen Hügeln ein. Nachdem ich zwei bis drei Meilen gegangen war erreichte ich die Vorstädte an der andern Seite der Stadt, gegenüber der Fremdenfactorei. Das Geschrei „Fankwei",* womit ich auf dem ersten Theile meines Weges begrüsst worden war, hatte jetzt beinahe aufgehört, und ich fing an zu glauben dass ich nun vor den unverschämten Buben und dem chinesischen Pöbel sicher sei, den man in den hintern Strassen von Canton überall begegnet. Ich war jetzt auf einem guten Wege zwischen Feldern und Gärten und hatte eine herrliche Aussicht auf das umliegende Land und die Hügel. Wie sonderbar, dachte ich, dass die Fremden welche hier in den

---

* Buchstäblich: „fremder Teufel.

Factoreien leben sich nie die Gelegenheit zu Nutze machen hieher zu kommen, wo sie die frische Luft und schöne Aussicht geniessen könnten, was gewiss in das einförmige Leben welches sie führen müssen eine angenehme Abwechslung bringen würde.

Als ich ruhig weiter ging begegnete mir ein chinesischer Soldat zu Pferde, der durch Geberden und Worte alles versuchte was in seiner Macht stand mich zur Umkehr von dem eingeschlagenen Wege zu vermögen. Ich verstand damals den Dialect von Canton noch gar nicht, und da ich glaubte er wolle mich blos verhindern über Land zu gehen, beachtete ich ihn nicht weiter, sondern setzte meinen Weg fort. Bald jedoch kam es mir vor als ob einige Haufen schlecht aussehender Kerle nicht die besten Absichten gegen mich hegten, die mich, als ich weiter ging, aufmerksam zu beobachten schienen. Ich kam jetzt an einen kleinen Hügel, der, wie es schien, als Begräbnissplatz gebraucht wurde; er war umhegt, aber die Thüre stand weit offen und der Ort schien ganz öffentlich. Um eine weitere Aussicht über das Land zu haben, ging ich hinein und fing an den Hügel hinanzusteigen. Ich war etwa die Hälfte hinauf, als eine Anzahl Chinesen, die mir gefolgt waren, sich um mich zu drängen anfingen und „comeshaws",* forderten. Von Secunde zu Secunde wurde der Haufen grösser und ungestümer. Eine Zeitlang versuchte ich alles mögliche um mich ihrer mit Höflichkeit zu erwehren, endlich aber erreichte ich den Gipfel des Hügels und sah jetzt deutlich dass ich in eine Falle gerathen war aus der ich mich nur schwer würde herausziehen können.

Bis jetzt hatte noch Niemand versucht Hand an mich zu legen. Ich warf nur einen flüchtigen Blick auf die Umgegend und ging bei mir zu Rathe, welches wohl die beste Weise sei mich meiner störenden Begleitung zu entledigen. Es schien kein anderer Weg als der Sache kühn entgegen und wieder nach Canton zurück zu gehen. „Ihr werdet auf diesem Wege besser hinabkommen," sagte ein Kerl in gebrochenem Englisch zu mir, indem er auf einen Hohlweg an der entgegengesetzten Seite des Hügels deutete. Mein Verdacht war jedoch rege geworden, und ich erkannte sogleich die Absicht des Rathenden, die keine andere war, als mich an irgend einen abgelegenen Ort zu locken wo man mir wahrscheinlich alles was ich bei mir hatte abgenommen und mich obendrein rein ausgezogen hätte. „Nein, nein," sagte ich, „ich habe dort unten nichts zu thun," und schlug meinen Rückweg auf derselben Seite des Hügels ein, auf der ich heraufgekommen war. Die Chinesen drängten sich jetzt um mich und schienen entschlossen mich nicht weiter gehen zu lassen. Einige hielten meine Arme, ein Kerl nahm meinen Hut und lief damit fort, ein anderer that dasselbe mit meinem Sonnenschirm, mehrere Hände fuhren in meine Taschen und andere versuchten sogar mir den Rock auszuziehen. Jetzt sah ich dass sie nicht anders zufrieden zu stellen wären als wenn ich alles hergab was ich bei mir hatte, da jeder etwas haben wollte, „und ihr Name war Legion." Ich raffte alle meine Kräfte zusammen, warf mich auf die welche zunächst unter mir waren und lies mehrere derselben an der Seite des Hügels herabrollen. Dies war jedoch beinahe zu meinem Schaden, denn bei der Kraft die ich anwandte strauchelte ich auf dem unebnen Boden, und fiel; zum Glück aber raffte ich mich sogleich wieder auf und fing den unglei-

---

* Geschenke.

chen Kampf von neuem an, da ich nur dahin trachtete die Thür des Begräbnissplatzes wieder zu erreichen durch die ich eingetreten war. Die Chinesen auf dem Hügel riefen jetzt ihren Freunden unten zu das Thor zu
schliesen und mich nicht wieder auf die offene Landstrasse hinaus zu
lassen. Ich sah sogleich dass, wenn ihnen dies gelänge, ich eine
leichte Beute für sie sein würde, und beschloss wo möglich ihnen zuvor-
zukommen. Ich entriss mich den Händen derer welche mich umgaben,
und rannte auf das Thor zu, welches ich eben erreichte als es geschlossen war, aber zum Glück ehe es auf der andern Seite befestigt werden
konnte. Die Gewalt mit der ich dagegen rannte war so gross dass es
aufsprang und die Chinesen welche damit beschäftigt waren es zu befestigen rücklings über stürzten. Ich war jetzt auf der offenen Landstrasse,
wo sich einige hundert Chinesen zusammengeschaart hatten, von denen einige ein recht anständiges Aussehen hatten, der grössere Theil aber offenbar nichts als Diebe und Räuber waren. Der anständigere Theil wollte,
oder durfte wahrscheinlich nicht mir zu Hülfe kommen. Jetzt flogen von
allen Richtungen her Steine auf mich zu und ein Ziegel traf mich mit
grosser Gewalt in den Rücken, so dass ich beinahe zu Boden gestürzt
wäre. Ich war auf einige Secunden betäubt und lehnte mich an eine Wand
um Athen zu schöpfen und wieder zu mir zu kommen, weil ich glaubte
dass ich nun auf der offenen Landstrasse verhältnissmässig in Sicherheit
sei. Bald jedoch ward ich enttäuscht, denn das Gesindel umringte mich
von neuem und nahm mir noch mehreres ab was ihnen vorher entgangen war. Da die ganze Umgebung offenbar von der schlechtesten Art war,
so wäre es Thorheit gewesen in einem Hause Schutz zu suchen, und ich
musste daher beinahe eine Meile Weges mich der Räuber zu erwehren
suchen, bald fechtend bald laufend, bis ich endlich aus ihrem Gebiet heraus und in die Nähe der volkreichen Theile der Stadt kam. Man kann
leicht denken in welchem Zustande ich war; wenn ich jedoch alles genau
überlege, so kam ich noch besser davon als man erwarten konnte.

Da ich auf meinem Heimwege weder Hut noch Sonnenschirm hatte,
litt ich nicht wenig von der Sonnenhitze, die im Süden von China, selbst
im Frühling, bei heiterem Himmel sehr bedeutend ist. Ich würde gern
in einen Laden gegangen sein und mir einen chinesischen Hut gekauft haben, die Spitzbuben hatten mir aber nicht einen rothen Pfenning gelassen.
Zum Glück hatte ich meine Uhr nicht eingesteckt, die sonst wahrscheinlich
zuerst mit davon gegangen wäre, denn die chinesischen Diebe haben
eine grosse Vorliebe für Uhren und wissen ihren Werth sehr wohl zu
schätzen.

Herr F. C. Drummond, mit dem ich damals zusammen war, sagte
mir später dass der Ort wo ich angefallen worden war einer der ver-
rufensten in den Vorstädten von Canton sei, und dass ein oder zwei Jahr
früher drei Herren seiner Bekanntschaft noch weit schlimmer davon gekommen seien als ich, da man sie fast aller ihrer Kleider beraubt hatte.

Etwa zwei Jahre nach diesem Angriffe auf mich wurden drei Herren welche in China Aemter bekleideten, Herr Montgomery Martin, der
Rev. V. Stanton und Herr Jackson, als sie unvorsichtiger Weise in den
Vorstädten spazieren gingen, ebenfalls angegriffen, und das Schreiben welches sie officiel an dem Consul Ihrer Majestät richteten um sich über
die Behandlung welche sie erlitten zu beschweren, zeigt die Zustände in Can-

ton so deutlich, dass ich nicht umhin kann es hier vollständig mitzutheilen.

„Heute früh, gegen sieben Uhr, wurden wir auf einem Spaziergange an der nördlichen Mauer, ausserhalb der Stadt, von einer Anzahl Chinesen angegriffen die uns folgten und deren Zahl, als wir bei dem Gebäude ankamen welches den Fremden unter dem Namen der fünfstöckigen Pagode bekannt ist, immer mehr wuchs. Sie fingen damit an Steine nach uns zu werfen die unser Leben bedrohten und von denen uns einige trafen. Eine Anzahl Chinesen die uns an der Stadtmauer hin folgten unterstützten und ermuthigten den Angriff, indem sie grosse Steine nach uns schleuderten, die wenn sie getroffen hätten sicher den auf welchen sie gerichtet waren getödtet hätten. Herr Jackson wurde zuerst von einigen Männern angefallen welche Degen und Dolche schwangen; seine Arme wurden festgehalten und seine goldene Kette ihm vom Halse gerissen. Als der Rev. Herr Stanton und Herr Martin bemerkten dass Herr Jackson zurückblieb, kehrten sie um und eilten ihm zu Hülfe, wurden aber selbst angegriffen. Einer der angreifenden setzte Herrn Martin einen Dolch auf die Brust, zwei andere versuchten ihn zu Boden zu werfen, und während er mit diesen rang, wurden ihm die Taschen ausgeleert. Eben so erging es Herrn Jackson und Herrn Stanton. Letzterer verlor seine Uhr; Herr Jackson behielt die seinige, aber alles übrige wurde ihm abgenommen. Die Angreifer verliessen uns jetzt, aber die Leute an der Mauer folgten uns noch eine Strecke, wobei sie grosse Steine auf uns schleuderten und uns drohten und schimpften.

„Wir gingen nun südwärts unter der Mauer hin, um das Ufer des Flusses zu erreichen, hier aber verfolgte und griff uns ein anderer Haufe an. Herr Jackson erhielt einen derben Schlag auf die Brust, und die Angreifer deckten ein Dach ab um sich grosse Stöcke zu verschaffen. Bei diesem Angriffe wurde auch Herr Jackson seiner Uhr beraubt; unsere Kleider wurden uns vom Leibe gerissen und die Leute machten zu gleicher Zeit Miene uns zu schlagen. Wir versuchten keinen Widerstand, der ohnehin ganz unnütz gewesen wäre, denn nicht allein waren uns unsre Gegner an Zahl und Waffen überlegen, sondern wir wurden von dem Wachtthurme und an den Mauern zugleich angegriffen.

„Die Gewaltthätigkeit war von unserer Seite durchaus nicht hervorgerufen. Unsere amtliche Stellung und die Gegenwart eines Dieners der Religion können für unser friedliches Benehmen bürgen, und hätte die Gegenwart des Letztern Herrn Jackson und Herrn Martin nicht abgehalten, so wäre wahrscheinlich Blut vergossen worden. Als wir einen volkreicheren Theil der Vorstadt erreichten, ruhten wir ein wenig aus und gingen dann nach Hause; noch oft aber hörten wir Schimpfreden und das Geschrei „tödtet sie, tödtet sie!"

„Von keiner Nation in Europa würden britische Unterthanen eine solche Behandlung leiden. Es kann keine Entschuldigung geben um eine Fortsetzung einer solchen Aufführung gegen uns in China zu dulden, und wir glauben, es unterliegt keinem Zweifel dass es in der Macht der chinesischen Regierung steht, nicht allein den Beleidigungen welchen die Engländer täglich ausgesetzt sind ein Ziel zu setzen, sondern auch die Wiederholung solcher Misshandlungen wie wir erlitten haben zu verhüten. Durch das Verbot, die innere Stadt von Canton zu betreten, werden die niedern Klassen ermuthigt uns als niedriger stehend zu betrachten und uns mit Hohn und Schimpf zu begegnen. Von Seiten der Behörden sind, so viel uns bekannt ist, noch nie irgend welche Massregeln getroffen worden den beständigen Beleidigungen denen die britische Gemeinde ausgesetzt ist vorzubeugen, die, anstatt mit der Zeit nachzulassen oder durch Wohlthaten unterdrückt zu werden, nur immer häufiger und heftiger zu werden scheinen.

„Gewissenhaft darauf bedacht den Frieden zu erhalten und den freundschaftlichen Verkehr zu fördern, machen wir diese Vorstellung, weil wir glauben, dass, wenn diese Uebelstände über welche wir klagen von den chinesischen Behörden nicht gehoben werden, über kurz oder lang unvermeidlich die ernsten Folgen daraus entstehen müssen."

Neuntes Capitel.

Besuch in der Gegend des grünen Thees bei Ning-po. — Tragsessel zum Reisen im Gebirge. — Der buddhistische Tempel Tein-tung. — Landschaft um den Tempel. — Von den Priestern mitgetheilte Sagengeschichte. — Der Tempel und dessen Götzen. — Einladung zu einem Mittagsmahl bei den Priestern. — Erster Versuch mit den Speisestäbchen. — Höflichkeit der Chinesen. — Gewöhnliche Tischgesellschaft. — Mein Bett. — Andachtsübungen der Priester. — Schweinsjagd. — Lebensgefahr. — Art und Weise die Thiere von den Bambuspflanzungen zu verscheuchen. — Gebirgslandschaft. — Buddhistischer Tempel zu Ah-yu-wang. — Poo-to-san oder die Betinsel. — Ihre Tempel und Götzen. — Bronzene Götzen. — Bäume und Sträucher. — Gärten und Lieblingspflanzen der Priester. — Handel mit Götzenbildern. — Opfer in Shanghae und Ning-po. — Prozession zu Ehren der Götter. — Christliche Missionen. — Aerztliche Missionsgesellschaft. — Römische Catholiken.

Nachdem ich meine Sammlungen auf drei verschiedenen Schiffen von Hong-kong nach England abgesandt hatte, schiffte ich mich Ende März 1844 wieder nach den nördlichen Provinzen ein. Während des Sommers dieses und des folgenden Jahres konnte ich mehrere Theile des Landes besuchen die vorher den Europäern verschlossen waren und welche Gegenstände von grossem Interesse enthielten.

Gegen Anfang Mai machte ich mich mit Herrn Thom, dem britischen Consul, und zwei andern Herren auf den Weg um die Gegenden des grünen Thees in der Nähe von Ning-po zu besuchen. Wir hatten gehört dass sich dort mitten im Theedistricte, und etwa zwanzig Meilen weit entfernt, ein grosser und berühmter Tempel befände, der unter dem Namen Tein-tung bekannt sei, wo wir während unseres Aufenthaltes in dortiger Gegend wohnen könnten. Zwölf bis vierzehn Meilen ging unsere Reise ganz zu Wasser, am Fusse der Hügel aber endigte der Canal und wir mussten dann zu Fusse weiter gehen oder uns auf Sesseln tragen lassen. Der Tragsessel dessen man sich in China auf Gebirgsreisen bedient, ist sehr einfach. Er besteht aus zwei langen Bambuspfählen mit einem dazwischen befestigten Bret welches als Sitz dient, und zwei andern Querhölzern, an deren einem der Rücken, auf dem andern die Füsse ruhen. Ein grosser chinesischer Sonnenschirm wird über den Kopf gehalten und schützt vor Sonne und Regen.

Die Chinesen sind nach ihrer Weise vollkommene Philosophen. Auf unserem Wege nach dem Tempel, wenn wir des langen Sitzens im Boote müde waren, stiegen wir einigemal aus und gingen ein Stück zu Fusse, auf dem Wege der an den Ufern des Canales hinführt. Eine Menge Lastschiffe die in derselben Richtung fuhren wie wir und von Passagieren voll waren, hielten sich, aus Neugierde um uns zu sehen, einen grossen Theil des Wegs ziemlich in unserer Nähe. Ein Chinese geht nie zu Fuss wenn er eine andere Gelegenheit finden kann fortzukommen, und diese Leute waren daher höchst verwundert als sie sahen dass wir offenbar froh waren ein Stück zu Fusse gehen zu können. „Ist es nicht sonderbar", sagte einer, „dass diese Leute lieber zu Fusse gehen, da sie doch ein Boot haben, eben so gut wie wir?" Jetzt erhob sich eine Unterredung zwischen ihnen, über den Grund dieser unläugbar merkwürdigen Liebhaberei, bis einer, der weiser war als seine Begleiter, die Frage mit der mitleidigen Bemerkung entschied, „Es liegt in ihrer Natur so zu thun", womit sich, wie es schien alle Partheien beruhigten.

Es war beinahe dunkel als wir an dem Tempel ankamen, und da es den grössten Theil des Tages über stark geregnet hatte, so waren wir bis auf die Haut durchnässt und befanden uns in einem ziemlich kläglichen Zustande. Die Priester schienen sehr verwundert über unsere Ankunft, erwiesen uns aber die grösste Gastfreundlichkeit und Artigkeit und wir waren bei ihnen bald wie zu Hause. Sie brachten uns Feuer um unsere Kleider zu trocknen, bereiteten unsere Mahlzeit, und wiesen uns einige ihrer besten Zimmer an, wo wir schlafen konnten. Für die meisten derselben, die noch nie vorher einen Engländer gesehen hatten, waren wir offenbar Gegenstand einer grossen Neugierde. Unsere Kleider, unsere Gesichtszüge, unsere Art zu essen und unsere Manieren waren für diese einfachen Leute lauter Wunder, und sie erlaubten sich manchen lustigen Scherz auf unsere Rechnung. Wir waren froh unsere nassen Kleider ablegen zu können, und begaben uns zeitig zur Ruhe. Als wir am Morgen aufstanden hatten wir eine Aussicht vor uns die jede andere Landschaft welche ich bisher in China gesehen hatte an Schönheit weit übertraf. Der Tempel steht am Eingange eines fruchtbaren Thales welches von klaren Bächen die von den Bergen herabströmen, reich bewässert wird. In dem Thale gedeihen herrliche Reisernten und die Theepflanze mit ihren dunkelgrünen Blättern sieht man an den niedern Abhängen aller der fruchtbarern Hügel, die sich wie mit Grün getüpft ausnehmen. Zu dem Tempel führt eine lange Allee von chinesischen Fichtenbäumen, die anfänglich gerade läuft, näher am Tempel aber sich höchst malerisch am Rande zweier künstlicher Seen hinwindet und dann auf eine steinerne Treppe ausmündet welche zu dem Haupteingange führt. Hinten und zu beiden Seiten erheben sich die Gebirge in unregelmässigen Gipfeln, bis zweitausend Fuss über der Meeresfläche. Diese Berge sind nicht so kahl wie die Gebirge im Süden, sondern bis nahe an die Gipfel mit einer dichten, der Vegetation der Tropenländer ähnlichen Masse von Buschwerk, Gesträuchen und Bäumen bekleidet. Manche der schönsten chinesischen Bambusarten wachsen hier in den Schluchten, und das dunkle Nadelholz erreicht an den Seiten der Hügel eine bedeutende Höhe. Hier bemerkte ich auch mehrere Exemplare der neuen Tanne *(Cryptomeria japonica)*, und verschaffte mir einige Pflanzen und

Samen derselben, die man jetzt in den Gärten der Gartenbaugesellschaft in Chiswick wachsen sehen kann.

Als wir gefrühstückt hatten kam einer der obersten Priester und lud uns sehr dringend ein bei ihm zu Mittage zu speisen; einstweilen führte er uns im Kloster herum, dessen Geschichte er uns mittheilte, wie folgt: — „Vor vielen hundert Jahren zog sich ein Greis von der Welt zurück, kam in diese Gebirge um hier zu wohnen und lebte ganz der Ausübung religiöser Pflichten. So streng waren seine Andachtsübungen, dass er alles vernachlässigte was zu seinen zeitlichen Bedürfnissen gehörte, selbst seine tägliche Nahrung. Die Vorsehung jedoch wollte einen so frommen Mann nicht Hungers sterben lassen. Einige Knaben wurden auf eine wunderbare Weise geschickt, die ihn täglich mit Nahrung versorgten. Mit der Zeit verbreitete sich der Ruf des Weisen über die ganze Umgegend und von allen Seiten strömten ihm Schüler zu. Es wurde eine kleine Reihe von Tempeln gebaut, und so entstanden die weitausgedehnten Gebäude welche jetzt den Namen „Tein-tung", oder „Tempel der himmlischen Knaben" führen; *Tein* bedeutet Himmel, und *Tung* ein Knabe. Endlich starb der alte Mann, aber seine Schüler traten an seine Stelle. Der Ruf des Tempels breitete sich weit und breit aus, und aus den entferntesten Theilen des Reichs kamen Jünger — unter diesen ein chinesicher König — um an seinen Altären zu beten und ihre Opfer zu bringen. Vor den ursprünglichen Tempeln wurden grössere neue gebaut, und diese machten wieder den geräumigen Gebäuden Platz welche jetzt den Haupttheil des Baues bilden.

Sämmtliche Tempel sind mit Götzen oder Bildern besonders verehrter Götter angefüllt, wie „der drei kostbaren Buddhas", „der Königin des Himmels" — die auf dem berühmten Lotus oder Nelumbium sitzend dargestellt wird, „des Gottes des Krieges" und vieler anderer vergötterter Könige und grosser Männer früherer Tage. Manche dieser Bilder sind 30 bis 40 Fuss hoch und gewähren, wenn man sie in diesen geräumigen hohen Hallen nebeneinander gereiht sieht, einen höchst eigenthümlichen Anblick. Die Priester selbst wohnen in einer Reihe niedriger Gebäude die mit den verschiedenen dazwischen liegenden Tempeln und Höfen rechte Winkel bilden. Jeder Priester hat einen kleinen Tempel in seinem Hause — einen Hausaltar auf dem sich kleine Götzenbilder erheben, vor denen er oft seine Privatandacht verrichtet.

Nachdem wir die verschiedenen Tempel so wie den Glockenthurm in Augenschein genommen hatten, welcher letztere eine schöne metallene Glocke von grossen Dimensionen enthält, führte uns unser Wirth in sein Haus zurück, wo das Mittagsmahl bereits auf dem Tische stand. Die Priester der buddhistischen Religion dürfen keinerlei Art Fleischspeisen geniessen. Unsere Mahlzeit bestand daher ganz aus Vegetabilien, die nach der gewöhnlichen chinesischen Weise aufgetragen worden, in einer Menge kleiner runder Schüsseln, deren Inhalt — die Suppe ausgenommen, in kleine viereckige Stücke zerschnitten war, um mit Speisestöckchen verzehrt werden zu können. Die buddhistischen Priester haben eine Menge vegetabilischer Gerichte verschiedener Art ersonnen, die mittelst einer eigenthümlichen Bereitung sehr schmackhaft gemacht werden. Manche haben in der That sowohl hinsichtlich des Geschmacks als des Ansehens solche Aehnlichkeit mit Fleischspeisen, dass wir anfangs getäuscht wurden und uns einbildeten, die kleinen Bissen welche wir mit unsern Speisestöckchen zu halten im Stande waren, wären wirklich Stücken von Geflügel oder Rindfleisch. Dies war jedoch nicht der Fall, da unser guter Wirth, wenigstens an diesem Tage, streng der Regel folgte und lauter vegetabilische Erzeugnisse auf seiner Tafel hatte. Mehrere andere Priester sassen mit uns bei Tische, und eine grosse Menge anderer von niedrigerem Range mit den Dienern draussen um die Thüren und Fenster gedrängt. Die ganze Versammlung muss höchst erstaunt gewesen sein über die linkische Art wie einige von uns ihre Speisestäbchen handhabten, und bei aller ihrer Höflichkeit bemerkte ich dass sie sich des Lachens nicht enthalten konnten, wenn nach wiederholten Versuchen ein kleiner wohlschmeckender Bissen wieder auf den Teller zurückfiel. Ich kenne weniges was so unangenehm und zugleich lächerlich wäre wie der erste Versuch mit chinesichen Speisestäbchen zu essen, namentlich wenn der welcher es versucht den ganzen Vormittag auf den Hügeln herumgewandert und schrecklich hungrig ist. Man fasst die Stäbchen erst so dass sie zwischen dem Daumen und Zeigefinger der rechten Hand balanciren, dann bringt man sie zunächst mit den Spitzen vorsichtig einander, so nahe dass noch gerade genug Raum bleibt um den Bissen dazwischen zu schieben, dieser wird dann zierlich gefasst; aber ach — indem man die Hand aufhebt, entschlüpft eine Spitze der anderen, der Leckerbissen und unsere Hoffnung fällt wieder auf den Teller zurück, oder wohl gar in einen anderen Teller der auf dem Tische steht. Wieder und wieder wird dieselbe Operation versucht, bis der arme Neuling alle Geduld verliert, die Stäbchen in voller Verzweiflung wegwirft und einen Porzellanlöffel ergreift mit dem er leichter zu Stande kommt. In solchen Fällen sind die Chinesen selbst sehr zuvorkommend, obwohl in einer Weise die dem Geschmacke eines Engländers nicht immer zusagen möchte. Wenn der chinesische Freund die Verlegenheit bemerkt in der sein Gast oder Tischgenosse sich befindet, so langt er voller Freundlichkeit und Höflichkeit über die Tafel herüber, ergreift mit seinen eignen Stäbchen, die er eben erst aus dem Munde gezogen, den gewünschten Bissen und legt ihn auf den vor jenem stehenden Teller, und die Höflichkeit erfordert dass man sich bedankt und die Gabe annimmt und aufisst.

Während der Mahlzeit sagte uns unser Wirth dass ungefähr hundert Priester zum Kloster gehörten, aber viele beständig auf Missionen in verschiedenen Gegenden des Landes abwesend seien. Auf meine Frage, wie, und durch welche Mittel die Anstalt erhalten werde, sagte er uns, ein grosser Theil des Landes in der Umgegend gehöre zum Tempel und es würden jährlich grosse Summen durch den Verkauf von Bambus gewonnen, das hier vortrefflich gedeiht, so wie aus den Aesten der Bäume und Sträucher die in Bündeln als Feuerungsholz verkauft werden. Auch eine Anzahl Thee- und Reisfarmen gehören den Priestern, welche dieselben selbst bebauen. Ausser den Summen welche durch den Verkauf dieser Erzeugnisse gewonnen werden, hat das Kloster auch noch ein hübsches Einkommen von den Gaben der Andächtigen welche zu religiösen Zwecken den Tempel besuchen, so wie von den Summen die von den Mitgliedern des Ordens gesammelt werden, welche zu bestimmten Zeiten des Jahres ausziehen um zu betteln. Priester giebt es hier natürlich von allen Graden, und manche derselben sind nichts weiter als Diener der andern, sowohl im Hause als auf dem Felde. Der Typhon des vorhergehenden Jahres, oder vielmehr der Regen der denselben begleitete, hatte an der einen Seite des Hügels, nahe beim Tempel, einen grossen Erdsturz verursacht und zehn bis zwölf Acres des besten Reislandes vollständig verschüttet. Als wir dies bemerkten, sagten uns die Priester mit grossem Ernste, Jedermann sage, dies sei ein schlimmes Omen für den Tempel; einer von ihnen aber bemerkte mit echt chinesischer Höflichkeit, dass ohne Zweifel jeder böse Einfluss jetzt gehoben sei, seit der Tempel durch unsern Besuch beehrt worden.

Nachdem wir die Theefarmen und die Bereitung des Thees in Augenschein genommen, kehrten die Herren Thom, Morrison, ein Sohn des verstorbenen Dr. Morrison, und Sinclair nach Ning-po zurück, und liessen mich meine naturhistorischen Untersuchungen in diesem Theile des Landes allein fortsetzen. Gewöhnlich war ich den ganzen Tag über vom Tempel abwesend und kehrte erst mit Einbruch der Nacht mit den Sammlungen von Pflanzen und Vögeln die ich glücklich genug war auf meinen Wanderungen zu finden, hierher zurück. Von allen Seiten aus der Umgegend kamen die Freunde der Priester um den Fremden zu sehen, und wie bei einem wilden Thiere, schien ihnen meine Fütterungszeit gerade der interessanteste Augenblick. Meine Mahlzeit wurde in der Mitte des Zimmers auf einen runden Tisch gesetzt, und obgleich ziemlich eigenthümlich zusammengekocht, halb chinesisch, halb englisch, gab mir doch die Bewegung und frische Luft der Gebirge einen kräftigen Appetit. Die Schwierigkeit mit den Speisestäbchen war bald überwunden und ich konnte dieselben fast eben so geschickt handhaben wie die Chinesen selbst. Die Priester und ihre Freunde nahmen auf den Stühlen Platz, die in chinesischen Sälen immer an￿ den Seitenwänden herumstehen, jeder hatte seine Pfeife im Munde und seine Tasse Thee neben sich. Bei aller Rücksicht gegen meinen Wirth und seine Freunde, war ich doch genöthigt zu bitten das Rauchen zu lassen, da es mir während des Essens unangenehm war; in anderer Hinsicht, glaube ich, war ich höflich genug. Ich werde nie vergessen wie unaussprechlich einsam ich mich in der ersten Nacht nach der Abreise meiner Freunde fühlte. Die Chinesen entfernten sich einer nach dem andern nach Hause oder zu Bett, und zuletzt erinnerte mich das öftere unzweideutige Gähnen meines Wirthes, dass es Zeit sei mich zur Ruhe zu begeben. Mein Schlafzimmer war oben, und um zu demselben zu gelangen, musste ich durch einen kleinen Tempel, wie ich schon oben bemerkte, der der Tein-how oder der „Königin des Himmels" geweiht war, und in dem sich noch eine Menge anderer Götzenbilder befanden. Auf dem Altar vor den Götzenbildern brannte Weihrauch; eine einsame Lampe warf ein düsteres Licht auf die Gegenstände in dem Gemach, und eine feierliche Stille schien an dem ganzen Orte zu herrschen. In dem untern Gemach, und eben so in einem anstossenden Hause, konnte ich das eigenthümliche Singen der Priester hören, die mit ihren Andachtsübungen beschäftigt waren. Die Töne des Gong trafen mein Ohr; und von Zeit zu Zeit ertönte feierlich die grosse metallene Glocke auf dem Thurme. Dies alles zeigte dass die Priester sowohl in öffentlicher als in Privatandacht beschäftigt waren. Unter Scenen dieser Art, in einem fremden Lande, weit von Freunden und der Heimath, ist der Geist für Eindrücke empfänglich die sich das ganze Leben hindurch lebhaft erhalten; und ich bin überzeugt, dass ich nie die eigenthümliche Mischung von Gefühlen vergessen werde, welche in der ersten Nacht meines Aufenthalts bei den Priestern im Tempel Tein-tung mein Gemüth erfüllten. Ich habe den Ort seitdem öfters besucht, bin durch denselben kleinen Tempel gegangen, habe in demselben Bett geschlafen und dieselben feierlichen Töne im Schweigen der Nacht gehört, und doch bleibt der erste Eindruck noch immer frisch und von allen andern getrennt in meinem Gemüthe.

Die Priester begegneten mir alle, vom ersten bis zum letzten, mit der ausgezeichnetsten Aufmerksamkeit und Freundlichkeit. So viele als ich wünschte folgten mir fröhlich auf meinen Ausflügen in der Umgegend des Tempels; einer trug mein Papier, ein anderer meine Pflanzen, ein dritter meine Vögel, und so weiter. Meine Büchse schien besonders ein Gegenstand grossen Interesses für sie, da sie von ihren plumpen Lunten-büchsen so verschieden war, und die Zündhütchen wurden wie etwas ganz Uebernatürliches betrachtet. Sie waren aber gewaltige Hasenfüsse und hielten sich, wenn ich schoss, immer in höchst gemessener Entfernung.

Eines Abends kam eine Deputation, mit dem Oberpriester an der Spitze, und sagte mir, die wilden Schweine seien in der Nacht von den Gebirgen herabgekommen und hätten die jungen Bambusschösslinge verheert, die eben erst aus dem Boden hervorkamen und welche so jung und zart ein sehr beliebtes Gemüse sind. — „Gut", sagte ich, „was soll ich dabei thun?"

„Wollen Sie so gut sein und uns Ihre Büchse leihen?"

„O ja; dort steht sie in der Ecke."

„Oh, aber Sie müssen sie uns laden."

„Recht gern"; und sogleich lud ich die Büchse mit einer Kugel.

„Hier, nehmt Euch aber in Acht dass Ihr euch nicht selbst erschiesst." Es folgte eine lange Pause; keiner hatte Muth genug die Büchse anzugreifen, und es wurde eine lange Berathung gehalten. Endlich trat der Wortführer vor und erklärte mir sehr ernsthaft, sie fürchteten sich das Gewehr abzufeuern, ich möchte daher mit ihnen gehen und den Eber schiessen, den ich dann auch essen dürfte. Dies war allerdings kein grosses Opfer von Seiten buddhistischer Priester, die nie Fleisch essen, oder wenigstens keins essen sollen. Wir brachen jetzt in Reih und Glied auf um die wilden Schweine zu bekämpfen; die Nacht war aber so finster, dass wir in dem Bambusdickicht nichts sehen konnten, und vielleicht hatte das Geräusch welches etwa dreissig Priester und Knechte machten die Thiere gewarnt sich in das Strauchwerk höher hinauf an den Hügeln zurückzuziehen. Dem sei nun wie ihm wolle, wir konnten nichts von ihnen sehen noch hören, was mir, wie ich gestehen muss, sehr lieb war, denn leicht hätte ich im Finstern, ohne zu wollen, statt des Ebers einen Priester treffen können.

Die Priester haben zweierlei Art ihr Eigenthum vor den Verwüstungen dieser Thiere zu schützen. Man gräbt an den Seiten der Hügel tiefe Gruben, die, weil es fast überall an solchen Orten Quellen giebt, noch ehe sie vollendet sind halb mit Wasser angefüllt werden. Die Grube wird dann mit Stöcken, Schutt und Gras überdeckt, um das Thier anzuziehen, und sobald es anfängt mit dem Rüssel darin zu wühlen, giebt die ganze Decke nach und es stürzt kopfüber in die Grube, aus der es nicht wieder herauskann und entweder ertrinkt oder eine leichte Beute der Chinesen wird. Diese Gruben sind meistens sehr gefährliche Fallen für Leute die mit den Oertlichkeiten wo sie angebracht sind nicht bekannt sind. Ich selbst bin mehrmals in Gefahr gewesen, und einmal namentlich, als ich aus einem dichten Gesträuch herauskam, gerieth ich unversehens auf eine verrätherische Bedeckung einer solchen Grube und fühlte den Boden unter meinen Füssen weichen; zum Glück konnte ich, indem ich die Arme vorwärts warf, noch einen kleinen Zweig erfassen, und auf diese Weise hielt ich mich oben, bis ich endlich im Stande war wieder einen festern Boden zu erreichen. Als ich mich umsah um den Ort genauer zu betrachten, fand ich dass der lose Schutt eingesunken war, und ein tiefes Loch, halb voll Wasser, öffnete sich meinen Blicken. Die Grube war oben enger und wurde nach unten zu weiter, wie die grossen chinesischen Vasen, damit das Thier, wenn es einmal darin gefangen war, nicht wieder herausklettern konnte. Wäre ich hineingefallen, so hätte ich mir ohne fremden Beistand unmöglich wieder heraushelfen können; und da die Gruben in der Regel an den abgelegensten und wildesten Stellen der Gebirge gegraben werden, so hätte ich wahrscheinlich sehr wenig Hoffnung auf Rettung gehabt. Das Schicksal meines Vorgängers, Herrn Douglas, der auf den Sandwichinseln in einer Grube dieser Art umkam, wird manchem meiner Leser noch in frischem Andenken sein, und sein trauriges Ende welches mir, wie sehr natürlich, damals ins Gedächtniss kam, liess mich Gott doppelt für meine Rettung danken.

Eine andere Art die jungen Bambusstauden vor den Verwüstungen der wilden Schweine zu schützen, ist sehr sinnreich. Ein Stück Bambusholz, acht bis zehn Fuss lang und etwas dicker als ein Mannsarm, wird bis etwa zum vierten Theil der Länge in der Mitte aufgespalten. Dieses wird dann in dem Bambusdickicht an einem Baume befestigt, und an dieses in einem Winkel von ungefähr fünfundvierzig Grad ein Seil, ebenfalls von Bambus gebunden, so jedoch dass das aufgespaltene Stück lose bleibt; das andere Ende des Seiles wird dann nach einem passenden Platze ausserhalb des Dickichts geleitet, wo ein Mann aufgestellt wird. Wenn die Schweine in der Nacht herabkommen um die jungen Schösslinge zu beschädigen, zieht der Mann das Seil an und lässt es schnell wieder los, wodurch das Bambus einen lauten und hohlen Ton giebt, den man bei einem stillen Abende in grosser Entfernung hören kann. Die Thiere erschrecken und laufen in das Dickicht auf den Hügeln zurück. Als ich zum erstenmal diese Vorrichtung bei Nacht klingen hörte, glaubte ich dass irgend eine religiöse Ceremonie vorgenommen werde, da der hohle Ton des Bambus dem nicht unähnlich ist welcher durch ein in allen chinesischen Tempeln beim buddhistischen Gottesdienst gebräuchliches Instrument hervorgebracht wird.

In diesem Theile des Landes giebt es eine Menge einzeln liegender bnddhistischer Tempel. Einer derselben, der Ah-yu-wang, den ich ebenfalls besuchte, ist, eben so wie der Tein-tung, sehr gross und anscheinend gut erhalten. Beide Tempel besitzen grosse Ländereien in der Nähe der Klöster, und eine Menge kleinerer Tempel in verschiedenen Theilen des Bezirks stehen unter ihrer Oberaufsicht. Alle Tempel, grosse und kleine, sind an den am meisten romantischen und schönsten Lagen zwischen den Hügeln erbaut, und die benachbarten Gehölze immer gut erhalten und gepflegt. Woran man in England den Sitz eines Landedel-

manns erkennen würde, ist in China das Zeichen eines buddhistischen
Tempels, und dies gilt vom ganzen Lande. Wenn der ermüdete Wanderer,
nachdem er stundenlang den glühenden Strahlen der östlichen Sonne ausgesetzt gewesen, ein grosses, hellblinkendes Haus erblickt das zwischen
den Bäumen an der fernen Hügelseite hervorschimmert, so kann er fast
sicher sein einen Buddhatempel zu finden, wo er nicht allein eine höfliche, sondern selbst freundliche Aufnahme von den Priestern erwarten
darf.

Poo-to, oder die Betinsel, wie sie gewöhnlich von den Fremden
genannt wird, ist eine der östlichen Inseln im Archipelagus von Chusan,
und scheint die Hauptveste des Buddhismus in diesem Theile von China
zu sein. Die Insel hat nicht mehr als fünf bis sechs Meilen im Umfang
und, obgleich hügelig, sind ihre Ufer und kleinen Schluchten schön bewaldet, namentlich in der Nähe der zahlreichen Tempel. Da man von
Chusan aus in wenigen Stunden hinübersegelt, so ist sie während des
Krieges zu verschiedenen Malen von unsern Officieren besucht worden,
die alle ihre Schönheit und den Reichthum der Vegetation nicht genug
preisen können. Man erzählte mir auch dass die dort wohnenden Priester
mit grosser Vorliebe Pflanzen sammelten, namentlich Orchideen, und
dass ihre Sammlungen durch die Wanderungen der Bettelpriester, die die
entferntesten Provinzen des Reichs besuchen, bedeutenden Zuwachs erhielten, so wie durch Schenkungen der Frommen die zu bestimmten Zeiten
des Jahres nach Poo-to kämen um ihre Andacht zu verrichten und in den
Tempeln ihre Opfer zu bringen. Ich beschloss daher den Ort zu besuchen,
um aus eigner Anschauung darüber urtheilen zu können, und reiste im
Juli 1844 in Begleitung meines Freundes Dr. Maxwell, von der Madrasarmee, dahin ab.

Wir verliessen Chusan bei Nacht, zur Zeit der Fluth, die uns günstig
war, und erreichten am nächsten Morgen mit Sonnenaufgang die Insel.
Nachdem wir ans Land gestiegen schlugen wir den Weg über einen Hügel
ein und gingen an der andern Seite hinab, auf einer Strasse die uns in
eine schöne und romantische Bergschlucht führte. Hier ist die Haupt-
gruppe von Tempeln erbaut, und als wir dieselbe zuerst erblickten, als
wir uns den Hügel hinab wendeten, erschien sie uns wie eine Stadt von
bedeutender Grösse. Als wir näher kamen wurde die Ansicht höchst interessant. Im Vordergrunde war ein grosser künstlicher Teich, mit den
breiten grünen Blättern und schönen roth und weissen Blüthen des *Nelumbium speciosum*, — einer Pflanze die bei den Chinesen in hoher
Gunst steht — bedeckt. Jeder der nach Poo-to kam bewunderte diese
schönen Wasserlilien. Um zu dem Kloster zu gelangen gingen wir über
eine zierlich gebaute Brücke, die über diesen Teich führt, und die, in einer
Linie mit einem alten dicht dabei stehenden Thurme gesehen, einen sehr
hübschen und überraschenden Anblick gewährt.

Die Tempel oder Hallen in denen die Götzenbilder aufgestellt sind,
sind sehr geräumig, und gleichen denen in Tein-tung und Ah-yu-
wang, welche ich bereits beschrieben habe. Die Götzen, von denen
manche dreissig bis vierzig Fuss hoch, sind in der Regel aus Holz oder
Thon gemacht und reich vergoldet. Ein kleiner Tempel jedoch ist hier,
von sehr anspruchslosem Aussehen, wo wir einige vortreffliche Statuen
aus Bronze fanden, die in England für sehr werthvoll gelten würden. Diese

waren natürlich kleiner als die andern, aber, als Kunstwerke betrachtet, bei weitem die schönsten welche ich auf meinen Reisen in China gesehen habe.

Nachdem wir diese Tempel in Augenschein genommen, setzten wir unsern Weg nach einer andern Tempelgruppe fort, die etwa zwei Meilen weiter östlich dicht an der Küste liegt. Durch eine Art Triumphbogen der nach dem Meere zu gerichtet ist, traten wir hier in die Höfe und fanden dass diese Tempel nach demselben Plane gebaut waren wie alle übrigen. Da wir beschlossen hatten diesen Theil der Insel während unsers Aufenthalts daselbst zu unserer Wohnung zu wählen, richteten wir unsere Aufmerksamkeit auf den am freundlichsten aussehenden Tempel und baten den Oberpriester uns zu erlauben, ohne weitere Umstände, unsere Betten und Reisegepäck in demselben abzulegen.

Am folgenden Tage besichtigten wir verschiedene Theile der Insel. Ausser den schon genannten grossen Tempeln giebt es hier noch gegen sechszig bis siebenzig kleinere, die an den Abhängen der Hügel erbaut sind, in deren jedem drei oder vier Priester leben, welche alle unter dem Superior oder Abt stehen, der bei einem der grossen Tempel wohnt. Sogar auf der Spitze des höchsten Berges, vielleicht 1500 bis 1800 Fuss über der Meeresfläche, fanden wir einen Tempel von bedeutender Grösse und in gutem baulichen Zustande. Steinerne Treppen führen in Windungen den ganzen Weg von der Küste aus zu diesen Tempel hinauf, und ungefähr auf der halben Höhe des Berges ist ein kleiner Ruheplatz, wo die müden Pilger ausruhen und aus dem frischen Bache der an der Seite des Berges hinabrieselt trinken und in dem kleinen Tempel .dicht daneben, der ebenfalls mit Götzenbildern angefüllt ist, zu Buddha beten können, dass er ihnen Kraft verleihen möge das Ziel ihrer Wallfahrt zu erreichen. Wir waren überrascht einen buddhistischen Tempel in so ausgezeichneter Ordnung zu finden wie der auf der Spitze des Berges. Es ist eine auffallende Thatsache dass fast alle diese Orte jetzt schnell dem Untergange entgegen gehen, mit nur wenigen Ausnahmen, wenn sie, wegen vermeintlicher besonderer Güte der Götter, bei dem Volke in besonderem Ansehen stehen, aber die grosse Mehrzahl ist in einem Zustande des Verfalles.

Von dem obern Tempel auf Poo-to-san ist die Aussicht wahrhaft grossartig. Schroffe mit Wolken bedeckte Gebirge thürmen sich eines hinter dem andern empor. Hunderte von Inseln, manche fruchtbar, andere felsig und dürr, liegen so weit das Auge reicht in dem Meere zerstreut. Nach der einen Seite zu war das Wasser zwischen den Inseln gelb und trübe; aber nach Osten zu hatte der tiefe blaue Ocean seine gewöhnliche Farbe, und die Linie zwischen den gelben und den blauen Gewässern war deutlich und scharf gezeichnet.

Das Holz auf der Insel wird eben so gepflegt wie in der Umgebung aller andern buddhistischen Tempel. Die hauptsächlichsten Arten von Bäumen und Gesträuchen welche wir antrafen sind die *Pinus sinensis, Cunninghamia lanceolata,* Eibenbaum, Cypresse, Kampherbaum, Talgbaum, Eiche und Bambus. Die *Camellia japonica* wächst wild in den Wäldern, wo wir manche von dreissig bis vierzig Fuss Höhe trafen, mit verhältnissmässig dicken Stämmen. Die Species jedoch war nur die bekannte einfache rothe. In anderer Hinsicht ist die Flora von Poo-to beinahe dieselbe wie auf der Insel Chusan.

Einige wenige Lieblingspflanzen wurden von allen Priestern gezogen die so glücklich waren neben den kleinen Tempeln an den Abhängen der Hügel eigene Wohnungen zu besitzen. Das Interesse welches diese armen Leute an ihren Pfleglingen nahmen gefiel uns sehr, aber hinsichtlich der Zahl und der Arten der Pflanzen, welche wir nach den Berichten anderer hier zu finden hofften, hatten wir uns sehr getäuscht. Die einzige Orchidee welche sie hatten, erwies sich als das gewöhnliche und wohlbekannte *Cymbidium sinense*. Die *Daphne odorata*, zwei oder drei Arten der *Gardenia*, einige Abarten der Rose, der gemeine Balsam und das beliebte *Nelumbium* waren fast alles was wir in den Gärten der Priester fanden.

Die Insel Poo-to ist ausschliesslich und ganz zu einer Wohnung für die Priester der buddhistischen Religion eingerichtet. Nur wenigen andern Personen ist hier der Aufenthalt gestattet; und diese sind entweder Diener der Priester, oder stehen mit diesen auf eine andere Weise in Verbindung. Frauen dürfen gar nicht auf der Insel wohnen, da die Grundsätze der Buddhisten nicht gestatten dass ihre Priester sich verheirathen. Die Zahl der Priester wird auf 2000 geschätzt, aber viele derselben sind beständig abwesend und ziehen im Lande umher um für die Unterstützung ihrer Religion milde Gaben zu sammeln. Dieser Stiftung ist eben so wie der von Tein-tung ein Stück Landes zu ihrem Unterhalt angewiesen, die übrigen Kosten werden durch freiwillige Beiträge der Frommen bestritten. An gewissen Festtagen, zu bestimmten Zeiten des Jahres, kommen viele Tausende beiderlei Geschlechts, hauptsächlich aber Frauen, zu diesen Tempeln, in ihren besten Putz gekleidet, um ihre Gelübde zu lösen und andere Uebungen heidnischen Gottesdienstes vorzunehmen. Man sieht dann in den Tempeln oder vor den Thüren kleine Verkaufstische und Buden, wo Weihrauch, Kerzen, Papierklumpen in Form der Klumpen von Chinasilber, und dergleichen Dinge mehr verkauft werden, welche als den Göttern angenehme Opfer gelten und die man entweder in den Tempeln verbrennt oder mit nach Hause nimmt, damit sie Segen auf die Häuser und Familien derer bringen welche sie kaufen. Der Gewinn den dieser Handel bringt wird natürlich auf die Erhaltung der Stiftung verwendet. Wenn wir bedenken dass diese armen betrogenen Leute zuweilen einige hundert Meilen weit reisen, um in den Tempeln auf Poo-to oder an andern berühmten Orten zu beten, so können wir die Andacht welche sie beseelt nur bewundern. Ich war einmal im Tempel von Tein-tung als er drei Tage lang von Andächtigen aus allen Gegenden des Landes besucht wurde. Wie sie auf ihrem Wege zum Tempel in ununterbrochenen Reihen auf den Strassen herbeiströmten, in die zierlichen wallenden Gewänder des Ostens gekleidet, musste man sich in die Tage der heiligen Geschichte zurückversetzt glauben, als Jerusalem in seinem Glanze war, und die Juden, das auserwählte Volk Gottes, von Ferne her kamen in seinem Tempel zu beten.

Obgleich kein Christ auf die Priester und Andächtigen des buddhistischen Glaubens anders als mit Mitleid blicken kann, so kann man ihnen doch hinsichtlich ihrer Sitten ein gutes Zeugniss nicht versagen, da man allen Grund hat anzunehmen dass sie aufrichtig sind, und ich glaube dass man sie in diesem Punkte nicht mit völliger Gerechtigkeit beurtheilt hat. Herr Gützlaff, der einen Besuch zu Poo-to beschreibt, scheint hierin einer andern Ansicht zu sein. Er sagt, „Wir waren bei den Abendgebeten der Priester zugegen, welche sie in der Palisprache absangen, dem lateinischen Gottesdienste der römischen Kirche nicht unähnlich. In ihren Händen, die sie auf der Brust falteten, hielten sie Rosenkränze. Einer von ihnen hatte eine kleine Glocke, nach deren Läuten der Gottesdienst eingerichtet wurde ; und von Zeit zu Zeit schlugen sie die Trommel und grosse Glocke um die Aufmerksamkeit Buddha's auf ihre Gebete zu richten. Dieselben Worte wurden hundertmal wiederholt. K e i n e r d e r b e i m G o t t e s d i e n s t b e s c h ä f t i g t e n z e i g t e d a s g e r i n g s t e I n t e r e s s e a n d e r C e- r e m o n i e, manche sahen sich lachend und scherzend um, während andere ihre Gebete murmelten. Die Wenigen welche zugegen waren, nicht um zu beten, sondern um uns anzugaffen, schienen nicht im geringsten die Feierlichkeit des Gottesdienstes zu fühlen.‟ Was Herr Gützlaff sagt ist ohne Zweifel wahr, aber nachdem ich mich monatelang in ihren Tempeln aufgehalten, zu verschiedenen Zeiten und in verschiedenen Theilen des Landes, so stehe ich nicht an zu sagen, dass eine solche Aufführung kei- neswegs allgemein ist. In gewissen Fällen habe ich dieselbe selbst be- obachtet, aber diese Leichtfertigkeit und Mangel an Aufmerksamkeit wurde nur von den Dienern und Zuschauern an den Tag gelegt, die an der Ce- remonie nicht Theil nahmen, nicht aber von dem achtungswertheren Theile der Priester. Im Gegentheil, mir ist in der Regel die Feierlichkeit auf- gefallen von der ihre Andachtsübungen begleitet waren. Ich bin oft in chinesische Tempel gegangen wenn die Priester dem Gebet oblagen, und obwohl man sie hätte entschuldigen können wenn sie ihre Aufmerksamkeit zerstreut hätten, so setzten sie doch das Gebet bis zum Schlusse des Gottesdienstes in der feierlichsten Weise fort, wie wenn kein Fremder zu- gegen sei. Dann kamen sie höflich zu mir und betrachteten meine Klei- dung und alles was ich an mir hatte mit der ernsthaftesten Neugierde. Und dies gilt nicht von den Priestern allein, auch die Laien, und nament- lich das weibliche Geschlecht, scheinen eben so aufrichtig wenn sie dem öffentlichen Gottesdienste beiwohnen. Ob sie wirklich das sind was sie zu sein scheinen, oder wie oft sie in diesem frommen Gemüthszustande sind, das sind Fragen die ich nicht beantworten kann. Ehe wir so streng über die Chinesen urtheilen, wollen wir bedenken welche Wirkung das plötzliche Erscheinen einer kleinfüssigen chinesischen Dame, oder eines Mandarinen, mit dem goldenen Knopfe und der Pfauenfeder auf dem Hute und mit seinem langen über die Schultern herabhängenden Zopfe, auf eine c h r i s t l i c h e Versammlung hervorbringen würde. Ich bin weit entfernt ein Bewunderer der buddhistischen Priesterschaft zu sein ; sie sind in der Regel ein dummes Volk und in allen was über die einfachen F o r m e n ihrer Religion hinausgeht schrecklich unwissend, nichtsdestoweniger aber haben sie manche Züge in ihrem Charakter die wohl Nachahmung verdienen.

Es giebt noch zwei andere Secten in China, nämlich die Bekenner der Lehre des K o n g - f o o - t z e oder Confucius, und die Secte des T a o u oder der Vernunft. Obgleich diese drei Secten den Haupttheil der Be- völkerung bilden, so giebt es doch bekanntlich in allen Theilen des Reichs auch eine grosse Menge von Mohammedanern, die nicht nur geduldet sind, sondern eben so gut zu öffentlichen Aemtern Zutritt haben wie die Glie- der der drei Secten. Auch Juden findet man in manchen Gegenden, na- mentlich aber in K a e - f o o n g - f o o, in der Provinz Honan.

Die verschiedenen religiösen Ceremonien welche die Chinesen beständig üben, beweisen wenigstens dass sie sehr abergläubisch sind. In allen südlichen Städten hat jedes Haus seinen Tempel oder Altar, sowohl auswendig als im Innern. Der innere Altar befindet sich in der Regel am Ende des Hauptsaales oder des Kaufladens und zuweilen einige Fuss über dem Fussboden, und auf demselben steht eine Art Abbildung der Familie der Gottheit. Dieser ist mit buntem Papier umgeben und am Ersten jedes chinesischen Monats oder an andern Festtagen werden auf dem vor dem Bilde stehenden Tische Kerzen und Weihrauch angezündet. Der Altar aussen vor der Thür sieht beinahe aus wie ein kleiner Ofen, und auf diesem werden regelmässig dieselben Ceremonien vorgenommen. In der Nähe kleiner Dörfer, und zuweilen in den abgelegensten Gegenden, trifft man kleine Götzentempel an die bunt mit Bildern und Flitterpapier verziert sind, und um welche rings herum die Reste von Kerzen und Weihrauchstengel stecken. In fast allen chinesischen Städten giebt es Läden wo Götzenbilder aller Art und von jeder Grösse verkauft werden, im Preise von wenigen „Cash" bis zu einer bedeutenden Summe. Viele von den Bildern die zum Verkauf ausgestellt werden sind sehr alt und offenbar mehrmals aus einer Hand in die andere gegangen. Ich möchte beinahe glauben dass die Chinesen diejenigen Götter welche ihnen nicht gefallen gegen andere von höherem Range umtauschen, von denen sie glauben dass sie ihre Gebete leichter erhören oder ihren Häusern und Dörfern Glück bringen werden.

Die Opfer welche regelmässig zu bestimmten Zeiten den Göttern gebracht werden sind für den Fremden der sie zum erstenmal sieht ein höchst auffallendes Schauspiel. Während meines Aufenthalts in Shanghae, im November 1844, sah ich in dem Hause wo ich wohnte ein höchst merkwürdiges Schauspiel mit an. Es war ein Familienopfer welches den Göttern gebracht wurde. Früh am Morgen wurde der Hauptsaal des Hauses in Ordnung gebracht, in die Mitte wurde eine grosse Tafel gesetzt und bald darauf mit kleinen Schüsseln bedeckt, die mit den verschiedenen bei den Chinesen gewöhnlichen Speisen angefüllt waren. Diese waren sämmtlich von der besten Sorte die man sich verschaffen konnte. Nachdem einige Zeit vergangen, wurde eine Anzahl Lichter angezündet und Säulen von Rauch und Wohlgerüchen begannen von dem auf der Tafel brennenden Weihrauch emporzusteigen. Sämmtliche Bewohner des Hauses und ihre Freunde hatten ihre besten Kleider angelegt und kamen der Reihe nach zum Ko-tou, um sich mehrmals vor der Tafel und dem Altar tief zu verbeugen. Die Scene, obgleich götzendienerisch, schien mir doch etwas ergreifendes zu haben, und während ich die Täuschung bemitleidete in der sich unser Wirth und seine Freunde befanden, konnte ich doch ihrer Andacht meine Bewunderung nicht versagen. Bald nach dieser Ceremonie wurde eine grosse Masse Flitterpapier welches in die Form und Gestalt der in China gewöhnlichen Klumpen von Chinasilber gebracht war, vor der Tafel auf dem Fussboden aufgehäuft, der brennende Weihrauch wurde dann von der Tafel abgenommen und in die Mitte des Haufens gesetzt und alles zusammen verbrannt. Nach und nach, als man glaubte dass die Götter ihr Mahl beendigt hätten, wurde alles von den Tafeln abgetragen, zerschnitten und von Leuten die mit der Familie in Verbindung standen verzehrt.

Ein andermal, während meines Aufenthalts in Ning-po, hatte ich einen kleinen Ausflug in die Umgegend gemacht und es war schon dunkel als ich auf meinem Rückwege wieder an dem östlichen Thore der Stadt anlangte, in dessen Nähe ich bei einem chinesischen Kaufmanne wohnte. Das Stadtthor war verschlossen, aber zwei oder drei laute Schläge an dasselbe brachten bald den Thorhüter herbei, der mich sogleich einliess. Ich befand mich jetzt in der breitesten und schönsten Strasse der Stadt, die hell erleuchtet und für einen Theil einer chinesischen Stadt nach Sonnenuntergang sehr belebt war. Die Klänge von Musik trafen mein Ohr, das Gong, die Trommel und die mehr klagenden und lieblichen Töne mehrerer Blasinstrumente. Bald war ich nahe genug um beobachten zu können was vorging, und ich sah auf einen Blick dass es ein öffentliches Opfer für die Götter war, aber bei weitem grossartiger und in die Augen fallender als ich früher gesehen hatte. Die Tafel war auf offener Strasse aufgetragen und alles in grossem Maasstabe ausgeführt. Anstatt der kleinen Schüsseln wurden bei dieser Gelegenheit ganze Thiere geopfert. Auf der einen Seite der Tafel stand ein Ferkel, auf der andern ein Schaf, ersteres nach der gewöhnlichen Weise rein abgeschabt, letzteres mit dem ganzen Felle; die Eingeweide beider waren herausgenommen und auf beide waren Blumen, eine Zwiebel und ein Messer gelegt. Die andern Theile der Tafel stöhnten unter allen Arten von Leckereien die bei den bessern Classen der Chinesen in gewöhnlichem Gebrauche sind, wie Geflügel, Enten, eine Menge zusammengesetzter Gerichte, Früchte, Gemüse und Reis. An dem einem Ende der Tafel wo man glaubte dass die Götter während des Mahles sässen, waren Stühle aufgestellt und neben die verschiedenen Schüsseln regelmässig Speisestäbchen hingelegt. Eine Lichtgluth erleuchtete den ganzen Platz und der Rauch des duftenden Weihrauchs wirbelte sich in die Luft empor. Von Zeit zu Zeit liess die Musik die beliebtesten klagenden Nationallieder ertönen, und die ganze Scene war eine der eigenthümlichsten und merkwürdigsten die ich je anzusehen Gelegenheit hatte.

Es giebt noch eine andere Ceremonie von religiösem Charakter, die ich oft in den nördlichen Städten beobachtete — ich meine die öffentlichen Aufzüge zu Ehren der Götter. Eine solche Prozession sah ich in Shanghae, die wenigstens eine Meile lang gewesen sein muss. Die Götter oder Götzenbilder waren in die feinsten seidenen Stoffe gekleidet und wurden in prachtvollen Tragsesseln herumgetragen, denen zahlreiche Verehrer vorangingen und folgten, welche bei diesen Gelegenheiten prächtig gekleidet waren und die verschiedenen Standesabzeichen trugen. Die welche an dem Aufzuge theilnahmen waren genau so gekleidet wie das Gefolge eines vornehmen Mandarinen. Einige hatten einen breiten Fächer von Pfauenfedern den sie an der Seite ihres Hutes trugen, andere waren in schimmernde theatralische Anzüge gekleidet, mit niedrigen Mützen auf die zwei lange schwarze Federn gesteckt waren, die wie zwei Hörner über ihre Schultern herabhingen. Dann kamen die hässlich aussehenden Scharfrichter mit langen, kegelförmigen schwarzen Hüten auf den Köpfen, und Peitschen in den Händen, um die Widerspenstigen zu bestrafen, Musikbanden die an verschiedenen Theilen der Prozession eingereiht waren, spielten, während diese vorüberzog, in einzelnen Pausen. Begierig das Ende dieses merkwürdigen Schauspiels zu sehen, folgte ich der

Prozession bis an einen Tempel in der Vorstadt, wo sie halt machte. Die Götter wurden nun aus den Tragsesseln herausgenommen und mit gehörigen Ehrenbezeugungen wieder in den Tempel gebracht aus dem man sie am Morgen herausgenommen hatte. Hier verbeugten sich ihre zahlreichen Verehrer tief vor ihnen, zündeten Weihrauch an und legten ihre Gaben auf dem Altar nieder. Zahlreiche Gruppen wohlgekleideter Damen und deren Kinder waren auf dem Platze in der Nähe des Tempels, die sämmtlich auf den Knieen lagen und in tiefe Andacht versunken schienen. Eine grosse Masse Papier, in Form der Klumpen von Chinasilber war auf dem Rasen aufgehäuft, wie es von den verschiedenen Andächtigen gebracht worden war, und als die Ceremonien des Tages zu Ende gingen, wurde das Ganze zu Ehren der Götter oder als ein Opfer verbrannt. Der Anblick war interessant, aber der Art dass kein Christ ihm ohne ein Gefühl tiefen Mittleids zusehen konnte.

Während meiner Reise in China bin ich oft mit christlichen Missionären zusammengekommen, sowohl Protestanten als Catholiken, die seit vielen Jahren unter den Chinesen thätig waren. Bis noch vor kurzem waren die Protestanten hauptsächlich auf Macao und Canton beschränkt; seit dem Kriege aber haben sie Gelegenheit gehabt ihre Thätigkeit weiter auszudehnen, und haben sich jetzt fast in allen Häfen niedergelassen die dem Auslande geöffnet worden, eben sowohl wie auf unserer Insel Hongkong, die jetzt ihr Hauptquartier geworden ist-

Die ärztlichen Missionäre handeln ebenfalls in Verbindung mit den andern, und sind von grossem Nutzen, indem sie viele in dem Lande herrschende Krankheiten heilen und zu gleicher Zeit die Wahrheiten des Christenthums dem Gemüthe ihrer Patienten darbieten. Dr. Lockhart von der Londoner Missionsgesellschaft, der sich in Shanghae niedergelassen, hat sein Hospital täglich von Patienten voll, von denen manche aus sehr entfernten Gegenden des Landes kommen, und alle werden mit der grössten Geschicklichkeit und Sorgfalt behandelt, und durchaus unentgeltlich. Der Rev. Herr Medhurst, der lange und mit grossen Eifer als christlicher Missionär im Orient gearbeitet hat, war ebenfalls in Shanghae. Dieser Herr ist als ein ausgezeichneter Kenner der chinesischen Sprache bekannt, und auserdem dass er den Leuten in ihrer eigenen Sprache predigt, hat er auch eine Druckerei mit chinesischen Typen, die beständig beschäftigt ist die Wahrheiten des Evangeliums zu verbreiten. Mehrere andere Herren mit ihren Familien sind vor meiner Abreise in demselben Hafen angekommen und waren eifrig mit dem Studium der Sprache beschäftigt. Ning-po und Amoy wurden ebenfalls von Missionären, sowohl aus England als Amerika, zum Wohnort gewählt, und ich vermuthe dass seitdem auch einige bis nach Foo-chow-foo am Min-Flusse gekommen sind.

So weit ich den chinesischen Charakter aus eigner Erfahrung kenne, und nach dem was ich von dem Wirken der ärztlichen Missionsgesellschaft gesehen habe, bin ich überzeugt dass diese ein mächtiges Werkzeug zur Bekehrung der Chinesen sein muss. Leider jedoch muss ich sagen dass, wie es scheint, bisher nur sehr geringe Fortschritte gemacht worden. Ein Theil des Volks, und zwar ein sehr grosser, ist gänzlich gleichgültig gegen jede Religion, und die übrigen sind so bigot und eingebildet, dass es ein höchst schwieriges Unternehmen sein möchte sie zu überzeugen, dass eine andere Religion besser und reiner sei als die ihrige.

Die römisch-catholischen Missionäre betreiben ihre Bekehrungen auf eine etwas andere Weise als die Protestanten. Sie beschränken sich nicht auf die Aussenhäfen des Reichs, wo den Fremden zu handeln erlaubt ist, sondern dringen in das Innere ein und zerstreuen sich über das ganze Land. Einer ihrer Bischöfe, ein italienischer Nobile, residirt in der Provinz Keang-soo, wenige Meilen von Shanghae, wo ich ihn oft gesehen habe. Er kleidet sich in die Landestracht und spricht die Sprache mit der vollkommensten Geläufigkeit. An dem Orte wo er lebt, ist er von seinen Convertiten umgeben; in der That ein kleines christliches Dorf, wo er vollkommen sicher ist, und ich glaube dass ihm die chinesischen Behörden selten etwas in den Weg legen. Wenn neue römisch-catholische Missionäre ankommen, so werden sie in dem, dem Orte ihrer Bestimmung am nächsten gelegenen Hafen von ihren Brüdern oder Bekehrten in Empfang genommen und heimlich in das Innere des Landes befördert; die europäische Kleidung wird abgelegt und die chinesiche dafür angelegt; ihr Kopf wird beschoren, und in diesem Zustande werden sie nach dem Schauplatze ihrer künftigen Thätigkeit abgeführt, wo sie das Studium der Sprache beginnen, wenn sie dieselbe nicht schon vorher erlernt haben, und nach etwa zwei Jahren sind sie im Stande dieselbe gut genug zu sprechen um dem Volke predigen zu können. Diese armen Leute unterziehen sich manchen Entbehrungen und Gefahren für die Sache die sie erwählt haben, und obgleich ich mich nicht zu der Religion bekenne welche sie lehren, so kann ich doch nicht anders als ihnen für die Begeisterung und Aufopferung mit der sie ihrer Religion ergeben sind, das beste Lob zu ertheilen. Europäische Sitten, Gewohnheiten und Bequemlichkeiten werden von dem Augenblicke an wo sie ihren Fuss auf chinesischen Boden setzen gänzlich aufgegeben; von Verwandten, Freunden und Heimath hören sie zuweilen nie wieder etwas; vor ihnen, liegt ein heidnisches Land der Fremden, die kalt und gleichgültig gegen die Religion sind für welche sie alles opfern, und sie wissen dass ihr Grab fern sein wird von dem Lande ihrer Geburt und der Heimath ihrer Jugendjahre. Sie scheinen viel von dem Muthe und der Begeisterung zu haben welche die ersten Verkündiger der christlichen Religion besassen, als sie ausgesandt wurden in die Welt, von ihrem göttlichen Meister „zu lehren allen Heiden" und „Gott mehr zu gehorchen als den Menschen."

Nach den Berichten der Missionäre ist die Zahl derer, die sich zu ihrem Glauben bekehren sehr bedeutend; ich fürchte jedoch, dass sie eben so gut wie die Protestanten, oft durch falschen Schein und falsche Versicherungen getäuscht werden. Manche Chinesen sind charakterlos und trügerisch genug um Christen und in der That alles andere zu werden, dem Namen nach, wenn sie einen Zweck den sie gerade vor Augen haben dadurch zu erreichen hoffen, und sie werden am nächsten Tag wenn sich ihnen Grund dazu darbietet wieder Buddhisten. Dem Anscheine nach zu urtheilen muss die Zeit noch weit entfernt sein wo die Chinesen, als Nation, sich zum Christenthume bekehren werden. Wenn jene Leute die in unserer Zeit die nahe Ankunft des tausendjährigen Reiches prophezeihen, die Länge und Breite dieses ungeheuren Landes sehen könnten, mit seinen dreihundert Millionen Seelen, so würden sie sicher schweigen und nachdenken ehe sie ihre albernen und thörichten Weissagungen aussprächen.

Zehntes Capitel.

Der chinesische Theestrauch. — Die Species welche man in den Districten des
grünen und des schwarzen Thee's findet. — Beste Lage für Theepflanzungen.
— Bemerkungen über deren Pflege. — Jahreszeit für die Einsammlung der
Blätter und Verfahren dabei. — Behandlung des Thee's. — Theehütten. —
Oefen und Pfannen zum Trocknen. — Erste Anwendung der Hitze. — Rollen der Blätter. — Aussetzung der Blätter in freier Luft. — Zweite Anwendung der Hitze. — Zwei Arten Thee. — Unterschied in der Behandlung derselben. — Sortirung und Verpackung des Thee's. — Aussehen und Farbe
des Theeblattes. — Eigenthümlicher Geschmack der Fremden für gefärbten Thee. — Richtige Ansicht der Chinesen. — Herrn Waringtons Expe-
riment.

Weniges was mit dem Pflanzenreiche in Verbindung steht, hat in so
hohem Grade die öffentliche Aufmerksamkeit auf sich gezogen wie der
chinesische Theestrauch. Seine Cultur auf den chinesischen Hügeln, die eigenthümliche Species oder Abart welche den im Handel vorkommenden
grünen oder schwarzen Thee liefert, die Art wie die Blätter bereitet werden, sind immer Gegenstand eines besonderen Interesse gewesen. Die
Eifersucht der chinesischen Regierung in früheren Zeiten hinderte die
Fremden irgend einen der Districte zu besuchen wo der Thee gebaut
wird, und das Wenige was man von chinesischen Kaufleuten darüber erfahren konnte war nicht der Art dass man sich hätte auf die Richtigkeit
ihrer Angaben verlassen können. Wir finden daher dass diejenigen welche bei uns über diesen Gegenstand geschrieben haben häufig einander
widersprechen, indem einige behaupten, der schwarze und der grüne
Thee würden von einer und derselben Species gewonnen und der Unterschied in der Farbe rühre nur von einer verschiedenen Art der Bereitung her,
andere hingegen, der schwarze Thee werde von der Pflanze gewonnen
welche die Botaniker *Thea Bohea* nennen, der grüne von der *Thea viridis*,
welche beide wir seit vielen Jahren in unsern Gärten in England haben.

Während meiner Reisen in China, seit dem letzten Kriege, habe ich
häufig Gelegenheit gehabt mehrere ausgedehnte Theedistricte in den Ge-
bieten von Canton, Fokien und Chekiang zu besuchen, wo sowohl schwarzer als grüner Thee gebaut wird und kann jetzt dem Leser das Resultat
meiner Beobachtungen vorlegen. Diese zeigen, dass selbst die welche
am besten im Stande waren darüber zu urtheilen, getäuscht worden sind,
und dass der grössere Theil der schwarzen und grünen Theesorten welche
jährlich aus China nach Europa und Amerika gebracht werden, von einer
und derselben Species oder Abart, nemlich der *Thea viridis* gewonnen
werden. Getrocknete Exemplare dieser Pflanze habe ich in den genannten
Districten selbst hergestellt, und diese befinden sich jetzt in dem Herbarium der Gartenbaugesellschaft von London, so dass man über diesen Gegenstand nicht länger in Zweifel sein kann. In verschiedenen Theilen der
Provinz Canton, wo ich Gelegenheit hatte den Theebau zu beachten, erwies sich die Species als die *Thea Bohea*, oder die gewöhnlich sogenannte schwarze Theepflanze. In den Gegenden wo grüner Thee gebaut
wird, weiter nördlich, — ich meine namentlich die Provinz Chekiang —
habe ich auch nicht eine einzige Pflanze dieser Species gesehen, die auf
den Feldern und in den Gärten in der Nähe von Canton so gewöhnlich ist.
Sämmtliche Pflanzen in der Gegend des grünen Thee's in der Nähe von
Ning-po, auf den Inseln des Archipelagus von Chusan, und in allen Theilen der

Provinz welche ich Gelegenheit hatte zu besuchen, erwiesen sich ohne Ausnahme als die *Thea viridis*. Zweihundert Meilen weiter nordwestlich, in der Provinz Kiang-nan und nur in geringer Entfernung von den Theehügeln in dieser Gegend, fand ich in den Gärten ebenfalls dieselbe Species des Theestrauchs.

In soweit bestätigte meine eigne Beobachtung genau die Ansicht welche ich mir vor meiner Abreise aus England über diesen Gegenstand gebildet hatte, nämlich, dass die schwarzen Theesorten von der *Thea Bohea* bereitet werden, die grünen von der *Thea viridis*. Als ich die nördlichen Gegenden verlies, um nach Foo-chow-foo — am Min-Flusse, in der Provinz Fokien — zu reisen, zweifelte ich nicht dass ich dort die Theehügel mit der andern Species, der *Thea Bohea*, bedeckt finden würde, von der nach unserer gewöhnlichen Meinung die schwarzen Theesorten gewonnen werden; dies schien um so wahrscheinlicher, als diese Species wirklich ihren Namen von den Bohea-Hügeln in dieser Provinz erhalten hat. Wie gross aber war meine Ueberraschung als ich fand dass alle Pflanzen auf den Theehügeln bei Foo-chow-foo genau dieselben waren wie in den nördlichen Gegenden wo der grüne Thee gebaut wird. Hier waren also Grüntheepflanzungen auf den Schwarztheehügeln, und nicht eine Pflanze der Thea Bohea zu sehen. Noch mehr, während meines Aufenthaltes hieselbst waren die Eingebornen eben emsig mit der Bereitung des schwarzen Thee's beschäftigt. Obgleich mir die specifischen Unterschiede der Theepflanzen sehr wohl bekannt waren, so war ich doch höchst überrascht, und die Entdeckung war mir zugleich so interessant, dass ich mir eine Anzahl von Proben für das Herbarium verschaffte und eine frische Pflanze mit der Wurzel ausgrub, die ich mit nach Chekiang nahm. Als ich diese mit denen verglich welche auf den Grüntheehügeln wachsen konnte ich durchaus keinen Unterschied bemerken. Es scheint sonach dass die schwarzen und grünen Theesorten der nördlichern Gegenden China's (der Gegenden in denen der grössere Theil der Theesorten gewonnen wird welche auf ausländische Märkte kommen) beide von einer und derselben Art erzeugt werden, 'und zwar der *Thea viridis*, dem gewöhnlich sogenannten Grüntheestrauche. Die schwarzen und grünen Theesorten hingegen, welche in bedeutender Quantität in der Nähe von Canton bereitet werden, von der *Thea Bohea*, oder dem schwarzen Thee. Und in der That, wenn wir die Sache vorurtheilsfrei überlegen, so scheint hierin durchaus nichts wunderbares zu sein. Ausserdem dürfen wir nicht vergessen dass unsere frühere Ansicht auf Angaben beruhte die von Chinesen in Canton gemacht wurden, die nur das sagen was ihrem Zwecke dient, und sich selten Mühe geben sich zu überzeugen ob die Nachrichten welche sie mittheilen wahr oder falsch sind.

Der Boden in den Theedistricten ist, wie man denken kann, in den nördlichen Provinzen viel fetter als in Quan-tung. In Fokien und Chekiang ist ein reicher sandiger Lehm, sehr verschieden von dem welchen man unten in dem Capitel über Klima und Boden des Landes beschrieben findet. Der Theestrauch gedeiht nicht gut, wenn er nicht einen fetten Boden hat. Das beständige Abpflücken der Blätter ist seinem Fortkommen sehr schädlich, und bewirkt allerdings dass er endlich ganz eingeht. Der Pflanzer muss daher hauptsächlich immer darauf bedacht sein seinen Strauch so stark und gesund als möglich zu erhalten, und dies ist bei magerem Boden nicht möglich.

In den nördlichen Gegenden von China liegen die Theepflanzungen immer an den untern und fruchtbarsten Abhängen der Hügel, nie im flachen Lande. Die Sträucher werden etwa vier Fuss auseinander in Reihen gepflanzt zwischen denen ein eben so grosser Zwischenraum gelassen ist, und nehmen sich, von Ferne gesehen, wie kleine Immergrünsträucher aus.

Die Grundstücke sind klein, etwa zu ein bis fünf Acres; und in der That jeder kleine Hausbesitzer hat seinen eignen kleinen Theegarten, dessen Ertrag den Bedarf seiner Familie deckt, und aus dem Ueberschusse löst er noch einige Thaler die auf andere Bedürfnisse des Lebens gewandt werden. Dasselbe System wird von allem was sich auf chinesischen Ackerbau bezieht beobachtet. Die Baumwollen- Seiden- und Reispflanzungen werden in der Regel nach demselben Plane bewirthschaffet. Man kann selten etwas lieblicheres sehen als eine Familie im Innern von China, die mit dem Einsammeln der Theeblätter oder bei einer andern Feldarbeit beschäftigt ist. Ein alter Mann vielleicht der Grossvater, oder gar der Urgrossvater, mit patriarchalischem Ansehen, leitet die Arbeiten seiner Kinder und Enkel auf dem Felde. Ein Theil derselben steht in der Blüthe ihrer Jahre, andere sind noch in ihrer Kindheit. Er steht mitten unter ihnen von Alter gebeugt; aber, zur Ehre der Chinesen als Nation muss es gesagt sein, alle sehen mit eben so viel Stolz als Liebe auf ihn, und sein hohes Alter und grauen Haare werden geehrt und geliebt. Wenn die Arbeit des Tages vollendet ist und sie dann in ihre Hütte zurückkehren, so besteht ihr einfaches Mahl hauptsächlich aus Reis, Fischen und Gemüse die sie mit grossen Appetit verzehren und dabei glücklich und zufrieden sind. Ich glaube wirklich dass es kein Land in der Welt giebt wo die ackerbautreibende Bevölkerung sich so wohl befindet wie im Norden von China. Arbeit ist ihnen eine Lust, denn ihre Früchte werden von ihnen selbst verzehrt, und die Peitsche des Unterdrückers ist ihnen unbekannt.

In den Grüntheedistricten von Chekiang, in der Nähe von Ning-po, wird die erste Blätterernte gewöhnlich gegen Mitte April gesammelt. Diese besteht aus den jungen Blätterknospen die sich eben zu entfalten beginnen und giebt eine feine und delicate Sorte jungen Hyson, * die bei den Eingebornen in hohem Werthe steht und in der Regel in kleinen Quantitäten an gute Freunde als Geschenk geschickt wird. Es ist ein seltener und kostspieliger Artikel, und das Abbrechen der noch so jungen Blätter richtet in den Theepflanzungen grossen Schaden an. Der Sommerregen jedoch, der in dieser Jahreszeit sehr reichlich fällt, giebt sowohl dem Boden als der Luft die nöthige Feuchtigkeit, und wenn die Pflanzen jung und kräftig sind, treiben sie bald wieder frische Blätter.

Vierzehn Tage bis drei Wochen nach der ersten Einsammlung, oder etwa Anfang Mai, sind die Sträucher wieder mit neuen Blättern bedeckt und zur zweiten Ernte reif, die in der That die wichtigste in der ganzen Jahreszeit ist. Die dritte und letzte Ernte, welche stattfindet sobald sich wieder neue Blätter gebildet haben, giebt eine sehr geringe Sorte, die, wie ich glaube, selten auswärts versandt wird.

---

* In England unter dem Namen „Russischer Thee" bekannt.

Die Einsammlung und Bereitung der Theeblätter ist ausserordentlich
einfach. Wir sind so lange gewohnt gewesen alles was auf die Chinesen
Bezug hat zu übertreiben und zu entstellen, dass wir in allen ihren Künsten und Gewerben etwas ganz eigenthümliches zu finden erwarten, und
was ganz von dem gewöhnlichen Wege abweicht, dahingegen gerade viele
Verfahrungsweisen in China bei weitem einfacher sind als in den meisten
andern Theilen der Welt. Um das Verfahren beim Rollen und Trocknen
der Blätter, welches ich jetzt beschreiben will, richtig zu verstehen, darf
man nicht vergessen, dass der Hauptzweck dabei ist, die Feuchtigkeit zu
entfernen und zugleich so viel wie möglich von dem Aroma und den andern
wünschenswerthen Bestandtheilen der Species zu erhalten. Das System
nach dem man zu diesem Zwecke verfährt, ist eben so einfach als zweckmässig.

Wenn das Wetter trocken ist sieht man die Eingebornen in kleinen
Gruppen, je nachdem die Familie grösser oder kleiner ist, an den Abhängen
aller Hügel mit Pflücken der Theeblätter beschäftigt. Sie gehen dabei
nicht so vorsichtig zu Werke wie ich mir vorgestellt hatte, sondern streifen
die Blätter schnell ab und werfen sie alle untereinander in runde Körbe,
die zu diesem Zwecke aus Spänen von Bambus oder Rohr gemacht sind.
Anfang Mai, wenn die hauptsächlichste Blätterernte stattfindet, sind die jungen Samenkapseln ungefähr so gross wie Erbsen; diese werden ebenfalls
abgestreift und mit den Blättern zusammen getrocknet. Es sind diess die
Samenkapseln welche wir oft in unserm Thee finden und die einige Aehnlichkeit
mit jungen Kapern haben. Wenn eine hinlängliche Quantität Blätter gepflückt ist, werden sie in die Hütte oder Scheuer nach Hause getragen,
wo die Operation des Trocknens vor sich geht.

Die chinesischen Hütten, in dem Hügellande wo der Thee gebaut wird,
sind einfach und von plumper Bauart, und erinnern sehr an die Wohnungen unserer Bauern, die man ehedem in Schottland häufig sehen konnte, wo Kühe und
Schweine in einem und demselben Raume mit ihrem Besitzer wohnten und
frassen. Nur waren die schottischen Hütten selbst damals besser und bequemer eingerichtet als die chinesischen heutzutage. Dennoch wird in
diesen armseligen Behausungen ein grosser Theil der verschiedenen Theesorten bereitet, welche hochklingende Namen führen. Scheuern, Schuppen und andere Nebengebäude, namentlich bei den Tempeln und Klöstern,
werden ebenfalls oft zu demselben Zwecke gebraucht.

Die Pfannen in denen der Thee getrocknet wird sind von Eisen, so dünn als
möglich, rund und ziemlich flach, und in der That ganz, oder wenigstens beinahe,
dieselben Gefässe deren sich die Landeseingebornen zum Kochen des Reises bedienen. Eine Reihe dieser Pfannen wird zwischen Mauerwerk und Gypsmörtel eingesetzt, unter denselben befindet sich eine Feuerungsröhre, die an dem einem Ende
einen Rost oder vielmehr eine Feuerstätte hat, an dem andern ein Loch
durch welches der Rauch hinausziehen kann. Eine Esse gilt bei den
Chinesen als Nebensache, und in manchen Fällen, die ich beobachten konnte,
stand es dem Rauche frei, nachdem er unter den Trockenpfannen durch-
gezogen war, sich durch die Thüren und Dächer der Häuser einen Ausweg zu suchen, was allerdings in China nicht eben sehr schwer ist.

Wenn die Pfannen eingesetzt sind, wird zuerst das Mauerwerk und
der Gypsmörtel am Rande sauber abgeglättet und ein wenig höher aufgeführt, namentlich der Theil hinter den Pfannen, und zwar so dass es all-

mälig nach oben zu weiter wird. Wenn dies fertig ist, hat das Ganze das Ansehen einer Reihe grosser Becken mit hohem Rückenrande, indem jedes Bekcn drei bis viermal so gross ist als die flache eiserne Pfanne welche unten unmittelbar über dem Feuerrohre steht. Wenn das Feuer angezündet ist, so wird der obere aus Gypsmörtel gebildete Theil dieser Becken ebenfalls warm, obwohl nicht so heiss wie die unten befindliche eiserne Pfanne; und da die auf diese Weise gebildeten Becken vorn niedriger sind und an den Seiten und hinten allmälig höher und weiter werden, so können die bei dem Trocknen beschäftigten Personen leicht mit den Blättern umgehen und dieselben an dem Rücken des Beckens unter einander werfen. Die beistehende Skizze, welche an Ort und Stelle gemacht worden, wird diese Beschreibung verdeutlichen.

Nachdem die Blätter von den Hügeln hereingebracht sind, werden sie zuerst in der Hütte oder dem Trockenhause hingelegt. Hierauf zündet jemand vorn an der Röhre ein kleines Feuer an, welches so genau wie möglich vertheilt wird. Bald nachdem die warme Luft unter den Pfannen zu circuliren begonnen hat, werden diese heiss, und nun wird aus einem Siebe oder Korbe eine Quantität Blätter in die Pfannen geschüttet, die dann von den zu diesem Zwecke angestellten Männern und Frauen unter einander gemengt und aufgeschüttelt werden. Die Hitze beginnt sogleich auf die Blätter ihre Einwirkung zu üben; sie fangen an zu platzen und zu knistern und werden von dem durch die Wärme ausdünstenden Saft beinahe ganz nass. Dieser Theil des Processes dauert etwa fünf Minuten, in welcher Zeit die Blätter ihre Sprödigkeit verlieren, sich auseinander rollen und weich und geschmeidig werden. Sie werden dann aus den Pfannen herausgenommen und auf einen Tisch geworfen, dessen Blatt aus gespaltenen Bambusstäben zusammengesetzt ist, wie die beistehende Abbildung zeigt. Hierauf treten drei bis vier Personen an den Tisch, jeder erhält seinen Theil von dem auf demselben liegenden Haufen Theeblätter, von denen er so viel er fassen kann in die Hände nimmt und nun anfängt zu rollen. Von diesem Verfahren kann ich keine bessere Vorstellung geben, als wenn ich es mit der Handthierung des Bäckers beim Kneten uud Rollen des Teiges vergleiche. Der Zweck dabei ist, den Saft und die Feuchtigkeit auszupressen und zugleich die Blätter zusammen zu drehen. Zwei oder dreimal während der Operation werden die kleinen Päckchen zusammengerollter Blätter in die Höhe gehoben und auf dem Tische aufgeschüttelt, dann wieder zusammengenommen und wie zuvor gedrückt und gerollt. Dieser Theil des Verfahrens dauert ebenfalls etwa fünf Minuten, während welcher Zeit ein grosser Theil des grünen Saftes ausgepresst wird, den man zwischen den Bambusspänen hinabtropfen sieht. Wenn die Blätter nun gedrückt, zusammengedreht und gerollt sind, nehmen sie kaum den vierten Theil des Raumes ein wie vor dieser Operation.

Sobald man mit dem Rollen fertig ist werden die Blätter wieder von dem Tische weggenommen und zum letztenmal auseinander geschüttelt, auf einer Art grossen Schirm der ebenfalls von Bambusspänen gemacht ist dünn ausgebreitet, und so der Luft ausgesetzt. Die besten Tage für diese Arbeit sind die an denen das Wetter trocken und der Himmel bewölkt ist, so dass die Sonne nur wenig hervorkommt, weil die in den Blättern noch übrige Feuchtigkeit so allmälig wie möglich abgesondert und die Blätter so weich und geschmeidig als möglich erhalten werden müssen.

Bei hellem Sonnenschein ist die Hitze zu gross und die Feuchtigkeit verdunstet zu schnell, die Blätter bleiben zusammengekräuselt und grob und
können dann nicht mehr den noch übrigen Theil des Processes aushalten.
Wie lange die Blätter so im Freien ausgesetzt bleiben ist nicht bestimmt,
weil dies zum grossen Theil vom Wetter und dem Gutdünken der bei
der Arbeit beschäftigten Personen abhängt. Zuweilen habe ich gesehen
dass man den noch übrigen Theil der Operation vornahm ohne die Blätter
erst vorher in die Luft zu setzen.

Nachdem auf diese Weise ein Theil der überflüssigen Feuchtigkeit
beseitigt ist, werden die Blätter, die nun weich und geschmeidig sind, wieder in die Trockenpfannen geworfen, und nun beginnt die zweite Heizung.
Wie vorher nimmt wieder Einer seinen Posten am Ofen ein und unterhält ein gelindes und beständiges Feuer, andere nehmen an den verschiedenen Trockenpfannen Platz, — an jeder Pfanne einer — und fangen an
die Blätter untereinander zu rühren und aufzuschütteln, damit alle einen
gleichen Antheil am Feuer erhalten und nichts versenge oder verbrenne. Die
Trocknung geht auf diese Weise allmälig und regelmässig vor sich. Dieser Theil der Operation wird bald leichter, denn da die Blätter ihre Feuchtigkeit verlieren, so drehen und kräuseln sie sich zusammen, und nehmen
folglich bei weitem weniger Raum ein als anfänglich, und können dann
natürlich leichter untereinander gemengt werden. Die Theeblätter werden
jetzt für die blosse Hand zu heiss und man bedient sich daher statt der
Finger eines kleinen und saubern Besens von Bambus, um sie unten
in der Pfanne untereinander zu rühren. Sie werden nun an der glat-
ten Einfassung von Thonmörtel, die den hintern Rand der Trockenpfanne bildet, in die Höhe geworfen, und rollen an dieser heissen schiefen Fläche
hinab, wodurch sie zugleich allmälig trocknen und sich zusammendre-
hen. Während dieser Operation verlassen die bei der Arbeit angestellten
Männer und Frauen nie ihre Plätze; einer unterhält fortwährend ein gelindes Feuer, die andern rühren die Blätter um. Man bemüht sich nicht
gerade einen bestimmten Grad der Temperatur zu erhalten und bedient
sich keines Thermometers dabei, sondern ein gelindes und fortwährendes
Feuer reicht hin; das heist, die Pfanne wird so heiss gemacht und erhalten dass ich meine Hand nicht einen Augenblick darauf liegen lassen konnte.
Um eine richtige Vorstellung von der Zeit zu erhalten die für diesen zweiten Theil des Processes erfordert wird, nahm ich bei verschiedenen Gelegenheiten und in verschiedenen Theepflanzungen meine Uhr zu Hülfe, und
fand dass man ungefähr eine Stunde dazu brauchte, d. h. von der Zeit wo
die Blätter, nachdem sie der Luft ausgesetzt gewesen waren, in die Pfanne
geschüttet wurden, bis sie vollkommen trocken waren.

Wenn die Trocknung in grossem Maasstabe betrieben wird, so gebraucht
man einige Pfannen in der Reihe um den Process zu endigen, während in
andern, und zwar den heissesten, die Blätter vor dem Quetschen und Rollen
gehitzt und geschweisst werden. Auf diese Weise können eine Menge Hände
zu gleicher Zeit beschäftigt werden und die Arbeit geht schnell und ohne
Verlust von Zeit und Hitze vor sich, welches letztere namentlich in einem so schlecht mit Feuerungsmaterial versorgten Lande sehr wichtig ist.

Der auf die eben beschriebene Weise bereitete Thee hat eine grünliche
Farbe und ist vortrefflich. Die Chinesen in der Provinz Chekiang nennen
ihn Tsaou-tsing, oder in der Pfanne getrockneten Thee, zum

Unterschiede von der Hong-tsing genannten Sorte die in flachen Bambuskörben über gelindem Kohlenfeuer getrocknet wird.

Letztere Sorte — der Hong-tsing — wird auf folgende Weise bereitet: der erste Process, bis zum Rollen und der Aussetzung im Freien, ist genau derselbe wie eben beschrieben, anstatt aber zum zweiten mal in die Trockenpfanne zu kommen, wie der Tsaou-tsing, wird der Hong-tsing in flache Körbe geschüttet, die auf Fässer mit Kohlen und Asche gesetzt werden. Die Kohlen werden dann angezündet und brennen langsam, so dass eine gelinde Hitze ausströmt. Der einzige Unterschied zwischen diesen beiden Theesorten besteht einzig in der Feuerung, da der letztere weniger und langsamer getrocknet wird als der erstere. Der Hong-tsing ist nicht so grün wie der Tsaou-tsing und wird, wie ich glaube, selten nach England versandt. Der russische Thee wird auf diese Weise getrocknet.

Wenn die Trocknung vollendet ist, wird der Thee ausgesucht, gesiebt, in verschiedene Arten und Qualitäten gesondert und zum Verpacken bereitet. Dies ist ein Theil der Operation welcher grosse Sorgfalt erfordert, namentlich wenn der Thee für den fremden Markt bestimmt ist, da der Preis der Sorte in eben so hohem Maasse von der „Kleinheit und Gleichförmigkeit" des Blattes abhängt, wie von anderen guten Eigenschaften. In den Gegenden wo der Thee ausschliesslich für die Ausfuhr bereitet wird, sind die Eingebornen bei dem Rollen sehr eigen, und daher kommt es dass die Theesorten aus diesen Gegenden besser gesondert und gleichmässiger sind — obwohl ich zweifle dass sie wirklich der Qualität nach besser sind — als in den östlichen Theilen der Provinz Chekiang. Wenn die Sorten gehörig gesondert sind, zieht ein Mann ein Paar reine Tuch- oder Strohschuhe an, und tritt den Thee fest in die Körbe oder Kisten, und die Operation gilt nun, soweit sie den Theepflanzer betrifft, für vollendet.

Ich bemerkte oben dass die Pflanzen welche im Gebiet von Chekiang wachsen grünen Thee geben, man darf aber nicht glauben dass dies der grüne Thee ist der nach England ausgeführt wird. Das Blatt hat eine beiweitem natürlichere Farbe, und wenig oder nichts von dem was wir die „schöne Blume" an demselben nennen, die in Europa und Amerika so sehr bewundert wird. Jetzt unterliegt es keinem Zweifel mehr dass alle diese „blumigen" grünen Theesorten, die in Canton gemacht werden, mit berliner Blau und Gyps gefärbt sind um sie dem Geschmacke der fremden „Barbaren" angenehmer zu machen; und in der That, wenn man sich die Mühe geben will, die Sache weiter zu untersuchen, so kann man in der Zeit der Theesammlung alle Tage das Verfahren beobachten. Es ist sehr wahrscheinlich dass dieselben Ingredienzen auch zur Färbung der nördlichern grünen Theesorten gebraucht werden die für den fremden Markt bestimmt sind; dies kann ich jedoch nicht mit Bestimmtheit behaupten. Eine vegetabilische Farbe die von der *Isatis indigotica* gewonnen wird, ist in den nördlichen Gegenden sehr in Gebrauch; sie wird Tein-ching genannt, und es ist wahrscheinlich dass diese Substanz auch zur Färbung des Thees angewandt wird.

Die Chinesen selbst gebrauchen nie diese gefärbten Theesorten, und ich bin überzeugt dass ihr Geschmack in dieser Hinsicht besser ist als der unsrige. Man darf nicht glauben dass die Farbe eine besonders schädliche Wirkung auf den welcher den Thee geniesst ausüben wird, denn wenn dies der Fall wäre, so würde man es schon längst entdeckt haben; wenn sie aber unschädlich ist, so kann dies nur der geringen Quantität zugeschrieben werden die bei der Bereitung angewandt wird.

Folgende höchst merkwürdige und interessante Versuche entlehne ich hier einer von Hrn. Warrington in den „Memoirs of the Chemical Society" veröffentlichten Abhandlung.

„Als ich vor kurzem einige Sorten Thee untersuchte, die man als der Verfälschung verdächtig confiscirt hatte, fielen mir besonders die verschiedenen Farben an der grünen Theesorte auf, die von einem dunkeln olivenähnlichen Grün bis zu einem hellen grünlichen Blau wechselten. Ich stellte eine genaue Untersuchung derselben mit einem hundertfach vergrössernden Mikroskop an, und da der zu untersuchende Gegenstand durch reflectirtes Licht erleuchtet war, zeigte sich die Ursache dieses Farbenwechsels sogleich vollkommen deutlich, denn es fand sich dass die zusammengerollten Blätter ganz mit einem weissen Pulver bedeckt waren, welches in manchen Fällen einen etwas helleren Schimmer hatte. Mit diesem gemischt fanden sich kleine Körner von einer hellen blauen und andere von einer orangengelben Farbe. In den zusammengefalteten, und folglich mehr bedeckten Theilen der zusammengerollten Blätter waren diese Kügelchen noch deutlicher zu erkennen. Wenn man das Ganze eine Zeitlang schüttelte, so löste sich eine Quantität dieses Pulvers ab, von dem ich eine Anzahl der blauen Theilchen absonderte und mit der angefeuchteten Spitze eines feinen Pinsels von Kameelhaaren unter das Vergrösserungsglas brachte. Zwischen zwei Glasplatten in Wasser zerdrückt zeigten dieselben, mit durchscheinendem Lichte gesehen, einen hellen blauen Streifen. Diese Veränderung in der Methode der Beleuchtung des Gegenstandes war nöthig um die Wirkung der folgenden Versuche zu sehen: — Ein kleiner Tropfen einer Auflösung von kaustischer Potasche wurde durch Aufsaugen zwischen die Glasplatten gebracht, wodurch sich die blaue Farbe sogleich in ein dunkles Braun verwandelte, durch Anwendung einer kleinen Quantität von verdünnter Schwefelsäure aber wurde die ursprüngliche blaue Farbe sogleich wieder hergestellt. Es war daher klar dass diese Theilchen aus eisenblausaurem Eisen oder berliner Blau bestanden. Die orangenfarbenen Körnchen zeigten sich bei der Untersuchung als eine vegetabilische Farbensubstanz.

Um wo möglich über die Natur des weissen Pulvers sicher zu werden, welches ich an dieser Sorte beobachtet hatte, sonderte ich einiges von dem Staube und erhitzte es, frei der Luft ausgesetzt, bis zum Glühen; dadurch wurde die ganze vegetabilische Materie so wie das berliner Blau verzehrt, und ich erhielt ein weisses Pulver mit einer leichten braunen Schattirung. Dieses durch Kochen in verdünnter Salzsäure aufgelöst, und mit einer Auflösung von Chlor-Barium probirt zeigte Schwefelsäure an. Ich lies es dann verdunsten bis es trocken war und stellte hierauf einen andern Versuch mit Salzsäure an, wobei eine Spur Kieselerde *(silex)* unaufgelöst blieb. Ein Zusatz von Aetz-Ammoniac brachte einen Niederschlag von einer geringen Quantität Alaunerde und Eisenoxyd hervor, und die Ammoniacauflösung mit Sauerkleesäure behandelt, gab einen Niederschlag von oxalsaurem Kalk. Ein zweiter Theil des Pulvers wurde nach der Calcination eine Zeitlang in destillirtem Wasser gekocht und gab eine Auflösung welche schwefel sauren Kalk enthielt; diese letzten Substanz und noch einige andere Körper welche Kiesel-, Alaun- und vielleicht Kalkerde enthielten, bildeten also das weisse Pulver. Diese Substanz, glaube ich, ist Kaolin, oder pulverisirter Agalmatolit, — der Stein aus dem die Chinesen ihre Statuen verfertigen. Ich wage diese Vermuthung nicht allein nach den gefundenen Ingredienzen, sondern auch nach dem Glanze den die geriebenen Theile der zusammengerollten Blätter immer annehmen und den diese Bestandtheile allerdings hervorbringen können.

Vier bis fünf andere Sorten grünen Thees wurden derselben Prüfung unterworfen, und nur eine erwiess sich als frei von diesen blauen Körnern; ein sehr theuerer Thee, der ungefähr vor zwei Jahren gekauft worden war. Anstatt des weissen Pulvers mit eingemischten blauen Theilchen, welches sich bei den andern Theesorten zeigte, schien diese Sorte mit einem sehr blassen blauen Pulver bedeckt zu sein.

Noch immer in Zweifel ob das Pulver und die Färbung von einer in England selbst verübten Verfälschung herrühre, oder nicht, wandte ich mich an einen der grössten und angesehensten Kaufleute, der mir eine Reihe von Sorten verschaffte, von denen jede aus einer Anzahl von Original-kisten zusammengenommen war. Die Untersuchung derselben, die eben so wie vorher mit dem Mikroskop angestellt wurde, ergab folgende Resultate. No. 1. „*Imperial*;" das Blatt unter der äusseren Decke gesehen, hatte eine helle olivenbraune Farbe, mit kleinen Fasern auf der Oberfläche. Es war mit einem feinen weissen Pulver bedeckt, in dem man hie und da ein kleines glänzendes Theilchen bemerkte, welches zuweilen den An-schein eines Schmutzfleckes hatte. No. 2. „*Gunpowder*;" ähnlich wie No. 1, nur dass die Fasern nicht sichtbar waren, was daher rühren mag, dass das Blatt fester und dichter zusammengerollt war. No. 3. „*Hyson*." Eben so wie No. 1, die blauen Theilchen vielleicht noch häufiger. No. 4. „*Young Hyson*." Ebenso. No. 5. „*Twankey*." Das Blatt dieser Sorte hatte eine gelblichere Farbe und war sehr stark mit weissem Pulver be-deckt, auch die blauen Theilchen fanden sich in noch grösserer Menge an der Oberfläche. Aus der Untersuchung dieser Theesorten ging deutlich hervor, dass sie in einem verfälschten oder künstlich nachgemachten Zu-stande hier im Lande ankommen.

Als ich dem Freunde von dem ich die genannten Sorten erhalten hatte meine Entdeckung mittheilte, fragte er, ob ich irgend unglasirte Thee-sorten untersucht hätte. Diese Benennung fiel mir auf und ich bat ihn mir einige derselben zu zeigen. Diese hatten äusserlich ein ganz verschie-denes Ansehen, welches in der That, was die Farbe betrifft, den grünen Theesorten durchaus nicht ähnlich war. Sie waren sämmtlich von einer gelbbraunen Farbe, ohne einen Schatten von Grün oder Blau, an den ge-riebenen Theilen vielmehr ins Schwarze spielend. Später erhielt ich noch zwei Sorten unglasirten Thees, der als sehr feine Qualität angegeben wurde, nebst zwei andern von den gewöhnlichen, oder wie sie zum Unterschiede genannt werden, glasirten Sorten, ebenfalls von einer besonders guten Qualität. Diese wurden daher sogleich der Untersuchung unterworfen. No. 6. Unglasirter „*Gunpowder*." Dieser zeigte unter dem Mikroskop dieselbe Farbe wie mit blossem Auge angesehen, war faserig und mit einem weissen Pulver bedeckt das bis ins Bräunliche schattirte, von Blau aber war nicht ein Schimmer zu sehen. No. 7. Unglasirter „*Hyson*."

Eben so wie No. 6. No. 8. Glasirter „*Gunpowder.*" Faserig, mit einem sehr blassblauen Pulver bedeckt; die blauen Körnerchen nur selten sichtbar. No. 9. „*Hyson,*" eben so wie No. 8. No. 10. „*Pidding's Howqua.*" Dies war offenbar eine glasirte Sorte, faserig, und mit einem blassblauen Pulver bedeckt das mit glänzenden blauen Körnerchen untermengt war. No. 11. „*Canton Gunpowder.*" Dies war, was die Farbe betrifft, eine sehr schöne glasirte Sorte. Er war dicker mit Pulver bedeckt und gebläut als irgend eine andere Sorte die ich untersucht habe, und wenn man ihn aus einer Düte in die andere schüttete, stieg der Staub in grosser Menge auf. Noch eine Menge anderer Sorten gewöhnlichen grünen Thees wurden untersucht und das Resultat war immer mehr oder weniger dasselbe. Die wohlfeileren Theesorten, oder die gewöhnlich in Gebrauch sind und welche die grosse Masse der Einfuhr bilden, waren den No. 5 und 11 ähnlich, und werden als *Twankey* oder wohlfeilerer Hyson oder Gunpowder aufgeführt.

Nach mehreren erfolglosen Versuchen fand ich, dass mit einiger Sorgfalt dieses ganze Pulver oder Anstrich, wenn der Ausdruck erlaubt ist, da es sich nur an der Oberfläche findet, leicht vom Thee entfernt werden konnte, wenn man denselben einige Secunden lang in einer Phiole mit destillirtem Wasser stark schüttelt und dann das Ganze auf einen Filter von Schleiertuch oder Muslin schüttet, um die Feuchtigkeit nebst den fraglichen Stoffen so schnell wie möglich durchzufiltriren und von den Blättern zu sondern. Nach dieser Operation hatte der Thee, wie man leicht denken kann, ein ganz anderes Ansehen; die bläulich-grüne Farbe verwandelte sich in ein helles und lebhaftes Gelb oder Braungelb, und ich fand dass der Thee mit einiger Sorgfalt, bei einer Temperatur von weniger als 212⁰, wieder getrocknet werden konnte, ohne dass das Blatt sich auseinander wickelte und ohne scheinbaren Verlust irgend einer seiner charakteristischen Eigenschaften. Wenn er vollkommen getrocknet war, so hatte die Sorte beinahe eine eben so dunkle Farbe wie der gewöhnliche schwarze Thee, und zeigte durch das Mikroskop gesehen eine glatte Oberfläche, die von dem vorherbemerkten Anstriche vollkommen frei war, mit allen unterscheidenden Merkmalen des schwarzen Thees, bis auf das zusammengeschrumpfte Ansehen welches diese Sorten zum grössern Theil haben, und welches offenbar von der bei weitem höhern Temperatur herrührt der sie beim Trocknen ausgesetzt sind. Die grünliche trübe Feuchtigkeit welche durch die Maschen des Muslinfilter hindurchgeht, gab einen Bodensatz, der dann abgegossen und gesammelt wurde. Dieser wurde von verschiedenen Sorten der folgenden chemischen Untersuchung unterworfen. Zuerst wurde er mit einer Auflösung von Chlorgas in Wasser probirt, um zu erkennen ob der Farbestoff Indigo oder ein anderer vegetabilischer Stoff sei, denn wie wir sogleich sehen werden, vermutheten Manche, dass die Chinesen diese Substanz anwenden, um ihren grünen Theesorten die bläuliche Farbe zu geben. Dies fand ich jedoch in keinem der Fälle welche ich untersuchte bestätigt, sondern der Farbestoff erwiess sich überall als eisenblausaures Eisen oder berliner Blau. Das Vorhandensein dieser Zusammensetzung erwies sich zunächst, wenn man einen Tropfen von kaustischer Potasche hinzuthat, wo sich die grünliche Farbe sogleich in ein helles Rothbraun verwandelte und das ursprüngliche blaue Ansehen durch eine neue Zufügung von verdünnter Schwefelsäure wiederhergestellt werden konnte. Die übrigen Ingredienzen wurden in der schon oben angegebenen Weise aufgesucht, so wie auch indem man einen Theil des Bodensatzes, nachdem er calcinirt und der Luft ausgesetzt gewesen war, mit kohlensaurem Natron bis zum Schmelzen erhitzte, welcher, in dem Falle dass Sulphat von Kalk dabei war, Sulphat von Soda und kohlensaueres Salz von Kalk bildete, und diese wurden jedes wieder weiter probirt.

Auf diese Weise fand sich, dass No. 5, 8, 10 und 11 mit berliner Blau und schwefelsaurem Kalk überzogen waren; No. 6 und 7 enthielten kein berliner Blau, sondern nur schwefelsauren Kalk. Der schwefelsaure Kalk bei einigen Sorten schien crystallisirter und zu feinem Pulver zerstossener Gyps zu sein, da die gröberen Theilchen noch ein crystallinisches Gefüge erkennen liessen.

Herr Greene vom Ostindienhause hatte die Güte mir einige Proben Assam-Thee in unverfälschtem Zustande zu verschaffen; No. 12 *Imperial*, No. 13 *Gunpowder*, und No. 14 *Hyson*. Diese hatten keine blauen Körnerchen, waren sehr faserig und hatten ganz dasselbe Ansehen wie die unglasirten Sorten, aber eine glänzendere Farbe. Der Anstrich war offenbar schwefelsaurer Kalk. No. 15 *Assam Hyson*, von der letzten Einfuhr, war unglasirt, mit leichtem weissen Staube an der Oberfläche, der einen leichten braunen Anstrich hatte, aber aus einer sehr geringen Quantität schwefelsauren Kalkes mit ein wenig Alaunerde bestand.

Aus diesen Untersuchungen scheint hervorzugehen, dass sämmtliche grüne Theesorten die hier eingeführt werden an der Oberfläche mit einem Pulver angestrichen oder bedeckt sind, welches entweder aus berliner Blau und schwefelsaurem Kalk oder Gyps besteht, wie in der Mehrzahl der untersuchten Sorten, zuweilen mit einer gelben oder orangefarbenen vegetabilischen Substanz gemischt; oder von schwefelsaurem Kalk, der vorher mit berliner Blau gefärbt war, wie bei No. 8 und 9, und einer der zuerst untersuchten Sorten; oder von berliner Blau, der orangefarbenen Substanz mit schwefelsaurem Kalk und einer Substanz die wahrscheinlich Kaolin (chinesische Porzellanerde) wie in der ersten Art; oder von schwefelsaurem Kalk allein, wie in den unglasirten Sorten. Eine interessante Frage ist es, was der Zweck der Zuthat dieses Anstriches sein mag; ob, wenn schwefelsaurer Kalk allein gebraucht wird, er nur hinzugethan wird um die letzten Reste von Feuchtigkeit die nach den Trocknenprocess noch übrig bleibt zu absorbiren, oder ob er, wie ich glaube, nur hinzugefügt wird um den grünen Theesorten die eigenthümliche Blume und Farbe zu geben, die von den Consumenten gewöhnlich so gesucht ist dass der Mangel der grünen Farbe, wie bei der unglasirten Sorte, den Verkaufspreis wesentlich bestimmt. Letzteres kann sicher keinen andern Grund haben, als dass die oben mitgetheilten Thatsachen nicht allgemein bekannt sind, da es lächerlich sein würde sich einbilden zu wollen, dass gefärbte und verfälschte Artikel, wofür er doch eigentlich angesehen werden muss, vor den reineren und echten den Vorzug behaupten sollten."

Eilftes Capitel.

Theehändler. — Sie kommen nach den Theehügeln, — kaufen von den kleinen
Theepflanzern. — Bezirk des schwarzen Thees in Fokien. — Zwei Arten
des Thees. — Eigenthümliche Weise ihrer Bereitung. — Ursache ihrer
verschiedenen Farbe. — Blumen angewendet um den feinern Theesorten
Duft zu geben. — Theeausfuhr. — Theeverbrauch der Chinesen. — Preis
einer Tasse Thee. — Mittel um der erweiterten Nachfrage zu genügen. —
Bemerkungen über die Theegegenden in Indien. — Geschichte der Versuche
des Theebaues. — Bemerkungen über indische Theeländereien. — Resultate.
— Sir John Francis Davis's Bemerkungen über verschiedene in Canton
verkaufte Theesorten.

Wenn der Thee zum Verkauf fertig ist, kommen die grossen Theehändler oder deren Diener aus den Hauptstädten des Bezirks und schlagen
in allen den kleinen Wirthshäusern und Speisehäusern, die man in allen
Theilen des Landes in grosser Anzahl findet, ihre Wohnung auf. Sie
bringen auch Lastträger mit, welche die landesüblichen Kupfermünzen
tragen womit sie ihre Einkäufe bezahlen. Sobald es bekannt wird dass
die Kaufleute in der Gegend angekommen sind, bringen die Theepflanzer
ihre Producte zur Ansicht und zum Verkauf. Auf allen Strassen sieht
man jetzt diese kleinen Bauern oder deren Arbeiter herbeieilen, jeder
trägt zwei Körbe oder Kisten die an einem über die Schultern gelegten
Bambusstocke herabhängen. Wenn sie an der Wohnung des Kaufmannes
ankommen, werden die Körbe vor diesem geöffnet und der Kaufmann
nimmt die Qualität des Thees in Augenschein. Ist er mit dem Aussehen
und dem Dufte zufrieden, und können sich die Partheien über den Preis
einigen, so wird der Thee gewogen, das Geld bezahlt, und der Pflanzer
entfernt sich mit seiner Schnur Kupfermünzen über der Schulter, und
kehrt nach seinem Gehöft zurück. Scheint aber das Gebot zu niedrig, so
nimmt er die Körbe, anscheinend mit der grössten Gleichgültigkeit, wieder
auf und trägt sie zu einem andern gegenüberwohnenden Kaufmann. Zuweilen jedoch kommt es vor dass ein Kaufmann noch vor der Theeärnte
mit einem oder dem andern Theepflanzer einen Contract schliesst, in welchem Falle der Preis nach der gewöhnlichen Weise bestimmt und in der
Regel ein Theil im Voraus bezahlt wird. Dies ist, so viel ich erfahren
konnte, häufig in Canton der Fall, wenn ein fremder sich daselbst auf-
haltender Kaufmann sich eine besondere Sorte Thee sichern will.

Nachdem der Thee in der Gegend wo er erbaut worden aufgekauft
ist, wird er nach der am passendsten gelegenen Stadt gebracht und dort
sortirt und für die europäischen und amerikanischen Märkte verpackt.
Dies ist das gewöhnliche System der Cultur und Manufactur des grünen
Thees, welches ich in der Provinz Chekiang selbst beobachtet habe.

In den Districten des schwarzen Thees in Fokien, welche ich
ebenfalls besuchte, wird der Theebau auf dieselbe Weise betrieben wie
in Chekiang.

Ich habe bereits oben gesagt dass die Species der Pflanze welche
den schwarzen Thee liefert, — in der Nähe von Foo-chow, — ganz dieselbe ist wie die welche man in den Grüntheedistricten im Norden findet.
Weiter nach Süden, wo das Klima natürlich heisser ist, wird der Theestrauch von Fokien in der Regel in ziemlicher Höhe auf den Hügeln gebaut.
Auf die Gefahr hin einiges schon gesagte zu wiederholen, will ich hier
eine Beschreibung meines Besuches der Theehügel in Fokien einschalten.

Jeder Hausbesitzer, oder kleine Bauer, hat zwei bis drei Theefelder an den Hügelabhängen, die in der Regel von den Gliedern seiner Familie bepflanzt und in Ordnung gehalten werden. Wenn die Zeit der Ernte herankommt, so werden die Thüren der Hütten verschlossen und sämmtliche Bewohner derselben ziehen mit ihren Körben nach den Hügeln hinaus und fangen an die Blätter abzupflücken. Diese Arbeit wird natürlich nur bei schönem Wetter vorgenommen, wenn die Blätter trocken sind. Die erste Sammlung findet statt wenn im Frühling die Blätterknospen sich eben zu entfalten beginnen. Dieser Thee ist selten und von sehr guter Qualität, und in der That derselbe oder beinahe derselbe wie der welcher von den jungen Blättern in den Districten des grünen Thees gewonnen wird. Die zweite Sammlung giebt die Haupternte, die dritte ist grob und von schlechter Qualität.

Nachdem die Blätter von den Hügeln ins Haus gebracht sind, werden sie zuerst in grosse flache Bambussiebe ausgeschüttet, und, wenn die Sonne nicht zu hell scheint, in freier Luft getrocknet. Wenn die überflüssige Feuchtigkeit verdunstet ist, wird ein Theil der Blätter hereingebracht und in runde flache Pfannen von Eisen geschüttet, wie die Chinesen gewöhnlich zum Kochen des Reises gebrauchen, und über einem gelinden, unter den Pfannen angezündeten Feuer der Hitze ausgesetzt. Sobald die Hitze einwirkt fangen sie an zu knistern, verlieren eine grosse Masse ihrer Feuchtigkeit und werden bald weich und geschmeidig. Einer der dabei stehenden rührt die Blätter mit den Händen um und nimmt sie nach etwa fünf Minuten aus der Pfanne heraus, die dann wieder von neuem gefüllt wird. Die gehitzten Blätter werden auf ein grosses, rundes und flaches Sieb von Bambus ausgeschüttet welches in einer passenden Höhe vom Boden auf einem Tische steht, und nun beginnt der Process des Rollens. Drei oder vier Personen nehmen einen Theil der gehitzten Blätter und beginnen dieselben in der schon oben beschriebenen Weise zu rollen und zu quetschen. Dies dauert etwa zwei bis drei Minuten, worauf jeder seinen Theil nimmt und untersucht, der dann auf die Tafel geschüttet wird, worauf das Rollen und Quetschen wie vorher wieder von neuem beginnt. Dies wird drei bis viermal wiederholt und dann das Ganze in ein anderes grosses flaches Bambussieb geschüttet, und zwar so dass es eine lockere und dünne Schicht bildet.

Bis zu dieser Stufe des Processes sind alle Blätter einer und derselben Behandlung unterworfen. Nun aber wird in diesem Bezirk der Thee ·in zwei Sorten getheilt, die jede auf eine besondere Weise behandelt werden. In der Sprache dieser Gegend werden sie *Luck-cha* und *Hong-cha* genannt. Erstere scheint eine Art Mischung von schwarzem und grünem Thee zu sein, und ich glaube dass die Eingebornen diese zu ihrem eignen Bedarf verbrauchen; letztere ist unser gewöhnlicher schwarzer Thee.

Der *Luck-cha* wird auf folgende Weise bereitet. Nachdem die Blätter gerollt und gequetscht sind, werden sie in einer dünnen Schicht locker ausgeschüttet und zum Trocknen ins Freie gestellt. Man nimmt sich sehr in Acht sie nicht bei zu hellem Sonnenschein ins Freie zu setzen, weshalb man wo möglich immer einen schönen trocknen Tag wählt, wo die Sonne theilweise durch dünne Wolken verhüllt ist. Nachdem der Thee etwa eine bis zwei Stunden, zuweilen wohl auch noch länger, im

Freien gestanden, denn es hängt viel von manchen Nebenumständen ab, wie z. B. ob die Luft gehörig trocken ist, oder wie es den Arbeitern gerade passt, wird er wieder in das Haus gebracht, und nun beginnt der Process des Trocknens.

Die flache Reispfanne, in welcher die Blätter zuerst gehitzt werden, ist so eingerichtet dass sie nach Belieben herausgehoben werden kann. Sie wird dann weggenommen und ein Bambussieb, genau von derselben Grösse wie die Pfanne, an ihre Stelle gesetzt und mit den Blättern angefüllt. Jetzt wird ein sehr gelindes und gleichmässiges Feuer von Holz oder Kohlen unterhalten, damit die in den Blättern noch übrige Feuchtigkeit allmälig verdunsten kann. Nach einigen Minuten wird das Sieb wieder herausgehoben und in ein anderes grösseres gesetzt, welches einen engeren Boden hat. Die Blätter werden dann gehörig geschüttelt und umgewendet, und die kleinern Theeblätter, welche während der Operation durch das Sieb fallen, in dem unteren Siebe gesammelt und sorgfältig aufgehoben. Hierauf werden beide Siebe auf das Feuerungsrohr gesetzt und eine Stunde lang die Blätter sorgfältig beobachtet und häufig umgewendet, bis der Thee gehörig ausgebrannt zu sein scheint. Zuweilen wird er, bei schönem Wetter, noch eine kleine Weile in die Sonne gesetzt, ehe man ihn verpackt.

Der *Hong-cha,* oder unser gewöhnlicher schwarzer Thee, wird auf eine von der vorhergehenden ziemlich verschiedene Weise bereitet. Erstens scheinen die Eingebornen beim Rollen desselben vorsichtiger zu Werke zu gehen, namentlich wenn er für den fremden Markt bestimmt ist, obwohl die Operation selbst grösstentheils auf dieselbe Weise vor sich geht. Nachdem die Blätter gehitzt und gerollt sind, werden sie auf lange Schirme ausgeschüttet und der freien Luft ausgesetzt. Die Eingebornen tragen in diesem Falle, wie auch sonst, Sorge, dass die Blätter nicht zu sehr in eine helle und brennende Sonne kommen. Dies ist der wichtigste Theil der Bereitung. Der schwarze Thee bleibt so bisweilen zwei bis drei Tage ehe er über das Feuer kommt, und dies ist ohne Zweifel eine der Hauptursachen dass die Farbe dieses Thees um so viel dunkler ist als die der anderen Arten welche von derselben Pflanze bereitet aber schnell getrocknet werden.

Nachdem die Blätter lange genug der Luft ausgesetzt gewesen, werden sie hereingenommen um über das Feuer zu kommen. Anstatt jedoch in Körben gehitzt zu werden, wie die andern Arten, werden sie sogleich in die Pfanne geworfen. Eine alte und erfahrene Person nimmt am Ofen Platz und unterhält ein gelindes und gleichmässiges Feuer, während die jüngern Glieder der Familie die Blätter in der Pfanne in beständiger Bewegung halten und vor dem Verbrennen hüten. Dies geschieht vermittelst kleiner Handbesen aus Bambusreisern deren obere Enden zu diesem Zwecke gespalten werden. Der auf diese Weise bereitete Thee erhält bald eine dunkle Farbe und hat ein von dem *Luck-cha* ganz verschiedenes Ansehen. Nachdem er gehörig getrocknet ist werden, wie sich von selbst versteht, dann noch die übrigen Operationen damit vorgenommen, wie Sieben, Lesen und Sondern, bis er endlich so weit ist dass er für den fremden Markt verpackt werden kann.

Nach Obigem scheint die dunklere Farbe des schwarzen Thees erstens daher zu rühren, weil er, so lange er noch weich und feucht ist, länger in der freien Luft bleibt, sodann, weil er einem höhern Grade von Feuerhitze ausgesetzt wird. Hinsichtlich der grünen Theesorten kann es keinem

Zweifel unterliegen, dass die Sorten, welche die Chinesen zu ihrem eignen Bedarf verbrauchen, die natürliche Farbe haben welche sie während des Trocknens erhalten, und dass die „blumigen" Arten, welche für unsern entarteten Geschmack bereitet werden, alle ohne Ausnahme gefärbt sind. Zum Schlusse muss ich hier nochmals wiederholen, was ich bereits oben gezeigt habe, dass die schwarzen und grünen Theesorten aus dem Norden von einer und derselben Species, der *Thea viridis*, und die echten Cantonthees aus den Blättern der *Thea Bohea* bereitet werden. Daraus folgt, dass die schwarzen Theesorten von beiden Species gemacht werden können und wirklich gemacht werden; und hinsichtlich des grünen Thees zweifle ich nicht, dass, da derselbe gefärbt wird, die Chinesen ihn eben so gut roth oder gelb färben könnten, wenn sich unser Geschmack ändern und wir noch schillerndere Farben vorziehen sollten.

Es giebt verschiedene Arten wohlriechender Blumen die in manchen Gegenden gezogen werden um den Thee damit zu mischen und wohlriechend zu machen. Unter diesen kann ich namentlich folgende anführen: *Olea fragrans, Chloranthus inconspicuus, Aglaia odorata* u. s. w. Ich glaube diese Blumen werden besonders getrocknet und nachher mit dem Thee gemischt.

Die hauptsächlichsten Theedistricte China's liegen zwischen dem 25. und 31. Grade nördlicher Breite. Ausser Quantung, welches sehr geringe Sorten liefert, sind die Provinzen in denen der Thee bekanntlich in grosser Ausdehnung gebaut wird, Fokien, Chekiang und Kiangnan. Die Quantität welche jährlich aus diesen Districten ausgeführt wird, lässt sich schwer bestimmen, weil eine sehr bedeutende Masse auf chinesischen Schiffen nach Cochin-China, Siam, Borneo und andern Theilen der Strassen ausgeführt wird: folgende Angaben aber, die ich Herrn Winch in Liverpool verdanke, geben eine ziemlich genaue Uebersicht über die Ausfuhr nach andern Theilen der Welt:

Ausfuhr nach Grossbritannien für das Jahr, bis zum 30. Juni 1846	57,584,561 Pfund.
Vereinigte Staaten von Amerika, für dieselbe Zeit	18,502,142 Pfund.
Nach den Continent von Europa für das Jahr bis zum 31. December 1845	4,051,529 Pfund.
Summa:	80,138,232 Pfund.

Ausserdem beläuft sich die Ausfuhr nach Sidney und andern Theilen Australiens auf ungefähr 4,000,000 Pfund und die Masse welche jährlich zu Lande nach Russland geht auf mehr als 5,000,000 Pf. Wenn wir annehmen dass der Totalbetrag der Ausfuhr sich wenigstens auf 90,000,000 Pfund beläuft, oder mit Einschluss dessen was von einheimischen Schiffen nach den Strassen ausgeführt wird auf 95,000,000 Pfund, so werden wir der Wahrheit ziemlich nahe kommen.

Wie gross diese Ausfuhr auch erscheinen mag, so ist sie doch, im Vergleich mit dem was von den Chinesen selbst verbraucht wird, noch immer ziemlich gering, und Sir George Staunton hat sehr richtig bemerkt, dass alljährlich eine so ungeheure Masse von Thee gebaut wird, dass, wenn auch der Bedarf für Europa plötzlich bedeutend verringert würde, dennoch kaum eine merkliche Verminderung des Preises auf den chinesischen Märkten eintreten dürfte.

Die Consumtion im Lande selbst muss sehr bedeutend sein. Der Chinese trinkt selten kaltes Wasser; Thee ist sein Lieblingsgetränk womit er seinen Durst löscht, und er trinkt ihn bei allen Mahlzeiten. Häuser wo Thee verkauft wird sind in eben so grosser Anzahl zu finden wie bei uns Bierhäuser und Schenken; Theegärten (recht eigentlich so genannt) finden sich in allen Städten in grosser Menge, jede Strasse und jedes Gässchen hat seine Theehäuser, die zu bestimmten Tageszeiten gedrängt voll sind. Aber nicht allein in den Städten findet eine so bedeutende Consumtion statt; an den Seiten der Landstrassen, an den Pässen über die Gebirge, bei den buddhistischen Tempeln, und selbst in den entlegensten Gegenden des Landes, trifft man zahlreiche öffentliche Theehäuser, wo dieses Getränk verkauft wird. Für eine Tasse Thee bezahlt man hier nicht mehr als eine, oder höchstens zwei „Cash"; und wenn wir bedenken dass hundert Cash erst vier Pence nach englischem Gelde betragen, so begreiffen wir dass der chinesische Bauer drei bis vier Tassen seines Lieblingsgetränkes für weniger als einen Farthing unseres Geldes haben kann. Ich nehme daher keinen Anstand auszusprechen dass in China jede einzelne Person drei bis viermal so viel Thee verzehrt als ein Engländer.

Schätzt man die theetrinkende Bevölkerung in China auf 300,000,000*, und nimmt man an dass jedes Individuum** 6 Pf. Thee jährlich verbraucht, so erhalten wir 1,800,000,000 Pfund. So gross dieses Quantum zu sein scheint, so erreicht es doch höchst warhscheinlich noch nicht die wahre Höhe, da in der Regel kein anderes nichtberauschendes Getränk in Gebrauch ist, und ausser dem Thee nur noch ein einziges anderes flüssiges Stärkungsmittel auf den Tisch kommt, der Samchoo, eine Art Branntwein. Nach neuerer Berechnung kommen auf der Insel Jersey jährlich vier bis fünf Pfund auf den Kopf.

Nimmt man das oben angegebene Quantum als den jährliche Bedarf der Chinesen an und rechnet dann die 95,000,000 Pfund welche ausgeführt werden dazu, so würden jährlich nicht weniger als 1,895,000,000 Pfund Thee im Lande erzeugt werden. Seit die englische Regierung sich bewogen gefunden hat den Einfuhrzoll auf den Thee herabzusetzen, hat man die Frage erhoben, ob im Falle einer grösseren Nachfrage die Chinesen im Stande sein würden den Bedürfnissen zu genügen, ohne den Preis der Waare bedeutend zu erhöhen? Ich meines Theils bin mit Herrn George Staunton der Ansicht, dass ein plötzliches Sinken der Nachfrage von Seiten Europa's kaum auf den inländischen Markt Einfluss ausüben dürfte, und folglich, wie Herr Winch *** sehr richtig bemerkt hat, „eine gesteigerte Nachfrage von derselben Seite nicht im Stande sein würde den Preis des Artikels in die Höhe zu treiben." Ich glaube dass Niemand, der weiter nach China hineingekommen oder den Markt dieses Landes beobachtet hat, dieses bezweifeln wird. Und wenn wir nach den neuesten Erfahrungen weiter schliessen, so finden wir, dass obwohl sich unsere Nachfrage von Jahr zu Jahr gemehrt hat, der Thee doch nicht im Preise gestiegen ist, sondern

---

* Ich nehme absichtlich diese geringe Schätzung der Bevölkerung an , weil man mir sagt dass in manchen Gegenden der südwestlichen Provinzen wenig Thee getrunken wird.

** Kinder trinken eben so viel wie ihre Eltern.

*** The Tea Duties considered.

vielmehr fortwährend sinkt. „Im Jahre 1846 führten wir 24,000,000 Pfund mehr ein als im Jahr 1833, während der Durchschnittspreis 1846 ungefähr um einen Shilling pro Pfund, niedriger steht.'' Wenn noch grössere Nachfrage nach chinesischem Thee einträte, so könnte leicht eine sehr grosse Masse von dem erspart werden der jetzt thatsächlich für den Verbrauch im Lande gebaut wird. Sobald die Nachfrage bis zu einer solchen Ausdehnung stiege dass sie in den Theedistricten fühlbar würde, so würde der Pflege der Pflanzen noch grössere Aufmerksamkeit gewidmet werden. Tausende von kleinen Grundbesitzern die jetzt nur wenig mehr bauen als sie für ihren eigenen Bedarf brauchen, und um sich die Mittel zu schaffen einige andere nothwendige Lebensbedürfnisse zu befriedigen, würden ihr Capital vergrössern und bald ihren Theil beitragen die ausserordentliche Nachfrage zu versehen; und mit etwas mehr Capital könnten manche Theile der Hügelabhänge bebaut werden welche jetzt nur Bambus und Strauchwerk tragen. Aus diesen, und vielleicht noch andern Quellen würde jeder gesteigerten Nachfrage, die wir etwa von hier aus an die Chinesen stellen könnten, leicht abgeholfen werden, ohne dass die Preise des Thees stiegen.

Von den Provinzen welche westlich von 'Chekiang und Kiangnan liegen haben wir nur sehr mangelhafte Kenntniss, da aber das Land bergig ist, so haben wir keinen Grund daran zu zweifeln dass es dort noch ausgedehnte, den Europäern unbekannte Theedistricte geben könne. Die weiten Länderstrecken innerhalb der obengenannten Breitengrade vom Archipelagus von Chusan im Osten, bis an das Himalajagebirge im Westen, haben ein für die Cultur des Theestrauchs günstiges Klima.

Wenn man jedoch zweifeln könnte ob wir im Stande sein würden einem fast unbeschränkten Bedarf von chinesischem Thee abzuhelfen, so dürfen wir unsere Blicke nur nach unseren Besitzungen in Indien wenden. Es mag sehr wahr sein dass die Erfolge des Theebaues in Assam nicht sehr befriedigend zu sein scheinen. So weit ich bis jetzt die Theedistricte in China kennen gelernt habe, sind die nordwestlichen Gegenden der Gebirge Indiens — welche mit dem Himalajagebirge zusammenhängen — bei weitem günstiger für den Theebau als das südlicher gelegene Land von Assam. Die echte und beste Theepflanze (*Thea viridis*) trifft man keineswegs im Süden von China, und wenn sie dorthin gebracht wird gedeiht sie nicht. Selbst in Fokien, wo sie den schwarzen Thee liefert, muss sie hoch auf dem Gebirge gepflanzt werden, zwei bis dreitausend Fuss über der Meeresfläche, und der sogenannte Ankoÿthee gilt noch immer für bedeutend geringer als die weiter nördlich gebauten Arten. Man sieht also dass eine Verpflanzung des Theestrauchs in China selbst kein günstigeres Resultat geliefert hat als in Indien.

In den Himalajagebirgen indessen haben wir alle mögliche Abwechslung der Erhöhung des Bodens und dasselbe Klima wie in den am meisten begünstigten Theedistricten China's. Dr. Royle empfahl, als er Vorsteher des Gartens der ostindischen Compagnie im Saharunpoore war, im Jahr 1827 und nochmals 1831, der indischen Regierung die Districte von Kemaon, Gurhwal und Sirmore, als am zweckmässigsten für den Theebau, und er sagt in seinem „Essay on the productive Resources of India'' er habe die volle Ueberzeugung, dass nicht allein an der ganzen Länge dieser Gebirge Thee gebaut werden könne, sondern auch dass derselbe eine fei-

nere Blume haben werde als der von Assam. Auf seinen Rath wurden
daher im Jahre 1836, unter der Aufsicht des Dr. Falconer, sowohl hier
als in der Nähe von Almorah, und eben so in der Deyra Doon, Theepflanzungen angelegt.

Man erhielt Samen aus den Ankoydistricten in China, und chinesische
Theewärter wurden von den Pflanzschulen der Regierung in Assam nach
denen in Kemaon und Gurhwal geschickt. Der letzte Bericht des Dr. Jamieson, welcher Herrn Falconer folgte, ist höchst befriedigend, und hinsichtlich der nach England geschickten Proben haben die erfahrensten
Theeprobirer und andere, wie Dr. Ball und Herr Hunt erklärt, sie seien
der Qualität nach vortrefflich, und gehörten zu der Klasse der Oolongtheee
und kämen im Werthe den chinesischen Theeen zu zwei Schilling und
drei Pence, und drei Shilling (das Pfund) gleich.

Die Pflanzen von denen dieser Thee erzeugt worden, waren aus den
Ankoydistricten hergebracht, es war folglich der Strauch welcher von den
Botanikern *Thea viridis* genannt wird. Aber diese Species ist in Fokien
offenbar in einem gewissen Grade durch das Klima ausgeartet, und ich
halte es daher für sehr wichtig dass man sich einen grossen Vorrath junger
Pflanzen aus der Provinz Chekiang zu verschaffen sucht, wo der Theestrauch
offenbar am üppigsten wächst. Ich habe bereits gesagt dass der Boden
in dem die Pflanze am besten gedeiht ein gehörig trocken gelegter sandiger Lehm ist, und dass die Pflanzungen in der Provinz Chekiang immer an
den unteren Hügelabhängen angelegt werden, nie im flachen Felde. Nach
diesen Angaben erheben sich natürlich folgende Fragen: — Haben wir
dieselbe Varietät der Theepflanze in Indien welche in China den besten
Thee giebt? — Hat Indien den Vortheil einer wohlfeilen Arbeit wie man
uns gesagt hat? — Ist der Boden und die Art und Weise der Bewirthschaftung und Bereitung in beiden Ländern gleich? Wenn diese Fragen mit
ja beantwortet werden können, so dürfen wir zuversichtlich den besten
Resultaten entgegensehen. Dr. Jamieson ist der Meinung, dass bei einer
Bebauung in grossem Maasstabe, der Thee in Calcutta für 6 Pence das Pfund
geliefert werden könne.* Von dem bis jetzt in Indien gebauten Thee
wurde in Almorah, in unmittelbarer Nähe der Pflanzungen, das Pfund mit
4 bis 5 Shilling bezahlt, welches in Calcutta der Preis des guten chinesischen Thees ist."

Die Vortheile welche eine erfolgreiche Cultur des Theestrauchs in Indien bringen würde sind nicht zu berechnen. Die ungeheure Bevölkerung
unseres Reiches im Orient würde ein wohlfeiles und unschädliches,
im Lande selbst erzeugtes Getränk haben, und Tausende von Familien würden in der Bebauung und Bearbeitung des Thees eine gesunde und einträgliche Beschäftigung finden, ganz abgesehen von den Vortheilen den
unsere Bevölkerung in England davon haben würde.

Um dem Leser eine Vorstellung von den verschiedenen Theesorten
zu verschaffen welche für die europäischen und amerikanischen Märkte
bereitet werden, kann ich nicht besser thun, als wenn ich hier einige vor-

---

* In China werden ausgezeichnete Theesorten mit etwa 5 Pence das Pfund
bezahlt; geringere Sorten kann man für 2 bis 3 Pence haben. Die seltenen
und feinsten Sorten bezahlt man mit 1 Shilling.

trefliche Bemerkungen anführe welche Sir John Francis Davis in seinem Werke „The Chinese" über diesen Gegenstand gibt.

„Da der Thee in unserem Verkehre mit China immer eine hauptsächliche Stelle als Handelsartikel eingenommen hat, so erfordert derselbe eine besondere Betrachtung. Wir haben oben gesehen, dass die Feinheit und Kostbarkeit des Thees davon abhängt ob die Blätter, zu der Zeit wenn sie gepflückt werden, noch zart und klein sind. Die verschiedenen Arten des schwarzen Thees sind, je später in der Jahreszeit sie gepflückt werden, desto geringer an Qualität und Werth, bis zur geringsten Sorte herab, welche wir unter dem Namen Bohea kennen, und die von den Chinesen, wegen der Reife und Grösse der Blätter „grosser Thee" (Ta-cha) genannt wird. Die ersten Blätterknospen im Frühling, die mit einem weissen seidenartigen Flaum bedeckt sind, werden gepflückt um Pekoe daraus zu machen, welches Wort aus dem Namen den dieser Thee in Canton führt entstanden ist, nemlich Pak-ho, „weisser Flaum". Wenn die Blätter noch einige Tage gewachsen sind, so liefern sie die Sorte welche wir hier zu Lande „schwarzblätterigen Pekoe" nennen. Die fetteren und mehr zerrissenen Blätter geben den *Souchong*; wenn sie noch grösser und gröber werden, den *Congou* und die zuletzt und am spätesten gepflückten Blätter geben den *Bohea*. Die Theepflanzer, welche kleine Landeigenthümer oder Bauern sind, geben dem Thee eine grobe Bereitung und bringen ihn dann zu den Contrahenten, deren Geschäft es ist eine weitere Bereitung damit vorzunehmen um ihm die Eigenschaften zu geben welche von der Waare verlangt werden. Die verschiedenen Theesorten sind, von der geringsten angefangen, folgende:

„1. *Bohea*, in England der Name einer Qualität, ist, wie bereits gesagt, in China der Name eines Districts wo verschiedene Arten schwarzen Thees gebaut werden. Das grobe Blatt welches unter diesem Namen nach England gebracht wird unterscheidet sich dadurch von anderen Sorten, dass es einen grössern Theil der holzigen Faser enthält; der Aufguss ist dunkler, und da er bei der Bereitung mehr dem Feuer ausgesetzt gewesen, so hält er sich länger als die feineren Sorten ohne dumpfig zu werden. Zwei Arten Bohea werden aus China hergebracht, die geringere derselben wird an Ort und Stelle bereitet und deshalb „*Canton-Bohea*" genannt, und ist eine Mischung des *Congou*-Abfalls mit einem groben Thee, welcher *Woping* genannt wird und in dieser Provinz selbst wächst. Die beste Art Bohea kommt aus dem Bezirk dieses Namens in Fokien, und wird, da man sie in neuerer Zeit den geringeren Congoutheeen gleich schätzt, in eben solchen viereckigen Kisten verpackt wie diese, während der übrige Boheathee in länglichen Kisten verpackt wird.

„2. *Congou*, die nächst höhere Sorte, ist so genannt nach einer Corruption des chinesischen Wortes Koong-foo „Arbeit oder Fleiss". Diese Sorte bildete mehrere Jahre lang die Hauptmasse des von der ostindischen Compagnie verladenen Thees, nach und nach aber verschlechterte sich die Qualität, weil das alte System, nach welchem alljährliche Contracte geschlossen wurden die den chinesischen Kaufleuten einen lohnenden Preis für die besseren Sorten sicherten, theilweise aufgegeben wurde. Der Verbrauch des Bohea ist in den letzten Jahren in England in eben dem Grade gestiegen, wie der des Congou abgenommen hat, und der Preis des letzteren ist bedeutend gesunken. Eine besondere Art dieser Sorte wird *Campoi* genannt, nach einer Verstümmlung des ursprünglichen Namens K i e n - p e o y, „Auswahl;" diese aber wird bei uns jetzt nicht mehr geschätzt, weil ihr die Stärke abgeht, die in der Regel noch höher angeschlagen wird als die Annehmlichkeit des Geschmacks.

„3. *Souchong,* (S e a o u - c h o n g, „kleine oder seltene Sorte") ist die feinste der seltenern Sorten des schwarzen Thees, mit einem Blatte welches in der Regel ganz und zusammengerollt ist, aber jünger als das der gröberen Sorten. Der sogenannte *„Padre Souchong"* wird in besondere Papierpackete verpackt, jedes etwa zu einem halben Pfunde, und ist so fein dass er fast ausschliesslich nur zu Geschenken gebraucht wird. Es ist wahrscheinlich dass dieser Gebrauch den die catholischen Missionäre von dieser Sorte machten zuerst dem Namen die Entstehung gegeben hat. Die feinsten Arten des Souchong werden zuweilen mit den Blüthen des *Chloranthus inconspicuus* und der *Gardenia florida* gemischt, um ihnen einen bessern Duft zu geben, und sie sind auch unter den Chinesen selbst nur für einen hohen Preis zu haben. Ein sehr gekräuseltes und zusammengerolltes Blatt, *Sonchi* genannt, ist in neuerer Zeit in Misscredit und sehr ausser Gebrauch gekommen, weil man öfters einen eisenrostfarbigen Staub darin gefunden hat, der jedoch wahrscheinlich nicht in trügerischer Absicht damit gemischt wurde, sondern von der Natur des Bodens herrührt, wo der Thee, ohne die nöthige Sorgfalt anzuwenden, schmutzig verpackt wurde.

„4. *Pekoe,* besteht hauptsächlich aus den jungen Knospen im Frühling; das Abpflücken derselben muss natürlich auf den spätern Ertrag des Strauchs einen nachtheiligen Einfluss haben, und diese Theesorte ist daher sowohl theuer als nur in geringer Quantität vorhanden. Um den feinen Geruch zu erhalten wird bei dem Trocknen der Blätter nur ein mässiger Grad Hitze angewendet, woher es auch kommt dass der Pekoe auf dem Lager leichter verdirbt als alle übrigen Sorten. Es gibt eine Art Pekoe die in der Gegend des Grünthees auf dieselbe Weise aus den jungen Knospen bereitet wird wie die schwarze Sorte; diese aber wird mit so wenig Hitze getrocknet, dass sie bei der geringsten Feuchtigkeit verdirbt, und deshalb, wie auch weil er selten und daher theuer ist, wird der *Hysonpekoe,* wie man diese Sorte nennt, nie nach England gebracht. Die Mandarinen schicken ihn in sehr kleinen Büchsen einander oder ihren Freunden zum Geschenk, unter den Namen *Loong-tsing,* welches wahrscheinlich der Name einer Gegend ist wo dieser Thee gemacht wird.

„Die grünen Theesorten können im Allgemeinen in fünf Classen eingetheilt werden: — 1. *Twankey,* 2. *Hyson-skin,* 3. *Hyson,* 4. *Gunpowder,* 5. *Young Hyson.* Der *Twankey*thee hat immer die Hauptmasse der bei uns eingeführten grünen Theesorten gebildet, da ihn die Wiederverkäufer mit andern feineren Sorten zu mischen pflegen. Das Blatt ist älter und nicht so zusammengerollt wie das der theureren Sorten; überhaupt wird bei der Bereitung desselben weniger Sorgfalt und Mühe angewendet. Es ist in der That der *Bohea* der grünen Theesorten, und die Masse welche von demselben nach England gebracht wird beträgt volle drei Viertheile des gesammten hier eingeführten grünen Thees. *„Hyson-skin"* wird nach seinem ursprünglichen chinesischen Namen so genannt. Das chinesische Wort welches durch das englische „skin" (Haut, Schale) wiedergegeben ist, bedeutet „Abfall" oder „geringerer Theil einer Sache", vielleicht mit Anspielung auf die Haut eines Thieres, oder die Schale einer Frucht. Bei Bereitung des feinen Hyson nämlich, werden alle Blätter welche gröber, gelber und weniger zusammengerollt sind, abgesondert und als Abfall, oder „*Skin-tea* (Schal-Thee) zu einem sehr niedrigen Preise verkauft. Die Gesammtmasse dieser Sorte richtet sich also nach der Gesammtmasse des jährlich bereiteten Hysonthees und beläuft sich selten auf mehr als zwei bis drei tausend Kisten im Ganzen.

„Das Wort *Hyson* ist aus dem chinesischen Namen corrumpirt, welcher „blühender Frühling" bedeutet, weil diese feine Theesorte, wie man denken kann, in der ersten Hälfte dieser Jahreszeit gesammelt wird. Jedes Blatt wird einzeln mit der Hand zusammengedreht und gerollt und dieser grossen Sorgfalt, und der Arbeit welche bei der Bereitung nöthig ist, ist es namentlich zuzuschreiben dass der beste Hyson so schwer zu haben und so theuer ist. Die ostindische Compagnie pflegte ehedem, um die Güte dieses Thees aufrecht zu erhalten, für die beiden besten Parthien die ihr jährlich zur Auswahl gebracht wurden eine Prämie zu zahlen, und die Theehändler wurden eben so wohl dadurch als durch den in Aussicht stehenden höheren Preis zu grösserer Anstrengung getrieben. Der sogenannte G u n p o w d e r ist nichts anderes als noch sorgfältiger ausgesuchter Hyson, und besteht aus den am besten gerollten und rundesten Blättern, die ihm das k ö r n i g e Ansehn geben dem er seinen Namen verdankt. Die Chinesen nennen diese Sorte aus ähnlichem Grunde *Choocha* oder Perl-Thee. *Young-Hyson* war früher, ehe er durch die grosse Nachfrage von Seiten der Amerikaner verdorben wurde, ein echtes zartes junges Blatt, im Chinesischein *Yu-tsein*, d. i. „vor den Regen" genannt, weil er im erstem Frühling gesammelt wurde. Da er nicht wohl in grossen Massen erzeugt werden konnte, so suchte man der Nachfrage von Seiten der Amerikaner dadurch zu entsprechen, dass man a n d e r n grünen Thee zerschnitt und durch Siebe von einer gewissen Grösse durchsiebte. Als die Inspectoren der ostindischen Compagnie diesen Betrug entdeckten, wurde diese Sorte fortan nicht mehr von der Compagnie in London eingeführt. Der Missbrauch wurde aber in neuerer Zeit, wie wir sogleich sehen werden, noch schlimmer, denn man zerschnitt die gröbsten Blätter s c h w a r z e r Theesorten und färbte sie dann mit einem Präparat welches mit der Farbe des grünen Thees Aehnlichkeit hat.

„Die Ermässigung der Theezölle in den vereinigten Staaten hatte in den Jahren 1832 und 1833 eine Nachfrage nach grünem Thee in Canton zur Folge, welche mit den Vorräthen die aus den Provinzen ankamen nicht befriedigt werden konnte. Die Amerikaner mussten jedoch, so lange die Jahreszeit günstig war, mit Ladungen von grünen Thee absegeln; sie waren entschlossen diesen Thee zu haben, und die Chinesen ihrestheils waren entschlossen ihn zu liefern. Es verbreiteten sich mancherlei Gerüchte über die Bereitung des grünen Thees aus alten schwarzen Blättern, und der Schreiber dieser Zeilen, neugierig die Wahrheit zu erfahren, beredete nicht ohne Schwierigkeit einen Kaufmann aus Hong-kong ihn nebst einem der Inspectoren zu dem Orte zu führen wo die Operation vor sich ging. Als sie das entgegengesetzte Ufer erreichten und in eines dieser Laboratorien eintraten wo unächter Hyson· gemacht wurde, war die Gesellschaft Zeuge einer eigenthümlichen Scene.

„Grosse Massen von schwarzen Thee, der im vorgehenden Herbste

durch die Ueberschwemmungen gelitten hatte, standen in Körben mit durch-
löchertem Boden über Kohlenpfannen zum Trocknen. Die getrockneten
Blätter wurden dann in Parthien zu einigen Pfunden in eine Menge guss-
eiserner Pfannen gethan, die in Mörtel eingebettet über den Oefen standen.
An jeder Pfanne stand ein Arbeiter der den Thee schnell mit der Hand
umrührte, nachdem er zuvor eine kleine Quantität gepulverter Curcume
hineingeschüttet hatte, welche den Blättern eine gilbliche oder orangen-
gelbe Farbe gab. Diese mussten aber nun noch grün gemacht werden. Zu diesem Zwecke wurden einige Klumpen von einem schönen Blau herbeige-
bracht, nebst einer weissen zu Pulver gestossenen Masse, die nach dem
Namen den ihnen die Arbeiter gaben, sowie nach ihrem Aussehen, sogleich
als berliner Blau und Gyps* erkannt wurde. Diese wurden mit einem
kleinen Stössel fein untereinander gerieben, in einem solchen Verhältniss
dass die dunkle blaue Farbe sich in ein helles weissliches Blau verwandelte,
und nachdem eine Quantität, etwa ein kleiner Theelöffel voll von diesem
Pulver zu den gilblichen Blättern gethan war, wurden diese wie zuvor
über dem Feuer gerührt, bis der Thee die schöne und bläulich-grüne Farbe
des Hyson angenommen hatte, mit einem demselben sehr ähnlichen Dufte.
Um selbst vor jeder Täuschung hinsichtlich der zur Färbung gebrauchten
Substanzen sicher zu sein, nahmen wir Proben davon, so wie von den
Blättern auf allen Stufen des Processes, von hier mit nach Hause.

„Der Thee wurde nun in kleinen Quantitäten, auf breiten flachen
Körben, einer Anzahl von Frauen und Kindern übergeben, welche die Stengel und groben oder nicht zusammengedrehten Blätter sorgsam auslasen;
und nachdem dies geschehen, wurde der Thee durch eine Reihe von Sieben
von verschiedener Grösse durchgesiebt. Das erste Siebsel wurde als *Hyson-
skin* verkauft, das letzte erhielt den Namen *Young-Hyson*. Was zwischen
dem Auslesen und Durchsieben vorging bekamen wir nicht zu sehen,
wir haben jedoch Grund anzunehmen, dass die Blätter erst mit Scheeren
klein geschnitten wurden. Wenn dieser Thee nicht sehr schädlich ist, so
ist dies nur dem Umstande zuzuschreiben dass der Färbestoff im Verhältniss zu den Blättern, nur in sehr geringer Quantität hinzukommt,** und die
Chinesen sind sich sehr wohl des wirklichen Charakters ihrer Beschäftigung be-
wusst; denn als wir an noch andern Orten Eingang zu erhalten versuchten, wo derselbe Process vor sich ging, wurden die Thüren schnell vor
uns verschlossen. Und in der That, ohne den Einfluss unserer Begleiter
aus Hong-kong hätten wir wohl kaum so viel davon zu sehen bekommen
als wir wirklich sahen.

---

* Prussiat von Eisen und schwefelsaurem Kalk.

** Curcume und Gyps sind vollkommen unschädlich, das berliner Blau aber,
eine Mischung von Blausäure (*acidum prussicum*) und Eisen, ist Gift.

Zwölftes Capitel.

Inselgruppen von Chusan. — Sturm in einem kleinen Boote. — Kin-tang oder Silberinsel. — Ihre Bewohner. — Deren Erstaunen bei Ansicht eines Fremden. — Der Fluss Yang-tse-Kiang. — Sandbänke. — Unser Schooner strandet. — Eine neue Art von den Chinesen Beistand zu erhalten. — Das Dorf Woo-Sung. — Opiumstation. — Bemerkungen über den Opiumhandel. — Dessen Wirkungen auf die Chinesen.

Im Sommer 1844 hatte ich häufige Veranlassung die um Chusan herumliegenden Inseln genauer zu durchforschen, namentlich diejenigen welche zwischen Chusan und den gegenüberliegenden Küsten des festen Landes liegen. Dabei musste ich mich natürlich chinesischer Fahrzeuge bedienen, die nicht eben sehr zuverlässig sind. Die Entfernung von Chusan bis zur Stadt Chinhae, an der Mündung des Ning-po, beträgt ungefähr dreissig englische Meilen. Eine Fahrt über ein Meer wie dieses ist in der Regel sehr angenehm, weil das Wasser, von allen Seiten gehemmt, oft so ruhig ist wie ein Mühlteich. Zuweilen jedoch kommen heftige Windstösse durch die Schluchten zwischen den Gebirgen, und dann werden die kleinen chinesischen Boote beinahe schneller mit den Spitzen der Maste ins Wasser gelegt als das Segel eingezogen werden kann. Einmal namentlich fehlte wenig dass ich in den Gewässern zwischen diesen Inseln mein Grab fand. Ich hatte ein Boot gemiethet welches mich von Ning-po nach Chusan überführen sollte, und da ich damals besondere Eile hatte, so lag mir viel daran den Ort meiner Bestimmung so bald wie möglich zu erreichen. Der Wind bliess ziemlich frisch als wir den Fluss von Ning-po hinab segelten, und als wir die Stadt Chinhae an dessen Mündung erreichten, war die Nacht angebrochen und der Himmel hatte ein drohendes und stürmisches Ansehen. Die Schiffsmannschaft machte mich darauf aufmerksam und hatte Lust bis Tagesanbruch zu bleiben wo wir waren. Ich fürchtete aber zu spät zu kommen um mich auf einem englischen Schiffe, welches gerade in der Bucht von Chusan vor Anker lag, einschiffen zu können, und wollte daher auf diesen sehr vernünftigen Vorschlag nicht eingehen, sondern bestand darauf dass sie ohne Aufenthalt hinüber segeln sollten. Nachdem sie alle ihre Gründe erschöpft, lichteten sie endlich unwillig die Anker, und wir setzten unsere Reise fort. Auf unserm Wege von Ning-po bis zur Mündung des Flusses hatten uns das Land und die Hügel geschützt und ich hatte daher die volle Stärke des Windes nicht gefühlt; sobald wir aber die Forts hinter uns hatten, und die offene See erreichten, sah ich ein dass ich sehr thöricht gehandelt hatte die Leute zu zwingen mich in einer solchen Nacht überzusetzen, und ich würde gern umgekehrt sein wenn es rathsam oder überhaupt möglich gewesen wäre. Jetzt war es zu spät, denn bei einer starken Springfluth und hochgehender See war es unmöglich wieder nach Chinhae zurückzukehren und wir fuhren daher in der Richtung nach Chusan weiter. ,,Führt ihr nicht zu viel Segel bei einem solchen Winde und bei so hoher See?" sagte ich zu dem Capitän des Boots, einem alten erfahrenen Seeman aus der Provinz Fokien. ,,Keine Furcht, keine Furcht" entgegnete er in gebrochenem Englisch *,,my can manage he."* — ,,Aber ich meine hier ist wohl etwas zu fürchten, Fokei," antwortete ich, und kaum hatte ich es gesagt, als ein furchtbarer Windstoss kam und in demselben Augenblicke eine grosse Welle unser Boot traf und ganz zur Seite legte. Im Nu war das Boot vom Bug bis

zum Stern in allen Abtheilungen mit Wasser angefüllt. „Segel nieder!
schnell, schnell!" rief der Steuermann, „oder wir gehen alle zu Grunde."
Ein Theil der Mannschaft rannte zu den Segeln, die zum Glück leicht
eingezogen wurden, und unsere kleine Barke richtete sich wieder etwas
in die Höhe, wurde aber tüchtig herumgeworfen und ging sehr tief weil
sie viel Wasser geschöpft hatte, und es schien als ob sie jedesmal wenn
sie niederging zu Grunde gehen und uns der Wuth der Wellen überlassen
wollte. Wir konnten jedoch wieder einige Fuss Segel aufziehen und uns
vor dem Winde halten. Es war jetzt finster, kein Stern am Himmel war
zu sehen, nur die Gebirge waren, obwohl nicht deutlich, im Dunkel sichtbar, und die einzigen Gegenstände die man deutlich unterscheiden konnte,
waren einige Lichter an der entfernten Küste. Die Mannschaft drängte
sich jetzt um den Steuermann und beschwor ihn umzuwenden und nach
Chinhae zurückzukehren, ich verstand jedoch genug von der Schiffahrt um
einzusehen, dass, wenn wir versuchten das Steuer herunter zu bringen
und das Schiff zu wenden, wir wahrscheinlich noch einmal Wasser einnehmen würden, in welchem Falle wir nothwendig untergehen mussten.
Ich trat sogleich zum Steuermann und hielt die Mannschaft ab sich weiter
einzumischen, indem ich ihm rieth auf dem eingeschlagenen Wege weiter
zu fahren und sobald wie möglich zu suchen in den Schutz irgend einer
Insel zu kommen. Die Leute fingen nun an ihre Kleider abzulegen, als
das letzte Mittel sich zu retten, und verloren so vollkommen alle Besinnung,
dass keine Vorstellungen sie bewegen konnten sich noch weiter mit dem
Boote zu beschäftigen und einiges Wasser auszuschöpfen. Der Capitän
und Steuermann jedoch thaten ihre Schuldigkeit, und ihrer Festigkeit und
Umsicht hatten wir ohne Zweifel unser Leben zu danken. Zum Glück liess
der Wind eine Zeitlang ein wenig nach, so dass wir mehr Segel aufziehen
konnten, und bald befanden wir uns unter dem Schutze einer der zahlreichen Inseln die an diesem Theile der Küste im Meere umhergestreut
liegen. Sobald wir Anker geworfen hatten begannen alle Hände das
Wasser aus unserm Boote zu schöpfen. Wir waren in einem höchst
kläglichen Zustande, alle unsere Betten und Kleider waren durch und durch
mit Wasser getränkt; mehrere Pflanzen, zum Glück nur Doubletten, die
ich bei mir hatte, waren, wie man leicht denken kann, ganz verdorben;
aber unsere Herzen waren erleichtert, und wir dankten Gott, dass wir mit
dem Leben davongekommen. Noch ehe der Tag anbrach war das Boot
wieder im Stande, und da sich das Wetter etwas gebessert hatte, konnten
wir unsern Weg nach Chusan fortsetzen.

Kin-tang, oder wie wir sie gewöhnlich nennen, die Silber-Insel, ist
eine grosse Insel in diesem Archipelagus. Obwohl nahe bei Chusan gelegen,
ist sie doch selten von den hier sich aufhaltenden Engländern besucht
worden; aber ihre Hügel und Thäler sind in botanischer Hinsicht sehr
interessant, und deshalb liess ich mein kleines Boot oft in einer ihrer
zahlreichen Buchten Anker werfen und stieg ans Land um die botanischen
Erzeugnisse dieser Insel zu untersuchen. Das Erstaunen der einfachen
Bewohner, von denen manche in ihrem Leben die Insel noch nicht verlassen hatten, war oft sehr gross, wenn ich unerwartet in eines ihrer
Dörfer kam. Man wird dies leicht glauben, wenn man sich die Ueberraschung und das Staunen vorstellen will welches die plötzliche und uner-
wartete Erscheinung eines Chinesen in einem jener abgelegenen Dörfer

der schottischen Hochlande oder in Wales hervorbringen würde, wo man noch nie zuvor ein solches Phänomen gesehen hätte. Einmal hatte ich mich bis zur Spitze eines jener schönen Hügel auf der Insel Kin-tang emporgearbeitet. An der andern Seite des Hügels, nur wenige Schritt von mir entfernt, bemerkte ich einen jungen Chinesen, der damit beschäftigt war das lange Gras und Holz zur Feuerung abzuhauen. Da die Arbeit seine Aufmerksamkeit in Anspruch nahm wurde er mich nicht sogleich gewahr, und ich näherte mich der Stelle wo er arbeitete und machte, wenige Fuss vor ihm auf einem Felsen stehend, ein Geräusch um mich bemerkbar zu machen. Er sah auf, und nie werde ich vergessen mit welchen Augen er mich ansah. Wäre ich ein Wesen aus einer andern Welt gewesen, er könnte nicht mehr erschrocken sein; und ich glaube wirklich er war der Meinung ich sei aus den Wolken gefallen oder aus dem Innern der Hügel herausgestiegen. Einen Augenblick stand er in schweigender Erstarrung und schien vollständig vom Schlage gerührt; dann warf er sein Grasmesser weg, rannte mit kaum glaublicher Schnelligkeit über Stock und Stein den Hügel hinunter, und sah sich nicht eher um als bis er das schmale Thal hinter sich und das Dorf an der entgegengesetzten Seite erreicht hatte. Die Neuigkeit verbreitete sich bald unter den Dorfbewohnern, die aus ihren Häusern stürzten und sich in grosser Anzahl vor ihren Wohnungen versammelten. Ich ging langsam und ruhig hinab, auf sie zu, und verscheuchte bald alle Furcht. Mein junger Freund, der Grasschneider, war anfangs ziemlich scheu, wir trennten uns aber als die besten Freunde.

Der Hafen von Shanghae liegt etwa 80 bis 100 engl. Meilen nordwestlich von Chusan, $31^0 20'$ N. B. Wenn man von der Inselgruppe von Chusan in der Richtung nach Shanghae nördlich segelt, lässt man die Bucht von Hang chow links liegen und fährt in die Mündung des prächtigen Yang-tse-Kiang, oder des „Kindes des Weltmeers" ein, denn dieses bedeutet sein Name. Das Land, welches bis zu diesem Breitengrade, von Süden her, sehr gebirgig ist, nimmt jetzt eine andere Gestalt an und wird sehr flach. Die Küsten des Flusses sind an manchen Stellen niedriger als der Fluss selbst, der durch grosse und feste Eindämmungen in seinen Ufern gehalten wird. Die gebirgige Landschaft verschwindet gänzlich, und selbst von der Spitze des höchsten Schiffsmastes ist kein Hügel am fernen Horizont zu sehen, und das Auge erblickt nichts als eine grosse flache Ebene. Dies ist das sogenannte Thal des Yang-tse-Kiang, und der grösste nördliche Nankin-Baumwollen-District. Der Boden ist ein tiefer fetter Lehm, und ohne Zweifel der beste in China, wenn nicht in der ganzen Welt.

An der Mündung des Flusses ist die Schiffahrt ziemlich schwierig, namentlich bei trüber Witterung, zum Theil wegen der vielen Sandbänke die bei hohem Wasserstande alle bedeckt sind, zum Theil weil nur mit Mühe irgend hervorstehende Merkmale aufzufinden sind nach denen man den Weg richten kann. Seit der Eröffnung des Handels im Jahre 1843 sind mehrere Schiffe zwischen diese Sandbänke gerathen und vollständig gescheitert. Als ich zum ersten mal den Yang-tse-Kiang hinauffuhr, war es fast etwas ganz gewöhnliches dass die Schiffe bei niedrigem Wasserstande auf den Grund geriethen, da es aber zum grösseren Theil nur kleine mit Opium handelnde Schnellsegler waren und von Leuten geführt wurden die die Gegend genau kannten, so wurden sie in der Regel sobald

die Fluth eintrat wieder flott. Eines Abends, im April, segelten wir den
Fluss hinauf, mit gutem Fahrwinde der uns in der Stunde sechs bis sieben
Meilen weiter brachte. Der Mann am Senkblei rief die Tiefe aus, und
da es „halb drei" und „drei" stand, meinte der Capitän wir seien im rechten
Fahrwasser und ging für eine oder zwei Minuten hinunter in die Cajüte.
Der Mann mit dem Blei sang noch seine drei Faden, als wir auf einmal
fühlten wie der Boden des Schiffes auf den Grund stiess, und in zwei
Secunden sassen wir hart und fest im Schlamme. Es war gerade Zeit
der Ebbe, und da die eine Seite des Schooners in tieferem Wasser war,
mussten wir alles Reserveholzwerk hervorsuchen, um das Schiff zu stützen
und vor dem Umschlagen zu bewahren. Zunächst war nun die Frage wie
wir bei eintretender Fluth wieder losskommen könnten. Während des
Nachmittags hatten wir hinter uns eine Anzahl Junken bemerkt, die den
Fluss hinauf nach Shanghae zu segelten. Einige derselben waren jetzt
nur eine Viertelmeile von uns entfernt und hatten ihre Anker ausgeworfen
um den Eintritt der Fluth zu erwarten. Nach einiger Berathung fasste
der Capitän den Entschluss an Bord einer derselben zu gehen und die
Leute zu bewegen ihren Ankergrund zu ändern und etwas näher zu
unserm Schooner zu kommen, so dass man von einem Schiff zum andern
ein Seil ziehen konnte, mit dessen Hülfe wir, sobald die Fluth hoch genug
war, unser Schiff flott machen könnten. Da ich ein wenig chinesisch
sprechen konnte, wurde ich gebeten mit in das Boot zu gehen um den
Chinesen begreiflich zu machen was wir wollten, und ihnen zugleich zu
sagen dass sie für ihre Mühe gut bezahlt werden sollten. Die Boots-
mannschaft bewaffnete sich mit Stutzsäbeln, und um der Sache noch ein
gewichtigeres Ansehen zu geben zog der Capitän eine alte Uniform an,
die früher einem Seeoffizier gehört hatte, und nahm, mit einem dreieckigen
Hute auf dem Kopfe und einem Degen an der Seite, seinen Platz im
Boote ein. Die Nacht war finster aber schön, und wir konnten die Masten
der nächsten Junke genau unterscheiden. In einigen Minuten waren wir
der Junke zur Seite und wurden von dem Manne der auf dem Verdecke
die Wache hatte angerufen; in demselben Augenblicke aber als er uns
als Fremde erkannte, lief er davon um Lärm zu machen und rief „die
Hong-moujins, oder „rothhaarigen Männer sind da." Ohne weitere Unter-
handlungen sprangen wir nun in die Junke, deren Verdeck wir, als wir
uns umsahen, ganz verlassen fanden, selbst die Wache hatte sich, wie
alle übrigen, unten versteckt. Der Capitän hiess unsern Leuten in die
Zwischendecke hinabgehen und zu versuchen ob sie die Chinesen auf
das Verdeck bringen könnten, gab ihnen aber strengen Befehl, sie höflich
zu behandeln. Es war höchst lustig anzusehen wie sich unsere Matrosen
an diesen Theil des Geschäfts machten, welches sie mit gutem Willen und
vielen lustigen Scherzen ausführten. Es dauerte nicht lange, so zogen
sie die Chinesen aus ihrem Versteck hervor und brachten sie, wie sehr
sich diese auch sträubten, auf dem Verdeck zusammen. Ich setzte jetzt
ihrem Capitän auseinander, dass wir friedliche Absichten hätten, dass aber
unser Schiff in grosser Gefahr sei, und sie nothwendig sogleich ihre Anker
lichten und uns zu Hülfe kommen müssten. Zugleich sagte ich ihnen dass
sie für ihre Mühe zwanzig Dollar bekommen sollten. Sie beriethen sich
nun untereinander und erklärten uns endlich, sie seien bereit den verlangten Beistand zu leisten, jedoch erst am nächsten Morgen. Dies ent-

sprach aber unserer Absicht keineswegs, und überdiess kannten wir die
Chinesen genug um vollkommen überzeugt zu sein dass dieses „Morgen"
nie kommen würde, und nur gesagt sei um sich unserer zu entledigen
und uns unserem Schicksale zu überlassen. Wir erklärten ihnen daher
dass wir darauf nicht eingehen könnten, und verlangten nochmals sie
sollten ihren Anker aufziehen. Jetzt wurde wieder eine Berathung gehalten und ich sah deutlich dass sie uns hinhalten wollten und wir auf
diese Weise die ganze Nacht verlieren würden; ich rieth daher dem Führer
unseres Schooners, seine eigenen Leute ans Werk gehen zu lassen um
die Anker der Chinesen zu lichten und ihre Segel zu hissen. Die Matrosen,
welche allmälig ziemlich ungeduldig wurden, gehorchten mit Freuden
diesem Befehl, und als die Mannschaft der Junke sah was vorging, legten
sie selbst mit Hand an, so dass wir in einigen Minuten die Anker gelichtet
hatten. Nachdem wir uns dem Schooner so weit als wir es für thunlich
hielten genähert, wurden die Anker wieder ausgeworfen und ein starkes
Seil an den beiden Schiffen befestigt um das unsrige aus dem Schlamme
zu ziehen und, wenn die Fluth hoch genug stieg, es wieder flott zu machen.
Dies wurde in der Nacht bewerkstelligt, und wir konnten bei drei Faden
Wasser wieder sicher Anker werfen. Mit Tagesanbruch jedoch fanden
wir dass unsere chinesischen Freunde davon gesegelt waren, ohne auf die
versprochene Bezahlung Anspruch zu machen.

Das kleine Dorf Woosung, wo während des letzten Krieges eine
Schlacht geliefert wurde, liegt am Ufer eines andern Flusses, der den
Europäern gewöhnlich unter den Namen „Shanghae-Fluss" bekannt ist,
an dessen Vereinigung mit dem Yang-tse-Kiang. Es ist eine der wichtigsten Stationen in China für die Schiffe der Opiumhändler, und ich glaube
dass in neuerer Zeit hier mehr von dieser Waare verkauft worden ist
als an allen übrigen Stationen zusammen.

Man hat so viel über diesen Handel und über das Opiumrauchen gesprochen, dass einige Bemerkungen über diesen Gegenstand hier an ihrem
Orte sein dürften. Es ist bekannt dass der grössere Theil des Opiums
welches an die chinesische Küste gebracht wird in unsern ostindischen
Besitzungen erzeugt und bereitet wird. Die englischen und amerikanischen
Kaufleute welche diesen Handel im Grossen betreiben haben gute Segler
auf denen sie dieses Product von Indien nach China bringen, und halten
ausserdem in vielen Buchten und Häfen an der chinesischen Küste noch
sogenannte „Receiving ships," oder Empfangsschiffe. Diese werden regelmässig von den Schnellseglern versorgt, welche ihre Ladungen von Indien
nach Hongkong bringen. Die chinesischen Schmuggler kommen aus den
nahen Buchten und Städten, in kleinen Booten, gut bemannt und bewaffnet,
um ihr Eigenthum zu schützen, welches in der Regel von grossem Werthe
ist. An allen Stationen an der Küste, wo kein anderer Handel getrieben
wird, wird das Opium mit Silber bezahlt, namentlich mit südamerikanischen
Dollars oder mit Syceesilber; an andern Orten finden es die fremden
Kaufleute oft vortheilhafter das Opium gegen rohe Seide und Thee, die
Haupt-Ausfuhrartikel des Landes, auszutauschen.

Die Beschreibungen welche man in England häufig sowohl vom
Opiumschmuggel als vom Opiumrauchen gemacht hat, sind sehr übertrieben.
Als ich nach China kam war ich der Meinung dass die Kaufleute welche
diesen Handel betreiben wenig mehr seien als bewaffnete Seeräuber, und

allerdings waren sie, wenn ich nicht irre, in England als solche dargestellt worden. Statt dessen wird der Handel von Männern betrieben welche der höchsten Achtung geniessen, ein ungeheures Capital besitzen, und in allen Theilen der civilisirten Welt als Kaufleute ersten Ranges bekannt und geschätzt sind. Der Opiumhandel, obgleich Contrebande, ist dem was man gewöhnlich Schmuggel nennt so wenig ähnlich, dass man nur in der Ferne durch diesen Namen irre geführt werden kann. Es mag ganz wahr sein dass die Einführung und der Gebrauch des Opium von der chinesischen Regierung verboten sind, aber dieses Verbot ist nichts als ein leerer Schall der in der That nichts bedeutet. Sämmtliche Mandarinen, oder wenigstens der grössere Theil derselben, geniessen Opium, und es ist nicht unwahrscheinlich, dass Seine Himmlische Majestät selbst zur Zahl derer gehört die diesem Genusse fröhnen. Die Wahrheit ist, dass die chinesische Regierung selbst, was man auch immer sagen mag, keineswegs der Einführung des Opium ernstlich in den Weg treten will. Es ist jedoch nothwendig von Zeit zu Zeit ein strenges Edict dagegen zu erlassen, welches aber eben nur in der Staatszeitung von Peking auf dem Papiere steht und von den getreuen Unterthanen Seiner Majestät nicht im geringsten beachtet wird. Alle einsichtsvollen Fremden, und wahrscheinlich auch viele aufgeklärte Chinesen, sind jetzt der Ansicht dass die Einführung des Opium gesetzlich erlaubt und gegen Entrichtung eines mässigen Zolles gestattet werden müsse, weil allein dadurch vielen der demoralisirenden Folgen des Schmuggelhandels vorgebeugt werden könne und ausserdem noch eine bedeutende Einnahme in den öffentlichen Schatz fliessen würde.

Während meines Aufenthaltes in China kamen mehrere Fälle vor welche zeigten wie wenig kräftige Massregeln die Regierung dem Opiumhandel entgegensetzt. Einigemal wurde ein seiner Tapferkeit wegen berühmter Admiral mit einer Anzahl Kriegs-Junken nach einer oder der andern Station geschickt wo Opiumschiffe ankerten, um diese zu zwingen die chinesische Küste zu verlassen. Es wurden Trommeln geschlagen, Kanonen abgefeuert, jedoch in rücksichtsvoller Entfernung, und die Junken kamen an, mit allem Pomp und aller Pracht welche die Chinesen so geschickt zu entfalten wissen und die einen Haupttheil ihrer kriegerischen Operationen bilden. Inzwischen sah man die kleinen Opiumschiffe ruhig vor Anker liegen, die alle diese drohenden Demonstrationen gar nicht zu beachten schienen. Jetzt wurde vom Admiral eine Botschaft geschickt, mit dem Befehl man solle augenblicklich die Anker lichten und in See gehen und nicht wagen sich jemals wieder in den Seiner Himmlischen Majestät unterworfenen Meeren blicken zu lassen, oder die Schiffe würden vollständig vernichtet werden.

Solche Drohungen mögen vielleicht früher einiges Gewicht gehabt haben, jetzt aber haben sie keines; und die einzige Antwort welche die Abgesandten zurückbringen ist: die fremden Schiffe seien gut bewaffnet und hätten keine Lust ihren Ankerplatz zu verlassen. Dies ist hinlänglich genug den Muth des Admirals abzukühlen, der jetzt in einer schlimmen Verlegenheit ist. Die „Barbaren" anzugreifen wagt er nicht, und gelingt es ihm nicht dieselben fortzubringen, so steht sein Ruf auf dem Spiele wenn die Sache an höherer Stelle bekannt wird. Er ändert daher seinen Ton und ersucht die Capitäne, als um eine grosse Gefälligkeit, den Ankerplatz aufzugeben und sich nur für einen oder zwei Tage zu ent-

fernen, worauf sie unbehindert wieder an ihren Platz zurückkehren könnten.
Darauf gehen die Capitäne der Opiumschiffe ein, und am nächsten Morgen
lichten sie die Anker und segeln davon. Die Chinesen, welche einstweilen
auf Wache stehen, machen einen gewaltigen Lärm mit ihren Gongs, feuern
Kanonen ab und folgen den Opiumschiffen ein gutes Stück in die See
hinein. Jetzt sendet der Admiral einen Bericht an seine Regierung, dass
er den „Barbaren‟ eine grosse Schlacht geliefert und sie weit von den
Küsten weggetrieben habe; setzt vielleicht auch noch dazu, er habe eines
ihrer Schiffe in Stücken geschossen, die übrigen ins Meer versenkt. Inzwischen, ehe noch der Bericht den halben Weg nach Peking zurückgelegt
hat, nehmen die Opiumschiffe ruhig wieder ihren alten Ankerplatz ein
und die Dinge gehen ihren gewöhnlichen Weg. Dies ist ein Pröbchen
von der Art und Weise wie in China die Sachen betrieben werden.

Das bengalische Opium, von dem es zwei Arten giebt, nemlich *Patna*
und *Benares,* ist immer gut und rein, hingegen das sogenannte *Malwa*
aus Bombay ist so mit andern Ingredienzen gemischt, dass die chinesischen
Schmuggler es nicht kaufen wollen ohne es vorher einer genauen Prüfung
zu unterwerfen. Dies geschieht auf folgende Art. Nachdem sie die Kiste
oder die Kisten welche sie zu kaufen wünschen ausgewählt, nehmen sie
drei bis vier von den Kuchen heraus welche das schlechteste Aussehen
haben, schlagen von jedem ein kleines Stück ab und lösen dieses in einem
kupfernen Löffel über einem Kohlenfeuer auf. Wenn das Opium geschmolzen
ist wird es auf einen Filter von groben Papier gegossen. Ist es nicht
von der schlechtesten Sorte, so dringt es leicht durch das Papier in ein
kleines Gefäss; wenn es aber nicht durch den Filter geht, so nennen es
die Chinesen *Man-ling,* mit welchem Namen sie alles Opium benennen
welches so schlecht, oder so mit fremden Bestandtheilen gemischt ist,
dass es sich weder im Wasser auflöst noch durch einen Papierfilter dringt.
Diese Sorte wird natürlich nur zu einem sehr geringen Preise angenommen.

Wenn die Mixtur durch den Filter geht, wird das Papier sorgfältig
geprüft, um zu sehen ob ein Bodensatz nachbleibt, wie Sand oder Schmutz,
mit dem das Opium öfters verfälscht wird, und wenn diess der Fall ist,
so thut es dem Werthe der Waare bedeutenden Abbruch. Die durchfiltrirte
Mixtur wird dann wieder in eine reine kupferne Pfanne gethan und langsam über gelindem Kohlenfeuer gekocht, bis alle wässrige Feuchtigkeit
verdampft ist und nur noch das reine Opium übrig bleibt. Dieses wird
hierauf in eine kleine Porzellantasse geschüttet, umgerührt und sorgfältig
untersucht. Auf dieser Stufe des Prozesses giebt die Farbe den hauptsächlichsten Maasstab seiner Qualität, und der Schmuggler der es umrührt
und gegen das Licht hält erklärt es dann für „*Tung-kow,*‟ wenn es dick
ist wie Gallerte, oder für „*Pak-chat,*‟ wenn es eine weissliche Farbe
hat, für „*Hong-chat,*‟ wenn es roth ist, und für „*Kong-see-pak,*‟ wenn
es Opium der ersten Qualität ist, oder dem gleich welches von der
ostindischen Compagnie versandt wird.

Ehe das Opium geraucht werden kann muss es auf eine beinahe
ganz ähnliche Weise bereitet werden wie die welche ich so eben beschrieben
habe, und es wird dann in kleinen eigens zu diesem Zwecke gemachten
Büchschen aufbewahrt. Der Raucher legt seinen Kopf auf ein Kissen,
neben ihm steht eine Lampe, er bringt dann mit einer Art Nadel ein
kleines Stückchen Opium dem Licht nahe, welches er, sobald es angebrannt

ist, auf die kleine Oeffnung des Pfeifenkopfes legt. So lange er den Dampf einzieht wird das Licht an den Pfeifenkopf gehalten und der Rauch auf dieselbe Weise in die Lunge gezogen wie die Indier und Chinesen den Tabak rauchen. Aus einer Pfeife kann man nicht mehr als einen oder zwei Züge thun, und deshalb müssen die welche an den Gebrauch des Opium gewöhnt sind die Dosis öfters erneuern.

Niemand, der die Sitten der Chinesen einigermassen beobachtet hat, wird läugnen dass der Gebrauch des Opium, namentlich wenn es im Uebermaas genossen wird, einen höchst verderblichen Einfluss sowohl auf die körperliche Gesundheit als auch auf die Sittlichkeit derer ausübt welche sich diesem Genusse ergeben. So weit ich jedoch aus eigner Erfahrung urtheilen kann, ist die Anzahl derer welche diesem Genusse im Uebermaas fröhnen sehr übertrieben worden. Allerdings werden alljährlich sehr bedeutende Quantitäten aus Indien eingeführt; allein wir dürfen nicht vergessen, dass das chinesische Reich eine Bevölkerung von 300 Millionen hat.* Auf meinen Reisen in verschiedenen Theilen des Landes bin ich oft mit Opiumrauchern zusammengekommen und glaube daher mir ein Urtheil über ihre Lebensweise erlauben zu dürfen. Ich erinnere mich sehr wohl welche Vorstellungen ich mir vor meiner Abreise aus England über das Opiumrauchen machte, und wie sehr ich erstaunt war als ich zum erstenmal mit einem Opiumraucher zusammenkam. Als der Mann auf seinem Lager hingestreckt lag und den Rauch einzuziehen anfing, betrachtete ich ihn aufmerksam und glaubte nicht anders als er würde nach einer oder zwei Minuten in seinen „dritten Himmel der Wonne" verzückt sein; aber keineswegs, nachdem er einige Züge gethan überliess er seine Pfeife ruhig einem seiner Freunde und ging an sein Geschäft. Einige andere die sich in derselben Gesellschaft befanden thaten genau dasselbe. Seitdem habe ich den Gebrauch dieses Reizmittels oft mit angesehen, und ich kann versichern dass es bei weitem in den meisten Fällen durchaus nicht übermässig genossen wurde; dennoch aber bin ich überzeugt, dass, eben so wie bei uns der Genuss geistiger Getränke, hier das Opium häufig bis zu einem höchst beklagenswerthen Uebermaase genossen wird. Lord Jocelyn giebt in seinem „Feldzuge in China" folgende Schilderung von den Wirkungen des Opiumrauchens die er bei den Chinesen in Singapore beobachtet hatte. „Wenn es im Uebermaas genossen wird, so bekommt das Gesicht schon nach wenigen Tagen ein blasses und verstörtes Ansehen, und nach einigen Monaten, oft schon nach einigen Wochen, wird diese fürchterliche Schwelgerei einen kräftigen und gesunden Mann so verändern dass nicht viel mehr als ein blödsinniges Skelett übrig bleibt. Die Qual welche diejenigen erdulden müssen die nach langer Gewohnheit dieses Reizmittels beraubt werden, kann keine Sprache schildern, und nur wenn sie bis zu einem gewissen Grade unter dem Einflusse desselben stehen beleben sich ihre Geisteskräfte wieder ein wenig. In den ihrem Verderben geweihten Häusern sieht man diese ihres Verstandes beraubten Menschen bis neun Uhr Abends in allen Stadien ihres Wahnsinns; einige suchen in halber Zerstreuung den dringenden Appetit zu stillen welchen sie den Tag über zu unterdrücken gezwungen waren, andere lachen und schreien

* Die Bevölkerung von China ist neuerdings auf 367 Millionen geschätzt worden.

wild, sobald sie die erste Pfeife geraucht haben, während ringsum auf den Kissen andere liegen, mit blödsinnigem Lächeln kraftlos hingestreckt, die zu sehr unter dem Einfluss des genossenen Giftes stehen um sich vergangener Ereignisse zu erinnern und sehnlichst den Tod wünschen. Die letzte Scene in diesem Trauerspiele ist in der Regel ein Zimmer im hinteren Theil des Hauses, eine Art Todtenkammer, wo diejenigen ausgestreckt liegen die in den Grad der Wonne versetzt sind nach dem der Opiumraucher in seinem Wahnsinn einzig strebt, — ein Bild des langen Schlafes dem er blindlings entgegeneilt."

Dreizehntes Capitel.

Shanghae im Jahr 1844. — Gärten und Pflanzen. — Aufbruch nach den Hügeln im Innern. — Kanäle und Brücken. — Abenteuer mit meinem Pony. — Teinching oder die blaue Farbe. — Beschreibung der Hügel und ihrer Vegetation. — Staunen der Eingebornen über den Fremden. — Ihre Neugier und Ehrlichkeit. — Absendung von Pflanzen nach England. — Noch eine Reise ins Innere. — Bemerkungen über einige weiter nördlich gelegene grosse Städte. — Ein Nachtbesuch von Dieben. — Besuch der weitberühmten Stadt Soochow-foo. — Beschreibung derselben. — Entdeckung neuer Pflanzen. — Lage von Soo-chow als Handelsplatz. — Bäder. — Rückkehr nach Shanghae.

Den 18. April 1844 kam ich wieder nach Shanghae und brachte hier zu verschiedenen Malen drei oder vier Wochen zu. Mein Hauptzweck war alle Pflanzen in den verschiedenen nördlichen Districten in Blüthe zu sehen, und ich durfte mich daher nur möglichst kurze Zeit aufhalten. Ich habe schon gesagt dass ich während meines ersten Aufenthalts in Shanghae, im Winter 1843, eine Sammlung von Baumpäonien kaufte, die etwas besonders prächtiges und von allen in England bekannten Pflanzen dieser Art durchaus verschieden sein sollten. Ich hatte damals natürlich keine Gelegenheit dieselben in Blüthe zu sehen, und es lag mir daher jetzt sehr viel daran einige zu erhalten die in Blüthe standen, weshalb ich beabsichtigte meinen alten Freund wieder nach Soo-chow zurückzusenden um eine neue Sammlung zu besorgen, mit der Bedingung jedoch dass die Pflanzen diesmal Blüthen haben sollten. Eines Morgens indess, als ich aufs Land hinaus ging, war ich überrascht nicht weit von Shanghae einem Gartenarbeiter zu begegnen der mit *Moutans* beladen war die in voller Blüthe standen und welche er in die Stadt zum Verkauf trug. Die Blumen waren sehr gross und schön und die Farben dunkel-purpur, lila und hochroth, Arten an deren Existenz man in England immer gezweifelt hat, und die selbst in Canton noch nicht gesehen worden waren. Da gerade zwei englische Herren, welche der chinesischen Sprache vollkommen mächtig waren, bei mir waren, machten wir den Namen des *Moutan*-Districtes sehr bald ausfindig; und nach dem Zustande in dem sich die Wurzeln in dem Korbe des Mannes befanden, war ich vollkommen überzeugt dass sie kaum vor zwei Stunden aus dem Boden gehoben sein konnten, dass also der Ort wo sie gewachsen waren nicht weiter als etwa sechs bis acht engl. Meilen von Shanghae entfernt sein könnte; eine Vermuthung die sich nachher als vollkommen richtig erwies. Diess war ohne Zweifel

der Ort wo mein Freund aus der Gärtnerei im vergangenen Herbst seine
Blumen hergenommen hatte, und wo er wieder hingegangen wäre, hätte
ich nicht das Glück gehabt zu entdecken dass ich sehr leicht selbst dorthin gehen könnte. In der That, später überzeugte ich mich selbst dass es
in der Nähe von Soo-chow gar keine Moutandistricte giebt, als ich bei Shanghae, in dem District wo die Moutans wachsen, einen Mann von dort traf,
der ausdrücklich hieher gekommen war um Baumpäonien zu kaufen. Während der Zeit wo die verschiedenen Pflanzen zur Blüthe kamen ging ich
nun täglich in den Moutandistrict und versicherte mich einiger besonders
auffallenden und schönen Arten für die Gartenbaugesellschaft.

Auch durch einige sehr schöne bunte Azaleen wurde meine Sammlung in Shanghae vermehrt, so wie mit mancher andern bis jetzt noch nirgends beschriebenen Zierpflanze bereichert. Ich hoffe dass manche derselben genug Kälte vertragen werden um in England in der freien Luft fortzukommen, und andere werden herrliche Pflanzen für unsere Gewächshäuser abgeben.

Da ich jetzt mit der Gegend der unmittelbaren Umgebung von Shanghae ziemlich bekannt war, wünschte ich sehr meine Forschungen weiter
in das Innere des Landes auszudehnen, namentlich bis zu einigen Hügeln
die, wie man mir sagte, etwa dreissig engl. Meilen weit in westlicher Richtung
entfernt lägen. Es war äusserst schwer hierüber von den Chinesen einige
Auskunft zu erhalten, welche alle Fremden die weiter landeinwärts wollen mit sehr misstrauischen Augen zu betrachten pflegen. Ihr Verdacht
war namentlich in neuerer Zeit sehr rege geworden, weil einige unserer
Landsleute, die in einem Boot ziemlich weit stromaufwärts gefahren waren, sich die Indiscretion hatten zu schulden kommen lassen, mit einem
Bambusstabe nach der Art der Chinesen die Tiefe des Wassers zu untersuchen. Die Behörden schöpften Verdacht dass man einen besondern Zweck
im Auge habe wenn man die Tiefe des Flusses untersuche, und beklagten
sich darüber sogleich bei dem englischen Consul, Capitan Balfour, der in
Folge dessen veranlasst wurde auf diesen Umstand Rücksicht zu nehmen.

Ich war indessen entschlossen einen Versuch zu wagen. Um den
Zweck den ich im Auge hatte zu erreichen, verschaffte ich mir einen Pony
und Taschencompass und trat eines Morgens bei guter Zeit meine Ent-
deckungsreise an. Die Hügel sollten westwärts liegen, und ich ritt daher
acht bis zehn Meilen in dieser Richtung, ohne jedoch irgend eine Erhöhung
zu sehen die höher war als ein Erddamm. Der Compass war mein einziger Führer, sowohl auf dem Wege hinwärts als auch um den Rückweg
wieder zu finden; die Wege waren in der Regel nicht mehr als vier bis
sechs Fuss breit, indessen hatte das Land doch seine Landstrassen und
Nebenwege, und eine Zeitlang war ich glücklich genug mich auf den ersteren zu halten. So lange ich dies that kam ich leicht über die zahlreichen
Kanäle welche das Land in allen Richtungen durchschneiden, weil überall wo diese von der Hauptstrasse durchschnitten werden gute und feste
steinerne Brücken erbaut sind. Endlich erblickte ich in der Entfernung
die Hügel, verlor aber, weil ich nur darauf bedacht war den kürzesten
Weg einzuschlagen, die Hauptstrasse aus den Augen und gerieth zwischen
den Nebenwegen und Kanälen in die Irre. Ich befand mich bald in einer
ziemlich schwierigen Lage; die Brücken über welche ich musste waren
sämmtlich alt, schmal und verwittert, und mehr als einmal blieben die Füsse

meines Pony zwischen den Brettern stecken. Endlich kamen wir an eine Brücke die noch schlechter war als die übrigen, und obgleich ich abstieg und alles mögliche that meinen Pony zu bewegen mir über dieselbe zu folgen, so entschloss er sich doch nur mit grossem Widerstreben dazu. Als wir ungefähr in der Mitte der Brücke waren, blieben seine Füsse fest zwischen den verwitterten Brettern stecken, und als er sich mit Gewalt zu befreien suchte, brach der ganze mittlere Theil der Brücke ein, und ich hatte nur gerade noch Zeit genug auf das Ufer zu springen, der Pony aber, mit sammt der Brücke, stürzte in den Kanal. Zu meinem Glücke schwamm das arme Thier nach der Seite zu wo ich war, so dass ich ihn, als er aus dem Wasser herauskam, fassen konnte; er war vollständig mit Schlamm überdeckt, und mein Sattel und Zaum, wie man leicht denken kann, ziemlich schmutzig. Mit Hülfe einiger Leute, die nicht weit von der Stelle wo mir der Unfall begegnete auf dem Felde arbeiteten, gelang es mir endlich mich aus diesem Netze von Kanälen hinauszufinden und die Hauptstrasse wieder zu gewinnen, ich lies mir dieses aber zur Warnung dienen, und habe seitdem, so lange ich in China war, nie wieder, wenn ich zu Pferde war, die Hauptstrasse verlassen.

Gegen zwei Uhr Nachmittags erreichte ich eine kleine Stadt in der Nähe der Hügel. Der Pony, der seit unserer Abreise aus Shanghae nichts gefressen hatte war sehr erschöpft, und ich suchte mir daher in einigen Läden etwas Getreide zu verschaffen um ihn füttern zu können. Die Neuigkeit dass ein Fremder in der Stadt sei verbreitete sich mit Blitzeschnelle, und bald war ich von einigen tausend Menchen beiderlei Geschlechts umgeben, die mir überall hin folgten und begierig waren einen Blick in mein Gesicht und auf meine Kleidung zu werfen. Ihr Benehmen war jedoch im Ganzen anständig und höflich, und die einzige Unbequemlichkeit über die ich mich zu beklagen hatte war das Gedränge der Menge. Für einige wenige der im Lande üblichen Kupfermünzen hatte ein Knabe versprochen mich zu einem Laden zu führen wo ich etwas für meinen Pony kaufen könnte, und wir machten uns durch die von Augenblick zu Augenblick dichter werdende Menge Platz und gingen, wie ich glaubte, einem Getreide- oder Heuladen zu. Da machte mein Führer zu meinem Erstaunen vor einem Speisehause halt und verlangte Geld von mir um hinein zu gehen und etwas gekochten Reis kaufen zu können. „Ich brauche aber Futter für den Pony," sagte ich. „Ganz recht, gebt nur Geld, ich will eine Schüssel gekochten Reis für ihn holen." — „Du wirst am besten thun auch gleich ein Paar Speisestäbchen mitzubringen," sagte ich, indem ich ihm das Geld in die Hand gab. Der Einfall dass ein Pony mit Speisestäbchen essen sollte ergötzte die Menge höchlichst und versetzte sie in sehr gute Laune. Ueberhaupt habe ich auf meinen Reisen im Innern des Landes oft gefunden dass es gut that mit den Eingebornen einen Scherz zu machen.

Mein Pony schien sich an dem Mahle welches er vor sich hatte sehr zu ergötzen, und auch ich hatte aus demselben Topfe etwas Reis genommen. Ich ging hierauf zu Fuss weiter um die nächsten Hügel zu untersuchen, und gelangte bald zu der Ueberzeugung dass es mir von grossem Nutzen sein würde wenn ich einige Tage hier verweilen könnte. Da ich aber den Einwohnern meinen Pony nicht anvertrauen konnte, der einem vornehmen Mandarinen in Shanghae gehörte, so beschloss ich ihn selbst wieder nach Hause zu bringen und ein Boot zu miethen, in dem ich auf einem der zahlreichen Kanäle, die sich über das ganze Land verzweigen, wieder hieher zurückkehren und hier bleiben konnte so lange ich wollte. An demselben Tage kam ich spät am Abend wieder nach Shanghae zurück, sehr ermüdet, denn ich war wenigstens sechzig Meilen in einem Tage geritten.

Einige Tage nach diesem Abenteuer miethete ich ein Boot, machte mich eines Morgens, die Fluth benutzend welche auf alle Kanäle dieser Gegend einwirkt, auf den Weg, und erreichte noch am Abend desselben Tages die Hügel. Das Land durch welches ich kam war reich und fruchtbar. Den Hauptertrag der Felder in der Nähe von Shanghae bildet die Baumwolle. Nachdem ich den Baumwollendistrict hinter mir hatte, kam ich in einen Landstrich wo man hauptsächlich eine zu der Familie der *Cruciferae* gehörige Pflanze zu bauen schien. Von dieser Pflanze wird eine Art Indigo oder blaue Farbe bereitet, die von den Chinesen *Tein-ching* genannt wird. Von diesem Farbestoffe werden sehr grosse Quantitäten nach Shanghae und allen andern Städten des nördlichen China gebracht, wo er zum färben des blauen Kattun gebraucht wird welcher hauptsächlich den ärmeren Klassen zur Kleidung dient. Ich nahm einige Exemplare dieser Pflanze mit, die sich jetzt in den Gärten der Gartenbau-gesellschaft befinden, und der eigentliche wissentschaftliche Name der Pflanze wird nun bald sicher gestellt sein.*

Je näher ich den Hügeln kam, desto mehr senkte sich das Terrain und war in dieser Jahreszeit (im Juni) vollständig überschwemmt und in weiter Ausdehnung mit Reis bebaut. In der Regel sind die höher gele-genen Strecken dieser weiten Ebene der Baumwollenzucht und dem Bau jener oben erwähnten Crucifere überwiesen, während die Niederungen, welche leichter unter Wasser gesetzt werden können, in Reisfelder ver-wandelt sind. Hier und da fand ich auf meinem Wege grosse Bäume der *Salisburia adiantifolia,* des grössten und am meisten in die Augen fal-lenden Baumes in diesem Theile des Landes. Ringsherum um alle Dörfer findet man kleine Flecken mit Bambus bebaut, und Gruppen von Cypres-sen und Fichten bezeichnen in der Regel die letzten Ruhestätten der Chi-nesen, die über die ganze Gegend zerstreut liegen.

Die Hügel unterschieden sich sehr von denen welche ich in den süd-licheren Theilen China's gesehen hatte, sie sind nicht über 400 Fuss hoch, und haben nichts von dem kühnen und schroffen Charakter der mir an jenen aufgefallen war. Hie und da zeigte sich zerbrökelndes Gestein an der Oberfläche, jedoch nicht in grosser Menge, und die Hügel haben im ganzen mehr das Ansehen eines Getreidelandes. Die Gegend hat auch einen grössern Reichthum an Holz als irgend ein anderer Theil der Umge-gend von Shanghae und besitzt daher, wie man denken kann, auch eine grössere Anzahl von Pflanzenarten. Höchst auffallend jedoch war es mir dass ich in diesem Theile des Landes durchaus keine Azaleen fand, obgleich die etwa sechzig bis achtzig englische Meilen weiter südlich gele-genen Hügel sehr reich an dieser Pflanze sind, und die übrigen Pflanzen welche sich auf den Anhöhen von Chusan und Ning-po neben den Azaleen finden hier in aller Ueppigkeit wild wachsen. Ich kann mir kaum vorstel-

* Man hat gefunden dass es eine ganz neue Species ist der man den Namen *Isatis indigotica* gegeben hat.

len dass die Hügel zwischen Ning-po und Shanghae die nördlichste Grenze für diese Pflanzenclasse bilden sollten, dennoch aber scheint dies nach meinen eigenen Beobachtungen wirklich der Fall zu sein.

Die Einwohner in diesem Theile des Landes waren im höchsten Grade erstaunt als sie mich zum ersten mal sahen; in den verschiedenen Dörfern und Städten waren die Ufer der Kanäle, als mein Boot vorüberfuhr, mit Männern, Weibern und Kindern aus allen Ständen besetzt, und ich wurde oft gebeten heraus zu kommen, damit man mich besser betrachten könnte. Wenn ich mein Boot verlies um die Hügel hinanzusteigen, so hatten meine Bootsleute eine gute Einnahme, indem sie den Leuten erlaubten an Bord zu kommen und meine kleine Cajüte in Augenschein zu nehmen. Ein Exemplar der *„Pictorical Times"* welches ich zufällig bei mir hatte, wurde sehr bewundert, und ich musste es ihnen überlassen. Merkwürdig war es in der That dass mir, so viel ich weiss, durchaus nichts gestohlen wurde, obgleich viele Hunderte in meiner Abwesenheit das Boot besuchten. Die Schiffer mussten ein sehr gutes Auge gehabt haben, oder eine abergläubische Furcht muss die Leute abgehalten haben sich an dem Eigenthum eines Fremden zu vergreifen, denn dass dies auf Rechnung ihrer Ehrlichkeit zu setzen sei, möchte ich leider sehr in Frage ziehen.

Als ich meine Nachforschungen unter den Hügeln beendigt hatte, verliess ich diesen Theil des Landes und kehrte nach Shanghae zurück. Der „Helen Stuart", eines der ersten Schiffe, welche direct von Shanghae nach England gingen, sollte eben absegeln, und ich benutzte die Gelegenheit, um einige Kisten mit Pflanzen an die Gartenbaugesellschaft mitzusenden, die aber, wie ich leider sagen muss, in einem sehr schlimmen Zustande angekommen sind. Als ich die Kisten abgesandt hatte, entschloss ich mich zu einem anderen Ausfluge ins Innere des Landes.

Wer in China gewesen, und überhaupt mit der Geschichte dieses Landes bekannt ist, hat von der Stadt *Soo-chow-foo* gehört. Wenn ein Fremder in Hong-kong, in Canton, oder in einer andern Stadt des Südens einen Laden betritt und nach dem Preise irgend einer Seltenheit fragt, so wird ihm sicher gesagt, sie sei von diesem berühmten Orte hergebracht; verlangt er irgend etwas prachtvolles, so muss man es aus Soo-chow kommen lassen, — schöne Gemälde, schöne Schnitzereien, schöne Seidenzeuge und schöne Frauen, alles kommt aus Soo-chow; es ist das irdische Paradies des Chinesen, und es würde in der That schwer sein ihn zu überzeugen dass es auf der Erde noch irgend eine Stadt ihres Gleichen gebe. Für mich hatte sie noch einen besondern Reiz; ich hatte nämlich von den chinesischen Kunstgärtnern in Shanghae gehört dass sich daselbst eine grosse Anzahl ausgezeichneter Blumengärten und Pflanzgärten fände, aus denen sie alle, oder beinahe alle Pflanzen erhielten welche sie zu verkaufen hatten, und ich hatte daher grosse Lust die albernen Gesetze des himmlischen Reiches zu übertreten und zu versuchen ob ich diesen weitberühmten Ort erreichen könnte. Die grösste Schwierigkeit bestand darin, Bootsleute zu finden, die mich dorthin führen wollten, weil sie sich sehr vor den Mandarinen fürchteten, welche nach dem Vorfalle welcher mir, wie oben erzählt, begegnet war, sehr genaue Befehl an die Schiffsleute hatten ergehen lassen. Es war diesen ausdrücklich gesagt worden, sie dürften Fremde flussabwärts bis zur See fahren, und stromaufwärts bis zu einer Pagode die etwa eine oder zwei Meilen oberhalb Shanghae liegt, unter keiner Bedingung aber sollten sie den westlichen Zweig des Flusses hinauffahren. Dies war geradezu eine Verletzung der Rechte welche uns durch den Vertrag von Nanking zugesichert waren, und der Consul Ihrer Majestät hatte sich bald überzeugt dass es nothwendig und klug sei sich in die Sache zu mischen. Einige Zeit nachher als die sogenannten Grenzen bestimmt waren, durften die Fremden eine Tagereise weit landeinwärts reisen, d. h. soweit als sie in vierundzwanzig Stunden hin und zurückreisen konnten.

Als ich mir endlich ein Boot verschafft hatte, traten wir unsere Reise an, ohne dass die Schiffer wussten wohin ich wollte und wie lange ich von Shanghae abwesend zu sein gedächte. Ich sagte ihnen nur, wir wollten einen Ausflug in die Gegend machen um Pflanzen zu suchen, und sie sollten sich mit Reis für mehrere Tage versorgen. Mein chinesischer Diener, der mich immer begleitete, sagte ihnen ebenfalls, es sei meine Gewohnheit in der Gegend umherzustreifen und Pflanzen zu suchen, ich sei aber v o l l k o m m e n a r g l o s, und würde gewiss dafür Sorge tragen dass sie meinethalben keine Unannehmlichkeiten hätten. Dies gab ihnen einigen Muth, und da sowohl der Wind als die Fluth uns günstig waren, so befanden wir uns bald in ziemlicher Entfernung von Shanghae. Da ich sehr wohl wusste in welcher Richtung Soo-chow lag, so schlug ich die Richtung nach einem Tachencompass ein den ich immer bei mir trug. Als wir Shanghae etwa zwanzig bis dreissig Meilen hinter uns hatten, hielt ich es für klug meine Begleiter mit meinem Wunsche bekannt zu machen. Zuerst nahm ich meinen Diener bei Seite, einen sehr gewandten Burschen, der die Andern zu allem was er wollte bereden konnte. „Höre," sagte ich zu ihm, „ich will nach Soo-chow, wenn du die Schiffer bereden kannst mich dorthin zu führen, so schenke ich dir, wenn wir zurückkommen, fünf Dollar, und den Leuten kannst du sagen, ich bezahle ihnen das Doppelte von dem was ich ihnen bereits versprochen." Hierauf fand eine lange Berathung statt, die endlich zu dem Resultate führte, dass sie sich entschlossen auf meinen Vorschlag einzugehen.

Ich reiste natürlich in chinesischer Tracht; mein Kopf war geschoren, ich hatte einen ausgezeichnet schönen Zopf auf den sich mancher Chinese etwas eingebildet hätte, und gab im Ganzen, wie ich glaube, einen ziemlich guten Chinesen ab. Obwohl die chinesische Gesichtsbildung, wie die Augen, bedeutend von denen eines Europäers verschieden sind, so ist doch in den nördlicheren Gegenden der Reisende weit weniger der Gefahr ausgesetzt erkannt zu werden, als im Süden von China, weil Gesichtsbildung und Körperbau der Eingebornen denen der Europäer dort bei weitem näher kommen als hier, und unter ihnen selbst eine grössere Verschiedenheit stattfindet.

In China ist der Kanal die eigentliche Landstrasse für den Reisenden, das Boot ist sein Wagen, und gute Wege und Wagen sind daher in diesem Lande eine Seltenheit. Indessen hat diese Art der Weiterbeförderung auch ihre Vortheile, so gering wir dieselben auch in England anschlagen möchten, denn da Ebbe und Fluth mehrere Meilen ins Land ihre Wirkung äussern, so gehen die Boote mit ziemlicher Schnelligkeit vorwärts, und der Reisende kann dabei bequem in seiner kleinen Cajüte schlafen, die ihm in der That, so lange er auf der Reise ist, sein Haus ersetzt.

Der Kanal geht oberhalb Shanghae in einer nördlichen Richtung, zuweilen ein wenig nach Westen zu gebogen; in allen Richtungen führen

Seitenkanäle über das Land hin. Wir kamen auf unserm Wege bei einigen sehr grossen Ortschaften und Städten mit Mauern vorbei, an deren einer, welche den Namen Cading führt, wir gerade unter den Wällen anlegten, um hier die Nacht zuzubringen. Ich liess mein Bett in meiner kleinen Cajüte aufschlagen und ging ziemlich früh schlafen, weil ich am nächsten Morgen bei guter Zeit wieder aufzubrechen gedachte, um am folgenden Tage so weit als möglich vorwärts kommen zu können. Allein, die schönsten Pläne gehen oft zu schanden! In der Nacht erwachte ich von einem kühlen Luftzuge der mich an den Kopf traf, gerade durch ein Fenster, welches ich, als ich mich niederlegte, zugemacht hatte. Ich sprang sogleich auf, sah um mich, und konnte in der Dunkelheit nur so viel unterscheiden, dass wir mit der Ebbe den Kanal abwärts trieben, bald mit irgend einem anderen Boote in Berührung kamen welches ebenso wie wir für die Nacht hier festgelegt hatte, bald wieder gegen die Aeste der Bäume stiessen welche an den Seiten über den Kanal herüberhängen. Ich weckte unvorzüglich meinen Diener und die Schiffer, die erstaunt ihre Augen rieben und ausriefen, es müsse ein Dieb zu uns an Bord gekommen sein. Das war mir noch nicht eingefallen, aber als ich Licht bringen liess, fand ich dass alle meine Kleider, englische wie chinesische, fort waren. Unser Besuch, wer es auch gewesen sein mochte, hatte, nachdem er alles was in der Cajüte war in Besitz genommen, das Seil mit dem unser Boot befestigt war losgeschnitten und uns in die Mitte des Kanals geschoben, in dem wir schon ein gutes Stück hinab getrieben waren ehe ich erwachte. Zum Glück für mich waren die wenigen Thaler welche ich bei mir hatte in meiner chinesischen Börse unter meinem Kopfkissen.

„Was sollen wir thun," sagte mein Diener, als wir das Boot wieder neben einigen anderen am Ufer des Kanals befestigt hatten, „Ihre Kleider sind alle fort!"

„Thun," sagte ich lachend; „ich meine das Beste wird sein wir legen uns wieder zu Bett, bis es hell wird." Dies leuchtete ein, und bald lagen wir wieder in tiefem Schlafe. Als es Tag wurde schickte ich meinen Diener mit einigen Thalern nach Cading um mir einen andern Anzug zu kaufen, und dann setzten wir unsere Reise fort.

Die Stadt Cading ist gross und befestigt, obwohl die Mauern und Wälle in Verfall sind. Es ist augenscheinlich ein sehr alter Ort. Hier wird eine grosse Masse des berühmten Schnitzwerkes gefertigt welches den Chinesen im Norden so grosse Berühmtheit verschafft hat.

Als wir die Stadt hinter uns hatten, führte der Kanal, der ziemlich schmal war, noch einige Meilen in nördlicher Richtung fort, und dann auf einmal kam unser kleines Boot aus diesem heraus in einen breiten und schönen Kanal, der einem breiten See oder breiten Strome ähnlich, fast gerade von Osten nach Westen geht und sich wahrscheinlich, etwa zwischen Woosung und Nanking mit dem Yang-tse-Kiang vereinigt. Die Landschaft hier ist ausnehmend schön; der breite und ruhige Kanal trägt auf seinen Wellen Hunderte von chinesischen Booten in allen Grössen, die alle nach dem Orte ihrer Bestimmung eilen. Hie und da erblickt man über das Gehölz hervorragende Spitzen von Pagoden und Buddhatempeln, die über diese ganze weite und ausgebreitete Ebene zerstreut liegen. Einer dieser Tempel krönt einen einzeln stehenden kleinen Hügel, Quin-san genannt, der zu gewissen Zeiten des Jahres von ganzen Schaaren Volkes aus

Soo - chow und den benachbarten Städten besucht wird. Die ganze Gegend, so weit das Auge reicht, ist ein ungeheures Reisfeld, und überall trifft das liebliche Plätschern der Wasserräder das Ohr, und man sieht Hunderte von glücklichen und zufriedenen chinesischen Landleuten mit der Bebauung des Bodens beschäftigt. Nachdem der Kanal eine Strecke seinen Lauf in westlicher Richtung fortgetetzt, theilt er sich, und der Zweig auf dem wir weiter fuhren führte uns bald zu einer andern Stadt, Namens Ta-tsong-tseu. Dies ist ein Ort von bedeutender Grösse mit Mauern und Festungswerken wie Cading und Shanghae, und wahrscheinlich grösser als diese, obwohl nicht so bevölkert. Rings um die Mauern liegen eine grosse Anzahl grosser alter Junken vor Anker, die, wie es scheint, ehedem als Wohnhäuser dienten, jetzt aber gänzlich unbrauchbar sind. Diese Stadt ist, ebenso wie Cading, offenbar in einem Zustande des Sinkens, wie man aus dem verfallenen Aussehen der Häuser und Festungswerke schliessen kann, wimmelt aber von einer ungeheuren Bevölkerung von Männern, Frauen und namentlich Kindern.

Als wir näher nach Soo-chow kamen erblickten wir einige Hügel am Rande der Ebene, die, wie ich später fand, einige Meilen westlich von der Stadt liegen. Die ganze Gegend hier ist, eben so wie bei Cading, ein einziges unermessliches Reisfeld. Zum Drehen der Wasserräder sind häufig Frauen angestellt, in der Regel drei bis vier an einem Rade. Diese Damen haben grosse Füsse, oder vielmehr ihre Füsse sind in der natürlichen Grösse; denn in der That, wenn sie nach der gewöhnlichen Weise zusammengeschnürt wären, so würde es ihnen unmöglich sein am Wasserrade zu arbeiten. Jedoch findet man in der Regel auch bei den niedern Ständen welche das Feld bebauen kleine Füsse, denn von den Hunderten die ich beim Behacken der Baumwollenpflanzungen, oder bei anderer Ackerarbeit beschäftigt sah, waren verhältnissmässig nur sehr Wenige deren Füsse nicht zusammengeschnürt waren.

Einige Meilen östlich von Soo-chow ist ein grosser und schöner zwölf bis fünfzehn Meilen breiter See, durch welchen sich die Boote von Sung-kiang-foo und anderen Orten die in dieser Richtung liegen, der Stadt nähern. Nachdem wir diesen See hinter uns hatten, wurde der Kanal, der vorher sehr breit war, allmälig schmäler, hie und da fuhren wir unter Brücken hin, Dörfer und kleine Städte lagen an den Ufern, und alles deutete darauf dass wir in die Nähe einer grossen und bedeutenden Stadt kamen. Es war ein herrlicher Sommerabend, den 23. Juni, als ich mich dieser weitberühmten Stadt näherte. Der Mond war aufgegangen, schnell flog mein kleines Boot mit einem guten nicht zu starken Winde dahin, und seine Masten und Segel spiegelten sich in dem hellen Wasser des Kanals. Je weiter wir kamen, desto mehr drängten sich die Boote, die Häuser wurden dichter und grösser, und unzählige Laternen bewegten sich auf der Brücke und an den Seiten des Kanals, und nach einigen Minuten ankerten wir sicher, zwischen einigen Hunderten anderer Boote, unter den Mauern dieser berühmten Stadt. Nachdem wir alle Vorkehrungen getroffen, die in unserer Macht standen, um uns vor abermaligem nächtlichen Besuch zu schützen, lagen mein Diener, die Bootsleute und ich selbst bald in festem Schlafe.

Mit dem ersten Grauen des Morgens war ich auf und lies mich mit grosser Sorgfalt von meinem chinesischen Diener ankleiden, den ich dann fortschickte um die Gärten in der Stadt ausfindig zu machen, damit ich mir die Pflanzen verschaffen könnte welche ich suchte. Als er die nöthige Auskunft erhalten, kehrte er zurück, und wir gingen mit einander in die Stadt, wo ich meine Auswahl treffen wollte.

Ich muss gestehen, als ich mein Boot verliess, fühlte ich ziemlich wenig Muth zu dem Wagestücke welches ich unternehmen wollte. Obgleich ich auf dem Lande sehr gut für einen Chinesen gelten konnte, so wusste ich doch dass die Einwohner grosser Städte, und namentlich einer Stadt wie diese, schwer zu täuschen seien. Meine alten Freunde, oder ich möchte vielmehr sagen meine Feinde, die Hunde, die eben so scharfsinnig sind wie nur irgend ein Chinese sein kann, hielten mich jedoch offenbar für einen Landsmann, und diess gab mir sogleich Zuversicht. Diese Thiere legen einen solchen Hass gegen Fremde an den Tag, dass sie dieselben überall wo sie sie erblicken anbellen und sich an sie hängen bis sie weit ausserhalb des Gesichtskreises des Hauses oder Dorfes sind wo ihre Herrn wohnen. Als ich über die Brücke kam die über den Graben oder Kanal an der Aussenseite der Stadtmauern führt, schlenderten eine Menge Chinesen auf derselben herum, die sich über die Seiten herablehnten und den Booten zusahen welche unten auf und ab fuhren. Ich blieb stehen und sah ebenfalls auf dieses geschäftige, fröhliche Treiben hinab, mit einem Gefühl inneren Triumphes, als ich bedachte dass ich jetzt in der vornehmsten Stadt des himmlischen Reichs war, die vor mir, so viel mir bekannt, noch nie ein Engländer betreten hatte. Keiner von denen die auf der Brücke umherschlenderten schien mir die geringste Aufmerksamkeit zu schenken, woraus ich schloss dass ich sehr wie einer ihres Gleichen sein musste. Wie würden sie sich gewundert haben, hätte man ihnen zugeflüstert dass ein Engländer mitten unter ihnen stehe,

Das äussere Ansehen der Stadt Soo-chow-foo ist im Allgemeinen ganz dasselbe wie das anderer Städte im Norden, sie ist aber offenbar der Sitz des Luxus und Reichthums, und hat keine von den Spuren des Sinkens und Verfalls, die man zum Beispiel an Ning-po sieht. Ein schöner Kanal, eben so breit wie die Themse bei Richmond, fliesst parallel mit den Stadtmauern und dient eben sowohl als Stadtgraben wie zum Verkehr. Hier, eben so wie bei Cading und Ta-tsong-tseu, liegen eine grosse Menge alter Junken vor Anker, die ohne Zweifel vortreffliche chinesische Wohnhäuser abgeben, namentlich für Leute die so gern auf dem Wasser leben. Dieser Kanal ist durch Mauerbögen in die Stadt geführt, wo er sich nach allen Richtungen verzweigt, bald schmal und schlammig, bald sich zu herrlichen Seen erweiternd, so dass die Einwohner ihre Waaren von den entferntesten Theilen des Reichs vor ihre Häuser bringen können. Junken und Boote von jeder Grösse treiben sich auf dem breiten und schönen Kanal herum und der ganze Ort hat ein liebliches und blühendes Aussehen, wie man, Canton und Shanghae ausgenommen, nicht oft in andern Städten in China sieht. Die Mauern und Wälle sind hoch, in vortrefflichem Zustande, und haben grosse Aehnlickeit mit denen von Ning-po, sind aber besser in Ordnung gehalten. Die östliche Mauer, an der mich mein Weg entlang führte, ist nur eine engl. Meile lang. Die nördliche und südliche sind bedeutend länger, so dass die Stadt die Gestalt eines Parallelogrammes hat. Der Stadttheil in der Nähe des östlichen Thores, durch welches ich eintrat, ist nichts weniger als schön, die Strassen sind eng und die Bevölkerung scheint den niedrigsten Ständen anzugehören; weiter nach Westen aber sind die Gebäude und Strassen schöner, die Kaufläden gross, und alles deutet darauf dass hier der reiche und aristokratische Theil der Stadt ist. Die Stadtthore scheinen gut von chinesischen Soldaten bewacht zu sein, und alle Strassen und Gässchen sind in einzelnen Zwischenräumen durch Thore getheilt die Abends um neun oder zehn Uhr geschlossen werden. Der Statthalter der Provinz residirt hier und hält seine Untergebenen vortrefflich in Ordnung.

Die Zahl der Pflanzgärten in dieser Stadt war mir von meinen chinesischen Freunden in Shanghae bedeutend übertrieben worden, doch waren deren einige von ziemlicher Ausdehnung hier, wo ich mir einige neue und werthvolle Pflanzen verschaffen konnte. Unter diesen will ich hier nur eine weisse *Glycine* erwähnen, eine schöne neue Doppelrose, und eine *Gardenia* mit grossen weissen Blüthen, denen der *Camellia* ähnlich. Diese Pflanzen sind jetzt in England und werden dort bald in allen Gärten zu finden sein. Besonders reich sind die Gärten in Soo-chow an Zwergbäumen, von denen manche sehr eigenthümliche Gestalten hatten und sehr alt waren, zwei Eigenschaften denen die Chinesen bei weitem höheren Werth beilegen als wir in England.

Die hiesigen Frauen gelten bei den Chinesen für die schönsten im ganzen Lande, und nach denen zu urtheilen welche ich zu sehen Gelegenheit hatte, verdienen sie diesen Ruf in hohem Grade. Ihre Kleidung ist von den reichsten Stoffen und eben so reizend als elegant, und der einzige Fehler den ich finden konnte waren ihre kleinen verunstalteten Füsse und die Mode ihr Gesicht mit einer Art Puder weiss zu färben; was aber in meinen Augen als ein Fehler erschien, ist in denen eines Chinesen eine Schönheit, man darf sich daher nicht wundern diese Mode allgemein zu finden.

Soo-chow-foo scheint der Hauptstapelplatz für die Centralprovinzen China's zu sein, wozu es sich hinsichtlich seiner Lage besonders eignet. Der Handel von Ning-po, Hang-chow, Shanghae und vieler anderen Städte des Südens, Ching-kiang-foo, Nanking und selbst Peking im Norden, hat hier seinen Mittelpunkt, und mit allen diesen Orten steht es entweder durch den grossen Kanal in Verbindung, oder durch hunderte von kleineren Kanälen die sich in allen Richtungen über das ganze Reich verzweigen. Shanghae wird wegen seiner günstigen Lage zu Soo-chow in merkantilischer Hinsicht gewiss einmal ein sehr wichtiger Platz werden, sowohl für Europa als auch für Amerika.

Ich verweilte einige Tage in der Stadt und in der Nähe derselben, und kehrte dann, nachdem ich alles gethan was mir unter meinen Umständen möglich war, wieder nach Shanghae zurük. Als ich hier ankam musste ich in meinen chinesischen Kleidern ans Land gehen, weil mir die englischen von meinem mitternächtlichen Besuch gestohlen worden waren, die Verkleidung war jedoch so vollständig, dass ich von keinem Menschen erkannt wurde, obgleich mich mein Weg durch eine Strasse führte wo ich sehr bekannt war, und selbst mein Freund Mackenzie, bei dem ich wohnte, erkannte mich erst nach einigen Minuten, als ich mich in seinem Zimmer niedergesetzt hatte.

In Shanghae giebt es, eben so wie in vielen andern grossen Städten in China, eine Menge öffentliche warme Bäder, die sowohl für die Gesundheit als die Bequemlichkeit der Einwohner sehr wichtig sind. Ich will hier ein solches Bad beschreiben, bei dem ich während meines Aufenthalts in Shanghae täglich vorbeikam. — Zwei äussere Zimmer sind für das Aus- und Ankleiden bestimmt; das erste und grössere ist für die ärmeren Klassen, das zweite für die welche sich für etwas besseres halten und mehr für sich zu sein wünschen. An der Thüre des grösseren Zimmers ist ein Anschlag angebracht an dem man erfährt was man zu bezahlen hat, und ein Mann steht am Eingange um das Geld in Empfang zunehmen. In der Mitte und an den Seiten beider Zimmer stehen, in Reihen geordnet, eine Anzahl kleiner Kästen oder Schränke, mit einem Schlosse und Schlüssel versehen, in welche die das Bad besuchenden ihre Kleider legen und wo sie sicher sein können dieselben wieder zu finden wenn sie aus dem Bade kommen, in welches man durch eine kleine Thüre am hintern Ende des Gebäudes eintritt, und das ungefähr 30 Fuss lang und 20 Fuss breit ist. Der ganze Raum ist, bis auf einen Rand an den Seiten, zwölf bis achtzehn Zoll hoch mit Wasser bedeckt, und die Seiten des Bades sind mit Marmorplatten belegt, von wo aus die Badenden in das Wasser hinuntersteigen, und auf denen sie sitzen und sich waschen. Der Ofen befindet sich ausserhalb dieses Gemachs und die Heizröhren sind in der Mitte unter dem Bade hingeleitet.

In den Nachmittagstunden und Abends ist diese Badeanstalt von Besuchern voll, und der erste Eindruck, wenn man in das Bad tritt, ist fast unerträglich; der heisse Dampf oder Dunst dringt einem, sobald man zur Thür herein will, in Augen und Ohren und bringt eine Ausdünstung zu wege die aus allen Poren des Körpers heraustritt; er verdunkelt beinahe den ganzen Ort und die braunhäutigen Chinesen, die in diesem Halblichte mit ihren langen Zöpfen im Wasser herumspringen, gewähren einen höchst lächerlichen Anblick.

Diejenigen Besucher welche sich des allgemeinen Zimmers bedienen, bezahlen sechs Kupfercash; andere bezahlen achtzehn, diese aber erhalten ausser dem Bade noch eine Tasse Thee und eine Pfeife Tabak. Ich muss hier bemerken dass hundert Kupfercash erst etwa $4\frac{1}{2}$ Pence nach englischem Gelde betragen. Die erste Klasse hat also den Genuss eines warmen Bades für ungefähr einen Farthing; und die übrigen ein Bad, besonderes Zimmer, eine Tasse Thee und eine Pfeife Tabak für noch nicht ganz einen Penny!

Vierzehntes Capitel.

Baumwollenbau. — Gelbe Baumwolle. — Gegend wo dieselbe wächst. — Beschreibung des Baumwollenlandes. — Boden. — Düngung. — Erste Ernte. — Aussaat. — Regen. — Baumwollenbau im Sommer. — Nutzen frühen Regens. — Zeit der Reife und des Einsammelns. — Baumwollenpflanzer und ihre Familien. — Trocknen und Reinigen der Baumwolle. — Verkauf. — Drängen auf den Strassen in Shanghae während der Zeit der Baumwollenernte. — Waarenhäuser und Verpackung. — Inländischer Verbrauch. — Die Stengel zur Feuerung verwandt.

Die chinesische oder die Nanking-Baumwollenpflanze wird von den Botanikern *Gossypium herbaceum,* und von den nördlichen Chinesen *Mie wha* genannt. Sie ist ein zweigetreibendes Jahresgewächs, wird ein bis drei oder vier Fuss hoch, je nach der Güte des Bodens, und blüht von August bis October. Die Blüthe hat eine schmutzig gelbe Farbe, und bleibt, wie die des Hibiscus oder der Malva, die zu derselben Familie gehören, nur wenige Stunden frisch, in welcher Zeit sie die ihr von der Natur angewiesene Bestimmung erfüllt, dann schrumpft sie ein und verwelkt bald. Die Saamenkapsel beginnt dann schnell zu schwellen, und wenn sie reif ist springt die äussere Rinde auf und bringt die reine weisse Baumwolle zu Tage, in welche die Samenkörner eingebettet liegen.

Die gelbe Baumwolle, von der das schöne Nankingzeug gemacht wird, wird von den Chinesen *Tze mie wha* genannt, und ist im allgemeinen von der eben genannten Art nur wenig verschieden. Ich habe sie oft auf den Baumwollenfeldern wo beide Arten wuchsen mit einander verglichen, und obgleich die gelbe ein etwas geringeres Ansehen hat als die andere, so fehlen ihr doch alle Merkmale welche nöthig sind sie als eine besondere Species zu charakterisiren; sie ist vielmehr eine blos zufällige Abart, und wenn auch ihr Same in der Regel wieder dieselbe Abart hervorbringt, so erzeugt er doch oft auch die weisse, und umgekehrt. Daher kommt es, dass man in der unmittelbaren Nähe von Shanghae gelbe Baumwollenpflanzen häufig mitten unter den weissen wachsen sieht, und einige Meilen weiter nördlich, auf den Feldern bei P o u s h a n an den Ufern des Yang-tse-Kiang, wo sehr viel gelbe Baumwolle gebaut wird, habe ich häufig einzelne Exemplare der weissen gefunden.

Die Nankingbaumwolle wird besonders auf dem flachen Felde in der Umgebung von Shanghae gebaut, wo sie die hauptsächlichste Sommerfrucht des Landes ist. Dieser Bezirk, welcher einen Theil der grossen Ebene des Yang-tse-Kiang bildet, erhebt sich, obwohl flach, doch einige Fuss über das Niveau des Wassers in den Flüssen und Kanälen, und eignet sich daher bei weitem besser zum Bau der Baumwolle als die flachen Reisdistricte in manchen andern Theilen des Landes, — wie z. B. die Ebene von Ning-po, wo der Boden entweder feucht und sumpfig, oder zu manchen Zeiten vollständig überschwemmt ist. Auch in diesem Bezirk giebt es, wie man leicht denken kann, manche niedrig gelegene und sumpfige Felder; diese werden, anstatt mit Baumwolle, mit Reis bepflanzt und so lange dieser wächst mit Hülfe des Wasserrades bewässert. Obgleich das Baumwollenland in der Regel flach ist, und zwar so flach dass man in der That von den Dächern der Häuser in Shanghae nicht einen Hügel erblicken kann, so hat es doch ein freundliches und wellenförmiges Ansehen, und ist im Ganzen vielleicht das fruchtbarste Ackerland in der ganzen Welt. Der Boden besteht aus einem festen reichen Lehm, der Jahr für Jahr unschätzbare Ernten zu liefern fähig ist, obgleich er nur wenig gedüngt wird.

Die Düngung welche man bei den Baumwollenfeldern anwendet ist ohne Zweifel für diese Art Pflanzen sehr zweckmässig. Sie wird aus den Kanälen, Teichen und Gräben gewonnen welche das Land in allen Richtungen durchschneiden, und besteht aus Schlamm der sich theils aus dem verfaulten langen Grase, Rohre und saftvollen Wasserpflanzen bildet, theils aus der Erde die von dem höher gelegenen Boden durch die starken Regengüsse abgewaschen wird. In China scheint man jede Ackerarbeit mit der grössten Regelmässigkeit und unveränderlich zu bestimmten Zeiten zu verrichten, welche die Erfahrung als die besten erwiesen hat; bei keiner andern Arbeit aber zeigt sich dies so deutlich wie bei der Düngung der Baumwollenfelder. Anfang April sieht man in der ganzen Gegend die Acker-arbeiter emsig beschäftigt die Teiche und Gräben zu reinigen. Das Wasser wird zuerst von allen Seiten theilweise abgelassen und dann der Schlamm auf das anliegende Feld ausgeworfen, wo man ihn einige Tage liegen lässt, bis alles überflüssige Wasser abgelaufen ist, worauf man ihn wegnimmt und auf den Baumwollenfeldern ausbreitet. Vorher wird der Boden zur Aufnahme dieses Düngers vorbereitet, indem man ihn entweder mit dem kleinen Büffelpfluge, der im Lande allgemein im Gebrauche ist, aufpflügt und dann mit der dreizackigen Hacke bricht und klar macht, oder, wenn die Wirthschaft zu klein ist und weder über Büffel noch Pflug zu verfügen hat, mit blosser Händearbeit lockert und bricht. Der Schlamm ist natürlich, wenn er erst auf dem Felde ausgebreitet ist, hart und klumpig, die ersten Regenschauer aber mischen ihn bald mit dem obern Boden, der dann bald locker und zur Aufnahme des Baumwollensamens fertig ist. Strassenkehrigt und gebrannter Schutt werden ebenfalls sorgfältig aufge-hoben und auf dieselbe Weise zu gleichem Zwecke verwendet.

Ein grosser Theil der Baumwollenfelder liegt in den Wintermonaten entweder brach, oder wird mit solchen Früchten bebaut die vor der Baum-wollenaussaat geerntet werden können. Oft jedoch findet man dass zwei-erlei Früchte zu gleicher Zeit auf einem und demselben Felde wachsen. Weizen zum Beispiel, der eine Winterfrucht ist, wird in der Gegend von Shanghae in der Regel gegen Ende Mai reif, während die passende Zeit zur Baumwollenaussaat im Anfange dieses Monats oder gegen Ende des April fällt. Um nun Baumwolle auf den Weizenfeldern ziehen zu können, säen die Chinesen diese zur gewöhnlichen Zeit in den Weizen; wenn dieser reif ist, ist jene einige Zoll hoch und kann dann, dem vollen Einflusse der Sonne und Luft ausgesetzt, desto stärker wachsen. Der Sommer in Shang-hae, — d. h. von den letzten Frösten im Frühjahr bis zu denen im Herbste, — dauert gerade nur eben so lange dass die Baumwolle reif werden kann, weil sie durch den Frost leicht Schaden leidet; und der chinesische Bauer muss daher, wenn er Zeit für zwei Ernten in einem Jahre von einem und demselben Felde gewinnen will, die Saat einstreuen ehe die Winterfrucht von dem Boden weggenommen ist. Wenn es möglich ist die erste Frucht gänzlich zu entfernen ehe die Baumwolle gesät wird, so thut man dies lieber, weil das Land dann besser bearbeitet und ge-düngt werden kann, was sonst nicht möglich ist. In diesem Theile des Landes ist es sehr gewöhnlich, dass man, noch ehe die vorhergehende Frucht reif und vom Felde genommen ist, eine andere auf dasselbe säet; und selbst im Herbst, ehe die Baumwollenstengel ausgerottet sind, sieht man oft eine andere Aussaat keimen, die bereit ist den Platz der zarteren Frucht einzunehmen.

Ende April und Anfang Mai, — nachdem die Felder auf die oben beschriebene Weise zugerichtet sind — wird der Baumwollensame in Körben anf das Feld geschafft, und die Aussaat beginnt. In der Regel wird der Same mit der Hand regelmässig auf der Oberfläche ausgeworfen und dann auf der ganzen Fläche mit den Füssen sorgfältig eingetreten. Dadurch wird nicht allein der Same gehörig eingebettet, sondern auch der Boden wie mit einer Walze gebrochen und gelockert. Bald fängt der Same an zu keimen und schlägt zuerst in dem Dünger, welcher auf der ganzen Oberfläche des Feldes ausgebreitet ist, Wurzel. Zuweilen wird der Same nicht auf die gewöhnliche Weise ausgestreut, sondern in Rillen oder Furchen gelegt; diese Art zu säen ist aber weniger in Gebrauch als die andere. Diese Furchen werden oft mit den Oelkuchen gedüngt welche, nachdem das Oel ausgepresst, von dem Baumwollensamen übrig bleiben. Der Regen welcher beim Wechsel der Monsunwinde, der in dieser Jahreszeit stattfindet, reichlich strömt, erwärmt und befruchtet die Erde, die Körner schwellen an und die Vegetation geht mit wunderbarer Schnelligkeit vor sich. Beim chinesischen Ackerbau richten sich viele Arbeiten nach dem Wechsel der Monsunwinde, denn der Bauer weiss aus Erfahrung dass um diese Zeit, wenn die Winde, die in den letzten sieben Monaten aus Norden und Osten kamen, nach Süden und Westen umschlagen, die Atmosphäre sehr mit Elektricität geladen ist und die Wolken täglich Regen spenden und seine Aussaat erfrischen.

Die Baumwollenfelder werden während der Sommermonate sorgfältig gepflegt. Wo die Pflanzen zu dicht beisammen stehen werden sie gelichtet, die Erde um die Wurzeln herum wird gelockert und der Boden behackt und von Unkraut rein gehalten. Wenn der Sommer gut ist kann man ungeheure Ernten erhalten, denn der Boden ist sehr fruchtbar; wenn aber von Juni bis August die Witterung aussergewöhnlich trocken ist, so erhält die Saat einen Schlag von dem sie sich nie wieder ganz erholt, wenn auch nachher der Boden wieder reichlich von Regen befeuchtet wird. Im Jahr 1845 war ein solcher Sommer; und die Ernte gab im Vergleich zu denen der vorhergehenden Jahre einen sehr geringen Ertrag. Der Frühling war sehr günstig und die Pflanzen hatten bis zum Juni ein sehr gutes Ansehen, dann aber trat Dürre ein, und sie erhielten einen Schlag von dem sie sich nachher nicht wieder erholen konnten. Zwar fiel später wieder reichlicher Regen, aber es war zu spät, und der Regen konnte nur noch bewirken dass die Pflanzen stark wuchsen und Blätter trieben, war aber nicht mehr im Stande den Saft zu erzeugen der zur Bildung der Blüthe und Frucht nothwendig ist.

Die Baumwollenpflanze treibt von August bis Ende October unaufhörlich Blüthe, zuweilen, wenn der Herbst mild ist, kommen selbst im November noch einzelne Blüthen zum Vorschein, die aber gewöhnlich durch die kalten Nächte leiden und keinen Samen hervorbringen können. Dies war im Herbst 1844 der Fall, wo in der Nacht vom 28. October das Thermometer auf den Gefrierpunct sank und man an den Ufern der Kanäle und Teiche Eis fand.

Da täglich neue Kapseln aufspringen, so müssen sie mit der grössten Regelmässigkeit gepflückt werden, weil sie sonst auf den Boden fallen und die Wolle schmutzig wird, was natürlich ihren Preis auf dem Markte sehr beeinträchtigt. Man sieht dann des Nachmittags auf allen Feldern kleine Gruppen von Chinesen welche die reife Baumwolle pflücken und nach Hause tragen. Da die Wirthschaften in der Regel klein sind, so versieht der Bauer mit seiner Familie allein das Geschäft; letztere besteht zuweilen aus drei, selbst aus vier Generationen, den alten silberharigen Grossvater oder Urgrossvater mit eingezählt, der seit vielleicht achtzig Jahren die Einsammlung in seine Scheuern gesehen hat. Jedes Mitglied der Familie hat ein gewisses Interesse an der Arbeit; die Ernte ist ihr Eigenthum, und je reichlicher sie ist, desto mehr Genüsse kann man sich durch dieselbe verschaffen. Es giebt natürlich auch viele grössere Baumwollenpflanzungen, wo ausser der Familie des Eigenthümers noch andere Arbeiter beschäftigt werden; die meisten Pflanzungen jedoch sind klein und werden auf die eben beschriebene Weise bewirthschaftet. Es ist nicht ungewöhnlich dass auch die Ziegen der Familie ihren Theil der Arbeit übernehmen. Fast in jeder Wirthschaft werden einige dieser Thiere gehalten und sie sind, wie man denken kann, grosse Lieblinge der Kinder und folgen diesen oft auf die Baumwollenfelder. Obgleich die Kinder mit ihren kleinen Händen die Baumwolle eben so gut pflücken können wie die Eltern, so sind sie doch nicht stark genug dieselbe mit sich herumzutragen, und es ist höchst unterhaltend zu sehen wie ihre Lieblinge, die Ziegen, die abgepflückte Baumwolle in Säcken, welche ihnen über den Rücken gehangen sind, aufnehmen und nach Hause tragen, augenscheinlich mit dem Bewusstsein auch ihren Theil zum allgemeinen Besten beizutragen.

Wie gut auch die Ernte sein mag, so ist sie den Chinesen doch nie vollkommen sicher bevor sie die Baumwolle nicht in ihren Scheuern haben. Auch darauf kommt viel an ob der Herbst trocken ist, denn wenn feuchte Witterung eintritt, nachdem die Kapseln schon angefangen haben aufzuspringen, so fallen sie auf den schmutzigen Boden und werden, wenn sie nicht vollständig zu Grunde gehen, wenigstens sehr beschädigt. Wenn die Baumwolle in den Hof gebracht ist, so wird sie täglich auf etwa vier Fuss hohen Hürden ausgebreitet und der Sonne ausgesetzt. Der Zweck dieses Verfahrens ist alle Feuchtigkeit zu entfernen, und es geschieht deshalb nur bei schönem Wetter, und jeden Abend wird die Baumwolle wieder in das Haus oder in die Scheuer gebracht. Wenn sie endlich vollkommen trocken ist, so beginnt die Absonderung der Körner. Dies geschieht mit dem wohlbekannten Rade mit zwei Walzen, die, wenn sie gedreht werden, die Baumwolle heraufziehen und die Körner auswerfen. Es ist eine einfache und sehr hübsche Vorrichtung die dem Zwecke zu dem sie bestimmt ist vollkommen entspricht. Die Baumwolle wird dann auf den Markt gebracht und ein Theil des Samens für die Aussaat des nächsten Jahres aufbewahrt.

An schönen Herbsttagen sind am frühen Morgen die Strassen welche nach Shanghae führen mit Truppen von Lastträgern belebt die, jeder mit einem Bambusstabe über die Schultern an dessen beiden Enden ein grosser Korb mit Baumwolle herabhängt, aus den Baumwollengehöften kommen. Sie eilen mit ihrer Bürde in die Stadt um sie bei den Kaufleuten abzusetzen, welche zahlreiche Speicher besitzen, von wo aus sie die Baumwolle nach den andern Provinzen des Reichs versenden. Diese Lastträger oder kleinen Bauern — denn viele bringen ihr eignes Gewächs zu Markte — sind in ihrem Handel sehr unabhängig. Wenn sie bei dem ersten Speicher ankommen, wird die Baumwolle dem Kaufmann zur Ansicht vorgelegt und dieser gefragt, welchen Preis er für diese Qualität zu zahlen gedenke. Bleibt sein Gebot hinter der Erwartung des Eigenthümers zurück, so nimmt dieser seine Last sogleich wieder auf die Schultern und geht zu einem andern Kaufmann. In dieser Jahreszeit kann man sich in den Strassen in der Nähe des Flusses, wo sich die Baumwollenspeicher befinden, kaum durchdrängen; solche Massen dieser Waare werden täglich vom Lande hereingebracht. Die Baumwolle wird von den grossen Baumwollenhändlern aufgekauft, welche sie in ihren Speichern ausschütten und dann wieder sauber und fest verpacken, bevor sie dieselbe an Bord der Junken bringen. Ehe die Baumwolle gesponnen werden kann wird sie gereinigt und von den Knoten gesäubert, wobei man dasselbe wohlbekannte Verfahren anwendet wie in unsern englischen Besitzungen in Indien. Es geschieht durch einen elastischen Bogen, dessen Schnur unter einen Theil der auf einer Tafel ausgebreiteten Baumwolle gezogen wird, die er, vermöge der Schwingungen in denen er durch einen Arbeiter gehalten wird, in die Luft schleudert, wodurch die Fasern getrennt werden ohne zu zerreissen oder sonst beschädigt zu werden. Zugleich treibt der durch die plötzlichen Schwingungen verursachte Luftzug den Staub und andere Unreinigkeiten fort. Nach diesem Process ist die chinesische Baumwolle äusserst rein und fein und wird, nach dem Urtheile Sachverständiger, von keiner andern in der Welt übertroffen. Sie ist bedeutend besser als die welche aus Hindostan in China eingeführt wird, und behauptet auf den chinesischen Märkten durchgängig einen höheren Preis.

Jeder kleine Feldbesitzer hebt einen Theil des Ertrages seiner Felder für den Bedarf seiner Familie auf. Die weiblichen Familienglieder reinigen, spinnen und weben dieselbe zu Hause. In jeder Hütte in dem ganzen Bezirke findet man ein Spinnrad und den kleinen Webestuhl, die beide früher auch bei uns gebraucht wurden, jetzt aber den Maschinen gewichen sind. Diese Webestühle werden von den Frauen und Töchtern gehandhabt, denen zuweilen die alten Männer oder die kleineren Knaben helfen, welche für die Arbeit auf dem Felde nicht stark genug sind. Wo die Familien zahlreich und fleissig sind, wird eine bei weitem grössere Quantität Zeug gewebt als für das eigene Bedürfniss nothwendig ist, und in diesem Falle wird das Ueberflüssige nach Shanghae und andern nahen Städten zum Verkauf gebracht. An einem Thore der Stadt wird jeden Morgen eine Art Markt gehalten, wo sich diese Leute versammeln und ihre kleinen Bündel Baumwollenzeug feil bieten. Für das Geld welches sie auf diese Weise lösen, kaufen sie Thee und andere Bedürfnisse die sie sich in ihren Wirthschaften nicht selbst erzeugen können.

Wenn die letzten Ernten von den Baumwollenfeldern eingeerntet sind, werden endlich auch noch die Stengel eingebracht, welche als Feuerungsmaterial dienen, so dass auf diese Weise jeder Theil des Ertrages in Rechnung kommt. Die Baumwolle selbst giebt den Erbauern Kleider und verschafft ihnen die Mittel ihre übrigen Lebensbedürfnisse zu befriedigen; der überflüssige Samen wird in Oel verwandelt; mit den Stengeln kochen sie ihr frugales Mahl; und die Asche — das Letzte von Allem — wird als Dünger auf das Feld gestreut. Aber selbst ehe dieses geschieht ist das Verfahren welches ich bereits beschrieben habe — das Säen und Pflanzen neuer Feldfrüchte ehe die vorhergehenden weggenommen sind — bereits im Gange. Klee, Bohnen und andere Gewächse sind in diesen Baumwollenfeldern oft schon wieder aufgegangen, ehe die Stengel der letzteren weggenommen werden. Auf diese Weise dehnen die Chinesen im Norden des Landes durch alle mögliche Mittel die in ihrer Gewalt stehen, die Zeit des Wachsthums aus, und gewinnen so viel als sie nur irgend können von der Fruchtbarkeit ihres Landes. Der Leser darf jedoch nicht vergessen, dass der Boden in dieser Gegend ein reicher tiefer Lehm ist, der mehrere Ernten hintereinander tragen kann ohne eine besondere

Düngung nöthig zu haben. Die Natur hat ihre Schätze mit freigebiger
Hand über die Einwohner dieses Theiles von China ausgeschüttet; der
Boden ist nicht allein der fruchtbarste in China, sondern das Klima ist
selbst fähig manche Producte der Tropenländer zu erzeugen und zur
Reife zu bringen, eben so wohl wie alle die welche man in den gemäs-
sigten Regionen des Erdballes findet.

Funfzehntes Capitel.

Klima in China. — Sommer und Winter. — Temperatur in Hong-kong. —
Shanghae. — Monsunwinde. — Typhon. — Vorzeichen desselben — Be-
schreibung eines Typhon den der Verfasser selbst erlebte. — Wirkung des
Typhon auf die Vegetation. — Regen. — Nasse und trockene Jahreszeit.
— Meteorologische Tafel.

Um den chinesischen Ackerbau richtig beurtheilen zu können muss
man natürlich das Klima dieses Landes kennen. Die Besitzungen des
Kaisers von China dehnen sich über dreiundzwanzig Grade der Breite aus
— vom 18° bis 41. nördlicher Br., und vom 98° bis 123° östlicher
Länge — und umschliessen so in ihrer weitesten Ausdehnung sowohl tropische
als gemässigte Regionen. Das Land bildet einen Theil des grossen Continents von Asien, an dessen östlicher Seite es liegt, und ist sonach den
äussersten Extremen der Temperatur ausgesetzt, — der höchsten Hitze
im Sommer und der grössten Kälte im Winter, — welche in vielen andern
Theilen der Welt unter gleichen Breitegraden unbekannt sind. Einer
unserer besten Schriftsteller über China* giebt folgende sehr richtige Bemerkungen über diesen Gegenstand: „Obgleich Peking beinahe in gleichem
Breitegrade mit dem Süden von Neapel liegt — ersteres liegt 39° 54',
letzteres 40° 50' — so ist die mittlere Temperatur von Peking doch
nur 54° Fahrenheit, während die von Neapel 63° ist. Aber das Thermometer sinkt in der chinesischen Hauptstadt im Winter weit tiefer als
in Neapel, und steigt eben so im Sommer etwas höher; die Flüsse sollen
drei bis vier Monate lang gefroren sein, von December bis März, und
während der Anwesenheit der letzten Gesandtschaft, im September 1816,
hatten wir im Schatten eine Hitze von 90° bis 100°. Nun ist bekanntlich
in Neapel und andern Ländern im Süden Europa's ein solcher Grad von
anhaltender Kälte unerhört, und auch die Hitze nur selten. Humboldt
bemerkt, Europa sei durchaus als der westlichste Theil eines grossen Continents zu betrachten, und deshalb allen Einflüssen ausgesetzt welche bewirken dass die westlichen Gegenden der Continente wärmer sind als die
östlichen, und zugleich gemässigter oder weniger den Extremen, sowohl
der Hitze als der Kälte ausgesetzt, hauptsächlich aber der letzteren."
Aus meinen eigenen Tabellen, die ich mit Newmans besten Thermo-
metern entworfen habe, sehe ich dass in Hong-kong, in den Monaten Juli
und August — den beiden heissesten Monaten des Jahres — das Queck-
silber oft im Schatten auf 90°, und einmal auf 94° Fahrenheit stand.

---

* Davis's «Chinese.»

Das Minimum war in der Regel ungefähr 10 Grad niedriger als das Maximum. Im Winter, von December bis März, sinkt das Thermometer oft bis auf den Gefrierpunkt, und zuweilen, obwohl selten, fällt in Canton und auf den Hügeln in der Nähe Schnee. Der Einfluss des Meeres bricht jedoch in diesen Gegenden des Reichs die Extreme sowohl der Hitze als der Kälte, welche in den nördlichern Gegenden im Innern des Landes bei weitem grösser sind. Die Nordwinde im Winter und den Frühlingsmonaten sind im Süden von China ausserordentlich kalt, und ich habe in der That in Hong-kong und Macao im Monat Februar mehr von der Kälte gelitten als jemals in England.

In Shanghae, in der Provinz Keangsoo, sind unter dem $31^0\,20'$ Nörd. Br. die Extreme der Hitze und Kälte bei weitem grösser als, nach unserer Erfahrung, in den südlichen Provinzen. Durch die Gefälligkeit des Dr. Lockhart, der während meiner Abwesenheit in verschiedenen Theilen des Landes meine meteorologischen Tabellen fortführte, habe ich eine sehr vollständige Reihe von Beobachtungen für beinahe zwei Jahre erhalten. Nach diesen scheint es dass im Juli und August die Hitze am grössten ist, wo das Thermometer zuweilen mehrere Tage lang im Schatten auf 100^0 Farenheit steht. Die Hitze war in diesen Tagen für Europäer beinahe unerträglich, die, als ich in Shanghae war, in chinesischen Häusern wohnen mussten, welche, vermöge ihrer Bauart, schlecht geeignet sind die Hitze abzuhalten. Ende October sinkt das Thermometer zuweilen bis auf den Gefrierpunkt. Am 28. October 1844 erfroren am Abend sämmtliche Baumwollenpflanzen und andere tropische Gewächse die während des Sommers auf den Feldern gebaut werden. December und Januar sind die kältesten Monate im Jahre, und die Kälte ist dann fast eben so streng wie bei uns im Süden von England. Im Winter 1844/45 sank das Thermometer bis auf 26^0 Farenheit. In der Nacht des 18. December, und dann wieder am 4. Januar, stand es auf 24^0. Dieser Winter aber war, nach Aussage der Chinesen, ausnehmend gelinde, und zwar so, dass man sich nicht einmal mit dem gewöhnlichen Vorrathe von Eis versorgen konnte. In gewöhnlichen Jahren sind die Teiche und Kanäle häufig mehrere Zoll tief mit Eis bedeckt und liefern einen reichlichen Vorrath desselben. Ich zweifle daher kaum dass in den meisten Jahren das Thermometer wenigstens 20 Grad unter den Gefrierpunkt sinkt, oder auf 12^0 Farenheit, und vielleicht noch tiefer. Schnee fällt häufig, doch sind die Sonnenstrahlen zu mächtig um ihn lange liegen zu lassen.

Wenn wir diese Extreme von Hitze und Kälte ausnehmen, so kann man wohl sagen dass das Klima von Shanghae so schön ist als nur irgend eines in der Welt. Selbst die Kälte im Winter ist für die Eingebornen sehr zuträglich, und noch mehr für die Europäer und Amerikaner, denn sie stärkt die Gesundheit und macht dass man im Stande ist der ausserordentlichen Hitze des Sommers nicht zu unterliegen. Die Monate April, Mai und Juni sind wunderschön, und obgleich die Sonne am Mittag hoch steht, so ist doch am Nachmittag die Luft mild und angenehm und die Abende kühl und erfrischend. Die Herbstmonate sind in der Regel eben so schön; der Wind ist dann kühl und stärkend und der Himmel bei weitem reiner als in England. Tagelang, oft wochenlang hintereinander geht die Sonne des Morgens an einem reinen und wolkenlosen Himmel

auf und eben so unter, ohne am Tage durch ein Wölkchen getrübt worden
zu sein. Von Ende April bis Mitte September weht der Wind vorherrschend
aus Südwest, die übrige Zeit des Jahres aus Norden und Osten; dies ist
der sogenannte Südwest- und Nordost-Monsun. Diese Monsunwinde sind
im Süden von China sehr regelmässig, weiter nördlich aber ziemlich veränderlich. In dem Breitegrade von Chusan und Shanghae kommt der
Wind, obwohl die Monsunwinde vorherrschen, nicht selten aus einer andern
Himmelsgegend. Gegen Ende des Sommers, d. h. von Juli bis October,
wird das Land oft von jenen fürchterlichen Stürmen heimgesucht welche
die Fremden Typhon nennen. Dieser Name ist eine Verstümmelung des
chinesischen Wortes *Ta-fung* oder „grosser Wind.‟ Diese Stürme richten
sowohl auf dem Lande als auf der See die schrecklichsten Verwüstungen
an. Das Barometer kündigt den Sturm einige Stunden vor seinem Eintritt
an, und die fremden Schiffe können daher immer ihre Masten und Segel
niederlassen und wo möglich einen sichern Ankerplatz gewinnen. Wenn
diess nicht möglich ist, so bleibt ihnen keine andere Wahl als die See
zu halten. Die Chinesen können, ohne Hülfe des Barometers, immer nach
folgenden Anzeichen sagen wenn der Ta-fung kommt. Der Wind, der in
der Typhonjahreszeit aus Südwest kommt, schlägt nach Norden und Nordost
um, wird stürmisch und allmälig immer heftiger, der Himmel verfinstert
sich, die See wälzt sich schwer auf das Ufer, und alles deutet auf einen
nahen Sturm. Wenn diese Zeichen eintreten ziehen die Fischerboote an
der Küste ihre Netze ein und fahren mit allen Segeln, so schnell sie nur
irgend können, dem Lande zu, wo die Boote auf das Trockene gezogen
werden, oder in irgend eine kleine Bucht die vor der Gewalt des Windes
und der Wellen geschützt ist. Die an den Küsten fahrenden Junken,
welche wenig geeignet sind einen Sturm auszuhalten, suchen schleunigst
irgend einen geschützten Hafen zu erreichen, wo sie das Unwetter ohne
Gefahr aushalten können; und glücklicher Weise hat die Natur selbst,
zum Schutz gegen die Wuth dieser Winde, an der Küste von China für
eine grosse Anzahl trefflicher und wohlgeschützter Häfen gesorgt, die den
Lothsen am Bord der Junken alle wohl bekannt sind.

Während meines Aufenthalts in China habe ich zwei solche schreckliche Stürme erlebt, einen auf dem Meere und einen auf dem Lande. Bei
dem ersten waren wir glücklicher Weise im Stande eine tiefe Bucht zu
gewinnen, wo wir mit drei Ankern festliegend vollkommen sicher waren
und den Sturm abwarten konnten. Das andere Mal, den 21. und 22.
August 1844, war ich in Ning-po. Ich sah die Chinesen in grosser Be-
stürzung herumrennen, sie riefen einander zu: „der grosse Wind kommt!‟
und trafen ihre Vorkehrungen. Matten und Rohrgeflechte, die als Schutz
gegen die Sonne an den Thüren und Fenstern angebracht waren, wurden
eilig weggenommen, und manche Häuser, von denen man wusste dass sie
in etwas baufälligem Zustande waren, so schnell wie möglich gestützt.
Auch auf den Feldern waren die Leute nicht weniger eifrig beschäftigt.
Die beinahe reifen Spitzen des hohen Hirse wurden schnell abgeschnitten
und die langen Stängel stehen gelassen um später zu reifen. Hirse ist,
wenn er beinahe reif ist, so schwer, dass wenn er dem Winde ausgesetzt
geblieben wäre er ganz zerschlagen worden und die ganze Ernte verloren gegangen wäre. Die Feldfrüchte an den Ufern der Flüsse und Ka-

näle wurden, wo es irgend geschehen konnte, weggenommen, weil sie sonst in das Wasser und weit über das Bereich der Eigenthümer getrieben worden wären. Alle Früchte die beinahe reif waren wurden eiligst von den Bäumen abgenommen, überflüssige Aeste abgehauen und andere aufgebunden und gestützt. Der Sturm wurde allmälig immer heftiger, bis zu Tagesanbruch am Morgen des 22, wo er seine höchste Stärke erreicht zu haben schien. In Herrn Mackenzie's Hause, wo ich damals wohnte, brachten wir eine furchtbare Nacht zu. Der Sturm heulte und sauste um das Dach, jeder Windstoss schien heftiger als der vorhergehende, bis ich wirklich glaubte das Haus würde über uns zusammenstürzen und uns unter seinen Ruinen begraben. Als der Tag anbrach gewährten die Zimmer einen traurigen Anblick; Fussboden, Tische und Stühle waren mit Staub und Stücken von zerbrochenen Ziegeln und Mörtel bedeckt, die von der Decke heruntergefallen waren. Der Sturm tobte noch mit voller Wuth als ich mich mit Herrn Mackenzie, froh den Trümmern die uns umgaben entrinnen zu können, aufmachte um zu sehen welchen Schaden der Wind an andern Orten in der Nähe angerichtet hätte. Der Sturm war so heftig dass es uns fast unmöglich war uns auf den Beinen zu halten, und wir mussten gegen denselben rückwärts auf den Knieen und Händen kriechen. Der sonst schöne und ruhige Fluss war gestiegen und vollkommen aus seinen Ufern getreten, weil er durch die Gewalt des Windes zurückgetrieben worden, und war eben so wild wie die See selbst. Die ganze Gegend war eine weite trübe Wasserfläche, denn die Arme des Flusses und die zahlreichen Kanäle von denen das Land durchschnitten ist, waren alle aus ihren Ufern getreten und hatten die niedrigen Reisfelder überschwemmt. Die meisten kleinen Boote waren in Sicherheit und entweder in Buchten vor den Wellen geschützt, oder so weit aufs Trockene gezogen dass das Wasser sie nicht erreichen konnte, aber viele von den grossen Holz-Junken welche diesen Hafen besuchen, waren nicht so glücklich. Sie hatten in einiger Entfernung von der Stadt Anker geworfen, und wie gewöhnlich war ein grosser Theil ihrer Ladung an den Seiten festgebunden. An mehreren zerriss die vereinigte Gewalt des Windes und der Wellen die Stricke, so fest diese auch waren, und die Holzstücke fielen ins Wasser, wo sie theils vom Strome fortgetrieben, theils ans Ufer geworfen wurden. Hunderte von Chinesen waren nun bereit das ans Land treibende Holz in Empfang zu nehmen, welches sie, mit völliger Missachtung des Eigenthumsrechtes, sogleich in ihre Häuser schafften. Weder ein Mandarin noch sonst ein Beamter der Regierung versuchte es diesem zu steuern, und die chinesischen Diener des englischen Consuls und anderer fremden Residenten selbst brachten eine bedeutende Quantität in die Wohnungen ihrer Herren und schienen sich sehr zu wundern dass diese sie wegen ihrer Unredlichkeit tadelten. Die Engländer gaben natürlich die Beute den Eigenthümern ehrlich wieder, zur grossen Verwunderung der Chinesen. Auf dem gegenüberliegenden Ufer des Flusses sahen wir eine Menge Leute die beschäftigt waren sich bei dieser Gelegenheit einen Holzvorrath bei Seite zu bringen. Die Stadtmauer läuft hier mit dem Flusse parallel, und diese Spitzbuben hoben ruhig das Holz über die Mauern und Wälle, wobei ihnen ihre Freunde auf der andern Seite hülfreiche Hand leisteten, und niemand versuchte es ihrem gesetzlosen Treiben Einhalt zu thun.

Gegen neun Uhr des Morgens hatte sich der Wind, der anfangs aus Norden kam, gegen Osten und Süden gedreht, tobte aber noch mit furchtbarer Gewalt. Als wir zurückkehrten, was uns bei der allgemeinen Ueberschwemmung und der Gewalt des Windes nicht ohne Schwierigkeit gelang, sahen wir auf dem Felde eine ganze Familie um einen Sarg beschäftigt den der Wind gegen alle ihre Anstrengungen, ihn auf dem Boden zu befestigen, zu entführen drohte. In diesem Theile des Landes ist es Sitte die Ueberreste der Todten auf freiem Felde beizusetzen, indem man zuweilen die Särge auf kurzen Stangen befestigt, so dass sie einige Fuss über dem Boden stehen. Die armen Leute kämpften hier buchstäblich mit dem Winde, und endlich gelang es ihnen die Reste ihres Verwandten zu retten damit er seinen langen Todesschlaf in Ruhe schlafen konnte. Das Thermometer stand um diese Zeit $28^0 30'$, der Wind behielt aber noch bis gegen Mittag seine volle Gewalt und liess dann erst allmälig nach. Gegen Abend war der Sturm offenbar vorüber, obwohl der Himmel noch ein wildes Aussehen hatte, und der Wind kam dann aus Südwest. Der Fluss trat bald wieder in seine Ufer zurück, die Boote fingen wieder an auf und abzusegeln, und die Geschäfte, welche gänzlich aufgehört hatten, nahmen ihren Gang wieder wie zuvor. Der Typhon dauerte im Ganzen beinahe vierundzwanzig Stunden.

Der folgende Morgen war ruhig und schön, aber die aufgehende Sonne beleuchtete einen Schauplatz der Oede und Verwüstung. Die Strassen waren mit zerbrochenen Ziegeln und Mörtel bestreut, viele Häuser waren vollständig abgedeckt, Mauern umgestürzt, und alles zeugte von der Heftigkeit des Sturmes. Auf den Feldern war die Veränderung noch auffallender; zwei Tage vorher waren Bäume und Hecken grün, die Gärten prangten mit Blumen und alles hatte das fröhliche Ansehen des Sommers; jetzt war die Vegetation aus dem Grün in ein welkes, krankes Braun verwandelt, die Blumen waren verwelkt, Bäume entwurzelt, zerbrochen und zerschmettert und viele Feldfrüchte gänzlich verwüstet.

Die Nachrichten welche nach diesem Typhon von der See einliefen liessen den Verlust vieler Menschenleben bedauern. Noch mehrere Tage nach dem Sturme trafen unsere Schiffe an der Küste oft grosse Stücke herumtreibender Wracks, die Ueberreste chinesischer Junken. Ein englisches Schiff hatte auf seinem Wege nach Chusan die Masten kappen müssen und wurde zwei Tage nachher von einem Dampfschiffe der Regierung in den Hafen bugsirt. Herr Shaw, einer von den Passagieren die sich auf diesem Schiffe befanden, erzählte mir, dass einmal während des Typhon eine Zeitlang vollkommene Windstille eintrat, dann aber der Wind nach einer andern Seite umschlug und mit nur noch grösserer Gewalt wieder anfing. Dies ist häufig der Fall, und während dieser kurzen Pausen werden die Schiffe auf eine furchtbare Weise umhergeworfen, weil die See hohe Wellen schlägt und sie ihr dann gänzlich überlassen sind und nichts haben um Widerstand zu leisten.

Im vorhergehenden Jahre wurde dieser Theil des Landes zweimal vom Typhon heimgesucht, nämlich am 1. September und am 1. October. Auf der Insel Chusan war der Wind besonders stark und richtete furchtbare Verwüstungen auf den Feldern an. Die kleinen Bäche auf der Insel waren zu grossen Strömen angeschwollen und rissen alles mit sich fort was in ihrem Wege lag. Die Ernten ganzer Felder, namentlich Reis, wurden an vielen Stellen ganz weggeschwemmt, an andern vollständig versandet und unbrauchbar gemacht. Die leichtgebauten Häuser unserer Offiziere die damals auf der Insel standen, litten sehr. Während des Typhons im Jahr 1844 wurde ein Haus, welches ein Offizier am Ufer gebaut hatte, buchstäblich aufgehoben, und würde ohne Zweifel vom Winde fortgeführt worden sein, wenn nicht glücklicher Weise der Brigadier Campbell, der gerade hier war, Lärm gemacht und eine Anzahl Soldaten aus den Casernen beordert hätte, die das Haus so lange festhielten bis es in Sicherheit gebracht werden konnte.

Die nasse und die trockene Jahreszeit haben in den südlichen und tropischen Theilen China's einen weit entschiedenern Charakter als in den nördlichen Theilen des Reichs. In Hong-kong und den südlichen Provinzen ist der Winter, d. i. von October bis März, in der Regel trocken, namentlich im November, December und Januar. Die feuchtesten Monate im Jahre sind um den Wechsel der Monsunwinde, nämlich Mai und Juni, und dann wieder der September, wo sich der Regen in Strömen ergiesst, wahrscheinlich in Folge der Stagnation welche die veränderte Richtung der Winde in der Luft hervorbringt.

Der oben angeführte Schriftsteller erklärt diese Erscheinung aus folgenden Gründen. Er sagt: „der Nordost-Monsun, welcher ungefähr im September anfängt, ist um diese Zeit am stärksten und geht im März nach und nach in den entgegengesetzten Monsun über. Ungefähr um diese Zeit werden die Südwinde von der Feuchtigkeit geschwängert welche sie auf ihrem Wege über See durch die warmen Breitegrade aufnehmen, und diese verdichtet sich plötzlich zu dicken Nebeln und kommt mit dem Festlande von China in Berührung, welches durch die langanhaltenden Nordwinde bis zu einer niedrigen Temperatur abgekühlt ist. Die latente Hitze welche durch die schnelle Distillation dieses Dampfes in Flüssigkeit ausströmt, bringt das plötzliche Steigen der Temperatur zu stande, welches ungefähr im März stattfindet, und der Einfluss ist sogleich an der erhöhten Lebenskraft bemerkbar welche die ganze Vegetation durch diese Verbindung der Wärme und Feuchtigkeit erhält. Mit der fortschreitenden Zunahme der Hitze und Ausdünstung beginnen diese Regen, welche so viel dazu beitragen die Einwirkungen der Sonnenstrahlen in den Tropenklimaten zu mildern. Im Monat Mai beträgt die Masse des herabfallenden Regens mehr als zwanzig Zoll, d. i. mehr als ein Viertheil des Regens im ganzen Jahre, und dadurch wird die Temperatur auf der gemässigten Stufe gehalten welche durchschnittlich für diesen Monat angegeben wird.“

Folgende Tabelle, welche nach langjährigen Beobachtungen des in Macao verstorbenen Herrn Beale entworfen ist, zeigt die durchschnittliche Masse des monatlich fallenden Regens nach Zollen berechnet.

	Thermometer					Mittl. Höhe des Barometers	Durchschn. Masse des Regens nach Zollen
	Mittl. Maxim.	Mittl. Minim.	Mittl. Temperatur	von	zu		
Januar	57	45	51	65	29	30·23	0·675
Februar	58	45	51·5	68	33	30·12	1·700
März	71	60	65·5	79	45	30·17	2·150
April	76	69	72·5	84	59	30·04	5·675
Mai	78	73	75·5	86	69	29·89	11·850
Juni	84	79	81·5	89	74	29·87	11·100
Juli	88	84	86	94	81	29·84	7·750
August	86	83	84·5	90	79	29·86	9·900
September	84	79	81·5	88	75	29·90	10·925
October	76	70	73	85	60	30·04	5·500
November	68	61	64·5	79	48	30·14	2·425
December	63	52	57·5	69	40	30·25	0·975
Jährl. Mittl.	74·1	66·7	70·4	81·3	57·6	30·03	

Totale Regenmasse 70·625.

Auch im Norden fällt beim Wechsel der Monsunwinde der Regen häufig, namentlich im Frühling, zu welcher Zeit er für die Feldfrüchte die um diese Zeit gesät und gepflanzt werden vom grössten Nutzen ist. Von den Theilen China's jedoch, welche innerhalb der gemässigten Zone liegen, kann man nicht eigentlich sagen, in dem Sinne wie man diesen Ausdruck gewöhnlich versteht wenn von Tropenländern die Rede ist, dass sie eine nasse und eine trockene Jahreszeit haben. Die Wintermonate, die in Hong-kong trocken sind, haben in Shanghae einen durchaus andern Charakter; es regnet und schneit vielmehr dort häufig stark und anhaltend. In der That, das Klima des nördlichen China hat mehr Aehnlichkeit mit dem des südlichen England oder Frankreichs, als mit dem der südlichen Theile des chinesischen Reichs; und, obwohl heisser, errinnerte es mich doch immer an die schönen Sommer die wir alle zehn bis zwölf Jahre einmal in England haben. Der Himmel ist tage- und wochenlang unbewölkt und des Abends fällt ein starker Thau der die Vegetation erfrischt.

Diese Bemerkungen werden den Leser in Stand setzen die Theorie und Praxis des chinesischen Ackerbaues, welchen wir im nächsten Capitel betrachten wollen, richtiger zu verstehen.

Sechszehntes Capitel.

Der chinesische Ackerbau. — Uebertreibungen hinsichtlich der Fortschritte desselben. — Boden im Gebirge. — Theeland. — Boden in den Ebenen. — Sommerfrüchte. — Reis und Reisbau. — Pflug und Egge der Chinesen. — Anzahl der erzeugten Feldfrüchte. — Verfahren in der Provinz Chekiang, um zwei Reisernten in einem Sommer zu erhalten. — Reisernte. — Bebauung der Bergabhänge.— Die Tein-chingpflanze, von welcher im Norden Indigo gewonnen wird.— Sommerfrüchte auf den Hügeln. — Bau der Bataten. — Erdnüsse. — Winterfrüchte. — Der berühmte Shan-tung-Kohl. — Oelpflanze. — Weizen, Gerste u. s. w. — Reifen der Wint rfrüchte. — Düngung.— Zwei zum Behuf der Düngung erbaute Pflanzen, — Deren Bau und Anwendung. — Dünger mit dem Samen gemicht. — Nutzen desselben. — Andere Düngungsarten. — Dünger. —Abtrittkoth und Urin, — Anwendung desselben. — Reihenfolge der Feldfrüchte.

Der Ackerbau ist in China seit den frühesten Zeiten, bis auf den heutigen Tag immer von der Regierung des Landes in hohem Grade geehrt

und befördert worden. Der Landwirth steht hier höher im Range als
sonst in irgend einem Lande der Welt, und der Kaiser selbst zeigt durch
die That wie hohen Werth er dem Ackerbau beilegt, indem er jedesmal
zu Anfang des Sommers an den Arbeiten theilnimmt. Als „Sohn des
Himmels", oder Vermittler zwischen den Göttern und seinen Unterthanen,
widmet er drei Tage einem feierlichen Fasten und Gebet, und begiebt sich
dann auf ein Feld wo er mit eigner Hand den Pflug führt und etwas Reis
in den Boden streut, um zu zeigen welche Wichtigkeit die Regierung dem
Fleisse bei der Bebauung der Erde beilegt, damit im Lande Ueberfluss
sei um den Bedürfnissen der strotzenden Bevölkerung abzuhelfen.

Die Fortschritte welche die Chinesen im Ackerbau, als einer Kunst,
gemacht haben, sind jedoch von vielen welche diesen Gegenstand in ihren
Schriften berührt haben gewaltig übertrieben worden. Die chinesische
Regierung hat den Fremden immer mit solcher Eifersucht den Eintritt in
das Land verwehrt, dass die welche vielleicht im Stande gewesen wären
sich eine richtige Vorstellung über den chinesichen Ackerbau zu bilden,
daran verhindert und durch ihre lebhafte Einbildungskraft zu falschen Vorstellungen geführt wurden, während die katholischen Missionäre, welche
das Innere des Landes bereisten und daselbst wohnten, vom Ackerbau eben
so wenig verstanden als ihnen die Fortschritte desselben in anderen Ländern bekannt waren. Man muss aber bedenken, dass, während der Ackerbau bei den Völkern des Westens reissende Fortschritte gemacht hat, die
Chinesen, wie in den meisten andern Dingen, auf einer Stufe stehen geblieben
sind, und es muss daher jetzt ein bei weitem grösserer Abstand zwischen
uns und ihnen sein, als zu der Zeit wo die ersten Schriftsteller welche über China
geschrieben ihre Werke veröffentlichten. Diese und namentlich diejenigen welche
deren Werke getreulich nachschrieben, tragen die Schuld an den irrigen Meinungen welche bei uns im Allgemeinen über Alles was den Ackerbau der
Chinesen angeht verbreitet sind. Ich zweifle nicht dass die Chinesen, als
Nation, auch in dieser Kunst den Eingebornen Indiens und anderer halbcivilisirten Länder weit voran sind, ebenso wie in den meisten andern Hand-
werken, aber es ist lächerlich, wenigstens in unserer Zeit, wenn man sie
nur einen Augenblick unseren intelligenten Landwirthen in England oder
Schottland zur Seite stellen will. Eben so gut könnte man ihre Küsten-
junken mit der englischen Flotte vergleichen, oder ihre Kaufleute mit den
unsrigen, deren Schiffe man auf allen Meeren findet und deren Handelsope-
rationen sich über alle Theile der Welt erstrecken. Damit jedoch der
Leser sich selbst eine Meinung bilden könne, will ich hier im einzelnen
beschreiben was ich auf meinen beinahe dreijährigen Reisen mit eigenen Augen gesehen habe. Ich habe während dieser Zeit zu wiederholten
Malen Gelegenheit gehabt die verschiedenen Methoden und ihre Erfolge
zu beobachten, sowohl im Norden als im Süden des Landes, und damals
alles genau in meinem Tagebuche verzeichnet.

Betrachten wir hier zuerst die südlichen Provinzen. Diese haben
bekanntlich ein tropisches Klima und unterscheiden sich in mancher Hinsicht
von den nördlicheren Gegenden, sowohl was den Boden als auch was die
Natur der Pflanzen betrifft welche hier gebaut werden.

Der Boden in den Gebirgen im Süden von China ist so schlecht
als er nur immer sein kann. Ueberall sieht man Granitsteine zwischen
der dürftigen Vegetation hervorragen, und das Erdreich selbst besteht aus

einem trockenen von der Sonne ausgebrannten Thon, der mit Theilen eines in Zersetzung begriffenenen oder zerfallenden Granits gemischt ist. Die Gewohnheit, das lange Gras und verkümmerte Gesträuch abzuscheiden welches als Feurungsmaterial verbraucht wird, trägt noch besonders dazu bei, den ohnehin schon dürftigen Boden in diesem Zustande zu erhalten. Zuweilen legen die Eingebornen auf diesen Gebirgen Feuer an, um eine dürftige Düngung hervorzubringen, dennoch aber bleibt der Boden im höchsten Grade arm und unfruchtbar. Fast alle gebirgigen Gegenden des Südens von China sind noch in einem Zustande der Natur, öde und wild; noch nie hat des Menschen Hand versucht den Boden zu bebauen, und wird es wahrscheinlich nie im Stande sein Hie und da, nahe am Fusse der Hügel, kann man den weit berühmten Terrassenbau sehen, wo die Eingebornen kleine Flecken mit Reis und anderen Gewächsen, wie Bataten und Erdnüssen, bepflanzen, aber das in diesen Theilen des Landes zu solchem Zwecke verwandte Land bildet, im Vergleich zu den weiten wüst liegenden Strecken, einen äusserst geringen Theil.

Bei Amoy und in dem ganzen südlichen Theile der Provinz Fokien sind die Gebirge fast noch kahler als in Quantung. Auf manchen Hügeln auf der Insel Amoy kann man meilenweit wandern, ohne auch nur ein Unkraut zu sehen. Zu allen Seiten erblickt man nichts als Massen von dunkeln zerbröckelnden Granit und rothen Thon, der wie gebrannt aussieht. Dies scheint jedoch die nördlichste Grenze dieses dürrsten Theiles von China zu sein; sobald man an den Min-Fluss bei Foo-chow-foo kommt, ist in der Vegetation der Hügel eine grosse Veränderung bemerkbar, die natürlich ihren Grund in einer reicheren Natur des Bodens hat. Dasselbe gilt auch von dem nördlichern Theile von Fokien und der ganzen Provinz Chekiang. In der Nähe der Minmündung habe ich Berge von wenigstens 3000 Fuss über der Meeresfläche bestiegen, die bis an den Gipfel bebaut waren. Der Boden bestand hier aus einem grobsandigen Lehm, der, obwohl keineswegs reich, doch mehr vegetabilische Stoffe oder Humus enthielt und dabei auch tiefer war. Der mit dem Boden gemischte vegetabilische Stoff machte diesen fruchtbar genug um den chinesischen Bauer für die Mühe zu lohnen die er anwenden muss um die Früchte zur Reife zu bringen. Natürlich sind nicht alle Berge gleich fruchtbar; die Theedistricte zum Beispiel, sowohl in der Provinz Fokien als in Chekiang, sind nicht allein fruchtbarer sondern noch ganz anders als man gewöhnlich annimmt. Einer der glaubwürdigsten Berichte über China giebt folgende Analyse des Bodens in diesem Districte: — „Das Theeland in China besteht fast ganz aus einem kieselhaltigen Sande, mit nur einem Procent vegetabilischer Stoffe auf 84 pr. C. Sand, und einer Quantität kohlensauren Eisen und Alaunerde." Wo und wie dies Analyse erlangt wurde, weiss ich nicht — wahrscheinlich gilt sie von den Schwarztheedistricten in der Nähe von Canton; soviel aber ist, sicher, dass man weit fehlen würde wenn man sie auf den reichen Boden der grossen Theedistricte anwenden wollte.

Aber selbst hier, und dies gilt von sämmtlichen noch so fruchtbaren Gebirgsgegenden des mittleren China, würde es lächerlich sein wenn man behaupten wollte, wie manche gethan haben, dass das ganze Land, oder auch nur der grössere Theil, bebaut sei. Im Gegentheil, bei weitem der grössere Theil liegt wüst und unbebaut und ist nie von Menschenhänden gestört worden, Ich sage dies ausdrücklich, um die Meinung derer zu berichtigen welche glauben dass jeder Zoll Erde im himmlischen Reiche sie sei noch so kalt und dürre, bebaut sei und der chinesischen Betriebsamkeit und Geschicklichkeit Raum gegeben habe. Ich selbst war, ehe ich nach China kam, in demselben Irrthum befangen, aber der erste Blick auf die schroffen gebirgigen Küsten belehrte mich bald eines Besseren. Leider gehen unsere Vorstellungen von einem fernen unbekannten Lande in die Extreme, indem wir uns dasselbe entweder als ganz wüste denken, oder als ein Paradies von Fruchtbarkeit.

Der Boden in den Thälern oder Ebenen ist in den verschiedenen Provinzen eben so verschieden wie auf den Hügeln. Das Niveau dieser Thäler oder Ebenen ist in der Regel sehr niedrig; in manchen Fällen selbst unter dem der Flüsse und Kanäle. Im Süden besteht der Boden aus einem festen, harten Thon der mit einem kleinen Theile Sand gemischt ist, aber kaum irgend vegetabilische Stoffe oder Humus enthält. Dies ist namentlich in der Umgegend von Canton und Macao der Fall, und in der That in allen Provinzen des Südens, ausser in der Nähe grosser Städte, wo der natürliche Charakter bis auf einen gewissen Grad durch die Düngung verändert worden ist. Vier bis fünfhundert engl. Meilen nördlich von Hongkong, wo die Hügel ihren dürren Charakter verlieren, findet auch in dem Boden der Thäler und Ebenen eine sichtbare Veränderung statt. In dem Flussgebiete des Min z. B. besteht der Boden nicht blos, wie man erwarten könnte, aus festem harten Thon, sondern ist eine, mit einer bedeutenden Quantität vegetabilischer Stoffe gemischte, treffliche Art Lehm, dem nicht unähnlich welchen wir auf unsern besten Weizenlande in England und Schottland finden, und fähig vortreffliche Ernten hervorzubringen. Als allgemeine Regel kann man annehmen dass, je tiefer die Thäler, desto mehr der Boden sich seiner Natur nach dem festen Thone des Südens nähert, und umgekehrt. Zum Beispiel, die Gegend um Shanghae ist einige Fuss höher über dem Niveau der Flüsse und Kanäle als die Gegend um Ning-po, und der Boden der letztern besteht mehr aus einem festen Thon und ist weniger mit vegetabilischen Stoffen zusammengesetzt, und bei weitem nicht so fruchtbar, als der Baumwollendistrict von Shanghae.

Reis, als das hauptsächlichste Nahrungsmittel, ist natürlich auch das Haupterzeugniss des Landes, namentlich im Süden, wo in den heissen Monaten leicht zwei Ernten reif werden, und ausserdem noch im Winter eine Ernte einiger weniger zarten Gewächse.

Der Boden wird im Frühling, sobald die grünen Winterfrüchte von den Feldern weggebracht sind, für die erste Reisaussaat zubereitet. Der Pflug, der gewöhnlich von einem Büffel oder Ochsen gezogen wird, ist ein plumpes Werkzeug, entspricht aber seinem Zwecke wahrscheinlich besser als unsere Pflüge es thun würden, die, wie man gefunden hat, zu schwer und für die Chinesen nicht handlich sind.* Da das Land immer mit Wasser überfluthet ist ehe es gepflügt wird, so kann man dieses Geschäft als das Umwenden einer sechs bis acht Zoll tiefen Schicht von Schlamm und Wasser beschreiben, die auf einer festen Unterlage von hartem festen Thon ruht. Der Pflug geht nie tiefer als dieser Schlamm und das

---

* Man hat mehrmals englische Pflüge nach China geschickt und den einheimischen Landwirthen umsonst angeboten, sie wollten sich derselben aber nicht bedienen.

Wasser, und der Pflüger und sein Thier finden daher, indem sie das Feld durchwaten, festen Grund zum Treten. Der Wasserbüffel der im Süden gewöhnlich gebraucht wird, eignet sich sehr gut zu dieser Arbeit, da er sich sehr gern im Schlamm wälzt, und man sieht ihn oft sich in den Kanälen an den Seiten der Reisfelder zum Vergnügen wälzen. Für den armen Bauer aber scheint die Arbeit höchst unangenehm und ungesund, dennoch aber geht er froh und zufrieden hinter seinem Pfluge her. Nach dem Pfluge kommt die Egge; diese wird hauptsächlich gebraucht um die Oberfläche des Bodens zu klären oder den Dünger unterzubringen. Sie hat daher keine langen senkrechtstehenden Zähne, wie die unsrige, sondern der Arbeiter steht oben auf derselben und drückt sie, während sie fortgezogen wird, auf den schlammigen Boden nieder. Der Zweck sowohl des Pfluges als der Egge ist nicht allein, das Erdreich zu lockern, sondern das Ganze untereinander zu mischen, bis es ein förmliches Schlammloch bildet und die Oberfläche glatt und weich wird, und dann erst ist es fähig die jungen Reispflanzen aufzunehmen.

Noch ehe die Reisfelder zubereitet werden besät man kleine stark gedüngte Flecke mit Reis, und die jungen Pflanzen in diesen Saatbeeten sind dann, wenn die Felder zu ihrer Aufnahme vorbereitet sind, so gross dass man sie umpflanzen kann. Zuweilen tauchen die Chinesen den Samen, bevor sie ihn säen, in einen flüssigen Dünger; aber obgleich dieses Verfahren im Süden gewöhnlich ist, so ist es doch keineswegs im ganzen Reiche üblich.

Die jungen Setzlinge werden sorgfältig aus dem Boden gehoben und auf das Feld gebracht. Die Felder sind dann glatt und stehen drei Zoll tief unter Wasser. Man setzt nun die Pflanzen ein, immer ungefähr zwölf auf einen Fleck beisammen, in Reihen die etwa zwölf Zoll auseinander stehen. Das Einsetzen geschieht mit einer staunenerregenden Schnelligkeit. Ein Arbeiter nimmt eine Quantität Pflanzen unter den linken Arm und wirft sie in kleinen Bündeln auf das Feld welches soeben bepflanzt werden soll, da er die erforderliche Anzahl fast bis auf eine Pflanze kennt. Diese kleinen Bündel werden dann aufgehoben und die nöthige Anzahl der Pflanzen ausgewählt und mit der Hand in den schlammigen Boden eingesetzt. Sobald man die Hand aufhebt, dringt sogleich das Wasser in das Loch und wirft zugleich einen Theil des Bodens über die Wurzeln, und die Setzlinge werden so ohne weitere Mühe gepflanzt und mit Boden bedeckt. Im Süden ist die erste Ernte gegen Ende Mai oder Anfang Juli zum Schneiden reif. Ehe sie noch ganz reif ist werden neue Setzlinge auf den Beeten oder an den Ecken der Felder gezogen, die sogleich umgepflanzt werden können, wenn der Boden zu ihrer Aufnahme gepflügt und zubereitet ist. Diese zweite Frucht ist im November zum Schneiden reif.

Unter der Breite von Ning-po, 30^0 n. B., ist der Sommer zu kurz um auf dieselbe Weise wie im Süden zwei Früchte vom Felde ziehen zu können. Die Bauern erzielen daher zwei Reisernten in einem Sommer, indem sie, Furche um Furche, die zweite Frucht zwei bis drei Wochen später einpflanzen. Die Einpflanzung findet gegen Mitte Mai statt und die Ernte ist im Anfang August reif, zu welcher Zeit die Pflanzen in den Zwischenfurchen erst etwa ein Fuss hoch und noch beinahe ganz grün sind. Wenn die erste Ernte weggenommen ist, wird der Boden aufgelockert und gedüngt, und die zweite Frucht, die jetzt reichlich Licht und Luft hat, wächst schnell heran und ist etwa gegen Mitte November für die Sichel reif.

Etwa hundert Meilen weiter nördlich, im Gebiet von Shanghae, ist der Sommer zu kurz als dass der Landwirth eine zweite Ernte Reis erhalten könnte, und er muss sich daher, selbst auf der Ebene von Ning-po, mit einer Frucht begnügen. Diese wird gegen Ende Mai gesät und ist gegen Ende October reif.

Beim Wechsel des Nordostmonsun, im Mai, fällt immer eine grosse Menge Regen. Dies ist für den Landwirth sehr wichtig, nicht allein wegen der Reisernte, sondern auch wegen mancher anderen Verrichtungen die er in dieser Jahreszeit vornimmt. Wir sind gewohnt vieles von der maschienenmässigen Regelmässigkeit zu hören welche bei allen Arbeiten der Chinesen herrscht; betrachten wir aber die Umstände unter denen sie sich befinden etwas genauer, so werden wir uns — wenigstens was den Ackerbau anbelangt — überzeugen, dass ihr Verfahren nicht sowohl durch Laune und jene „Medischen und Persischen" Gesetze bedingt ist, als vielmehr durch die Gesetze der Natur selbst, von denen der Erfolg der mannichfachen Verrichtungen des Ackerbaues hauptsächlich abhängt. So werden Jahr für Jahr, genau um dieselbe Zeit in den Niederungen Reis und Baumwolle gesät und auf den Hügeln Bataten gepflanzt. Aber diese Regelmässigkeit ist nicht Folge eines Vorurtheils, oder Gehorsam gegen kaiserliche Befehle, sondern einzig und allein die Folge der Erfahrung, welche den Bauer gelehrt hat dass dieses die passendste Zeit für seine Arbeiten ist, weil dann häufige und reichliche Regen eintreten die die Erde und Luft feucht halten, bis zu der Zeit wo die jungen Wurzeln im Boden Halt gewonnen haben und im Stande sind hinreichende Nahrung für die Stengel einzuziehen.

So lange der Reis wächst werden die Felder wo möglich immer unter Wasser gehalten. Die Terrassen in der Nähe des Fusses der Hügel werden aus den Gebirgsströmen, und die Felder welche über dem Niveau eines nahen Flusses oder Kanals liegen, mit Hülfe des berühmten Wasserrades mit Wasser versorgt. Dieses Wasserrad ist im ganzen Lande in Gebrauch und es giebt drei verschiedene Arten desselben die alle nach demselben Princip eingerichtet sind und sich nur in der Art und Weise von einander unterscheiden wie sie in Bewegung gesetzt werden, nämlich entweder mit den Händen, oder mit den Füssen, oder endlich durch irgend ein Thier, in der Regel einen Büffel oder Ochsen. Die Reisfelder werden auf diese Weise überschwemmt gehalten bis die Frucht beinahe reif ist, wo sie dann des Wassers nicht mehr bedürfen. Auch ist es nothwendig, oder wenigstens sehr zweckmässig, einmal oder zweimal im Lauf des Sommers den Boden um die Wurzeln herum gut aufzulockern und das Unkraut auszurotten. Bei nasser Witterung bleibt das Wasser ziemlich lange auf den Feldern, und dann sieht man nicht selten die Eingebornen bei der Einsammlung der Ernte bis an die Knie im Schlamm und Wasser waten.

Wenn die Frucht reif ist wird sie mit einem kleinen, einer Sichel nicht unähnlichen Instrumente geschnitten, und in der Regel sogleich auf demselben Felde wo sie gewachsen ist ausgedroschen. Zuweilen jedoch, und zwar besonders im Norden, wird der Reis in Garben gebunden und unter Dach gebracht ehe man ihn ausdrischt;

Ueberhaupt hat der ganze Ackerbau im Norden von China grosse Aehnlichkeit mit dem in Europa.

Die Terrassenbebauung in China ist beinahe von allen die über dieses Land geschrieben haben erwähnt und wie fast Alles andere sehr übertrieben, oder sehr unterschätzt worden. Soweit ich darüber urtheilen kann wird sie auf den Hügelabhängen am Flusse Min, nahe bei Foo-chow-foo, in der grössten Vollkommenheit betrieben, wenigstens ist sie mir dort mehr aufgefallen als in andern Gegenden. Wenn man diesen schönen Strom aufwärts segelt, erblickt man diese Terrassen, die sich oft sechs bis achthundert Fuss über der Meeresfläche wie Treppen an den Seiten der Hügel eine über die andere erheben. Wenn der Reis und die anderen Früchte jung sind, so sind diese Terrassen mit einem üppigen Grün bekleidet und sehen aus wie eine Reihe von Gärten in mitten der schroffen und kahlen Gebirge. Das Terrassensystem ist von den Chinesen angenommen worden, entweder um die Seiten der Hügel, wo der Reis wachsen soll, mit Wasser zu versorgen, oder um zu verhindern dass die heftigen Regengüsse den lockern Boden von den Wurzeln der Gewächse abwaschen. Man sieht daher diese Einschnitte, überall an den Seiten der Hügel, nicht ganz so flach wie die Reisterrassen, aber flach genug um den Regen auf seinem Wege bergabwärts aufhalten zu können. Aus demselben Grunde werden die Bataten, und andere Früchte die an den Hügeln wachsen, immer in quer oder horizontal laufenden Furchen gepflanzt, und in der That, wenn die Furchen in einer andern Richtung liefen, so würden die heftigen Regengüsse welche in den ersten Sommermonaten fallen, sowohl den lockern Boden als die Früchte selbst in die Ebenen hinabspülen.

Reis wird auf dem niedern Terrassenboden gebaut, und man leitet immer einen Bach aus irgend einer Bergschlucht an den Hügeln hin, bis zu der obersten Terrasse, in die er fliesst und den ganzen flachen Boden überfluthet. Wenn das Wasser drei bis vier Zoll hoch steigt, was für den Reis hoch genug ist, so findet es durch eine für diesen Zweck am Rande angebrachte Oeffnung, Abzug und fliesst in die nächste Terrasse hinab, die es auf dieselbe Weise unter Wasser setzt, und so fort, bis zur untersten. Auf diese Weise werden sämmtliche Reisterrassen beständig unter Wasser gehalten, bis die Stengel eine gilbliche Farbe annehmen, wo dann das Wasser nicht mehr länger nöthig ist und entweder in seinen natürlichen Kanal zurückgeht oder nach einem andern Theile des Hügels geleitet wird um andere Früchte zu nähren. Diese Gebirgsbäche, die sich in allen Theilen des Hügellandes in grosser Menge finden, sind für den Landwirth äusserst wichtig; und da sie in der Regel hoch oben in den Ravinen entspringen, so können sie nach Belieben über alle niedriger gelegenen Theile der Hügel geleitet werden. Keine Verrichtung beim Ackerbau macht dem Landwirthe und seinen Arbeitern grösseres Vergnügen als diese Wasserbäche von einem Orte zum andern zu leiten und ihren Zwecken dienstbar zu machen. Auf meinen Reisen zog diese Verrichtung der Einwohner oft meine Aufmerksamkeit auf sich, und ich machte ihnen grosses Vergnügen wenn ich die Geschicklichkeit mit der sie dieselbe ausführten bewunderte. Das Verfahren beschränkt sich aber nicht allein auf die Reisfelder. Als ich einmal die Umpflanzung einiger grossen Bäume in den Gärten der Herren Dent & Co. in Hong-kong beaufsichtigte, liess ich die frisch gepflanzten Bäume reichlich mit Wasser begiessen und befahl dem Gärtner dieses am nächsten Morgen zu wiederholen. Als ich aber am nächsten Tage wieder in den Garten kam, fand ich zu meiner Verwunderung einen kleinen Bach der, in eine Menge Arme getheilt, sich zwischen den Wurzeln der neu gepflanzten Bäume hinschlängelte. Da vorher kein Bach hier war, so ging ich hinauf um die Quelle desselben zu suchen, und entdeckte dass er aus einer benachbarten Ravine hergeleitet war; eine Arbeit die gewiss leichter und zugleich weit wirksamer war, als wenn man das Wasser in so grosser Masse in Eimern herbeigetragen hätte.

In den Niederungen werden mancherlei andere Sommerfrüchte gebaut, wie z. B. in den südlichen Provinzen des *Nelumbium speciosum*, welches hauptsächlich seiner Wurzeln wegen gezogen wird, die sehr geschätzt sind; ferner die *Trapa bicornis*, die Biberölpflanze, *Scirpus tuberosus, Convolvulus reptans*, und manche andere Gewächse nach denen in allen chinesischen Städten grosse Nachfrage ist. Auch das Zuckerrohr wird in den Provinzen Quantung und Fokien in grosser Menge gebaut, und wahrscheinlich auch in andern Theilen des Reichs.

In dem Gebiete von Kingsoo nahm eine Pflanze meine Aufmerksamkeit in Anspruch, welche die Chinesen *Tein-ching* nennen und die wegen der blauen Farbe welche man daraus bereitet von den Einwohnern in grosser Masse gezogen wird. In den südlichen Provinzen wird viel Indigo *(Indigofera)* gezogen und bereitet, ausser der grossen Masse die jährlich von Manila und den Strassen eingeführt wird. Im Norden jedoch findet man die Pflanze welche wir Indigo nennen nirgends, wahrscheinlich weil hier der Winter zu kalt ist: aber ihre Stelle vertritt die *Tein-ching (Isatis indigotica)*, deren Blätter auf dieselbe Weise bereitet werden wie der gewöhnliche Indigo. Die Farbe des Saftes ist zuerst eine Art Blaugrün, wenn er aber gut umgerührt und der Luft ausgesetzt wird, so wird er um vieles dunkler. Wahrscheinlich wird er später durch Verdunstung verdichtet; diesen Theil des Processes habe ich aber nicht selbst beobachten können. Ich bin sehr geneigt zu glauben dass dies die Farbe ist womit man im Norden von China den für den englischen und amerikanischen Markt bestimmten Thee grün färbt; dies ist jedoch eine blosse Vermuthung.

Die S o m m e r f r ü c h t e des Hügellandes sind, wie man leicht denken kann, von denen der Ebene sehr verschieden. Nördlich von der Provinz Fokien, bis zu dem grossen Thale des *Yang-tse-kiang*, gehören die Hügel zu den fruchtbarsten in China. Sie sind oft in der oben beschriebenen Weise in Terrassen gebaut, und ihre Haupterzeugnisse sind, mit Ausnahme des Reis der auf den unteren Terrassen gezogen wird, Bataten und Erdnüsse *(Arachis hypogaea)*. In den südlichen Provinzen bleiben, wenn der Winter gelind ist, die Knollen oft den ganzen Winter über im Boden. Im Norden ist die Kälte zu streng, und die Eingeborenen sind daher genöthigt die Knollen auszugraben und in Sicherheit zu bringen. Im April werden diese Knollen, welche als „Samen" aufgehoben wurden, auf Beeten in der Nähe der Häuser oder an den Ecken der Felder dicht nebeneinander gepflanzt. Sie beginnen sogleich ihre jungen Schösslinge zu treiben, und diese können schon Anfang Mai ausgehoben und verpflanzt werden. Einstweilen wird der Boden an den Abhängen der Hügel zu ihrer Aufnahme vorbereitet wo man, etwa zwei Fuss auseinander, horizontallaufende Streifen oder Furchen zieht. Etwa den 10. oder 12. Mai werden die Schösslinge ausgehoben und umgepflanzt, und scheinen ebenso leicht zu wachsen wie Queckengras. Es ist zum Erstaunen wie sie gedeihen, wenn man bedenkt wie geringe Pflege man ihnen zu Theil werden lässt; man muss jedoch bedenken dass dies der Anfang der Regenzeit bei dem Wechsel der Monsunwinde ist, wo der Himmel in der Regel mit Wolken bedeckt ist und kaum ein Tag vergeht wo es nicht mehrmals regnet, und folglich die Luft mit Feuchtigkeit gesättigt ist. Die Erdnüsse werden hauptsächlich in den südlichen Provinzen in grosser Ausdehnung gebaut, namentlich in Fokien, während die Bataten etwas weiter nördlich besser gedeihen, wo sie die hauptsächlichste Frucht auf den Hügeln bilden.

Die Winterfrüchte in der Nähe von Macao und Canton bestehen aus grossen Massen unserer europäischen Gewächse, wie Kartoffeln, Erbsen, Zwiebeln, Kohl, die für den Bedarf der in Hong-kong oder Canton wohnenden Europäer gezogen werden. Unsere Kartoffeln werden hier in der Regel im October gepflanzt, der für die beste Zeit gilt wenn man eine gute Ernte haben will; da sie aber auf den Märkten zu jeder Zeit gut verkauft werden, so sorgen die welche sie bauen dafür dass sie den grössten Theil des Jahres hindurch junge haben. Mehrere Abarten der Kohlpflanze, die in China einheimisch zu sein scheinen, werden zu derselben Zeit, sowohl im Süden als im Norden, in grosser Ausdehnung auf den Feldern gezogen. Sie haben nie einen festen Kopf, wie unser Kohl, und werden in England nicht geachtet. Der berühmte „Pak-tsae" oder weisse Kohl von Shantung und Peking ist eine von diesem ganz verschiedene Pflanze; er wächst nie im Süden von China, sondern nur im Norden, wo er in den Sommermonaten gebaut wird. Mit den Junken welche zu Anfang des Nordostmonsun im October absegeln werden alljährlich im Herbste grosse Massen dieses wohlschmeckenden Gemüses nach dem Süden gebracht.

Die hauptsächlichsten Winterfrüchte in den nördlichen Provinzen sind Weizen, Gerste, Erbsen, Bohnen, Rübsamen und verschiedene andere Gewächse von geringerem Werthe. Diese Feldfrüchte wachsen eben sowohl auf den Hügeln wie auf dem flachen Lande und auf dem Boden auf welchem im Sommer die Bataten gezogen werden. In der Gegend von Nanking werden sie in der Regel im October auf dieselben Felder gesät oder gepflanzt welche während der Sommermonate Reis oder Baumwolle tragen. Die Aussaat findet oft schon statt noch ehe die Baumwolle oder die trockenen Sommerfrüchte weggenommen sind, und man kann die jungen Pflanzen zwischen jenen aufschiessen sehen, bereit deren Platz einzunehmen sobald sie weggenommen sind. Man pflanzt sie so früh damit die verschiedenen Früchte längere Zeit zum reifen haben, und namentlich wird dieses Verfahren in den nördlichen Gegenden beobachtet. Weizen und Gerste werden in Fokien im April reif, in der Nähe von Shanghae gegen Mitte Mai. Um Chinchew und Amoy wächst der Weizen so dünn dass ihn die Arbeiter bei der Ernte mit der Hand ausreissen, wie wir in unseren Sumpfländern in England und Schottland. In dem reichen Districte von Shanghae sind die Ernten natürlich bei weitem besser, aber der Weizen sowohl als die Gerste sind von geringeren Arten als die unsrigen; und da die Chinesen den Samen zu verschwenderisch umherstreuen, so schiesst das Getreide in der Regel sehr in die Höhe, aber Aehren und Körner bleiben klein. Die Bohnen und Erbsen scheinen ganz dieselben zu sein wie die welche bei uns auf den Feldern gezogen werden, und sind ganz gewiss in den nördlichen Theilen China's einheimisch. Grosse Massen von Kohlpflanzen werden des Oeles wegen gebaut welches man aus ihrem Samen zieht. Sie werden im Herbste auf die Felder gepflanzt und die Körner sind im April und Mai reif und können zur rechten Zeit vor der Aussaat des Reis weggenommen werden. Man darf indess nicht denken dass das ganze Land regelmässig auf diese Weise Früchte trägt, und dass es, wie uns einige Schriftsteller berichten, nie einen Augenblick müssig liegt, denn das ist keineswegs der Fall.

Auf der Insel Chusan und in dem ganzen Reislande von Chekiang und Keangsoo werden in den Wintermonaten zwei Pflanzen fast ausschliesslich zur Düngung gebaut, nämlich eine Species der Coronilla und Klee. Im Herbste werden dann auf den nassen Reisfeldern grosse Furchen aufgeworfen, denen nicht unähnlich auf welchen bei uns die Gärtner Sellerie ziehen, wo man den Samen der Pflanzen in Flecken etwa fünf Zoll auseinander legt. In wenigen Tagen fängt dieser an zu keimen, und noch lange ehe der Winter vorbei ist sind die Furchen mit einem üppigen Grün bedeckt. Dieses lässt man bis in den April wachsen, wo der Boden für die Reisaussaat vorbereitet werden muss. Die Furchen werden nun geebnet, die noch frischen Düngerpflanzen auf den Boden ausgebreitet, die Felder unter Wasser gesetzt, und der Boden mit Pflug und Egge umgewendet und geklärt. Der über den Boden ausgebreitete und halb mit Schlamm und Wasser bedeckte Dünger geht nun bald in Fäulniss über und verbreitet einen höchst unangenehmen fauligen Geruch. Diese Art zu düngen ist fast für das ganze Reisland in diesem Theile China's im Gebrauch, und der junge Reis erhält ohne Zweifel durch das Ammonium welches sich durch die Zersetzung des frischen Düngers entwickelt eine kräftige Nahrung.

Feuerungsholz ist in China so selten dass man das Stroh, Baumwollenstengel, und Gras, welche auf den Feldern als Düngung verwandt werden könnten, zum grossen Theile als Feuerung verbraucht, und die Landwirthe sind daher gezwungen eigens Dünger für die Felder zu bauen. Dass man die Düngerpflanzen in frischem Zustande verwendet, anstatt sie erst faulen zu lassen, geschieht wahrscheinlich deshalb, weil eine lange Erfahrung gezeigt hat, dass dies für den jungen Reis das beste ist. Der chinesische Landwirth ist kein Chemiker; er weiss wenig oder nichts von der Physiologie der Pflanzen, aber seine Vorältern sind durch Zufall auf weise Systeme geführt worden die sich in der Anwendung bewährt haben, und diesen bleibt er treu und überliefert sie unverändert seinen Kindern.

Wenn die erste Reisernte geschnitten ist, kann die zweite in den zwischenlaufenden Reihen besser wachsen und reifen. Der Boden wird dann aufgelockert und die Stoppeln- und Strohtheile, welche von der ersten Ernte auf den Feldern bleiben, sogleich mit Schlamm und Wasser bedeckt; und da diese, ebenso wie im Frühjahr der Klee, faulen und sich zersetzen, so geben sie eine gute Düngung für die zweite Frucht. Zu demselben Zwecke und auf dieselbe Weise wendet man oft auch Krabben und Fische von verschiedenen Arten an.

Ein sehr beliebtes Düngungsmittel, das fast in allen Ackerbaudistricten im Gebrauch ist, besteht aus gebrannter Erde die mit in Fäulniss übergegannen vegetabilischen Stoffen gemischt ist. Während der Sommermonate werden alle Arten Abfall von Pflanzen gesammelt und an den Seiten der Wege aufgehäuft und mit Stroh, Gras, Abfall von Rasen u. s. w. gemischt, die dann angezündet werden und mehrere Tage langsam brennen, bis alle fetten vegetabilischen Stoffe verzehrt sind und das Ganze eine reiche schwarze Erde bildet. Es wird hierauf einigemale umgewendet und sieht dann eben so aus wie die vegetabilische Gartenerde die in England in den Gärten gebraucht wird. Diese Düngung wird nicht auf den Boden ausgebreitet, sondern aufgehoben um die Saat damit zu bedecken, und auf folgende Weise angewendet. Wenn die Saatzeit kommt, macht ein Mann die Löcher, ein anderer geht hinterdrein und legt den Samen hinein, und ein dritter legt eine Handvoll von dieser schwarzen Erde darauf. Da dieselbe hauptsächlich aus vegetabilischen Stoffen besteht, so hält sie die Samenkörner während der Zeit des Keimens locker und feucht und giebt ihnen nachher Nahrung. Diese Düngung ist in einem festen Boden, wie der des niedern Landes in China, wo die Samenkörner leicht während des Keimens verderben können, sowohl mechanisch als chemisch sehr nützlich. Die junge Saat welche auf diese Weise gepflanzt wird erlangt in der Zeit des ersten Wachsthums eine Kraft die sie fähig macht die Materie welche den harten festen Boden bildet zu assimiliren und die Wurzeln fest in den Boden zu treiben.

Die gewöhnlich sogenannten bekannten Oelkuchen werden zerbröckelt und auf dieselbe Weise gebraucht wie die vegetabilische Erde. Die Oelkuchen sind die Ueberbleibsel oder der Abfall des zu Oel verpressten Samens verschiedener Pflanzen, wie z. B. des Talgbaums, mehrerer Arten von Bohnen und der oben genannten Kohlpflanze. Dieses Düngungsmittel ist in allen Theilen des Landes sehr gesucht und bildet einen bedeutenden Handelsartikel, sowohl zur See als zu Lande. Knochen, Muscheln, alter Kalk, Russ, Asche, Haare, und alle Arten von Schutt werden ebenfalls von den Landwirthen gern als Düngung gekauft.

In den Fatee-Gärten bei Canton hat man eine eigenthümliche Art fetten Schlammes der in kleine viereckige Stückchen geschnitten als Düngung für Pflanzen in Töpfen sehr theuer verkauft wird. Man gewinnt ihn hauptsächlich aus den benachbarten Teichen und Seen wo das *Nelumbium speciosum* wächst. Dieser Boden ist so geschätzt, dass man die beste Qualität mit 1 Dollar für 3 Peculs* bezahlt, die zweite Qualität 1 Dollar für 4 Peculs. Die geringere Sorte hat man von Canton in England eingeführt.

Für die schon kräftig herangewachsenen Feldfrüchte, ist keine Art von Dünger mehr gesucht als Abtrittkoth. Wer in China gereist ist hat gewiss die grossen Gruben und irdenen Kübel bemerkt, die überall an Orten wo sie besonders in die Augen fallen und gerade am bequemsten anzubringen sind, zur Aufnahme dieses Düngers aufgestellt werden. Was man in jeder civilisirten Stadt Europa's für unerträglich halten würde, das betrachten hier alle Klassen, Reiche und Arme, mit dem grössten Wohlgefallen; und ich bin überzeugt dass einen Chinesen nichts so sehr in Verwunderung setzen würde, als wenn er eine Klage über den Gestank hören sollte der beständig aus diesen Mistgruben aufsteigt. Fast alle chinesi-

---

* Ein chinesisches Pecul ist gleich 133¼ engl. Pfund.

schen Städte liegen an den Ufern eines Flusses oder Kanals, und das Wasser ist in der Regel nicht allein um die Mauern herumgeführt, und bildet so eine Art Wallgraben, sondern auch durch manche Theile der Stadt geleitet. An verschiedenen Stellen in der Stadt sind lange plumpe Boote aufgestellt in welche der Koth und Urin geschüttet und von da auf das Land gebracht wird. Die Felder in der Nähe der Städten werden in der Regel von *Coolie's* (Lastträger) versorgt, die jeden Morgen ihre Producte zu Markte bringen. Jeder nimmt in der Regel zwei Eimer voll dieses Düngers mit nach Hause, die an den Enden seines über die Schultern gelegten Bambusstockes herabhängen. In England ist man in der Regel der Meinung dass die Chinesen den Koth und Urin in diese Gruben tragen und ihn dort in Gährung übergehen lassen ehe sie ihn auf das Feld bringen. Dies ist jedoch nicht der Fall, wenigstens nicht allgemein. In den fruchtbaren Ackerbaudistricten im Norden habe ich beobachtet dass der grössere Theil dieses Düngungsmittels in frischem Zustande gebraucht wird; es versteht sich dass es, ehe man es auf die Feldfrüchte bringt, gehörig mit Wasser verdünnt wird, und es lässt sich kaum zweifeln dass die Chinesen hierin vollkommen recht haben, da der Dünger in diesem Zustande weit wirksamer sein muss, als wenn ein grosser Theil des Ammonium bereits verflogen ist. So viel ich erfahren konnte verstehen die Chinesen nicht ihren Dünger zu desinficiren, sie scheinen aber sehr gut zu wissen dass wenn der Luft, freier Zugang gestattet wird, durch die ausdünstenden Gase viel Düngungsstoff verloren geht. Dieser Dünger wird daher, ohne die Gährung oder Fäulniss abzuwarten, sogleich auf das Feld gebracht. In den Nachmittagstunden, oder an trüben Tagen, sieht man die Arbeiter aus dem nächsten Teiche oder Kanale Wasser nach der Düngergrube tragen; wenn dies geschehen, füllen sie ihre Eimer, befestigen an jedem Ende ihres Bambusstockes einen derselben, und tragen sie so nach der gewöhnlichen Weise auf den Ort ihrer Bestimmung. Wenn dieser erreicht ist, nimmt jeder Arbeiter einen kleinen wollenen Lappen, der an einem langen Bambusstabe befestigt wird, und sprengt damit die Flüssigkeit über die wachsende Feldfrucht. Ein so kräftiger Dünger wie dieser würde wahrscheinlich unter andern Umständen einen nachtheiligen Einfluss haben, da man ihn aber nur anwendet wenn die Saat noch jung ist und üppig wächst, so assimilirt sie sich die Gase, und der Einfluss den diese auf das Wachsthum und die Fruchtbarkeit ausüben ist nicht zu verkennen. Diese Art flüssiger Düngung wird in der Regel bei Weizen, Gerste, allen Kohlarten und anderen Gartengewächsen angewendet; nicht aber bei Reis, der immer, so lange er wächst, unter Wasser gesetzt wird.

Zuweilen lässt man diesen Dünger erst in Fäulniss oder Gährung übergehen, ehe man ihn gebraucht, und auch in diesem Zustande ist er noch sehr wirksam. In den Gärten in der Nähe von Canton wird er oft getrocknet und mit Boden aus den Lehmteichen gemischt, und so zur Düngung der Pflanzen in den Töpfen oder irgend eines besonders begünstigten Baumes im Garten gebraucht.

Obgleich man das Land zuweilen einige Monate ruhen lässt, so giebt es doch kein regelmässiges System des Brachens, auch ist die Reihenfolge der Feldfrüchte nicht sehr bekannt oder wird wenigstens nicht beobachtet. In den Niederungen ist der Boden allerdings eine Art fester Thon, der mehrere

Reisernten hintereinander tragen kann ohne im Geringsten über seine Kräfte angestrengt zu werden, eine Bewirthschaftung derselben in wiederkehrender Reihenfolge ist daher nicht durchaus nöthig.

Siebenzehntes Capitel.

Rückkehr nach Chusan. — Gesundheitszustand der Insel. — Sterblichkeit unter den englischen Truppen. — Vortheile vor Hong-kong als britische Niederlassung. — Bemerkungen über den Vertrag mit China. — Auf der Insel aufgefundene neue Pflanzen. — Ning-po. — Gärten der Mandarinen. — Sitten der chinesischen Damen. — Farth nach Hong-kong. — Gräber der Chinesen. — Lage derselben. — Befragung von Wahrsagern. — Wie diese auf das Gemüth des Volks einwirken. — Herr Lay wird wegen der besten Lage für ein Grab um Rath befragt. — Inschriften auf Gräbern. — Zu bestimmten Zeiten wiederkehrende Besuche der Verwandten an den Gräbern. — Verschiedene Arten der Beerdigung. — Auf den Feldern ausgesetzte und in den Häusern aufbewahrte Särge. — Grabmal in der Nähe von Sung-Kiang-Foo. — Blumen auf den Gräbern.

Mein erster Aufenthalt in Chusan, im Jahre 1843, fiel in den Herbst und Winter; im Jahr 1844 aber hatte ich Gelegenheit diese herrliche Insel in mehreren Zwischenräumen von Anfang des Frühlings bis zu Ende dieser Jahreszeit zu besuchen. Der erste Eindruck welchen das Klima anfangs gemacht hatte, wo es sehr ungesund schien, war jetzt gänzlich verschwunden, und die Insel galt für eine der gesündesten in den chinesischen Gewässern.

Man wird sich erinnern dass während der ersten Besetzung durch unsere Truppen die Sterblichkeit so gross war, dass man allgemein den Platz für einen der ungesundesten in China erklärte. Mancher brave Soldat fiel als ein Opfer des bösartigen Fiebers welches damals herrschte. Am meisten litt das 26. Regiment Ihrer Majestät, die „Cameronier", welches auf einem grünen Hügel hinter der Stadt stationirt war, der unbedingt für einen der gesündesten Orte gehalten wurde den man zu diesem Zwecke wählen konnte. Der Hügel führt noch den Namen „Cameronian Hill" und ist jetzt dick besät mit den Gräbern unserer Landsleute.

Es zeigte sich bald dass diese grosse Sterblichkeit von andern Ursachen herrührte als von den die Stadt Tinghae umgebenden Reisfeldern. Aus Hong-kong und Amoy wurden Kranke hieher geschickt um ihre Gesundheit wiederherzustellen, und der Unterschied in dem Aussehen der auf Chusan stationirten Truppen von denen welche in Hong-kong lagen war sehr auffallend. Dr. Maxwell von der Madrasarmee, dem in solchen Dingen gewiss ein Urtheil zusteht, hat oft seine Ansicht dahin ausgesprochen, dass bei guter ärztlicher Hülfe und regelmässiger Sorgfalt diese schöne Insel eine der gesündesten Stationen für unsere Truppen im Osten werden könnte. In der That, man scheint jetzt allgemein zu bedauern dass wir nicht Chusan als einen Theil der britischen Besitzungen zum Schutz unseres Handels in China behalten haben, anstatt der dürren und ungesunden Insel Hong-kong, und manche sind selbst so weit gegangen zu erklären, dass unsere Regierung Massregeln ergreifen müsse um zu diesem glücklichen Ende zu gelangen. Die Zeit jedoch wo dies geschehen konnte ist vorüber, und ich glaube dass jeder rechtschaffene Mann nur mit Bedauern gesehen haben würde, wenn eine grosse und geachtete Nation wie die englische ihre Macht gemissbraucht hätte, um einen feierlichen Vertrag zu brechen, den sie mit einer so ohnmächtigen Nation, wie die Chinesen, geschlossen; denn sicher hätte nichts anderes als dies — weder Verhandlungen noch Versprechungen — die Chinesen vermögen können eine Insel wie Chusan aufzugeben, welche den mittleren und wichtigsten Theil ihres Reiches beherrscht. Dass wir einen Missgriff gethan und einen schlechten Tausch gemacht haben ist sicher, da wir es aber gethan haben, so müssen wir auch die Folgen tragen. Hätten wir Chusan behalten, so hätten wir nicht allein einen gesunden Ort für unsere Truppen und Kaufleute, sondern es würde sich auch als ein Schutz für unsern Handel im Norden bewährt haben, der endlich doch bedeutender werden muss als der zu Canton. Ausserdem würden wir eine günstige, mehr in der Mitte gelegene Stellung gegen einen wichtigen Theil der Welt gewonnen haben, der früher oder später unserm Handel seine Häfen öffnen muss; nämlich Japan und Corea, die beide von Chusan aus in wenigen Tagen erreicht werden können und jetzt noch für Europäer zum grossen Theil verschlossen sind.*

Chusan ist im Frühling eine der schönsten Inseln in der Welt. Es erinnert den Engländer an sein eignes Vaterland. Des Morgens erglänzt das Gras im Thau und die Luft ist kühl und erfrischend, die Vögel singen in jedem Gebüsch und Blumen hängen in zierlichen Gewinden von Bäumen und Hecken herab.

Die neuen Pflanzen der Insel, von denen ich einige im vorhergehenden Herbste entdeckt hatte, sah ich jetzt zum erstenmal in Blüthe. Im frühesten Frühjahr waren die Hügelabhänge mit einer schönen Daphne mit lilafarbnen Blüthen *(Daphne Fortuni* Lindl.) bedeckt; die *Azalea ovata* Lindl., gewiss eine der schönsten und ausgezeichnetsten Pflanzen dieser Art welche ich eingeführt habe, wächst ebenfalls wild auf den Hügeln und stand jetzt in voller Blüthe. Eine schöne neue Buddlea *(B. Lindleyana)* hat ein äusserst zierliches Ansehen, da ihre langen Aehren mit purpurrothen Blüthen üppig von den Hecken an den Abhängen der Hügel herabhängen, oft dicht neben der wohlbekannten *Glycine sinensis.* Eine andere Pflanze, gewiss eines der schönsten Strauchgewächse im nördlichen China, die

---

* Im Fall eines neuen Krieges mit England könnte also die Frage entstehen, ob wir Chusan behalten sollten oder nicht. Der Besitz desselben würde zweifelhaft sein, und könnte nur aus Gründen der Nothwendigkeit gerechtfertigt werden. Eben so wichtige Abänderungen in dem Vertrage würden die sein, dass wir erstens darauf beständen einen Gesandten in Peking zu halten; zweitens, dass unsern Kaufleuten erlaubt wäre in allen Häfen des Reichs Handel zu treiben; und drittens, dass jene albernen Bestimmungen hinsichtlich der Grenzen aufgehoben würden, die ganz unnütz sind und nur dazu dienen der eingebornen Bevölkerung eine falsche Vorstellung von dem Charakter der Fremden zu geben. Wenn Fremde die Gesetze übertreten, so mögen sie die chinesischen Behörden festnehmen und bestrafen, oder an den nächsten Britischen Consul ausliefern. Letzteres würde nur in den südlichen Districten nöthig sein, wo das Volk noch mehr in Vorurtheilen gegen uns befangen ist; im Norden haben wir nur zu fürchten dass die chinesischen Behörden alle Verbrecher würden entkommen lassen. Ich bin überzeugt dass diese Abänderungen unsere Stellung zu diesem ausgedehnten Reiche auf eine weit befriedigendere Grundlage bringen würden.

Weigela rosea, wurde zuerst in dem Garten eines chinesischen Mandarinen, in der Nähe der Stadt Tinghae, auf dieser Insel entdeckt. In diesem Frühjahre war sie mit ihren schönen rosenfarbigen Blüthen beladen, und erregte die Bewunderung aller die sie sahen, sowohl der Engländer als Chinesen. Es macht mir viel Vergnügen sagen zu können, dass alle diese und noch manche andere in Chusan einheimische Pflanzen jetzt in unsern Gärten in England wachsen.

Ning-po liegt etwa vierzig (engl.) Meilen westlich von Chusan auf dem Festlande. Ich besuchte es in diesem Sommer zu wiederholten Malen mit weit geringeren Schwierigkeiten als im vergangenen Herbste. Ich fing jetzt an ein wenig chinesisch zu sprechen und war vollkommen mit der Stadt bekannt, so wie mit den Orten wo die verschiedenen Gärten der Mandarinen und die Zier- und Pflanzgärten lagen. Die Mandarinen waren damals sehr neugierig nach allem was die Bewegungen der Engländer oder anderer Fremden betraf, von denen man vermuthete dass sie sich an ihrem Hafen niederlassen würden, und ich bemerkte bald dass, als wir uns nur erst chinesisch miteinander unterhalten konnten, meine Besuche ihnen angenehm waren. Auch die Gärtner hatten gefunden dass mein Geld eben so viel werth war wie das welches sie von ihren Landsleuten erhielten, sie legten ihre Scheu ab und waren eifrig bemüht mir alle Pflanzen zu verschaffen die ich bedurfte.

Die Gärten der Mandarinen waren ausserordentlich bunt, namentlich während der ersten Monate des Jahres, und, was mir besonders wichtig war, enthielten eine Menge neuer Pflanzen von grosser Schönheit und Interesse. Als ich an einem schönen Morgen im Mai in einen dieser Gärten trat, fiel mir eine Masse gelber Blumen besonders in die Augen, welche einen etwas entfernten Theil der Mauer vollkommen bedeckten. Die Farbe war nicht ein gewöhnliches Gelb, sondern hatte etwas dem Leder ähnliches, was den Blumen ein eigenthümliches und ungewöhnliches Ansehen gab. Ich eilte sogleich dieser Stelle zu und fand, zu meinem Erstaunen und meiner Freude, dass es eine sehr schöne neue doppelte gelbe Kletterrose war. Nach dem was ich später darüber erfuhr, zweifle ich nicht, dass diese Rose in den nördlicheren Gegenden des Reiches einheimisch ist und in Europa vollkommen gedeihen wird. In einem dieser Gärten fand ich damals noch eine andere Rose, welche die Chinesen „fünffarbig" nennen; sie gehört zu der Section welche wir gewöhnlich Chinarosen nennen, wächst aber sehr eigenthümlich und schön. Zuweilen treibt sie einfarbige Blüthen, — entweder roth oder milchweiss, und hat häufig Blumen von beiden Farben an einem und demselben Stocke — während sonst die Blumen zweifarbig gestreift sind. Auch diese wird in unserm Klima eben so gut gedeihen wie die gewöhnliche Chinarose. Die *Glycine sinensis* wächst oft auf einem niedrigen Geländer vor dem Sommerhause, oder bildet eine Art Porticus, der einen angenehmen Schatten giebt. Mit einem dieser Bäume verflochten fand ich eine andere Art, welche sehr lange Zweige und weisse Blumen hatte die sehr hübsch von dem hellen Blau der andern abstachen. Der alte chinesische Herr dem dieselben gehörten (mein alter Freund Dr. Chang) erlaubte mir einige Ableger von dieser schönen Pflanze zu nehmen, und ich freue mich sagen zu können, dass einer derselben jetzt im Garten zu Chiswick wohl gedeiht.

Die Gartenbaugesellschaft hatte mir einige kleine optische Instrumente übersendet um damit Geschenke machen zu können. Eines derselben überreichte ich dem Doctor, der sich sehr darüber freute und mir dagegen erlaubte Ableger und Pflanzen aus seinem Garten zu nehmen so viel ich wünschte.

Wir glauben gewöhnlich dass die Damen von Stande in diesem Lande nie einem Besuche zu Augen kommen. Es ist allerdings wahr dass die chinesische Sitte in dieser Hinsicht von der unsrigen sehr verschieden ist, und dass die Frauen hier, wie bei den meisten halbcivilisirten oder barbarischen Völkern, im Hintergrunde gehalten werden und nicht für gleichberechtigt mit ihrem Gatten gelten. Sie sitzen z. B. nicht mit an demselben Tische, und wenn ein „Sing-sang" oder theatralische Vorstellung aufgeführt wird, haben sie einen Platz wo sie zwar alles sehen können ohne jedoch selbst gesehen zu werden; bei alledem aber sind sie nicht gänzlich von der Gesellschaft ausgeschlossen, wenigstens beehrten sie mich sehr oft mit ihrer Gegenwart und drängten sich mit der grössten Neugierde um mich. Anfangs schienen sie sehr schüchtern und wagten nur verstohlene Blicke hinter den Thüren und durch die Fenster auf mich, nach und nach jedoch besiegte ihre heftige Neugierde die Schüchternheit, und sie kamen ganz ruhig näher um mich zu betrachten. In der Regel jedoch hielten sie sich in einer kleinen Entfernung, und wenn ich irgend eine Bewegung nach der Seite zu machte wo sie standen, stellten sie sich sehr erschrocken und liefen davon, kamen aber sehr bald wieder zurück.

Herrn Mackenzie, einem unserer Kaufleute zu Ning-po, und eben so Herrn Thom, Consul Ihrer Majestät, bin ich sehr für ihre Gefälligkeit und Gastfreundschaft verpflichtet. Sie thaten alles was in ihrer Macht stand meine Zwecke zu fördern, und ich nehme hier Gelegenheit beiden Herren öffentlich meinen besten Dank abzustatten.

Nachdem ich den Sommer in der Gegend von Ning-po, Chusan und Shanghae zugebracht, kehrte ich nach letztgenanntem Orte zurück, wo meine Pflanzen alle gesammelt wurden, weil sie unverzüglich nach Hongkong absegeln und ein Theil derselben nach England übersendet werden sollte. Die Hitze aber, der ich den ganzen Sommer über ausgesetzt gewesen war, fing jetzt an ihre nachtheiligen Folgen auf meine Gesundheit zu zeigen, und als ich in Shanghae landete, wurde ich von einem heftigen Fieber aufs Bett geworfen. Zum Glück war ich jetzt unter meinen englischen Freunden, und da es mir nicht an vortrefflichem ärztlichen Beistande fehlte, so war ich nach vierzehn Tagen wieder so weit hergestellt dass ich zur See gehen konnte, wo die veränderte Luft meine Genesung vollendete. Im November kam ich nach Hong-kong und traf sogleich Anstalt meine Sammlungen in mehreren Schiffen, die gerade in der Bucht vor Anker lagen, nach Hause zu senden.

Während des Sommers der nun vorüber war, hatte ich oft Gelegenheit gehabt Grabmäler der Chinesen zu sehen, sowohl in den nördlichen als in den südlichen Provinzen. Im Süden hat man keine regelmässigen Begräbnissplätze oder Gottesäcker wie bei uns in Europa, sondern die Gräber finden sich überall an den Abhängen der Hügel verstreut, und in der Regel werden die schönsten Stellen dazu gewählt. Die Reicheren schaffen ihre Todten oft an sehr entfernte Orte und ziehen eine Art Wahrsager zu Rathe, deren Sache es ist den geeignetsten Ruheplatz ausfindig zu machen. Der Wahrsager lässt den Leichnam an die angewiesene

Stelle bringen und giebt natürlich vor, sowohl den Ort als auch den Boden mit dem sich die Asche des Todten nach Jahren mischen soll, sehr weise ausgewählt zu haben. Sollte nach der Prüfung die Erde welche er gewählt nicht passend erscheinen, so lässt er den Leichenzug alsbald nach einem andern Orte in der Nähe aufbrechen, wo er glücklicher zu sein hofft. Ich glaube dass viele Chinesen diesen wichtigen Punkt schon bei Lebenszeiten bestimmt haben, denn einmal als einer unserer angesehensten Kaufleute den alten Howqua, den unlängst verstorbenen Hong-Kaufmann in Canton, besuchte, wurde ein Teller mit verschiedenen Arten Erde hereingebracht, welche der alte Mann sorgfältig untersuchte und dann eine bestimmte in der er begraben sein wollte.

Besonders ist man darauf bedacht zu diesem Zwecke eine Stelle am Abhange eines Hügels zu wählen, die wo möglich die Aussicht über eine schöne Bucht oder auf einen See hat. Am beliebtesten jedoch sind, wie ich glaube, solche Stellen wo an dem Hügel, an dem das Grab gemacht werden soll, ein Strom vorbeifliesst und dann sich wieder zu dessem Fusse zurückwindet. Der welcher die Ceremonien leitet giebt mit einem Compass in der Hand die Richtung an in welcher der Körper liegen soll, was ebenfalls ein sehr wichtiger Punkt ist. Ein gebildeter Chinese mit dem ich bekannt war sagte mir, dass diese Wahrsager in Schilderung der zukünftigen Glückseligkeit derer welche ihren Verordnungen folgen oft grosse Beredsamkeit entwickeln; sie sagen den Leuten, dass sie, oder ihre Kinder, oder sonst jemand an dem sie Interesse nehmen, zum Lohne für die Aufmerksamkeit und Ehrerbietung die sie den Ueberresten ihrer Väter erwiesen haben, in jenem Leben zu grossen Ehren und Reichthümern gelangen werden; dass, wie der Strom, den sie von dem Grabe ihres Vaters aus sehen können, dahinfliesst und sich wieder rückwärts windet, so auch ihr Pfad durch das Leben sanft und ruhig sein werde, bis sie, grau an Jahren, in das Grab sinken, geachtet, geliebt und betrauert von ihren Kindern.

Diese Wahrsager sind in der Regel grosse Schelme, die sich die Vorurtheile der Leute zu Nutze machen. Es kommt nicht selten vor, dass, nachdem ein Leichnam schon eine Zeitlang im Grabe gelegen, sie noch einmal zu den Verwandten gehen, und diesen sagen, es sei aus irgend einem Grunde, den sie angeben, durchaus nothwendig den Verstorbenen auszugraben und an einer anderen Stelle zu beerdigen. Wenn die Verwandten dagegen Einwendungen machen, so entgegnen sie, „sehr wohl, es geht mich nichts an, aber eure Kinder und Verwandten werden eben so rücksichtslos mit euren Ueberresten verfahren, wenn ihr sterbt, und ihr werdet euch in euern Gräbern sehr schlecht befinden." Auf diese Weise wirken sie auf das Gefühl dieser armen Leute ein, und ziehen noch einmal eine Summe um eine passendere Stelle für das Grab aufzufinden.

Der selige Lay war auf einem seiner Ausflüge nach den Hügeln an den Ufern des Min bei einer solchen Ceremonie zugegen, wo sich die Verwandten des Verstorbenen um ihn drängten um ihn über die Lage des Grabes zu befragen, weil sie sich einbildeten, er müsse in solchen Dingen Bescheid wissen. Er bemerkt in seinem Tagebuche, „man glaubt dass, jenachdem die Lage des Grabes gut oder schlecht gewählt ist, die Ueberlebenden viel Gutes oder viel Schlimmes erfahren. Die ‚Keangse-verständigen gewinnen bei diesem „te-le" und „Fung-shwuy", oder Wahrsagen über den Einfluss der örtlichen Eigenthümlichkeiten des Erdbodens, grosse

Summen; da sie aber unter einander selbst nicht übereinstimmen, so sind die Leute froh wenn sie einen Fremden um Rath fragen können."

Auf meinen Reisen im Süden von China traf ich oft an den entlegensten Stellen im Gebirge auf Gräber, die alle mehr oder weniger dieselbe Gestalt hatten, indem sie einen an der Seite des Hügels ausgehauenen Halbkreis bildeten hinter welchem der Körper begraben war. Zuweilen, ja fast durchgängig, waren mehrere solcher Halbkreise terrassenförmig vor dem Grabe angebracht, die an den Grabstätten der Wohlhabenderen von Ziegeln oder Steinen gebaut und in einem grösseren Maasstabe ausgeführt waren. In der Mitte des Halbkreises, und folglich nahe bei dem Körper, liegt der Grabstein mit der Inschrift. Herr Callery, ein ausgezeichneter Kenner des Chinesischen, sagte mir dass diese Inschriften immer höchst einfach seien und nichts weiter enthielten als den Namen des Verstorbenen und unter welcher Dynastie und in welchem Jahre er gestorben sei. Zuweilen, — ich kann nicht sagen ob immer — werden, nachdem der Körper verwest ist, die Gebeine ausgegraben und sorgfältig in irdene Gefässe gesammelt, die dann aussen an dem Hügel aufgestellt werden. Diese, eben so wohl wie die Gräber, werden zu gewissen Zeiten von den Verwandten besucht, die dann zuerst am Grabe des Patriarchen oder Stammvaters und hierauf der Reihe nach an den Gräbern der übrigen Familienglieder ihre Andacht verrichten und Weihrauch anzünden. Wenn die Ceremonie beendigt ist halten sie ein gemeinschaftliches Mahl.

Ein oder zweimal traf es sich dass ich gerade zu der Zeit in den wilden Gebirgsgegenden im Innern des Landes war als die Eingebornen ihre Gräber besuchten. Selbst die entlegensten Stellen hatten ihre Besucher, und es war ein eben so heiterer als rührender Anblick wie sich die kleinen Gruppen um die Gräber versammelten, um denen, deren Andenken ihnen lieb und werth war, den Tribut ihrer Liebe zu bringen. Hier kniete eine Wittwe am Grabe ihres geschiedenen Gatten, dort weinten Kinder um den Verlust des Vaters oder der Mutter, dort wieder beklagte ein alter Mann mit weissen Haaren den Tod derer die ihm eine Stütze seines Alters sein sollten. Alle schnitten das lange Gras und Unkraut welches um die Gräber wuchs ab und pflanzten ihre Lieblingsblumen hin, die dort zur Zierde blühen sollten.

Nahe bei Amoy hat der Gebrauch aufgehört die Todten so einzeln zu begraben, was vielleicht wegen der grossen Bevölkerung nothwendig war; auf dem Lande jedoch habe ich mehrmals Gräber an abgelegenen und unzugänglichen Stellen der Hügel gefunden, eben so wie in den südlicheren Provinzen; diese waren aber augenscheinlich Eigenthum der reicheren Einwohner.

Je weiter nördlich man kommt, desto mehr hört die runde Form der Gräber auf und sie nehmen eine verschiedenartigere Gestalt an. In Chusan, Ning-po und manchen anderen Orten jener Gegend sind eine Menge Särge auf der Oberfläche des Bodens hingesetzt und nur mit Stroh zugedeckt. Ich fand solche Särge an den verschiedenartigsten Stellen, — an den Seiten der öffentlichen Landstrassen — an den Ufern der Flüsse und Kanäle, — in Gehölzen und an andern entlegenen Orten des Landes. Zuweilen war die Bedachung vollständig abgedeckt, das Holz verwittert, und die Ueberreste der Chinesen einer früheren Zeit lagen offen den Blicken ausgesetzt. An einem Hügelabhange auf der Insel Chusan liegen Schädel und Knochen in allen Richtungen umher, und mehr als einmal, wenn ich durch das hohe Gesträuch an dieser Stelle wanderte, blieb ich mit den Füssen in dem morschen Deckel eines Sarges stecken. Ich glaube dass die Wohlhabenden in diesen Gegenden in der Regel ihre Todten begraben, und manche bauen sogar prachtvolle Grabmäler. Auf der Insel Chusan giebt es drei oder vier sehr schöne dergleichen, die vor dem Hügel in dem der Todte ruht ein sehr schönes Pflaster haben und mit trefflicher Bildhauerei geschmückt sind; das Ganze ist von Stein und viereckig, nicht rund wie die Gräber im Süden von China. Hier, wie bei uns zu Hause — und ich glaube in der ganzen Welt — werden in der Regel Bäume vom Piniengeschlecht an den Begräbnissplätzen gepflanzt. Lord Jocelyn beschreibt in seinem „Campaign in China" solche Plätze mit folgenden Worten: „Hie und da, wie vom Zufall an den Abhängen der Hügel hingeworfen, waren Gruppen von Pinienbäumen, durch deren dunkles Laub die Dächer der Häuser und Tempel schimmerten und die Scene belebten. Unter manchen dieser schönen Haine welche hier und dort den Wanderer zur Ruhe einladen, sind Stellen ausgewählt zur Ruhestätte der Sterblichen; und das sorgloseste Auge muss, wenn es diese ruhigen Scenen betrachtet, wo die liebliche Clematis und andere duftende Blumen die letzte Heimath des Menschen schmücken, von den Schönheiten des Grabes gerührt sein."

In der Gegend von Shanghae habe ich oft grosse Häuser besucht welche von den Reichen eigens als Mausoleen erbaut zu sein scheinen. In diesen Häusern fand ich in der Regel in einem der Hauptgemächer einen Sarg und einen Altar, mit allem Putz eines heidnischen Cultus, wo an Festtagen zum Andenken an die Verstorbenen von den Verwandten Weihrauch angezündet und verschiedene andere Ceremonien verrichtet werden. Diese Häuser oder Tempel sind in der Regel mit einem Piniengehölz umgeben, und zuweilen wird der Körper ausserhalb der Thüre begraben und nur der Altar findet sich in dem Tempel, wo auch die Verzeichnisse aufbewahrt werden. Der Schutz solcher Orte ist gewöhnlich einem Diener anvertraut, der hier mit seiner Familie wohnt.

Als sich die Engländer in Shanghae niederliessen, hatten manche den Gedanken Häuser auf dem Lande zu miethen, wo ihre Familien die frische Landluft geniessen könnten. Einmal, gegen Ende 1843, begleitete ich einen Herrn, mit dem ich bekannt war und der eine solche Wohnung suchte, auf das Land. Etwa sechs bis acht Meilen von Shanghae bemerkten wir in einem Gehölz ein hübsches Haus und beschlossen dorthin zu gehen und zu sehen ob der Inhaber geneigt sein möchte es zu vermiethen. Als wir in die Nähe kamen war alles ruhig und still; nicht einmal unsere alten Feinde, die Hunde, schienen uns die Annäherung streitig machen zu wollen. Als die Chinesen — die uns überall wo wir hingingen in beträchtlicher Anzahl folgten — sahen, dass wir uns dem Hause näherten blieben sie in einiger Entfernung stehen und beobachteten unser Vorhaben mit grossem Interesse. Wir klopften an die Thüre und stellten uns etwas seitwärts, so dass der Pförtner nicht sehen konnte dass der Besuch Hongmou-jins oder rothköpfiges Volk war, wie sie alle Engländer zu nennen beliebten, denn wir wussten sehr wohl dass, wenn wir gesehen würden, die Thür verschlossen bliebe. Nach einigen Augenblicken hörten wir Tritte, und hierauf fragte uns eine Stimme, was wir wollten. Wir murmelten einige chinesische Worte, und der arme Mann, der seine Gefahr durchaus nicht ahnte, öffnete die Thür. Ich werde nie vergessen mit welchem Gemisch von Furcht und Staunen er uns ansah, als wir ruhig in den Hof traten; zu gleicher Zeit brachen die draussen Stehenden welche uns gefolgt waren, über die Art wie er sich hatte überraschen lassen, in ein lautes Gelächter aus.

Der Hof in dem wir uns jetzt befanden war sauber gepflastert, und das ganze Haus schien in einem vortrefflichen baulichem Zustande. Als wir von dem erschrockenen Führer von Zimmer zu Zimmer geführt wurden, schien uns alles durchaus für eine Sommerwohnung passend, wenigstens so gut als wir es an einem so vom Wege abgelegenen Orte erwarten konnten, und mein Freund sagte, das Haus gefiele ihm unter allen die er bis jetzt gesehen hätte am besten und er wolle suchen es zu miethen. Endlich kamen wir in das Hauptgemach, wie es schien, und mein Freund sagte, „Ah, das soll mein Gesellschaftszimmer sein," — „aber was ist das?" setzte er in demselben Augenblicke hinzu. Ich sah nach der Seite auf die er zeigte, und erblickte einen grossen massiven Sarg. Jetzt wurden wir inne dass wir uns an einem der Orte befanden, die eigens für die Ueberreste der Todten bestimmt sind.

Auf einer meiner Reisen im Innern traf ich in der Nähe der Stadt Sung-kiang-foo auf ein sehr eigenthümliches Grab. Es lag am Abhange eines Hügels in einem Gehölz, und gehörte offenbar einem sehr reichen und angesehenen Manne in der Stadt. Vom Fusse des Hügels bis zu der Stelle wo das Grab stand, ungefähr auf der halben Höhe des Hügels, stieg man auf einer breiten Treppe hinauf, zu deren beiden Seiten eine Anzahl aus Stein gehauener Figuren standen. Die Ordnung in welcher die Figuren aufgestellt waren, war, so viel ich mich erinnern kann, folgende: zuerst ein Paar Ziegen oder Schafe, auf jeder Seite eine; dann zwei Hunde, drittens zwei Katzen, viertens zwei gesattelte und aufgezäumte Pferde, und fünftens zwei höchst gigantische Priester; der Eindruck den das Ganze machte war im höchsten Grade eigenthümlich und imponirend. Ein ganz ähnliches Grab findet sich in der Nähe von Ning-po, aber in bei weitem kleineren Maasstabe.

Die Blumen welche die Chinesen auf und um ihre Gräber pflanzen, sind einfach und schön in ihrer Art. Keine kostbaren Camellien, Moutans, oder andere von den schöneren Zierblumen der Gärten werden zu diesem Zwecke gewählt; der kegelförmige Erdhügel — wenn das Grab von dieser Art ist — wird zuweilen mit einem grossen, hohen, im Winde wogenden Grasbüschel geschmückt. In Ning-po werden wilde Rosen auf die Gräber gepflanzt die sich bald über das Grab verbreiten und dasselbe, wenn sie im Frühling ihre Blüthen entfalten, mit einer Decke vom reinsten Weiss überziehen. In Shanghae bedeckt eine schöne Zwiebelpflanze, eine Art *Lycoris,* im Herbste die Gräber mit Massen schimmernden Purpurs. Die *Anemone Japonica* sah ich zum ersten Male in voller Blüthe zwischen den Gräbern welche die Wälle von Shanghae rings umgeben; sie blüht im November, wenn andere Blumen abgeblüht haben, und ist ein sehr passender Schmuck für die letzte Ruhestätte der Todten.

Die Armen, eben so wohl wie die Reichen, behalten ihre Todten oft lange Zeit in ihren Wohnhäusern, und nach den vielen Särgen zu urtheilen die ich so gesehen habe, möchte ich fast glauben dass manche jahrelang aufbewahrt werden. Die Särge sind ausserordentlich dick und fest und die Fugen sorgfältig verkittet, so dass während der Verwesung des Körpers kein unangenehmer Geruch durchströmen kann.

Zum grossen Theil mag die Achtung welche die Chinesen dem Andenken ihrer geschiedenen Verwandten erweisen eine blosse Form sein, die durch eine seit vielen Jahrhunderten bestehende Gewohnheit sanctionirt und nothwendig geworden ist; doch glaube ich dass sie zum grossen Theil auch aus einer edleren und reineren Quelle entspringt, und ich zweifle nicht, dass, wenn die Chinesen zu bestimmten Zeiten des Jahres die Gräber ihrer Väter besuchen um deren Andenken zu feiern, sie sich dem tröstenden Gedanken hingeben, dass auch ihre Gräber, wenn sie dereinst nicht mehr sind, nicht vernachlässigt und vergessen sein werden, sondern dass ihre Kinder und Kindeskinder dorthin kommen werden, in deren Herzen und deren Liebe sie noch fortzuleben hoffen, viele, viele Jahre, wenn ihre irdische Hülle längst in Staub zerfallen ist.

Achtzehntes Capitel.

Einschiffung der Pflanzen nach England. — Abfahrt nach Manila. — Naturerzeugnisse und Ausfuhrartikel. — Pass-Unannehmlichkeiten. — Das Innere von Luzon. — Dessen Lagune. — Morgen auf den Philippinen. — Erwerbung werthvoller Pflanzen. — Die „Königin der Orchideen." — Bemerkung über die Aëriden. — Strassenräuber. — Ein falscher Lärm. — Affen harmloser als Menschen — Eine Nacht in Dolores beim Pater. — Vulkane auf den Philippinen. — Charakter des Landes. — Blutegel als unangenehme Gäste. — Rückehr nach Manila und Einschiffung der Pflanzen nach England. — Abfahrt nach dem Norden von China. — „Ein Mann über Bord." — Rettung durch beherzte Matrosen. — Ankunft im Norden.

Die Pflanzen und Sämereien welche ich im Sommer und Herbst 1844 gesammelt hatte, kamen wohlbehalten in Hong-kong an, und ich beeilte mich sie nach England einzuschiffen. Alle lebendigen Exemplare wurden, wie gewöhnlich, in sogenannte Ward's-Kästen* gepflanzt, die gut mit eisernen Riegeln versehen und auf das Hintertheil der grössten Schiffe gesetzt wurden die in der Bucht gerade vor Anker lagen. Ich war immer darauf bedacht meine Sammlungen in drei oder vier Theile zu theilen, um sie auf verschiedenen Schiffen absenden zu können, damit wenn dem einen Theile ein Unfall begegnete, wenigstens Aussicht wäre dass die übrigen glücklich in England ankämen. Die letzte Einschiffung geschah diesmal am 31. December. Da jetzt in den nördlichen Provinzen Winter und auch im Süden nichts zu thun war, so beschloss ich auf einige Wochen nach den Philippinischen Inseln hinüberzugehen, und segelte zu Anfang Januar 1845 nach Manila ab.

Die Ueberfahrt von Hong-kong nach Manila dauert in dieser Jahreszeit, wo der Monsun günstig ist, nur sechs bis acht Tage. Ich habe nicht nöthig hier eine Beschreibung der Stadt zu geben, die als Hauptniederlassung der Spanier auf den Philippinen wohl bekannt ist. Die Einwohner

* Siehe den Anhang.

sind hauptsächlich Spanier, Indier und Chinesen; auch einige englische Handelshäuser giebt es hier. Die Hauptproducte und Ausfuhrartikel sind Zucker, Kaffee, Reis, Cigarren und Indigo. Der schöne Stoff den man gewöhnlich unter dem Namen *Pinia* kennt, der von den Fasern der Ananaspflanze gemacht wird, wird von den Eingebornen gewebt und gestickt und in den Läden verkauft. Eine Art Hanf, das Product einer Art *Musa*, wird zu Seilen und Tauen verarbeitet; er steht hoch im Werthe und ist von denen welche im Osten Schiffahrt treiben sehr gesucht. Die Cigarrenmanufactur, ein Monopol der Regierung, ist eine der grössten Anstalten in der Stadt, und die Arbeit in derselben wird zum grössten Theil von Frauen und Mädchen verrichtet. Als ich landete traf es sich zufällig das gerade die Zeit war wo die Arbeiter aus der Factorei kamen, und die Strassen waren gedrängt voll von Frauen. Da ich mir diesen Umstand nicht erklären konnte so glaubte ich beinahe wirklich dass die Frauen den Haupttheil der Bevölkerung bilden.

Da mich kein Geschäft in der Stadt zurückhielt, so suchte ich bei den Behörden um einen Pass für eine Reise ins Innere der Insel nach. Der Reisende der die Gebräuche hiesigen Ortes nicht kennt, ist in Folge der spanischen Passverordnungen den langweiligsten Belästigungen ausgesetzt. Kurz vor meiner Ankunft waren eben erst einige neue Verordnungen in Kraft getreten, und ich konnte nicht ans Land steigen wenn ich nicht entweder einen Pass hatte oder irgend ein bekanntes Handlungshaus für meine Aufführung Bürgschaft leistete. Wenn ich mich auf der Insel aufhalten wollte, war ein Pass nöthig, noch einer wenn ich ins Innere reisen, und ein vierter endlich wenn ich das Land wieder verlassen wollte. Diese Pässe mussten von verschiedenen Personen und auf verschiedenen Aemtern visirt werden, und bei dem geringsten Versehen gegen die Form wurde man wieder zurückgewiesen oder das Schiff angehalten. Ich bin den Herren Butler, und Holliday, Wise & Co., englischen Kaufleuten in Manila, zu grossem Danke verpflichtet, die mir allen Beistand leisteten der in ihrer Macht stand.

Nachdem ich endlich diese Schwierigkeiten überwunden und einige Führer und Diener gemiethet hatte, wurde unser Gepäck in eine Barca oder Boot gebracht, und wir machten uns auf den Weg nach der Lagune, einem grossen See im Innern, wo der Fluss entspringt an welchem die Stadt Manila liegt. Wir mussten über den See und man gab uns den Rath ja bei Nacht überzusetzen, weil der See dann gewöhnlich ruhig ist. Wir erfuhren bald wie viel dieser Rath werth war. Die Barcas sind lang und schmal gebaut, damit sie schneller vorwärts können, weil sie oft gegen einen reissenden Strom anmüssen, der den Fluss hinab kommt. An den Seiten sind Maststützen angebracht, auf denen die Indier hinauskriechen, um das Schiff im Gleichgewicht halten zu können wenn der Wind stärker wird. Ohne diese Stützen würde das Schiff oft umschlagen.

Als ich am Morgen erwachte hatten wir den halben Weg über den See zurückgelegt, und der Tag brach eben an. Wer nicht in den östlichen Tropenländern gewesen ist, kann sich keine Vorstellung von der Schönheit und Frische eines Morgens auf den Philippinen machen. Die breite Wasserfläche auf der wir schnell dahin fuhren, war spiegelglatt und kein Lüftchen wehte das die Ruhe gestört hätte. Die Ufer des Sees prangten in einer reichen Vegetation, und Bäume und Sträucher tauchten ihre üppigen Aeste in das Wasser und krönten den Gipfel jedes Hügels. In dieser schönen Gegend ist der Winter unbekannt, denn hier herrscht ein ewiger Frühling.

Sobald aber die Sonne über dem Horinzont erschien, erhob sich ein Wind, die ganze Oberfläche des See's fing an sich zu bewegen, der Wind wurde immer stärker und wuchs bis zu einen ziemlichen Sturm. Wir mussten die Segel einziehen und unsere ganze Schiffsmannschaft, den Steuermann allein ausgenommen, stand auf den Maststützen, um das Boot im Gleichgewicht zu halten, indem die Leute bald weiter hinaus, bald wieder zurück gingen, je nachdem der Wind mehr oder weniger stark war. In weniger als einer halben Stunde war der See mit Wellen bedeckt die eben so hoch gingen wie die des Meeres. Zum Glück waren wir unserem Ziele am gegenüberliegenden Ufer nahe, wo wir bald glücklich landeten. Ich rathe jedem Reisenden die Lagune ja nicht bei Tage zu befahren, und nahm mich wohl in Acht dies auf meinem Rückwege zu thun.

Nachdem ich ans Land gestiegen eilte ich zunächst nach dem Landgute des Don Inego Gonzales de Azaola, dessen Bekanntschaft ich in Manila gemacht hatte, und der so gefällig war mir die Benutzung seines Hauses im Innern des Landes anzubieten. Mein Hauptzweck, als ich diesen Theil der Insel besuchte war, mir womöglich die schöne Orchidee (*Phalaenopsis amabilis*) zu verschaffen, die Cuming vor einigen Jahren nach England geschickt hatte, die aber dort noch äusserst selten ist. Der Herzog von Devonshire bezahlte damals die erste Pflanze mit 100 Guineen.

Da ich nur wenig Zeit hatte, lag mir viel daran die Gelegenheit so gut wie möglich benutzen zu können. Ich machte die Hütte eines Indiers im Gehölz zu meinem Hauptquartier und hielt hier einen förmlichen Markt zum Einkauf von Orchideen. Die Indier wussten um welche Zeit ich in die Hütte zurückkam, und bei meiner Ankunft fand ich in der Regel den Boden vor der Hütte mit Orchideen bestreut, wie sie dieselben eben von den Bäumen abgenommen hatten, und manche derselben mit Blumen bedeckt. Die *Phalaenopsis* namentlich war ausserordentlich schön. Ich gab mir viele Mühe einige grosse Exemplare von dieser Pflanze zu erhalten, und bot einen Dollar, in einem indischen Walde schon eine bedeutende Summe, für die grösste die man mir bringen würde. Ein Kenner dieser schönen Pflanzenart wird sich leicht denken können, welches Vergnügen ich empfand, als ich eines Tages zwei Indier mit einer Pflanze von ausserordentlicher Grösse ankommen sah, die zehn bis zwölf Blüthenstengel und mehr als hundert Blumen in voller Blüthe hatte. „Hier," sagten sie triumphirend, „ist das nicht einen Dollar werth?" Ich konnte nicht leugnen dass sie vollen Anspruch auf die Belohnung hätten und nahm meine Beute sogleich im Besitz. Diese Pflanze befindet sich jetzt im Garten der Londoner Gartenbaugesellschaft, und obwohl sie ein wenig kleiner gemacht werden musste, um in Manila in die Pflanzenkiste verpacht werden zu können, so ist sie doch noch immer bei weitem das grösste Exemplar in Europa. Diese schöne Species kann mit Recht die „Königin der Orchideen" genannt werden.

Die Luftpflanzen findet man nicht so häufig in den dichtbeschatteten Theilen der Wälder, als vielmehr am Saume der Gehölze, auf den Bäumen an den

Seiten der Wege und in freier Lage. Ich fand das Geschlecht der Aëriden oft an den dichtesten Stellen der Wälder, aber nie eine einzige Pflanze der Phalaenopsis. Letztere wächst gewöhnlich auf den Aesten des Mangobaums an den lichteren Stellen der Gehölze, nahe bei den Wohnungen der Indier, und zuweilen sogar auf der Spitze hoher Bäume wo sie vollständig der Sonne ausgesetzt ist. Ich gestehe dass dies ganz der Vorstellung wiedersprach die ich mir über das Leben dieser Pflanze gebildet hatte, denn ich hätte erwartet sie hauptsächlich im Schatten dunkler Wälder zu finden, wohin selten die Strahlen der Sonne dringen; dies ist aber nicht der Fall, wenigstens nicht auf den Philippinischen Inseln.

Nachdem ich die Gegend um Inego's Landgut gehörig durchsucht, brach ich, von meinen Dienern und einigen andern Indianern begleitet, nach St. Pablo und Dolores auf. Dolores ist ein kleines Dorf in einer wilden Gegend des Landes, deren Bewohner wegen ihres schlechten Charakters berüchtigt sind und oft die Reisenden überfallen und geplündert haben. Unterwegs erzählten meine Begleiter eine Menge Geschichten dieser Art, und hatten offenbar grosse Furcht. Es gab hier keine andere Wege als schmale Fussteige die durch das dicke Gebüsch führten, und die ganze Oertlichkeit war für gesetzloses Gesindel eingerichtet, das hier thun konnte was ihm beliebte. Einmal als ich den andern eine kleine Strecke voraus war, erschracken sie über etwas, und ergriffen sämmtlich die Flucht nach einer andern Seite hin. Ich ritt den Flüchtigen nach, und da ich gut bewaffnet war, so untersuchte ich das Terrain in allen Richtungen um zu entdecken was sie so in Furcht setzte, konnte aber nichts finden, und mit vielem Zureden gelang es mir endlich meine Begleiter zur Umkehr und Fortsetzung der Reise zu vermögen. Bald darauf jedoch kam ein wild aussehender Indier aus dem Walde hervor, blieb stehen und musterte uns genau als wir auf dem Wege bei ihm vorbeigingen. Er hatte eine kurze Luntenflinte in der Hand und gehörte offenbar zu der Räuberbande welche die Gegend unsicher machte. Ich ging sehr langsam und behutsam an ihm vorüber, indem ich seine Bewegungen überwachte und ihn zugleich sehen liess dass ich und meine Begleiter gut bewaffnet waren. Nachdem er uns ein bis zwei Minuten schweigend nachgesehen, sprang er in die Junglen und verschwand.

Da sich unser Pfad durch die Junglen wand so konnten wir nur eine kurze Strecke sowohl vor uns als hinter uns sehen. Einmal an einer Krümmung hörten wir ein Geräusch im Dickicht, als ob eine Anzahl Menschen schnell auf uns zukäme, und wir dachten natürlich nicht anders als dass wir überfallen würden. Sogleich wurde Halt gerufen, und nun war die Frage ob wir vorwärts gehen oder wieder zurück sollten. Da ich keine Zeit zu verlieren hatte, griff ich nach meiner Flinte und beschloss weiter zu gehen. Ich ritt also einige Schritte vorwärts um zu recognosciren, und erblickte eine zahlreiche Bande, nicht Räuber und Diebe, sondern — ich hoffe der Leser wird so höflich sein und nicht lachen — Affen! Es mussten viele hunderte dieser Thiere sein, die auf den Bäumen sassen oder von Ast zu Ast sprangen und sich augenscheinlich in hohem Grade belustigten. Als wir unter ihnen vorüber gingen fingen sie an zu lachen und uns allerlei Grimassen zu machen.

Endlich erreichten wir das kleine Dorf Dolores und ich hielt es für meine Schuldigkeit sogleich dem Pater meine Aufwartung zu machen.

Sein Haus war eine erbärmliche Hütte, nicht besser als die der Indianer welche es umgaben, und armselig möblirt.

Der Pater nahm uns freundlich auf, hiess uns willkommen und versicherte uns, dass, obwohl er uns nur wenig Bequemlichkeit bieten könnte, er alles thun werde, was in seiner Macht stehe, um uns den Aufenthalt so angenehm wie möglich zu machen. Zu gleicher Zeit sagte er uns, dass wir uns in einer gefährlichen Nachbarschaft befänden, und dass er weder für die Sicherheit der Ponies noch des Gepäcks stehen könne. Die Diener und Indianer welche mich begleiteten wurden in einem andern Hause untergebracht welches für den Pater gebaut wurde, dort wurden die Ponies angebunden und zu ihrem Schutze eine Wache hingestellt. Die Indier standen abwechselnd Schildwache, sie waren gut bewaffnet, und da sie selbst grosse Furcht hatten, so stand nicht zu besorgen dass sie ihre Pflicht vernachlässigen würden. Am andern Morgen sagten sie mir, sie seien in der Nacht mehrmals gestört worden, doch mag dabei wohl die Einbildung einigermassen mit im Spiele gewesen sein, denn von allen unseren Sachen war nichts angerührt worden. Am Abend, als es dunkel war, that der würdige Pater alles was er konnte um uns zu unterhalten. Er hatte ein altes Klavier das seinen Weg, ich weiss nicht wie, in diese Wildniss gefunden hatte, vielleicht aber vor unserer Ankunft noch nie gespielt worden war, denn es war schrecklich verstimmt. Auf diesem spielte er uns einige spanische und italienische Lieder vor und begleitete das Instrument mit seiner Stimme. Als sein Liedervorrath erschöpft war, lies er einen Knaben, den er zur Bedienung hatte, und den Vorsteher des Dorfes kommen, die beide musikalisch ware, und gab eine Art Concert zum Besten. Der Pater spielte das Pianoforte, der Knabe die Querpfeife und der andere die Clarinette. Ich muss jedoch gestehen dass die Musik nicht gerade sehr wohlklingend war.

Der grössere Theil des folgendes Tages wurde der Durchsuchung der Umgegend gewidmet, und gegen Abend nahm ich von dem gastfreundlichen Priester Abschied und brach nach St. Pablo auf, welches in einem etwas civilisirtern Theile der Insel liegt. Auch hier, wie überall, waren die Priester sehr gefällig und gastfreundlich.

Die Philippinischen Inseln müssen in einer früheren Zeit ein vollkommenes Nest von Vulkanen gewesen sein. Diese sind jetzt bis auf einen alle ausser Thätigkeit, aber Spuren welche darauf deuteten fanden wir auf unserem Wege durch die höher gelegenen Gegenden des Landes auf jedem Schritte, nämlich eine Menge kreisrunder Lachen stehenden Wassers, und Massen von Lava die, wenn sie aufgerührt werden, noch einen höchst unangenehmen Dunst ausströmen. Auf dem Gipfel eines hohen Berges nahe bei St. Pablo, traf ich unvermuthet auf Reste eines jüngeren Vulkans. Die Bäume in der Nähe desselben hatten ein ziemlich ungesundes Ansehen und ihre Wurzeln und Aeste waren zum Theil verwittert. Einigemale sank ich bis an die Knie in den Boden, der wie verbrannt aussah und einen starken Schwefelgeruch ausströmte, und da ich keinen Eingebornen als Führer bei mir hatte, so fürchtete ich oft in die Mündung eines Kraters zu gerathen und ganz zu versinken.

Die Insel Luzon, deren Hauptstadt Manila ist, hat grosse Aehnlichkeit mit Java und andern Theilen der Strassen. Sie ist sehr gebirgig, aber äusserst fruchtbar, und unterscheidet sich sehr von den dürren Küsten des südlichen China die ich eben verlassen hatte. Das niedere Land, welches überfluthet werden kann, bringt grosse Ernten von Reis. Zucker und Tabak werden auf Boden gebaut der in England guten Weizen tragen würde und die Abhänge der Hügel sind mit Kaffee und Cacaobäumen bepflanzt. Die Mangofrucht von Manila gilt für eine der besten in der ganzen Welt und wird nicht weniger geschätzt als die welche in der Nähe von Bombay wächst. Cocusnüsse, Pisangbäume, Bananen und andere tropische Früchte giebt es hier in grosser Menge und sie gedeihen vortrefflich. Auch Orangen werden gebaut, sie sind aber nicht so schmackhaft wie die chinesischen und europäischen; und in der That, wie man erwarten kann, sind alle in nördlichen Breiten einheimischen Früchte die sich auf dieser Insel finden, bei weitem nicht so gut als die welche in einem ihrer Natur mehr angemessenen Klima wachsen. Der Weinstock wird in grosser Menge gebaut, trägt aber Trauben von ziemlich geringer Qualität.

Die gebirgigen Theile des Landes liegen zum grössten Theil noch unbebaut und sind mit Bäumen und Sträuchern bewachsen, die an manchen Stellen so dicht sind, dass ich mir von den Indianern erst mit kleinen Beilen die sie zu diesem Zwecke mitgenommen hatten, einen Weg bahnen lassen musste. An manchen Stellen bilden die Gipfel der hohen Bäume eine so dichte Masse, dass kein Sonnenstrahl durchdringen kann. Der Boden an den Abhängen dieser Gebirge ist immer feucht und schlammig und wird von Millionen von Blutegeln bewohnt. Bei meinem ersten Ausfluge ins Gebirge bemerkte ich dass die Füsse und Beine der Indianer, welche mir den Weg bahnten, mit Blut bedeckt waren und ich glaubte anfänglich dass sie sich an dem dornigen Gesträuch welches sie abhauen mussten verwundet hätten. Als ich sie jedoch fragte, erfuhr ich, dass dies von den Blutegeln herrühre, und es dauerte nicht lange so hatte ich eine gute Anzahl derselben auf meiner eigenen Haut sitzen. Es waren zwei Arten derselben hier, die eine Art war kleiner und länglich, die andere beinahe rund. Die erstere Art rissen die Indianer, sobald sie sich ansetzten, jedesmal ab, die runden aber liessen sie immer ungestört saugen. Dies thaten sie, wie ich später erfuhr, weil diese, wenn sie mit Gewalt entfernt werden, immer eine sehr schmerzhafte Wunde zurücklassen, wenn man sie aber ruhig saugen lässt bis sie voll sind, so fallen sie von selbst ab und lassen kaum eine Spur zurück; die andere Art hingegen kann ohne Schaden abgenommen werden. Anfänglich, als sie sich an mir festsetzten, was sie durch meine Strümpfe thaten, wollte ich sie abreissen, ohne Rücksicht auf die Species, obgleich ich von den Eingebornen gewarnt wurde. Aber es dauerte nicht lange, so waren meine Beine mit Blut bedeckt, und die Wunden schmerzten und juckten noch mehrere Tage nachher.

Ausser den Orchideen besitzen die Philippinischen Inseln nicht viele Pflanzen die man in Gärten zur Zierde ziehen könnte. Soweit ich Gelegenheit hatte mir ein Urtheil zu bilden, hat die Vegetation von Luzon grosse Aehnlichkeit mit der der Insel Java und der andern Theile des malayischen Archipelagus. Das Land ist jedoch sehr reich an Vögeln und Muscheln, und manche Arten der letzteren, welche auf dem Lande gefunden werden, sind äusserst werthvoll. Hr. Cuming, der in diesem Theile der Welt sehr bekannt ist, hat viele derselben gesammelt und bereits über einen grossen Theil von Europa und Amerika verbreitet.

Nachdem ich etwa drei Wochen im Innern von Luzon zugebracht, und mich reichlich mit der Phalaenopsis und verschiedenen andern Orchideen versorgt hatte, kehrte ich nach Manila zurück und schiffte einen Theil meiner Vorräthe nach England ein. Dieser ist in vortrefflichem Zustande angekommen und, wie ich nach meiner Heimkehr aus den Gartenlisten ersehen, sind nicht weniger als fünfundvierzig Exemplare dieser lieblichen Pflanze — der „Königin der Orchideen," — unter die Mitglieder der Londoner Gartenbaugesellschaft vertheilt worden.

Die Zeit welche ich für diesen Ausflug bestimmt hatte war vorüber, und ich segelte nun wieder nach meiner alten Station im Norden von China ab, wo ich den 14. März 1845 ankam. An der Küste aufwärts hatten wir mit dem Nordostmonsun zu kämpfen, der uns während der ganzen Ueberfahrt entgegen kam. Einmal gegen Abend, als es schon ziemlich dunkel war und die See sehr hoch ging, verlor ein Matrose der aussen auf dem Bugsprit stand, weil das Schiff sich hob, das Gleichgewicht und fiel ins Meer. Bei dem Geschrei „ein Mann über Bord," — dieses eigenthümliche Geschrei der Schiffer, welches man, wenn man es einmal gehört hat, nie wieder vergessen kann, — stürzte ich hinaus auf das Verdeck. Der Schooner ging wenigstens mit acht Faden Tiefe, das Steuer aber wurde sogleich niedergelassen und wir hielten an. Ein Matrose wurde sogleich hinaufgeschickt um den armen Kerl im Auge zu behalten, dessen Kopf man dann und wann über eine Welle hervorragen sah, und in wenig Augenblicken war der Schooner dicht an seiner Seite. Es wurde ihm ein Seil zugeworfen und jedermann dachte er würde im Stande sein dieses zu fassen, so dass man ihn hinaufziehen könnte. Unglücklicherweise aber verfehlte er es, wahrscheinlich weil er zu erschöpft war, zu gleicher Zeit kam der Schooner in die Höhe, und er blieb so wieder den Wellen überlassen. Als letztes Mittel ihn zu retten wurde ein Boot ausgesetzt, einige beherzte Bursche sprangen hinein und steuerten der Richtung zu die ihnen vom Schiffe aus angegeben wurde. Wir waren jetzt am Bord in einer peinlichen Spannung. Dann und wann konnten wir den Mann einen Augenblick zu Gesicht bekommen, er war offenbar dem Sinken nahe und in wenig Augenblicken musste alles mit ihm vorüber sein. In der Dunkelheit verloren wir das Boot aus den Augen, und die Leute erzählten uns später dass sie auf dem Punkte gewesen wären umzukehren ohne ihren armen Kameraden wiedererblickt zu haben, als sie dicht neben dem Boote seinen Kopf aus dem Wasser hervortauchen sahen; sie ruderten auf ihn zu und fassten ihn an den Haaren und zogen ihn so ins Boot. Als er an Bord gebracht wurde, war er im höchsten Grade erschöpft, die gewöhnlichen Mittel aber brachten ihn noch im Laufe der Nacht wieder auf die Beine.

Neunzehntes Capitel.

Frühling im Norden von China. — Neue Blumen. — Reise durch das Land. — Bunte Reisegesellschaft. — Eine Morgenscene in einer chinesischen Junke. — Die Tatarenstadt Chapoo. — Kaufläden und Handel. — Volksgedränge. — Besuch bei den Mandarinen. — Dieselben bieten mir freies Geleit an. — Ihre Pläne. — Ich durchkreuze diese. — Abreise von Chapoo nach Shanghae. — Ping-hoo und Umgegend. — Die Seidendistricte. — Maulbeerzucht. — Pflege des Seidenwurms. — Ankunft in Shanghae. — Ein Brief vom Consul mit Einschluss eines Schreibens des Taoutae, oder obersten Mandarinen. — Eine höchst zufriedenstellende Antwort.

Es war im Anfange des Frühlings als ich nach dem Norden von China zurückkehrte. In dieser Jahreszeit kann kein Land schöner und gesünder sein als dieses. Die Luft ist stärkend, der Himmel in der Regel heiter, und die Morgen erfrischend kühl. Bald schritt die Vegetation mit wunderbarer Schnelligkeit vorwärts, alles der Art weit übertreffend was ich je in England gesehen. Mitte April waren einjährige Bäume und Gesträuche mit Laub bedeckt, Gerste stand in vollen Aehren, und die Oelpflanze *(Brassica sinensis)* bedeckte in goldgelben Massen die Hügelabhänge und Ebenen und erfüllte die Luft mit dem süssen Dufte ihrer Blüthen.

Ich beabsichtigte in diesem Sommer die Sammlung meiner schönsten Pflanzen die ich zu Hause unter meine besondere Pflege nehmen wollte zu vervollständigen, und besuchte deshalb, ohne Zeit zu verlieren, alle meine früheren Bekannten, — Mandarinen und Gärtner — um jetzt, so lange die Pflanzen in Blüthe standen, meine Auswahl zu treffen. Baum-*Päonien, Azaleen, Viburnum, Daphne,* Rosen, und viele andere Pflanzen, die alle in Europa neu und sehr schön sind, wurden von Zeit zu Zeit dieser Sammlung zugefügt. Da manche dieser Pflanzen nur nach der Farbe ihrer Blumen bestimmt werden konnten, so musste ich nothwendig die verschiedenen Districte während des Frühlings drei bis viermal besuchen und durfte folglich möglichst wenig Zeit verlieren um von einem Districte zum andern zu reisen. Shanghae, Chusan, Ning-po und verschiedene Gegenden im Innern des Landes, die alle ziemlich weit von einander liegen, zogen meine Aufmerksamkeit in gleichem Grade auf sich und besassen sämmtlich etwas das meine persönliche Anwesenheit nothwendig machte.

Die Entfernung von Ning-po nach Shanghae beträgt etwa hundert engl. Meilen. Ich war mit meinen Untersuchungen im Districte von Ning-po fertig und wollte nun so bald wie möglich Shanghae erreichen, um einige Azaleen in Blüthe zu sehen, die meiner Sammlung beizufügen mir sehr wichtig war. Vierzehn Tage später würden die Blumen verwelkt und es dann unmöglich gewesen sein die verschiedenen Abarten zu erkennen. Von Ning-po nach Shanghae gab es zwei Wege, der eine für die Fremden, der andere für die Eingebornen. Der gesetzliche Weg führte über Chusan, welches damals die Engländer besetzt hielten, etwa dreissig bis vierzig Meilen in gerader Richtung, wo man dann abwarten musste bis ein Schiff nach Woosung oder Shanghae unter Segel ging. Ich wusste dass, wenn ich diesen Weg einschlüge, ich wenigstens acht bis zehn Tage in Chusan warten musste ehe sich eine Gelegenheit fand; dieser Verzug aber würde den Zweck welchen ich vor Augen hatte gänzlich vereitelt haben. Ich entschloss mich daher auf dem verbotenen Wege zu reisen und es auf die Folgen ankommen zu lassen.

Die Landreise war höchst interessant. Als ich die Stadt Chinhae an der Mündung des Ning-po erreichte, fand ich einige kleine Junken die noch an demselben Abend nach Chapoo abfahren wollten, und ich beeilte mich am Bord derselben für mich und mein Gepäck einen Platz zu finden. Dies gelang mir wider Erwarten wohl, was ich, wie ich später erfuhr, meinem chinesischen Diener zu danken hatte, der zufällig aus Chinhae gebürtig war und den Capitän der Junken kannte. Er machte ihm begreiflich dass es nichts auf sich habe wenn ich diesen Weg einschlüge, und dass er im schlimmsten Falle mich leicht in Chapoo ans Land setzen könnte, ohne dass jemand wüsste wie ich dorthin käme.

Am Abend, nach mancherlei Verzögerungen wegen des Windes und Wetters, zum Theil auch weil der Capitän gern noch einige Passagiere und etwas Ladung mehr mitnehmen wollte, lichteten wir unsere Anker und segelten ab. In der Bucht von Hang-chow ist die Fluth sehr stürmisch, und die chinesischen Junken und Boote fahren nie über dieselbe wenn sie nicht offenen oder günstigen Wind haben. Ich werde nie die bunte Reisegesellschaft auf diesem kleinen Schiffe vergessen. Wir waren alle zusammen in der Mittelcajüte unter einander geworfen, wo an den Seiten unsere Betten aufgeschlagen waren, so dass nur in der Mitte Raum zum Gehen übrig blieb. Unter den Passagieren waren einige angesehene Kaufleute, aber auch diese hatten irgend etwas schmutziges und ekelhaftes an sich. Kleine Insekten, die man vor gebildeten Ohren nicht gern nennt, wurden in den warmen Falten ihrer Kleider mitleidig in grosser Anzahl gepflegt. Nachdem mein Bett aufgeschlagen war umstellte ich dasselbe zunächst eiligst mit meinen Koffern und einigen andern Kisten u. dergl. damit nicht etwa Gäste obengenannter Art, die vielleicht ihren rechtmässigen Herrn und Meister verlassen möchten, bei mir ihr Quartier aufschlügen. Bei aller Sorgfalt jedoch war es mir beinahe unmöglich mich von den Chinesen unberührt zu erhalten, denn bei jeder Bewegung des kleinen Schiffes rollten wir von einer Seite zur andern.

Einen grossen Theil der Nacht brachten die Chinesen mit Opium- und Tabakrauchen hin. Als der Tag anbrach war der Anblick welchen die Cajüte gewährte im höchsten Grade eigenthümlich. Fast alle Passagiere lagen in tiefen Schlafe haufenweise an verschiedenen Stellen beisammen, wie sie während der Nacht durch die Bewegung des Schiffes zusammengeschleudert und übereinander geworfen worden waren. Ihre Gesichtszüge und ihr ganzes Aeussere mussten, im Zwielicht eines Sommermorgens gesehen, auf das Auge eines Fremden einen höchst eigenthümlichen Eindruck machen. Ich glaubte beinahe den Charakter der verschiedenen Personen, die vor mir ausgestreckt lagen, auf ihren Gesichtern lesen zu können. Hier lag einer dem das Opiumrauchen zur Gewohnheit geworden war, nicht zu verkennen — sein Gesicht war blass und hässlich, sein Athem kurz und unruhig, und er war so mager dass seine Backenknochen die Haut durchstechen zu wollen schienen. Andern sah man die Sorgen um ihre Geschäfte an, andere wieder hatten offenbar einen gesunden Schlaf und ein leichtes und fröhliches Herz. Allen war der vordere Theil des Kopfes beschoren, und ihre Zöpfe lagen in wilder Verwirrung umher. Wir waren jetzt schon ziemlich weit über die Bucht; Wind und Fluth waren den grössten Theil der Nacht über günstig gewesen, und schon erschienen nördlich am Horizont die Hügel von Chapoo. Alle Hände waren jetzt mit der Bereitung des Frühstücks beschäftigt. Ein chinesisches Frühstück auf der See besteht hauptsächlich aus Reis, Fischen und Gemüse. Die Eigenthümer der Junken sorgen für die Beköstigung der Passagiere, wofür diese ausser dem Fahrgelde noch eine kleine Summe besonders entrichten. Wenn der Passagier kein Frühstück oder Mittagsessen will, so braucht er nicht dafür zu bezahlen. Als das Frühstück beendigt war, fingen einige an Opium oder Tabak zu rauchen, worauf die meisten wieder zu Bett gingen und auch bald in tiefem Schlafe lagen. Die Chinesen thun auf der Reise wenig mehr als essen, rauchen und schlafen. So lange ich in dem Lande gereist bin, kann ich mich nicht erinnern gesehen zu haben dass ein Chinese unterwegs las.

Gegen elf Uhr Morgens warfen wir in einer schlammigen Bucht gegenüber der Stadt Chapoo Anker, wo bei niedrigem Wasser viele Junken auf dem Trocknen sitzen. Ich hatte mein Gepäck in ein kleines Boot geworfen und ruderte der Küste zu. „Ihr mögt nur eure Schuh und Strümpfe ausziehen und eure Hosen aufschlagen," sagte einer von den chinesischen Bootsleuten, als wir nahe an den Landungsplatz kamen. Wir sahen bald wie gut und zweckmässig dieser Rath war, denn als das Boot an den Strand kam, zeigte sich dass ich noch eine Viertelmeile bis über die Knie im Schlamme zu waten hatte, ehe ich festen Grund finden konnte. Jetzt kam noch der schwierige Theil meiner Expedition. Als ich endlich glücklich durch den Schlamm war, fragte ich nach dem nächsten Brunnen und begann meine Abwaschungen, ohne irgend zu versuchen mich zu verkleiden, da ich einen gewöhnlichen englischen Rock trug. Lange noch ehe ich mit Waschen fertig war, war ich von einigen hundert Eingebornen umringt, die über den Anblick eines Engländers vollkommen erstaunt zu sein schienen, obwohl dieser Platz im letzten Kriege angegriffen und genommen worden war. Jetzt wurden alle möglichen Bemerkungen über mich gemacht; „wo kommt ihr her?" „wo wollt ihr hin?" „was habt ihr hier zu thun?" und hundert andere Fragen wurden an mich oder an meine Begleiter gerichtet; doch waren alle durchaus höflich und versuchten nicht im Geringsten mich zu belästigen. Ich ging jetzt nach einigen Hügeln vor der Stadt, deren Pflanzen ich in Augenschein nahm. Unterwegs besuchte ich einige Tempel, die während des Krieges von unseren Truppen niedergeschossen worden waren und noch in Ruinen lagen, wie man sie damals gelassen hatte. Hunderte von Leuten folgten mir auf die Hügel, von wo aus man eine der schönsten Aussichten hat die mir in diesem Lande vorgekommen. Hier endigen die Hügel welche vom Süden aus sich bis hierher ziehen, und es beginnt die weite Ebene des Yang-tse-Kiang. Auf der einen Seite, gegen Süden und Westen zu, thürmen sich grossartige Gebirge empor, während auf der Nordseite das Auge auf einer reichen und flachen Ebene ruht, die mit tausenden von Kanälen bewässert und über und über mit Städten und Dörfern besät ist, die von einer ungeheuren Zahl fleissiger und glücklicher Menschen bewohnt sind. Chapoo und das Land welches diese Stadt umgiebt können mit Recht der Garten von China genannt werden.

Als ich die Hügel in Augenschein genommen, ging ich in die Tatarenstadt Chapoo hinunter. Die Vorstädte sind gross und volkreich, aber die Stadt selbst innerhalb der Ringmauern ist nicht sehr gross. Sie bildet ein Viereck, und die Mauern haben nicht mehr als drei engl. Meilen im Umfange; sie scheinen sehr alt zu sein und sind von einem Graben umgeben der auch als Kanal benutzt wird. Hier wohnen die tatarischen Truppen mit ihren Familien, die ganz getrennt von der chinesischen Bevölkerung der Stadt leben.

Die Strassen, Häuser und Kaufläden sind ganz so wie die welche ich schon oben beschrieben, und in der That, die chinesischen Städte sehen alle eine der andern so ähnlich, dass wenn ein Reisender, der mit den nördlichen Städten gut bekannt ist, mit verbundenen Augen in eine derselben versetzt würde, er die grösste Schwierigkeit haben würde zu sagen ob er sich in Chapoo, Ning-po oder Shanghae befinde. In den Kaufläden sah ich eine grosse Masse japanischer Waaren, die jährlich von den Junken welche mit Japan handeln auf diesen Platz gebracht werden.

Bald hatte ich alles was von Interesse war in Augenschein genommen; es war nun ziemlich spät am Nachmittage, und ich dachte daran die Stadt zu verlassen und meine Reise nach Shanghae fortzusetzen. Mein Diener hatte bereits Sorge getragen den Theil des Kanals ausfindig zu machen von wo aus die Boote nach Shanghae abgehen, und ich hatte mich dorthin begeben um eines derselben zu miethen. Schon den ganzen Tag über hatte mich eine zahlreiche Menge umringt und überall hin begleitet, jetzt aber, als ich Anstalt machte sie zu verlassen, war dieselbe noch bedeutend gewachsen. Alle Strassen, Gässchen, Fenster und Dächer waren mit Menschen angefüllt, die sich jedoch alle vollkommen ruhig und artig verhielten. Als ich an den Kanal kam und mit einem von den Bootsleuten sprechen wollte, drängte sich die Menge in solcher Anzahl um mich, dass das Boot, wenn ich einstieg, ohne Zweifel untergesunken wäre. Die armen Schiffer waren so in Furcht, dass keine Belohnung die ich ihnen bot sie vermögen konnte mich aufzunehmen. Sie baten mich inständigst nicht in ihr Boot zu kommen, weil bei der Menschenmenge die sich um mich drängte, und die sie nicht abzuwehren im Stande waren, leicht ein Unglück entstehen könnte.

Ich befand mich jetzt in einer sehr kritischen Lage und wusste nicht wie ich mich heraus finden sollte. Endlich entschloss ich mich, obwohl sehr ungern, die Mandarinen um Hülfe anzusprechen. Mit chinesischen Behörden etwas zu thun zu haben, ist immer eine missliche Sache, und man vermeidet es gern, wenn es irgend möglich ist; in diesem Falle aber konnte ich mir nicht anders helfen. Ich fragte also nach der Wohnung des Aufsehers über die Boote und ging geradeswegs zu ihm, natürlich von einem ungeheuren Schwarme begleitet. Auf dem Wege nach dessen Hause kam mein Diener zu mir und bat mich, ich möchte dem Mandarinen nicht sagen dass er in meinem Dienste stehe oder irgend etwas dabei gethan habe mich hieher zu bringen. Da ich mich jetzt leidlich chinesisch auszudrücken wusste, so hatte ich ihn nicht als Dolmetscher nöthig, und mir lag natürlich daran weder ihn noch seine Verwandten meinetwegen in Unannehmlichkeiten zu bringen.

Als wir am Hause des Mandarinen ankamen, wurden die Thüren geöffnet und ich ging ohne Scheu in das Empfangszimmer. Es war ein schwieriges Geschäft für die Diener, die Menge draussen abzuhalten, was sie indessen doch theils mit Drohungen theils mit Schlägen, die sie freigebiger austheilten als wir in England gut heissen würden, zu Stande brachten. In China ist dies die gewöhnliche Weise den Janhagel zu strafen, und wenn die Leute wissen dass sie es verdienen, so lassen sie es sich ruhig gefallen.

„Sage deinem Herrn dass ich ihn sprechen will," sagte ich in einem vornehmen Tone zu einem Diener, der sogleich hineinging und mit dem Mandarinen selbst zurückkehrte, welcher in seine imponirendste Amtstracht gekleidet war, — mit Hut, Knopf, Pfaufeder und allem Zubehör. — „Ich muss nach Shanghae reisen und habe grosse Eile," sagte ich, „ich habe versucht zu diesem Zwecke ein Boot zu miethen, kann aber ohne Ihrem Beistand nicht zu Stande kommen. Wollen Sie die Güte haben mir zu helfen?" Nachdem er meine Worte wiederholt hatte, wie bei chinesischer Unterhaltung unabänderlich Sitte ist, richtete er folgende Frage an mich: „Wie alt sind Sie?" Dies mag sonderbar scheinen, bei den Chinesen aber gilt es als eine Artigkeit und ist in der Regel eine der ersten Fragen die sie an jemand richten. Ich dankte ihm für seine Erkundigung, sagte wie alt ich sei, fragte dann nach seinem Alter, und trug nun meine Bitte wegen des Bootes noch einmal vor. Er versprach hierauf einen seiner Diener zu schicken um ein Boot für mich zu besorgen, einstweilen lud er mich ein etwas Kuchen und Thee zu geniessen, der mir sogleich vorgesetzt wurde. Die Flinte welche ich bei mir hatte war für den alten Mann etwas sehr merkwürdiges, namentlich das Schloss und die Percussionshütchen, dergleichen er, wie er mir sagte, noch nie gesehen hatte. Während ich dem Kuchen und Thee zusprach richtete er eine Menge Fragen an mich, wie z. B. woher ich käme und wo ich mich zuletzt aufgehalten, wer mir gesagt hätte dass dies der Weg nach Shanghae sei, u. s. w. u. s. w., deren einige ich beantwortete, andere aber für besser hielt nicht zu verstehen. Endlich aber war es durch eine Dummheit meines Dieners ruchbar geworden dass dieser zu mir gehöre; ein Umstand der sogleich dem Mandarinen mitgetheilt wurde, der ihn kommen liess und ein genaues Verhör mit ihm anstellte.

Während dessen kam der vornehmste Mandarin der Stadt an, den sein Amtsbruder meinetwegen zu einer Conferenz zu sich geladen hatte. Nach einer langen Consultation, die in einem besonderen Zimmer gehalten wurde, kamen die beiden Ehrenmänner endlich heraus und thaten mir auf die schmeichelhafteste Weise kund, dass sie mir freies Geleit durch das Land bis Shanghae geben und, um mir die Reise noch bequemer zu machen, meinen Diener nebst Gepäck in einem besondern Boote befördern wollten. Dies schien auf den ersten Anblick ausserordentlich freundlich; ich war jedoch lange genug im himmlischen Reiche um die Nothwendigkeit einzusehen ihren Beweggründen genau nachzuspüren, um irgend einem schlimmen Plane, den sie hinter ihrer Freundlichkeit und Höflichkeit versteckten, vorbeugen zu können. In diesem Falle waren mir ihre Absichten vollkommen klar, und einfach diese: Nach dem Vertrage von Nanking soll sich kein Engländer ausserhalb der Grenzen finden lassen welche für jeden der fünf Häfen bestimmt waren, im Uebertretungsfalle soll er festgenommen und an den nächsten britischen Consul ausgeliefert werden, der unter diesen Umständen dem Uebertreter eine schwere Geldstrafe auflegen muss. Hätte ich ihr freundliches Anerbieten angenommen, so würde ich bei meiner Ankunft in Shanghae gefunden haben dass ich ihr Gefangener war, statt ihr Gast, und würde wahrscheinlich als solcher an den britischen Consul überliefert worden sein. Hingegen, wenn ich mein eignes Boot miethete, und ohne die Begleitung reiste die sie mir mitgeben wollten, so war ich nach dem Buchstaben des Vertrags vollkommen sicher, selbst wenn bei meiner Ankunft in Shanghae eine Klage gegen mich eingereicht wurde. Von dem britischen Consul konnte in dieser Sache nichts gethan werden, wenn ich mich nicht *bona fide* ausserhalb der Grenzen betreffen liess, was nicht gerade wahrscheinlich war, da die chinesischen Behörden in allen dergleichen Angelegenheiten äusserst vorsichtig sind, um sich selbst keiner Verlegenheit auszusetzen.

Ich entschloss mich sogleich ihnen an Höflichkeit nichts nachzugeben, und erklärte daher mit vielen Verbeugungen und wiederholtem Danke, dass ich nicht daran denken könnte so unverdiente Güte anzunehmen, da ich im Stande sei meine Kosten selbst zu bestreiten, und dass ich von ihnen nichts weiter verlange, als die einfache Erlaubniss ein Boot miethen zu dürfen, mit drei oder vier Mann, das mich nach Shanghae bringen könnte. Sie drangen noch länger in mich ihr Anerbieten anzunehmen, allein ich beharrte bei meiner Weigerung. Hierauf hielten sie wieder eine lange Berathung allein, die, wie ich erwartete, endlich zu dem Resultate führte, dass sie versuchen wollten was sie mit meinem Diener ausrichten könnten, den sie sogleich holen liessen. Dieser musste mir sagen dass es von Chapoo nach Shanghae sehr weit sei, und dass die Strassen von Räuberbanden unsicher gemacht würden die uns anfallen könnten; und dass sie nicht für die Folgen stehen könnten wenn nicht noch ein Boot und einige ihrer Soldaten zu unserem Schutze mitgingen. „Sage ihnen" antwortete ich, „dass ich mir in den Kopf gesetzt habe auf meine Weise reisen zu wollen, dass mich keine Gründe dazu vermögen können meine Meinung zu ändern, und dass die Waffen welche ich ihnen gezeigt habe vollkommen hinreichen die Angriffe von Räubern die uns unterwegs begegnen könnten zurückzuschlagen." Als letztes Mittel schickten sie mir nun noch einen Beamten mit seinem Diener, der mir sagte, er sei im Begriff nach Shanghae zu reisen, und würde mir sehr verbunden sein wenn ich ihm erlauben wollte mich zu begleiten. Auch dieses artige Ansuchen musste ich ablehnen, und da die Mandarinen einsahen dass sie entweder Gewalt anwenden oder mich meiner Wege gehen lassen mussten, so gaben sie endlich alle weiteren Versuche auf.

Jetzt stellte sich ein Schiffer vor und erklärte er sei bereit nach Shanghae zu fahren. Als ich aufstand um mich zu verabschieden, sah ich dass sämmtliche Diener hinaus beordert waren um die Menge abzuhalten bis ich sicher im Boote wäre. Die beiden Mandarinen begleiteten mich, und wir gingen in grossem Aufzuge nach dem Kanal. Die Menge welche sich um uns gesammelt hatte war zahllos, sie verhielten sich aber alle vollkommen ruhig und höflich. Als wir am Landungsplatze ankamen dankte ich meinen Freunden für ihre Güte und sagte ihnen Lebewohl, sprang dann in das Boot, welches sogleich in den Strom stiess, und bald hatten wir die Volksmenge und die Tatarenstadt weit hinter uns.

Das Land durch welches wir kamen war vollkommen eben, gut bebaut und reicher bewaldet als irgend eine andere der Niederungen welche ich früher besucht hatte. Es war beinahe dunkel als wir eine Stadt von ziemlich bedeutender Grösse erreichten, Pinghoo genannt, die nur wenige

Meilen von Chapoo entfernt liegt, und ich beschloss die Nacht über hier zu bleiben. Als der Morgen tagte, weckte ich die Chinesen und wir setzten unsere Reise fort. Wir kamen jetzt durch einen ausgebreiteten Seidendistrict, wo die Maulbeerbäume den hauptsächlichsten Gegenstand der Bodencultur bildeten. Die Eingebornen waren eben (den 18. Mai) eifrig damit beschäftigt, die Blätter zu pflücken mit denen sie die Seidenwürmer füttern. Die Maulbeerbäume sind alle gepfropft und haben sehr schöne dicke Blätter. Ich verschaffte mir eine Pflanze, die jetzt in England noch frisch ist, um die besondere Varietät zu bestimmen, und zu sehen ob sie von den Arten welche man in Europa zu demselben Zwecke braucht verschieden ist. Sie ist jedoch jetzt noch nicht so weit herangewachsen um ein sicheres Urtheil darüber fällen zu können. So viel jedoch ist gewiss, dass die Seide welche in diesem Districte erzeugt wird für die bei weitem schönste in China gilt. Ob dies aber der besondern Varietät des Maulbeerbaumes zuzuschreiben ist mit dem man die Würmer füttert, oder dem Klima und Boden, darüber kann ich jetzt noch nicht entscheiden. Wenn sich erweisen sollte dass die Pflanze eine andere Species oder Varietät ist als die welche im südlichen Europa erbaut wird, so dürfte es nicht unwichtig sein dieselbe in den Pflanzungen in Italien einzuführen, da die chinesische Seide einen bei weitem festeren Faden hat als die italienische, und für diejenigen Fabrikate gebraucht wird welche Glanz und Festigkeit erfordern.

Die Bäume, oder vielmehr Sträucher, werden in Reihen an den Ufern der Kanäle gepflanzt; diese Lage ist ihnen besonders günstig und man lässt sie nicht mehr als etwa vier bis sechs Fuss hoch wachsen. Die Eingebornen schneiden alle jungen Schösslinge dicht am Stamme ab, die Blätter werden dann entweder sogleich abgestreift, oder man nimmt die Zweige in Bündeln mit nach Hause und streift dann die Blätter ab. Vor dieser Operation haben die Bäume ein sehr gesundes Ansehen und treiben kräftige Zweige und schöne grosse und dicke Blätter. Wenn die Blätter abgenommen sind sehen die Sträucher aus wie eine Masse verdorrter Stöcke, und haben mitten im Sommer ein durchaus winterliches Ansehen, das einen ganz eigenthümlichen Eindruck macht; aber der Regen, welcher sehr reichlich fällt, und die Fruchtbarkeit des Bodens geben einer so saftigen Pflanze wie der Maulbeerbaum bald die volle Kraft wieder. Die Chinesen scheinen es für sehr wichtig zu halten dass, sobald die jungen Zweige und Blätter weggenommen sind, die Erde zwischen den Wurzeln der Stöcke aufgelockert wird, und man sieht den Pflanzungen an dass ihnen grosse Sorgfalt gewidmet wird.

Die Wirthschaften sind klein und werden in der Regel von der Familie und den Verwandten des Besitzers besorgt, die nicht allein die Maulbeerbäume pflanzen, pfropfen und pflegen, sondern auch die Blätter sammeln, die Seidenwürmer füttern und die Seide von den Cocons abwickeln.

Auf meinem Wege durch den Seidendistrict besuchte ich eine Menge Hütten wo die Würmer gefüttert wurden. Sie werden in der Regel in dunkeln Räumen gehalten, die vom Fussboden bis zur Decke mit Bretern ausgeschlagen sind. Die Würmer werden in runden Bambussieben gehalten und gefüttert, welche auf diesen Bretern stehen, so dass jedes Sieb herausgenommen und nach Belieben untersucht werden kann. Die armen Leute waren in der Regel sehr erschrocken wenn sie einen Fremden kommen sahen, weil sie meinten ich wolle ihnen ihre Würmer stehlen; sie läugneten überall dass sie Fütterungsanstalten hätten — obwohl die Blätter und Stiele der Maulbeeren, die um ihre Thüren herumlagen, gerade das Gegentheil bewiesen — und sie unterliessen nie mich nach einem andern Theile des Landes zu weisen, wo ich versichert sein könnte zu finden was ich suchte. In der Regel wurden sie jedoch, ehe wir abreisten, etwas zutraulicher und zeigten mir ihre Würmer, so wie die Art und Weise wie sie dieselben abwarteten.

Nachdem wir den Seidendistrict von Hang-chow hinter uns hatten, hielten wir uns immer in östlicher Richtung, und erreichten, spät am Abend, die grosse Stadt Sung-kiang-foo, die etwa 30 Meilen westlich von Shanghae liegt, und unter deren Mauern wir über Nacht blieben. Mit Tagesanbruch machten wir uns am nächsten Morgen wieder auf den Weg und kamen am Nachmittage desselben Tages in Shanghae an. Ich nahm meine Wohnung im Hause meines Freundes Mackenzie, und als ich am nächsten Morgen auf die Treppe kam, war ich nicht wenig erstaunt einen meiner Bekannten aus Chapoo, den obengenannten Beamten, in eifrigem Gespräch mit den chinesischen Dienern zu finden. Ich kümmerte mich indess sehr wenig darum, da ich vollkommen wusste wie die Sache endigen musste. Es war nicht daran zu zweifeln, dass die ganze Angelegenheit dem Taoutee, oder Obermandarinen von Shanghae, berichtet war, und dass dieser seiner Stellung wegen einige Notiz davon nehmen musste.

Zwei oder drei Tage darauf hatte ich die Ehre folgenden Brief vom Consul Ihrer Brit. Majestät zu erhalten, nebst der Uebersetzung eines Schreibens welches ihm vom Taoutee zugegangen war.

„Ihrer britischen Majestät Consulat.

Shanghae, den 21. Mai 1845.

Mein Herr. — Beifolgende Uebersetzung eines Schreibens welches ich heute vom Taoutee erhielt übersende ich Ihnen, mit dem Ersuchen mir so bald als möglich eine Erklärung darüber zu geben. Ich habe die Ehre mich zu unterzeichnen

Ihr

G. Balfour,

Ihrer brit. Majestät Consul für Shanghae.‘‘

Der Einschluss lautete folgendermassen:

„Ich habe so eben gehört dass ein Kaufmann Ihres geachteten Volkes, Fortune, und sein Begleiter, Linguist ye Mingchoo, auf der Reise von Tinghae nach Shanghae auf der See von einem Sturme betroffen und das Schiff nach Chapoo getrieben worden ist, dass die Localbeamten in Chekiang sie beschützt und an der Küste entlang hierher gesendet haben, und dass sie in dem Ming-le-Waarenhause wohnen. Ich wollte deshalb den ehrenwerthen Consul ersuchen, zu erfahren welches Schiff diesem Kaufmanne gehört, und mich davon in Kenntniss zu setzen. Dies ist geschrieben mit dem Wunsche Ihres täglichen Wohlergehens.

(Genaue Uebersetzung.)   (Unterzeichnet)

W. H. Medhurst, Uebersetzer.‘‘

Als ich dieses Document durchlas konnte ich nicht anders als die Schlauheit des alten Mannes bewundern. Er wusste sehr wohl dass nicht ein wahres Wort darin sei, dass ich nicht von Tinghae kam, sondern von Ning-po, dass ich auf der See keinen andern Wind gehabt, als den der uns nach dem Hafen brachte wohin wir wollten, und endlich, dass ich nicht an der Küste hingebracht worden war, sondern eine angenehme Reise über Land gemacht hatte. Ich sah sogleich dass der gute alte Taoutee nichts weiter bezweckte als dass ich die Wahrheit seiner Angaben leugnen sollte, und nach dem Grundsatze, dass niemand verbunden ist sich selbst anzuklagen, schickte ich folgende Antwort an den Consul Ihrer Majestät, die ohne Zweifel den Taoutee vollkommen zufrieden stellte und gerade so war wie er sie brauchte:

„Mein Herr! — Ich habe die Ehre Sie von dem Empfang Ihres Briefes vom gestrigen Datum zu benachrichtigen, dem eine Uebersetzung des Schreibens beigefügt war welches Sie von dem Taoutee von Shanghae erhielten, und worüber Sie sich von mir sobald wie möglich eine Erklärung erbitten. Als Antwort erlaube ich mir zu bemerken dass die in dem Briefe des Taoutee angegebenen Umstände nicht auf mich passen, es findet daher entweder eine Verwechslung statt, oder er ist falsch berichtet.

Ich habe die Ehre

Ihr etc."

Ich brauche kaum zu sagen dass ich nie wieder etwas von der Sache hörte, woraus ich schliesse dass meine Antwort für vollkommen genügend angesehen wurde. Ich kam gerade zur rechten Zeit in Shanghae an um meine Geschäfte besorgen zu können, und freute mich nicht wenig eine Reise „über Land" so glücklich vollendet zu haben.

Zwanzigstes Capitel.

Fahrt nach Foo-chow-foo auf dem Min. — Neue Art Lothsen zu miethen. — Einfahrt in den Fluss. — Landschaft an dessen Ufern. — Brücke in Foo-chow-foo. — Chinesische Sänftenträger. — Beleidigungen von Seiten der Eingebornen. — Stadt und Vorstädte. — Einheimischer Handel. — Fischende Seeraben. — Banknoten. — Charakter der Eingebornen. — Die Damen und ihre Blumenliebhaberei. — Bevölkerung. — Bemerkungen über Foo-chow-foo als Platz für auswärtigen Handel. — Spione der Regierung. — Gärten und Baumschulen. — Schlauheit der Mandarinen. — Abreise von Foo-chow-foo nach den Theehügeln. — Gebirgslandschaft. — Schwarztheedistrict. — Flora auf den Hügeln. — Ackerbau. — Einheimische Früchte. — Klima und Temperatur.

Als ich meine Geschäfte in Shanghae beendigt hatte, verlies ich diese Stadt und fuhr auf dem Min nach Foo-chow-foo. Dieses ist die Hauptstadt der Provinz Fokien und liegt 25" 30' n. Br., nicht weit vom Fusse des berühmten Boheagebirges, ungefähr auf dem halben Wege zwischen Chusan und Canton. Als wir uns der Einfahrt in den Min näherten, warfen wir in der Nähe einiger Inseln, die weissen Hunde genannt, Anker, wo wir vor dem Winde geschützt waren. Wir wollten hier einen Fischer mitnehmen der das Schiff in den Fluss lothsen könnte, da die Einfahrt, die bis vor kurzem nur sehr unvollkommen überwacht wurde, für die Fremden ziemlich schwierig ist Als wir in dieser Absicht in dem Boote unseres Schiffs an der Küste hinauffuhren, fanden wir ein kleines Fischerdorf das ganz von Männern und Knaben bewohnt war, die zum grössten Theil ein räuberisches und abschreckendes Ansehen hatten. Wie es scheint kommen diese Leute nur in gewissen Zeiten des Jahres hieher um zu fischen; wenn die Jahreszeit vorüber ist brechen sie auf und ziehen in bequemere Wohnungen auf dem Festlande. Weiber dürfen auf dieser Insel gar nicht wohnen.

Nachdem wir den befahrensten Mann welchen wir finden konnten aufgesucht, fragten wir ihn, ob er die Einfahrt in den Min kenne, und ob er ein Schiff welches drei Faden tief ginge hineinbringen könnte. Er antwortete sogleich dass er dies könne; als wir aber verlangten, er solle an Bord kommen, änderte er seinen Sinn und zauderte, wahrscheinlich weil er uns nicht traute, vielleicht auch weil er die Folgen fürchtete, indem er nicht wusste wie die Sache von seiner Obrigkeit angesehen werden konnte. Herr Shaw, Capitain Freeman und ich, hielten jetzt eine Berathung was zu thun sei. Ein Schiff und eine werthvolle Ladung standen auf dem Spiele; die zahlreichen und gefährlichen Sandbänke an der Mündung des Flusses lagen uns vor Augen; und da der Mann seinen Dienst nur aus Furcht und Unwissenheit verweigerte, so kamen wir zu dem Schlusse dass — „Noth kennt kein Gebot" — es nicht so viel auf sich haben würde, wenn wir ihn gegen seinen Willen mitnähmen. Wir ruderten also dicht zur Seite seiner kleinen Junke, holten ihn heraus und führten ihn auf das Schiff, wo er bald seine Furcht vergass.

Die Chinesen sind ein eigenthümliches und sonderbares Volk; in meinem Leben sah ich keine grössere Gleichgültigkeit als die Bemannung dieses Bootes an den Tag legte wie wir sie auf das Schiff schleppten. Auch die Uebrigen — denn es waren mehrere in der kleinen Bucht — bemerkten uns kaum, oder zeigten nur die geringste Ueberraschung, als sie sahen wie unsere Leute in das Boot sprangen, den Anker lichteten und die Segel hissten.

Am nächsten Morgen lies der Pilot die Anker lichten und führte unser Schiff in den Min, auf einem Wege der auf unsern Karten nicht verzeichnet ist. Er kannte die Tiefe des Wassers an allen Stellen genau und brachte uns sicher bis an einen Ankerplatz gegenüber einem kleinen Tempel, wenige Meilen von der Mündung des Flusses. Ehe wir an die gefährlichste Stelle kamen, wo wir zwischen zwei Sandbänken hindurch fahren mussten, sagte ihm der Capitain ganz ruhig, wenn er sich einen Fehler zu schulden kommen liesse und das Schiff auf den Grund geriethe, so würde ihm der Zopf abgeschnitten — beinahe die grösste Strafe für einen Chinesen. — Er zuckte die Achseln und sagte mit einem schlauen Blicke, „schon gut, wir wollen sehen." Als der Ankerplatz sicher erreicht war, dachte der Alte es sei nun Zeit einen Scherz zu machen, und rief, triumphirend seinen Zopf in der einen Hand drehend : „Nun wie steht's um den Zopf, wird er abgeschnitten oder nicht, seid ihr zufrieden?"

Die Durchfahrt durch welche wir in den Fluss kamen wird von den Eingebornen Woo-hoo-mun, oder „fünf Tiger Thor" genannt; und wir sahen hier einen höchst eigenthümlichen Felsen oder eine Insel, die in fünf Pyramiden getheilt ist und von den chinesischen Schiffern sehr verehrt wird. Diese scheinen in der That zu glauben, dass sie die Götter des

Meeres vorstelle, und unterlassen nie, jedesmal wenn sie von der See zurückkehren, im Vorbeifahren ihren Dank und ihre Opfer zu bringen. Man tadelt
die Chinesen oft wegen ihrer Gleichgültigkeit gegen die Religion welche
sie bekennen, und doch könnte der Ernst und die Demuth mit welcher
sie ihren Weihrauch anzünden, manchen beschämen, der sich zu einem
heiligeren und reinern Glauben bekennt.

Die Landschaft an der Mündung des Min und gegen Foo-chow-foo
hin ist überraschend und schön. Der Fluss selbst ist bald breiter, bald
tiefer, je nach der Gegend durch welche er fliesst. Nahe an seiner
Mündung und an einigen Stellen, wo das Land zwischen seinem Bett und
den Hügeln flach ist, ist er nicht weniger als eine Meile breit, an anderen Stellen hingegen, wo die Berge fast bis an den Rand des Wassers
kommen, ist er schmal, tief und reissend, und solche Stellen giebt es zwei
bis drei zwischen der Mündung des Min und der Stadt Foo-chow-foo.
Diese ganze Gegend ist gebirgig, und manche Berge sind mindestens 3000
Fuss hoch; und in dieser Jahreszeit, wo fast täglich Gewitter vorkommen,
war der Eindruck den sie in diesen Gebirgen machten wahrhaft gross und
erhaben.

Die Chinesen hatten während des Krieges offenbar grosse Furcht
dass wir diesen Ort besuchen möchten. Ich bemerkte dass an allen Stellen welche den Fluss beherrschen Forts erbaut worden waren; aber
die meisten derselben waren jetzt ohne Kanonen und bereits wieder eingefallen.

Die kleine Stadt und Festung M i n g a n, wenige Meilen weiter stromaufwärts, liegt sehr schön auf einem Hügel der sich bis zum Wasser hinunter zieht, und ist durch ihre natürliche Lage so fest, dass sie, mit englischen Truppen besetzt, den Pass gegen die grösste Armee vertheidigen
können te.

Einige Meilen unter der Stadt ist der Fluss fast in seiner ganzen
Breite mit Steinen und alten Junken verrammelt. Ich glaube der Ver-
theidigungsplan welchen man entworfen hatte, war der, alle unsere Schiffe
an dieser Barrière scheitern zu lassen und unsere Leute durch die in der
Nähe errichteten Batterien zu vernichten.

An den Ufern des Flusses sind eine Menge Tempel, oder Götzenhäuser, an den schönsten und romantisch gelegenen Stellen erbaut. Ein
Feigenbaum (*Ficus nitida*) — eine Art Baniane, — ist bei den Priestern
besonders beliebt, und wächst immer neben den Tempeln, wo seine dunkelgrünen Blätter und weitverzweigten Aeste einen angenehmen Schatten
vor den brennenden Strahlen der Sonne gewähren. Etwa neun Meilen unterhalb Foo-chow-foo steht eine hübsche kleine Pagode auf einer Insel
an dem linken Ufer des Flusses, in deren Nähe sich der Ankerplatz für
grosse Schiffe befindet, welche es nicht wagen können bis zu der Stadt
hinauf zu fahren. Die niederen Hügel sind sämmtlich sauber in Terrassen
geformt und mit Bataten und Erdnüssen bepflanzt, und die fruchtbaren
Berge sind wenigstens bis zu einer Höhe von 2500 Fuss über der Meeresfläche bebaut. Manche Berge aber sind ganz kahl; nackte Granitfelsen
ragen an der Oberfläche aus dem Boden empor, unter denen fast immer
Quellen hervorrieseln, und wenn sich das Wasser in den engen Schluchten zwischen den Hügeln häuft, so bildet es bei seinem Abflusse in den
Min hinunter eine Menge schöner Wasserfälle. Einige Theile dieser Region

sind gut bewaldet, wenigstens für China; und die Landschaft, als Ganzes betrachtet — der schöne Fluss der sich zwischen den Bergen hinwindet, mit seinen Inseln, Tempeln, Dörfern und Festungen — ist, wie ich meine, obgleich nicht der reichste, gewiss der schönste und romantischste Theil des Landes den ich näher zu sehen Gelegenheit hatte.

Die Stadt Foo-chow-foo liegt in einer weiten Schlucht zwischen den Hügeln, etwa zwanzig Meilen von der Mündung des Min. Der Fluss geht durch die Vorstädte welche durch die berühmte Brücke, Wan-chow oder „Myriaden von Altern" genannt, mit einander verbunden sind, und die, wie man gewöhnlich sagt, aus hundert Bogen bestehen soll. Die Brücke ist zwar keinesweges gewölbt, aber nichtsdestoweniger von einer wunderbaren Bauart, ungefähr zweitausend Fuss lang, mit fünfzig grossen steinernen Pfeilern, auf denen grosse Granitplatten ruhen, die von einem Pfeiler zum andern reichen und so die Brücke bilden. Während der Regenzeit stürzt der Fluss reissend zwischen den Pfeilern durch; und man kann sich denken wie fest die Brücke von Anfang an gebaut sein muss, da sie unverkennbar schon viele Jahrhunderte lang den Wogen getrotzt hat.

Herr Shaw, Capitain Freeman und ich, verliessen das Schiff und fuhren in einem chinesischen Boote nach der Stadt hinauf. Als wir in das Boot stiegen kam unser alter Freund, der Lothse, der mittlerweile bei uns wie zu Hause geworden war, und bat uns ihn bis zur ersten Stadt bei der wir vorbeikämen mitzunehmen. Wir fragten warum er nicht wieder auf die weisse Hundsinsel zum Fischfang zurückkehren wolle, worauf er antwortete: „Die Seeräuber würden mir alles abnehmen was ich von euch als Lothsengeld erhalten habe; ich muss dies erst bei meinen Freunden in der Stadt sicher unterbringen: nachher will ich auf die Insel zurückkehren."

Wir brauchten beinahe zwei Tage um bis zur Stadt hinauf zu gelangen, weil der Strom nach dem letzten starken Regen sehr reissend war. Nahe an der schon genannten Brücke landeten wir und fragten sogleich nach dem Hause des englischen Consul, der, wie uns gesagt wurde, in einem Tempel innerhalb der Stadt wohnte, etwa drei Meilen vom Landungsplatze entfernt. Fast sämmtliche Strassen der Vorstädte waren unter Wasser gesetzt das an manchen Stellen vier Fuss hoch stand, und es war unmöglich diese Entfernung zu Fusse zurück zu legen, was man auch gar nicht zu versuchen brauchte, denn es waren genug Sänftenträger zur Stelle, die uns schaarenweise umringten und eben so beflissen waren uns auf ihre Tragsessel zu setzen wie in London ein Conducteur um Passagiere für seinen Omnibus zu erhalten. Wir gaben gern ihren Bitten nach, setzten uns auf und liessen uns nach der Wohnung des Consuls tragen. Die Leute hier hatten nur wenige Fremde gesehen und waren äusserst grob und ungezogen. Zu Hunderten folgten sie uns und drängten sich um unsere Sänften; „Quang-yanga, quang-yanga," — die gewöhnliche Bezeichnung für Fremde — tönte von allen Seiten in unsere Ohren, und war oft mit noch anderen Benennungen begleitet die eine viel schlimmere Bedeutung haben. Unsere chinesischen Diener, die neben uns gingen, wurden angegriffen und geschmäht, und zwar aus keinem anderen Grunde als weil sie bei uns waren. In einer Strasse stand das Wasser so hoch dass ich auf den Sitz meiner Sänfte treten musste, und da noch erreichte es meine Füsse. Hier wurde die Menge wirklich beleidigend und fing an uns mit

Wasser zu besprützen. Anfänglich liessen sich unsere Diener diese Ungezogenheit noch ziemlich ruhig gefallen, endlich aber riss ihnen die Geduld und sie wehrten sich gegen die Angreifer. Die Scene war jetzt eben
so lustig als ärgerlich. Zum Glück hatte ich einen kleinen Vorsprung
und blieb deshalb ziemlich ausserhalb des *mêlée*; aber Capitain Freeman
bekam seinen vollen Theil und wurde durch und durch nass. Als wir
in die innere Stadt kamen wurden wir nicht weiter belästigt, wahrscheinlich weil hier die Polizei strenger ist.

Die Stadt ist mit Mauern umgeben und nach demselben Plane wie
Ning-po und Shanghae befestigt. Sie hat wenigstens acht bis neun engl. Meilen im Umkreise, und die Thore sind, wie gewöhnlich, nach Osten, Westen,
Norden und Süden gerichtet. An verschiedenen Punkten auf den Mauern,
eben so wohl wie über den Thoren, sind Wachthäuser angebracht, deren
jedes einige Kanonen enthält; einige derselben wurden, wie die Inschriften besagten, zu Anfange des letzten Krieges errichtet. Eine kleine Fläche
zwischen dem Süd- und dem Nordthore ist nicht bebaut, aber der grössere
Theil des Raumes innerhalb der Mauern ist dicht mit Häusern bedeckt.
Es giebt zwei recht hübsche Pagoden hier, und einige kleine Hügel auf
denen Tempel erbaut sind und von wo aus man eine schöne Aussicht
auf die Stadt und Vorstädte hat. Auf einem dieser Hügel hat der britische
Consul seine Wohnung.

Die Strassen in chinesischen Städten haben überall dasselbe Ansehen;
manche sind etwas breiter als die übrigen und haben bessere und anzie-
hendere Läden, bei weitem die meisten aber sind eng und schmutzig, und
Foo-chow-foo bildet sicher keine Ausnahme von der Regel. Ein grosser
Handel scheint hier mit Kupfer getrieben zu werden, wie man aus der
Anzahl der Läden schliessen kann die mit Fabricaten von diesem Metall angefüllt
sind, namentlich findet man Gongs in grosser Masse und von allen Grössen hier.
Das Kupfer wird hauptsächlich in Junken aus Loo-schoo hieher gebracht,
welche auch eine bedeutende Quantität Gold einführen. Beide Metalle sollen ursprünglich aus Japan kommen. An der Mündung des Min ging ich
an Bord zweier solcher Junken die nach Loo-choo gehen sollten, und
Thee-Oel geladen hatten, welches sie, wie mir gesagt wurde, mitnahmen
um es gegen Kupfer umzutauschen. Auch Eisen wird hier in grosser
Menge verarbeitet und Drathzieherei in grosser Ausdehnung betrieben. Der
hauptsächlichste Handelsartikel des Hafens jedoch ist Holz, welches in grossen Massen den Min abwärts geflösst wird und in den Vorstädten viele
Acker Landes an den Seiten des Flusses bedeckt. Hunderte von Junken aus Amoy,
Ning-po, Chapoo und selbst einige aus den entfernteren nördlichen Provinzen, wie Shan-tung und der Bucht Pee-chee-lee, sind beständig mit diesem Handel beschäftigt. Das Holz ist hauptsächlich eine gewöhnliche Fich-
tenart, die zum Bau der Häuser gebraucht wird, und wird in der Regel
zu diesem Zwecke, ehe es verschifft wird, in Balken gehauen. Auch gute
Breter von schönem harten Holze kann man an hiesigem Platze finden.
Die Holzjunken werden sehr geschickt geladen, indem ein grosser Theil
ihres Cargo an den Seiten aufgebunden wird, so dass sie ungefähr dreimal so schwer sind als gewöhnlich.

Geldhandel wird in Foo-chow-foo in grösserer Ausdehnung betrieben
als in andern Städten welche ich besucht habe. Papiergeld ist das gewöhnliche Tauschmittel, auf welches die Leute das grösste Vertrauen setzen,

und welches sie den Dollars oder den „Cash" vorziehen. Man hat solche Banknoten von vierhundert Cash — ungefähr 18 Pence englisch — bis zu sehr grossen Summen.

Die Leute sind hier im Allgemeinen viel reinlicher in ihrer Kleidung, und scheinen bei weitem thätiger zu sein als in den nördlicheren Städten, und stehen in dieser Hinsicht den Eingebornen von Canton näher als irgend anderen. Ich war sehr verwundert als ich sah dass man hier Rindfleisch, und selbst Milch in grosser Masse verbrauchte, Artikel die in andern Gegenden welche ich besuchte von den Eingebornen nirgends genossen werden; denn überall sonst pflegten die Chinesen ihr Erstaunen auszudrücken wenn sie sahen dass die Engländer solche Artikel als Nahrungsmittel gebrauchten. Die Damen in Foo-chow-foo haben grosse Liebhaberei für Blumen — künstliche wie natürliche — zum Schmuck ihrer Haare. Die ländliche Schöne zieht die grössten und bunten vor, wie den rothen Hibiscus, während die feineren Stadtfräuleins Jasmin, Tuberose und ähnliche wählen: künstliche Blumen jedoch sind mehr im Gebrauch als natürliche.

Die Bevölkerung von Foo-chow-foo wird auf ungefähr eine halbe Million geschätzt, und ich zweifle nicht, wenn man die Vorstädte und zahlreichen anstossenden Dörfer mit in Rechnung zieht, dass diese Zahl nicht übertrieben ist. Als ich China verlies waren hier noch wenig oder gar keine Handelsgeschäfte getrieben worden, und ich muss gestehen dass nach meiner Ansicht die Vortheile welche man sich in dieser Hinsicht verspricht bedeutend überschätzt worden wird. Es ist nicht wahrscheinlich dass diese Stadt für England ein eben so wichtiger Platz werden kann wie der weiter nördlich gelegene Hafen Shanghae; und zwar aus dem einfachen Grunde, weil die physische Beschaffenheit des Landes dagegen ist. Die ganze Umgegend ist gebirgig, die Flüsse sind reissend und an manchen Stellen seicht, und häufigen Regenfluthen ausgesetzt. Es sind folglich viele Hindernisse die dem freien Transport der Waaren in das Innere des Landes entgegenstehen. Man glaubte dass Foo-chow-foo grosse Vortheile biete, wegen seiner Nähe zu den Bohea- oder Schwarztheedistricten, und meinte dass es einen grossen Stapelplatz für die Ausfuhr dieses Artikels nach Europa und Amerika bilden könne. Diese Ansicht hat sich jedoch bis jetzt als irrig erwiesen, und ich glaube dass es sich jetzt herausgestellt hat, dass die schwarzen Theesorten leichter nach Shanghae oder Ning-po gebracht werden können, als nach Foo-chow-foo: namentlich seit der Boheathee im Werthe gesunken, und andere Districte, weiter nördlich, die Stelle der Boheahügel eingenommen haben und jetzt den schwarzen Thee für den Handel liefern.

Zu diesen Nachtheilen kommt ausserdem noch, dass die Eingebornen ein gesetzloses und aufrührerisches Volk zu sein scheinen, die ganz den Charakter der Bewohner der Proving Canton haben, und eben so wie diese in ihrem Hasse gegen die Fremden beharren und voll sind von Einbildungen über ihre eigene Wichtigkeit und Macht. Seitdem dieser Hafen den Engländern geöffnet worden, haben mehrere sehr ernste Störungen stattgefunden.

Nachdem wir den englischen Consul unsern Besuch abgestattet, kehrten wir nach der Vorstadt zurück, um uns nach einem Hause umzusehen, wo wir während unseres Aufenthalts bleiben könnten. Als wir an den Fluss zurückkamen, fanden wir unser sämmtliches Gepäck nebst unsern

Dienern bereits sicher in einem Hause untergebracht, dessen Eigenthümer von den Mandarinen den Befehl erhalten hatte uns zu beherbergen und zu bewachen. Wir waren froh von der beleidigenden Menge durch eine Thüre getrennt zu sein, und machten daher wegen des Quartiers selbst keine grossen Ansprüche; bald jedoch fanden wir dass wir sehr streng bewacht wurden und uns nicht rühren konnten ohne dass sogleich den Mandarinen darüber Bericht erstattet wurde.

Vor allen Dingen nahm ich mir vor alle Gärten und Baumschulen in der Gegend zu besuchen. Der verstorbene G. Tradescant Lay, Esq., der erste Consul am hiesigen Orte, der grosses Interesse an botanischen Forschungen nahm, hatte leider diesen Platz verlassen und war nach Amoy übergesiedelt. Ich hatte daher, wie bei meinem ersten Besuche in den nördlichen Städten, mit mancherlei Schwierigkeiten zu kämpfen. Nach vielen Anstrengungen und Unannehmlichkeiten fand ich endlich einige Gärten und Baumschulen, theils in der Stadt, theils in der Umgegend, und verschaffte mir einige neue Pflanzen.

Das Minthal war noch an manchen Stellen überschwemmt, und dasselbe zu bereisen war daher keine leichte Sache. Eines Morgens machte ich mich, von einem Führer und einem Coolie begleitet, nach einem Orte auf der eine ziemliche Strecke ins Land hinein lag. Den Coolie nahm ich mit um mich über die niederen Flächen tragen zu lassen, die, wie man wusste, noch überschwemmt waren. Eine Zeitlang kamen wir ganz gut vorwärts; als aber die Fluth zu steigen anfing, sah ich ein dass ich entweder umkehren musste oder das Wasser nicht scheuen dürfte, weil sämmtliche Fusssteige auf unserem Wege überschwemmt waren. Da ich nicht umkehren wollte, so ging ich vorwärts, oft bis mitten an den Leib im Wasser watend; dasselbe begegnete mir mehrere Tage hintereinander, und zwar unter einer brennenden Sonne, bei einer Temperatur von wenigstens 95° Fahr. im Schatten. Wenige Constitutionen dürften dergleichen ungestraft ertragen, und ich musste später schwer dafür büssen.

Ich wollte jetzt noch weiter landeinwärts, namentlich in den gebirgigen District des schwarzen Thees; aber die Mandarinen, die durch ihre Spione von allen meinen Bewegungen unterrichtet waren, thaten alles was in ihrer Macht stand mich von diesem Versuche abzubringen. Sie sagten dem Consul, den sie auch wirklich überredeten, sie hätten keinen andern Grund meine Reise ins Innere des Landes zu hintertreiben, als weil es für einen Fremden gefährlich sei sich unter die Eingebornen zu wagen; sie wollten vorher die Behörden in dem District welchen ich zu besuchen wünsche in Kenntniss setzen, damit ich dann sicher reisen könnte. — Ich hatte jedoch schon zuviel mit den chinesischen Behörden in verschiedenen Theilen des Landes zu thun gehabt um dem was sie sagten im mindesten zu trauen, besonders wenn ich wusste dass sie noch irgend einen andern Zweck dabei hatten. In vorliegendem Falle beabsichtigten sie nichts anderes als meine Reise von einem Tage zum andern zu verschieben, bis ich endlich die Gegend verlassen müsste. Wenn die Chinesen eine Absicht erreichen wollen, so ist die einzige Frage bei ihnen, ob sie mehr Aussicht auf Erfolg haben wenn sie die Wahrheit sprechen oder wenn sie lügen; welche Methode den meisten Erfolg verspricht, zu der greifen sie, mit einiger Vorliebe vielleicht für die letztere.

Als sie sahen dass ich ungeachtet der Beschreibung welche sie von der Wildheit und Feindseligkeit der Bewohner jener Gegend machten, noch immer entschlossen sei dorthin zu gehen, so erklärten sie dass in dortiger Gegend gar kein Thee wachse, denn sie waren vollkommen überzeugt dass ein Engländer keinen andern Zweck haben könnte das Land zu durchforschen, als zu sehen wie sein Lieblingsgetränk gebaut und bereitet wird; denn die Chinesen glauben steif und fest dass wir ohne die Producte des himmlischen Reiches gar nicht als Nation bestehen können. Es ist bekannt dass Seine himmlische Majestät der Kaiser selbst während des Krieges seinen Unterthanen empfahl, alle Mittel anzuwenden die in ihrer Gewalt ständen, um die Engländer zu hindern Thee und Rhabarber zu erhalten — jenen, weil sie davon lebten, diesen, weil er ihre Medizin sei — ohne welche, wie Seine Majestät meinte, sie auf die Dauer nicht bestehen könnten, und folglich auf diesem Wege leichter zu besiegen seien als durch das Schwert.

Ich sagte den Mandarinen dass es mir ganz gleich sei ob es auf diesen Hügeln Theepflanzungen gebe oder nicht, dass ich aber, um der Sache ein Ende zu machen, entschlossen sei, hinzugehen und selbst zu sehen.

Ich brach also am nächsten Morgen früh bei Zeiten auf und schlug den Weg nach den Theehügeln ein. Das flache Land durch welches ich kam, zwischen der Nordseite der Stadt und dem Gebirge, ist hauptsächlich mit Reis, Zuckerrohr, Ingwer und Tabak bebaut. An den Abhängen der niedrigen Hügel, und ziemlich weit in die höhern Bergreihen hinein, werden im Sommer grosse Quantitäten Bataten und Erdnüsse gezogen; weiter hinan aber sind die Gebirge schroffer, die Cultur hört auf, und man sieht nur noch solche Pflanzen die im Boden einheimisch sind. Meine Reise über diese Gebirge brachte mich zu der Ueberzeugung dass ihre Flora eigentlich zwischen der der südlichern und der der nördlichern Provinzen einen Uebergang bilde, indem sich die tropischen Gewächse des Südens auf dem niedern Flachlande, und die in den nördlicheren Breiten einheimischen Gewächse auf den Gebirgen, 2000 bis 3000 Fuss über der Meeresfläche, finden. In den niedern Thälern erlangt die *Ficus nitida* eine bedeutende Höhe und steht bei den Einwohnern in grosser Gunst. Man sieht sie immer in der Nähe von Dörfern und neben Tempeln.

Nachdem ich mich an einem der berühmten Gebirgspässe in die Höhe gearbeitet hatte, über den eine gepflasterte Strasse führt an welcher sich, etwa in der Mitte des Wegs, ein Wirthshaus findet, erreichte ich den Gipfel des Berges, die höchste Spitze in diesem Theile von China. Eine herrliche Aussicht breitete sich vor mir aus; das Thal des Min, welches sich weit zwischen den Hügeln hinzieht, in der Mitte der Ebene die Stadt Foo-chow-foo mit ihren Pagoden, Tempeln und Wachtthürmen, der breite Fluss der sich in schlängelndem Laufe dem Meere zuwindet, und die hoch hintereinander emporragenden Gebirge, alles erfüllte das Gemüth mit Staunen und Bewunderung.

In diesem Gebirge, und zwar in der Höhe von 2000 bis 3000 Fuss über der Meeresfläche, fand ich den District des schwarzen Thees, welchen ich suchte und dessen Existenz meine wohlgewogenen Freunde, die Mandarinen, geläugnet hatten. Da ich weiter nördlich mehrere Gegenden besucht hatte wo grüner Thee gebaut wird, so war ich begierig mir Gewissheit darüber zu verschaffen ob die Pflanze an beiden Orten eine und dieselbe Species, oder ob sie, wie man gewöhnlich annimmt, von jener

verschieden sei. Ich habe bereits oben gesagt dass die Theepflanze in
den nördlicheren Grünthee-Districten die wirkliche *Thea viridis* der Botaniker sei; jetzt war ich so glücklich nicht allein einen weit ausgedehnten
Theedistrict zu finden, sondern ich kam auch gerade zur rechten Zeit um
zu sehen wie die Eingebornen die Blätter abpflückten und zubereiteten,
und konnte mir nicht allein einige Exemplare der Pflanze für mein Herbarium verschaffen, sondern auch eine lebende Pflanze, die ich später mit
nach den Grüntheehügeln im Norden nahm, wo ich mich nach einer genauen Vergleichung überzeugte dass sie mit der *Thea viridis* vollkommen
identisch war. Mit andern Worten, die schwarzen und grünen Theesorten,
welche im allgemeinen aus den nördlichen Provinzen China's nach England
kommen, werden von einer und derselben Species gewonnen, und der Unterschied in Farbe, Geruch u. s. w. ist einzig und allein das Resultat der
verschiedenen Arten der Bereitung.

In dieser Region traf ich keine Pflanzen die ich nicht schon früher
in andern Theilen des Landes gesehen hatte. Die lanzettblättrige Pinie
(*Cunninghamia lanceolata*) war hier sehr häufig, und diese und die ge-
wöhnlichere *Pinus sinensis* sind fast die einzigen einigermassen ansehn-
lichen Bäume welche in dieser Gebirgsgegend wachsen. Die Bewohner
dieser Gebirge waren sehr erstaunt über den Anblick eines Fremden und
kamen von allen Seiten in ganzen Schaaren um mich zu sehen; sie waren
jedoch bei weitem artiger und ehrerbietiger als ihre Landsleute auf dem
niedern Lande und in Foo-chow-foo.

Bei meiner Rückkehr von diesem Ausfluge widmete ich den grössten
Theil meiner Zeit der Untersuchung der Baumschulen in der Nähe der
Stadt, die einige interessante Pflanzen enthielten. Die berühmte fingerförmige Citrone, die man in ganz China so häufig in den Blumenläden
findet, gedeiht in diesem Theile des Landes besonders gut und ist wahrscheinlich hier einheimisch. Die Gegend um Foo-chow-foo scheint der
grosse Camelliagarten von China zu sein, und in keinem andern Theile des
Landes sah ich je diese Pflanzen in so vollkommener Gesundheit oder so
schön gepflegt. Die *Ixora* und *Hydrangea* sind besonders gut gewachsen
und schön, letztere bringt unabänderlich Blumen vom dunkelsten Blau,
dunkler als ich sie je in England gesehen. Sie wachsen auf einem guten
fetten Lehmboden der einige chemische Bestandtheile enthält die ihnen ihre
dunkle Farbe geben.

Hier, eben so wie weiter nördlich, baut der Landwirth Weizen und
grüne Gemüse während des Winters. Ein grosser Theil des niedern Landes, wenigstens alles was überschwemmt werden kann, wird im Sommer
und Herbst mit Reis bebaut. Die erste Frucht ist im Juli reif, die zweite
wird zwischen die Furchen der ersten gepflanzt, eben so wie in den nördlichen Provinzen, und reift im Herbste. Auch eine grosse Menge Tabak
wird in dieser Provinz gebaut. In der Regel lässt man dieser Pflanze
grosse Sorgfalt angedeihen und wendet alle Mittel an um grosse und schöne
Blätter zu erlangen. Zu diesem Zwecke werden alle Blumen regelmässig
abgepflückt, desgleichen die kleinen und nutzlosen Blätter, sobald sie sich
gebildet haben. Zucker und Ingwer werden ebenfalls in diesem Theile
China's in grösserer Ausdehnung gebaut als in irgend einem anderen
Theile des Landes wo ich bekannt bin, und die Abhänge der Hügel liefern
Bataten und Erdnüsse im Ueberfluss.

Unter den Früchten giebt es gute Pflaumen, die aber denen welche wir in England haben bei weitem nachstehen. Die Pfirsichen haben eine eigenthümliche Gestalt, und sind schlecht. Die eigentlich chinesischen Früchte hingegen, wie man sie nennen kann, die *Leechees, Longans* und *Wangpees* sind ausgezeichnet, da ihnen das Klima ausserordentlich zusagt. Als ich hier war (im Juli) waren die Leechee-Bäume mit ihrer schönen rothen Frucht bedeckt und nahmen sich sehr gut aus, da die Frucht so schön von dem dunkeln reinen Grün des Laubes absticht. Auch grosse Massen von Orangen, Citronen und Granatäpfeln findet man im Gebiete des Min, sie waren aber in dieser Jahreszeit noch nicht reif. Ich sah hier zum erstenmal den Baum welcher gewöhnlich die chinesische Olive genannt wird, weil die Frucht mit der europäischen Olive Aehnlichkeit hat; auch der chinesische Dattelbaum, der eine Frucht trägt die der nach England eingeführten Dattel nicht unähnlich ist, wächst in hiesiger Gegend.

Auf den Feldern in der Nähe von Foo-chow-foo wird das duftende *Jasminum Sambac* in grosser Menge angebaut. Es dient zum Haarschmuck für die Damen und zur Verzierung der Tafeln der Reichen. Ich glaube dass sämmtliche Gärten, im Norden wie im Süden, aus der Provinz Fokien mit dieser beliebten Blume versorgt werden. Verschiedene andere Gesträuche, wie die *Murraya exotica, Aglaia odorata* und *Chloranthus inconspicuus* werden ihrer Blüthen wegen gezogen, mit denen man den Thee zu mischen pflegt.

Die Temperatur von Foo-chow-foo scheint zwischen der von Hong-kong im Süden, und Shanghae im Norden, in der Mitte zu stehen. Im Juni und Anfang Juli stand das Thermometer von 85^0 bis 95^0 Fahr., und gegen Mitte des letzteren Monats stieg es bis 100^0, welche Höhe es, wie ich glaube, selten übersteigt. Folgende Tafel wurde von dem verstorbenen G. Tradescant Lay entworfen:

1844.	Max.	Min.
August	96^0	82^0
September	90	82
October	86	71
November	78	65
December	75	44
1845.		
Januar	72	44

In der Zeit wenn der Sommermonsun umschlägt, d. i. von April bis Juni, ist das Wetter in der Regel unbeständig und nass, und im Juli und August wird die Gegend von schweren Gewittern heimgesucht. Gegen Ende des August, im September und Anfang October, ist die Witterung in der Regel sehr trocken. Der Monsun dreht sich jetzt wieder nach Nordosten, und das Wetter wird unstät und bleibt den ganzen Winter veränderlich.

Während meines Aufenthalts in dieser Gegend wurde mir von Herrn Walker, der beim Consulat Ihrer Majestät angestellt ist, viele Gefälligkeit erwiesen. Die Eingebornen blieben bis zuletzt ungezogen und lästig, und ich war froh als meine Arbeiten in diesem Districte beendigt waren.

Einundzwanzigstes Capitel.

Eine Junke gemiethet. — Abreise aus dem Gebiet des Min. — Fieberanfall. — Religiöse Ceremonien am Bord der Junke. — Ueberfall von Seeräubern. — Scene am Bord. — Feigheit der Chinesen. — Die Seeräuber werden geschlagen. — Dankbarkeit der Mannschaft. — Fin sicherer Ankerplatz. — Wieder eine Seeräuberflotte. — Angriff und Erfolg. — Ankunft in Chusan. — Undankbarkeit der Mannschaft. — Wie man die Leute zwingt Wort zu halten. — Gefälligkeit der fremden Residenten in Shanghae. — Grosse Pfirsichen. — Verpackung der Sammlungen. — Abreise aus dem nördlichen China. — Fahrt nach England. — Ankunft in der Themse. — Schluss.

Obgleich Foo-chow-foo, als ich dasselbe besuchte, den Engländern schon als Handelsplatz geöffnet war und einen britischen Consul hatte, so war es doch in mercantilischer Hinsicht noch wenig bekannt. Die Einfahrt in den Min galt für äusserst schwierig und gefährlich, und fremde Schiffe wagten es daher nur selten diesem Hafen nahe zu kommen. Als ich nun meine botanischen Untersuchungen hier beendigt hatte und wieder nach Shanghae abreisen wollte, musste ich eine chinesische Junke zur Ueberfahrt nehmen, von denen in einigen Tagen eine ganze Flotte nach Ning-po und Chapoo unter Segel gehen sollte. Ich wusste welches Missfallen und welche Eifersucht die Eingebornen gewöhnlich gegen die Fremden an den Tag legen, und zweifelte einigermassen dass es mir gelingen würde einen Junkenführer zu vermögen mich als Passagier aufzunehmen, für welchen Fall ich entschlossen war mich an die Mündung des Flusses zu begeben und, ohne zu fragen ob man mich aufnehmen wolle oder nicht, an Bord zu gehen. Es war daher eine sehr angenehme Ueberraschung für mich, als mein Diener, den ich geschickt hatte um Erkundigung einzuziehen wenn die Flotte absegeln würde, mit einem Capitän und einigen Schiffern zurückkam, die nicht allein mich mitnehmen wollten, sondern denen sogar sehr viel an meiner Begleitung zu liegen schien.

Der hauptsächlichste Theil des Cargo welches die Junken von Ning-po und Chapoo führen besteht aus Holz. Dieses wird sowohl auf dem Verdeck aufgeschichtet als auch an den Seiten des Schiffes mit dicken, sehr festen Seilen aus Bambus angebunden. Viele Hunderte solcher Schiffe kann man im Hafen von Foo-chow-foo laden sehen, namentlich im Sommer, wenn der Monsun für ihre Heimreise günstig ist. Die Mandarinen sehen so grosse Flotten mit sehr misstrauischen Augen an, und erlauben ihnen nicht Feuerwaffen zu führen, nicht einmal zu ihrer eignen Vertheidigung, offenbar weil sie fürchten dass dieselben früher oder später einmal gegen die Regierung gerichtet werden könnten. In Folge dieser Verordnung sind diese armen Schiffer, und alles was sie am Bord besitzen, oft eine leichte Beute für die Seeräuber welche die ganze Küste unsicher machen.

Als die Ladung voll war, kam der Capitän der Junke um mir zu sagen dass er bereit sei abzufahren, und bat mich an Bord zu kommen. Während ich meine Koffer packte, fing er an meine Feuerwaffen sehr sorgfältig zu prüfen, und sagte zu mir: „Ich hoffe Sie haben ein gutes Gewehr und genug Pulver und Kugeln?" — „Wozu diese Frage?" sagte ich, „ich denke wir werden auf unserer Reise an der Küste hinauf nicht viel zu schiessen haben." „O ja, Sie werden wohl zu schiessen haben," antwortete er, „denn wir werden wahrscheinlich von den Jan-dous angegriffen

werden, die sich draussen an den Inseln schaarenweise umhertreiben."
„Wer sind diese Jan-dous?" sagte ich zu meinem Diener, da ich niemals
vorher diesen Namen gehört hatte. „Oh! das sind die Seeräuber," sagte
er, „und wir alle haben grosse Furcht vor ihnen." „Unsinn!" rief ich,
„uns werden keine Seeräuber angreifen, und wenn sie es thun, so sollen
sie es bereuen." Ich hatte damals keine Vorstellung davon dass die Küste
in solchem Grade von diesem Gesindel beunruhigt würde, und setzte alles
auf Rechnung der Feigheit derer welche mir so eben diese Mittheilung
machten.

Sobald ich an Bord war, lichteten wir die Anker und fuhren an die
Mündung des Min hinunter. Hier fanden wir eine grosse Flotte von Junken, — gegen hundertundsiebenzig Segel — die alle eben so wie wir
Holz geladen hatten und bereit waren nach den nördlicheren Häfen Ning-po
und Chapoo abzusegeln. Noch an demselben Abend hielten die Capitäne
an Bord unseres Schiffes eine Berathung, und man beschloss eine Deputation
an die Mandarinen zu senden, mit der Bitte ein Convoi von Kriegsjunken
zu schicken um die Flotte vor den Seeräubern zu schützen. Diese Verhandlungen dauerten mehrere Tage, aber die Forderung welche die Mandarinen stellten war so unerhört, dass die Junkenführer nicht darauf eingehen konnten und sich endlich entschlossen ohne das Convoi abzusegeln.
Eben als sie zu diesem Entschlusse kamen drehte sich der Wind und kam
drei Tage lang stark aus Norden, und als er wieder nach Süden umschlug,
war er eine Zeitlang fast eben so stark. Diese Schiffe gehen aber nie bei
stürmischem Wetter in See, selbst wenn der Wind günstig ist, und so
vergingen, wegen der Stürme und der Verhandlungen mit den Mandarinen,
beinahe vierzehn Tage, und ich musste während dieser ganzen Zeit an der
Mündung des Flusses an Bord der Junke bleiben.

So lange ich gesund war ging dies noch so leidlich, aber die Stra-
pazen während des Sommers, namentlich in Foo-chow-foo, hatten allmälig
meine Gesundheit angegriffen, und das Fieber, welches wahrscheinlich durch
die körperliche Anstrengung eine Zeitlang zurückgehalten war, kam jetzt
zum Ausbruch und zwang mich das Bett zu hüten, wo ich einige Tage
theilweise ganz ohne Besinnung lag. Zu Zeiten, wenn ich helle Augenblicke hatte, glaubte ich wirklich dass meine Reisen für immer zu Ende
gingen, und ein einsames Grab an den Ufern des Min mich aufnehmen
würde. Es schien mir ein schweres Schicksal in einem fremden Lande
sterben zu müssen, ohne einen Freund oder Landsmann der mir die Augen
schlösse oder mich zur letzten Ruhestätte begleitete; und Heimath, Freunde,
Vaterland, wie doppelt theuer erschienen sie mir jetzt!

Da der Wind mehrere Tage lang günstig gewesen war und der Sturm
sich gelegt zu haben schien, kam der Capitän der Junke an mein Lager
und sagte mir dass er am nächsten Morgen unter Segel zu gehen gedenke,
zugleich fragte er noch einmal ob meine Flinte und Pistolen gut im Stande
seien, und ob ich genug Pulver und Kugeln hätte. Noch immer der Meinung dass die Gefahr nicht so gross sei, lachte ich und sagte: „Nur
Muth, ich habe alles in Ordnung, und will es schon mit den Seeräubern
aufnehmen wenn sie uns angreifen;" dennoch sah ich deutlich, dass sowohl
der Capitän als die Schiffer sehr ängstlich waren, und froh gewesen wären wenn wieder ein Sturm gekommen und ihnen einen Vorwand gegeben
hätte die Reise noch einige Tage aufzuschieben. Sie hatten indess keine

Entschuldigung mehr für noch längere Zögerung und es wurde daher beschlossen dass am nächsten Morgen früh bei Zeiten die ganze Flotte absegeln sollte.

Der chinesische Schiffer geht nie in See ohne vorher den Göttern ein Opfer zu bringen, um sie günstig zu stimmen, damit seine Reise glücklich von statten gehe und guten Erfolg bringe. Demgemäss wurde an diesem Tage die Cajüte unserer Junke in Ordnung gebracht, und die Tische mit Schweinefleisch, Schöpsenfleisch, Früchten und Gemüsen besetzt. Eine kurze Zeit brannten auf den Tischen Kerzen und Weihrauch und das ganze Geschäft hatte etwas feierliches und imponirendes. Der Koch, welcher der Ober-Priester zu sein schien, leitete die ganze Ceremonie. Auch an andern Tagen, eben so wie an diesem, lag es ihm ob in dem kleinen Tempel die Kerzen anzuzünden, Weihrauch zu verbrennen und sich vor den Göttern niederzuwerfen.

Am frühen Morgen war die ganze Flotte in Bewegung und sämmtliche Schiffe brachen zu gleicher Zeit auf, um sich gegenseitig beschützen zu können. Wind und Fluth waren günstig und wir fuhren ein gutes Stück mit grosser Schnelligkeit an der Küste hinauf und hatten bald den Min mit seiner schönen romantischen Landschaft aus den Augen verloren. Den Plan der gegenseitigen Beschützung schien man bald aufzugeben, und die Schiffe theilten sich in Gruppen zu drei und vier, und suchten jedes so schnell als möglich vorwärts zu kommen. Ungefähr gegen vier Uhr Nachmittags, als wir den Min etwa fünfzig bis sechzig Meilen hinter uns hatten, kamen der Capitän und Steuermann eiligst in meine Cajüte herunter und sagten mir dass sie eine Anzahl Jan-dous sähen, die ein Stück gerade vor uns auf der Lauer lägen. Ich lachte darüber und sagte, sie bildeten sich ein jede Junke die sie sähen sei ein Seeräuber; sie behaupteten aber dass dem so sei, und ich hielt es daher für klug auf das schlimmste gefasst zu sein. Ich stieg daher aus dem Bett, so schwach und vom Fieber geplagt ich war, untersuchte meine Feuerwaffen sorgfältig, putzte die Schlösser meiner Büchse und Pistolen und setzte neue Zündhütchen auf. Ferner setzte ich auf jede Ladung Schrot in meiner Doppelbüchse noch eine Kugel, steckte in jede Seitentasche ein Pistol, und erwartete nun ruhig was kommen würde. Mit Hülfe eines kleinen Taschentelescops konnte ich sehen dass das Verdeck der nächsten Junke welche herankam dicht mit Leuten besetzt war; jetzt zweifelte ich nicht mehr länger an ihren Absichten. Der Steuermann, ein verständiger alter Mann, trat jetzt zu mir, und sagte, er glaube Widerstand sei zu nichts nutze; ich könnte wohl eine oder zwei Junken zurückschlagen, gegen fünf aber könnte ich nichts ausrichten. Ich war keineswegs in der Stimmung Rath anzunehmen oder mir Vorschriften machen zu lassen, und befahl ihm zu thun was seine Schuldigkeit sei. Ich wusste sehr wohl, dass, wenn wir von Seeräubern gefangen wurden, ich nicht die geringste Aussicht hätte zu entkommen, denn das erste was sie mit mir gethan hätten wäre gewesen mich todtzuschlagen und über Bord zu werfen, da sie es für gefährlich für sich selbst gehalten hätten mich entkommen zu lassen. Ich muss jedoch gestehen dass ich wenig Hoffnung hatte im Stande zu sein es mit einer solchen Anzahl aufnehmen zu können, und wünschte ich möchte lieber sonst wo sein, als da wo ich war.

Die Scene um mich herum war ganz eigenthümlich. Der Capitän,

Steuermann und einer oder zwei eingeborne Passagiere waren damit be-
schäftigt die Dielen in der Cajüte aufzuheben und ihr Geld und andere
Dinge von Werth unter dem Ballast zu verstecken. Auch die gemeinen
Schiffer hatten ihre Kupfer - Cash oder „Tsien" zu verbergen; und das
ganze Schiff war in einem Zustande der Aufregung und Verwirrung.
Nachdem alles werthvollere Eigenthum versteckt war, fingen sie an einige
Anstalten zur Vertheidigung zu treffen. Aus dem Schiffsraume wurden
Körbe mit kleinen Steinen heraufgebracht und auf den geeignetsten Stellen
des Verdecks ausgeschüttet, die statt der Feuerwaffen dienen sollten, wenn
die Seeräuber in Schussweite kämen. Dies ist in verschiedenen Gegenden
China's die gewöhnliche Vertheidigungsart, die allerdings wirksam genug
sein mag wenn der Feind nur mit ähnlichen Waffen Widerstand leisten
kann; an der Küste von Fokien aber, wo wir uns jetzt befanden, führten
alle Seeräuber-Junken Schiessgewehre, und ein ganzes Verdeck voll Steine
konnte daher sehr wenig gegen sie ausrichten.

Während der allgemeinen Verwirrung vermisste ich eine Zeitlang
meinen Diener. Als er zu mir zurückkehrte, hatte er eine solche Veränderung mit seinem ganzen Aeussern vorgenommen, dass ich ihn nicht
wieder erkannte. Er war buchstäblich mit Lumpen bekleidet die er von
den Schiffern geliehen hatte, welche ebenfalls alle ihre schlechtesten Kleider angelegt hatten. Als ich ihn fragte weshalb er diese Veränderung
vorgenommen, sagte er mir, die Seeräuber machten nur solche zu Gefan-
genen von denen sie glaubten dass sie Geld hätten und ein gutes Lösegeld
bezahlen könnten, sie würden es aber nicht der Mühe werth halten einen
armen Schlucker der in Lumpen gekleidet sei festzunehmen.

Einige von der Schiffsmannschaft drängten sich um mich und verlangten der eine diess, der andere jenes und einige schlugen vor sie wollten
die Junke umdrehen und wieder an den Min zurückkehren. Der nächste
Seeräuber war jetzt etwa noch **200** bis **300** Yard von uns entfernt und
gab uns, indem sich die Junke drehte, eine volle Ladung aus seinen Feuer-
gewehren. Jetzt war Furcht und Schrecken auf unserer Junke, und alle
stürzten hinunter in den Schiffsraum, bis auf die beiden Leute am Steuerruder, und ich erwartete jeden Augenblick dass auch diese ihren Posten
verlassen würden, und dann wären wir für die Seeräuber ein leichter
Fang geworden. „Meine Büchse ist euch näher als die der Jan-dous"
sagte ich zu den beiden Männern, „untersteht ihr euch das Steuer zu verlassen, so schiesse ich euch nieder." Die armen Kerle machten ein sehr
trauriges Gesicht, wahrscheinlich aber hielten sie es für besser dem Feuer
der Seeräuber zu stehen als dem meinigen, und blieben an ihrem Posten.
Grosse Breter, Haufen von Kleidern, Matten und alles mögliche was bei
der Hand war, wurde jetzt aufgehäuft um uns vor den Schüssen zu
schützen; und da wir alle Segel aufgesetzt und guten Wind hatten, so
fuhren wir in der Stunde sieben bis acht Meilen.

Die Schüsse der Seeräuber erreichten uns noch bei weitem nicht und
ich konnte daher ungefähr die Schussweite und Kraft ihrer Flinten berechnen, was mir von einigem Nutzen war. Auf Beistand von unserer feigen
Schiffsmannschaft war nicht zu zählen, denn es war auch nicht ein einziger
unter ihnen der Muth genug gehabt hätte die Steine welche auf das
Verdeck gebracht worden waren zu gebrauchen, die doch vielleicht, wenn
die Seeräuber näher kamen, hätten von einigem Nutzen sein können. Der

gute Wind und alle Segel die wir aufgezogen hatten nutzten uns wenig, denn unsere Verfolger hatten bei weitem schneller segelnde Schiffe. Der nächste Pirat feuerte abermals auf uns. Der Schuss fiel diesmal dicht hinter unserm Schiffe nieder. Ich blieb noch ruhig, da ich entschlossen war nicht eher zu feuern als bis ich der Wirkung meines Schusses sicher sein konnte. Der dritte Schuss, welcher jetzt folgte, pfiff über unsere Köpfe und durch die Segel, ohne jedoch weder einen der beiden Leute am Steuer noch mich selbst zu verwunden.

Die Seeräuber glaubten jetzt ihre Prise ganz sicher zu haben und kamen heulend und schreiend wie die Teufel auf uns los, zu gleicher Zeit luden sie ihre Flinten und waren offenbar entschlossen ihre Schüsse nicht zu sparen. Dies war ein Augenblick der höchsten Spannung. Der Plan den ich mir von Anfang an gemacht hatte sollte jetzt ins Werk gesetzt werden; und wenn die Seeräuber nicht so feig waren wie ich mir sie vorstellte, so konnte uns nichts aus ihren Händen retten. Ihr furchtbares Geschrei klingt mir noch jetzt in den Ohren, obgleich seitdem schon lange Zeit vergangen und ich jetzt auf der entgegengesetzten Seite der Erdkugel weile.

Die nächste Junke war keine dreissig Yard mehr von der unsrigen entfernt; ihre Flinten waren wieder geladen, und ich wusste dass die nächste Salve unser Deck von hinten bis vorn bestreichen würde. „Jetzt," sagte ich zu unsern Steuerleuten, „seht genau auf mich, und in demselben Augenblicke wo ihr seht dass ich mich aufs Verdeck niederwerfe, thut dasselbe, oder ihr seid verloren." Ich wusste dass die Seeräuber, die jetzt gerade hinter uns waren, ihre Flinten nicht anders gegen uns abfeuern konnten als wenn sie sich wendeten und die Breite ihres Schiffes in einen rechten Winkel mit unserm Hintertheil brächten, weil sie ihre Gewehre von der Seite des Schiffes aus abfeuerten. Ich hielt daher ihren Steuermann scharf im Auge, und sobald ich sah dass er das Steuer niederliess, befahl ich unsern Steuerleuten hinter einem Haufen Holz platt auf das Verdeck niederzufallen, was ich in demselben Augenblicke selbst that. Kaum hatten wir dies gethan, als puff, puff, ihre Flinten losgingen; die Kugeln pfiffen dicht über uns hin, und das Holz splitterte von allen Seiten um uns her. Zum Glück war keiner von uns getroffen. „Jetzt, Mandarin, jetzt sind sie uns nahe genug," riefen meine Gefährten, die nicht gern noch eine solche Ladung wie die letzte haben mochten. Ich war derselben Meinung, stieg auf das hohe Hintertheil unseres Schiffes, und während die Piraten, die nur noch etwa zwanzig Yard von uns entfernt waren, schrieen und heulten, bestrich ich ihr Deck vorn und hinten mit Schrot und Kugeln aus meiner Doppelflinte.

Wenn der Blitz unter sie gefahren wäre, so konnten sie nicht mehr erschrocken sein; ohne Zweifel waren mehrere von ihnen verwundet und einige getödtet. Wenigstens verschwand jetzt die ganze Mannschaft, nicht weniger als vierzig bis fünfzig, die einen Augenblick vorher das Verdeck einnahmen, auf eine wunderbare Weise, indem sie sich hinter dem Bollwerk versteckten oder platt zur Erde niederfielen. Sie waren dermassen überrascht, dass ihre Junke ohne Steuermann blieb und ihre Segel im Winde flatterten, und da wir noch alle Segel aufgezogen hatten und die rechte Richtung hielten, so hatten wir sie bald ein gutes Stück hinter uns.

Jetzt kam ein anderer mit derselben Hast auf uns zu wie vorher der erste, und fing auf dieselbe Weise sein Feuer an. Da mir mein Manöver

so gut gelungen war, beschloss ich mit diesem demselben Plane zu folgen
und sein Feuern nicht eher zu erwidern als bis ich ihn nahe genug hätte.
Die Schiffe mehrten sich jetzt, denn die erste Junke hatte sich von ihrem
Schrecken wieder erholt und folgte uns auf unserer Spur, obgleich in
respectvoller Entfernung, und noch drei andere kamen jetzt dem Kampf-
platze ebenfalls so schnell als möglich näher. Inzwischen war uns die
zweite Junke beinahe zur Seite und bestrich unser Deck auf eine verderb-
liche Weise mit ihren Flinten. Wie zuvor ihr Steuer beobachtend, ver-
bargen wir uns so gut wir konnten, und meine beiden armen Bursche am
Steuer hörten nicht auf zu bitten und zu flehen, ich möchte sobald wie
möglich feuern, oder wir würden alle getödtet werden. Sobald die Räuber
uns bis auf zwanzig oder dreissig Yard nahe waren, gab ich ihnen wie
vorher eine doppelte Ladung aus meiner Büchse, die ihr ganzes Verdeck
bestrich. Diesmal fiel der Steuermann und einige andere waren ohne
Zweifel verwundet. In einer oder zwei Minuten konnte ich nichts mehr
sehen als Breter und Schilde, welche die Seeräuber emporhielten um sich
vor meinen Schüssen zu schützen; ihre Junke war, da der Steuermann
fehlte, dem Winde preisgegeben, und bald ein gutes Stück hinter uns.

Während ich dieses Schiff beobachtete riefen mir unsere Leute zu
dass uns dicht zur andern Seite noch ein andres wäre, welches ich bisher nicht gesehen hatte, weil es durch unser Hauptsegel vor mir verdeckt
wurde. Zum Glück jedoch war dieses, wie wir jetzt sahen, ein Holz-
schiff für Ning-po, wie unser eigenes, welches die Piraten kurz vorher
genommen, das aber, obgleich von diesen Spitzbuben bemannt, uns nichts
schaden konnte, weil es keine Flinten hatte. Die armen Leute aus Ning-po,
welche dessen Bemannung gebildet hatten, und die ich deutlich am Bord
sehen konnte, schienen sehr niedergeschlagen. Man sagte mir später dass,
wenn eine Junke gefangen genommen werde, alle angeseheneren von der
Mannschaft, wie Capitän, Steuermann und Passagiere, herausgenommen würden und eine Anzahl Piraten an Bord gingen um die Junke nach einem
ihrer Schlupfwinkel zwischen den Inseln zu führen, wo sie dieselbe be-
hielten bis Schiff und Leute mit einem schweren Lösegelde wieder befreit
würden. Zuweilen, wenn das Lösegeld nicht zu erlangen ist, werden die
Masten, Sparren und was sonst einigen Werth hat herausgenommen und
die Junke verbrannt.

Zwei andere Seeräuberjunken folgten uns eine Zeitlang, als sie aber
sahen was geschehen war, wagten sie sich nicht näher, und zuletzt entfernte sich, zu meiner grossen Zufriedenheit, die ganze Reihe.

Nun war es Zeit für meine heldenmüthigen Reisegefährten aus ihrem
Versteck herauszukommen, was sie mit grosser Munterkeit thaten, heulend
und schreiend wie vorher die Seeräuber und diesen höhnend zurufend,
sie möchten nur zurückkommen und den Kampf erneuern. Die Steine
wurden jetzt kühn den sich zurückziehenden Junken nachgeworfen, obwohl
sie nicht den zehnten Theil der Entfernung erreichen konnten, und wer
diese Tapferen nicht vorher gesehen hatte, musste sie für die unerschro-
ckensten Männer halten die je existirten. Zum Glück hielten es die Piraten nicht für angemessen die Herausforderung anzunehmen.

In den Augen des Capitäns, Steuermanns, der Mannschaft und der
Passagiere war ich jetzt einer der grössten und besten Menschen auf dieser
Welt. Sie kamen und knieten vor mir nieder wie vor einem höhern

Wesen, und drückten ihre tiefe und ewige Dankbarkeit aus, die jedoch nicht lange währte. Die Sonne ging eben in voller Pracht hinter den Hügeln von Fokien unter, und mehrere der Frömmeren unter den Passagieren und der Mannschaft unterliessen es nicht sich tief vor dieser Gottheit zu verneigen, in Anbetung und Dank für ihre Rettung aus den Händen der Piraten. Bald nach Sonnenuntergang kamen wir an einem jener sicheren Ankerplätze an, wo die Mandarinen strenger sind, so dass sich das gesetzlose Gesindel welches die andern Theile der Küste beunruhigt nicht hinan wagt.

Am folgenden Morgen lichteten wir wieder die Anker und fuhren den ganzen Tag weiter ohne belästigt zu werden. Am Abend kamen wir an einen andern sichern Ankerplatz, oder Rendevouz; die Sicherheit dieses Platzes bestand aber in der Anzahl und Stärke der hier vor Anker liegenden Junken, nicht in der Furcht in welcher die Piraten von der Regierung gehalten wurden. Als wir hier ankamen war die Nacht schön, und da der Mond beinahe voll war, so war es fast so hell wie bei Tage. Dazu kam dass die Fluth uns günstig war, und ich hatte die grösste Lust weiter zu fahren und that alles was ich konnte um die Leute dazu zu bewegen, allein es war vergebens, denn sobald wir den Ankerplatz erreichten und eine grosse Flotte Junken vorfanden, wurden die Anker geworfen und man beschloss hier über Nacht zu bleiben. Mir war dies sehr ärgerlich, ich sah aber dass hier nichts weiter zu thun sei und ging ruhig zu Bett. Noch ehe eine Stunde verging, — ich war noch nicht eingeschlafen, — hörte ich ein Getümmel auf dem Verdeck, und als ich fragte was es gebe, hörte ich dass man wieder die Anker lichte. Dies war mir sehr ange-nehm, da ich aber nicht begreifen konnte was sie dazu gebracht hätte ihren Sinn so schnell zu ändern, ging ich auf das Verdeck um selbst zu sehen was vorging. Unsere Leute waren, wie es schien, sobald der Anker geworfen, zur Ruhe gegangen; bald darauf hatten die andern Junken, die, wie sich herausstellte, nur hier waren um die Fluth abzuwarten, weil sie einen hier in der Nähe mündenden Fluss hinauf wollten, die Anker gelichtet und waren davon gesegelt. Jetzt war alles an Bord in der grössten Angst dass die Piraten kommen könnten während wir vor Anker lägen, und die Reise wurde nun ohne Verzug fortgesetzt, womit ich, wie man leicht denken kann, sehr zufrieden war.

Am folgenden Nachmittage, ziemlich spät, lag ich im vollen Fieber im Bette, als auf einmal der Capitän in voller Angst herabkam und mir sagte dass wieder eine Seeräuber-Flotte in Sicht sei und offenbar auf uns lauere. Ich musste aufstehen, so krank ich war, und konnte, als ich aufs Verdeck kam, mit Hülfe meines Telescops sechs Junken sehen, die aus den Inseln unter dem festen Lande hervor und offenbar auf uns zu kamen. Diesmal zweifelte ich weniger an ihren Absichten als das erstemal. Nachdem ich einmal die Schiffe dieses Gesindels gesehen, konnte ich sie nicht mehr verkennen, wie sie so aus den Buchten hervorkrochen; ihr scharfgebauter Rumpf, der Schnitt ihrer Segel, ihre Masten, die Menge von Kerls welche das Verdeck besetzten, alles zeigte welches Geschäft sie betrieben. Es war klar dass wir uns auf einen neuen Zusammenstoss vorbereiten mussten.

Es fiel mir jetzt ein, dass es mir vielleicht gelingen könnte die Piraten hinsichtlich unserer Stärke zu täuschen, denn ich fürchtete dass ich nicht wieder mit demselben Erfolge gegen sie agiren könnte, namentlich wenn sie inne würden, dass nur ein einziger Fremder an Bord sei. Ich wusste dass sie grosse Furcht vor Fremden und deren Schiessgewehren hatten, und mein Plan ging jetzt dahin sie glauben zu lassen dass wir deren eine bedeutende Anzahl und wohl bewaffnet wären. Zu diesem Zwecke brachte ich alle meine überflüssigen Kleider zusammen und liess sie die am wenigsten chinesisch aussehenden Chinesen die sich an Bord befanden anziehen, zugleich liess ich alle kurzen Stangen zusammenbringen, womit sie gewöhnlich ihre Segel aufziehen, und die man in der Ferne wohl für Feuerwaffen ansehen kann, namentlich wenn die Täuschung noch durch den Knall einer Doppelflinte unterstützt wird. Alles nahm sich nach Wunsche aus, und ich dachte meine Recruten könnten mir doch von einigem Nutzen sein; aber sobald der nächste Pirat, der schnell auf uns zugekommen war, eine Ladung gab, war es zu viel für meine Chinesen, die sogleich in einem panischen Schrecken ihre Waffen hinwarfen und hinunter liefen; und dazu musste ich den beiden Leuten am Steuer ebenfalls wieder drohen, die ziemlich geneigt schienen dem Beispiel der übrigen zu folgen. So erwartete ich nun das schlimmste.

Die Piraten kamen näher, in Zwischenräumen feuernd wie vorher die andern gethan hatten, und ich folgte meinem frühern Plane und bewachte ihre Bewegungen bis sie so nahe waren dass meine Büchse mit einer furchtbaren Genauigkeit treffen konnte. Ihre Kugeln pfiffen uns jetzt um die Ohren und streiften unsere Segel, und sie kamen in ihrer gewöhnlichen Weise näher, schreiend und heulend, ohne zu ahnen was ich zu ihrem Empfange bereit hielt. Zum letzten Male wurde das Steuer der nächsten Junke niedergelassen, und in demselben Augenblicke fielen wir platt auf unsere Gesichter nieder und liessen die Kugeln über uns hinpfeiffen. Sobald ihre letzte Flinte abgefeuert war, und ehe sie Zeit hatten wieder zu laden, jagte ich, wie ich die ersten Male gethan hatte, zwei Schüsse aus meiner Doppelbüchse unter sie. Dies brachte sie auf einmal ausser Fassung, und da wir noch mit vollen Segeln fuhren, so hatten wir bald einen bedeutenden Vorsprung vor ihnen. Die übrigen kamen auch näher und feuerten einige Schüsse auf uns, offenbar aber glaubten sie dass sich mehrere Fremde an Bord der Junke befänden, was wahrscheinlich viel zu dem Erfolge beitrug den meine Anstrengungen hatten. Als es endlich dunkel wurde, gaben sie die Verfolgung auf und wandten sich seitwärts, und zwei Stunden später kamen wir an einem sichern Ankerplatze an. Das Fieber welches ich während dieser Aufregung kaum gefühlt hatte kam jetzt desto heftiger wieder, und ich war herzlich froh als ich hinuntergehen und mich wieder zu Bett legen konnte.

In der Nacht hörte ich einen grossen Lärm an Bord, lag aber zu sehr im Fieber und fühlte mich zu schwach um nach der Ursache desselben fragen zu können. Am Morgen sagte mir mein Diener, der Lärm sei durch die Ankunft von drei Junken während der Nacht veranlasst worden, die von den Seeräubern bis an den Eingang des Hafens verfolgt worden seien. Es seien ihrer ursprünglich vier beisammen gewesen, eine aber von den Räubern genommen worden.

Die Schiffer an Bord dieser Junken waren nicht so gut davon gekommen wie wir, denn einige von ihnen waren schwer verwundet und ich wurde jetzt gebeten die Kugeln herauszuziehen. Die Wunden waren breit und aufgerissen, weil die Chinesen mit Eisenstücken schiessen. Ich rieth den Verwundeten so schnell wie möglich nach Chusan zu fahren, wo sie gute ärztliche Hülfe erhalten könnten.

Es war schon neun Uhr vorbei, und obgleich Wind und Fluth beide günstig waren, gaben die Junken doch noch kein Zeichen dass sie die Anker lichten wollten. Ich liess daher den Capitän kommen und fragte ihn ob er nicht weiter zu fahren gedächte. Dieser sagte mir, er habe mit den Capitänen der übrigen Schiffe eine Berathung gehalten, und sie wären übereingekommen, ehe sie weiter führen, eine Bedeckung von Kriegsjunken von den Mandarinen zu erbitten. Da ich jetzt nur noch achtzig bis neunzig Meilen von Chusan entfernt war, so konnte ich leicht ein kleines Boot für diese Strecke miethen, und sagte daher dem Capitän, „Gut denn, so will ich euch hier verlassen‟; ich bin sehr krank und möchte Chusan so bald wie möglich erreichen.‟ — „Geh,‟ setzte ich, zu meinem Diener gewendet, hinzu, „miethe ein Boot für mich nach Chusan und bringe es sobald du kannst hieher.‟ Als er eben das Schiff verlassen wollte, drängten sich mehrere von der Schiffsmannschaft um ihn herum und versuchten ihn zu bereden nicht zu gehen. Er wollte seinen Landsleuten gern einen Dienst erweisen, obwohl zu meinem Schaden, schlenderte daher eine Weile herum, und kam dann zurück und sagte mir, es sei nutzlos an die Küste zu gehen, weil es nicht möglich sein würde ein Boot für eine so weite Entfernung zu finden. Da ich schon von einem Manne der von der Küste her an Bord gekommen war gehört hatte dass Boote genug zu miethen wären, so verdross mich seine Ausrede, und ich drohte ihm mit Strafe, wenn er nicht augenblicklich ginge und ein Boot herbeibrächte. Als er sah dass ich entschlossen war, ging er mürrisch fort, und brachte bald ohne Schwierigkeiten ein Boot. Der Capitän und die Mannschaft umringten mich jetzt, baten mich sie nicht zu verlassen und erboten sich sogleich die Anker zu lichten und weiter zu fahren. Obgleich ich nach Chusan wollte, so hatte ich mich doch nach Ning-po eingeschifft, weil sämmtliche Holzjunken entweder hieher oder nach Cha-poo gehen. Als sie mich nun jetzt baten bei ihnen zu bleiben, so sagte ich ihnen, wenn sie mich bis in den Hafen von Chusan bringen wollten, so wollte ich bei ihnen bleiben, wo nicht, so müsste ich in dem kleinen Boote weiter, denn ich müsste so bald wie möglich nach Chusan um ärztliche Hülfe und Arznei erhalten zu können. „O,‟ sagten sie, „wenn Sie nur bei uns bleiben wollen, so werden wir recht gern im Hafen von Chusan einlaufen und Sie dort absetzen ehe wir nach Ning-po überfahren.‟ Auf dieses Versprechen ging ich darauf ein sie zu begleiten.

Die Capitäne der andern Junken kamen jetzt zu mir und fragten mich ob ich es übernehmen wolle sie vor den Angriffen der Seeräuber zu schützen; in diesem Falle wollten sie die Anker lichten und uns begleiten. Als ich ihnen sagte dass ich dies nicht übernehmen könnte, entgegneten sie, dass sie dann warten müssten bis sie sich auf irgend eine Weise mit den Mandarinen geeinigt hätten, weil sie nicht wagen könnten allein weiter zu fahren. Wir verliessen sie daher und setzten unsere Reise fort. Im Laufe des Tages sahen wir öfters verdächtig aussehende Segel, welche die Leute für Jan-dous erklärten, doch kam keines so nahe dass es uns hätte angreifen können. Spät am Nachmittage, als wir der Spitze von Keto nahe kamen — ein Vorgebirge am festen Lande, nicht weit von Chusan — begegneten wir einer grossen Handelsflotte von Junken, die zu gegenseitigem Schutze mit einander die Küste abwärts fuhren. Einige kamen an unsere Seite und fragten ängstlich nach den Jan-dous, und wie vielen derselben sie wohl begegnen könnten. Unsere Leute unterliessen nicht ihnen die Zahl derer welche sie gesehen und mit denen sie gekämpft hatten gehörig zu übertreiben, und die Nachricht schien sie nicht besonders zu ergötzen. In der Nacht trat Ebbe ein, und der Wind war, obwohl günstig, doch nicht stark genug, wir mussten daher bis gegen Morgen vor Anker liegen.

Als ich am folgenden Morgen mit Tagesanbruch auf das Verdeck kam, sah ich dass wir gerade unter der Spitze von Keto und nur wenige Meilen vom Hafen von Chusan entfernt waren. Ich war schon öfters hier gewesen und kannte die Gegend sehr wohl. Es war mir der willkommenste Anblick den ich seit vielen Tagen zu Gesicht bekommen, und ich dankte in der That dem Allmächtigen dass er mich hatte den Seeräubern entrinnen lassen.

Während die Leute den Anker aufzogen, kamen meine alten Freunde, der Capitän und Steuermann, zu mir herunter, in besserer Laune als bisher, und sagten mir mit der grössten. Ruhe, sie hätten sich anders besonnen und wollten nicht in dem Hafen von Chusan einlaufen; ich müsste mit ihnen nach Ning-po, von wo ich leicht in einem kleinen Boote nach Chusan überfahren könnte. Ich fühlte mich sehr verletzt durch dieses Benehmen, welches, wenn man bedenkt dass ich ihre Junke zweimal von den Seeräubern gerettet hatte, im höchsten Grade undankbar war. Ich schalt sie wegen ihrer Undankbarkeit und sagte ihnen, da sie jetzt vor den Jan-dous sicher seien, so glaubten sie wohl mit mir machen zu können was sie wollten. „Aber ihr habt euch nie mehr getäuscht," setzte ich hinzu, „ihr mögt euch so undankbar zeigen wie ihr wollt, ich aber werde dafür sorgen dass ihr euer gestriges Versprechen haltet und mich in den Hafen von Chusan bringt ehe ihr nach Ning-po überfahrt. Seht hier diese Büchse und diese Pistolen, sie sind geladen, ihr wisst welche Wirkung sie auf die Jan-dous hervorbrachten; nehmt euch in Acht dass sie nicht gegen euch gewendet werden. Ein Engländer lässt nie ungestraft ein ihm gegebenes Wort brechen. Ich kenne den Weg in den Hafen von Chusan eben so gut wie ihr selbst, sobald der Anker herauf ist, stelle ich mich ans Ruder, und wenn der Steuermann versucht nach Ning-po zu steuern, so mag er für die Folgen stehen." Diese Drohung hatte die gewünschte Wirkung, und die zitternden Schelme setzten mich noch im Laufe des Vormittags sicher in Chusan ans Land.

In Folge des Fiebers und der Aufregung der letzten Tage befand ich mich äusserst schlecht als ich Chusan erreichte; da sich aber der grössere Theil meiner Sammlungen auf dem Festlande in der Nähe von Shanghae befand, so hatte ich grosse Sorge mich zu überzeugen in welchem Zustande dieselben wären, und da gerade ein englisches Schiff nach dem Yang-tse-kiang absegelte, ging ich unverzüglich an Bord. Der Wind war günstig, und wir erreichten bald den Ort unserer Bestimmung; mein Freund Mackenzie nahm mich freundlich auf, und bei der geschickten Pflege des Dr. Kirk verliess mich das Fieber bald und ich konnte meiner Sammlungen warten.

Unter den wichtigeren Erwerbungen die ich in der Nähe von Shanghae machte darf ich nicht vergessen eine schöne und grosse Art Pfirsiche zu nennen, die gegen Mitte August hier auf den Markt kommt, und sich zehn bis zwölf Tage hält. Sie wird in den Pfirsichgärten, einige Meilen südlich von der Stadt, gezogen, und man sieht sehr häufig Pfirsichen dieser Art von elf Zoll im Umfange und zwölf Unzen Gewicht. Es ist wahrscheinlich dieselbe Art welche manche Schriftsteller die „Peking-Pfirsiche" nennen und von der man so übertriebene Beschreibungen gemacht hat. Bäume der Shanghae'schen Pfirsiche sind jetzt im Garten der Gartenbaugesellschaft von London.

Nachdem meine sämmtlichen Pflanzen aus den Districten von Foochow-foo, Chusan und Ning-po nach Shanghae gebracht waren, verpackte ich sie und verliess am 10. October den Norden von China um mich nach Hong-kong und von da nach England einzuschiffen. Als ich den Fluss hinabfuhr konnte ich nicht anders als mit Stolz und Zufriedenheit um mich blicken, denn in diesem Theile des Landes hatte ich die schönsten Pflanzen meiner Sammlungen gefunden. Nur der geduldige botanische Sammler, dessen ununterbrochene Mühe zum Zwecke hat schätzbare Bäume und Gewächse anderer Länder in dem seinigen einzuführen, kann beurtheilen was ich damals fühlte.

Als wir in Hong-kong ankamen, theilte ich meine Sammlungen und schickte acht Glaskisten mit lebenden Pflanzen nach England ab; die Doubletten dieser und vieler anderen behielt ich zurück um sie selbst unter eigner Pflege nach Hause zu bringen. Hierauf ging ich nach Canton und schiffte mich auf dem „John Cooper" nach London ein. Achtzehn Glaskisten mit den schönsten Pflanzen des nördlichen China wurden auf dem Hintertheile des Schiffes aufgestellt, und am 22. December segelten wir ab. Nach einer langen aber glücklichen Reise warfen wir am 6. Mai 1846 in der Themse Anker. Schon manche von den Pflanzen welche ich zuerst mitbrachte haben ihren Weg in die bedeutendsten Gärten Europa's gefunden; und jetzt eben (20. October 1846) steht die *Anemone japonica* im Garten der Gesellschaft zu Chiswick in voller Blüthe, eben so üppig und schön wie je auf den Gräbern der Chinesen an den Wällen von Shanghae.

Anhang zur zweiten Ausgabe.

Versendung der Pflanzen zur See, in sogenannten Ward'skästen.

Da vielleicht manche Leser dieses Werks in entfernten Ländern Freunde haben die ihnen gern schöne Blumen, welche sie auf ihren Streifzügen finden, nach Hause senden möchten, so hat sich der Verfasser von der Gartenbaugesellschaft in London die Erlaubniss erbeten, eine Abhandlung, die er vor einiger Zeit in dem Journal der Gesellchaft über diesen Gegenstand veröffentlicht hat, hier im Auszuge mittheilen zu dürfen. Er glaubt dass die Anweisungen die er nach eigner Erfahrung geben kann, denen welche in fremde Länder reisen, oder von dort zurückkehren, nicht allein während einer langwierigen Ueberfahrt Unterhaltung verschaffen können, sondern sie auch in Stand setzen werden, ein Land mit den Erzeugnissen eines andern zu bereichern. Dass dieses überhaupt mit Erfolg bewerkstelligt werden kann, verdanken wir hauptsächlich Herrn N. B. Ward, Esq. (Wellclose Square, London), der den Plan zu diesen Kästen, welche jetzt seinen Namen führen, zuerst entworfen hat.

Als ich von der londoner Gartenbaugesellschaft den Auftrag erhalten hatte nach China zu gehen und die Gärtnerei und Botanik dieses Landes zu untersuchen und solche Erzeugnisse der Pflanzenwelt nach Hause zu senden die in England zum Nutzen oder zum Schmucke dienen könnten, glaubte der Vorstand der Gesellchaft eine gute Gelegenheit zu haben zugleich eine Sammlung lebender Pflanzen und Sämereien mit dorthin zu schicken, theils um zu sehen welchen Einfluss eine lange Seereise auf diese haben würde, theils auch um einige der besten Blumen, Früchte und Gemüse welche in Europa gezogen werden dort einzuführen. Man liess zu diesem Zwecke Kästen mit Glasdeckeln machen, die mit solchen Fruchtbäumen und Zierpflanzen gefüllt wurden von denen man voraussetzen konnte dass sie im Klima von China gedeihen würden, und die sowohl den Chinesen als den in China ansässigen Fremden von Nutzen sein könnten. Die Kästen wurden auf dem Hintertheil des Schiffes befestigt, und am 1. März 1843 segelten wir von England ab. Die Witterung während der ersten Zeit unserer Reise war kalt, trübe und feucht, und die Pflanzen wuchsen nur wenig bis wir die Breite von Madeira erreichten, welches wir am 13 desselben Monats erblickten. Das Thermometer stand in dieser Zeit im Durchschnitt auf 62 ⁰ Fahr. im Schatten, und die Pflanzen fingen, als sie die Einwirkung der südlichen Temparatur fühlten, sehr schnell an zu wachsen und füllten in wenigen Tagen die Kästen vollständig mit jungen Schösslingen und Blättern aus. Dies fand statt noch ehe wir den Aequator erreichten. Die Weinstöcke, Pfirsichbäume, und Feigen schienen ganz hier zu Hause; auch die Rosen wuchsen schnell und fingen an zu blühen; aber offenbar in einer Atmosphäre die für ihre Constitution zu heiss und verschlossen war, und die Blätter litten bald von dem Drucke gegen das feuchte Glas, eben so wie wir zu Hause oft an Pflanzen in vollen Gewächshäusern bemerken können.

Um diese Zeit, d. h. — als wir uns in der Nähe des Aequators befanden — stand das Thermometer im Durchschnitt auf 70° im Schatten, und in der Nacht oft noch höher als am Tage. Der Zustand der Pflanzen auf diesem Stadium der Reise zeigte deutlich dass es bei der Bereitung der Kästen ein sehr wichtiger Punkt ist, immer kräftige und gesunde Pflanzen zu wählen. Schwächliche Pflanzen werden in vielen Fällen sicher verderben, weil die kräftigern sie überwuchern, ihnen Luft und Licht entziehen und sie hindern die zu ihrer Erhaltung nöthigen Stengel und Blätter zu treiben.

Anfang Mai passirten wir den Meridian des Vorgebirges der guten Hoffnung; um aber den Vortheil des Westwindes zu haben hielten wir uns bis zum 38° südlich, wo das Thermometer zwischen 55° bis 65° Fahr. schwankte. Diese Veränderung in der Temperatur war den Pflanzen sehr schädlich, die, nachdem sie auf dem Wege durch ein wärmeres Klima schnell gewachsen waren und die Kästen mit schwachem, halbreifen Holze angefüllt hatten, jetzt durch trübes Wetter und eine verhältnissmässig niedrige Temperatur plötzlich in ihrem Wachsthum gehemmt wurden. Mehlthau und andere Schwämme griffen jetzt um sich und die meisten Blätter welche mit dem Glase in Berührung kamen verdarben durch die Feuchtigkeit.

Interessant war es zu bemerken welchen ähnlichen Einfluss der Wechsel der Temperatur auf Thiere und Pflanzen einübte; beide litten offenbar mehr von comparativer als von wirklicher Kälte. Wenige Wochen früher fingen die Pflanzen in beinahe derselben Temperatur, in welcher sie jetzt durch die Kälte litten, schnell zu wachsen an, und in der That, sie wuchsen sogar damals bei einer Temperatur die noch einige Grade niedriger stand. Ich selbst, so wie die übrigen Passagiere auf dem Schiffe, fühlte ganz denselben Einfluss. Unter dem 33° oder 34° n. B. war uns bei einer Temperatur von 58° und 60° ziemlich warm, und wir legten damals unsere leichte weisse Kleidung an, während wir bei derselben Temperatur auf der südlichen Seite der Linie froren und wieder zu unseren dicken und warmen Kleidern greifen mussten.

Nachdem wir uns vom Cap aus immer in derselben südlichen Breite gehalten hatten, bis zu den Inseln Amsterdam und St. Paul im indischen Ocean, steuerten wir dann nördlich auf die Spitze von Java zu. Die Temperatur wurde natürlich, je weiter nördlich wir kamen, immer wärmer, aber die Reizbarkeit der Pflanzen war zum grossen Theile vorüber, und selbst als wir die Strasse von Sunda erreichten, wo es, wegen der Nähe des Landes bei weitem wärmer war als im atlantischen Meere, unter der Linie, wuchsen sie noch immer nur langsam und ohne Kraft, und die Schösslinge waren schwach. Diese schnellen Uebergänge von Sommer zu Winter und von Winter zu Sommer sind es hauptsächlich welche so viele

Pflanzen auf der langen Reise um das Cap, nach oder von Indien oder China zu Grunde richten.

Als wir Hong-kong erreichten, fand ich dass die meisten Pflanzen noch am Leben waren, obwohl manche derselben sich in einem sehr erschöpften Zustande befanden. Einige Olivenbäume die ich herausnahm waren noch eben so gesund und frisch wie am Tage unserer Abreise; Weinstöcke, Birnen- und Feigenbäume hatten die Reise ebenfalls zur Verwunderung überstanden. Der Boden, obwohl er seit vier Monaten kein Wasser erhalten hatte, war beinahe noch eben so nass wie bei unserer Abreise aus England; ein Beweis dass die Kästen sehr gut verschlossen waren.

Nachdem ich so beschrieben wie sich die Pflanzen während der langen Seereise befanden, will ich im Folgenden einige Bemerkungen über die Kästen mittheilen, nebst einigen Anweisungen, wie sie zu verpacken, einzuschiffen und überhaupt zu behandeln sind. Ich hoffe dass letztere denen welche sich für solche Dinge interessiren von einigen Nutzen sein werden.

Glaskästen — Ward'skästen, oder luftdichte Kästen, wie sie gewöhnlich genannt werden, sind in allen Theilen der Welt so bekannt, dass eine ins Einzelne eingehende Beschreibung derselben hier unnöthig ist. Sie sind nicht eigentlich luftdicht, aber so fest dass keine Feuchtigkeit hinauskann, und wenn daher der Boden, ehe er in den Kasten kommt, gut befeuchtet wird, so bleibt die Feuchtigkeit in hinlänglicher Quantität im Boden, um die Pflanzen auf einer Reise in die entferntesten Gegenden der Welt zu erhalten. Wenn die Sonne scheint, geht die Verdunstung in der gewöhnlichen Weise vor sich, da aber die Ausdünstung keinen Ausgang findet, so verdichtet sie sich an dem Glase und Holze der Kästen, so wie auch an den Blättern der Pflanzen, und fällt am Abend wieder wie Thau auf den Boden zurück. Auf diese Weise bildet und verdichtet sich die Ausdünstung fortwährend, je nach der Wärme der Witterung während der Reise, ohne bedeutenden Verlust, vorausgesetzt dass die Kästen fest sind.

Nach dieser Auseinandersetzung wird jedermann leicht einsehen, dass es von der grössten Wichtigkeit ist, die Kästen von gut ausgewittertem Holze zu machen, damit sie sich unter der heissen tropischen Sonne weder aus den Fugen ziehen noch zerspringen, denn in diesem Falle würden die Pflanzen entweder durch Trockenheit umkommen oder durch das Seewasser zu Grunde gerichtet werden, welches dem vegetabilischen Leben eben so verderblich ist.

Ein Mangel in der Construction mancher dieser Kästen ist die Kürze ihrer Füsse. Der Boden des Kastens müsste immer wenigstens sechs Zoll über dem Verdeck des Schiffes sein. Das Verdeck wird alle Morgen gewaschen, und die Matrosen geben nicht immer genau Achtung wohin sie das Wasser giessen. Wenn die Füsse des Pflanzenkastens kürzer sind als sechs Zoll, so ist nicht genug Raum um das Wasser unter den Kasten zu spritzen, und folglich sind sowohl der Boden als die Seiten der Kästen der Gefahr ausgesetzt, jeden Morgen regelmässig gewaschen zu werden, wie das Verdeck selbst. Auf einer Reise von vier bis fünf Monaten aber findet dann das Salzwasser sicher seinen Weg in die Erde der Kästen, die es dann sättigt, wodurch die Wurzeln der Pflanzen zerstört werden. Ich zweifle nicht dass dies ein Hauptgrund ist weshalb die Pflanzen in der Regel in einem so schlechten Zustande aus Indien und andern Theilen der Welt ankommen, denn ich habe oft gesehen dass die Erde in solchen Kästen bei der Ankunft in England vollständiger Schlamm war.

Pflanzen, Erde u. s. w. — Ich habe bereits bemerkt dass es sehr wichtig ist kräftige, und gesunde Pflanzen zu wählen, die weniger der Gefahr ausgesetzt sind während der Reise überwuchert zu werden oder zu ersticken. Gepfropfte Pflanzen leiden, wie ich gefunden habe, mehr als andere, und eine oder zwei meiner jungen Propfreise gingen ein, während die Stämme noch kräftig genug blieben. Die Erde in den Kästen muss wenigstens neun bis zehn Zoll tief sein. Wenn die Pflanzen eingesetzt sind, muss der Kasten vollkommen wagerecht gesetzt und reich mit Wasser versorgt werden. Es ist besser wenn dies zehn bis vierzehn Tage früher geschehen kann ehe die Pflanzen abgeschickt werden, damit sie sich in ihren neuen Quartieren gut einrichten können. Während dieser Zeit können sie oft begossen werden; und dann, wenn die Erde alle Ritzen in den Kästen ausgefüllt hat und fest geworden ist, kann sie mit Kreuzhölzern festgedrückt werden. Sehr gut ist es, ein wenig Moos, wo dieses zu haben ist, auf der Oberfläche auszubreiten, welches nicht allein die Erde festhält sondern auch eine zu schnelle Ausdünstung verhindert. Diese Art Verpackung ist bei Gesträuchen und Bäumen anzuwenden. Orchideen oder Luftpflanzen fordern eine andere Behandlung. Da letztere nicht so viel Nahrung aus dem Boden ziehen, so ist es nicht nöthig dessen so viel in den Kästen zu haben, und eine grosse Masse feuchten Bodens ist in der That der Wurzel dieser Pflanzen nicht zuträglich; zwei oder drei Zoll sind vollkommen genug. Da man diese Pflanzen in der Regel auf Bäumen wachsend findet, so ist es am besten einen Theil des Astes auf dem die Blume wächst abzuschneiden und mit der darauf wachsenden Blume nach Hause zu schicken. In den meisten Fällen wird es nicht gut sein die Wurzel aus dem Holze herauszureissen, wenn die Pflanzen in Glaskästen versendet werden und fünf bis sechs Monate auf der See sein sollen. Einige mit Phalaenopsis gefüllte Kästen, die ich von Manila aus absandte, hatte ich nur an einer Seite von Glas gemacht, die andern Seiten waren von Holz. Nachdem ich den untern Theil der Kästen mit Pflanzen vollgefüllt hatte, nagelte ich einen grossen Theil davon an der hölzernen Seite an, und nach der Anzahl welche in gutem Stande hier angekommen sind, muss dieser Plan vollkommen seinem Zwecke entsprochen haben. Es ist bekannt dass viele dieser Luftpflanzen so wenig Nahrung aus dem Boden ziehen, dass sie in gewöhnlichen Packkisten versandt werden können, wenn die Reise nicht länger dauert als etwa sechs Wochen bis zwei Monate, wie z. B. von Westindien oder Südamerika. Obige Bemerkungen hinsichtlich der Luftpflanzen beziehen sich daher nur auf lange Reisen, wie von Indien oder China hieher nach England.

Schiffe und Verschiffung der Pflanzen. — Wenn das Schiff absegeln soll, müssen die Kästen fest zugemacht, und die Fugen vollkommen verschlossen werden. Schmale Streifen Cannevas in eine Mischung von kochendem Theer und Pech getaucht und auf die Aussenseite der Fugen gelegt, entsprechen diesem Zwecke ausgezeichnet, und sollten immer gebraucht werden wo es schwer ist die Fugen fest ineinander zu treiben,

Grosse Schiffe mit hohem Hintertheile sind, wo man die Wahl hat, immer vorzuziehen, da ihr Verdeck höher ist und sie daher weniger dem Flugwasser ausgesetzt sind. Das Hintertheil ist bei kleinen wie bei grossen Schiffen der beste Platz für die Kästen. Auf kleinen Schiffen müssen sie durchaus dorthin gesetzt oder gar nicht mit solchen versandt werden. Zuweilen hat man den Hauptmast oder Besanmast als den besten Platz empfohlen; aber viele Capitäne weigern sich so schwere Gegenstände so hoch über dem Verdeck anzubringen.

Im Jahre 1841 oder 1842 erhielt die Gartenbaugesellschaft durch den „Emu" eine Kiste mit Pflanzen aus Van Diemens-Land, die sämmtlich eingegangen waren als sie hier ankamen. Der Zufall wollte dass ich im Jahre 1843 auf demselben Schiffe meine Reise nach China antrat, und ich erkundigte mich daher bei einem Offiziere nach der Behandlung welche dieser Kasten während der Ueberfahrt nach England erhalten hatte. Er gestand mir offen, man hätte geglaubt, der Kasten stehe auf dem Hintertheile zu sehr im Wege, und habe ihn daher weiter nach vorn in die Nähe des Bugs gerückt. Wenn nun das Schiff den Wind zur Seite hatte, oder die See hoch ging, so bekam es eine bedeutende Menge Wasser über das Bug, und die armen Pflanzen wurden natürlich überschwemmt. Dies erklärte sogleich wie es kam dass sich die Pflanzen bei ihrer Ankunft in einem so schlimmen Zustande befanden. Ich muss daher botanischen Sammlern, und anderen welche ihren Freunden in Europa Kästen mit Pflanzen aus dem fernen Osten zu schicken pflegen, den Rath geben, sich von dem Capitän versprechen zu lassen, dass die Kästen während der ganzen Reise auf dem Hintertheile des Schiffes stehen bleiben. Wenn sie weiter vorgeschoben, oder selbst nur auf das Hinterverdeck gesetzt werden, wird ihr Inhalt oft zerstört. Auch ist es rathsam die Kästen auf dem gewöhnlichen Geschäftswege einzuschiffen, und einen Verladungsschein darauf zu nehmen, Fracht zahlbar in England, oder wo sonst das Schiff hingeht.

Wenn sich nicht jemand am Bord befindet der sich auf die Pflege der Pflanzen versteht, dürfen die Kästen von ihrer Einschiffung bis sie an dem Orte ihrer Bestimmung ankommen, nie geöffnet werden. Die einzige Weisung welche ich gewöhnlich gab wenn ich Pflanzen an Bord brachte war folgende: Nehmt sie nicht vom Hintertheile weg, und lasst sie nicht öffnen; sollte dem Glase ein Unglück begegnen, so bessert es sogleich aus, entweder mit Glas, und wenn dies nicht bei der Hand ist, mit einem dünnen Bret. Bei stürmischem Wetter, wenn es wahrscheinlich ist dass die See über das Hintertheil sprützt, deckt ein altes Segel über die Kästen, und endlich, sorgt dafür dass die Matrosen, wenn sie des Morgens das Verdeck waschen, nie einen Tropfen Wasser auf die Kästen giessen. Diese Anweisungen sind kurz, verständlich und ausführbar.

Behandlung während der Reise. — Wenn der botanische Sammler mit seinen Pflanzen zurückkehrt, oder wenn sich am Bord des Schiffes jemand befindet der mit denselben umzugehen versteht, so können die Kästen geöffnet und die Pflanzen von Zeit zu Zeit untersucht werden, was denselben sehr zuträglich ist. Damit diejenigen welche in den Orient reisen oder von dort zurückkehren wissen wie dies am Besten geschieht, will ich hier in der Kürze mein Verfahren dabei und dessen Erfolge mittheilen.

In der Weise welche ich bereits angegeben habe wurden achtzehn Kisten gepackt, und an Bord des „John Cooper" gebracht, der damals in der Bucht von Hong-kong vor Anker lag. Da es gegen Ende des Jahres war, so war der Monsun das chinesische Meer abwärts günstig und wir erreichten die Insel Java in elf Tagen. Nachdem wir die Strasse von Sunda passirt, hatten wir sieben bis zehn Tage abwechselnden Wind und geriethen dann in die südöstlichen Passatwinde. In diesen Breiten ist das Wetter in der Regel beständig und schön, die See ist ruhig und das Schiff fährt schnell und leicht dem Vorgebirge der guten Hoffnung zu. Wenn daher nicht aussergewöhnliche Umstände eintreten, so kann man die Kästen während dieses Theiles der Reise ohne Gefahr öffnen. An denen welche ich damals unter meiner eigenen Obhut mitnahm hatte ich zu beiden Seiten zum Schieben eingerichtete Thüren machen lassen, so dass ich, ohne die Seitenwände loszuschrauben, Luft einlassen und mit der Hand hineinlangen konnte. Diese Thüren wurden fast jeden Morgen, n a c h d e m d a s V e r d e c k gewaschen war, geöffnet und die Pflanzen vollständig der Luft ausgesetzt. Alle abgestorbenen oder dumpfigen Blätter wurden entfernt, und die Oberfläche des Bodens geglättet und gereinigt. Ich machte mir es immer zur Regel nie einen Kasten die Nacht über offen stehen zu lassen, wie schön auch dieselbe scheinen mochte. Diese Art der Behandlung wurde fortgesetzt bis wir in die Nähe von Madagascar kamen. Da von dieser Insel ab das Wetter der Erfahrung gemäss in der Regel schlecht ist, so verkittete ich alle Kisten so fest wie möglich, und öffnete sie nicht eher wieder als wir bis um das Cap herum waren. Wenn man das „Cap der Stürme" hinter sich hat bekommt man in der Regel wieder schönes Wetter und fährt mit einem guten Süd-Ost Passatwinde gerade auf St. Helena los. Da ich wusste dass ich mir dort einen gehörigen Vorrath von frischem Wasser verschaffen konnte, so setzte ich die Pflanzen alle Tage so viel wie möglich der frischen Luft aus, um alle dumpfige Feuchtigkeit zu entfernen, und damit das junge Holz, welches sich damals an einigen Pflanzen bildete, sich härten könnte. Als wir in St Helena ankerten, trug ich Sorge dem Boden so viel frisches Wasser zu geben als er irgend halten konnte, und schraubte dann die Schiebfenster wieder fest. Das Wetter blieb schön und der Wind günstig, bis wir den Aequator erreichten. Während dieser Zeit wurden die Schiebfenster in der Regel alle Tage geöffnet.

Als wir dem Aequator näher kamen, hatten wir wieder unbeständigen Wind, weil wir jetzt aus dem Bereich der Passatwinde hinauswaren, und oft hatten wir tüchtige Regengüsse. Während der letzteren öffnete ich gewöhnlich die Schiebfenster und liess die Pflanzen von einem erfrischenden Schauer beregnen, wobei sie sich sehr wohl befanden. Bei solchen Gelegenheiten muss man sich jedoch sehr in Acht nehmen dass das Wasser nicht von einem Segel herabkommt welches dem Sprützen der salzigen Meeresfluth ausgesetzt ist, weil es in diesem Falle mit Salz geschwängert sein könnte und dann wahrscheinlich die Pflanzen beschädigen oder ganz verderben würde. Ich bemerke dies ausdrücklich weil mir ein Fall dieser Art beinahe selbst begegnet wäre.

Nachdem wir die „unbeständigen Winde" hinter uns hatten, kamen wir in die sogenannten Nord-Ost Passatwinde und steuerten den westlichen Inseln zu. Da das Wetter jetzt schlecht und das Schiff dicht beim Winde gebrasst war d. h. sehr nahe bei dem Winde segelte, so hatten wir oft eine grosse Masse Flugwasser auf dem Verdeck. Ehe wir in dieses Wetter kamen, trug ich Sorge die Kästen wieder vollkommen zu verschliessen; die Schiebfenster an den Enden mussten jetzt fest zugeschlossen bleiben, nicht allein wegen des Flugwassers, sondern auch weil die Luft sehr salzig war, die ohne Zweifel einen sehr schädlichen Einfluss auf die Pflanzen ausgeübt hätte. In diesem Wetter fuhren wir etwa drei bis vier Wochen und kamen dann endlich in das ruhige Wasser des englischen Kanals, wo ich, da das Wetter schön war, die Kästen wieder öffnete und alles in der besten Ordnung fand. Da an den Docks kein Aufenthalt statt fand wurden die Kästen sogleich in den Garten der Gesellschaft nach Chiswick gebracht.

Folgende Zahlenangaben werden den Erfolg dieser Art der Verschiffung zeigen : —

Pflanzen die in China in die Kisten gesetzt wurden 250
Bei der Landung noch im guten Stande 215
Unterwegs eingegangen   35

In einer Mittheilung von Hrn. Livingstone in Macao, die im Jahr 1819 in der Gesellschaft vorgelesen wurde und im dritten Bande der Transactions veröffentlicht ist, lesen wir dass damals von tausend Pflanzen nur eine die Reise von China nach England überdauerte, und wenn man annimmt dass im Durchschnitt jede Pflanze die in Canton gekauft wurde, mit Einschluss der Kiste und anderer nothwendigen Kosten, 6 Shilling 8 d. kostete, so würde folglich jede überlebende Pflanze auf den ungeheuren Preis von mehr als 300 Pfd. Str. zu stehen gekommen sein. Das Resultat welches ich oben mitgetheilt habe zeigt jedoch dass wir seit Hrn. Livingstones Zeit in der Einführung chinesicher Pflanzen einige Fortschritte gemacht haben.

Reisen

in die

Theegegenden

in

China und Indien.

Vorrede.

Vor jetzt etwa fünf Jahren legte ich dem Publicum meine „Wanderungen in China" vor. Bald nach der Veröffentlichung dieses Werkes wurde ich von dem ehrenwerthen Directorenhof der ostindischen Compagnie beauftragt wieder nach China zu reisen, um mir die besten Sorten der Theepflanze sowie einheimische Theebereiter und Geräthschaften für die Theepflanzungen der Regierung am Himalaya zu verschaffen. Am 20sten Juni 1848 verliess ich Southampton, wo ich mich nebst vielen andern Passagieren auf einem Dampfschiff der Compagnie, dem Ripon, geführt von Capit. Moresby, I. N. einschiffte, und landete am 14. August in Hong-kong.

Da ich weit ins Innere des Landes gereist bin, und viele den Europäern noch ganz unbekannte Gegenden besucht habe, so wage ich es jetzt dem Publicum einen Bericht über meine Reisen und deren Ergebnisse vorzulegen. Mit einer guten Constitution und kräftiger Gesundheit gesegnet, kümmerte ich mich wenig um Bequemlichkeiten und machte mir die Mühen des Wanderlebens leicht. Neue Scenen, neue Länder und neue Pflanzen kamen mir täglich vor Augen und gewährten mir einen Lohn der höchsten und reinsten Art. Und selbst jetzt, auf einer andern Seite der Erdkugel, und fern von dem Schauplatze meiner Abenteuer, blicke ich oft mit Gefühlen einer ungetrübten Heiterkeit auf meine Reisen zurück.

Der wichtige Zweck meiner Sendung ist glücklich erreicht. In den besten Theedistricten China's habe ich mehr als zwanzigtausend Theepflanzen, acht Theebereiter ersten Ranges, und eine Menge von Geräthschaften zusammen und sicher und wohlbehalten in die Himalayagegenden hinübergeführt. Auf meinen Reisen habe ich viele nützliche und schöne Bäume und Strauchgewächse entdeckt, von denen manche, wie die T r a u e r - C y p r e s s e, die Schönheiten unserer englischen Landschaften und Begräbnissplätze erhöhen werden.

Indem ich diesen Bericht meiner Reise veröffentliche, darf ich wiederholen was ich in der Einleitung zu meinen früheren Wande-

14 *

rungen sagte: — „Ich habe nicht die Absicht ein Buch über China zu schreiben." Mein Zweck ist der, einen Blick auf das himmlische Reich zu öffnen, auf dessen eigenthümliche Berge und romantische Thäler, seine Flüsse und Kanäle, seine Naturerzeugnisse sowohl auf den Feldern, als an den Abhängen der Berge und in den Gärten, und seine eigenthümliche und interessante Bevölkerung, wie ich dieselbe in ihrem täglichen Leben beobachtet habe. Da ich hoffe dass mich meine Leser auf meiner ganzen Reise begleiten, so werde ich das Vergnügen haben sie nach Indien und auf den Himalaya mitnehmen um ihnen die Theepflanzungen der Regierung zeigen zu können, die zu den schönsten Hoffnungen berechtigen und ohne Zweifel nicht allein für Indien, sondern auch für England und dessen weitverbreitete Colonien von grossem Vortheil sein werden.

Nach diesem Hinweise auf das was man in folgenden Blättern erwarten kann, mag mir nur noch vergönnt sein den Wunsch auszusprechen, das diesem Werke von Seiten des Publicums dieselbe freundliche Aufnahme zu Theil werden möge, wie meinen früheren Wanderungen.

Brompton, April 1852.

Reise in die Theedistricte China's.

Erstes Capitel.

Am 14ten August, Abends um neun Uhr, warf das Dampfschiff „Bra-
ganza" der *Peninsular and Oriental Company,*" auf dem ich mich als
Passagier befand, in der Bucht von Hong-kong Anker. In wenigen Minuten war auf unserm Verdeck ein Gedränge von Einwohnern des Ortes, die
alle eifrig ihre Freunde suchten oder etwas Neues aus der Heimath hören
wollten. Da ich nicht vor dem nächsten Morgen an das Land zu gehen
beabsichtigte, so hatte ich hinlängliche Muse dieses geschäftige Treiben
um mich herum zu beobachten.

Unter den zahlreichen Booten die zu uns herankamen waren zwei
welche ein ganz besonders auffallendes Ansehn hatten. Sie waren lang
und schmal und hatten jedes etwa fünfzig Ruder. Sie waren von englischen und amerikanischen Kaufleuten gebaut worden um bei Ankunft der
Post die Neuigkeiten nach Canton zu bringen. Sobald diese Boote ihre
Depeschen erhielten fuhren sie augenblicklich ab: da sie verschiedenen
mit einander wetteifernden Partheien gehörten, so suchte jede der anderen den Vorsprung abzugewinnen; und weil oft ziemlich viel darauf ankam, die neuesten Nachrichten zuerst zu erhalten, so wurde unter die
Mannschaft des gewinnenden Bootes eine bedeutende Summe vertheilt.

Die Schiffsmannschaft machte einen gewaltigen Lärm; nach Art der Chinesen sprach Alles untereinander, und alle gaben Befehle, denn jeder hatte
seinen Einsatz bei der Wette. Endlich waren die Zeitungen Briefe und
was sonst mitzunehmen war, an Bord gebracht, und fort ging es quer
durch die Bucht, der Mündung des Canton- oder „Perl"-Flusses zu. Wie
zwei hundertfüssige Ungeheuer durchschnitten sie die Fluth, und waren,
obwohl sie sehr schnell fuhren, noch eine ziemliche Zeit im hellen Mond-
licht sichtbar. Ich blieb auf dem Verdeck des Dampfschiffes bis sie so
weit waren dass ich sie nicht mehr sehen konnte, aber lange noch konnte
ich deutlich den schnellen Ruderschlag und die Stimmen der lärmenden
Ruderer hören. Jetzt hat der Dampf in die stillen Gewässer des Perl-
flusses seinen Weg gefunden, und diese Boote gehören zu den Dingen
welche waren.

Der Lärm und die Aufregung die mit der Ankunft der Post verbun-

den war legte sich allmälig; diejenigen unsererer Besucher welche so
glücklich gewesen waren ein Exemplar der „Straits Times" „Home News"
oder „Times" habhaft zu werden, kehrten an das Ufer zurück um sie
zu lesen, während andere nach Hause eilten um ihren Freunden die Neuigkeiten mitzutheilen die sie von den Offizieren und Passagieren des Schiffes
gehört hatten. Gegen elf Uhr Abends war Alles vollkommen ruhig. Capitän Potts und ich nahmen unsere Stühle auf das Verdeck und setzten
uns nieder um die erfrischende Luft zu athmen und uns an der Scene
welche uns umgab zu ergötzen. Es war eine helle Mondnacht: eine Nacht wie man sie nur in den
sonnigen Ländern des Ostens sehen kann. Wer bei Mondenschein in der
Bucht von Hong-kong vor Anker gelegen hat, wird mit mir einstimmen,
dass die Scene zu dieser Zeit eine der grossartigsten und schönsten ist
die man sich vorstellen kann. Die vom Lande umschlossene Bucht war
an diesem Abende spiegelglatt, kaum ein Lüftchen bewegte das Wasser
und die hellen Strahlen des Mondes die sich an der Oberfläche brachen,
schienen das Wasser mit flimmernden Edelsteinen zu bedecken. Eine Menge
Schiffe aus allen Theilen der Welt lagen um uns herum, und weit
hin sah man nur ihre dunkeln Massen und hoch emporragenden Masten.
Die Aussicht war von allen Seiten durch schroffe und kahle Hügel begränzt
und es bedurfte wenig Einbildungskraft um sich auf einen Gebirgssee versetzt zu glauben.

Von der Stelle wo wir lagen konnte man die weissschimmernde Stadt
Victoria deutlich sehen, die sich im Mondenlicht sehr hübsch ausnahm. Sie
ist am südlichen Ufer der Bucht erbaut und zieht sich an manchen Stellen
ziemlich weit an den Hügeln hinan. Den Hintergrund des Gemäldes bildete eine Kette schroffer Gebirge, die sich nahe an zweitausend Fuss über
die Oberfläche des Meeres erheben.

Als ich am folgenden Morgen ans Land stieg, fand ich dass seit dem
Jahre 1845 eine bedeutende Veränderung stattgefunden hatte; viele Theile
der Stadt, damals noch wüst, waren jetzt mit Häusern bedeckt. Unsere
Handelsfürsten hatten sich Häuser gebaut, die denen der weitberühmten
„Stadt der Paläste" nichts nachgaben; und die Casernen für unsere Truppen waren eben so schön und mit gleich grossen Kosten erbaut, obwohl
leider nicht eben so gesund, und schon erhob sich am Abhange des Hügels eine hübsche englische Kirche.

Mit der Aussicht auf lohnenden Erfolg hat sich auch das Interesse
an Gartenanlagen und Anpflanzungen gefunden. Als ich früher in Hong-
kong war klagte jederman über das dürre Ansehen der Insel und die heftige Hitze und brennende Sonne. Offiziere der Armee und andere die
jahrelang in den heissesten Gegenden Indiens zugebracht hatten, stimmten
alle darin überein dass die Sonnenstrahlen hier so brennend und drückend
seien, wie ihnen nie in einem andern Theile der Welt vorgekommen wäre.
Von 1843 bis 1845 war die Sterblichkeit sehr gross; ganze Regimenter
wurden beinahe hingerafft, und viele Beamten der Regierung und Kaufleute
theilten dasselbe Loos. Ueber die Ursachen welche dieses grosse Unheil
hervorbrachten waren verschiedene Meinungen; einige sagten diess, andere
das; fast alle aber schienen der Ansicht, dass unvollkommene Trockenlegung des Bodens in irgend einer Art daran schuld sei, und es erhob sich
einstimmig das Geschrei dass die Insel gehörig trocken gelegt werden

müsse. Aber die ganze Insel besteht aus einer Gebirgskette; es giebt nur
wenig flachen Boden hier, und das Wasser welches an den Seiten der
Hügel herabfliesst strömt daher schnell dem Meere zu. Unvollkommene
Trockenlegung kann also nur wenig mit der ungesunden Luft der Insel
zu thun haben.

Obwohl verschiedene Ursachen zusammenwirken mögen, so bin ich
doch immer der Meinung gewesen, dass ein Hauptgrund weshalb Hong-
kong ein so ungesunder Aufenthalt ist, darin zu suchen sei, dass die Insel von allen Bäumen und allem Schatten den dieselben spenden entblösst
ist. In einer Mittheilung die ich im Jahre 1844 die Ehre hatte der hiesigen Regierung vorzulegen, habe ich diesen Umstand hervorgehoben, und
dringend empfohlen das auf der Insel wachsende Holz vor den Chinesen
zu schützen, welche dasselbe alljährlich abzuhauen pflegten, und zugleich
in grösster Ausdehnung, namentlich an den Wegen und Abhängen der niedern Hügel, Bäume zu pflanzen. Ich bin so glücklich sagen zu können dass
man diesen Rath bis zu einer gewissen Ausdehnung befolgt hat, obwohl nicht
so vollständig wie ich gewünscht hätte. Es ist bekannt dass eine gesunde
Vegetation, wie Gesträuche und Bäume die Kohlensäure der Atmosphäre
zersetzt und die Luft zum Einathmen tauglich macht; abgesehen davon
dass die weiche und kühle Luft unter den Bäumen, namentlich in einem
heissen Klima, immer angenehm ist.

Viele der hiesigen Einwohner haben die Sache mit grossem Eifer er-
fasst und allen Boden in der Nähe ihrer Häuser bepflanzt, und manche
haben wirklich schöne Gärten, wie z. B. Sr. Excellenz, der Statthalter in
„Spring Gardens“, die Herren Dent und Co. in „Green Bank“, und die
Herren Jardine und Matheson auf „East Point.“ Damit man sich eine
Vorstellung von einem Garten in Hong-kong machen kann, will ich versuchen den der Herren Dent zu beschreiben, der damals in Besitz und unter
der sorglichen Pflege des Herrn Braine war.

Der Garten liegt an den schräg abhängigen Seiten eines Thales, nahe
am Grunde einer der zahlreichen Schluchten die man an den Seiten der
Hügel zu Hong-kong sieht, nicht weit von der neuen Stadt Victoria, zu
deren grössten Zierden er gehört. Auf der einen Seite sieht man nichts
als schroffe Gebirge und kahle Hügel; hier aber ruht das Auge auf einer
reichen nnd üppigen Vegetation, deren Schönheit durch den Contrast
noch um vieles gehoben wird.

Jeder der sich für chinesische Pflanzen interessirt hat von dem Garten des verstorbenen Beale in Macao gehört, eines Freundes Herrn Reves's
und wie dieser ein eifriger botauischer Sammler. In neuerer Zeit
sind sämmtliche in Macao wohnende Engländer von da nach Hong-kong
übergesiedelt, als diese Insel an England abgetreten wurde, und sämmtliche Pflanzen in Herrn Beale's Garten, die ohne Schaden zu leiden von
ihrer Stelle genommen werden konnten, wurden im Jahr 1845 hinübergebracht und in den Garten zu „Green Bank“ gepflanzt.

Am Eingange des Gartens an der untern Seite ist ein breiter mit
Muschelsand (*chunam*) bestreuter Gang, der in verschiedenen Windungen
am Hügel hinan dem Hause zuführt. Zu beiden Seiten dieses Ganges
stehen im Lande einheimische Gesträuche und Bäume, so wie eine Menge
Fruchtbäume, die alle äusserst üppig wachsen. Die *Ficus nitida*, die chinesische Banjane, wächst zur rechten Seite, und verspricht bald ein schöner

Baum zu werden. Diese ist eine der werthvollsten Zierbäume die man im südlichen China findet. Sie wächst schnell, und bedarf nur geringer Pflege, die Blätter haben eine glänzende grüne Farbe, und sie gewährt bald einen angenehmen Schatten vor den brennenden Strahlen der Sonne, wodurch sie für einen Platz wie Hong-kong noch einen besondern Werth erhält. Der Federharzbaum (*Ficus elastica*) folgt ebenfalls in demselben Theile des Gartens, wird aber nicht so hoch wie die eben angeführte Species. An der andern Seite desselben Ganges bemerkte ich mehrere Exemplare des indischen „Neem"-Baumes (*Melia Azedarach*), der sehr üppig wächst, leider aber werden seine Aeste leicht vom Winde zerbrochen, weil das Holz sehr spröde ist. Dieser Uebelstand macht dass er von geringerem Werth ist als er sonst sein würde, namentlich an einem Orte welcher starken Stürmen und dem Typhon ausgesetzt ist. Dieselbe Melia findet man, wie es scheint, in den tropischen und gemässigten Breitegraden, um die ganze Erde herum; ich glaube sie existirt in Südamerika, und ich habe sie in Gibraltar, Aegypten, Aden, Ceylon, den Strassen und im Süden und Norden von China gesehen, wenigstens bis zum 31sten Grade nördlicher Breite. Andere bemerkenswerthe Pflanzen in diesem Theile des Gartens sind der chinesische Zimmet, die hübsche *Aglaia odorata* und *Murraya exotica,* die beide einen höchst angenehmen Duft verbreiten und von den Chinesen sehr gepflegt werden. Zwei von den Strassen eingeführte Arten der Cocosnusspalme versprechen guten Erfolg. Andere Fruchtbäume, wie der Loquat (*Eriobotrya japonica*), die chinesische Stachelbeere (*Averrhoa Carambola*), der Wangpee (*Cookia punctata*) und der Longan und Leechee — gedeihen alle so gut als man nur erwarten kann, wenn man die kurze Zeit berücksichtigt seitdem sie gepflanzt sind. Die *Pinus sinensis,* die man im Süden wie im Norden von China an den Abhängen jedes kahlen Hügels findet, und die von den Eingebornen in der Regel sehr gemisshandelt wird, weil man die untern Aeste abhaut und zur Feuerung verbraucht, wächst hier wie sie eigentlich sollte. Nicht ohne einige Schwierigkeit hat man die Chinesen dazu vermocht, die unteren Aeste zu verschonen, und der Baum zeigt sich jetzt in seiner natürlichen Schönheit. Er scheint nicht sehr gross zu werden, ist aber jung, wenn die grünen Aeste bis auf den Boden hinabreichen, sehr hübsch.

Nahe an der Terrasse auf welcher das Haus steht wendet sich der Gang rechts, zwischen zwei Reihen schönen gelben Bambus hin. Diese Species des Bambus ist sehr schön und verdiente wohl auch in England einige Aufmerksamkeit. Die Stämme sind gerade, von schöner gelber Farbe, mit schönen grünen Streifen, wie von der Hand eines geschickten Künstlers gezeichnet. Eine Pflanze dieses Bambus habe ich im Jahre 1844 an die Gartenbaugesellschaft geschickt.

Am Fusse der Terrasse auf welcher das Haus steht ist eine lange Bambusallee, der „Orchideen-Gang" genannt. Diese gewährt immer einen kühlen Zufluchtsort, selbst zu Mittag, da die Strahlen der Sonne ihn nur theilweise erreichen können, und dann noch durch das dichte Laub gemildert werden. Hier werden viele chinesische Orchideen und andere Pflanzen welche des Schattens bedürfen gepflegt. Unter diesen bemerkte ich den *Phaius grandifolius*, das *Cymbidium sinense* und *aloifolium*, *Aerides odoratum, Vanda multiflora* und *teretifolia, Renanthera coccinea, Fernandezia ensifolia, Arundina sinensis, Habenaria Susannae,* eine Species des *Cypripedium* und die *Spathoglottis Fortuni*. Auch noch andere Pflanzen giebt es hier, wie die *Chirita sinensis*, den „Man - neen- chung" (eine von den Chinesen hochgeschätzte Species des *Lycopodium*) und verschiedene andere die, alle zusammen, diesen schattigen „Orchi- deengang" zu einem höchst interressanten Plätzchen machen.

Ueber dem Orchideengange ist ein grüner Abhang, an dem die schön- sten Bambus wachsen, nebst *Poinciana pulcherrima*, Myrthen, *Gardenia, Oleander* (der in China herrlich gedeiht), *Croton variegatum* und *pic- tum, Magnolia fuscata, Olea fragrans, Dracaena ferrea* und *Buddlea Lindleyana*. Letztere brachte ich im Jahr 1844 von Chusan hieher, und sie ist jetzt in mehreren Gärten auf der Insel, wo sie gut gedeiht und fast beständig blüht, obwohl die Blüthenähren nicht so schön sind wie in einem kälteren Klima.

Wenn man bedenkt dass noch vor kaum sechs Jahren Hong - kong nichts war als eine kahle Insel mit einigen wenigen, von Seeräubern oder armen Fischern bewohnten Hütten, so muss man wirklich staunen, dass in so kurzer Zeit eine grosse Stadt an den Ufern der Bucht entstehen konnte, welche viele palastähnliche Häuser besitzt, und dazu Gärten wie diese, die das Ganze beleben und verschönern und viel zur Erholung und Annehm- lichkeit und Gesundheit der Einwohner beitragen.

Mit Ausnahme der Truppen in den neuen Casernen erfreuen sich die Einwohner im Allgemeinen — wenigstens diejenigen welche die gewöhn- liche Vorsicht beobachten — einer eben so guten Gesundheit, als sonst un- sere Landsleute in östlichen Ländern: aber der Zustand der Truppen ist bis noch vor Kurzem höchst betrübend und beunruhigend gewesen. Als General d'Aguilar Oberbefehlshaber der Colonie war, sagte er voraus dass binnen drei Jahren der Verlust die Stärke eines ganzen Regiments betra- gen würde, und seine Voraussagung ist leider nur zu sehr in Erfüllung gegangen. Dieses Opfer an Menschenleben ist schrecklich. Der Kaufmann mag sich über die Flauheit des Handels in der Colonie beklagen, der Staatsoeconom über die Kostspieligkeit schreien, beides aber ist im Ver- gleich zu dem Verluste an Menschenleben nur unbedeutend.

Hier drängt sich natürlich die Frage auf, „wie kommt es dass die Soldaten mehr leiden als andere?" und ich glaube,. dieselbe ist nicht eben schwer zu beantworten. Sie haben nicht dieselbe geistige Beschäftigung wie Kaufleute, Handwerker und andere. und wenig oder keine geistige Anregung, sondern Tag für Tag den einförmigen Dienst, wobei sie noch dazu oft der Nachtluft ausgesetzt sind. Sobald einmal einige Fieberan- fälle vorkommen, werden die anderen welche schen nervös angegriffen und zur Krankheit geneigt, und liegen bald neben ihren Kameraden im Hospi- tal. Dazu kommt noch die Wirkung des von den Chinesen „Samshoo": genannten Branntweins, der, wie Capitain Massie von der „Cleopatra" vor dem obersten Gerichtshof richtig bemerkte, „die besten Leute auf dem Schiffe zu schlechten Menschen macht."

Wenn dieses die hauptsächlichsten Ursachen des Fiebers und der Sterblichkeit unter den Truppen sind, so ist es sicher nicht schwer ein Mittel dagegen ausfindig zu machen. Der Herausgeber der „China Mail" bemerkt sehr richtig, „dass man dem Klima vieles Schuld gebe was nur einer blinden Befolgung der Verordnungen über Diät, Exercitium, Disci- plin und Quartier zuzuschreiben sei, die, wenn sie auf die bürgerliche Gesellschaft angewendet würden, höchst wahrscheinlich eben so unheilvolle Folgen haben würden." Ich freute mich sehen zu können dass das System der Behandlung eine durchgehende Aenderung erfahren hat, und augenscheinlich mit höchst zufriedenstellendem Erfolge. Der Herausgeber des eben angeführten Blattes bemerkt, General Jervois „hat viel gethan die Lage der Soldaten zu verbessern, indem er sie als Menschen betrachtete, und nicht als blosse Maschinen. Sie haben mehr Freiheit und, wie man sagt, bessere Kost und luftigere Wohnungen. Auch um die Langeweile des Müssigganges zu heben ist manches gethan worden, indem man Belustigungen eingeführt hat und die Soldaten anfeuerte sich zu zerstreuen."* Es steht zu hoffen dass diese Massregeln einen vollständigen Erfolg haben und unsere Soldaten bald eben so gesund sein werden wie die übrigen Einwohner.

Da mich nichts weiter in Hong-kong hielt, so benutzte ich die erste Gelegenheit welche sich darbot, um weiter nördlich nach Shanghae zu gehen. Diese Stadt ist der nördlichste von den fünf Häfen in denen den Fremden Handel zu treiben erlaubt ist, und liegt beinahe tausend englische Meilen nordöstlich von Hong-kong. Eine Beschreibung dieser Stadt habe ich im Jahre 1844 im „Athenaeum" gegeben, und eine vollständigere im Jahre 1846 in meinen „Wanderungen." In beiden versuchte ich zu zeigen, dass sie wahrscheinlich ein sehr wichtiger Platz werden würde, sowohl für England als Amerika, weil ihr Hafen von der See aus leichten Zugang hat. „Zieht man die Nähe der grossen Städte Hangchow, Souchow und der alten Hauptstadt Nanking in Betracht, den grossen einheimischen Handel, den leichten Transithandel durch Vermittellung der Flüsse und Kanäle, ferner dass der Thee leichter hieher gebracht werden kann als nach Canton, und betrachtet man endlich diesen Platz als einen ungeheuren Markt für unsere Baumwollenwaaren, — so kann man nicht zweifeln dass er in wenigen Jahren mit Canton nicht allein wetteifern, sondern ein Platz von bedeutend grösserer Wichtigkeit sein wird."** Als diese Bemerkungen niedergeschrieben wurden, war der Krieg erst glücklich beendigt und der Vertrag von Nanking den Chinesen abgezwungen worden. Das erste Handelsschiff war den Fluss hinaufgefahren, ein oder zwei englische Kaufleute waren angekommen, und wir wohnten in schlechten chinesischen Häusern, assen mit Stöckchen, kamen beinahe vor Kälte um, und wurden zuweilen in unsern Betten vom Regen durchnässt. Bei kaltem Wetter fanden wir nicht selten den Fussboden unseres Zimmers am Morgen mit Schnee bedeckt. Seitdem hat eine grosse Veränderung stattgefunden. Nachdem ich beinahe drei Jahre in England gewesen war, segelte ich jetzt (September 1848) wieder in einem chinesischen Boote den Shanghaefluss aufwärts der Stadt zu. Das erste was meinen Blicken begegnete, als ich der Stadt näher kam, war ein Wald von Masten, und zwar nicht allein von Junken, die mir früher so sehr aufgefallen waren, sondern von fremden schönen Schiffen, hauptsächlich aus England und den vereinigten Staaten Amerika's. Sechsundzwanzig grosse Schiffe lagen jetzt hier vor Anker, von denen mehrere mit Ladung aus un-

---

*Overland China Mail, June 1851.

**Wanderungen in China.

seren Fabrikgegenden angekommen waren und mit Seide und Thee angefüllt zurückkehren. Noch weit mehr aber als über die Schiffe, war ich über
den Anblick erstaunt welchen das Ufer gewährte. Ich hatte gehört dass
mehrere englische und amerikanische Häuser hier erbaut worden seien,
und allerdings hatte man schon eins oder zwei zu bauen angefangen ehe
ich China verliess; jetzt aber nahm eine neue Stadt von bedeutender
Grösse den Platz ein welchen früher erbärmliche chinesische Hütten, Reisfelder und Gräber inne hatten. Die Chinesen zogen sich mit ihren Familien und aller ihrer Habe allmälig weiter westlich landeinwärts zurück,
und erinnerten an die Aborigines des Westens, nur mit dem bedeutenden
Unterschiede, dass die Chinesen in der Regel freiwillig Platz machten und
ihren Grund und Boden von den Fremden gut bezahlt erhielten. Ihre
Hauptsorge war, nebst ihrer übrigen Habe, die Leichen ihrer verstorbenen Freunde mitzunehmen, die in der Regel in der Nähe ihrer Häuser
auf eigenem Grund und Boden begraben werden. Es war daher nichts
ungewöhnliches dass man oft mehreren Särgen begegnete die von Coolies oder
Freunden der Verstorbenen weiter nach Westen zu getragen wurden. Zuweilen, wenn die Särge in der freien Luft gestanden hatten, waren sie
ganz zerfallen, und es war unmöglich sie wegzunehmen. In solchen Fällen sah man zuweilen einen Chinesen, der ein Buch in der Hand hielt,
welches ein Verzeichniss der Gebeine enthielt, nnd nach diesem anderen
Anweisung gab, wie sie die letzten sterblichen Ueberreste zusammenlesen
sollten.

Es ist höchst unterhaltend die Gesellschaften von chinesischen Kaufleuten
zu betrachten, die ziemlich weit aus dem Lande herkommen um Shanghae
zu sehen. Das Staunen malt sich auf ihrem Gesichte wenn sie am Ufer
entlang wandeln; die Schiffe mit langen Raaen die sich am Ufer drängen, die Häuser der Fremden, ihre Pferde und Hunde, alles setzt sie in
Verwunderung, eben so sehr wie die Fremden selbst. Herr Beale, der
eines der schönsten Häuser hier besitzt, hat oft Zuspruch von angesehenen
Chinesen die das Innere einer englischen Wohnung zu sehen wünschen.
Ihrer Bitte wird immer auf die freundlichste Weise gewillfahrt, und die
Besucher entfernen sich entzückt über den Anblick. Es lässt sich hoffen
dass dieser Blick auf die Bequemlichkeiten und Verfeinerungen unseres
Lebens beitragen wird, das „Barbarenvolk" in den Augen der „gebildeten"
Chinesen eine Stufe höher zu stellen.

Eine hübsche englische Kirche bildet eine der Zierden dieser neuen
Stadt, und man hat den Chinesen einen kleinen Kirchhof abgekauft. Derselbe
ist rund und mit einer Mauer umgeben, und in der Mitte steht eine kleine
Kapelle. Mit der Zeit werden wir uns vielleicht an den Chinesen ein
Beispiel nehmen und diesem Orte ein freundlicheres Ansehn geben als er
jetzt hat. Wenn man hübsche Gänge anlegte und Trauerweiden, Cypressen,
Pinien und andere passende Zierpflanzen hier anpflanzte, so würden wir
in den Augen eines Volks, welches vor allen andern Nationen den Gräbern seiner Todten besondere Aufmerksamkeit angedeihen lässt, sicher nur
gewinnen können.

Die Gärten der in Shanghae wohnenden Fremden verdienen ebenfalls
Beachtung; sie sind bei weitem schöner als die der Chinesen, sowohl
was die Zahl der Bäume und Gesträuche anlangt welche sich in denselben

finden, als auch hinsichtlich der saubern und geschmackvollen Weise in der sie angelegt sind und in Ordnung gehalten werden.

Der verstorbene Hetherington * war der erste welcher es versuchte in einem grösseren Massstabe Gemüse zu ziehen. Er führte den Spargel ein, der jetzt in Shanghae vortrefflich gedeiht, und pflanzte Rhabarber, Meerkohl und alle in den englischen Gärten gewöhnlichen Gemüse an. Auch Erdbeeren zog er aus Samen den ich ihm im Jahre 1846 schickte, und im Sommer 1850 sah man zum erstenmal in Shanghae grosse Quantitäten dieser schönen Frucht. Der Boden um die Stadt ist zu niedrig und feucht für Kartoffeln, und es ist daher bis jetzt noch nicht gelungen eine lohnende Ernte dieser so wünschenswerthen Frucht zu erzielen, mit der Zeit jedoch, wenn man es versucht die höher gelegenen Theile des Landes zu bebauen, kann man hoffen hier noch bessere Kartoffeln zu bauen als in Macao, obgleich letztere in der Regel sehr gut sind.

Der englische Consul, Herr Alcock, hat ebenfalls einen guten Gemüsegarten auf dem zum Consulat gehörigen Grundstücke. Hier findet man eine schöne *Glycine sinensis*, die sehr reich blüht und ganz bedeckt ist mit ihren langen Schoten, oder erbsenähnlichen Früchten, die vollkommen reif werden.

Die beiden schönsten Ziergärten sind die des Hrn. Beale und der Herren Mackenzie. Herrn Beale's Haus, ein schönes viereckiges Gebäude von zwei Stockwerken, steht in der Mitte des Gartens. Vor demselben ist ein schöner Rasenplatz, der sich von dem Hause bis an die Gartenmauer, nahe am Flusse, ausdehnt. Hinter dem Hause ist ebenfalls ein Rasenplatz mit einer Einfassung von zierlichen Zwergbäumen. Ein breiter Sandgang, der vom Eingange bis an den hintern Theil des Gartens führt, trennt das Haus von dem Vordergebäude welches den Geschäften überwiesen ist. Dieser Garten ist reich an Pflanzen die in China einheimisch sind, und enthält neben diesen auch viele die aus andern Theilen der Welt eingeführt worden. Wenn man zum Thore hereintritt fällt dem Botaniker zuerst ein schönes Exemplar der neuen Trauercypresse auf. Sie ist beinahe sechs Fuss hoch und hat eben angefangen die Aeste zu senken. Der Baum wurde aus dem Innern hergebracht und ist in der Nähe von Shanghae nicht zu finden. Herr Beale will auf der andern Seite des Thores noch eine solche Cypresse pflanzen, und gewiss werden sich diese Bäume, wenn sie erst gross sind, sehr schön ausnehmen. Auf derselben Rabatte sind schöne Exemplare der *Weigeia rosea, Forsythia viridissima, Chimonanthus, Moutan, Lagerströmia,* Rosen u. s. w., und beinahe sämmtliche neue Pflanzen welche ich in den Jahren 1843 bis 1846 an die Gartenbaugesellschaft nach Hause schickte. In diesem Theile des Gartens ist auch ein schönes Exemplar der neuen *Berberis japonica,* die erst vor Kurzem aus dem Innern hergebracht wurde.

Die amerikanische *Magnolia grandiflora* ist hier eingeführt worden, und verspricht ein sehr schöner Baum zu werden; ihre schönen grünen Blätter und prächtigen Blüthen werden in den nördlichen Gegenden von den Chinesen sehr bewundert. Mehrere Pflanzen der *Cryptomeria japonica* gedeihen vortrefflich und werden bald noch bei weitem schöner sein

---

*Herr Hetherington fiel als das Opfer eines sehr bösartigen Fiebers, welches im Jahre 1848 hier herrschte. Er war ein echtes Muster eines alten guten Engländers, und wurde von allen die ihn kannten tief betrauert.

als man sie in irgend einem andern Theile des Landes antrifft. Der Garten
ist durch Herbeischaffung einer grossen Quantität frischen Bodens bedeutend über das Niveau des umgebenden Landes erhöht worden, so dass
sämmtliche Arten Nadelhölzer bei weitem besser fortkommen als an den
Stellen wo sie von den Chinesen gewöhnlich gepflanzt werden, abgesehen
davon dass diese in der Regel alle zu dieser Familie gehörige Bäume der
untern Aeste berauben, die sie abhauen und zur Feuerung verbrauchen.
An mehreren Stellen des Gartens sind grosse Massen der *Olea fragrans*, und des *Qui Wha* angepflanzt. Diese gedeihen hier bei weitem
besser als im Süden von China. Im Herbst, wenn sie in Blüthe stehen,
ist die ganze Luft mit dem köstlichsten Dufte gewürzt. Eine ebenfalls
sehr wohlriechende Pflanze ist die neue *Gardenia (G. Fortuniana)*, die
jetzt in den englischen Gärten gewöhnlich ist, wo sie im Jahre 1845 durch
die Gartenbaugesellschaft eingeführt wurde. In Herrn Beale's Garten haben
manche Stöcke dieser allerliebsten Species zwölf Fuss im Umfange, und
sind in jetziger Jahreszeit mit schönen doppelten weissen Blüthen bedeckt,
die eben so gross sind wie die der Camellia und sehr stark duften. Kurz
der ganze Garten ist höchst interessant und verspricht für Shanghae dasselbe zu werden was der berühmte Garten des Vaters Herrn Beale's für
Macao war.

Der Garten der Herren Mackenzie ist ebenfalls sehr der Beachtung
werth. Er hat Aehnlichkeit mit manchen Gärten die man an den hübschen
Landhäusern in den Vorstädten von London findet. Die Sträucher sind
mit viel Geschmack in Gruppen und einzeln auf dem Rasen vertheilt, und
bestehen aus allen in diesem Theile China's gewöhnlichen Species und
Varietäten. Besonders schön ist die Sammlung von Azaleen. Während
des Sommers, wenn diese Pflanzen in Blüthe stehen, werden sie auf ein
Gerüst gestellt wo sie vor Sonne und Regen geschützt sind. Sie blühen
sehr üppig, die einzelnen Blumen sind grösser und die Farben glänzender
als man sie in England findet. Ausserdem giebt es hier noch prachtvolle
Exemplare des neuen *Viburnum (V. plicatum* und *V. macrocephalum)*,
die ich im Jahr 1845 nach Chiswick schickte. Vor etwa einem Jahre
trug in diesem Garten der erste englische Apfelbaum Früchte.

Die hier thätigen Glieder der londoner Missionsgesellschaft haben ein
eigenes Dorf, etwa eine Viertelmeile hinter der englischen Stadt. Ihre
Häuser haben sämmtlich vorn einen hübschen Garten voll interessanter chinesischer Sträucher und Bäume. Die schönste Sammlung besitzt Dr. Lockhart.

Diese kurzen Angaben sind genug um zu zeigen was seit dem letzten
Kriege gethan worden ist. Chinesische Pflanzen sind jetzt nicht allein in
Europa und Amerika eingeführt um unsere Parks und Gärten zu beleben
und zu verschönern, sondern wir haben auch die Gärten des himmlischen
Reiches mit den Erzeugnissen des Westens bereichert. Nichts, glaube ich,
kann den Chinesen eine höhere Idee von unserer Civilisation und unsern
Geistesgaben geben, als das Gefallen welches wir an Blumen finden, und
nichts ist mehr im Stande zwischen uns und ihnen ein freundschaftliches
Verhältniss zu wege zu bringen.

Ehe alle diese Gärten mit Pflanzen versehen werden konnten, war
die Nachfrage nach Gesträuchen und Bäumen natürlich sehr gross, und
Varietäten die früher in Shanghae verhältnissmässig selten waren, wurden
zu ganzen Bootsladungen herabgebracht und zu sehr niedrigen Preisen

verkauft. Gute junge Pflanzen der *Cryptomeria*, drei bis vier Fuss hoch, werden jetzt das Stück zu dreissig Cash verkauft, ungefähr ein Penny nach englischem Gelde; für hundert Stück schöne buschige Pflanzen der oben genannten neuen *Gardenia* bezahlte man oft nicht mehr als einen Dollar. Es ist unterhaltend die Bootsladungen von Pflanzen zu sehen die in einer langen Reihe am Ufer des Flusses aufgestellt sind um die Blicke der englischen Pflanzer auf sich zu ziehen. Sie werden hauptsächlich aus den grossen Städten Soo-chow und Hang-chow gebracht, von denen erstere fünfzig, letztere etwa hundert englische Meilen von hier entfernt ist.

Zweites Capitel.

Zweck meiner Reise nach dem Norden. — Schwierigkeit Theepflanzen zu erhalten. — Unzuverlässigkeit der Chinesen. — Aufbruch ins Innere des Landes. — Die Stadt Kea-hing-foo und deren alter Begräbnissplatz. — Teiche und «Ling.» — Art und Weise den «Ling» zu sammeln. — Grosses Seidenland. — Vermehrte Ausfuhr. — Die Stadt Seh-mun-yuen. — Furcht vor Dieben. — Hang-chow-foo. — Der Garten von China. — Beschreibung der Stadt und ihrer Vorstädte. — Heiterkeit des Volks. — Abenteuer in der Stadt. — Kan-du. — Ein «Chop.» — Ein chinesisches Wirthshaus. — Ich erhalte kein Frühstück und komme um meine Mittagsmahlzeit. — Ein Boot für Hang-chow gemiethet. — Hang-chow als Handelsplatz.

Mein Hauptzweck bei der Reise in den Norden war, für die Pflanzungen der ostindischen Compagnie in den nordwestlichen Provinzen Indiens Samen und Pflanzen des Theestrauchs zu erhalten. Es kam viel darauf an dass ich mir dieselben aus denjenigen Gegenden China's verschaffte wo die besten Theesorten erzeugt werden, und ich traf jetzt Anstalten diesen meinen Zweck zu erreichen. In der Nähe von Ning-po sind verschiedene Theedistricte wo sehr gute grüne Theesorten für den Gebrauch der Chinesen bereitet werden, allein diese sind nicht wohl für den fremden Markt geeignet. Allerdings war es möglich dass die Pflanze ganz dieselbe Varietät war wie die von welcher die feineren Sorten gemacht werden, und dass der Unterschied nur von dem Klima, dem Boden, oder, was noch wahrscheinlicher war, von der verschiedenen Behandlungsweise herrührte. Gleichviel indess ob dies der Fall war oder nicht, so viel mir bekannt, hatte noch niemand den District Hang-chow besucht und Pflanzen von den dortigen Thehügeln mitgebracht. Unter solchen Umständen hielt ich es keineswegs für genügend mir nur Pflanzen und Samen aus dem District von Ning-po allein zu verschaffen, oder als sicher und gewiss anzunehmen dass die Art dieselbe sei wie in dem grossen Grüntheelande in Hwuy-chow.

Aus dem Theelande in der Nähe von Ning-po Pflanzen zu erhalten war sehr leicht. Die Inseln im Archipelagus von Chusan, wie Chusan und Kin-tang, sind den Fremden zugänglich, und auf beiden findet sich der Theestrauch in grosser Menge. Auch bis zu dem berühmten Tempel Tein-tung, etwa zwanzig Meilen weit landeinwärts, in dessen Nähe der Theebau in grossem Massstabe betrieben wird, dürfen die Fremden gehen. Der District von Hang-chow hingegen liegt von den beiden nördlichen Häfen Shanghae und Ning-po mehr als 200 englische Meilen landeinwärts und ist für die Europäer ein versiegeltes Land. Mit Ausnahme der Jesuitischen Missionäre ist noch niemand in die geheiligten Grenzen von Hwuychow gedrungen.*

Da ich entschlossen war mir, wo möglich, Pflanzen und Samen aus diesem berühmten Lande zu verschaffen, standen mir nur zwei Wege offen dieses zur Ausführung zu bringen. Entweder musste ich chinesische Agenten dorthin schicken, oder ich musste selbst gehen. Ersteres schien auf den ersten Anblick der einzig mögliche Weg — wenigstens war es unbestreitbar der leichteste — dennoch aber liess sich mancherlei dagegen einwenden. Gesetzt, ich hätte chinesische Agenten damit beauftragt — und es würden sich genug gefunden haben die den Auftrag übernommen hätten — wie konnte ich versichert sein dass die Pflanzen und Samen welche sie brachten wirklich aus dem Districte hergebracht waren um welchen es sich handelte? Auf die Aussagen der Chinesen darf man sich nie verlassen. Das Urtheil mag hart scheinen, es ist aber wahr, und wenn es den Agenten gerade nicht anders genehm gewesen wäre, so würden sie einige Meilen landeinwärts bis in den nächsten Theedistrict gegangen sein — den ich selbst leicht und sicher hätte besuchen können — und dort ihre Sammlungen gemacht haben. Nach einem oder zwei Monaten wären sie dann zurückgekehrt, und hätten, wenn es verlangt wurde, einen Eid darauf abgelegt dass sie wirklich in der Gegend gewesen wären wo ich sie hingeschickt hatte. Dies konnte allerdings möglich sein, aber auch dann wäre ich noch nicht von der Wahrheit ihrer Angaben überzeugt gewesen, und ich gab daher den Gedanken auf die Sache auf·diese Weise zu betreiben, und entschloss mich den Versuch zu wagen selbst in die Gegend von Hwuy-chow vorzudringen, wo ich mir nicht allein den ächten Theestrauch welcher den feinsten grünen Thee für den Handel giebt verschaffen, sondern auch manche Kenntnisse hinsichtlich der Natur des Bodens in dieser Gegend und der besten Arten der Bebauung erwerben konnte.

Ich hatte damals zwei Leute aus Hwuy-chow in meinem Dienste. Diese liess ich kommen und fragte sie ob es möglich sei so weit in das Land vorzudringen. Sie antworteten, es sei ganz leicht, und sie wären bereit mich zu begleiten, nur mit der einzigen Bedingung, dass ich meine englische Kleidung mit der im Lande üblichen Tracht vertauschte. Ich sah ein dass diess unerlässlich sei wenn ich meinen Wunsch erreichen wollte, und fügte mich leicht in diese Bedingung.

Meine Diener verschafften mir nun eine chinesische Kleidung und liessen den Zopf, den ich vor einigen Jahren getragen hatte, von dem Barbier wieder hübsch flechten. Bald war alles bereit, bis auf das Boot welches für das erste Stadium unserer Reise gemiethet werden musste. Dies war nun freilich eine schwierige Sache; denn einige Schiffer die es gewagt hatten drei oder vier Fremde eine Strecke weit landeinwärts bis in die Seidendistricte zu führen, waren von den chinesischen Behörden streng bestraft worden. Diese Herren trugen englische Kleidung und es wurde daher von den Beamten in den Districten durch welche sie kamen bei den Man-

---

* Seitdem Obiges niedergeschrieben wurde habe ich erfahren dass der Rev. Medhurst einige Theile dieses Gebietes bereist hat.

darinen in Shanghae Anzeige gemacht. Für einen Fremden war es also
jetzt unmöglich ein Boot zu miethen, und ich sagte daher meinem Diener,
er solle es auf seinen Namen nehmen und nur sagen dass noch zwei Personen ihn begleiten würden. Auf diesen Plan ging er ein und kehrte mit
einem „Chop" oder Contracte zurück, welchen er mit einem Manne, der
uns nach der Stadt Hang-chow-foo bringen sollte, abgeschlossen hatte.
Soweit war alles gut; nun aber fingen meine Leute an auf einander
eifersüchtig zu werden, da jeder die Sache betreiben wollte, um, wie es
sich zuletzt herausstellte, dabei so viel Dollars wie möglich zu verdienen.
Den Einen hatte ich als Diener und Sprachkundigen gemiethet, der Andere
war wenig besser als ein gewöhnlicher Coolie. Ich übergab daher die
Leitung des Geschäfts dem ersteren, zum grossen Aerger des andern,
welcher der ältere war. In einem andern Falle würde ich einen von ihnen
entlassen haben, da ich aber beiden wenig traute, so dachte ich dass ihre
gegenseitige Eifersucht wenigstens das Gute hätte, dass einer auf den andern aufpasste. Die projectirte Reise war ziemlich lang, der Weg war
mir unbekannt, und ich wäre in eine schreckliche Lage gekommen wenn
sie sich etwa vereinigt hätten mich zu berauben, und dann fortgelaufen
und mich weit im Lande allein gelassen hätten. Ich betrachtete daher
ihre gegenseitige Eifersucht mehr als einen Schutz für mich selbst.

Mir lag daran die Sache so geheim wie möglich zu betreiben, und
ich wollte daher den englischen Stadttheil bei Nacht in einer Sänfte verlassen und mich an Bord des Bootes begeben, welches am östlichen Thore
der Stadt im Flusse vor Anker lag. Ich war aber nicht wenig erstaunt
als ich ein Boot, welches der Beschreibung nach das meinige sein musste,
an einer der englischen Landungsbrücken liegen sah, und offenbar bereit
mich aufzunehmen. „Ist dieses das Boot welches ihr gemiethet habt?"
fragte ich meinen Diener Wang. „Ja" sagte er, „dieser Kerl von einem
Coolie ist hingegangen und hat dem Schiffer die ganze Geschichte erzählt,
und dass ein Engländer in seinem Boote fahren will." — „Wird aber der
Schiffer jetzt auch noch fahren wollen?" — „O ja," entgegnete er, „wenn
Sie nur noch etwas zulegen wollen." Hierauf ging ich ein, und nach
noch mancherlei Verzögerungen hiess es endlich dass alles bereit sei und
wir nun aufbrechen könnten. Da der Schiffer wusste wer ich war, ging
ich in meinen englischen Kleidern an Bord und behielt dieselben während
des ersten Tages an.

Als ich am Morgen des zweiten Tages aufstand hatten wir Shanghae
schon ein gutes Stück hinter uns, und der Bootsmann sagte, es sei nun
Zeit die englische Kleidung auszuziehen und die Landestracht anzulegen,
wie wir übereingekommen waren. Die Kleider anzuziehen war nicht schwer,
aber ich musste auch den Kopf rasirt haben, und dazu brauchte ich einen
Barbier. Wang, der gewandteste meiner beiden Diener, lag diesen Morgen am Fieber darnieder, und dieses Geschäft fiel also dem Coolie zu.
Dieser war ein breitschulteriger plumper Kerl, dessen einzige Empfehlung
für mich darin bestand dass er in dem Theile des Landes welchen ich zu
besuchen beabsichtigte zu Hause war. Er verschaffte sich eine Scheere
und schnitt mir die Haare vorn, hinten und an den Seiten des Kopfes
ab, dann wusch er diese Theile mit heissem Wasser, nach chinesischer
Art, zog hierauf ein kleines Rasirmesser aus der Tasche und fing an meinen Kopf
zu rasiren. Ohne Zweifel war ich der Erste den er auf diese Weise unter

seinen Händen hatte, und ich bin mitleidig genug um zu wünschen dass
ich auch der Letzte gewesen sein möchte. Er rasirte nicht, sondern
kratzte buchstäblich meinen armen Kopf, dass mir die Thränen an den
Wangen herunter liefen und ich vor Schmerz schreien musste, wozu er
weiter nichts sagte als, „Hai-yah — sehr schlimm, sehr schlimm," und
ruhig mit seiner Operation fortfuhr. Um die Sache noch schlimmer zu
machen und meine Geduld noch mehr auf die Probe zu stellen, steckten
die Schiffsleute einer nach dem andern ihren Kopf in die Cajüte, und
freuten sich offenbar über die Sache, die ein köstlicher Spass für sie war.
Ich glaube wirklich, hätten mich nicht Klugheitsrücksichten und der Gedanke dass der arme Coolie die Sache wirklich so gut machte als er konnte
zurückgehalten, ich würde eine Scene ernsterer Art aufgeführt haben.
Endlich war das Rasiren zu Ende, ich legte nun die Landestracht an und
meine Diener sowohl als die Schiffer erklärten die Verkleidung als vollkommen zufriedenstellend.

Das ganze Land westlich von Shanghae ist mit Bächen und Kanälen
durchschnitten, so dass der Reisende fast alle Städte und Städtchen dieses
Theiles der Provinz in einem Boote besuchen kann. Einige Kanäle führen
zu den grossen Städten Sung-kiang-foo, Soo-chow-foo, Nanking, und landeinwärts durch den grossen Kanal zu der Hauptstadt selbst. Andere wieder gehen gegen Westen und Südwesten und bilden die Hauptstrassen
nach der Tatarenstadt Chapoo, Hang-chow-foo, und vielen andern Städten
und Städtchen die über diese grosse und in vieler Hinsicht wichtige Ebene
ausgestreut liegen.

Wir fuhren in südwestlicher Richtung vorwärts — weil mein Ziel
die Stadt Hang-chow-foo war. Am ersten Tage hatten wir guten Wind
und kamen bis zu dem See Maou, etwa 120 bis 130 Le* von Shanghae.
Hier befestigten wir unser Boot an einem in das grasreiche Ufer des Sees
eingetriebenen Pfosten, und blieben hier über Nacht. Am andern Morgen
brachen wir bei Zeiten wieder auf und erreichten noch vor Mittag eine
Stadt von bedeutender Grösse, mit Namen Kea-hing-yuen, und noch etwas
weiter die Stadt Kea-hing-foo, einen grossen mit Mauern und Festungswerken umgebenen Platz.

Diese Stadt scheint beinahe eben so gross zu sein wie Shanghae und
enthält aller Wahrscheinlichkeit nach dieselbe Anzahl von Einwohnern —
270,000. Ihre Mauern und Wälle waren vor dem Kriege in einem sehr
verfallenen Zustande, als aber die Engländer Chapoo einnahmen — welches
nicht weit von hier liegt — geriethen die Einwohner in solche Furcht,
dass sie mit grossen Kosten, die sie freiwillig bestritten, die Vertheidigungs-
anstalten ihrer Stadt eiligst in wesentlich bessern Stand brachten, wie uns
die Bootsleute erzählten, als von der vortrefflichen Ordnung in der sich die
Festungswerke befanden die Rede war. Eine Menge alter scharlachrother
Junken, die für die Tiefe des Wassers sehr gross sind, liegen in dem Kanale, der Stadt gegenüber, vor Anker und werden, wie es scheint, von
den Eingebornen als Wohnhäuser benutzt; manche jedoch sind halb ins
Wasser versunken und scheinen ganz verlassen. Junken dieser Art sieht

* Ein Le wird gewöhnlich als der dritte Theil einer englischen Meile angenommen, ich glaube aber ein Viertel, oder selbst ein Fünftel würde der Wahrheit näher kommen.

man bei allen grösseren Städten am grossen Kanale. Wie es scheint werden sie, wenn sie für den Dienst der Regierung zu alt sind, bis zur nächsten Stadt hinaufgezogen und entweder von Beamten der Regierung als Wohnhäuser benutzt, oder an den Meistbietenden verkauft.

Wir waren jetzt in den grossen Seidendistrict von Hang-chow gekommen und sahen an den Ufern des Kanals und auf einzelnen Flecken über das ganze Land verbreitet, den Maulbeerbaum in grosser Menge. Sehr überrascht war ich über den Anblick eines Begräbnissplatzes an der westlichen Seite der Stadt Kea-hing-foo, nicht weit von den Stadtmauern. Die Grösse und Ausdehnung desselben liess auf die zahlreiche und dichte Bevölkerung der Stadt schliessen. Er besteht offenbar schon seit sehr langer Zeit, denn eine Menge Grabsteine waren in Staub zerfallen der sich mit der Asche der Todten mischte. Aber diese „Schädelstätte" war keine kahle Wüste, wie wir auf den Kirchhöfen grosser Städte in unserer Heimath sehen; hier waren die Todten unter Hainen von Trauerweiden, Maulbeerbäumen und verschiedenen Arten Wachholder und Pinien begraben. Wilde Rosen und Schlingpflanzen verschiedener Art schlangen sich über die Gräber hin, und der ganze Ort gewährte einen eben so feierlichen als freundlichen Anblick.

Als wir die alte Stadt hinter uns hatten und weiter nach Westen segelten, kamen wir in eine breite Wasserfläche von bedeutender Ausdehnung, die wahrscheinlich einen Theil des berühmten Sees Tai-ho bildet, oder wenigstens mit diesem zusammenhängt. Das Wasser ist sehr seicht und zum grossen Theil mit der *Trapa bicornis* bedeckt — einer Pflanze welche die Chinesen L i n g nennen. Sie hat eine Frucht von eigenthümlicher Gestalt, die mit dem Kopfe und den Hörnern eines Stieres Aehnlichkeit hat und in allen Theilen dieses Reiches sehr geschätzt wird. Ich habe drei verschiedene Species oder Abarten gesehen, deren eine eine Frucht von sehr schöner rother Farbe hat.

Auf dem See fuhren, in Wannen von derselben Grösse und Gestalt wie unsere gewöhnlichen Waschwannen, Frauen und Knaben in allen Richtungen umher, um die Frucht des L i n g einzusammeln. Ich weiss nicht was dem Zwecke besser entsprochen hätte als diese plumpen Fässer, denn sie trugen ebensowohl die gesammelte Frucht als den Sammelnden, und konnten zu gleicher Zeit leicht durch die Massen von L i n g fortbewegt werden ohne die Pflanzen auf irgend eine Weise zu beschädigen. Der Anblick einer Anzahl von Menschen, die jeder in einer eigenen Wanne auf dem See herumschwammen, hatte etwas höchst spasshaftes.

Nachdem wir den See hinter uns hatten waren die Ufer des Kanals, und in der That der grössere Theil des Landes, mit Maulbeerbäumen bedeckt. Seide ist offenbar das Haupterzeugniss dieses Theiles von China. Zwei Tage lang — und in dieser Zeit müssen wir über hundert Meilen gefahren sein — sah ich fast nichts als Maulbeerbäume. Sie waren augenscheinlich sorgfältig gepflegt, sehr gesund, und trieben schön⌐ grosse und glänzende Blätter. Wenn man bedenkt dass ich in gerader Richtung durch das Land schnitt, so kann man sich eine Vorstellung von der Ausdehnung dieses ungeheuern Seidendistrictes machen, der aller Wahrscheinlichkeit nach einen Kreis von wenigstens hundert Meilen im Durchmesser einnimmt; und diess, muss man bedenken, ist nur einer von den Seidendistricten in China, aber allerdings einer der vornehmsten und besten. Der Kaufmann

und Seidenbauer wird sich eine Vorstellung von der Masse von Seide
machen können die in China consumirt wird, wenn ich sage, dass nach
dem Kriege, in zwei bis drei Jahren nach Eröffnung des Hafens von Shanghae, die Ausfuhr roher Seide von 3000 auf 20,000 Ballen stieg. Diese
Thatsache zeigt, meine ich, welche ungeheuere Masse auf dem chinesischen
Markte gewesen sein muss, wenn dieser ausserordentlichen Nachfrage leicht
entsprochen werden konnte. Aber eben so wie mit dem Thee, ist es
auch mit der Seide, — die ausgeführte Masse steht in keinem Verhältniss
zu dem was die Chinesen selbst verbrauchen. Die 17,000 Ballen, welche
jährlich mehr ausser Landes gehen, haben auf den Preis der rohen wie
der verarbeiteten Seide nicht den geringsten Einfluss geübt. Diese Thatsache spricht für sich selbst.

Der nächste Ort von einiger Bedeutung bei dem ich vorbei kam war
die Stadt Seh-mun-yuen, etwa 140 Le nordöstlich von Hang-chow-foo.
Dieses scheint eine sehr alte Stadt zu sein, hat aber keinen Handel und
ist überhaupt ganz in Verfall. Die Mauern sind buchstäblich mit wildem
Gesträuch überwachsen und an manchen Stellen ganz in Ruinen zerfallen.
Es hat offenbar bessere und glücklichere Tage gesehen, die aber längst
vorbei sind. Die Schiffsleute sagten mir dass dieser Theil des Landes von
Dieben und Räubern wimmele, und dass sie in der Nacht nicht alle zu
Bett gehen dürften weil sonst etwas vom Boote gestohlen werden könnte.

Wir erreichten die Stadt ungefähr um drei Uhr nach Mittag. Der
Morgen war kalt gewesen; es hatte geregnet, und die Schiffsleute, die
alle bis auf die Haut durchnässt waren, wollten an diesem Tage nicht
weiter. Ich musste mich daher entschliessen die Nacht über hier zu
bleiben, und ich kann sagen dass ich nie eine unangenehmere Nacht zugebracht habe. Als es dunkel war erzählten sich meine Diener und die
Schiffer Geschichten von berühmten Räubern und Dieben, bis sie sich
selbst fürchteten und mich beinahe glauben liessen ich befände mich
selbst in einer gefährlichen Gesellschaft. Der Wind ging sehr stark und
heulte fürchterlich in den verfallenen Stadtmauern, und um unsere Lage
noch schlimmer zu machen, drang der Regen durch das Dach unseres
Bootes herein und träufelte auf unsere Betten herab.

Ehe wir uns zum Schlafen niederlegten war bestimmt worden dass
mein Coolie und einer von den Schiffern aufbleiben und die Nacht über
wachen sollten, damit keine Diebe kämen. Der Coolie erhielt seinen Platz
im Innern des Bootes, wo ich war, der andere sollte auf dem Hintertheile
des Bootes Wache halten, wo sich die Küche befand. Wie lange diese
Schildwachen an ihrem Platze gewesen, kann ich nicht sagen, als ich aber
aufwachte, noch ehe der Morgen graute, schienen sie die Gefahren des
Ortes vollständig vergessen zu haben, ausser vielleicht in ihren Träumen,
denn ich fand sie in tiefen Schlafe liegend. Die Uebrigen schliefen ebenfalls fest und ruhig, und niemand schien uns während unseres Schlafes
etwas zu Leide gethan zu haben. Ich weckte sie jetzt, und da der Morgen schön war, setzten wir unsere Reise nach Hang-chow-foo fort.

In diesen drei Tagen waren wir durch eine vollkommen flache Gegend
gekommen und hatten nur in der Nähe der Stadt Sung-kiang-foo drei
oder vier kleine Hügel gesehen. Jetzt aber gewann die Landschaft allmälig ein anderes Ansehen und die Hügel, welche diese weite Ebene im
Westen und Südwesten umgürten, kamen nun zum Vorschein. Wir fuhren

bei einer Stadt mit Namen Tan-see vorbei, die an dem Ufer des grossen Kanals liegt auf dem wir uns jetzt befanden. Tan-see ist eine lebhafte und ziemlich grosse Stadt, und liegt einige Meilen nordöstlich von Hang-chow-foo. Das Ansehen des flachen Landes in dieser Gegend war reich und schön. Auf den höher gelegenen Flecken wurden noch viele Maulbeerbäume gezogen, die feuchten Niederungen aber waren mit Reis bebaut. Als wir näher nach Hang-chow kamen war die Vegetation reicher und das Land besser bebaut als in irgend einem andern Theile von China den ich bisher gesehen hatte. Es erinnerte mich an die reich bebauten Landstrecken in der Nähe unserer Marktflecken in England. Hier waren schöne Wäldchen von Loquat (*Eriobotrya japonica*), Yang-mai (*Myrica sp.*), Pfirsichen, Pflaumen, Orangen und alle Früchte des mittleren China, alle vortrefflich angebaut.

Das Land um Hang-chow-foo kann mit Recht der „Garten von China" genannt werden. Der grosse Kanal mit seinen zahlreichen Verzweigungen versorgt dasselbe nicht allein mit Wasser, sondern macht es auch möglich dieses Land zu durchreisen und seine Producte, durch die es so berühmt ist, nach andern Gegenden zu schaffen. Die Hügel im Hintergrunde, die schöne Bucht die bis an die Stadt heranreicht und sich weit nach dem Meere zu ausdehnt, und der herrliche Strom der sich hier in die Bucht ergiesst, alles trägt dazu bei der Landschaft einen besondern Reiz zu verleihen.

Am 22. October, Abends, näherte ich mich den Vorstädten von Hang-chow-foo — einer der blühendsten Städte in der reichsten Provinz des chinesischen Reiches. Die chinesischen Behörden haben immer eifersüchtig zu verhüten gesucht dass sich Fremde der Stadt näherten oder dieselbe beträten. In der Regel vermuthet man dass sie, ausser der natürlichen Antipathie welche sie gegen die „Barbaren draussen" hegen, hier ein Zollhaus haben, wo sie von den Waaren welche von Fremden ein- oder ausgeführt werden, Zölle erheben, was ganz gegen die Bestimmungen des Vertrags von Nanking ist. Sie wissen sehr wohl dass, wenn den Fremden erlaubt würde hieher zu kommen, dieses System der Erpressung bald an den Tag kommen und aufgehoben werden würde.

Je näher ich der Stadt kam, desto mehr zeugte alles was mir vor die Augen kam dass dieselbe ein Platz von grosser Bedeutung ist. Der grosse Kanal war tief und breit und trug auf seinen Wellen viele Hunderte von Booten in allen Grössen, die alle einem thätigen und geschäftigen Handel dienten. Viele fuhren in derselben Richtung wie wir, während andere von der Stadt herkamen und in der Richtung von Soo-chow, Hoo-chow, Kea-hing und andern Städten zu eilten. In allen Richtungen gingen Seitenkanäle von dem grossen Kanale ab, welche die Strassen des Landes bilden.

Als ich das Ziel dieses Theiles meiner Reise erreicht hatte fuhren die Schiffer an und legten das Boot unter Tausenden derselben Art vor Anker, und da es schon ziemlich dunkel war, beschloss ich die Nacht über hier zu bleiben. Als es am nächsten Morgen tagte, und ich Zeit hatte mich umzusehen, fand ich dass wir am Rande eines grossen breiten Wasserbeckens lagen, in welches der grosse Kanal ausläuft. Da ich in der Stadt nichts zu thun hatte und noch weiter hinauf wollte, in die Gegend wo der grüne Thee gebaut wird, so trug ich kein Verlangen mich der Gefahr auszusetzen als Fremder erkannt zu werden und die Stadt zu passiren. Ehe ich Shanghae verliess hatte ich die Karte zu Rathe gezogen und meinen Weg vorgezeichnet, und mich erkundigt ob es möglich sei bis zur Mündung des Hang-chow-Flusses hinaufzukommen ohne durch die Stadt selbst gehen zu müssen. Meine Leute versicherten mir beide dass diess ganz leicht sei und widerriethen mir selbst ernstlich in die Stadt zu gehen. Sie sagten mir, wir könnten über den See-hoo-See, wo ich das Boot aus Shanghae verlassen und dann etwa 30 Le zu Fuss gehen oder mich in der Sänfte tragen lassen könnte. Auf diese Weise würden wir nur am Rande der Stadt hingehen und das Ziel welches wir vor Augen hätten erreichen. Dieser Plan schien ausführbar genug. Als wir daher die Vorstädte von Hang-chow erreichten, glaubte ich natürlich, da mir die Localität unbekannt war, wir wären in See-hoo welches nur einen Theil der Vorstädte bildet. Dies war jedoch nicht der Fall.

Wang der mit Tagesanbruch ans Ufer gegangen war um eine Sänfte und Coolies für unser Gepäck zu besorgen, kam jetzt zurück und sagte mir es sei alles besorgt, und die Sänfte warte in einem Wirthshause ganz in der Nähe, wohin wir jetzt gehen müssten. Wir verliessen das Boot und gingen beinahe eine Viertelmeile weit durch eine volkreiche Strasse ehe wir zu dem Wirthshause kamen. Hier nahm niemand die geringste Notiz von mir, ein Umstand der mir viel Muth gab, weil ich daraus schliesen konnte dass an meiner Verkleidung nichts auszusetzen sei und ich einen ganz leidlichen Chinesen abgebe.

Unsere Schiffer aus Shanghae begleiteten uns und trugen unser Gepäck; und ich glaube in der That sie hatten uns in dem Wirthshause empfohlen in welches wir jetzt kamen. Zu meinem Erstaunen sagten sie ihrem Freunde, dem Wirthe, sogleich dass ich ein Fremder sei. Nachdem sie ihren Lohn ausgezahlt erhalten, hatten sie nichts mehr zu erwarten und konnten nun, wie ich vermuthe, das Geheimniss nicht länger auf dem Herzen behalten. Ich glaubte jetzt einige Schwierigkeiten zu finden wenn ich eine Sänfte miethen wollte, theils weil sich die Leute vor den Mandarinen fürchteten, theils weil ich erwartete man würde mir viel Geld abnehmen; der alte Mann jedoch, der durch Vermiethung von Sänften und Theeverkauf seinen Lebensunterhalt gewann, nahm die Sache sehr leicht, und schien nicht Lust zu haben einen guten Kunden zu verlieren, selbst wenn dieser ein Fremder war, und bald stand eine Sänfte bereit und ich konnte meine Reise fortsetzen. Die Träger wurden von dem Herrn des Hauses für eine Station bezahlt — ungefähr die Hälfte des Weges — bis zu der sie mich bringen mussten, und erhielten eine Summe eingehändigt um für den noch übrigen Weg eine andere Sänfte zn miethen, bis zu einem Orte Namens Kan-du der an den Ufern des grossen Flusses liegt, welcher hier in die Bucht von Hang-chow fällt.

Nachdem alles auf eine zufriedenstellende Weise geordnet war, stieg ich in die Sänfte, befahl meinen beiden Dienern mir zu folgen, und in schnellem Schritt ging es durch die engen Strassen. Etwa eine Meile mochten wir auf diesem Wege gegangen sein, und ich erwartete jeden Augenblick ins Freie zu kommen; wie sehr aber war ich überrascht als ich fand dass wir immer tiefer in eine dichtbevölkerte Stadt hineingeriethen. Zum ersten Male fing ich an Verdacht zu schöpfen dass meine Diener mich täuschten, und dass ich zuletzt doch gerade durch die Stadt Hang-chow hin-

durch ging. Dieser Verdacht bestätigte sich bald, als die Mauern und
Wälle der Stadt zum Vorschein kamen. Es war jetzt zu spät Einspruch
dagegen zu erheben, und ich hielt es für das beste die Sache gehen zu
lassen wie sie ging und mich ganz passiv zu verhalten.
Wir gingen durch das Thor und in die Stadt. Diese scheint ein
alter Ort zu sein: die Mauern und Wälle sind hoch und vortrefflich im
Stande, und die Thore wie gewöhnlich von einer Anzahl Soldaten bewacht.
Die Hauptstrasse durch welche ich kam ist schmal, im Vergleich mit den
Strassen der europäischen Städte, aber sie ist gut gepflastert und erinnerte mich an die Hauptstrasse von Ning-po. Hang-chow ist jedoch ein weit
bedeutenderer Ort als Ning-po, sowohl in politischer als in mercantiler
Beziehung. Es ist die Hauptstadt der Provinz Chekiang, und nicht
allein wohnen viele vornehme Mandarinen und Regierungsbeamte hier,
sondern auch viele grosse Kaufleute. Wenn man die Städte Shanghae
und Ning-po mit einander verglichen hat, ist häufig die Bemerkung ausgesprochen worden dass erstere ein Handelsptatz sei, letztere eine Stadt von
grossem Wohlstande; Hong-chow-foo aber besitzt beide Vorzüge zusammen
und ist ausserdem ein Ort wo feine Bildung und ein guter Ton herrschen,
und für die Provinz Chekiang dasselbe was Soo-chow-foo für Kiang-nan. Du
Halde führt ein altes Sprichwort an, welches sehr bezeichnend sagt, „das
Paradies ist o b e n, aber u n t e n sind Soo-chow und Hang-chow."
Die Mauern dieses irdischen Paradieses sollen vierzig Le im Umfange haben. Obgleich die Stadt viele Gärten und offene Plätze besitzt, so ist
sie doch nicht sehr ausgedehnt, und die Bevölkerung ist an manchen Stellen ausserordentlich dicht. Die Vorstädte erstrecken sich ziemlich weit
und müssen eine grosse Bevölkerung haben. Sir George Staunton vermu-
muthet dass die Bevölkerung der Stadt und Vorstädte der von Peking gleich
komme, und Du Halde schätzt sie auf eine halbe Million.
Die Häuser haben eine auffallende Aehnlichkeit mit denen in Ning-po,
Soo-chow und anderen nördlichen Städten. Wenn ich mit verbundenen Augen in die Hauptstrasse einer dieser chinesischen Städte versetzt würde,
selbst einer die mir bekannt ist, und dort die Binde von meinen Augen
genommen würde, so würde ich grosse Schwierigkeit haben wenn ich sagen
sollte wo ich mich befände. Es giebt ohne Zweifel Unterschiede die für
einen Chinesen deutlich genug sein mögen, die aber ein „barbarisches"
Auge nicht zu erkennen vermag.
An manchen Stellen der Stadt bemerkte ich Triumphbögen, Denkmäler grosser Männer, und prächtige buddhistische Tempel; aber obgleich
diese Gebäude ein gewisses Interesse haben und manche derselben merkwürdig sind, so können sie doch als Werke der Kunst nicht mit Bau-
werken derselben Classe verglichen werden die man bei uns zu Hause
findet.
An den Kaufläden in den Hauptstrassen wird bei Tage die ganze
Fronte weggenommen, so dass die Vorübergehenden die Waaren welche
hier feil sind sehen können. Ich sah viele Läden in denen goldener und
silberner Schmuck und werthvolle Jadesteine zum Verkauf ausgestellt waren. Läden mit alten Curiositäten waren viele da, und sie enthielten
Artikel die bei den Chinesen in grossem Werthe stehen, wie altes Porzel-
langeschirr, Medaillen, Bambusschnitzereien, aus schönem Jadestein geschnittene Gefässe und eine Menge anderer Dinge ähnlicher Art. Auch einige

grosse Seidenläden bemerkte ich im Vorbeigehen, und wenn man nach der Anzahl derer urtheilen kann welche in dieser Stadt Seide tragen, müssen sie sehr gute Geschäfte machen. In der That, alles was mir in die Augen fiel stempelte Hang-chow-foo als einen Ort des Reichthums und Luxus. Wie gewöhnlich in allen chinesischen Städten, die ich besucht habe, waren auch hier eine ungeheure Menge Thee- und Speisehäuser für die mittleren und ärmeren Classen. Sie schienen keinen Mangel an Kunden zu leiden, denn es drängten sich Hunderte von Eingebornen hier, die für wenig Cash oder Tseen ein gesundes und kräftiges Mahl erhalten.

Ausser den Regierungsbeamten, Kaufleuten, und den mit diesen Ständen in Verbindung stehenden Handwerkern hat die Stadt auch eine grosse Bevölkerung von Manufacturarbeitern. Der Hauptartikel der hiesigen Manufactur ist Seidenzeug. Du Halde schätzt die Zahl der mit der Seidenmanufactur beschäftigten Arbeiter auf sechzigtausend. Ich sah viele die mit Abhaspelung der Seide beschäftigt waren und andere welche fleissig an schönen Stickereien arbeiteten durch welche dieser Theil China's so berühmt ist.

Die Einwohner von Hang-chow kleiden sich bunt und sind unter den Chinesen wegen ihres stutzerhaften Wesens bekannt. Alle, mit Ausnahme allein der niedrigsten Arbeiter oder Coolies, stolzirten in Kleidern umher die aus Seide, Atlas und Krepp zusammengesetzt waren. Meine chinesischen Diener stellten in dieser Hinsicht einmal eine Vergleichung der Einwohner von Hang-chow mit denen der weiter landeinwärts gelegenen Gegenden an, aus der sie gebürtig waren. Sie sagten in ihrer Heimath gebe es viele reiche Leute, die sich aber alle einfach und bescheiden kleideten, während hier in Hang-chow Arme wie Reiche nicht zufrieden wären wenn sie nicht bunte Kleider von Seide und Atlass hätten. „In der That," sagten sie, „man kann in Hang-chow niemals sagen ob jemand reich ist, denn es ist möglich dass er alles was er besitzt auf dem Leibe trägt."

Als wir etwa den halben Weg durch die Stadt zurückgelegt hatten, setzten mich meine Sänftenträger hin und sagten mir dass sie nicht weiter gingen. Ich stieg aus, und sah mich nach meinen Dienern um, von denen ich eine Erklärung erwartete, denn so viel ich verstanden hatte waren die Leute für den ganzen Weg durch die Stadt bezahlt worden. Meine Diener aber waren nirgends zu sehen — und hatten entweder einen andern Weg eingeschlagen, oder, was noch wahrscheinlicher war, sie hielten sich mit Fleis in einiger Entfernung, für den Fall das irgend eine Störung vorfallen solle. Ich war jetzt in einer schlimmen Lage und wusste nicht recht wie ich mir aus der Verlegenheit helfen sollte. Zu meiner grossen Ueberraschung und Freude jedoch wurde jetzt eine andere Sänfte gebracht, und man sagte mir, ich möchte einsteigen. Jetzt sah ich wie die Sache stand. Der Schenkwirth von dem ich die erste Sänfte miethete, hatte den Trägern Geld gegeben um für die zweite Station eine andere zu bezahlen. Diese jedoch hatten unterwegs einen Theil für Thee und Tabak verausgabt, und die neuen Träger wollten mich für die noch übrige Summe nicht aufnehmen. Jetzt erhob sich zwischen den beiden Partheien ein Wortwechsel, der ziemlich laut wurde; da aber dergleichen in China etwas sehr gewöhnliches ist, so gab, zu meinem Glücke, niemand sehr darauf achtung. Die Lage in der ich mich dabei befand war ziemlich bedenklich und keineswegs beneidenswerth, denn wäre es ruchbar geworden dass sich

ein Fremder mitten im Herzen von Hang-chow-foo befände, so würde sich
bald ein Volkshaufe gesammelt haben, und die Sache hätte sehr ernste
Folgen haben können.

„Nimm die Sachen kalt und verliere nie deinen Gleichmuth" muss
für jeden der in China reisen will der erste Grundsatz sein. Dies ist immer
das Beste, und wenn man die Dinge ruhig gehen lässt, so wird man,
zehn gegen eins, immer am besten aus einem solchen Dilemma her-
auskommen wie das war in welchem ich mich jetzt befand; versucht
man aber sich darein zu mischen, so macht man die Sache wahrscheinlich nur noch schlimmer. Dies war der Grundsatz nach welchem ich
gewöhnlich verfuhr; in diesem Falle aber konnte ich ihn nicht in vollster
Ausdehnung zur Anwendung bringen.

Ich hatte in meiner zweiten Sänfte Platz genommen und wartete ruhig so lange bis die ersten den andern ihre Gründe, weshalb sie das
Geld für Thee und Tabak ausgegeben hätten, vollständig auseinander gesetzt
haben konnten. Das erste Zeichen indess welches ich von dem wenig glücklichen Erfolge dieses Versuchs erhielt, war eine Weisung, dass ich aus der
Sänfte hinausgeworfen werden sollte. Bei meiner unvollkommenen Kenntniss der Sprache würde ich ziemliche Schwierigkeit gehabt haben auf eine
andere Weise fortzukommen, denn ich kannte keinen Fuss weit Weges wo
ich ging. Mir blieb also nichts übrig als mich in den Streit zu mengen
und demselben ein Ende zu machen, indem ich versprach die Differenz zu
bezahlen wenn wir an der Station angekommen sein würden. Das war
offenbar das worauf die ersten Schelme gerechnet hatten, denn sogleich
hörte aller Streit auf und meine Träger hoben mich auf und trabten
davon.

Die Entfernung von dem Becken des grossen Kanals bis zu dem
Flusse an der entgegengesetzten Seite der Stadt beträgt 28 bis 30 Le,
oder etwa fünf bis sechs englische Meilen. Nachdem wir die Stadt hinter uns
hatten kamen wir etwa zwei Meilen weit durch hübsches Hügelland und
dann in die Stadt Kan-du, die an den Ufern des Tcien-tang-kiang, zuweilen „der grüne Fluss" genannt, erbaut ist, welcher hier in die Bucht von
Hang-chow fällt. Kan-du ist der Seehafen von Hang-chow.

Auf dem ganzen Wege hatte ich nichts von meinen Dienern gesehen
und mir fing an bange zu werden dass ich am Ende dieser Reise noch
ein unangenehmes Abenteuer haben möchte. Die Sänftenträger sprachen
einen eigenthümlichen Dialect, den ich kaum verstehen konnte, und ich
war wirklich begierig, als wir weiter gingen, was nun zunächst folgen würde. Von allem was sie sagten konnte ich nichts weiter verstehen als dass sie mich zu einem Hong-le bringen wollten, was aber
ein Hong-le war, ging über meine Begriffe. Hier schien der einzige Weg
welchen ich einschlagen konnte der, dass ich nach meinem gewöhnlichen
Grundsatze die Sache ruhig gehen liess wie sie ging; und ich machte mir
um das was zuletzt kommen würde wirklich sehr wenig Sorge. Endlich
hörte ich die Leute sagen, hier sei das Hong-le, und als ich hinausblickte
um zu sehen was es denn nun eigentlich sei, wurde die Sänfte niedergesetzt und mir bedeutet dass wir das Ende unserer Reise erreicht hätten.
Zu meinem grossen Erstaunen und nicht geringer Freude, sah ich dass das
Hong-le ein ruhiges und bequemes Wirthshaus war, welches von Reisenden
aus allen Theilen des Landes besucht wurde. Ich stieg aus meiner

Sänfte, ging ruhig bis an das hintere Ende des grossen Saales und fing
an unter den dort aufgehäuften Packeten nach meinem Gepäck zu suchen,
von dem ich ebenso wie von meinen Dienern nichts mehr gesehen hatte
seit ich das erste Wirthshaus verlassen. Es war jedoch glücklich angekommen, da es ein Coolie mir voraus getragen hatte, und nach einigen-
Minuten erschienen auch meine beiden Leute.

Wir sagten jetzt dem Wirthe dass wir den Hwuy-chow-Fluss hinauffahren wollten, und erkundigten uns nach einem Boote. Wie wir bald fanden, war es ein Theil seines Geschäfts „Chops" zu machen oder Schiffer zu
„versichern." In China werden alle Geschäfte auf diese Weise geordnet.
Wenn ein Diener in Dienst genommen, oder ein Boot gemiethet wird, so ist
es immer nothwendig dass der Diener oder Bootsinhaber einen angesehenen Hausbesitzer beibringt der für eine bestimmte Summe sich durch einen
schriftlichen „Chop" oder Contract für ihn verpflichtet. Dieser „Chop"
wird dem Herrn des Dieners oder dem Miether des Bootes eingehändigt,
der ihn so lange behält, bis der Contract genügend erfüllt ist. Dieses
System ist bei den Chinesen, die zu den niedern Volksclassen durchaus
kein Zutrauen zu haben scheinen, durchgängig in Anwendung.

Ich schickte Wang schnell ab damit er sich nach einem Boote umse-
hen und den Schiffer mit in das Wirthshaus bringen sollte um den Contract
zu machen und unterzeichnen zu lassen. Der andere Mann lief mit, und
so war ich wieder an einem fremden Orte unter Fremden allein.

Das Gasthaus in welchem ich abgestiegen war, war ein grosses altes
Gebäude, in einer hübschen Lage an den Ufern des grünen Flusses gelegen. Der ganze untere Theil bildete ein Art Schuppen oder Waarenhaus
und war mit Gütern verschiedener Art und dem Gepäck der Reisenden
angefüllt. Am obern Ende dieser Abtheilung stand mitten auf dem Flur
eine Tafel an der der Wirth und seine Gäste speisten. Um diese Tafel
herum sassen fünf dis sechs chinesische Kaufleute von anständigem Aeusse-
rem, die aus langen Bambuspfeifen rauchten und sich über Tagesneuigkei-
ten und Handelsangelegenheiten unterhielten. Die Herren machten mir
höflich an der Tafel Platz, ich nahm den angebotenen Platz ein und fing
an zur Gesellhaft mit zu rauchen. An anderen Stellen des Waarenhau-
ses dehnten sich die Diener dieser Herren und andere reisende Diener
herum oder lagen und schliefen auf den Stühlen oder den Gütern. Niemand schien mich besonders zu beachten und ich war bald vollkommen
ungenirt.

Ein kleiner Umstand ereignete sich der mir damals einige Unbequemlichkeit verursachte, über den ich nachher oft habe lachen müssen. Man
fing an Vorbereitungen zum Mittagsessen zu treffen und die Reisenden welche um die Tafel herumsassen standen auf und gingen in anderen
Theilen des Hauses herum. Es war Mittag, und da ich kein Frühstück
genossen hatte, spürte ich ziemlichen Hunger. Man wird denken dass
mir unter solchen Umständen die Vorbereitungen zum Mittagsessen nicht
unangenehm waren; dies war jedoch nicht der Fall, und zwar aus folgenden Gründen. Seit drei Jahren hatte ich nicht mehr mit Speisestäbchen gegessen und ich traute mir nicht zu dieselben noch mit der
nöthigen Geschicklichkeit handhaben zu können. Dieser wichtige Umstand
war mir vorher nicht eingefallen, sonst würde ich mich auf dem ganzen
Wege von Shanghae nach Hang-chow darin geübt haben, und hätte in

dieser Zeit gewiss einige Fortschritte gemacht. Ich war fast überzeugt dass ich die Augen der Chinesen auf mich ziehen würde, denn nichts würde sie so sehr in Erstaunen gesetzt haben als wenn jemand die Stäbchen linkisch handhabte. Mir blieb daher nichts weiter übrig als jeden Gedanken an ein Mittagsessen aufzugeben.

Einstweilen waren die Schüsseln aufgetragen und die Gäste wurden mit Namen aufgerufen um ihre Plätze einzunehmen „Sing Wa, Sing Wa" (der Name den ich bei den Chinesen führte), kommt und setzt euch zu Tische." Ich war in grosser Versuchung meinem Entschlusse untreu zu werden und mich an den Tisch zu setzen. Die Klugheit jedoch behielt die Oberhand, und ich erwiederte, „Nein, ich danke, ich werde später essen wenn meine Diener zurück kommen." Ich glaube es kommt oft vor dass Reisende zu verschiedenen Zeiten und auf verschiedene Art zu Mittag essen, je nach den Umständen, und so schien meine Weigerung nicht eben besonders aufzufallen.

Bald darauf kamen meine Diener zurück und brachten einen Schiffer mit um einen „Chop" machen zu lassen und die Bürgschaft des Gastwirthes entgegenzunehmen. Sobald dies zu gegenseitiger Zufriedenheit abgethan war, verliesen wir das Wirthshaus und gingen in das Boot hinab, welches an einem Landungsdamm an der Seite des Flusses vor Anker lag. Es waren noch mehrere Passagiere da, und wir schliefen alle an Bord, weil das Boot am nächsten Morgen mit Tagesanbruch absegeln sollte. Für mich war dies ein Tag voller Aufregung und Abenteuer gewesen, und ich war froh als uns die Dunkelheit der Nacht umgab und wir uns alle zur Ruhe begeben konnten.

Der Fluss Tcien-tang-kiang, auf dem ich mich jetzt befand, entspringt weit in den Gebirgen gegen Westen. Einer seiner Nebenflüsse kommt aus den Grüntheehügeln von Hwuy-chow, ein anderer entspringt in der Nähe der Stadt Changshan, an der Gränze von Kiang-see, ein dritter auf der nördlichen Seite der Boheagebirge. Diese Ströme vereinigen sich auf ihrem Laufe gegen Osten und fallen, nachdem sie Hang-chow berührt, in die Bucht gleichen Namens. Aller grüne und schwarze Thee kommt auf seinem Wege nach Shanghae auf diesem Flusse herab, und wird bei Hang-chow aus den Flusskähnen in die Schiffe welche den grossen Kanal befahren übergeladen. Man sieht hieraus wie bedeutend Hang-chow-foo in mercantilischer Hinsicht ist. Alle Güter die von Süden und Westen kommen müssen auf ihrem Wege nach dem grossen und volkreichen Districte in der Umgegend von Soo-chow, Sung-kiang und Shanghae nothwendig diese Stadt passiren, und die Producte des niedern Landes, wie Seide und Baumwolle, müssen ebenfalls auf ihrem Wege nach Süden und Westen über Hang-chow gehen. Es ist daher wie ein grosses Thor auf einer öffentlichen Strasse, durch welches nichts weder hin noch zurück kann ohne dass die Behörden ihre Zustimmung geben und davon Kenntniss nehmen.

Der Vortheil welchen dieser Platz den chinesischen Behörden über unsere Einfuhr und Ausfuhr in Shanghae giebt, ist sehr gross, und Klagen über Hemmungen und ungesetzliche Zollerhebungen oder „Erpressungen" sind daher nicht selten. Der Tag kann nicht mehr fern sein wo es uns erlaubt sein wird in China wie in andern Ländern Handel zu treiben — wenn alle diese thörigten Bestimmungen über Grenzlinien auf-

hören werden; da aber diese Veränderung nur nach und nach vor sich
gehen kann, so dürfte wohl die Frage sein, ob unsere Regierung nicht
versuchen sollte die Stadt Hang-chow-foo zu öffnen, oder auf alle Fälle
zur Förderung und zum Schutze unseres Handels hier einen Consularagen-
ten zu halten.

Drittes Capitel.

Mit Anbruch des nächsten Morgens machten wir uns auf und steuerten
in den Fluss, der hier drei bis vier englische Meilen breit ist. Das Boot
war fest gebaut, mit flachem Boden, und vorn und hinten sehr spitz. Die
gewöhnlichem Boote, wie man in Shanghae sieht, würden hier ganz
unbrauchbar sein und an den Steinen und Felsen, deren es in dem seichten aber reissenden Strome sehr viele giebt, bald in Stücken zerschellen.

Wir führten eine bedeutende Ladung von Frachtgut und etwa zwanzig Passagiere an Bord. Das Frachtgut war auf dem Boden des Schiffes
zusammengepackt und über demselben befanden sich die Passagiere. An
jeder Seite des Bootes waren zwei Reihen von Schlafstellen angebracht
zwischen denen ein Durchgang gelassen war, damit sowohl die Passagiere
als die Schiffsleute unbehindert vom Vorsteven bis zum Hintersteven gehen
konnten. Die Schlafstellen an den Seiten waren für die Passagiere erster
Classe bestimmt, und die Diener und Coolies schliefen in dem Durchgange.

Ein chinesisches Bett ist keineswegs sehr bequem. Es besteht aus
einer einfachen harten Matte, auf der man liegt, einem harten viereckigen
Kissen für den Kopf, und einer mit Baumwolle wattirten Decke, die man
als Schutz gegen die Kälte über den Körper zieht.

Meine Schlafstelle befand sich zunächst dem Hintersteven des Boots,
mir gegenüber lag ein kleiner verwachsener Mensch, und meine beiden
Diener schliefen in dem Durchgange zwischen uns. Die Küche, oder vielmehr der Kochapparat, stand draussen auf dem Hintertheile des Schiffes,
nahe bei dem Steuermann.

Wenn man einen Platz auf diesen Booten nimmt, so bedingt man drei
Mahlzeiten täglich für einen bestimmten Preis. Am Morgen sollten wir
Congé haben, zu Mittag Reis, und Abends wieder Reis-Congé. Alle übri-
gen Bedürfnisse, wie Thee, Fische, Fleisch oder Gemüse mussten sich die
Passagiere selbst besorgen und selbst kochen. Diese Einrichtung scheint
ganz gut zu sein, und wer so reisen will kann es mit sehr geringen Kosten.
Mehrere Passagiere hatten nichts weiter als was die Schiffer lieferten,
ausser vielleicht etwas Thee, den alle bei sich führten, und der hier zu
Lande sehr wohlfeil ist.

Am Morgen wurde mir ein Becken mit heissem Wasser und einem Tuche darin gebracht, um mich zu waschen. Die Chinesen bedienen sich desselben auf folgende Weise: das Tuch wird in das heisse Wasser getaucht und dann so lange gewunden bis der grösste Theil des Wassers ausgedrückt ist. Heiss und feucht wird es dann auf beide Hände ausgebreitet und Gesicht, Hals und Kopf damit abgerieben. Diese Art sich zu waschen ist nicht gerade sehr wirksam, aber nichts ist so erfrischend an einem warmen Tage wenn man gegangen ist und erhitzt und müde nach Hause kommt, und es ist in der That bei weitem erfrischender als das Baden in kaltem Wasser, und vielleicht auch der Gesundheit zuträglicher.

Nachdem ich mich angekleidet hatte erhielt ich eine Tasse Thee, — Thee im strengen Sinne des Wortes — ohne Zucker und Milch, denn diese Zuthaten werden in diesem Theile China's nie gebraucht. Gegen acht Uhr setzte der Koch sechs grosse irdene Näpfe um den Reistopf, füllte dieselben bis zum Rande voll Congé und setzte sie dann an die Luft damit sie abkühlen sollten. Als die Hitze soweit verflogen war dass der Reis gegessen werden konnte, wurden die Näpfe in dem Gange zwischen unsern Schlafstellen in einer Reihe hingestellt, die Passagiere setzten sich je vier zusammen an eine Schüssel, und das Frühstück begann. Der Zwerg der die Schlafstelle mir gegenüber eingenommen hatte, meine beiden chinesischen Diener, und ich, kamen zusammen an die dem Hintersteven des Bootes zunächst stehende Schüssel. Jeder erhielt nun eine kleine Schale und ein Paar Speisestöckchen und in jeden der irdenen Näpfe wurde ein hölzerner Schöpflöffel gestellt womit jeder seine Schale füllen konnte.

Da ich am vorhergehenden Tage nichts genossen hatte, ausser einigen Bataten die mir einer von meinen Leuten brachte, war ich hungrig genug, um nicht allein den Congé zu essen, so wenig einladend derselbe auch war, sondern mich auch über die Anwesenheit der Chinesen wegzusetzen oder was diese etwa denken möchten, wenn sie sähen wie linkisch ich die Speisestäbchen handhabte. Es ging indessen recht gut, und ich fand dass ich die Kunst mit diesen vornehmen Instrumenten zu essen noch nicht ganz verlernt hatte. Reis und Congé lassen sich jedoch leichter damit essen als andere Speisen, denn die Schale wird in der Regel nahe an den Mund gebracht und der Inhalt theils geschlürft theils eingelöffelt.

Fluth und Wind waren günstig und schnell glitten wir auf dem Flusse dahin; es war ein schöner Herbsttag, und die Gegend durch die wir kamen höchst reizend. Die grosse Ebene des Yang-tse-kiang hatten wir jetzt hinter uns und das Land war nun gebirgig und äusserst romantisch. Die Berge waren reich bewaldet; Fichten, Cypressen, und Wachholder deckten ihre Abhänge vom Fuss bis nahe zur Spitze, und ihr dunkelgrünes Laub stach scharf von den hochrothen herbstlichen Blättern des Talgbaumes ab der auf den Ebenen in grosser Menge wächst. In der Nähe von Hang-chow sah man auch einige Maulbeerbäume, höher hinauf aber schien die Zucht derselben aufzuhören. Tabak, indisches Korn, Hirse und etwas Reis schienen die Haupterzeugnisse der Ebenen; Hirse und indisches Korn bemerkte man auch an den niedern Abhängen der Hügel.

Hie und da erblickte man buddhistische Tempel und Pagoden die hoch über die Bäume emporragten. Eine der letzteren führt den Namen „Lui-foong-ta," oder „Tempel der donnernden Winde." Sie steht am Ufer des Sees See-hoo und ist, wie es scheint, ein sehr altes Gebäude. Wilde

Dornsträucher und anderes Unkraut wachsen aus ihren Mauern hervor, bis zur Spitze hinauf, und sie geht offenbar schnell ihrem Verfall entgegen. Die Pagode gab der ganzen Landschaft ein eigenthümliches Ansehen und erinnerte mich sehr an jene alten Burgruinen die man an unsern Küsten in England und Schottland so häufig sieht.

Am Abend, als es dunkel wurde und wir den Weg nicht mehr sehen konnten, warfen wir einem kleinen Dorfe gegenüber Anker, wo wir bis zum nächsten Morgen blieben und dann unsern Weg weiter fortsetzten. Wir waren jetzt vierzig bis fünfzig Meilen südwestlich von Hang-chow-foo.

Die Berge hatten hier nicht mehr das reiche Ansehen wie näher am Meere, dagegen aber war ihre Formation bei weitem auffallender. Die Seiten waren auf eine höchst merkwürdige Weise gestreift und gefurcht und ihre Gipfel liefen in eigenthümlich gestaltete Spitzen und Kegel aus. Manche waren niedrig, andere drei bis vier tausend Fuss hoch, aber alle schroff, kahl und wild. Der Fluss wurde jetzt schmal, seicht und reissend. In der Nähe von Hang-chow-foo schien das Land dicht bevölkert, hier aber ist so wenig culturfähiger Boden, dass eine zahlreiche Bevölkerung nicht bestehen könnte. Auf dem ganzen Wege von Hang-chow nach Yen-chow-foo, eine Strecke von 380 Le, kamen wir nur bei zwei Städten von einiger Bedeutung vorbei, Fu-yang und Tung-yu.

Meine Reisegesellschaft, die hauptsächlich aus Kaufleuten und Dienern bestand, war ruhig und harmlos; sie thaten eigentlich nichts weiter als sich im Bette wälzen und schlafen, ausser wenn sie gerade assen oder rauchten. Einer von ihnen war ein ganzer Opiumraucher, und das berauschende Gift hatte ihn vollkommen zum Sclaven gemacht. Ich habe viele Opiumraucher auf meinen Reisen gesehen, dieser aber war der beklagenswürdigste von allen; er war offenbar ein Mann von Stande, und hatte viel Geld. Sein Bett war mit seidenen Vorhängen umgeben, die Kissen waren schön gestickt, und die Decke von dem reichsten und weichsten Seidenstoffe. Alles was ihn umgab zeugte von Luxus und sinnlichem Vergnügen.

Ich will aber einen Blick hinter seine Bettvorhänge werfen und beschreiben was ich am ersten Tage unserer Bekanntschaft sah. Die Vorhänge waren herabgelassen und ringsherum fest zusammengezogen, namentlich an der Seite von welcher der Wind kam. Er war in die feinste Seide gekleidet und hatte sich auf die Seite auf einer Matte niedergelegt; sein Kopf ruhte auf einem gestickten Kissen, neben ihm brannte eine kleine Lampe, im Munde hielt er eine Opiumpfeife durch die er den berauschenden Rauch einzog. Nachdem er einige Minuten geraucht hatte bekam er das Ansehen eines Trunkenen im ersten Stadium des Rausches; der Rauch hatte seine Wirkung gethan, und er war jetzt in seinem „dritten Himmel der Wonne."

Nach einer oder zwei Minuten sprang er auf und verlangte seine Theekanne aus der er einen grossen Zug Thee nahm; dann ging er, offenbar sehr aufgeregt, auf dem Boote herum und sprach und scherzte mit jedem der ihm begegnete. Nachdem er einige Zeit so zugebracht, fing er an Tabak zu rauchen, nahm dann noch einen Zug aus seiner Theekanne, und legte sich nieder um zu schlafen; sein Schlummer aber dauerte nicht lange und war offenbar durch böse Träume gestört. Er erwachte, aber nur um eine neue Dosis zu nehmen, wie zuvor, und so ging es alle Tage.

Selbst in der Nacht, wenn ringsum alles schlief, konnte er es nicht über sich gewinnen sich des Reizmittels zu enthalten. Oft, wenn ich zufällig in der Nacht aufwachte, sah ich sein Lämpchen brennen und musste den ekelhaften Rauch riechen der sich um die Decke des Bootes wirbelte.

Die Wirkung welche der übermässige Genuss des Opiums auf diesen Mann äusserte war höchst trauriger Art. Sein Gesicht war dünn und abgemagert, seine Wangen hatten eine blasse und hässliche Farbe, und die Haut hatte den eigenthümlichen glasartigen Glanz an dem man ohne Ausnahme den Opiumraucher erkennt. Seine Tage waren offenbar gezählt, und doch, man sollte es kaum glauben, versuchte dieser Mensch sich selbst und andere zu überreden, dass er den Opiumrauch als Medicin gebrauche und der Genuss des Opium für seine Gesundheit unerlässlich sei. Wenn ich ihn in diesen Momenten der Aufregung betrachtete, so kam mir unwillkührlich der Gedanke, was für ein klägliches Ding ist der Mensch, der Herr der Schöpfung, und das edelste Werk Gottes, wenn sinnliche Lust eine solche Gewalt über ihn erlangt hat, wie über diesen armen Opiumraucher.

Am ersten Tage hatten mich alle Passagiere für einen ihres Gleichen angesehen, und ich meinte ich sei ein ganz guter Chinese geworden; mein Coolie aber, ein alberner und geschwätziger Kerl, glaubte er sei im Besitz eines Geheimnisses und fühlte das Gewicht desselben ohne Zweifel ziemlich drückend. Einigemal bemerkte ich dass er mit einem von den Bootsleuten heimlich sprach, und später zeigte es sich dass er diesem gesagt hatte, dass ich ein Fremder sei, — einer von den Hong-mous, von denen ganz Shanghae voll wäre. Nach und nach theilte sich das Geheimniss den andern mit, und Schiffer und Passagiere warfen, wenn sie glaubten dass ich es nicht bemerkte, Blicke auf mich. Ich schöpfte Verdacht dass nicht alles richtig sei, und rief Wang bei Seite, den ich fragte wie es käme dass ich jetzt auf einmal ein Gegenstand von so grossem Interesse geworden sei. „Oh," sagte er, „that Coolie he too much a fool-o; he have talkie all that men you no belong this country; you more better sendie he go away, suppose you no wantye too much bobly." In gutem Englisch erklärte er mir dass der Coolie ein Dummkopf sei, der Allen gesagt hätte ich sei ein Fremder, und dass ich am besten thun würde ihn nach Hause zu schicken, wenn ich nicht noch mehr Unannehmlichkeiten haben wollte.

Es war nur zu wahr, mein Geheimniss hatte aufgehört ein Geheimniss zu sein. Ich hatte grose Lust den Coolie für seine Aufführung zu bestrafen, und er hatte es nur den eigenthümlichen Umständen zu danken in denen ich mich befand dass er mit „freier Zeche" davon kam. Ich glaube übrigens der arme Kerl wurde nachher von seinen Landsleuten selbst hinlänglich dafür bestraft, die ihn, bis zu einem gewissen Grade, in ihrer Macht zu haben glaubten. Bis nach Yen-chow-foo, einer grossen Stadt etwa 38 Le von Hang-chow (29° 37' 12" n. B. u. 119° 32' 47" ö. L.) ereignete sich nichs weiter was der Erwähnung werth war. Yen-chow-foo ist eben so befestigt wie alle andern chinesischen Städte, und seine Mauern haben volle vier Meilen im Umkreise. Es scheint ein alter Ort zu sein, aber nach der geringen Anzahl von Booten zu schliesen, die der Stadt gegenüber vor Anker lagen, glaube ich dass es kein bedeutender Handelsplatz ist. Es werden hier viele lackirte Waaren verfertigt, aber von geringer Qualität, und um vieles wohlfeiler verkauft als in den näher am Meere gelegenen Städten. Alle Boote aus Hwuy-chow legen hier an und in allen gewöhnlichen Lebensbedürfnissen wird hier ein bedeutender Handel getrieben. Nach ihrem Umfange zu urtheilen mag die Stadt gegen 200,000 Einwohner haben; sie scheinen jedoch nicht reich zu sein, wenigstens sind sie nicht so bunt gekleidet wie ihre Nachbarn in Hang-chow.

Ein wenig unter der Stadt sind zwei sehr hübsche Pagoden; eine derselben ist auf einem eigenthümlich gestalteten kegelförmigen Hügel erbaut und führt den Namen Hoo-lung-tâ. Hier theilt sich der Fluss, oder vielmehr, zwei Flüsse vereinigen sich hier, von denen der eine von Süden herkommt und theils an den Gränzen von Kiang-see und Kiang-nan seine Quellen hat, theils an den nördlichen Abhängen des grossen Boheagebirges. Auf diesen werde ich später wieder zu sprechen kommen; jetzt fuhr ich auf dem nördlichen Flusse, der aus dem Grünthee-Lande von Hwuy-chow herabkommt, weiter hinauf.

Die Hügel in der Umgegend von Yen chow-foo sind kahl, die Thäler und das niedere Land aber reich und fruchtbar. Die Stadt liegt auf dem halben Wege zwischen Hang-chow und Hwuy-chow, und unsere Schiffsleute schienen zu glauben dass sie in vollem Rechte wären wenn sie dieselbe wie ein Wirthshaus auf halbem Wege betrachteten, wo sie einige Zeit bleiben konnten. Ueberdies war der Fluss um vieles reissender geworden und es machte sich daher nothwendig die Schiffsmannschaft noch bedeutend zu vermehren. Zwei Tage gingen damit hin diese Anordnung zu treffen und verschiedene Einkäufe zu besorgen, wie z. B. Strohschuhe für die Leute, einen Vorrath von Reis für die übrige Reise, und verschiedene andere Artikel die man oben im Lande vortheihaft verkaufen wollte. Ich bedauerte den Aufenthalt nicht, da er mir Gelegenheit gab sowohl die alte Stadt zu sehen, als auch einen Theil des Landes der für mich ganz neu war.

Während unseres Aufenthaltes hier brachte uns mein Diener Wang, ein alberner und trotziger Mensch, beinahe alle in eine recht schlimme Verlegenheit. Wie es schien hatte er einem unserer Bootsleute einen falschen Dollar gegeben, als Bezahlung für eine Schuld, den dieser zurückbrachte, weil ihn in der Stadt niemand annehmen wollte. Einstweilen hatte Wang schon ein wenig Sam-shoo (chinesischen Brandtwein) zu sich genommen. und war, als der Dollar zurückgebracht wurde, in einem sehr aufgeregten Zustande. Er behauptete es sei nicht derselbe welchen er dem Schiffer gegeben und sagte er wolle damit nichts zu thun haben. Nach einigen Hin- und Herreden jedoch nahm er ihn zurück und ging in die Stadt, wie er sagte, um ihn selbst zu wechseln. Nach einigen Minuten kehrte er zurück, und brachte für einen Dollar Kupfer-Cash die er an einer Schnur über seine Schultern trug, und rief triumphirend, der Dollar sei ganz gut gewesen, er habe keine Schwierigkeit gehabt ihn unterzubringen, wenn auch der dumme Kerl von einem Schiffer ihn nicht losgeworden sei. Jetzt warf er seine Cash dem andern zu und fragte ihn, wüthend und grob, ob er nun zufrieden sei. Dieser nahm die Schnur mit den Cash ganz ruhig und fing an dieselben zu zählen und zu prüfen. Nach einigen Augenblicken jedoch gab er sie wieder zurück, und sagte sie seien so gemischt und schlecht, dass es unmöglich sei sie auszugeben, ausser mit bedeutendem Schaden, und er wolle sie nicht annehmen, und verlangte hierauf wieder in guter und richtiger Münze bezahlt zu werden. Wang stellte sich jetzt beleidigt. „Ich gab euch einen Dollar" sagte er, „und ihr sagtet er sei falsch; ich wechselte ihn und gab euch Kupfercash, und ihr gebt sie wieder zurück; was wollt ihr nun noch?" Die Passagiere sammelten sich jetzt um die Streitenden, und es hatte ganz den Anschein als ob ein ernstlicher Aufruhr entstehen sollte. Nach einem tüchtigen Lärme indessen steckte der arme Kerl seine Cash ein, betheuerte jedoch, er sei schändlich betrogen worden, und drohte, er wolle sich schon noch an Wang rächen.

Nach zwei Tagen waren die nöthigen Leute gemiethet, die Einkäufe besorgt, und wir fuhren jetzt den Fluss weiter hinauf und liessen die Stadt Yen-chow hinter uns. Unser Weg ging jetzt in nordwestlicher Richtung. Der Strom war an manchen Stellen sehr reissend und trieb sogar Wassermühlen welche Reis und andere Körner mahlen und enthülsen. Die erste dieser Maschinen sah ich wenige Meilen oberhalb Yen-chow-foo. Auf den ersten Blick hielt ich sie für ein Dampfschiff und war nicht wenig darüber erstaunt. Ich glaubte wirklich die Chinesen hätten die Wahrheit gesagt als sie unseren Landsleuten im Süden erzählten dass Dampfschiffe im Innern ihres Landes etwas ganz gewöhnliches seien. Als ich näher kam fand ich dass das „Dampfschiff" eine Maschine mit folgender Einrichtung war.

An einer Stelle wo der Fluss recht reissend ist war, nahe am Ufer ein grosses Boot mit Ankern hinten und vorn befestigt. An den Seiten desselben waren zwei Räder angebracht, die mit den Schauffelrädern eines Dampfschiffes Aehnlichkeit hatten, und die Achse, an der diese befestigt waren und die mitten durch das Boot ging, hatte eine Anzahl kurzer Zähne, die, während sich die Räder herumdrehten, einen schweren Hammer bis zu einer gewissen Höhe aufzogen und auf das unten in einem Becken liegende Getreide herabfallen liesen. Die Hämmer gingen so, wenn die Achse von den äussern durch den Strom getriebenen Rädern schnell herumgedreht wurde, ununterbrochen auf und nieder; das Boot war zum Schutze gegen den Regen überdacht. Als wir den Strom noch weiter hinaufkamen fanden wir noch mehrere solcher Maschinen, die in diesem Theile des Landes etwas sehr gewöhnliches sind.

Etwa zehn bis zwölf Meilen über Yen-chow scheint das Land fruchtbarer zu sein; die Hügel sind wieder mit niedrigen Fichten bedeckt, und in dem niedern Lande wachsen viele Talgbäume, Kampherbäume und Bambus. In diesem Theile des Landes werden grosse Massen von indischem Korn und Hirse gebaut, für den Reisbau aber ist die Gegend zum grössten Theil zu gebirgig. Da der Fluss reissend war, so ging unsere Fahrt stromaufwärts jetzt nur langsam von statten. Hie und da kamen wir an Stromschnellen die uns stundenlang aufhielten, obgleich fünfzehn Männer mit langen an den Mastbaum unseres Bootes befestigten Seilen dieses am Ufer zogen, und fünf oder sechs andere mit langen Bambusstangen schoben. Nirgends zeigt sich die unermüdliche Ausdauer der Chinesen deutlicher als bei der Schiffahrt auf solchen Gewässern. Mann müsste denken, auf einem Flusse wie der auf welchem wir eben hinauffuhren sei jede Schiffahrt unmöglich, die Ausdauer dieser Leute aber überwindet jede Schwierigkeit.

Meinen Zwecken war es indess sehr förderlich dass wir gezwungen waren so langsam zu fahren, denn ich konnte so die botanischen Schätze des Landes mit Bequemlichkeit und ganz nach meinem Belieben durchforschen. Gewöhnlich stand ich mit Tagesanbruch auf und brachte den Morgen auf den Hügeln und in den Thälern in der Nähe des Flusses zu, bis ich zur Frühstückszeit wieder auf das Boot zurückkehrte. Nach dem Frühstück ging ich in der Regel wieder ans Ufer, von meinen Leuten begleitet, welche die Sämereien, Pflanzen und Blumen trugen die wir auf unsern Streifereien fanden. Zuerst bestiegen wir in der Regel den nächsten Hügel, um zu sehen ob der Fluss viele Windungen und Stromschnellen habe, wonach wir ungefähr beurtheilen konnten wie weit das Boot während unserer Abwesenheit vorwärts kommen würde. Hatte das Boot viele Stromschnellen zu passiren, so wussten wir dass es nur langsam vorwärts konnte und wir daher ohne Gefahr bis zu einer ziemlichen Entfernung wandern dürften. Wenn hingegen der Fluss ruhig und sein Bett verhältnissmässig eben war, so durften wir uns nicht zu weit vom Ufer entfernen.

Auf diesen Streifereien fand ich viele Pflanzen welche auf diesen Hügeln wild wachsen, und die ich vorher nur in Gärten gesehen hatte. Die merkwürdige und sehr beliebte *Edgeworthia chrysanta* wuchs hier in grosser Menge. Reeves's *Spiraea*, und die *Spiraea prunifolia* fanden sich ebenfalls sehr häufig, auch verschiedene Species des *Chinonanthus* oder des Japanischen Piment, *Forsythia viridissima, Buddlea Lindleyana* und zahlreiche Daphnen, Gardenien und Azaleen. Viele Arten von Moosen und Lycopodien wuchsen in den Spalten des feuchten Steines; unter letzteren besonders eine Species, *Lycopodium Willdenowii,* in grosser Menge.

Unter den Bäumen war Thunbergs *Dryandra cordata,* der *Tung-eu* der Chinesen, besonders häufig, der wegen des Oeles welches seine Körner geben grossen Werth hat, und neben diesem der Talgbaum, von dem man Talg und Oel gewinnt. Hier und da war die gewöhnliche chinesische Kiefer angepflanzt, und die den Botanikern unter dem Namen *Cunninghamia lanceolata* bekannte lanzettblättrig Fichte. Einen Palmbaum, und zwar die einzige Species der in den nördlichen Provinzen einheimischen oder dorthin verpflanzten Art, sah man hier an den Abhängen der Hügel, wo sie sehr gut gedeiht. Es scheint eine Species der *Chamaerops* zu sein. Für die Chinesen in den nördlichen Provinzen ist dieser Baum besonders werthvoll, und sie gebrauchen seine grossen, braunen, haarähnlichen Bracteen zu verschiedenen Zwecken. Unter andern machen sie aus denselben Seile und Taue für ihre Junken, die selbst im Wasser sehr dauerhaft zu sein scheinen. Wahrscheinlich eignen sich diese Bracteen zu diesem Zwecke besser, und sind fester, als die Fibern der Cocusnuss, mit denen sie einige Aehnlichkeit haben. Auch Unterbetten werden daraus gemacht, die im Lande bei allen Klassen sehr im Gebrauch sind. Arbeiter auf dem Felde und Coolies tragen besonders gern Hüte und Röcke von diesem Stoff, die bei schlechtem Wetter sehr gut gegen die Nässe schützen; aber auch noch zu vielen andern Zwecken wird dieser nützliche Baum verwendet, der ausserdem der Gegend wo er wächst einen sehr schönen Schmuck verleiht.

Ich hoffe dass diese schöne Palme einst die Hügelabhänge des südlichen Englands und anderer Länder Europa's schmücken wird, und in dieser Absicht habe ich einige Exemplare an Herrn William Hooker im Königl.

Garten zu Kew gesandt, mit der Bitte, eine derselben in den Garten des Prinzen Albert zu Osborne House auf der Insel Wight* zu befördern.

Die beistehende Abbildung dieses interessanten Baumes verdanke ich nebst mehreren andern Skizzen in diesem Lande, der Gefälligkeit des Capitain Cracroft von der Königl. Marine, ein Mann dessen Dienste in China, als er den Reynard commandirte, von allen Fremden verdienterweise hochgeschätzt werden.

In dieser Gegend giebt es sehr viele Kalksteinfelsen, und wir sahen eine Menge von Brennöfen die ganz so gebaut waren wie die bei uns zu Hause. Wasservögel, wie Gänse, Enten, kleine Kriechenten und verschiedene Arten der Königsfischer sah man in der Nähe des Flusses in grossen Schaaren, und weiter von diesem entfernt, an den Abhängen der Hügel, gab es Fasanen, Schnepfen und Rebhühner in Menge. Auch an Rothwild mag es hier nicht fehlen, doch habe ich keines gesehen.

So verstrich ganz angenehm ein Tag nach dem andern; das Wetter war herrlich, die Eingebornen ruhig und friedlich, und die Landschaft im höchsten Grade malerisch. Meine beiden Chinesen und ich setzten uns oft, wenn wir müde waren, auf die Spitze eines Hügels hin um die schöne Landschaft zu betrachten die uns umgab; der herrliche Fluss wand sich rein und glänzend, zwischen den Hügeln dahin, hier spiegelglatt und tief und still, dort minder seicht und reissend in dem felsigen Bett hinstürzend. Hier neigten sich Bäume und Sträucher an seinem Ufer hinab, und netzten ihre Zweige im Wasser, dort hoben, seinem reisenden Laufe trotzend, Felsen ihr Haupt hoch über den Strom empor.

Das ganze Land war hügelig und die fernen Gebirge, von dreihundert bis zu dreitausend Fuss hoch, waren spitz und zackig und auf eine höchst merkwürdige Weise gefurcht. Kurz die Aussicht war im höchsten Grade reizend und wird mir lange lebhaft im Gedächtniss bleiben.

Am 29 und 30 October kamen wir bei den Städten Tsa-yuen, Tsasapoo, Kang-koo und Shang-i-yuen vorbei, alles ziemlich bedeutende Orte, namentlich letzterer, welcher wenigstens 100,000 Einwohner haben muss. Tsa-yuen gegenüber ist ein eigenthümlich gestalteter Hügel, der hauptsächlich aus einem schönen von den Chinesen sehr geschätzten grünen Granit besteht. Die Tafeln welche man aus dem Hügel bricht werden auf verschiedene Weise zu Verzierungen gebraucht und sind namentlich sehr gesucht für Grabgebäude. Grosse Massen dieses Steines werden zu diesem Zwecke stromabwärts nach Yen-chow und Hang-chow geführt.

An den Abhängen der Hügel sah man jetzt schon oft den Theestrauch angebaut, denn wir befanden uns hier an der äussern Grenze des grossen Grüntheelandes welches das Ziel meiner Reise war. In den Thälern, namentlich in der Nähe der Dörfer, sah man oft grosse Kampferbäume. Auch der Talgbaum war hier noch sehr angebaut und trug in dieser Jahreszeit mit seinem herbstlich gefärbten Blättern viel dazu bei der Landschaft ein noch bunteres Ansehn zu geben. Die Farbe der Blätter war von

---

* Im „Botanical Magazine," März 1850, schreibt Herr W. Hooker: — „Eine Palme, *Chamaerops excelsa* (?) die Herr Fortune an die Königl. Gärten geschickt hatte, hat unbeschädigt, und ohne durch irgend eine Bedeckung geschützt zu sein, den strengen Winter (1849—50) überstanden.

einem hellen Grün in ein dunkles Bluthroth übergegangen. Ein anderer Baum, eine Art Ahorn, von den Chinesen Fung-gze genannt, nahm sich ebenfalls im Schmuck des Herbstes höchst malerisch aus. Diese beiden Bäume bildeten einen auffallenden Contrast zu dem dunklen Grün der Fichte und andern zu dieser Familie gehörigen Bäumen.

Der schönste Baum aber den man in dieser Gegend trifft, ist eine Art Trauercypresse, die ich in andern Theilen China's noch nicht gefunden hatte und die mir gänzlich neu war. Das erste Exemplar entdeckte ich auf einer meiner täglichen Streifereien am Ufer. Etwa eine Meile von der Stelle, wo ich mich befand sah ich einen Baum den ich in der Ferne für eine Fichte hielt; er war etwa sechzig Fuss hoch, hatte einen Stamm so gerade wie die Fichte auf der Insel Norfolk und herabhängende Aeste, wie die Weide von St. Helena. Die Aeste gingen zuerst im rechten Winkel vom Hauptstamme gerade aus, bogen sich dann zierlich aufwärts nnd liessen die Spitzen wieder hinabhängen. Von den Hauptästen hingen andere lange und zarte Zweige in perpendiculärer Richtung herab, was dem Baume ein trauerndes und zierliches Aussehen gab. Er erinnerte mich an die grossen prachtvollen Leuchter, die man in Europa zuweilen in Theatern und öffentlichen Sälen sieht.

Was für ein Baum konnte es sein? — Offenbar gehörte er zum Fichtengeschlecht, nur war er schöner als alle übrigen Arten. Ich ging, nein — um die Wahrheit zu sagen, ich rannte nach der Stelle hin wo er stand, zur grossen Verwunderung meiner Begleiter, die offenbar glauben musten ich sei toll geworden. Als ich an Ort und Stelle kam erschien er fast noch schöner als aus der Ferne gesehen. Der Stamm war vollkommen gerade, wie der der Cryptomeria, und die Blätter waren denen des bekannten *arbor vitae* ähnlich, nur zarter und zierlicher.

Dieses Exemplar war glücklicher Weise mit einer Masse reifer Früchte beladen, von denen ich einen Theil eiligst in Sicherheit brachte. Der Baum stand in einem Garten der zu einer Dorfschenke gehörte und war das Eigenthum des Schenkwirths. Eine Mauer trennte uns von ihm, und ich hatte grosse Lust diese zu übersteigen; da ich jedoch bedachte dass ich den Chinesen spielen musste und dass ein solches Verfahren, mindestens gesagt, sehr unschicklich wäre, so gab ich diesen Gedanken sogleich wieder auf. Wir gingen nun in die Schenke, setzten uns ruhig an einem Tische nieder und liessen uns etwas zu essen bringen. Als wir unsere Mahlzeit zu uns genommen, zündeten wir unsere chinesischen Pfeifen an und schlenderten, in Begleitung unseres höflichen Wirthes, hinaus in den Garten. „Was ihr hier für einen schönen Baum habt! — in der Gegend am Meere, wo wir herkommen, haben wir nie einen solchen gesehen; seid so gut und gebt uns einige Samenkörner." — „Es ist ein schöner Baum," sagte der Mann, den es offenbar sehr freute dass wir seinen Baum so bewunderten, und erfüllte sehr gern unsere Bitte. Die Samenkörner wurden sorgfältig verpackt; und da sie wohlbehalten zu Hause angekommen sind und die jungen Bäume jetzt in England wachsen, so können wir hoffen in wenigen Jahren eine neue und liebliche Zierde unserer Landschaften zu besitzen. Als wir weiter nach Westen zu kamen fanden wir noch viele solcher Bäume, die oft in grösserer Anzahl beisammen an den Abhängen der Berge standen.

Dieser Baum hat den Namen Trauercypresse *(Funereal Cypress)* erhalten. Professor Lindley — an den ich ein getrocknetes Exemplar sandte, welches ich mir auf dieser Reise verschafft hatte, — nennt ihn eine „Erwerbung vom höchsten Interesse" und setzt hinzu: „Wir haben ein Exemplar dieses Baumes erhalten, und können nicht anders sagen, als dass er eine Pflanze von der grössten Schönheit sein muss. Am besten beschreibt man ihn als einen Baum der an Wuchs der Trauerweide ähnlich ist, mit den Blättern des Sadebaumes, aber von hellerem Grün; er ist jedoch kein Juniper, wie der Sadebaum, sondern eine ächte Cypresse. Man hat lange bedauert dass die italienische Cypresse in unserem Klima nicht ausdauert und unsere Begräbnissplätze schmückt; hier aber haben wir einen Baum der diese noch an Schönheit übertrifft und dem Zwecke noch hesser entspricht."*

Am 31 October, früh, verliessen wir die Stadt Shang-i-yuen, der gegenüber wir die Nacht über vor Anker gelegen hatten, und setzten unsere Reise weiter fort. Nachdem wir eine kleine Strecke gefahren waren, kamen wir an eine Stelle wo die Hügel ein sehr wildes Ansehn hatten. Hier war ein höchst merkwürdiges und deutliches Echo, von den Chinesen *Fung-shu* genannt. Die Schiffer und Passagiere machten es sich zur Lust zu schreien und die höchsten Töne herauszubringen deren ihre Kehle fähig war, diese wurden mehreremale deutlich wiederholt, zuerst an den nächsten Hügeln, dann entfernter, bis sie allmälig verhallten. Die Chinesen haben eigenthümliche Vorurtheile und abergläubische Meinungen über diese Stelle. Sie sagten mir dass die Seelen Verstorbener oft ihren Aufenthalt in dieser wilden und schönen Gegend nehmen, und dass diese es seien welche jetzt die Töne wiederholten und von Hügel zu Hügel wiederhallen liessen.

Gegen Abend kamen wir an eine jener Stromschnellen die so schwer zu passiren sind, wo wir eine grosse Menge kleiner Kähne trafen die hier warteten und alle grösseren aufwärts fahrenden Boote mit ihrem Besuche beehrten. Es waren Flussbettler; in jedem dieser Kähne war ein alter Mann oder eine alte Frau an Bord, manche mit schneeweissen Haaren, und offenbar altersschwach und zum Theil schon kindisch. Alle erwarteten dass ihnen die Schiffer welche aus den reichen Städten des Ostens nahe am Meere kamen Almosen geben sollten. Man muss den Chinesen zur Ehre nachsagen dass sie das Alter ehren und schätzen. Ein berühmter englischer Admiral soll einmal, als er in Canton von einem Volkshaufen angegriffen wurde, den Hut abgenommen haben; sobald die Chinesen seine grauen Haare sahen, zogen sie sich zurück und liessen ihn unbehindert weiter gehen. Diese Erzählung mag wahr sein oder nicht, so viel aber ist gewiss dass das Alter und die grauen Haare bei diesem Volke in hohen Ehren stehen.

Die Schiffsleute pflegten alle Morgen eine kleine Portion Reis in einem Gefäss aus Bambus für die Armen bei Seite zu setzen. Die Bettler brachten daher in der Regel ihre Bitte nicht umsonst an; und es war auch in der That schwer sich ihrer auf eine andere Weise zu entledigen, denn sie waren im höchsten Grade zudringlich und lästig. Wir wurden von so vielen heimgesucht, dass der Bootsführer oft klagte, es sei ihm unmöglich mehr zu geben als eine bis zwei Unzen Reis für jeden. Aber obgleich

---

* Gardener's Chronicle, 1849, S. 243.

das ganze Bambusgefäss in die aufgehaltenen Körbe ausgeleert wurde, so machten die Bettler doch gewaltigen Lärm und beklagten sich dass sie nicht den ihnen zukommenden Theil erhalten hätten. Zuweilen war der Fluss so seicht und mit Steinen angefüllt dass die Boote nur dicht am Ufer fahren konnten. Diese Stellen waren den Landbettlern sehr wohl bekannt, und diese nahmen immer ihre Stationen hier. Jeder hatte ein Körbchen das an der Spitze eines Bambussteckens herabhing, den er dem Schiffer hinhielt wenn er um Almosen bat. Diese Landbettler waren eben so zudringlich wie ihre Brüder auf dem Flusse, und ihre Bitten hatten in der Regel denselben Erfolg.

Ich hatte bis jetzt noch nicht gewusst dass die niedern Stände in China — wie diese Schiffer — so mitleidig waren. Wenige Bettler — und „ihr Name war Legion" — wurden ohne ein Almosen fortgeschickt. Vielleicht dass diese Leute, so unwissend und götzendienerisch sie waren, doch ahnten dass es ihnen Segen brächte, wenn sie „ihr Brod mit den Hungrigen theilten."

Viertes Capitel.

Die Stadt Wae-ping. — Die Schiffer drohen mit einem Angriff. — Blinder Lärm. — Gränzland und Gränzwache. — Eintritt in den Bezirk von Hwuy-chow. — Die Theepflanze und andere Feldfrüchte. — Ein chinesisches Schauspiel. — Fähre und Damen. — Cargo übergeladen. — Zwei Särge unter meinem Bett. — Garten eines Mandarinen. — Pflanzenkunde der Hügel. — Eine neue Pflanze (Berberis japonica). — Rath meines Dieners. — Wir verlassen das Boot. — Der Opiumraucher überlistet. — Die Stadt Tun-che. — Deren Bedeutung für den Theehandel. — Ansehen des Landes, Boden und Erzeugnisse. — Erste Ansicht des Sung-lo-shan.

Am 31 October, abends, erreichten wir Wae-ping. Dieses ist eine ziemlich bedeutende Stadt, mit Mauern und Befestigungswerken, und hat vielleicht 150,000 Einwohner. Dieser Ort liegt dicht an der Gränze des Bezirks von Hwuy-chow.

Der Streit zwischen Wang und dem Schiffer war noch nicht vergessen, und dieser glaubte dass jetzt eine passende Zeit sei Rache zu nehmen. Während der beiden letzten Tage hatte er oft gegen einige Passagiere verlauten lassen, dass er in Wae-ping etwas unternehmen wolle. Diese Leute hinterbrachten Wang pünktlich alles was ihnen gesagt wurde, und diesem fing jetzt an gewaltig Angst zu werden. Die andern Chinesen, bei denen es keineswegs beliebt war, schienen sich über seine Furcht zu freuen, und thaten alles was in ihrer Macht stand, die Gefahr, welcher er sich ausgesetzt hatte, zu übertreiben. Er hatte während der Reise häufig mit ihnen Streit gehabt, und fast alle hegten einen Groll gegen ihn. So standen die Sachen als wir die Stadt Wae-ping erreichten.

Es war gegen acht Uhr des Abends, und ganz dunkel, als wir dicht unter den Stadtmauern vor Anker legten. Die Schiffer gingen ans Ufer, wie gewöhnlich wenn wir nahe bei einer Stadt Halt machten, und nur einer oder zwei blieben zurück um auf das Boot Achtung zu geben, diese aber legten sich, von der Arbeit des Tages ermüdet, zum Schlafen nieder, und der grösste Theil der Passagiere folgte ihrem Beispiel. Ich bemerkte jetzt dass meine beiden Leute sich heimlich mit einander unterhielten, was ich jedoch, da es öfters vorkam, nicht weiter beachtete. Von meinen Streifzügen, die ich den Tag über unternommen hatte, müde, legte ich mich auf mein Bett und liess meine Gedanken in ferne Lande schweifen.

Meine Gedanken wurden allmälig durch Träume verdunkelt, als ich fühlte dass mich eine Hand berührte, und eine Stimme, die ich als Wang's erkannte, sagte zu mir, ich möchte nicht schlafen. Als ich ihn fragte, weshalb, sagte er mir, er habe so eben die Entdeckung gemacht, dass die Schiffsmannschaft sich gegen uns verschworen hätte, und wir alle drei in dieser Nacht im Flusse ertränkt werden sollten. „Sie sind jetzt in die Stadt gegangen um einige ihrer Freunde zu Hülfe zu holen," setzte er hinzu, „und sie warten nur bis zu glauben können, dass wir fest eingeschlafen sind."

Ich wusste kaum was ich zu der Sache denken sollte. Wir waren jetzt ungefähr dreihundert Meilen von Shanghae und eben so weit von Ning-po entfernt, die Nacht war finster, und wenn der gedrohte Versuch wirklich gemacht wurde, so hatten wir von anderen wenig Beistand zu hoffen. Ich konnte jedoch unmöglich glauben, dass im Innern dieses Landes, wo das Volk in der Regel gutmüthig und harmlos ist, ein Act dieser Art ungestraft begangen werden könnte, und stand daher nicht auf, wie Wang wünschte, sondern sagte ihm, ich wolle mir Mühe geben mich wach zu erhalten.

Die Stadt Wae-ping liegt an dem hohen Ufer des Hwuy-chow-Flusses. Eines ihrer Thore konnten wir an einem Lichtschimmer erkennen, den die Fackeln und Laternen der Chinesen über dasselbe warfen. Zwischen dem Flusse und dem Thore lag eine kleine Fläche, die sich etwas abwärts senkte und die Strasse bildete, welche wir vom Boote aus übersehen konnten. Da alle Chinesen Laternen tragen, so konnte es uns nicht leicht entgehen, wenn jemand aus der Stadt nach dem Flusse zu herabkam. Die Nacht, obwohl finster, war vollkommen ruhig, so dass man das geringste Geräusch in ziemlicher Entfernung deutlich hören konnte. Endlich öffnete sich das Thor, und etwa ein Dutzend Männer kamen heraus, jeder mit einer Laterne, und bewegten sich den Hügel abwärts auf das Boot zu. „Stehen Sie auf, stehen Sie auf! schnell, schnell!" sagte mein Diener, „dort kommen sie." Ich sprang sogleich auf und erwartete den gefürchteten Angriff, mit aller mir nur möglichen Fassung. Endlich kam der Vorderste der Bande heran, sprang flink an Bord und steckte den Kopf zur Thür unseres Bootes herein. „Hilloa! was wollt ihr?" schrieen meine beiden Leute zu gleicher Zeit. Der Kerl grinste uns an, sagte, er suche nicht uns, und sprang aus unserm Boote heraus in ein anderes, welches daneben lag. Seine Begleiter verschwanden eben so in den uns umgebenden Booten, ohne uns etwas zu Leide zu thun. „Nun, sehen Sie?" sagte Wang; „Sie wollten mir nicht glauben, als ich Ihnen sagte, dass sie uns angreifen und ersäufen wollten, hätten sie uns nicht wach und vorbereitet gefunden, so wäre es bald um uns geschehen gewesen."

Ich muss gestehen, dass ich etwas erschrocken war, und nicht wusste was ich eigentlich zu der Sache denken sollte. Die ganze Scene würde für einen Zuschauer, der das Ende voraussehen konnte, höchst lächerlich gewesen sein, mir aber schien sie doch zu bedenklich, um darüber lachen zu können. Von den übrigen Passagieren schlief keiner, obgleich alle in ihren Betten waren; und sie flüsterten mit einander, was mir ziemlich verdächtig vorkam. Ich war fest überzeugt, dass wir von ihrer Seite auf keinen Beistand zu hoffen hatten; im Gegentheil, es war sogar nicht unmöglich, dass sie gegen uns Parthei nehmen und den Schiffern Beistand leisten konnten.

Ungefähr eine halbe Stunde nach dem ersten Lärm öffnete sich das Stadtthor wieder, und wir sahen einige Männer mit Laternen den Hügel herabkommen, wie vorhin. Diesmal waren es die Schiffer welche ans Land gegangen waren, und die in Verdacht standen mit ihren Freunden in der Stadt die Verschwörung angezettelt zu haben. Als sie an Bord kamen, stellten sie sich sehr erstaunt über die Aufregung in der sie uns fanden. Sie lachten Wang aus, und sagten, es sei ihnen nicht eingefallen ihn ertränken zu wollen. Dieser erklärte ihnen kurz, dass er ihnen nicht glaube, und sagte, sich zu mir wendend, er sei überzeugt, dass sie noch immer auf einen Angriff dächten. Die Bursche legten sich jetzt zum schlafen nieder und verlangten wir sollten unsere Laternen auslöschen und uns ebenfalls zur Ruhe begeben. Darauf wollten jedoch meine Diener nicht eingehen, da sie bestimmt glaubten, dass die Schiffer sich nur stellten als ob sie schliefen.

Von acht Uhr' Abends bis drei Uhr Morgens blieben wir in dieser Aufregung. Lange schon schienen die Schiffer in tiefem Schlafe zu liegen; die Nacht war still und ruhig, und nichts zu hören als das Klappern der Wassermühlen, deren einige, den schon oben beschriebnen Maschienen ähnlich, in den Stromschnellen der Stadt gegenüber vor Anker lagen. Die Mauern und Wälle der alten Stadt sahen schwarz und wie Gefängnissmauern in die Finsterniss hinein, aber alles war vollkommen ruhig und der ganze Ort schien in tiefen Schlaf versunken. Ich fühlte selbst grosse Lust schlafen zu gehen; dies wollten jedoch meine Leute durchaus nicht zugeben, und ich musste ihnen noch eine Stunde länger Gesellschaft leisten. Endlich, da nichts weiter vorkam was uns noch länger in Aufregung erhalten konnte, fühlte ich mich kalt und schläfrig — so dass keine Ueberredung mich wach erhalten konnte. Ich sagte Wang, er solle mich rufen — sobald sich irgend etwas verdächtiges rege, legte mich angekleidet nieder, und träumte bald von Räubern, Schiffern und Wassermühlen.

Als ich erwachte war es heller Tag; wir waren wieder unterwegs und fuhren schnell auf dem Strome dahin. Fünfzehn unserer Leute waren am Ufer und zogen das Boot, der Koch war eifrig mit der Bereitung unseres Frühstücks beschäftigt, und alles ging seinen alten Weg, als ob nichts vorgefallen wäre was uns hätte stören können. Meine Leute selbst, vom Wachen müde, waren in einen tiefen Schlaf gesunken und lagen in voller Länge auf dem Boden des Bootes ausgestreckt. Da die andern Passagiere ebenfalls fest schliefen, so hatte ich Zeit ruhig über die Ereignisse der letzten Nacht nachzudenken, und begierig die alte Stadt bei Tageslicht zu sehen, trat ich aus der Cajüte ins Freie und nahm meinen Platz auf dem höhern Hintertheile des Bootes, nahe bei dem alten Manne, der das Steuerruder führte.

Die Sonne ging eben auf, und ihre ersten Strahlen beleuchteten die alten Mauern und Wachthürme von Wae-ping. Wie ganz anders nahm sich die Stadt bei Tageslicht aus als im Dunkel der Nacht! Die Einbildung hatte das ihrige dazu beigetragen, sie wie ein Gefängniss, finster und düster, und von Räubern und Dieben bewohnt, erscheinen zu lassen. Jetzt erschien sie wie eine alte Stadt, von einem klaren, herrlichen Flusse bewässert, von Bergen und einer romantischen Landschaft umgeben und von altersgrauen Mauern geschützt. Ein solcher Unterschied ist zwischen Nacht und Morgen, so gross war die Macht der Einbildung!

Als ich in die Cajüte zurückkehrte fand ich meine Diener, die sich die Augen rieben und eben erst aufgewacht waren. „Nun," sagte ich, „ihr seht dass nichts vorgefallen ist und wir jetzt unterwegs und schon ein gut Stück über Wae-ping hinaus sind." — „O, das ist alles sehr gut", sagte der eine von ihnen, „wären wir aber nicht auf unserer Hut gewesen, so hätten wir den Morgen nicht mehr erlebt."

Da der Fluss seicht und an manchen Stellen sehr reissend war, so hatte ich täglich Gelegenheit in der Gegend umherzustreifen und die Erzeugnisse des Landes zu betrachten. Bald nachdem wir Wae-ping hinter uns hatten, sagte mir einer meiner Führer, dass wir uns jetzt an der Gränze einer andern Provinz befänden, und ich daher besser thun würde das Boot nicht so häufig zu verlassen. Ich fand diesen Rath gut und der Beachtung werth. Der Fluss gilt hier als die einzige Landstrasse oder Passage von einem District in den andern, und dieser Pass ist gut von Soldaten bewacht. Jede Provinz hat ihre Wachtstadt. An der Seite von Chekiang passirten wir eine lange, weit an den Ufern des Flusses sich hindehnende Stadt, die hauptsächlich von Truppen bewohnt war welche den Pass bewachen und unter den Befehlen der Mandarinen von Hang-chow stehen. Bald nachdem wir die Gränzlinie überschritten, kamen wir an einen andern Ort, der ungefähr eben so gross, jenem im Aeussern ähnlich und mit Soldaten angefüllt war die unter den Befehlen der Behörden von Hwuy-chow-foo in der Provinz Kiang-nan stehen. Diese beiden Heeresabtheilungen bilden eine Art Gränzwache, und stehen, wie ich glaube, nicht im besten Einvernehmen mit einander. Sie erinnerten mich an unsere Gränz-Clans in den Zeiten des Faustrechts. Boote, die den Fluss auf oder ab fahren, werden in der Regel angehalten und ihre Passagiere von einem Officiere untersucht.

Der Schiffer, welcher mit Wang den Streit gehabt hatte, drohte jetzt ihn hier bestrafen zu lassen, worüber dieser in grosse Angst gerieth. Der Mann brachte jedoch, wenn er überhaupt wirklich daran gedacht hatte, seine Drohung nicht zur Ausführung, und wir kamen unangefochten über die gefürchtete Gränze.

Als wir ein Stück in den District von Hwuy-chow hinein waren, konnte ich wieder wie vorher Ausflüge auf das Land machen. Der Fluss war jetzt nicht nur seicht, sondern an manchen Stellen so voller Felsen und Steine, dass es fast unmöglich war, einen Durchweg für das Boot herauszufinden. Noch immer schlängelte er sich durch ein gebirgiges Land. Die Berge wurden jedoch, je weiter wir kamen, allmälig immer fruchtbarer, und waren an manchen Stellen bis an den Gipfel bebaut. Hirse und indisches Korn wuchsen zwischen den Theesträuchern, die man jetzt in grossen Massen an den Abhängen sehen konnte. Da das Korn und der Hirse in den heissen Monaten aufwachsen, so schienen sie theilweise dem Theestrauch Schatten zu gewähren, der diesem wahrscheinlich sehr wohlthätig ist. Ein andrer Grund weshalb man das Getreide zwischen den Theesträuchern sät, mag der sein, weil die Chinesen überhaupt sehr gern zweierlei Früchte untereinander bauen, wie im ganzen Lande Gebrauch ist. Nirgends sah ich schönere Ernten von Hirse und indischem Korn, als die, welche auf diesen Hügeln wachsen. Die Saaten waren eben reif (am 2 November) und die Chinesen hatten so eben die Ernte begonnen.

Dieser Theil des Landes war ausserordentlich schön und voll von Interesse. Manche der weniger fruchtbaren Berge waren mit Wachholder und Kiefern bedeckt, während auf andern die Flecken mit reifendem Korn scharf gegen die dunkelgrünen Blätter der Theesträucher abstachen, mit denen sie gesprenkelt waren. Zu meiner Freude sah ich jetzt oft Gruppen der schönen Trauercypresse; sie wuchs an den Abhängen der Berge in der Regel nahe bei den Dörfen, oder zwischen den Gräbern. Ueberall war sie schön und trug viel dazu bei den Reiz der Landschaft zu heben.

Wenn ich über Land ging vermied ich immer so viel als möglich die grossen Städte. Um diese Zeit mussten einmal sämmtliche Passagiere aus dem Boote steigen, um dieses leichter zu machen, damit es über eine der seichten Stromschnellen gezogen werden könnte. Wir gingen alle zusammen und kamen bald an eine ziemlich grosse Stadt. Zufällig war der Tag an welchem wir ankamen ein Festtag, und ich war hier Zeuge eines Schauspiels, wie ich vorher noch keines gesehen hatte.

Die Stadt lag am entgegengesetzten Ufer. Zwei Flüsse kamen hier zusammen, und zwischen ihnen, gerade wo sie sich vereinigen, war die Stadt erbaut. Der eine Fluss war beinahe ausgetrocknet, und sein Bett wurde jetzt benutzt um ein grosses Fest zu geben. Das Ufer, wo wir uns befanden, erhob sich an 150 bis 200 Fuss über das Bett des Flusses, so dass wir das was unter uns vorging sehr gut übersehen konnten.

Der erste und am meisten hervorragende Gegenstand, der mir in die Augen fiel, war eine Pagode von sieben Stockwerken, vierzig bis fünfzig Fuss hoch, die in dem trockenen Bette des Flusses stand; nahe bei dieser befand sich ein Sommerhaus, im verjüngtem Maassstabe, bunt aufgeputzt, so dass man hätte glauben können, es stehe in einem schönen Garten. Auf den Verandah's und Balkonen sassen künstlich gearbeitete Figuren von Männern und Frauen, in die reichsten Gewänder gekleidet. Singvögel, wie die beliebte Wame und Canarienvögel, zwitscherten an den Fenstern. In dem Bette des Flusses waren künstliche Seen ausgegraben, und das beliebte Nelumbium schien auf dem Wasser zu schwimmen. Alles deutete darauf dass der Ort einem sehr vornehmen und reichen Manne gehöre.

Nicht weit davon war ein Theater errichtet, vor dem, so dicht wie möglich zusammengedrängt, einige Tausend Eingeborne standen, die offenbar an dem Spiele grosses Interesse nahmen. Zuweilen schien das Stück so pathetisch zu sein dass die Menge ganz still war, dann wieder schien es ihre Lachlust zu kitzeln und die grösste Heiterkeit zu erregen. Die Schauspieler waren sehr bunt in reiche Seide und Atlas von verschiedenen Farben gekleidet, und thaten offenbar ihr möglichstes um diese zahllose Zuhörerschaft zu belustigen.

Dies war die Scene welche sich unsern Augen darstellte als wir der Stadt näher kamen. „Kommt," sagten alle meine Reisegefährten, „kommt, wir wollen das Schauspiel ansehn," und eilten so schnell wie möglich einer Brücke zu, die etwas weiter oben über den Fluss und nach der Stadt und der Stelle zu führte wo das Fest gegeben wurde. Ich war vollkommen mit der Ansicht zufrieden die ich von dem gegenüberliegenden Ufer aus auf die Scene hatte und lehnte deshalb die Einladung ab, noch näher zu gehen. Der alte Zwerg, von dem ich schon oben gesprochen habe, und der jede Gelegenheit wahrnahm die in seiner Macht stand, seinen guten Willen zu zeigen, war gern erbötig mit mir und meinen beiden Dienern zu bleiben. Wir setzten uns auf den grünen Rasen nieder und konnten Alles was vorging vortrefflich sehen. Die Chinesen schienen gar nicht müde zu werden und wären am liebsten den ganzen Tag hier geblieben; da aber unser Boot den andern Arm des Flusses hinauf musste, so mussten wir nothwendig dasselbe wieder zu erreichen suchen. Wir gingen daher über die Brücke und dann mitten durch die Stadt. Niemand schien im Geringsten zu ahnen dass ich ein Fremder war; und in der That, der arme Zwerg zog bei weitem mehr die Aufmerksamkeit auf sich als sonst irgend einer von uns. In der Stadt bemerkte ich nichts weiter was mich interessiren konnte, ausser etwa einige grosse Thee-Hongs, und Zimmerwerkstätten wo Theekisten gemacht wurden.

Als wir diesen Ort hinter uns hatten und den andern Arm des Flusses erreichten, setzten wir auf einem Fährboot auf die andere Seite über. Unter denen welche mit uns hinüberfuhren waren zwei sehr hübsche und gutgekleidete junge Damen, die mir viel Spass machten. Als sie in das Boot kamen, setzten sie sich ruhig an meiner Seite nieder und fingen an sehr lustig miteinander zu plaudern. Unwillkührlich musste ich ihre Art und Weise mit dem Betragen ihrer Landsmänninnen in den fünf Häfen wo den Fremden Handel zu treiben erlaubt ist, vergleichen. Anständig gekleidete Frauenzimmer fliehen dort vor den Fremden wie vor einem wilden oder reissenden Thiere. Hätten diese hübschen Fräuleins gewusst dass ein „Barbar" neben ihnen sass, wie würden sie erstaunt gewesen und erschrocken sein!

Gegen Abend, kurz vor Einbruch der Nacht, kam das Boot an und warf der Stadt gegenüber Anker, wo es die Nacht über blieb. Die sämmtliche Mannschaft schickte sich jetzt an ans Ufer zu gehen um das Schauspiel zu sehen. Einigen schien viel daran gelegen zu sein, dass ich sie begleitete, da ich aber an den Abenteuern des Tages vollkommen genug hatte, so lehnte ich die Einladung ab. Es war sehr spät ehe sie alle zurückkamen; diess hinderte jedoch nicht am nächsten Morgen zur gewöhnlichen Zeit aufzubrechen und unsere Reise fortzusetzen.

Als wir noch ein Stück weiter gefahren waren, ging der oberste Bootsmann bei den Passagieren herum und sagte diesen, er würde ein anderes Boot miethen müssen, welches die Hälfte seines Cargo einnehme, denn der Fluss sei zu seicht und er könne mit so schwerer Ladung nicht weiter hinauf. Ja noch mehr, er machte ganz trocken den Vorschlag dass die Kosten für das zweite Boot von den Passagieren getragen werden sollten, weil, wie er als Grund angab, diese dann schneller an den Ort ihrer Bestimmung gelangen könnten. Da die Summe nicht eben bedeutend war, so wurde dies zugestanden, und noch ein Boot gemiethet.

Jetzt ereignete sich ein Umstand der mich damals nicht wenig in

Verwunderung setzte, obwohl er in diesem Lande etwas sehr gewöhnliches sein mag. Als das zweite Boot anlegte und der Fussboden unserer Cajüte aufgehoben wurde um zu dem Cargo gelangen zu können, entdeckte ich zwei Reisegefährten auf die ich sicher nie gerechnet hätte. Zwei grosse Särge, jeder mit dem Leichnam eines Chinesen, hatten drei Wochen lang gerade unter meinem Bett gestanden, ohne dass ich die geringste Ahnung davon hatte. Letzteres war indess vielleicht gerade recht gut, denn wenn ich es gewusst hätte, würde es mir wahrscheinlich nicht eben angenehm und mein Schlaf weniger ruhig gewesen sein. Die Särge wurden jetzt in das andere Boot gebracht, welches sie bis zu ihrer letzten Ruhestätte brachte. Die Verstorbenen waren, wie ich auf meine Nachfrage erfuhr, aus Hwuy-chow-foo gebürtig und vor einigen Jahren nach Hangchow übergezogen, wo sie gestorben waren. Ihre Freunde führten jetzt die irdischen Ueberreste zurück in ihre Heimath, um sie in den Gräbern ihrer Vorältern beizusetzen.

Als ich am folgenden Tage mit einigen andern Passagieren ans Ufer ging, kamen wir in ein Dorf das einen berühmten Garten und einen Tempel hat, der einer vornehmen und einflussreichen Familie des Landes gehört. Das Haupt der Familie selbst war vor kurzem gestorben, der Garten aber wurde noch vortrefflich in Ordnung gehalten. Er schien dem Publicum geöffnet, und wir beschlossen hineinzugehen und uns darin umzusehen.

Der Ort machte keinen Anspruch auf das was man in England einen hübschen Garten nennt, galt aber offenbar bei den Chinesen in diesem Theile des Landes für einzig in seiner Art. Hier und da sah man kleine viereckige Einzäunungen, mit künstlichen Felsen verziert und mit den Lieblingsblumen der Gegend bepflanzt. Die wohlriechende Olive, Moutan, der heilige Bambus *(Nandina domestica)*, und andere gewöhnliche Sträucher, waren in grosser Menge vorhanden. Einige hübsche Teiche waren mit der beliebten Wasserlilie angefüllt. Die interessanteste Pflanze aber war eine immergrüne Stechpalme, mit Blättern die einige Aehnlichkeit mit dem portugisischen Lorbeer hatten.*

Unter den Gebäuden zeichnete sich eine hübsche kleine Pagode aus, die wir bestiegen und von deren Spitze wir eine herrliche Aussicht über die Umgegend hatten. Der ganze Ort war offenbar angelegt um Schauspiele und Feste in grossem Maassstabe zu geben. Sommerhäuser, Zierthürme, Balkone und Ahnentempel lagen überall umher. Das Ganze machte einen imponirenden Eindruck und war ganz so wie es die Chinesen am meisten bewundern. Führer leiteten uns durch die ganze Anlage, eben so wie in England in Häusern wo etwas zu sehen ist, und erwarteten eben so für ihre Dienste bezahlt zu werden. Die Aehnlichkeit ging sogar noch weiter, denn einer überwiess uns dem andern, und j e d e r streckte die Hand aus.

An den Hügelabhängen in diesem Theile des Landes traf ich manche Pflanzen die in andern Theilen von China, wenigstens auf den dem Meere näher gelegenen Hügeln, selten sind. Der wohlriechende *Chimonanthus,* jetzt in England (wo er zu Weihnachten im Freien blüht) so beliebt, war ganz gewöhnlich. Die interessanteste dieser Pflanzen aber, die vielleicht zu Hause den meisten Beifall finden wird, entdeckte ich in einem ver-

---

* Ich verschaffte mir hier Samen davon, den ich nach England schickte.

wilderteṇ Garten. Während meines Aufenthalts in Tung-che war ich einmal mit meinem Coolie auf einem kleinen Hügel, nahe bei der Stadt, eifrig beschäftigt Theesamen zu suchen. Nachdem wir allen Samen aufgesammelt hatten den wir finden konnten, fiel mir zufällig ein sehr schönes Exemplar der obengenannten Trauercypresse in die Augen, welches mich so entzückte, dass ich beschloss, an den Ort wo sie stand hinzugehen um sie in der Nähe betrachten zu können. Für den Fall dass wir einige reife Samenkörner an dem Baume finden könnten, nahm ich meine Begleiter mit. Als wir dem Dorfe näher kamen, zeigte sich dass der Baum in einem Garten stand, der von sehr hohen Mauern umgeben war, und da wir natürlich vermutheten dass sich an irgend einer Stelle eine Thüre finden müsse, gingen wir rings um die Mauer herum bis wir an eine kleine Hütte kamen die als Pförtnerwohnung gedient zu haben schien. Hier trat ich mit allem Anstande eines Chinesen ein und fand mich bald in einem ziemlich verwilderten alten Garten. Ein grosses Haus, welches ehedem das Wohnhaus gewesen war, war eben so wie der Garten dem Verfall sehr nahe. Die Cypresse welche ich von ferne gesehen hatte stand mitten im Garten und war mit reifem Samen bedeckt, womit ich meinen frühern Vorrath bedeutend vermehrte.

Wir waren eben im Begriff den Ort wieder zu verlassen, als mir eine eigenthümliche Pflanze in die Augen fiel die in einem abgetrennten Theile des Garten stand. Ich ging näher und erkannte eine sehr schöne immergrüne Berberis, die zu der Section der *Mahonia's* gehörte und folglich gefiederte Blätter hatte. Jedes Blättchen war so gross wie das Blatt einer englischen Stechpalme, dornig, und hatte eine dunkle, glänzend-grüne Farbe. Der Strauch war ungefähr acht Fuss hoch, hatte viele Aeste und übertraf alle übrigen bekannten Arten der Mahonia weit an Schönheit. Er hatte nur einen Fehler, nämlich den, dass er zu gross war um von der Stelle genommen werden zu können. Ich nahm jedoch ein Blatt mit und merkte mir die Stelle wo der Strauch stand, um auf meinem Rückwege einige Ableger mitnehmen zu können.

Die Furchtsamkeit und Feigheit meines Dieners Wang machte mir viel Verdruss. Noch immer war er ernstlich für seine Sicherheit besorgt, da sein Feind, der Schiffer, nicht aufhörte ihm zu drohen. Ich lachte ihn aus und versuchte ihn zu überzeugen dass der Schiffer nichts Uebles gegen ihn im Schilde führe, aber alles umsonst. Endlich kam er zu mir und setzte mir einen Plan auseinander den er entworfen hatte, und den er mir vorschlug am nächsten Tage zur Ausführung zu bringen. Dieser war einfach folgender: — er und ich sollten das Boot verlassen, scheinbar um wie gewöhnlich einen Ausflug auf das Land zu machen, um aber nicht wieder dorthin zurückzukehren. Als ich ihn fragte was wir mit unseren Betten und Gepäck machen sollten, und was mit dem andern Mann geschehen sollte, entgnete er, es müsse alles zurückbleiben; wenn er es versuchen wollte das Boot offen zu verlassen, so würde man Massregeln ergreifen ihn daran zu hindern; und da man sich auf den Coolie nicht verlassen könne, so müsse er ebenfalls zurückbleiben. Er wollte sogar nicht einmal unser Passagiergeld bezahlen! Dies war der Plan über den er, wie er sagte, Tag und Nacht gesonnen hatte und den er nun endlich zur Ausführung bringen wollte; und ich sollte jetzt meine Zustimmung geben.

Ich überlegte mir die Sache einige Minuten, kam aber dann zu dem Entschlusse, nicht auf seinen Rath einzugehen. Ich hatte durchaus keine Lust die Sämereien von Thee und anderen neu entdeckten Pflanzen im Stiche zu lassen, und hielt die Gefahr keinesweges für so dringend um zu so unwürdigen Mitteln greifen zu müssen, wie den andern Mann zurückzulassen und den Schiffer nicht zu bezahlen. „Auf diesen Plan kann ich nicht eingehen,", sagte ich; „wenn ihr das Schiff offen und ehrlich verlassen könnt, euern Gefährten mitnehmt und was ihr schuldig seid bezahlt, so habe ich nichts dagegen, entweder zu Fusse weiter zu gehen, oder ein anderes Boot zu miethen, aber auf die Weise wie ihr es vorschlagt kann ich nicht davon gehen." Es war mir späterhin sehr lieb dass ich fest genug gewesen war diesen Weg einzuschlagen.

Einen oder zwei Tage später wurde mir am Morgen gemeldet, dass wir nur noch dreissig Meilen von der Stadt Tun-che entfernt seien. Bis dorthin ging unser Boot, und hier sollten wir dasselbe verlassen. Nachmittags gegen zwei Uhr waren wir nur noch vier Meilen von dem Orte entfernt, und da das Wasser sehr seicht war, und wir nur langsam vorwärts kamen, entschlossen sich die meisen Passagiere vollends zu Fusse bis in die Stadt zu gehen. Wir fingen an einzupacken und uns zur Abreise geschickt zu machen. Der Opiumraucher, dem ich bei aller seiner Höflichkeit doch nie recht trauen konnte, wollte jetzt gern wissen nach welcher Gegend des Landes wir reisten. Meine chinesischen Diener, die durch die Erfahrung ein wenig gewitzigt worden, nahmen sich aber in Acht ihn darüber aufzuklären, da ihnen selbst daran gelegen war alle Verbindung mit ihren guten Freunden auf dem Schiffe, und denen mit welchen wir etwa später noch zusammenkommen möchten, abzubrechen.

Unser Passagiergeld war jetzt vollständig bezahlt, unsere Koffer gepackt, und ich hatte hinsichtlich der Station, auf die wir zu reisten, mit meinen beiden Leuten die nöthigen Verabredungen getroffen. Als alles geordnet war, liess ich den Coolie bei dem Gepäck, ging mit Wang ans Ufer und zu Fusse nach Tun-che, wo wir zwischen drei und vier Uhr nach Mittags ankamen. Tun-che ist ein wohlhabender und geschäftiger Ort, und bildet so zu sagen den Hafen von Hwuy-chow-foo, von welcher Stadt es nur etwa zwanzig Meilen entfernt ist. Es liegt 29° 48' n. B. und 2° 4' ö. L. von Peking. Alle grossen Boote aus Hang-chow und Yen-chow legen hier an und nehmen Ladung ein, da der Fluss zu seicht ist um weiter hinauf zu fahren, und die Stadt ist daher ein bedeutender Handelsplatz. Fast aller grüne Thee der Fluss abwärts nach Hang-chow-foo und von da nach Shanghae geht, wird hier verschifft. Die grünen Theee welche nach Canton bestimmt sind, werden über eine westlich von hier gelegene Bergkette geschafft, nach einem Flusse welcher in der Richtung des See's Poyang zu fliesst.

Dieser Theil des Landes ist sehr bevölkert. Fast der ganze Weg, von der Stelle aus wo wir unser Boot verlassen hatten, war mit Häusern bedeckt, die eine Art Vorstadt von Tun-che bildeten. Diese selbst hat nach der gewöhnlichen Annahme 150,000 Einwohner. Der Haupthandelsartikel ist Thee. Es giebt hier viele grosse Theehändler die diesen Artikel von den Bauern und Priestern kaufen, reinigen und sortiren, und nach Shanghae oder Canton bringen, wo er für den fremden Markt verkauft wird. Sieben- bis achthundert Chops sollen jährlich von hier aus

versandt werden. Ich bemerkte auch eine grosse Menge Zimmerwerkstätten, wo Kisten gemacht werden, ein Gewerbe welches ebenfalls eine
grosse Menge von Menschen beschäftigt. In der That, man kann sagen
dass diese Stadt mit ihrer volkreichen Umgegend ganz von dem fremden
Theehandel lebt. Fast den ganzen Weg von Yen-chow-foo aus war der
Weg zu beiden Seiten durch hohe Berge eingeengt; jetzt aber schienen
diese, so zu sagen, zurückzutreten und einem breiten und schönen Thale
Platz zu machen, welches der Fluss in der Mitte durchströmte. Fast
alles niedrige Land ist mit Thee bebaut, der Boden ist reich und fruchtbar und die Sträucher wachsen sehr üppig. Ich hatte nie vorher den
Theestrauch in so gutem Zustande gesehen, und diess überzeugte mich
dass der Boden einen grossen Einfluss auf die Güte des grünen Thees von
Hwuy-chow hat. In dem sandigen Boden in der Nähe des Flusses gedeiht die Erdnuss *(Arachis hypoyaea)* sehr gut.

Nachdem wir uns etwa eine Stunde in der Stadt aufgehalten hatten,
fragten wir, wo wir eine Sänfte miethen könnten, die uns noch etwa dreissig Le weiter bringen sollte, und wir wurden in ein Wirthshaus oder
Theehaus gewiesen, wo Sänften zu vermiethen waren. Ein Umstand ereignete sich in diesem Wirthshause, der mir damals sehr spasshaft war,
und über den ich noch oft habe lachen müssen. Als wir in das Haus eintraten, fanden wir eine grosse Anzahl von Reisenden aus allen Ständen; einige
tranken Thee, andere rauchten, die übrigen lagen auf Stühlen und Tischen
umher und schliefen. Als einige der weniger der Ruhe ergebenen sahen
dass Fremde eintraten, fingen sie sogleich an uns mit Fragen zu bestür-
men. Wang war in dieser Gegend zu Hause, und verstand daher den
Dialect vollkommen, wollte aber so wenig sprechen als nur irgend möglich. Ich meines Theils erklärte dass ich nicht verstände was sie sagten.
Einer namentlich, der wahrscheinlich pfiffig genug war um etwas Ungewöhnliches in meinem Aeussern zu entdecken, schien entschlossen sich
nicht zurückweisen zu lassen, und richtete verschiedene Fragen an mich.
Endlich kam der alte Wirth dazu und sagte mit dem grössten Ernste, „es
nutzt Euch nichts in diesen Herrn hineinzureden, er versteht nur das
Kwan-hwa (oder die Hofsprache); ihr sprecht diese nicht, natürlich kann
er euch eben so wenig verstehen wie ihr ihn.“ Dies schien allen Partheien
vollkommen einleuchtend, und ich wurde nicht weiter belästigt.

Sobald unsere Sänften bereit waren stiegen wir ein, liessen uns
dann grade durch die Stadt und über den Fluss tragen und schlugen den
Weg nach Sung-lo und Hieu-ning ein. Kurz vor Einbruch der Nacht erreichten wir den Ort unserer Bestimmung, und zum ersten Mal sah ich
den berühmten Sung-lo-shan, den Berg, wo, wie man sagt, der grüne
Thee zuerst entdeckt wurde.

Fünftes Capitel.

Sung-lo-shan. — Priester und Thee. — Höhe des Berges über der Meeresfläche.
— Flora der Hügel. — Temperatur und Klima. — Pflege des Theestrauchs.
— Aufbewahrung des Saamens. — Die jungen Pflanzen. — Färbung des
grünen Thees. — Dazu gebrauchte Ingredienzen. — Weshalb die Chinesen
den Thee färben. — Quantität des berliner Blau und Gyps welche ein Grün-
theetrinker zu sich nimmt. — Herrn Warrington's Beobachtungen.

Der Berg Sung-lo, oder Sung-lo-shan, liegt in der Provinz Kiang-nan,
im Bezirk von Hieu-ning, einer Stadt unter dem $29^0\ 56'$ N. B. und 118^0
$15'$ O. L. (v. Greenwich). Er ist in China berühmt als der Ort wo der grüne
Theestrauch zuerst entdeckt, und der grüne Thee zuerst gemacht wurde.
In einem Buche, Hieu-ning-hien betitelt, welches 1693 herausgegeben ist
und von Herrn Ball citirt wird, findet sich folgende Notiz über diesen Ort.
„Der Hügel oder Berg wo der Thee wächst ist der Sung-lo. Ein
Bonze von der Secte des Fo lehrte einen Mann aus Kiang-nan, Namens Ko-
Ty, die Kunst der Bereitung des Thees, und dieser wurde Sung-lo-Thee
genannt. Der Thee wurde bald sehr berühmt, so dass der Bonze reich
wurde und seinen Stand als Priester aufgab. Der Mann ist dahin gegangen
und nur der Name geblieben. Ihr Gelehrte und Reisende, die ihr den
Sung-lo Thee suchet, werdet ihn jetzt nicht finden; das was auf den Märkten verkauft wird ist eine blosse Nachahmung."
Der Sung-lo-shan erhebt sich dem Anscheine nach etwa zwei bis dreitausend Fuss über die Ebene. Er ist kahl, und wie auch immer früher
der Fall gewesen sein mag, so viel ist gewiss dass er jetzt nur noch wenig Thee erzeugt; in der That, nach allem was ich erfahre, wird der Thee
welcher dort wächst gänzlich vernachlässigt, und nur so viel gesammelt
als für den Bedarf der Priester des Fo nöthig ist, die in dieser rauhen
Wildniss viele Tempel haben. Nichts desto weniger ist der Berg für jeden
Chinesen ein Ort von grossem Interesse und hat manchen ihrer Schriftsteller Stoff zu ihren Werken geliefert.
Die Niederungen in diesem und in dem Districte von Mooyuen, der
einige Meilen weiter südlich liegt, bringen den grössten Theil der feinen
grünen Theesorten welche in den Handel kommen; daher der Unterschied
zwischen Hügelthee und Gartenthee, indem man unter letzterer Benennung
nur die Theesorten begreift welche sorgfältig in den Ebenen gebaut werden. Der Boden hier ist ein reicher Lehm, dem Baumwollenboden in der
Nähe von Shanghae nicht unähnlich, aber lockerer und mit einem bedeutenden Theile Sand gemischt.
Was die Niederungen oder Ebenen betrifft, wo der gute Gartenthee gebaut wird, so darf man nicht vergessen dass das Niveau des Landes hier
nicht eigentlich niedrig liegt, sondern in einer bedeutenden Höhe über der
Meeresfläche — bedeutend höher als zum Beispiel die Ebene von Shanghae.
Von Hang-chow-foo nach Hwuy-chow-foo beträgt die Entfernung ungefähr
800 Lee (150 bis 200 engl. Meilen); und wenn wir in Ueberlegung ziehen wie reissend der Strom ist, so begreifen wir sogleich dass die Ebene
in der Umgegend von Hwuy-chow-foo bedeutend höher liegen muss als die
bei Hang-chow oder Shanghae, welche sich nur wenige Fuss über die
Meeresfläche erheben.

Die Felsen in diesem Theile des Landes bestehen hauptsächlich aus silurischem Schiefer, ganz dem ähnlich welchen man in England findet, und auf diesem ein kalkhaltiger Sandstein, dem neuen rothen Sandstein in Europa ähnlich. Dieser Sandstein giebt den dürren Hügeln eine röthliche Farbe, da er, in Stücken zerbröckelt, dieselben überall bedeckt. Ich fand keine fossilen organischen Ueberreste in diesen Felsen, doch hatte ich weder Zeit noch Gelegenheit dieselben genau zu untersuchen.

Alle diese Hügel sind sehr kahl und für den Bau des Theestrauchs ganz unpassend; ihre geologische Formation kann daher nur wenig mit dem Erfolge zu thun haben der den Theebau in der Ebene begleitet hat. Da jedoch ihre vegetabilischen Erzeugnisse zum grossen Theil vom Klima abhängig sind, so können sie uns in manchen Stücken sehr lehrreich sein, weshalb ich ihnen eine besondere Aufmerksamkeit schenkte.

Die Flora hat hier einen nördlichen Charakter, d. h. die in England oder in den nördlichen Theilen Indiens gewöhnlichen Gattungen sind hier gewöhnlich, während die Sträucher und Bäume welche man in den tropischen Ländern findet gänzlich unbekannt sind. Nur eine Pflanze findet man hier die mit denen der Tropenländer einige Aehnlichkeit hat, nämlich eine Species der Palme, die ich schon oben anführte; diese scheint aber bedeutend weniger zart zu sein als irgend eine andere Art ihrer Gattung. Eine Species der Stechpalme, der englischen nicht unähnlich, ist gewöhnlich, und verschiedene Species der Eiche, Kiefer und des Wachholder findet man ebenfalls in grosser Menge. Die Gräser, Farrenkräuter, und andere niedrigwachsende Gesträuche und zu den Kräutern gehörige Pflanzen, die in nördlichen Ländern gewöhnlich sind, werden hier durch verschiedene Species derselben Gattungen repräsentirt.

Wenn wir nach der Flora des Landes allein schliessen wollten, so möchten wir beinahe annehmen dass der Theestrauch in einigen Theilen Grossbritanniens mit Erfolg angebaut werden könnte; diess würde aber irrig sein. Wir müssen ebensowohl das Klima als den Boden und dessen natürliche Erzeugnisse in Betracht ziehen, und so die Frage nach allen Seiten beleuchten.

Shanghae ist der der Grüntheegegend am nächsten gelegene Ort, wo in einiger Ausdehnung Beobachtungen über das Klima angestellt worden sind auf die man sich verlassen kann.

Folgende Tabelle die in Shanghae (31° 20′ N. B.) nach täglichen Beobachtungen mit Newman's besten Maximum- und Minimum-Thermometer entworfen wurde, wird hinsichtlich der Temperatur den besten Nachweis geben.

1 8 4 4 — 4 5.	Thermometer.			
	Mittles Maximum.	Mittles Minimum.	Höchster Stand im Monat.	Niedrigster Stand im Monat.
Juni	90	77	100	71
Juli	89	77	94	74
August	79	67	91	63
September . . .	74	55	85	32
October	64	52	73	40
November . . .	47	37	64	26
December . . .	45	36	62	24
Januar	45	37	62	30
Februar	54	42	80	32
März	64	51	75	41
April	71	59	81	49
Mai	76	68	90	58

Dabei muss jedoch ausdrücklich bemerkt werden dass der Winter 1844/45 ungewöhnlich gelinde war. Ich zweifle nicht dass sonst das Thermometer zuweilen auf 10^0 oder 12^0 Fahrenheit sinkt. Die Wintermonate sind denen wie wir sie in England haben nicht unähnlich; zuweilen starker und anhaltender Regen, ein anderesmal strenge Kälte, so dass Flüsse und Seen zufrieren und der Boden mit Schnee bedeckt ist. Der Frühling tritt zeitig ein und ist schön. Im April und Mai, wenn der Monsun von Nordost nach Südwest umschlägt, ist die Witterung in der Regel sehr nass und recht eigentlich was wir gewöhnlich die „Regenzeit" nennen. Von Juni bis August ist die Hitze oft drückend, der Himmel in der Regel rein, es fällt wenig Regen, aber die Vegetation wird oft durch starken Nachtthau erfrischt. Die Herbstmonate sind kühl und angenehm, und gegen Ende des October leichte Fröste nicht selten.

Wenn wir bedenken dass Shanghae 9^0 30′ südlicher liegt als Neapel, so erscheinen die Extreme von Hitze und Kälte wirklich ausserordentlich. Um diess zu erklären müssen wir uns an die Bemerkungen erinnern welche Humboldt vor mehrern Jahren gemacht hat. „Europa," sagt er, „kann überhaupt als der westliche Theil eines grossen Continents betrachtet werden, und desshalb als allen Einflüssen unterworfen welche bewirken dass die westlichen Seiten der Continente wärmer sind als die östlichen, zugleich aber auch gemässigter oder weniger dem Uebermass sowohl der Hitze als der Kälte, namentlich aber der letztern, ausgesetzt."

Shanghae liegt an der östlichen Seite des grossen Continents von Asien, und ist daher den Extremen der Temperatur ausgesetzt — einer übermässigen Hitze im Sommer und strenger Kälte im Winter, die an vielen andern Orten welche unter demselben Breitegrade liegen unbekannt sind. Shanghae aber liegt dem Meere nahe, und die Extreme der Hitze und Kälte sind daher geringer als in dem Grüntheedistricte von Hwuychow. Ich zweifle nicht dass in Hwuy-chow-foo das Thermometer im

Sommer um mehrere Grade höher steigt als in Shanghae und Ning-po, und ebenso im Winter noch tiefer sinkt. Wenn wir der Hitze wie der Kälte acht bis zehn Grad zusetzen, so werden wir der Wahrheit wahrscheinlich ziemlich nahe kommen — wenigstens so weit als für diese Untersuchung nöthig ist.

In dem Grüntheedistricte von Hwuy-chow, und ich glaube in allen andern Theilen des Landes wo der Theestrauch angebaut ist, wird er aus dem Samen gezogen, der im October reif wird. Die Samenkörner werden nach der Einsammlung in der Regel in einen Korb geschüttet und mit feuchter Erde und Sand gemischt und so bis zum Frühling aufbewahrt. Wenn man dieses Verfahren nicht beobachtete so würden nur wenige Körner keimen, denn ebenso wie der Same der Eiche und Kastanie verdirbt er leicht wenn er plötzlichen Veränderungen der Temperatur und Feuchtigkeit ausgesetzt ist.

Im März wird der Same aus dem Korbe genommen und in den Boden gelegt. In der Regel sät man ihn ziemlich dick, in Reihen oder Beeten, in einer Baumschule, oder an irgend einem unbenutzten Plätzchen der Theepflanzung, und die Lücken in den bestehenden Pflanzungen werden oft ausgefüllt indem man sechs bis sieben Samenkörner in jede leere Stelle legt.

Wenn die jungen Pflanzen ein Jahr alt sind können sie umgepflanzt werden. Dies geschieht immer im Frühjahr wenn der Monsun umschlägt und dann häufige warme Regen eintreten. Die jungen Pflanzen werden gruppenweise, je fünf oder sechs beisammen, in etwa vier Fuss auseinanderstehenden Reihen gepflanzt, so dass zwischen den einzelnen Gruppen oder Flecken in der Regel ein Zwischenraum von etwa vier Fuss leer gelassen wird. Die erste Blätterärnte nimmt man von diesen Pflanzen im dritten Jahre. Der Strauch wird, wo er zur Nutzung gebaut wird, selten höher als drei bis vier Fuss.

Wenn der Winter sehr streng ist umwinden die Eingebornen die Sträucher mit Stroh, um sie vor dem Frost zu schützen und zu verhüten dass sie nicht durch den Schnee zerknickt werden.

In meinem frühern Werke habe ich von der Vorliebe gesprochen welche in Europa und Amerika Manche für die gefärbten Theesorten haben; ich will hier eine vollständige und genaue Beschreibung des ganzen Verfahrens geben, welches man in dem Grüntheelande von Hwuy-chow mit den für den fremden Markt bestimmten Theeen vornimmt. Ich habe das ganze Verfahren an Ort und Stelle sorgfältig aufnotirt und gebe hier einen wörtlichen Auszug aus meinem Notizbuche: —

„Der Aufseher über die Arbeiter leitete die Färbung des Thees selbst. Er nahm ein Stück berliner Blau, warf es in ein Gefäss von Porzellan, das dem Mörser eines Chemikers nicht unähnlich war, und zerstiess es in demselben zu einem feinen Pulver. Zu gleicher Zeit wurde eine Quantität Gyps gebracht und in dem Kohlenfeuer, über dem der Thee röstete, gebrannt. Dies geschah um es weich zu machen, damit es leichter zu feinem Staube zerstossen werden konnte, ebenso wie das berliner Blau. Nachdem man das Gyps nach einiger Zeit aus dem Feuer genommen hatte, konnte es leicht zerbröckelt und in dem Mörser zu Pulver gestossen werden. Beide Substanzen wurden dann, nachdem sie auf diese Weise vorbereitet waren, zu vier Theilen Gyps und drei Theilen berliner Blau untereinander gemischt und gaben ein hellblaues Pulver, welches dann zum Gebrauche fertig war.

„Dieser Farbestoff wurde während des letzten Prozesses des Röstens an den Thee gebracht. Ungefähr fünf Minuten bevor der Thee aus den Pfannen genommen wurde — die Zeit wurde nach einem brennenden Joss-stöckchen* bestimmt — nahm der Aufseher einen kleinen Löffel von Porzellan und streute damit etwas von diesem Farbestoffe über die Blätter in jeder Pfanne. Die Arbeiter rührten die Blätter schnell mit beiden Händen um, damit sich die Farbe gleichmässig vertheilte.

„Bei diesem Theile der Operation wurden die Hände der Arbeiter ganz blau. Unwillkührlich drängte sich mir der Gedanke auf, dass, wenn Liebhaber des grünen Thees bei dieser Operation zugegen wären, sich ihr Geschmack sicher ändern, und — man erlaube mir hinzuzusetzen — sich bessern würde. Es scheint vollkommen lächerlich dass ein civilisirtes Volk diese gefärbten Theee denen vorzieht welche die natürliche grüne Farbe haben. Kein Wunder dass die Chinesen die Bewohner des Westens für ein Volk von „Barbaren" halten.

„Ein englischer Herr in Shanghae fragte einmal im Gespräch mit einigen Chinesen aus der Grüntheegegend, zu welchem Zwecke sie den Thee färbten und ob er nicht besser wäre wenn dieser Prozess nicht damit vorgenommen würde. Sie gaben zu dass der Thee bei weitem besser sei wenn er ohne Beimischung oben genannter Ingredienzen bereitet würde, und dass sie selbst nie gefärbten Thee tränken, bemerkten aber sehr richtig, da die Fremden eine Mischung von berliner Blau und Gyps in ihrem Thee vorzuziehen scheinen, die demselben ein gleichmässiges und hübsches Ansehen gebe, und diese Ingredienzen wohlfeil genug seien, so hätten die Chinesen keinen Grund weshalb sie diese nicht anwenden sollten, namentlich da solche Theee immer höher im Preise ständen!"

„Ich gab mir Mühe genaue Kenntniss über die Quantität des Farbestoffs zu erlangen welcher bei der Färbung der grünen Theesorten angewendet wird, zwar nicht um Anderen, weder zu Hause noch anderswo, in der Kunst den Thee zu färben behülflich sein zu können, sondern einfach um den Liebhabern des grünen Thees in England, und namentlich in den vereinigten Staaten in Amerika, zu zeigen, welche Quantität von berliner Blau und Gyps sie im Laufe eines Jahres einschlürfen. Auf $14\frac{1}{2}$ Pfd. Thee kamen 8 Mace $2\frac{1}{2}$ Candareen Farbestoff, oder etwas mehr als eine Unze. In je hundert Pfund gefärbten grünen Theees der in England oder Amerika consumirt wird, trinkt der Consument mehr als ein halbes Pfund berliner Blau und Gyps! Und doch, sagt man den Trinkern dieses gefärbten Theees, dass die Chinesen Katzen, Hunde und Ratten essen, so schlagen sie ihre Hände über dem Kopfe zusammen und bedauern die armen Bewohner des himmlischen Reichs!"

Die Theefabrikanten wenden zwei Arten des berliner Blau an — die eine Art ist die welche man gewöhnlich findet, die andere Art habe ich nur im Norden von China angetroffen.** Sie ist leichter als das gewöhn-

---

* Ein kleines mit Staube von wohlriechendem Holze überzogenes Stöckchen, ungefähr von der Stärke einer Federspule und sechs bis acht Zoll lang, welches die Chinesen vor ihren Götzen anzünden.   D. Uebers.
** Ich hielt sie früher fälschlich für eine Art Indigo.

17*

liche berliner Blau und hat eine glänzende, blasse und sehr schöne Farbe.
Curcumewurzel wird in Canton häufig angewendet, in Hwuy-chow aber
habe ich nicht gesehen dass diese gebraucht wurde.

Um jeden Irrthum über die eigentliche Natur dieser Ingredienzen zu
verhüten, verschaffte ich mir von den in der Factorei beschäftigten Chinesen einige Proben, die ich zur grossen Ausstellung im vergangenen Jahre
nach London schickte. Ein Theil derselben wurde Herrn Warrington zur
Prüfung vorgelegt, dessen Untersuchungen über diesen Gegenstand hinlänglich bekannt sind. In einer Abhandlung die er in der Chemischen Gesellschaft vorlas und in den „Memoirs and Proceedings" veröffentlicht hat,
sagt er: —

„Herr Fortune hat für die Industrieausstellung aus dem nördlichen
China Proben dieser Stoffe (Theefarben) geschickt, die man ihrem Ansehen
nach sogleich als fasriges (calcinirtes) Gyps, Curcumewurzel und berliner
Blau erkennt. Letzteres hat eine glänzende blasse Farbe, wahrscheinlich
von einer Beimischung von Alaunerde oder Porzellanerde, woraus sich die
Alaunerde und Kieselerde erklären die ich in meiner frühern Abhandlung
nachgewiesen habe und die ich dort einer Anwendung von Kaolin oder
Agalmatolit zuschrieb."

Sechstes Capitel.

**Meine Aufnahme bei Wang's Vater. — Eine räucherige chinesische Hütte. —
Mein Coolie und der Zwerg. — Gefahren denen sie ausgesetzt waren. —
Wie sich die Chinesen bei kalter Witterung erwärmen. — Ich erhalte Theesamen u. s. w. — Anekdote von der neuen Berberis. — Erwerbung einiger
jungen Pflanzen derselben. — Trügerischer Charakter der Chinesen. —
Abreise nach dem berühmten Sung-lo-shan. — Wang versucht einen Sänftenträger zu betrügen. — Er lügt eine Geschichte von einem „grossen General."
Abreise von Tun-che — Gebirgslandschaft. — Angenehme Fahrt den Strom
abwärts. — Sturm in den Gebirgen. — Ankunft in Nechow. — Shaou-hing-
foo. — Tsaou-o. — Pak-wan. — Ankunft in Ning-po.**

Nach dieser Abschweifung über den grünen Theestrauch, und die
Gegend wo er entdeckt worden, nehme ich jetzt meinen Reisebericht wieder auf. Hier in der Gegend des Sung-lo nahm ich meine Wohnung in einem
Hause welches dem Vater meines Dieners Wang gehörte. Es war beinahe
dunkel ehe wir an dem Hause ankamen, welches zwei Meilen vom Fusse
des Sung-lo zwischen den Bergen liegt. Hätte ich mir diesen Ort selbst
besonders ausgesucht, so hätte ich keinen finden können der sich besser
für die Zwecke eignete welche ich im Auge hatte. Der alte Wang war
ein Landbauer der sich früher in ziemlichem Wohlstande befunden hatte,
aber, wie mancher andere, unglücklich gewesen war, und jetzt in sehr
dürftigen Umständen lebte. Er empfing uns auf die höflichste Weise,
und schien seinen Sohn sehr lieb zu haben. Auch seine Frau kam um
uns zu bewillkommnen und zugleich die armselige Aufnahme zu entschuldigen die sie uns bieten konnten, da sie so arm seien. Ich gab mir möglichste Mühe an Höflichkeit nicht hinter ihnen zurückzubleiben, und wir
waren bald die besten Freunde.

Bald war unsere Abendmahlzeit aufgetragen, und mit den Speisestäbchen in der Hand, machten wir uns ans Werk und liessen den Speisen
vor uns volle Gerechtigkeit wiederfahren. Bald darauf, da die Chinesen
alles bei sehr guter Zeit thun, begaben wir uns zur Ruhe.
Am nächsten Morgen fiel der Regen in Strömen, so dass es unmöglich
war nur bis vor die Thüre zu treten. Unter solchen Umständen ist eine
chinesische Hütte ein höchst ungemüthlicher Aufenthaltsort. Vier Familien
wohnten in dem Gebäude in welchem ich jetzt mein Absteigequartier genommen hatte, zwei im untern, und zwei im obern Stock. Jede Familie
hatte eine besondere Küche, und da keine Schornsteine da waren, so
musste sich der Rauch durch Thüren, Fenster und Dach des Hauses einen
Ausweg suchen. Die Eingebornen sind an dergleichen gewöhnt, es stört
sie daher wenig, mir aber war dies beinahe unerträglich. Der Rauch kam
mir in die Augen und ich wurde vor Schmerzen beinahe krank. Ich mochte
gehen wohin ich wollte, überall war es dasselbe, denn das Haus war ganz
mit Rauch angefüllt. Wie sollte es erst zur Essenszeit werden, wenn in
allen vier Küchen das Feuer brannte! Es gab indessen kein Mittel dagegen, ausser in den Regen hinaus zu gehen, und ich musste geduldig
ausharren so gut es ging.

Am Abend des zweiten Tages kam mein Coolie und der gute alte
Zwerg mit meinem Gepäck an, und erzählte Wang wunderbare Geschichten, wie sie nur mit genauer Noth seinen Freunden auf dem Schiffe entkommen wären. Der Coolie sagte, er sei so in Angst gewesen, dass er
die ganze Nacht in einem Tempel zugebracht habe, weil er sich sonst nirgends für sicher gehalten hätte. Ich hielt es nicht für nöthig alles zu
glauben, namentlich da das Gepäck glücklich in meine Hände kam, was
kaum der Fall gewesen wäre wenn die Schiffer wirklich so schlimme Absichten gehabt hätten wie erzählt wurde.

Drei Tage lang regnete es unaufhörlich und war dabei sehr kalt. Die
Chinesen suchten sich zu wärmen indem sie dicke Kleider anzogen, und,
was man kaum glauben wird, laut lasen, was in einer singenden Weise
geschah, wobei sie die Worte so schnell wie möglich aussprachen. Als
sie müde waren gingen sie fast sämmtlich zu Bett; unter solchen Umständen gewiss das Beste was man thun kann, und gaben mir den Rath ihrem
Beispiele zu folgen.

Der Sung-lo, den ich bei gutem Wetter aus meinem Fenster sehen
konnte, war jetzt in eine Nebeldecke gehüllt, und alle Bäume und Sträucher
von den schweren Regentropfen niedergebeugt. Am vierten Tage endlich
brachen sich die Wolken, die Sonne schien wieder mit ihrem gewöhnlichen
Glanze, und die ganze Natur hatte ein freundliches und lachendes Ansehen.
Jetzt brachte ich alle Tage von Morgen bis Abend im Freien und sammelte fleissig Sämereien, untersuchte die Vegetation auf den Hügeln und
zog Erkundigungen ein über die Pflege und Bereitung des grünen Thees.
Auf diese Weise erhielt ich eine hübsche Sammlung von Samen und Pflanzen des Theestrauchs von dem der beste grüne Thee gewonnen wird welcher in den Handel kommt, so wie viele so nützliche Aufschlüsse, die
ich in den letzten Capitel den Lesern vorzulegen versucht habe.

Inzwischen hatte ich die schöne neue Berberis, welche ich bereits beschrieben, nicht aus den Augen verloren, und gab mir jetzt Mühe dieselbe
zu erlangen, um sie in Europa einzuführen. Ich hatte Wang schon öfters

den Auftrag gegeben zu versuchen ob er mir aus einigen Gärten in der Nachbarschaft einige junge Pflanzen verschaffen könnte, da ich mir nicht vorstellen konnte dass sie so selten sei, dass sie sich nur an dem verfallenen Orte finden sollte wo ich sie zuerst gesehen hatte. Indessen, entweder konnte er wirklich keine finden, oder, was mir noch wahrscheinlicher dünkt, er gab sich keine Mühe darum. Da ich den mächtigen Einfluss der Dollars kannte, liess ich eines Morgens drei bis vier Familien aus der Nachbarschaft zu mir kommen denen ich das Blatt zeigte welches ich mitgebracht hatte, und versprach jedem der mir eine junge Pflanze dieses Strauches bringen würde einen Dollar. Einer von ihnen ging sogleich hinaus und kehrte zu meinem Erstaunen und meiner Freude in weniger als fünf Minuten mit einem frischen Blatte der fraglichen Pflanze zurück. „Das ist recht" sagte ich; „das ist gerade was ich brauche, bringt mir eine junge Pflanze mit guten Wurzeln, dann will ich euch die versprochene Belohnung geben." Jetzt hielten sie eine leise Berathung miteinander und erklärten endlich, die Pflanze habe einige besondere medicinische Kräfte und der welcher so glücklich sei sie zu besitzen werde sie nicht hergeben. „Verkauft mir nur diese," sagte ich, „für das Geld welches ich euch gebe könnt ihr ein ganzes Dutzend andere kaufen." — „Nein," entgegnete einer von ihnen, „mein Onkel, in dessen Garten die Pflanze wächst, braucht kein Geld, er ist reich genug; er gebraucht aber manchmal etwas von der Pflanze wenn er unwohl ist, und will sie daher nicht abgeben." Das war sehr ärgerlich, aber der Chinese blieb fest, und es war jetzt, wie die Schiffer sagen, nichts weiter zu thun, als „andere Segel aufzuziehen." Dies beschloss ich zu thun. „Gut" sagte ich, „lasst mich wenigstens die Pflanze sehn; ihr braucht euch nicht zu fürchten, ich werde sie nicht anrühren." Auch darauf wollten sie nicht sogleich eingehen, endlich aber brachte es Wangs Einfluss doch dahin dass sie nachgaben und mich in einen kleinen Garten an einer Hütte führten, der ganz mit Unkraut überdeckt war. Hier wuchs der schöne Baum scheinbar ganz vernachlässigt. Der Onkel schien einen sehr grossen Werth darauf zu legen und wollte ihn durchaus nicht hergeben, obwohl ich alles Mögliche versuchte ihn dazu zu bewegen. Vielleicht schätzte er wirklich die Heilkräfte der Pflanze so hoch; da indessen der Baum in dieser Gegend häufig genug sein musste, so hätte er sich leicht einen andern verschaffen können: es ist daher nicht unwahrscheinlich dass er vermuthete ich würde ihm, wenn er sich länger weigerte, eine bedeutende Summe dafür bieten.

Am nächsten Morgen kam ein anderer Verwandter Wangs heimlich zu mir und sagte mir, er wisse noch eine andere Stelle wo sich diese Pflanze finde, und er sei erbötig, wenn ich ihm etwas dafür geben wollte, einige Pflanzen davon zu holen. Ich nahm sein Anerbieten sogleich an und empfahl ihm nur junge Pflanzen mit guten Wurzeln zu bringen, da ich sie sonst nicht brauchen könnte. Dies versprach er mir zu thun, und hielt sein Wort. Noch an demselben Tage brachte er drei gute Pflanzen, die er mir verkaufte und welche ich nachher mit nach Shanghae nahm. Sie sind jetzt sicher und wohlbehalten in England.

Eine Woche blieb ich in der Nähe des Sung-lo und traf dann Anstalten mit meiner Sammlung wieder nach dem Osten zurückzukehren. Mein Coolie gab sich jetzt Mühe, Wang auf alle mögliche Weise zu beunruhigen und in Angst zu setzen, in der Absicht Geld von ihm zu erpressen.

Er hatte bemerkt, wie sehr dieser sich vor den Leuten auf dem Schiffe fürchtete und glaubte ohne Zweifel, dass auch er einigen Vortheil aus dieser Furcht ziehen könnte. Aber Wang war jetzt in seines Vaters Hause, er hatte daher mehr Muth als sonst, und keine Lust sich um vier Dollar prellen zu lassen, denn so viel wollte der andere von ihm haben. Endlich, als nichts anschlagen wollte, und nachdem er einmal gewaltig getobt hatte, ging er fort, mit der Drohung, einige seiner Landsleute holen zu wollen, die seiner Forderung Nachdruck geben sollten. Ehe jedoch eine Stunde verging, war er wieder da, ohne jemand mitzubringen, und da die Sache einstweilen zu meiner Kenntniss gelangt war, liess ich ihn kommen und drohte ihn, wenn mir noch etwas von dieser Angelegenheit zu Ohren käme, so würde ich zur Strafe seinen Lohn zurückbehalten. Das half, und ich glaube sie verglichen sich später dahin, dass ihm Wang eine Summe lieh!

Der alte Wang, in dessen Hause wir wohnten, musste um diese Zeit in Geschäften nach Tun-che gehen, und ich bat ihn bei dieser Gelegenheit ein Boot für mich zu besorgen, mit dem ich bis nach einem Orte Namens Nechow hinabfahren könnte. Er kehrte zur rechten Zeit zurück und brachte einen „Chop" mit, den er mit dem Schiffer abgeschlossen hatte. Ich konnte kein Chinesisch lesen und liess mir daher von Wang den Chop vorlesen und erklären, namentlich den Theil, welcher die Summe angab die ich zu bezahlen hatte. Der Chop bestimmte bis wohin wir mitgenommen werden sollten, die Zahl der Leute die wir auf dem Boote haben sollten, was wir für guten Reis, mit dem wir dreimal am Tage zu versorgen waren, zu bezahlen hätten, und endlich den Miethpreis für das Boot. Hinsichtlich des letzten Artikels sagte mir Wang, ich hätte der Bestimmung gemäss die Summe von vierundzwanzig Dollar zu bezahlen, halb vor unserer Abfahrt, das Uebrige wenn wir am Orte unserer Bestimmung angelangt wären.

Die Summe welche ich mitgenommen hatte war jetzt bis auf dreissig Dollar geschmolzen. Während meiner Reise hatte ich alles ziemlich theuer bezahlen müssen, und war jetzt vollkommen überzeugt, dass die chinesische „Prellerei" im schönsten Gange war. Bis hieher hatte ich gute Miene zum bösen Spiele gemacht, weil ich wohl wusste, dass dies der einzige Weg sei auf dem ich zu meinem Zwecke gelangen konnte. Jetzt aber war es durchaus nothwendig mich einmal zu widersetzen. Der Ort, bis wohin wir von diesem Boote gebracht werden sollten, war wenigstens noch hundert Meilen von jedem Hafen entfernt wo Engländer wohnten und wo ich hätte Geld erhalten können, und ich musste erwarten, dass man von Nechow bis Ning-po eine wenigstens eben so hohe Summe verlangen würde, die ich dann unmöglich hätte bezahlen können. Ausserdem wusste ich sehr wohl, oder hatte wenigstens guten Grund zu vermuthen, dass die Summe welche mir Wang angab bei weitem grösser war als die über welche sein Vater mit dem Schiffer übereingekommen war. Ich sagte ihm daher, ich sei überzeugt dass der Chop falsch sei, und dass ich, er möge richtig sein oder nicht, eine so grosse Summe nicht bezahlen könne und auf andre Mittel denken müsse um meine Reise ins Land hinab zu bewerkstelligen. Er stellte sich sehr gekränkt darüber dass ich an der Wahrheit seiner Aussage zweifeln könnte und wollte mir eine lange Auseinandersetznng machen; ich brach aber die Sache kurz

ab, mit der Erklärung, dass ich meinen Entschluss gefasst habe, und da
von der Summe, welche er genannt hätte, keine Rede sein könnte, versuchen müsste mit Hülfe des Coolie ein anderes Boot zu erhalten. Ausserdem liess ich fallen, wenn die Sache nicht auf diese Weise gehen könnte,
würde ich mich an den Mandarin von Tun-che wenden, und durch dessen
Beistand ein Boot für einen billigen Preis zu erhalten suchen. Ich sagte
ihm dann, er möchte nicht weiter über diesen Gegenstand sprechen, und
ging meiner Wege.

Dieses Auftreten brachte ganz die Wirkung hervor welche ich beabsichtigte, und nach einigen Minuten kam der alte Wang wieder und
fragte ruhig, wie viel ich gesonnen sei für das Boot zu bezahlen. „Was
habt ihr nöthig danach zu fragen?" entgegnete ich, „ihr sagt mir, ihr
hättet ein Boot für vierundzwanzig Dollar gemiethet; wenn ich das Boot
nehme, so muss ich natürlich diese Summe bezahlen; wenn nicht, so verliere ich nur das Handgeld, welches ihr schon bezahlt habt." — „Durchaus nicht," sagte er, „sagen Sie mir nur wieviel Sie für das Boot geben
wollen, wir wollen dann schon sehen ob es genug ist oder nicht." —
„Gut denn," sagte ich, „ich muss für zwanzig Dollar bis Ning-po kommen, und ich weiss, dass dies für diesen Weg genug ist." — „Sehr
wohl," entgegnete er mit der grössten Ruhe, „geben Sie fünfzehn für
dieses Boot von Tun-che bis Nechow, und ich will dafür stehen, dass Sie
von da bis Ning-po nicht mehr als fünf bezahlen." Darauf ging ich ein,
und Herr Wang war augenscheinlich ganz zufrieden mit dem Geschäft;
und kein Wunder, denn später, als ich mir den Chop, welchen ich zu
mir genommen hatte, in Ning-po übersetzen liess, fand ich, dass für das
Boot bis Nechow statt fünfundzwanzig, nur fünf Dollar gefordert waren,
so dass nach Allem die Wangs noch immer zehn Dollar bei dem Handel
gewonnen hatten.

Das ist der Charakter der Chinesen. Es fällt ihnen nicht ein die
Wahrheit zu sprechen, ausser wenn es in ihrem Interesse liegt dies zu
thun; und ich glaubte wirklich oft dass sie es vorzögen zu lügen, wenn
dieses nicht ihrem Vortheile gerade zuwider war.

Nachdem wir alle Anordnungen getroffen und Sämereien und Pflanzen eingepackt hatten, miethete ich eine Sänfte und sagte nachmittags
den 20. November Wangs Familie und der Gegend des weitberühmten
Sung-lo-shan Lebewohl. Der Tag war nass und stürmisch, und ich hatte
bis Tun-che einen sehr schlechten Weg. Gegen Abend wurde der Sturm
heftiger und es regnete gerade herunter. Ich hatte mir einiges Oelpapier
besorgt um Füsse und Knie vor dem Regen zu schützen, der mir durch
den Wind entgegengetrieben wurde, und meine Leute, die mich begleiteten, hatten sich mit denselben Material bedeckt; es war uns aber wenig
nutze, und lange bevor wir den Ort unsrer Bestimmung erreichten, waren
wir bis auf die Haut durchnässt. Zum Unglück wurde es noch ganz
finster ehe wir Tun-che erreichten, und meine Sänftenträger konnten sich
nur mit Mühe auf dem schmalen Pfade halten, wo sie oft ausglitten und
nahe daran waren zu fallen. Unser Weg führte an den hohen Ufern des
Flusses hin und war in einer solchen Nacht ziemlich gefährlich. Einmal
kam der vordere Mann zum fallen, und es fehlte wenig so wäre ich vom
Ufer in dem Fluss hinab geworfen worden; und in der That, hätte der

andere nicht die Sänfte fest gehalten, so glaube ich, wäre ich mit Sänfte und Allem in die Tiefe hinabgestürzt.

Endlich kamen die Lichter der Stadt zum Vorschein, und als wir in die schmalen Strassen derselben eintraten, liess ich die Träger mich niedersetzen und warten bis meine Diener herankämen. Die Träger hielten nun vor einem Theehause an, wo sie hineingingen und sich einige Erfrischungen geben liessen. Während sie im Hause waren sah ich mich nach meinen Leuten um, da es leicht möglich war, dass sie im Dunkeln bei uns vorbei gehen konnten. Nach einigen Minuten kam Wang in grosser Aufregung heran und riss mich beinahe aus der Sänfte. „Kommen Sie fort! — schnell, schnell!" sagte er; „lassen Sie die Sänfte wo sie ist und eilen wir schnell in die Stadt." Ich stieg aus, weil ich mir seine Hast nicht erklären konnte, und platschte durch Koth und Regen weiter zur Stadt hinein. Wir waren noch nicht weit gegangen, als uns die Träger nachkamen, Wang am Kragen griffen und ihre Bezahlung verlangten. „Was soll das heissen?" sagte ich, „ich habe euch Geld gegeben, um diese Leute zu bezahlen ehe wir aufbrachen, und jetzt wollt ihr davon laufen ohne sie bezahlt zu haben." — „Machen Sie keinen Lärm," sagte er; „ich will Ihnen später über das Geld Rechnung ablegen, geben Sie mir aber jetzt noch etwas um die Leute los zu werden." Ich that es und wir gingen weiter.

Als uns die Träger verlassen hatten, stellte ich Wang seiner Unehrlichkeit halber zur Rede. Er erzählte mir nun, als er mir nachgegangen sei, habe er eine andre Sänfte bemerkt, in welcher ein grosser General gesessen habe, der mir auf den Fersen nachgefolgt sei, und er vermuthe, der Mann habe im Sinne gehabt uns festzunehmen und zu Gefangnen zu machen.

Wir eilten weiter, sahen aber nichts mehr von dem „grossen General", der wahrscheinlich mehr daran dachte", vor dem schrecklichen Wetter unter Dach zu kommen, als uns etwas in den Weg zu legen; und ich vermuthe sehr, dass die ganze Sache nichts weiter war als eine List von Wang, der auf diese Weise von den Sänftenträgern los kommen und diese um ihr Geld betrügen wollte, welches er ihnen schon vor der Abreise hätte auszahlen sollen.

Wir waren jetzt in Tun-che, und kamen, nachdem wir auf einer Brücke über den Fluss gegangen, bald an unserm Boote an. Mein Bett und alle meine Kleider waren durch und durch vom Regen durchnässt, und ich brachte eine höchst ungemüthliche Nacht zu. Früh am nächsten Morgen wurde das Boot in den Strom gestossen, und wir fuhren schnell den Fluss hinab.

Der Regen hatte über Nacht aufgehört und wir hatten einen herrlichen Morgen. Die Sonne schien freundlich, die Luft war rein und stärkend und die ganze Natur hatte ein heiteres und lachendes Ansehn. Mit einiger Anstrengung unserer Schiffer fuhren wir schnell den Strom hinunter, bei Wäldern, Städten und Dörfern vorbei, die an den Ufern lagen. Zuweilen wenn wir vorwärts sahen, schien es als ob unserem Wege eine Gebirgswand entgegenstände, sobald wir aber näher kamen öffnete sich diese vor uns und wir fuhren schnell hindurch, zwischen Bergen die oft sich wenigstens drei tausend Fuss hoch emporthürmten.

Der Mond war eben voll, und die Landschaft im Mondenschein er-

greifend und grossartig. Zuweilen stand der Mond in voller Grösse über
den Spitzen der Berge und warf eine Fluth von mildem Lichte auf den
hellen, glänzenden Fluss, der wie mit Tausenden von flimmernden Edelsteinen bedeckt funkelte; bald wieder, wenn wir dem östlichen Ufer
näher kamen, schien der Mond hinter dem Gebirge zu versinken und un-
terzugehen wo er aufging, und wir waren im Dunkeln; und so ging er,
wie wir weiter fuhren, mehrmals auf und unter, bis er so hoch am Himmel stand dass die Berge seinen Strahlen nicht mehr hindernd in den
Weg treten konnten.

Auf unserer Reise stromaufwärts hatte ich die Stelle bezeichnet wo
die schöne *Berberis* stand; ich suchte diese jetzt wieder auf und verschaffte mir von einer alten Frau, der, wie es schien, die Pflege dieses
Ortes oblag, einige gute Ableger von dieser Pflanze. Ich hätte gern die
ganze Pflanze gekauft, wenn sie nicht zu gross gewesen wäre um sie
ungefährdet fortbringen zu können. Auch eine hübsche Anzahl von Theesamen sammelte ich auf dem Rückwege, so wie noch mehr Samen von
der schönen Trauer-Cypresse. Da ich das Boot ganz für mich gemiethet
hatte, so konnte ich überall anhalten wo ich wollte.

Da der Fluss reissend war und an manchen Stellen die Schifffahrt
wegen der vielen und grossen Steine sehr gefährlich war, so mussten
wir oft bei einbrechender Dunkelheit einen Bambuspfahl am Ufer eintrei-
ben und die Nacht über unser Boot daran befestigen. Bei einer solchen
Gelegenheit fand ein plötzlicher Wechsel der Witterung statt, was in
diesen Gebirgen sehr gewöhnlich ist. Als wir zu Bett gingen war die
Nacht ruhig und heiter, und es schien durchaus nicht als ob sich das
Wetter ändern könnte. Vor Mitternacht folgten jedoch schnell hintereinander drei heftige Windstösse, und binnen einer Viertelstunde hatte
sich ein Sturm erhoben. Ich erwachte von einem heftigen Windstosse
der die Thür aufriss und beinahe das Dach abdeckte. Zu gleicher Zeit wurde
das Boot losgerissen und in den Strom getrieben. Wir waren jetzt in
einer gefährlichen Lage, denn dieser Theil des Flusses war voller Felsen.
Sämmtliche Leute waren auf den Beinen und versuchten mit zwei grossen
Rudern und Bambusstangen das Boot wieder ans Ufer zu bringen. Einige
banden das Dach mit Stricken am Rumpfe des Schiffes fest, und ich glaubte
wirklich der Wind würde es davon führen, ehe es noch in Sicherheit gebracht werden konnte. Nach chinesischer Art machte unsere
Schiffsmannschaft einen gewaltigen Lärm; alle gaben Befehle, denen natürlich niemand gehorchte. Mittlerweile flogen wir mit einem reissenden
Strome vor dem Winde her. Ich erwartete jeden Augenblick dass das
Boot auf einen Felsen stossen und in Stücken zersplittern würde. Zum
Glück jedoch gelang es dasselbe endlich ans Ufer zu bringen, wo es auf
eine Sandbank lief und wieder befestigt werden konnte.

Mit Anbruch des Tages lies der Wind zwar bedeutend nach, war
aber immer noch so stark dass wir unsern Weg nicht fortsetzen konnten; wir mussten daher den grössern Theil des Tages an einer Stelle
liegen bleiben. Unsere Schiffer baten einige ihrer Freunde, die sich in
gleichen Umständen mit uns befanden, an Bord zu kommen um mit ihnen
zu essen und Karte zu spielen. So vertrieben sie sich die Zeit bis gegen
Abend, wo das Wetter besser wurde und wir unsere Reise wieder fortsetzen konnten.

Nach drei Tagen erreichten wir die Stadt Yen-chow-foo — eine Reise die auf dem Hinaufwege volle zwölf Tage in Anspruch genommen hatte; und noch drei Tage später, am sechsten Tage nachdem wir Tun-che verlassen, kamen wir in Nechow an.

Nechow ist eine kleine aber geschäftige Stadt, einige Meilen oberhalb Hang-chow-foo, an demselben Flusse. Es ist ein Platz von einiger Bedeutung und liegt an der Hauptstrasse zwischen Hwuy-chow und Ningpo. Der Stadt gegenüber lag eine grosse Menge von Booten vor Anker, von denen manche aus Hwuy-chow, Yen-chow und andern weiter aufwärts liegenden Städten, und viele aus Hang-chow waren. Die Bevölkerung der Stadt schätze ich, die der Boote mitgerechnet, auf dreissigtausend.

Ich hatte oft gehört dass Fluth und Ebbe in diesem Flusse sehr reissend seien, aber bis diesen Abend noch nie Gelegenheit gehabt dieselbe zu sehen. Wir sassen alle beim Mittagsmahle, oder vielmehr Abendessen, denn es war die dritte und letzte Mahlzeit am Tage, als ich das Wasser rauschen hörte und sich auf den Booten die mit uns festlagen ein gewaltiger Lärm erhob. „Jan-shui! jan-shui!" (die Fluth! die Fluth!) riefen hundert Stimmen; und zwei oder drei von unsern Leuten sprangen auf und liefen hinaus um das Boot in Sicherheit zu bringen. Auch ich stand auf um zu sehen was vorging, und erblickte eine grosse Welle die sich auf uns zuwälzte. Ein Boot nach dem andern aufhebend drehte sie es in einem Augenblicke herum, bis die ganze Flotte mit der Fluth fuhr. Ich kann die Scene nur einem Strome im Hochlande vergleichen, der nach einem Gewitter von vielen Bergströmen angeschwellt, sich in das niedere Land herabwälzt und auf seinem Laufe das Land überschwemmt und alles mit sich fort führt.

Nachdem wir unser Boot verlassen hatten, gingen wir durch die Stadt bis an das Ende eines kleinen Kanals, wo uns ein anderes Boot erwartete mit dem wir bis zu einer Stadt Namens Shang-o oder Tsaou-o fahren sollten, die nicht weit von den Quellen des Ning-po-Flusses liegt. Der Kanal war schmal und führte uns durch ein schönes Hügelland. Die Niederungen waren hier durchgängig sehr feucht und nur für den Bau von Reis und Gemüsen tauglich.

Einige Meilen unterhalb Nechow kamen wir bei einer kleinen Stadt vorbei wo sich Salzniederlagen der Regierung befinden. Auf diesem Theile des Kanals dürfen bei Nacht keine Boote fahren, wahrscheinlich um die Schmuggelei zu verhüten. Wir wurden daher gegen neun Uhr Abends angehalten und erhielten die Weisung, dass wir vor Anbruch des Tages nicht weiter dürften. Ich hielt die Sache damit für abgethan, als Wang kam und fragte ob ich weiter wollte oder nicht. Er sagte, wenn ich noch weiter fahren wollte, brauchte ich nur dem Soldaten der uns angehalten hätte etwa zwanzig Cash (ein Penny) zu bezahlen, und könnte dann gehen wohin ich wollte. Das ist in China die gewöhnliche Weise solche Dinge zu betreiben. Wir bezahlten natürlich die Cash und fuhren weiter.

Am nächsten Morgen kamen wir in eine grosse Stadt, mit Namen Shaou-hing-foo, unter 30^0 6′ N. B. und 120^0 29′ O. L. Sie scheint dicht bevölkert und hat wahrscheinlich beinahe so viel Einwohner wie Shang-hae (210,000). Die Stadt ist eben so wie alle andern Plätze dieser Art mit Mauern und Wällen umgeben.

Der Kanal geht rings um die Stadtmauer und ein Arm desselben durch die Stadt selbst. Da ich den Ort gern sehen wollte, liess ich meine Leute durch die Stadt fahren, in die wir durch einen in den Festungswerken angebrachten Bogen gelangten.

Die Mauern von Shaou-hing-foo haben drei bis vier Meilen im Umfange, aber, wie bei den meisten chinesischen Städten, nicht der ganze Raum innerhalb der Mauern ist bebaut. An den Seiten des Kanals haben die Häuser ein ziemlich dürftiges und ärmliches Ansehen, in andern Theilen der Stadt jedoch sind sie besser. Mit allen gewöhnlichen Bedürfnissen des Lebens scheint hier ein grosser Handel getrieben zu werden, und da die Stadt in der Mitte des Weges zwischen Hang-chow und Ning-po liegt, so wird sie von vielen Reisenden besucht. Die Hügel in der Umgegend liefern eine bedeutende Quantität Thee von ziemlich guter Qualität, der, wie ich glaube, nur dem Thee von Hwuy-chow nachsteht.

Zu den hiesigen Sehenswürdigkeiten, welche die Chinesen zeigen und auf die sie besonders stolz sind, gehört ein buddhistischer Tempel, der auf einem hübschen kleinen Hügel dicht an der Stadtmauer steht. In der Stadt sah ich viele zierliche Pforten, welche zum Andenken an tugendhafte Frauen errichtet sind, die, nach der Anzahl dieser Bauwerke zu urtheilen, in dieser Stadt ungewöhnlich zahlreich sein müssen; besonders berühmt aber ist die Stadt durch die vielen Gelehrten welche sie hervorgebracht hat und die über das ganze Reich verbreitet sind. Ueberall wo man deren antrifft rühmen sie sich ihre Erziehung in Shaou-hing erhalten zu haben.

Die Umgegend ist flach und in allen Richtungen von Kanälen durchschnitten. Die Berge, welche man in einer nicht sehr grossen Entfernung erblickt, haben ein dürres Ansehen — wenigstens sind sie bei weitem nicht so fruchtbar wie die in der Gegend des grünen Thees von wo ich eben kam. Das hauptsächlichste Erzeugniss des Bodens scheint Reis zu sein, wie in allen feuchten Niederungen in diesem Theile von China. Talgbäume findet man hier in grosser Menge, sowohl auf den Ebenen als an den niedern Abhängen der Hügel.

Gegen drei Uhr Nachmittags kamen wir in der Stadt Tsaou-o an. Hier verliessen wir unser Boot aus Nechow und gingen etwa eine englische Meile weit über Land bis wir in eine andre kleine Stadt, mit Namen Pak-wan kamen, welche an einem Flusse liegt der sich in die Bucht von Hang-schow ergiesst. Als ich diesen Fluss zum ersten mal sah, glaubte ich er ginge bis nach Ning-po hinunter, fand aber bald dass dies nicht der Fall war.

Pak-wan ist eine lange und sehr weitläufig gebaute Stadt, voll Packhäusser, Speisehäuser und Theehäuser zum Besten der Reisenden und ihrer Waaren. Ich fand dass vor mir schon viele Fremde hier gewesen waren, und die Einwohner kannten daher die Gesichtszüge sehr gut. Sobald ich in die Stadt kam wurde ich als Fremder erkannt, aber äusserst höflich behandelt, und hatte durchaus keine Schwierigkeit um ein Boot zu miethen, welches mich weiter bringen sollte. Ich ging zu diesem Zwecke in ein Hong-le oder Schiffswirthshaus und besorgte mir einen Chop, durch den sich der Wirth selbst verpflichtete mich für drei Dollar bis nach Ning-po bringen zu lassen.

Während der Nacht kamen wir über zwei Dämme, die, für kleine Schiffe, demselben Zwecke entsprechen wie in unsern Kanälen die Schleusen. Wir wurden mit Hülfe einer Winde und einer schiefen Fläche über die Dämme gezogen. Diese Art von einem höhern auf ein niedrigeres Niveau zu gelangen, oder umgekehrt, ist in China gewöhnlich, wo solche Schleusen, wie man in Europa sieht, nicht gebräuchlich sind. Als unser Boot zu Mitternacht sanft auf der schiefen Fläche hinunterglitt, beim Scheine der chinesischen Laternen, war der Eindruck, für einen der wie ich nie vorher etwas der Art gesehen hatte, eigenthümlich genug. Das zweite Boot brachte uns in das Wasser des Ning-poflusses.

In der Nacht kamen wir bei einer grossen Stadt mit Namen Yu-eou vorbei, und am nächsten Morgen sah ich dass wir einen breiten, schönen Strom hinabsegelten, der bei der Stadt Ning-po vorbei geht und sich bei Chinhae ins Meer ergiesst. Die Gegend hatte im allgemeinen ein hügeliges Ansehn, aber zu beiden Seiten des Flusses dehnte sich eine Ebene aus. Diese Niederung war nass und sumpfig und nur für den Reisbau geeignet.

Eine ungeheure Anzahl von Gräbern bedeckten die Seiten der Hügel und zeigte deutlich dass wir jetzt in die Nähe einer grossen und volkreichen Stadt kamen. Wachholder und Pinien waren in Gruppen um die Gräber gepflanzt und gaben den letzten Ruhestätten der Todten ein freundliches Ansehen. Der Talgbaum behauptete noch immer einen hervorstehenden Platz an dem Rändern der Felder und den Ufern der Kanäle, eben so wie an den Abhängen der Hügel, und an der Ausdehnung in der er angepflanzt wird kann man sehen dass er für die Chinesen ein sehr wichtiger Baum sein muss.

Bis nach Ning-po ereignete sich nichts was besondere Erwähnung verdiente. Es war mir ein eben so willkommner Anblick wie manches andere was ich in diesen Tagen gesehen hatte, als die alte Stadt mit ihren Pagoden, Tempeln und Wällen zum Vorschein kam. Sie war mir von früher her wohlbekannt, und nach einer langen und ziemlich gefährlichen, obwohl in vieler Hinsicht angenehmen Reise, war mir fast als käme ich in der Heimath an.

Siebentes Capitel.

Kintang oder die Silberinsel. — Einwohner und Producte. — Bucht von Chapoo. — Vortheile eines Landweges. — Neujahrsfest in Shanghae. — Blumenläden und Blumen. — Heiliges Bambus. — Das Chrysanthemum. — Pflege desselben. — Wetterpropheten. — Abfahrt nach Hong-kong. — Ein Wildpretschiff. — Der Enkianthus. — Samen aus Canton und Verpakung desselben.

Bei meiner Ankunft in Ning-po miethete ich ein chinesisches Boot, das mich nach Kin-tang überführen sollte. Kin-tang oder die Silberinsel ist eine von den Inseln des Archipelagus von Chusan, und liegt zwischen Chusan und der Mündung des Ning-po-Flusses, etwa unter dem dreissigsten Grade nördlicher Breite. Die Insel ist gegen sieben Meilen lang, und an der breitesten Stelle etwa drei Meilen breit. Ich fand zwei Opiumschiffe in dem kleinen Hafen von Leh-kong vor Anker liegen, und wurde vom Capitän Priestman freundlich aufgenommen, der mir am Bord seines Schiffes Quartier gab. Die Silberinsel, obgleich nahe bei Chusan, wurde doch während der Besetzung dieses Platzes von den Engländern wenig besucht. Man erzählte allerlei Geschichten über diese Insel, unter andern, sie sei das Exil für Mandarinen, welche sich gegen die Regierung vergangen hätten ; und da man dieses mit dem Namen in Verbindung brachte, so glaubte man nicht anders, als dass die Insel reich und wohlhabend sei. Ausserdem hatte die chinesische Regierung gebeten, dass unsern Offizieren und Soldaten nicht erlaubt werden möchte die Insel zu besuchen, weil sie von chinesischen Truppen voll sei, die leicht in Wuth gerathen könnten, wenn sie mit denen in Berührung kämen, von welchen sie im letzten Kriege besiegt worden waren. Da ich mich alles dessen noch sehr wohl erinnerte, so meinte ich natürlich einen sehr bedeutenden Platz zu finden ; aber die Wirklichkeit blieb sehr hinter meinen Erwartungen zurück, namentlich, was die Soldaten und Reichthümer anbelangte, die ich hier zu finden glaubte. Kleine Dörfer liegen viele in den Thälern einzeln umhergestreut, aber es giebt nicht eine bedeutende Stadt auf der Insel, und dem Ansehn nach zu schliessen sind die Einwohner im Allgemeinen sehr arm. Von grimmigen Soldaten war auf der ganzen Insel nichts zu sehen. Doch ist es möglich dass diese seit 1844 ihre Standquartiere verändert haben.

Die Einwohner sind, ebenso wie in Chusan und Ning-po, ruhig und harmlos. Sie waren gegen mich artig und begegneten mir mit grosser Freundlichkeit. Freilich hatten sie wenig mehr, was sie bieten konnten, als ihren guten Willen ; diesen aber bethätigten sie indem sie mich einluden in ihre Hüten einzutreten, oder, was oft noch annehmlicher war, mich unter dem Sonnenzelte vor ihren Thüren niederzulassen. Hier verabsäumten sie es nie, ihr Nationalgetränk — Thee — anzubieten. Ich kenne nichts was an einem heissen Sommertage nur halb so erfrischend wäre wie eine Tasse Thee: nämlich reiner und ächter Thee, wie ihn die Chinesen trinken, ohne Zucker und Milch. Er ist weit besser und erquickender als Wein oder Bier; löscht den Durst, reizt die Nerven ohne aufzuregen und wehrt manche Fieberkrankheiten ab, die in einem so heissen Klima so häufig sind.

Wenn aber auch die Silberinsel nicht von reichen Leuten und tapfern Soldaten bewohnt wird, so ist doch die Natur sehr gütig gegen diese Insel gewesen, denn sie ist eine der schönsten in der Gruppe zu der sie gehört. Als ich sie diesmal besuchte wurde ich besonders durch die Landschaft überrascht. Als ich das Städtchen oder Dorf Leh-kong hinter mir hatte kam ich an den Fuss der ersten Hügelkette und erstieg den Pass der über die Hügel in das Innere der Insel führt. An den Seiten des Weges, und überall auf den Hügeln, fand ich viele Talgbäume. Die Körner werden von den Eingebornen sorgfältig gesammelt und sind wegen des Oeles und Talges die man daraus gewinnt sehr werthvoll. An den niedern Theilen der Hügel sieht man einzelne Flecke mit Thee bebaut. Als ich den Gipfel der ersten Hügelkette erreichte und auf die andere Seite hinüber schaute, breitete sich eine reizende Aussicht vor meinen Blicken aus. Ein ruhiges und schönes Thal lag zu meinen Füssen, hie und da sah man eine kleine Bauernhütte, und das ganze Thal war auf allen Seiten von reich mit Sträuchern und Bäumen bekleideten Hügeln umschlossen. Es war ein schöner Herbsttag, und viele Blätter waren schon roth und gelb gefärbt. Die des Talgbaums und einer Art Ahorn hatten eine helle und blutrothe Farbe angenommen — andere waren beinahe weiss; und der Abstand zwischen diesen Farben und dem dunkeln Nadelholze machte einen höchst eigenthümlichen Eindruck. Büsche von schönem Bambus, und der Sung — die schon oben beschriebene Palmenart — gaben der Landschaft einen tropischen Charakter.

Der grüne Theestrauch wird im Innern der Insel in grosser Ausdehnung angebaut, und mein Hauptzweck der mich hieher führte war, mir eine Quantität Samen zu verschaffen. Zu diesem Zwecke nahm ich meine beiden Diener mit und besichtigte alle Theepflanzungen auf die wir unterwegs trafen. Die Chinesen haben in der Regel eine grosse Abneigung gegen lange Fussreisen, und meine Leute bildeten keine Ausnahme von der Regel. Aus der Art und Weise wie sie hinter mir herschlichen schöpfte ich Verdacht, dass sie die Absicht hegten zurückzukehren, sobald ich weit genug entfernt sei um sie nicht mehr sehen zu können. Dies gelang ihnen auch wirklich, und als sie nach Hause kamen erzählten sie, sie hätten mich zwischen den Hügeln verloren. Ich war sehr ärgerlich darüber, denn ich hatte gehofft mir eine bedeutende Quantität Theesamen verschaffen zu können, musste mich aber trösten, und nahm mir vor, am nächsten Tage besser auf sie Acht zu geben. Am folgenden Morgen verschaffte ich mir einen Pony und machte mich mit meinen beiden Ausreissern auf den Weg, um die Theepflanzungen in der Mitte der Insel zu besuchen. Capitän Priestman begleitete mich; und da wir die Aufführung meiner beiden Leute am vorhergehenden Tage gesehen hatten, unterzog er sich gern der Mühe sie ein wenig mit beaufsichtigen zu helfen.

Als wir die erste Hügelreihe überschritten hatten und in das Thal auf der andern Seite hinabstiegen, verschwanden die Chinesen auf einmal, eben so wie am vorhergehenden Tage. Wir ritten ein Stück zurück und fanden sie langsam nachkommend, offenbar in der Absicht uns wieder zu verlieren und heimzukehren. Diesmal jedoch gelang es ihnen nicht; ich rief sie heran, liess sie auf dem schmalen Wege zwischen uns gehen, und so zogen wir vorwärts. Ich glaube allerdings dass wir nicht den nächsten Weg nach unserm Ziele einschlugen, denn wir waren drei bis vier Stunden unterwegs, indessen brachten wir in den Theepflanzungen an den Seiten der Hügel einen guten Vorrath von Theesamen zusammen, und als wir unser Tagewerk vollendet hatten, ritten wir ruhig zurück und überliessen es den Chinesen die Sammlungen welche wir gemacht hatten nach Hause zu bringen. Nach demselben Plane verfuhren wir auch die folgenden Tage, bis wir fast alle Theepflanzungen besucht und einen grossen Vorrath an Theesamen zusammengebracht hatten.

Die Silberinsel besteht aus einer Reihe von Hügeln und Thälern die denen von Chusan nicht unähnlich sind, aber ein noch reicheres Ansehn haben. Wenn man über die erste Hügelreihe in das Thal hinabkommt, meint man erst ringsum von Hügeln eingeschlossen zu sein; geht man aber weiter, so windet sich der Weg am Fusse der Hügel herum, und ein anderes Thal, eben so schön wie das erste öffnet sich vor den Blicken. So tritt, wie in einem schönen Panorama, ein Bild nach dem andern dem Auge vor, das von der Natur selbst schön und vollkommen gemalt ist.

Auf der Silberinsel wächst mehr Thee als auf irgend einer andern Insel im Archipelagus von Chusan. Was die Eingebornen nicht selbst verbrauchen, das wird zum grössten Theil nach Ning-po oder Chapoo hinübergebracht, und entweder im Lande verkauft oder nach den Strassen ausgeführt. Der Thee ist, obgleich gut, doch nicht so zubereitet dass er sich für den englischen oder amerikanischen Markt eignet. Der Talgbaum *(Stillingia sebifera)* und der „Tung-eou" *(Dryandra cordata,* Thunberg) liefern beide Ausfuhrartikel. Ersterer giebt bekanntlich das in China häufig gebräuchliche Talg und Oel : letzterer liefert ein werthvolles Oel, mit dem der berühmte chinesische Firniss gemischt wird, weshalb man diesen Baum auch oft den Firnissbaum nennt.

Nachdem ich mir eine Parthie Samen von diesen nützlichen Bäumen, so wie eine grosse Quantität Theesamen, verschafft hatte, verpackte ich alles sorgfältig und verliess die Silberinsel um über Chapoo nach Shanghae zu segeln. Dieser Weg den ich vor einigen Jahren eröffnete, wird jetzt von Fremden welche zwischen den beiden nördlichen Häfen reisen gewöhnlich gewählt, und obgleich in dem „Vertrage" keine Rücksicht darauf genommen, legen doch die chinesischen Behörden kein Hinderniss in den Weg. Die Consuln verschiedener Nationen nebst ihren Familien, Kaufleute und Missionäre bedienen sich alle dieses Weges ; und wenn wir bedenken welche Menge von Fremden sich in Shanghae aufhält, so scheint es durchaus nothwendig dass in diesem Punkte ein Auge zugedrückt wird. Jedermann kennt den mächtigen Einfluss einer Luftveränderung im Falle eines Fiebers, und ich zweifle nicht dass viele ihr Leben nur dadurch retten konnten, dass sie sich schnell nach einer Insel im Archipelagus von Chusan begaben. Wäre aber kein Weg über Chapoo, so würde dies oft sehr schwer zu bewerkstelligen sein, weil man dann nicht anders als zur See reisen könnte. Ich erwähne dies nur um zu zeigen, wie wenig der Vertrag welchen wir mit den Chinesen abgeschlossen haben den Bedürfnissen entspricht — ein Vertrag, übrigens, an den sich weder die Chinesen noch wir selbst kehren — und um zu zeigen wie viel auf ruhigem friedlichem Wege gesehehen kann um die Schranken niederzureissen welche Vorurtheil und Unwissenheit errichtet haben.

Die Bucht von Chapoo wimmelt von Seeräubern, und wenn man nicht ein wohlbewaffnetes Boot hat, so ist die Fahrt durch dieselbe ziemlich gefährlich. Hier war es wo im Jahr 1845 oder 1846 der amerikanische Missinnär Lowrie ermordet wurde, ein Mann der viel versprach und der sehr betrauert wurde. Mein Boot war gut bewaffnet, und da ich ausserdem noch zwei Lascars * an Bord hatte, so war wenig zu fürchten, und wir kamen glücklich durch die Bucht. Ich miethete dann ein Kanalboot und fuhr ruhig und gemächlich nach Shanghae, wo ich ohne weitere der Erwähnung werthe Abenteuer ankam.

Es war jetzt Mitte Januar, und im Norden von China der strengste Winter. Das chinesische Neujahr kam nun näher, welches auf den 24 dieses Monats fiel, und alle Eingebornen waren emsig beschäftigt ihre Schulden einzutreiben und ihre Bücher in Ordnung zu bringen. Es wird für eine grosse Schande gehalten zu Anfange des Jahres Schulden zu haben, und Kaufleute und Krämer scheuen oft nicht bedeutende Opfer um zu

---

* Indische Matrosen.

dieser Zeit Geld aufzubringen, weshalb die Fremden in der Regel diese Zeit für günstig halten wohlfeile Einkäufe zu machen. Diese müssen jedoch vor dem Neujahrstage abgeschlossen werden, weil dann die Läden geschlossen und eine ganze Woche lang wenig oder gar keine Geschäfte gemacht werden, worauf dann der Handel wieder seinen gewöhnlichen Fortgang nimmt. In dieser Festzeit sind die Blumen hier eben so sehr zur Verzierung gesucht wie bei uns zu Hause zu Weihnachten. Als ich in der Mitte des Januar in Shanghae einige Blumenläden besuchte, war ich erstaunt eine Menge Blumen zu finden die künstlich zur Blüthe gebracht waren und jetzt hier zum Verkauf standen. Ich hatte vorher nie bemerkt, dass man in China die Blumen künstlich zur Blüthe brachte. Viele Stöcke der *Magnolia purpurea* standen in voller Blüthe, desgleichen verschiedene Arten der doppelblüthigen Pfirsiche, die hübsche kleine *Prunus sinensis alba,* und eine Menge von Camellien. Was mir aber als besonders merkwürdig auffiel war die Leichtigkeit mit der die Moutan-Paeonie zur Blüthe gebracht wurde. Mehre Arten dieser Pflanzen standen in voller Blüthe, und hatten in dieser Jahreszeit, wo draussen alles kalt und traurig war, ein höchst heiteres Ansehen. Die Blüthen waren zusammen gebunden, damit sie sich nicht zu schnell ausbreiten sollten. Alle diese Herrlichkeiten waren aus der berühmten Stadt Soo-chow-foo hergebracht worden, dem grossen Stapelplatz der chinesischen Mode und Luxus.

Man könnte glauben dass die Chinesen Gewächshäuser, Röhren mit heissem Wasser, und alle die schönen Dinge haben deren sich die Gärtner und Liebhaber in Europa bedienen; — Nichts von alledem; sie bringen vielmehr alles in ihren Häusern und Schuppen zu Stande, mit gewöhnlichem Kohlenfeuer und einer Quantität Stroh womit sie die Ritzen in Thüren und Fenstern verstopfen.

In dieser Jahreszeit ist die „Kum-quat" (*Citrus japonica*), die in grosser Menge in Töpfen gezogen wird, buchstäblich mit ihren kleinen, ovalen, orangenfarbenen Früchten bedeckt. Diese wird, ebenso wie verschiedene andere Orangenarten, zwischen die zur Blüthe getriebenen Blumen gesetzt, und bringt mit diesen zusammen einen vortreflichen Effect hervor.

Ich glaube wenn die Kum-quat bei uns zu Hause mehr bekannt wäre, so würde sie im Winter eine sehr geschätzte Zierde abgeben. Sie ist bei weitem weniger zärtlich als andere ihres Geschlechts, bringt reichlich Blüthen und Früchte, und würde ohne Zweifel sehr leicht zu ziehen sein. Wenn man jedoch denselben Erfolg erzielen will wie die Chinesen, so darf man einen kleinen Umstand nicht vergessen, nämlich, dass alle Pflanzen des Orangengeschlechts, welche Früchte tragen, jung gepfropft werden müssen. Es giebt hier auch eine Pflanze mit rothen Beeren, welche die Stelle unserer englischen Stechpalmen vertritt. Dies ist die *Nandina domestica,* welche auf chinesisch „Tein-chok" oder heiliger Bambus genannt wird. Grosse Massen ihrer Zweige werden um diese Zeit vom Lande hereingebracht und auf den Strassen zum Verkauf ausgeboten. Jeder Ast hat am obern Ende einen Büschel rother Beeren, denen der gewöhnlichen Stechpalme nicht unähnlich, die sich neben den dunkeln glänzenden Blättern sehr hübsch ausnehmen. Sie werden hauptsächlich zur Verzierung der Altäre gebraucht, nicht allein in Tempeln, sondern auch in den Wohnungen und auf den Booten, denn jedes Haus und jedes Boot hat hier seinen Altar — und daher der Name „Heiliger Bambus" welchen diese Pflanze führt.

Die Nandina findet man in englischen Gärten; aber nach den Exemplaren die ich zu Hause gesehen habe kann man sich keine Vorstellung von ihrer Schönheit machen. Es scheint nicht dass sie in England so reichlich Früchte trägt wie in China, wahrscheinlich weil die Temperatur unserer Sommer niedriger ist als die ihres Vaterlandes. Das Chrysanthemum aber ist die Lieblingsblume des chinesischen Gärtners, obgleich zum chinesischen Neujahr seine volle Schönheit schon vorüber ist, und keiner andern Pflanze widmet er solche Mühe und Sorgfalt. Seine Camellien, Azaleen und Rosen wachsen und blühen schön, aber in allen diesen übertreffen wir ihn in England; in der Pflege des Chrysanthemum hingegen steht er ohne Gleichen da. Die Pflanzen selbst scheinen ihm, so zu sagen, auf dem halben Wege entgegen zu kommen und gerade so zu wachsen wie er es wünscht. Manchmal fand ich sie in Gestalten von Thieren gezogen, wie Hirsche oder Pferde, andere Male hatten sie Aehnlichkeit mit den im Lande gewöhnlichen Pagoden. Gleichviel aber, ob in phantastische Gestalten gezogen, oder als einfache Stöcke wachsend, immer waren sie vollkommen gesund, voll frischer grüner Blätter, und verfehlten nie im Herbst und Winter üppig zu blühen.

Die Art und Weise wie das Chrysanthemum in China gezogen wird ist folgende. Jedes Jahr werden von den jungen Schösslingen Ableger genommen, eben so wie bei uns. Wenn diese Wurzel geschlagen haben, werden sie in die Töpfe gesetzt, in denen sie wachsen und blühen; d. h. sie werden nach dem System gezogen welches die englischen Gärtner das „One-shist System" nennen.

Der Boden welchen man für die Töpfe nimmt ist sehr fett. In der Umgegend von Canton nimmt man ihn in der Regel aus dem Grunde der Seen oder Teiche wo das Nelumbium oder die Wasserlilie wächst. Er wird erst einige Monate lang getrocknet, dann zerrieben, und hierauf mit altem Dünger gemengt, den man aus den Düngergruben nimmt die sich in jedem Garten finden. Man lässt einen Haufen dieser Erde eine Zeitlang liegen und wendet sie öfters um, worauf sie sich für die Chrysanthemumtöpfe eignet. Mistjauche, ebenfalls aus der Düngergrube, wird während der Zeit des Wachsens reichlich gespendet, und die Wirkungen derselben zeigen sich an den üppigen dunkelgrünen Blättern welche die Pflanzen bedecken.

Wenn man die Pflanzen in hübschen kräftigen Büschen ziehen will, die, mit aller schuldigen Achtung vor dem chinesischen Geschmack, mir ungleich besser gefallen als Thiere und „siebenstockige Pagoden," so verfährt man nach folgendem System: — Man zieht nur einen einzigen Stamm der Pflanze, der gezwungen wird nahe am Fusse eine Menge von Seitenzweigen zu treiben, und diese werden dann sauber und regelmässig mit Schnüren von Seidenzwirn zusammen gebunden. Da auf diese Weise die Pflanzen mit Zweigen bekleidet und die Blätter grün und frisch erhalten werden, so haben sie nie das kahle und besenartige Ansehen, wie oft in England wenn sie im Winter in das Gewächshaus gebracht werden.

In der Umgegend von Shanghae und Ning-po wird das Chrysanthemum noch besser gepflegt als in der Nähe von Canton; wenn es aber hier besser gedeiht, so ist dies, wenigstens zum Theil, dem günstigern Klima zuzuschreiben, da die Pflanze in den mittlern oder nördlichern Theilen des Reichs einheimisch ist. Das System welches man bei ihrer Pflege beobachtet ist hier beinahe dasselbe — das worauf es am meisten ankommt ist in der Hauptsache dasselbe was schon oben angeführt worden, nämlich, dass man fetten Boden wählt, die Pflanze sogleich in einen grossen Topf setzt, einen einzigen Stamm zieht und diesen viele Seitenzweige treiben lässt, und dass man in der Zeit wo die Pflanze wächst dieselbe reichlich mit Düngerjauche versorgt. Die Chinesen haben besonders recht grosse Blumen gern, und um diese zu erhalten, knicken sie in der Regel alle kleinen Blüthenknospen ab.

In China blüht das Chrysanthemum, eben so wie in England, in den Wintermonaten, und ist, wenn es in Blüthe steht, sehr gesucht. Man wählt es namentlich zur Ausschmückung der Höfe, Hallen und Tempel. Es ist die eigentliche „Jedermannspflanze" und blüht eben so gut in dem Garten neben der kleinen chinesischen Hütte wie in dem eines rothbeknöpften Mandarinen.

Obgleich wir die ersten Exemplare der verschiednen Arten des Chrysanthemum, welche jetzt in den traurigen Wintermonaten unsere Gärten schmücken, aus China erhalten haben, so ist doch, merkwürdiger Weise, die Nachkommenschaft derselben in Europa weit zahlreicher als in China selbst. Manche der schönen Arten welche Herr Salter in Frankreich gezogen hat, würden selbst von chinesischen Blumenzüchtern sehr bewundert werden. Es ist indessen eine auffallende Erscheinung, dass sich viele dieser Arten, wie z. B. das *formosum* und *lucidum,* die ursprünglich in Europa aus Samen gezogen werden, auch im Norden von China finden.

Die Chinesen haben, eben so wie wir, ihre Wetterpropheten und kalten Winter. Es war vorausgesagt worden dass der diesjährige Winter (1848—49) sehr streng sein würde. Das Thermometer stand jetzt 17° Fahrenheit, und es hatte allen Anschein dass die Voraussagung in Erfüllung gehen würde. Dieser Grad von Kälte wird in Shanghae bei weitem mehr gefühlt als in England, weil der Wind sehr schneidend ist, und durch alle Poren zu dringen scheint.

Seit meiner Rückkehr nach Shanghae war ich damit beschäftigt gewesen die Theepflanzen sorgfältig in Ward's-Kästen zu verpacken um sie nach Indien senden zu können. Da kein Schiff direct von Shanghae nach Calcutta ging, so beschloss ich die Sammlung mit nach Hong-kong zu nehmen und von dort nach Indien einzuschiffen.

Als wir absegelten gab es in Shanghae gerade sehr viel Wildprett, und die Kaufleute benutzten die Gelegenheit ihren Freunden in Hong-kong und Canton grosse Massen davon zu übersenden. Das Hintertheil unseres Schiffes sah aus wie bei uns zu Weihnachten ein Hühnermarkt. Fasanen, Schnepfen, Hasen, Enten, Gänse und Kriechenten hingen in allen Richtungen umher. Jedes luftige Plätzchen war benutzt und im Schiffsraum eine Menge von Körben mit lebendigen Fasanen aufgeschichtet. Manche dieser Vögel waren sehr schön, namentlich die weisshalsigen Fasane, und die Enten und Kriechenten mit Federn von allen Farben.

Alles Cargo dieser Art wird frachtfrei mitgenommen; da es aber sehr leicht verdirbt, so ist zwischen dem Absender und dem Herrn des Schiffes in der Regel stillschweigend das Uebereinkommen getroffen, dass, wenn sich Anzeichen einer baldigen Verwesung einstellen, es entweder gegessen oder über Bord geworfen wird. Manche Schiffsherren und Passagiere die vielleicht ein wenig zur Seekrankheit geneigt sind, können den Geruch des Wildprettes in diesem Zustande nicht gut vertragen, so angenehm er auch denen sein mag für welche es bestimmt ist. Man wird leicht glauben dass wir damals auf der Ueberfahrt nach Hong-kong nicht darbten. Wir waren so glücklich einen hochgestellten Arzt an Bord zu haben, und ich kann auf mein Wort versichern, dass keine fette Schnepfe, keine wilde Ente oder Fasan verurtheilt wurde, ohne von diesem geprüft worden zu sein, oder ohne dass er erklärte es sei Gefahr vorhanden; von der andern Seite aber muss ich gestehen, dass, soviel mir bekannt ist, nichts über Bord geworfen wurde.

Sobald wir die hohe See erreichten wurden alle Segel aufgezogen und wir flogen lustig vor dem Winde her. Vier Tage nachdem wir den Yang-tse-kiang verlassen ankerten wir sicher in der Bucht von Hong-kong, nachdem wir volle tausend Meilen zurückgelegt hatten.

Die Theepflanzen kamen gut in Hong-kong an, und ich brachte sie ohne Zeit zu verlieren auf Schiffe die nach Indien abfahren sollten, wo sie später wohl erhalten angekommen sind.

Alle meine übrige Zeit in Hong-kong brachte ich auf Streifereien auf den Hügeln zu. Oft begleitete mich Capitän Champion, einer der besten Botaniker die ich in China traf, der Entdecker der schönen *Rhodoleia Championi*, von der Sir William Hooker in dem „Botanical Magazine" eine Abbildung gegeben hat.

In dieser Jahreszeit kam der wohlbekannte Enkianthus eben zur Blüthe. Dies ist eine von den wenigen chinesischen Pflanzen die sich in England nicht ziehen lassen, oder, wie man richtiger sagen möchte, deren eigenthümliche Behandlung man bei uns nicht versteht. Vielleicht ist es für diejenigen welche es versuchen wollen diese schöne Pflanze in England zu ziehen von einigem Nutzen, wenn ich hier die Eigenthümlichkeiten derselben beschreibe, welche ich auf ihren heimathlichen Gebirgen in Hong-kong selbst beobachtete. Die Insel Hong-kong ist oft ein kahler Felsen genannt worden, ein Ausdruck der, wenigstens in unsern Tagen, nicht ganz richtig ist. Als sie durch irgend eine Naturrevolution gebildet wurde, in einer frühern Periode der Weltgeschichte, war sie ohne Zweifel eine kahle Gebirgskette von sehr unregelmässigen Umrissen. Allmälig jedoch wurde, wie bei den Inseln in den östlichen Meeren die täglich aus animalischen Stoffen neu entstehen, ein grosser Theil der Oberfläche dieser Felsen theilweise mit Boden und Vegetation bedeckt, obgleich viele Spitzen noch kahl blieben, so nackt als ob sie eben erst gebildet wären, und der Zeit und aller Veränderung Trotz zu bieten schienen.

Auf diesen Gebirgen, 1000 bis 2000 Fuss über der Meeresfläche, wächst der Enkianthus in grosser Menge und sehr üppig. Man sieht ihn nie in Thälern oder im flachen Lande, ausser wo er von den Eingebornen hierher gebracht wird. Der Boden ist lehmig, dem in Shirley und Wimbledon nicht unähnlich, und mit Steinen und grossen Granitstücken gemischt, die sich von den Felsen losgebröckelt haben. Die Pflanze setzt sich gern in den Felsenspalten fest, und man findet sie an solchen Stellen oft mit sehr wenig Boden an den Wurzeln. Gegen Ende April oder Anfang Mai, wenn der Monsun umschlägt, beginnt die nasse Jahreszeit. Der Enkianthus wächst dann sehr üppig, und alle Blätter, Knospen und Schöss-

linge bilden sich vollständig aus. Im Herbst ist das Wetter, eine oder
zwei Wochen im September ausgenommen, trocken und sehr heiss. Um
diese Zeit werden die Zweige und Knospen der Pflanze vollkommen reif,
viele Blätter fallen ab, und die Pflanze bleibt, nachdem sie ihre Saftabson-
derung für das folgende Jahr vollbracht, den Winter über, der in Hong-
kong kühl und trocken ist, in einem schlafenden Zustande. In den heissesten Monaten des Jahres, nämlich im Juni, Juli und August, steigt die
Temperatur im Schatten selten über 90^0 Fahrenheit, bei hellem Wetter
jedoch zeigt das Thermometer in der Sonne oft 140^0. Im Winter, obgleich der Nordwind kalt und schneidend, ist doch Frost und Schnee in
diesen Theilen China's fast ganz unbekannt. Sobald im Frühling die erste
Vegetation beginnt, blüht der Enkianthus auf, und die Abhänge der kahlen
Hügel bekleiden sich mit zahllosen bunten Blumen.

So pflegt die Natur selbst diese reizende Pflanze, und ihrem Beispiele
müssen wir folgen, ehe wir hoffen dürfen sie nur halb so schön zu sehen
wie auf ihren heimathlichen Bergen. Zwei Umstände jedoch sind dabei
in Acht zu ziehen, mit denen ihr Gedeihen in ihrem natürlichen Zustande
genau zusammenhängt, und die schwer, wenn nicht unmöglich, zu ersetzen
sind. Das eine ist der helle Sonnenschein der im Herbste ihr Holz zur
Reife bringt, das andere ist die eigenthümliche Natur der Gebirge auf denen
die Pflanze wächst. Im heissesten Wetter, selbst wenn monatelang kein
Regen fällt, und wenn die Thäler wegen Mangel an Regen dürr und ausgebrannt sind, bleiben doch diese Berglehnen immer einige Zoll tief unter
der Oberfläche feucht und sind in allen Richtungen von kühlen erfrischenden Quellen durchströmt.

Der Enkianthus steht immer zur Zeit des chinesischen Neujahrs in
Blüthe, und die Blumen sind um diese Zeit im Süden von China sehr gesucht, wo man Häuser, Boote und Tempel damit schmückt, eben so wie
im Norden mit der Nandina. Grosse Massen dieser Blumen werden von den
Hügeln herabgebracht und in den Strassen verkauft, oder als Geschenk
an Freunde geschickt, wie in England die Stechpalme und Mistel. Wenn
man die Zweige abschneidet und in ein Gefäss mit Wasser setzt, ehe die
Blumen sich vollständig entwickelt haben, so bleiben diese vierzehn Tage
bis drei Wochen vollkommen frisch. Die hübschen wachsartigen runden
Blümchen sind sehr schön und stehen bei den Eingebornen in hohem Ansehen.

Da ich noch einige Tage übrig hatte ehe ich meine zweite Entdeckungs-
reise nach dem Norden antrat, so beschloss ich die Fa-tee-Gärten in der
Nähe von Canton noch einmal zu besuchen. Ich war neugierig etwas über
die Behandlung und Verpackung der Sämereien zu erfahren die gewöhnlich
den Fremden zur Versendung an ihre Freunde in Europa und Amerika
verkauft werden. Ich selbst hatte mich daran gewöhnt, wie andere ehr-
liche Leute, zu glauben, dass diese Sämereien von den Chinesen gekocht
oder auf irgend eine Weise verdorben würden, ehe sie an unsere Kaufleute kämen, damit die Blumenschönheiten China's den Weg nicht in unsere Länder finden und der Handel mit Samen nicht beeinträchtigt werden
sollte.

Die Chinesen sind sicher schlimm genug, aber, wie andere Schelme,
werden sie zuweilen noch schlimmer geschildert als sie wirklich sind.
„Kommt, Aching," sagte ich zu dem Alten, der gewöhnlich diese Säme-

reien liefert, und bei dem ich in grosser Gunst stand, weil ich ihm eine
seltene und merkwürdige Blume zum Geschenk gemacht hatte, „ich möchte
sehen wie Ihr die Sämereien verpackt die Ihr den Fremden verkauft." Der
alte Mann führte mich bis in die Mitte seines Gartens, wo er einen hübschen Schuppen oder Samenhaus hatte, reichlich mit Bretern versehen,
auf denen eine grosse Menge solcher kleiner Porzellantöpfe aufgestellt
waren, wie ich in London oft mit Sämereien aus China gesehen hatte.
„Setzen Sie sich," sagte er, „ich will Ihnen das ganze Verfahren erklären.
— Zuerst sammle ich den Samen von den Pflanzen. Dann lege ich jede
Sorte einzeln in eines von diesen kleinen Töpfchen, und packe dann das
Ganze in eine kleine Büchse, damit es nach Europa oder Amerika verschifft
werden kann." — „Das verstehe ich," sagte ich; „was legt Ihr aber
zwischen den Samen in die Töpfe?" Dies war eine weisse aschenähnliche
Substanz die wir in England für Knochenmehl halten konnten, und von
der manche glaubten dass sie zur Düngung mit dem Samen gemischt würde.
„Gebrannter Leis," sagte Aching. „Gebrannter — was?" fragte ich, mit
einem Lächeln welches ich nicht verbergen konnte. — Er wiederholte
seine Worte mit dem grössten Ernste. Der Leser ist wahrscheinlich kein
Kenner des Chinesischen, ich muss ihm daher erklären dass die Chinesen
unser R nicht aussprechen können; sie haben keinen solchen Laut in ihrer
Sprache. Wenn sie ein Wort aussprechen wollen in dem dieser Buch-
stabe vorkommt, so setzen sie jedesmal ein L an die Stelle des R. Was
er meinte war also nichts anderes als gebrannter Reis, oder Asche von
Reishülsen. Als ich ihn fragte wozu er diese Substanz mit zu den Sämereien packe, entgegnete er in Cantonschem Englisch, „*S'pose my no
mixie this seed, worms makie chochow he.*" Obwohl die Chinesen in
Canton dies für ausgezeichnet Englisch halten werden, so mag es doch gut
sein hier zu erklären dass er sagen wollte, „Wenn ich keine Asche mit
dem Samen mische, so würden ihn die Würmer fressen;" er meinte nämlich eine kleine Made die unterwegs auskommen könnte. „Ihr müsst es
nicht übel nehmen," sagte ich, „aber wir bilden uns in England ein dass
Ihr etwas dazulegt was die Lebenskraft des Samens zerstört, statt Euch
Mühe zu geben ihn zu erhalten." — „Ich weiss es," sagte der alte
Mann, „ihr denkt ich koche den Samen."

Es ist sehr schwer den Samen von Bäumen und Sträuchern im Süden
von China vor den Maden zu sichern. Dies ist ohne Zweifel ein Hauptgrund weshalb die Sämereien aus Canton so selten in England fortkommen.
Ein andrer Grund liegt in dem Alter des Samens. Mehrere Jahre alter
Samen wird mit neuem gemischt und zusammen abgesandt. Soviel aber
ist sicher dass der gute Aching seine Sämereien weder kocht noch sonst
auf irgend eine Weise absichtlich verdirbt.

Achtes Capitel.

Foo-chow-foo. — Eifersucht der Mandarinen. — Höfliche Art sich eines Spions
zu entledigen. — Landschaft im Gebirge. — Tempel von Kooshan. — Priester
und Götzen. — Buddah's Zahn und andere Reliquien. — Bäume und Sträucher.
— Die Stadt Foo-chow-foo. — Wie man in China nach Thorschluss aus
der Stadt kommt. — Reise den Min aufwärts. — Chinesische Jäger und
Jagdhunde. — Eine Hirschjagd. — Landschaft um Tein-tung. — Wilde
Blumen. — Tempel am Wege. — Bambus. — Ein Priester und eine Heberöhre. — See von Tung-hoo.

Das Schiff in welchem ich mich nach dem Norden eingeschifft hatte
war jetzt bereit in See zu gehen, mein Gepäck war an Bord gebracht
und wir segelten nach Foo-chow-foo, der Hauptstadt der Provinz Fokien,
ab. Dieser Hafen war den Fremden durch den Vertrag geöffnet, hatte
sich aber bisher noch wenig als Handelsplatz bewährt. Der englische
Consularstab ist sehr verringert worden, und es ist daher nur ein einziger
Kaufmann an dem Hafen. Viele Missionäre, sowohl Engländer als Amerikaner, wohnen in der Stadt und den Vorstädten und arbeiten mit grosser
Geduld, aber, wie ich glaube, mit wenig Erfolg unter einem undankbaren
Volke.

Die Mandarinen in Foo-chow, und das Volk überhaupt, gleichen ihren
Brüdern in Canton. Sie sind eifersüchtig auf die Fremden, und würden
es am liebsten sehen wenn diese wieder aus ihrer Provinz vertrieben
würden. Alles was die Fremden vornehmen wird genau überwacht und
getreulich den Behörden berichtet.

Bei meiner Ankunft hatte ich mein Gepäck in ein leerstehendes Haus
bringen lassen, welches Capitän Hely gemiethet und dessen Benutzung er
mir für die Zeit meines Aufenthaltes gütig überlassen hatte. Kaum war ich
in das Haus getreten und die Treppe hinaufgegangen, um mich nach einem
Zimmer umzusehen wo ich mein Bett aufschlagen könnte, als ich hörte
wie unten jemand meinen Dienern verschiedene Fragen vorlegte. Anfänglich
gab ich nicht weiter darauf Achtung, da ich wusste dass die Chinesen
gern viel fragen; als aber das Verhör länger dauerte als mir lieb war,
ging ich die Treppe hinunter um zu sehen was es gebe. Ich fand einen
hässlichen Kerl mit einem Messingknopfe am Hute, offenbar von der
niedersten Klasse der Mandarinen, der meinen Dienern in sehr gebieteri-
scher Weise Fragen vorlegte, und zwar im Dialekte von Fokien, den sie,
da sie beide aus dem Norden waren, nicht verstanden. Zehn Minuten
hatte das Gespräch bereits gedauert ohne dass einer von ihnen klüger geworden wäre als er vorher war. Als ich meine Diener fragte, wer der
Mann wäre, und was er wollte, sagten sie mir, es sei ein Mandarine
und er habe sie einiges über mich gefragt; da er aber den Dialect von
Fokien spreche, könnten sie ihn nicht verstehen.

Die Chinesen haben in der Regel vor allen Regierungsbeamten einen
gewaltigen Respect, und meine Diener glaubten bei dieser Gelegenheit sie
hätten mir einen trifftigen Grund angegeben wesshalb sie so lange aufgehalten worden wären. Da mir aber die Unannehmlichkeiten welche ich
früher hier mit den Spionen der Regierung hatte noch in gutem Andenken
waren, so befahl ich meinen Dienern sogleich den Frager stehen zu lassen

und an ihre Geschäfte zu gehen. Der Beamte machte ein ziemlich ver-
legenes Gesicht, entfernte sich aber.

Als ich im Hause meine Anordnungen getroffen hatte, ging ich aus,
um Herrn Morrison, Dollmetscher am britischen Consulate, zu besuchen,
der sehr krank war, und auf seinem Wege nach Hong-kong hier hatte liegen
bleiben müssen. Das Haus in welchem er wohnte war nur etwa zwei
bis dreihundert Schritte von dem meinigen entfernt. Als ich dorthin ging
kam jemand hinter mir her, und wie ich mich umsehe erblicke ich denselben Mandarinen wieder dicht hinter mir. Ich blieb einen Augenblick
stehen, und da ich ihn scharf ansah, schien er vorbei gehen zu wollen.
Ich trat ihm in den Weg und fragte ihn so höflich wie möglich, wohin
er wolle. Er sagte, er gehe an irgend einen Ort am Flusse, der mir unbekannt war. „Könnt Ihr nicht Morgen dorthin gehen?" sagte ich; „seid
so gut, denn heute gehe ich dorthin, und ich gehe nicht gern in Begleitung." Mit diesen Worten ergriff ich seinen Arm, drehte ihn sanft um
und machte ihm eine höfliche Verbeugung. Der Kerl machte ein ziemlich
betretenes Gesicht, fletschte die Zähne und ging seiner Wege; er ist mir
seitdem nie wieder zu Gesicht gekommen. Späterhin wurde mir gesagt
dass alle Fremden auf diese Weise gefoppt würden und alles was sie vornehmen pflichtschuldigst den Behörden hinterbracht werde.

Ich hatte oft von einem berühmten Buddhistischen Tempel gehört
der sich in der Nähe von Foo-chow befindet, und ich beschloss diesen zu
besuchen. Er wird der Tempel von Koo-shan genannt und liegt im Gebirge, wenige Meilen östlich von der Stadt. Dieser Tempel scheint das
Jerusalem dieses Theiles von China zu sein, wohin alle guten Buddhisten
zu bestimmten Zeiten des Jahres wallfahren um zu beten und ihre Gelübde
zu lösen. Als ich den Fuss des Berges erreicht hatte, ging ich durch
einen geräumigen Porticus oder Thorweg und fing an emporzusteigen. Der
Berg Kooshan erhebt sich volle 3000 Fuss über den Spiegel des Min,
und der Tempel befindet sich in einer Höhe von etwa 2000 Fuss, oder
1000 Fuss unter dem Gipfel. Ein gut gepflasterter Pfad, ungefähr sechs
Fuss breit, führt bis zum Tempel hinauf. Wenn man diese in Windungen
laufende Kunststrasse hinansteigt, hat man an verschiedenen Stellen die
schönste Aussicht die man sich nur denken kann, welche hinlänglich für
die Mühe des Steigens lohnt. Bald sieht man hinab, zwischen Felsen und
Bäumen, in ein abgelegenes wildes Thal, wo der Boden so dürr ist, dass
er selbst nicht einmal den Fleiss eines Chinesen lohnt: — wendet man
sich um eine Ecke, so erreicht man einen jener Ruheplätze die für die Bequemlichkeit des müden Pilgers in regelmässigen Entfernungen angebracht
sind, und wo sich eine herrliche Landschaft vor den Blicken ausbreitet.
Es ist das weite fruchtbare Thal des Min, das überall von Flüssen und
Kanälen durchschnitten ist und von einer zahlreichen und fleissigen Bevölkerung wimmelt.

In ungefähr einer Stunde erreichte ich den Porticus des Tempels.
Einige müssige Priester lagen auf den Stufen die zur ersten Reihe der
Gebäude führten. Sobald sie mich bemerkten lief einer von ihnen und be-
nachrichtigte den Superior oder Abt, der herunterkam und mich sehr höflich
bewillkommte. Ich sagte ihm, ich sei gekommen um den Tempel zu
sehen, von dem ich viel gehört hätte, und bat ihn er möchte mich von
jemand herumführen lassen. Ein alter Priester in einem gelben Rocke erbot

sich mir durch die verschiedenen Theile des weitläuftigen Gebäudes und die übrigen Grundstücke als Führer zu dienen. Der Tempel ist nach demselben Plane gebaut wie der in Tein-tung bei Ning-po; und in der That, eine Beschreibung des Einen würde beinahe auf den andern passen. Er besteht aus drei Hauptgebäuden, die eines hinter dem andern, an der Seite des Berges liegen; das zweite ist auf einem höhern Grunde gebaut als das erste, und ebenso das dritte wieder höher als das zweite. In rechten Winkeln mit den drei grossen Gebäuden befinden sich zu beiden Seiten die Wohnungen der Priester. Die drei „kostbaren Buddhas" der vergangene, gegenwärtige und zukünftige, die Gottheit mit vielen Armen, und manche andere Bilder schmückten diese Tempel. In einem bemerkte ich mehr als hundert Kissen auf denen die Andächtigen vor den Götzen niederknieen und Lichter und Weihrauch brennen.

Nachdem ich die wichtigsten Tempel in Augenschein genommen hatte wurde ich in die Küche und das Speisezimmer geführt. Wenn man bedenkt dass mehr als hundert Priester hier täglich ihre Mahlzeit halten, kann man sich leicht vorstellen dass diese Räume einen Besuch verdienen. Das Speisezimmer ist ein grosses viereckiges Gebäude mit einer Menge querüber stehender Tafeln, an denen die Priester ihr frugales Mahl einnehmen. Als ich hier war hatten sich die Priester eben zu Tische gesetzt, so dass ich Gelegenheit hatte eine grössere Anzahl derselben beisammen zu sehen als irgend jemals früher. Es war eine eigenthümliche und sehr bunte Gesellschaft. Viele von ihnen sahen dumm und geistlos aus — diese gehörten meist der niedern Priesterschaft an. Der Abt und die welche die höheren Stufen bekleideten hatten ein kluges und thätiges Ansehen; alle aber waren von einer dunkeln blassen Gesichtsfarbe die sich sehr hässlich ausnahm. Als ich eintrat standen viele von ihnen von ihren Sitzen auf und luden mich höflich ein Platz zu nehmen und von ihrem Reis zu essen. Ich dankte, lehnte aber die Einladung ab, und ging weiter um den Ort zu besehen. In der Küche werden dem Fremden, als Wunder, einige ungeheure Kupferkessel gezeigt in denen der Reis gekocht wird.

Ich wurde jetzt in die Bibliothek geführt die eine bedeutende Sammlung religiöser Bücher enthält, welche sorgfältig unter Pressen verschlossen und anscheinend wenig gebraucht waren. Ich hatte gehört dass sich in diesem Theile des Gebäudes eine kostbare Reliquie befinde, nichts geringeres als ein Zahn Buddha's, und andere Dinge, die den Besuchern zuweilen unter grossen Ceremonien gezeigt werden. Ich bat daher den Priester mich diese sehen zu lassen, worauf er mich in einen kleinen Seitentempel führte, wo diese Heiligthümer aufbewahrt werden. „Haben Sie etwas Geld bei sich?" fragte der Priester mit grossem Ernst, „denn ehe das kostbare Behältniss geöffnet werden kann muss ich auf diesem Altare Weihrauch anzünden." Ich gab ihm ein kleines Geldstück, sagte ihm aber, dass ich nicht zu Buddha bete und desshalb keinen Weihrauch auf dem Altare verbrennen könne, er möchte aber das Geld als eine Belohnung für seine Gefälligkeit nehmen. „Ihr betet in eurem Lande nicht zu Buddha?" fragte er. Ich antwortete, wir thäten dies nicht. „Zu wem betet ihr denn?" Ich zeigte aufwärts und sagte, zu dem grossen Gott, der Himmel und Erde gemacht hat. „O ja," sagte er, „sein Name ist

Ye-su, nicht wahr?" Wie es schien hatten die Priester einiges von der katholischen Lehre gehört, da in diesem Theile von China sich manche zu diesem Glauben bekehrt haben. Während dieses Gespräches hatte einer von den Priestern zwei Lichter angezündet und verbrannte auf dem Altar einigen Weihrauch. „Nun", sagte er, „kommen Sie und sehen Sie sich den kostbaren Zahn an."

Ich stieg zu dem Altar hinauf, und als die vordere Seite eines grossen Kastens weggenommen wurde, erschienen die Reliquien hinter einem eisernen Gitter. Vorn lag auf einer flachen Schale der sogenannte Zahn, ein grosses weissliches Ding von etwa sechs Zoll ins Gevierte, das mehr Aehnlichkeit mit einem Steine hatte als mit einem Zahne.

Hinter diesem war eine andere Reliquie die mir noch merkwürdiger schien als die erste. Es schien ein kleines Stück Crystall, in der Gestalt einer kleinen Vase geschnitten, in der sich eine kleine eigenthümliche Substanz befand. Später wurde mir gesagt dass dies nur eine Crystallflasche sei und dass die eigentliche Reliquie an der Oeffnung inwendig herabhänge; da es aber hinter dem Gitter stand, konnte ich es nicht genauer untersuchen. „Nun", sagte der Priester, „sehen Sie von dieser Seite, und sagen Sie mir was Sie in der Vase erblicken." Ich sah von der angegebenen Seite und erblickte ein Ding das einem menschlichen Kopfe ähnlich war, dessen Augen mich anstarrten. Man sagte mir jedoch, es sei ein Gewächs welches Buddha an der Stirn gehabt hätte; und wenn jemals ein solches wieder am Kopfe eines Sterblichen erschiene, so sei es ein Zeichen, dass derselbe einen hohen Grad von Vollkommenheit erreicht habe und den Göttern nahe sei. „Nun wenden Sie sich nach der andern Ecke und sagen Sie mir in welcher Farbe Ihnen die Reliquie erscheint." Ich that es, und das Ding, was es auch sein mochte, zeigte eine röthliche Farbe. „Ah! das ist sehr gut", sagte der Priester, „das ist ein gutes Zeichen, — denn es erscheint in dieser Farbe nur sehr begünstigten Personen. Es erscheint verschiedenen Personen in verschiedenen Farben; aber die welche Sie gesehen haben ist die beste" *.

Der alte Priester führte mich jetzt an einen andern Theil der Grundstücke, um mir einen berühmten Brunnen zu zeigen. Dieser war in einem höchst romantischen Thale oder einer Bergschlucht, wie ich kaum noch gesehen. Wir stiegen auf einer steinernen Treppe hinab, und gingen über eine Brücke die von einer Seite der Schlucht zur andern führte, und befanden uns bald vor einem kleinen Tempel. An der einen Seite desselben strömte klar und hell das Wasser vom Berge herab in eine kleine Cisterne, während an der andern Seite eine Pfanne oder ein grosser Kessel den ganzen Tag über am Feuer kochte, damit die Besucher dieses Ortes sich

---

* Das Gitter hinderte mich an einer nähern Untersuchung der Merkwürdigkeiten, und ich musste mich mit dem begnügen was ich darüber von den Priestern erfahren konnte. Als ich nach Foo-chow-foo zurückkam bat ich Herrn Morrison (einen Sohn des berühmten Dr. Morrison, und einen der ersten und bessten Kenner des Chinesischen) seinen Lehrer kommen zu lassen, um wo möglich von diesem mehr über diesen Gegenstand zu erfahren. Der alte Herr war aus der Stadt Shaou-hing-foo gebürtig, die in China wegen ihrer Gelehrten berühmt ist. Er hatte ebenfalls den Tempel Koo-shan besucht und die kostbaren Reliquien gesehen. Auf meine Frage gab er mir dieselbe Erklärung welche ich von den Priestern erhalten hatte.

immer sogleich Thee bereiten können. Hier lagen eine Anzahl Priester
herum die, wie es schien, zu diesem Tempel gehörten. Sie empfiengen
mich mit der grössten Artigkeit und luden mich ein an einem Tische im
Porticus Platz zu nehmen. Einer derselben nahm eine Tasse, füllte sie
am Brunnen mit Wasser und brachte mir dasselbe um es zu kosten. Alle
priesen dessen Eigenschaften, und es war wirklich vortrefflich. Ich sagte
ihnen es sei das besste Wasser welches ich je getrunken. Hierauf brachten
sie mir eine Tasse Thee die mit Wasser aus demselben Brunnen bereitet war.

Nachdem ich den Thee getrunken ging ich auf einem gepflasterten
Wege, der mich rund um den Berg führte, weiter, und zwischen einer
Vegetation hin die von der Hand der Natur allein gepflanzt und gepflegt
war. Die chinesische Kiefer *(Pinus sinensis)* und eine schöne Art der
Abies waren die einzigen Bäume von einiger Höhe. An den Seiten des
Weges aber standen viele schöne Sträucher, unter denen sich die Azalea
besonders auszeichnete. Es war Frühling, und diese reizenden Blumen
kamen eben zur Blüthe. Ich habe oft in England sehr gut gepflegte Azaleen gesehen, und in unsern Gewächs- und Blumenhäusern gewähren dieselben sicher einen reizenden Anblick; aber nach meinem Geschmacke sind
diese Blumen bei weitem schöner wenn sie wild und frei an der Seite
eines Berges wachsen und zwischen dem Gesträuch hervorschimmern oder
ihre glänzenden Farben mit andern Blumen mischen und durch d enCon-
trast neue Schönheit gewinnen.

Endlich, als ich weiter ging, kam ich an einen steilen Felsenvorsprung,
wo der Gang endete, und auf dessen Spitze ein Sommerhaus erbaut war.
Ich ging hinein und setzte mich auf einer Bank nieder, deren hier mehrere
für die Besucher aufgestellt sind. Die Aussicht, welche sich hier vor
meinen Blicken entfaltete, war eine der grossartigsten die ich seit mehreren
Tagen gesehen hatte. Ueber mir thürmte sich noch 1000 Fuss höher,
als der Ort wo ich stand, in majestätischer Grösse, die berühmte Spitze
des Koo-shan empor, unten sah ich hinab in schroffe, felsige Schluchten, die
an manchen Stellen kahl, an andern mit Bäumen und Sträuchern bekleidet, aber vollkommen wild waren. Erst ruhte mein Auge auf dem schönen Thale des Min, in welchem die Stadt Foo-chow-foo liegt. Der Fluss
der dasselbe durchströmt wimmelte von Kähnen und Junken die alle geschäftig auf und abfuhren. Die Felder waren grün und von zahlreichen
Kanälen bewässert, während der Hintergrund dieses schönen Gemäldes von
Bergen begränzt war, die beinahe eben so hoch sind wie der Koo-shan,
zwischen denen der Fluss hervorkommt und wo er endlich dem Auge
entschwindet.

Ein Anblick der von den Chinesen sehr gepriesen wird ist der Sonnenaufgang von der Spitze des Koo-shan. Viele schlafen im Tempel und
steigen früh bei Fackelschein auf den Gipfel des Berges um die Sonne aufgehen zu sehen. Ich kann mir leicht vorstellen welchen Eindruck dieser
Anblick auf einen Chinesen — namentlich aus einer Provinz im Innern
des Landes — machen muss, wenn er zum erstenmal die Sonne scheinbar
aus dem Meere aufsteigen sieht.

Entzückt über den Anblick verweilte ich lange. Endlich erinnerten
mich meine Diener, dass es Zeit sei den Rückweg nach Foo-chow anzutreten. Ich nahm also Abschied von den Priestern und wir stiegen in
die Ebene hinab. Als wir den Fuss des Berges erreichten fanden wir

unser Boot welches auf uns wartete, und mit einer guten Fluth schaukelten
wir bald zur Brücke von Foo-chow hinauf.

Ich war zu meinem Freunde Compton, der in der Stadt, und etwa
zwei bis drei Meilen von der Brücke wo ich ausstieg, wohnte, zu Tische
geladen; ich nahm daher sogleich einen Tragsessel und eilte nach dessen
Hause. Diese Sessel vertreten in Foo-chow die Stelle der Miethkutschen;
wer es irgend erschwingen kann bedient sich derselben, gerade wie wir
in England in unsern grossen Städten uns der Miethkutschen bedienen.

Die Stadtthore werden immer bald nach Sonnenuntergang geschlossen,
und die Schlüssel in das Haus eines vornehmen Mandarinen gebracht.
Früher, wenn ich in der Stadt gewesen war, hatte ich mich immer beeilt
vor Einbruch der Nacht wieder hinauszukommen, denn die Thore werden
hier, wenn sie einmal geschlossen sind, vor Morgen nicht wieder geöffnet.
In andern weniger bedeutenden Städten — wie Shanghae oder Ning-po,
wird man, wenigstens wenn es nicht gar zu spät ist, immer gegen ein
Trinkgeld von einigen Cash eingelassen.

Die Chinesen finden indessen immer einen Weg um eine allzusehr
beschränkende Vorschrift zu umgehen. Hier wussten sie auf eine ziemlich lustige Art hinaus und hinein zu kommen, wobei ihnen merkwürdiger
Weise die Regierungsbeamten behülflich waren, und ich zweifle nicht
dass die Behörden der Stadt selbst darum wussten.

Als wir vom Tische aufgestanden waren, begleitete mich Herr Compton und wir gingen ganz gemüthlich dem Thore zu, welches wir bereits
verchlossen fanden. Da die Chinesen sahen was wir suchten, zeigten sie
uns gutmüthig seitwärts an die Mauer, und sagten uns, wenn wir dort
gingen würden wir schon einen Weg finden, um hinauszukommen. Wir
folgten ihrer Weisung und befanden uns bald an der Mauer, wo sich eine
eigenthümliche und lustige Scene unsern Blicken zeigte. Am Fusse der
Mauer stand eine Leiter, grade vor einer Schiessscharte, durch welche
eine zahlreiche Menge wie ein Bienenschwarm auf- und abstieg. Einer von
den Wächtern hatte offenbar eine reiche Ernte, da jedermann für den
Gebrauch der Leiter einige Cash bezahlen musste. Ich folgte dem Schwarme
der Chinesen und stieg auf der Leiter hinab, zum grossen Erstaunen der
himmlischen Wächter, die keineswegs einen Quang-yang* auf diesem
schicklichen Wege erwarten mochten.

Ich blieb noch einige Tage in Foo-chow, wo ich mir noch einige
Theepflanzen von den Bergen in der Umgegend verschaffte, und traf dann
Anstalten nach Ning-po und Shanghae weiter zu reisen. Hier standen mir
drei Wege offen welche ich einschlagen konnte; einer zur See, einer
über Land an der Küste hin über Wan-chow, und der dritte am Min aufwärts nach Keining-foo und über die Boheagebirge. Letzterer war bei
weitem der längste, da er weit westwärts führt, in der Richtung des
weitberühmten Woo-e-shan. Es war mir aus vielen Gründen wünschens-
werth dieses Gebirge zu erreichen, und ich entschied mich daher für diesen letzten Weg.

Nachdem ich meine Geschäfte in der Gegend beendigt hatte, nahm
ich meine Sachen zusammen, und ging nach der Mündung des Min hinunter.
Hier miethete ich ein Boot und trat meine Reise an. Wenige Meilen über

---

*So nennt man hier die Fremden.

Foo-chow theilt sich der Strom in zwei Arme, von denen der eine durch die Stadt geht, während der andre eine Strecke weit eine mehr südliche Richtung verfolgt. Etwa zehn Meilen vom Meere jodoch kommen die beiden Arme wieder zusammen. Ich wählte den südlichen Weg und umging so die Stadt Foo-chow. Wind und Fluth waren günstig, mein Boot glitt schnell den Fluss hinan, und am ersten Abende schon kam ich bis an die zweite Brücke, vier Meilen oberhalb der Stadt. Hier zogen wir das Boot am Ufer in einen Winkel und blieben daselbst über Nacht. Am folgenden Morgen mit Tagesanbruch machten wir uns wieder auf den Weg und fuhren weiter den Strom hinauf. Eine Menge Boote die nach den grosen Städten Suiy-kow, Yen-ping-foo und Kien-ning-foo unterwegs waren, welche alle am Min liegen, begleiteten uns. Da ich in die Landestracht gekleidet war, so nahm niemand die geringste Notiz von mir, und ich glaubte auf dem besten Wege zu sein den Zweck welchen ich vor Augen hatte zur Ausführung zu bringen.

Die Schiffer, welche ich an der Mündung des Min gemiethet hatte, wussten durchaus nicht was ich im Sinne führte. Sie fingen jetzt an zu fragen, wie weit ich mit ihrem Boote zu gehen gedächte, und ob ich beabsichtige wieder mit ihnen zurückzukehren. Ich sagte ihnen, ich hätte die Absicht ihr Boot bis Suiy-kow zu nehmen, einer Stadt die etwa 240 Le von Foo-chow-foo liegen soll. Da schlugen sie die Hände über dem Kopfe zusammen und erklärten mir, es sei ganz unmöglich so weit zu fahren. „Gut," sagte ich, „dann will ich ein anderes Boot miethen, und ihr könnt zurückkehren." Hierauf hielten sie eine Berathung, die etwa eine bis zwei Minuten dauerte und zu dem Schlusse führte dass die Fahrt wirklich ausführbar sei, und sie erklärten sich willig mich bis Suiy-kow zu fahren.

Bis hieher waren wir durch das sogenannte Minthal gekommen, eine reiche und in hohem Grade fruchtbare Niederung. Haine von Leechee, Longan, Pfirsichen und Pflaumenbäumen sieht man überall in der ganzen Ebene. Die süssduftende *Aglaia odorata* wird viel gebaut; man mischt diese Blume in den Tabak um demselben einen angenehmern Duft zu geben. Auch der *Chloranthus* wird hier viel gezogen, mit dem die feineren Sorten Thee durchdüftet werden. Zuckerrohr und Tabak sind auf allen Feldern angebaut, und neben den gewöhnljchen Gemüsen bemerkte ich eine grosse Menge wohlriechender Blumen, unter denen die italienische Tuberose und der Jasmin *(Jasminum Sambac)* eine bedeutende Stelle einnahmen. Letzterer wird auf den Märkten verkauft und namentlich von den Damen sehr gesucht, die damit ihr Haar aufputzen.

Als wir einige Meilen über Foo-chow hinauskamen, schien es als ob wir das Thal verliessen, und die Landschaft begann sich zu ändern und ein ganz anderes Ansehn zu gewinnen. Die Berge reichten an manchen Stellen bis dicht an den Rand des Wassers. Manche derselben waren schroff und kahl, andere schienen fruchtbarer und waren bis ziemlich hoch hinauf an den Seiten bebaut; eine dritte Klasse war reich mit Bäumen und Sträuchern bekleidet. Die bereits genannten Fruchtbäume sah man oft auf kleinen ebenen Flecken in der Nähe der Dörfer. Von Waldbäumen sah man besonders die gewöhnliche chinesische Kiefer und die *Cunninghamia lanceolata*. Die ganze Landschaft machte überhaupt einen höchst überraschenden Eindruck und belohnte mich reichlich für die Unannehmlichkeiten welche mit der Reise verknüpft waren.

Hier wird ein bedeutender Holzhandel getrieben — dies ist in der That der Haupthandel von Foo-chow — und wir begegneten beständig grossen Flössen, welche das Holz nach der Stadt herunterbrachten. Auf einigen derselben sah ich kleine Häuser die zur Bequemlichkeit derer erbaut waren welche die Flösse führten. Die Arbeit dieser Leute schien mir sehr angenehm, und wenn sie so sanft den Strom hinab und durch die romantische Landschaft dahinglitten, konnte ich sie beinahe um ihr glückliches Loos beneiden.

Die Gegend an den Ufern des Min in diesem Theile des Landes schien nicht eben dicht bevölkert zu sein. Ausser Foo-chow und Suiy-kow sah ich keine bedeutende Städte, und selbst Dörfer und kleine Bauerhöfe waren nur selten. Wenn ich landete — und dies that ich jedesmal zur Zeit der Ebbe — hatte ich Gelegenheit mir eine Ansicht von dem Charakter der Eingebornen zu bilden. Die meisten derselben schienen äuserst arm zu sein, aber alle waren ruhig und harmlos und sehr verschieden von denen an der Mündung des Flusses und auf den Inseln in der Nähe der Küste. Letztere namentlich sind eine gefährliche Rotte; sie leben von Diebstahl und Seeräuberei und bieten oft selbst der Regierung trotz.

Am Morgen des vierten Tages kamen wir in Suiy-kow an. Reisende welche nach den nördlich von hier gelegenen Städten wollen verlassen in der Regel hier den Fluss und setzen ihre Reise in Tragsesseln fort, weil der Fluss viele Stromschnellen hat und die Boote nur langsam gegen den Strom können.

Der Ort liegt höchst reizend am linken Ufer des Flusses. Es ist nur eine kleine Stadt, und hat, wie ich glaube, nicht mehr als 5000 bis 6000 Einwohner. Eine, für die Grösse des Ortes, sehr bedeutende Anzahl von Booten lag an den Ufern des Flusses vor Anker. Der hauptsächlichste Handel der Stadt scheint mit Bedürfnissen der Schiffer und Passagiere getrieben zu werden, die auf ihrem Wege in das Innere des Landes oder nach der Küste hinunter hier durchkommen.

Meine Diener wurden nun abgeschickt um ein anderes Boot zu miethen, während ich einen Spaziergang durch die Stadt und die Vorstädte machte. Nach zwei Stunden trafen wir wieder am Landungsplatze zusammen. Meine Leute hatten aber kein Boot finden können, und sie riethen mir jetzt sehr dringend in einem Tragsessel weiter zu reisen, was, wie sie sagten, die einzige gewöhnliche Weise zu reisen sei. Da die Reise sehr lang war, so fürchtete ich nicht genug mit Geld versorgt zu sein um die Ausgaben bestreiten zu können welche diese Art zu reisen nöthig machte, und sah mich daher genöthigt diese interessante Reise für eine andere Zeit aufzuschieben.

Das beste was ich unter diesen Umständen thun konnte schien mir nun, dass ich meine Diener allein in das schöne Schwarztheeland in der Gegend des Woo-e-shan weiter schickte. Nahm ich sie mit nach Ning-po und schickte sie dann über die Boheagebirge, so stand mir niemand dafür dass sie wirklich dorthin gingen. Wahrscheinlich hätten sie sich dann in irgend einer näher gelegenen Gegend Pflanzen verschafft, wären dann zurückgekehrt, und hätten versichert sie wären in Woo-e gewesen. Wenn ich sie aber den Min hinaufschickte, so mussten sie nothwendig das Schwarztheeland gerade durchschneiden und konnten keine Veranlassung haben mich zu hintergehen. Uebrigens war ich sehr wohl im Stande, wenn sie mir

Theepflanzen brachten, zu beurtheilen, ob diese wirklich aus der Gegend des schwarzen Thees waren.

Nachdem ich die Sache so wie ich es für das Beste hielt angeordnet, gab ich meinen Leuten eine hinlängliche Anzahl Dollars, mit denen sie die Reisekosten bestreiten und die Einkäufe besorgen konnten, und versprach ihnen ausserdem, wenn sie meine Aufträge zu meiner Zufriedenheit ausführten, eine reichliche Belohnung. Ich liess sie dann ihre Reise allein fortsetzen und kehrte nach der Mündung des Min zurück. Hier fand ich eine Portugiesische Lorcha die eben bereit war nach Ning-po abzusegeln. Auf dieser nahm ich einen Platz und erreichte in zwölf Tagen Ning-po.

Drei Wochen später kam einer meiner Leute an und brachte eine hübsche Sammlung von Theepflanzen mit, die ohne Zweifel aus der Gegend des schwarzen Thees, in der Nähe des Woo-e-shan, waren. Aus seiner Erzählung ging hervor, dass er sich mit seinem Begleiter über den Weg veruneinigt und sich von diesem bald nachdem ich sie verlassen in Keinning-foo getrennt hatte.

Wang hatte Weisung von Fokien aus nördlich in den District Hwuychow, zu gehen, und in der Gegend des grünen Thees, wo er schon im vergangenen Herbste mit mir gewesen war, noch mehr Pflanzen zu sammeln. Allerdings wäre es leichter für ihn gewesen seine Sammlungen in den Boheagebirgen zu machen als in Hwuy-chow, und er hätte mir leicht sagen können dass er in einer Gegend gewesen sei ohne wirklich dort hingekommen zu sein; ich hatte ihn aber auf folgende Weise in meiner Gewalt, die sich mehr als einmal, und auch mit anderen, bewährt hatte. — Man wird sich erinnern dass ich auf meiner Reise in der Gegend des grünen Thees im vorhergehenden Herbste einen schönen immergrünen Strauch entdeckt hatte, die *Berberis japonica,* die ich sonst nirgends angetroffen hatte. Ich sagte ihm also, er müsse mir, ausser den Theepflanzen, auch von diesem einige Pflänzchen bringen; brächte er diese nicht, so hätte er keinen Anspruch auf die versprochene Belohnung. Er kam etwa fünf Wochen später als der andere Diener nach Ning-po zurück, und brachte nur sehr wenig Pflanzen, aber eine desto längere Rechnung; indessen war er wirklich in Hwuy-chow gewesen, und was er brachte war sehr werthvoll für mich.

Während ich in Ning-po auf meine Leute wartete, beschloss ich den Tempel Tein-tung noch einmal zu besuchen, der etwa zwanzig Meilen von der Stadt im Gebirge liegt, und wo ich früher schon einmal einige Tage zugebracht hatte. Auf meinem Wege dorthin traf ich einen alten Freund (Herrn Wills aus Shanghae) der sich einige Tage in den Hügeln von Teintung mit der Jagd vergnügte. Auf seinen Streifereien war er zufällig mit einer Gesellschaft chinesischer Jäger zusammengekommen mit denen er sich zu einer gemeinschaftlichen Jagdparthie für den folgenden Tag verabredet hatte. Seine Einladung an dieser theilzunehmen, nahm ich mit Vergnügen an, da ich sehr gern sehen wollte wie sich die Eingebornen bei solchen Gelegenheiten anstellten.

Früh am nächsten Morgen brachen wir auf und begaben uns zu dem verabredeten Rendez-vous, wo die Chinesen mit ihren Flinten und Hunden bereits auf uns warteten. Die Gruppe war, wie man leicht denken kann, höchst überraschend. Der Anführer der Meute war eines der besten Exemplare von Chinesen die ich überhaupt gesehen, lang, wohlgebildet, mit einer schönen hohen Stirne und einem offnen ausdrucksvollen Gesicht. Herr Scarth, dem ich viele Skizzen in diesem Werke verdanke, hat ihn nebst Flinte und Hunden abgezeichnet.

Die übrigen schienen alle auf Mo-ze zu sehen, dies war sein Name, und standen ganz unter seiner Führung. Ihre Flinten waren sämmtlich von einer und derselben Art; lang, mit Luntenschlössern, und sehr dünn, und offenbar nicht sehr sicher wenn sie, statt mit chinesischem, mit englischem Pulver geladen wurden. Alle welche Flinten hatten kamen jetzt und baten mich um etwas Pulver and Schrot, welches sie für bei weitem besser hielten als das ihrige. Sie zündeten dann die Lunten an, die sie an ihrem Arme trugen, riefen die Treiber und Hunde zusammen, und brachen auf.

Es war ein lieblicher Frühlingsmorgen, und der Frühling ist wirklich lieblich in diesen nördlichen Gebirgen. Der Thau lag auf dem Grase, die Vögel sangen ihr Morgenlied, und die chinesischen Bauern waren bereits auf dem Felde bei ihrer Arbeit. In den Gehölzen oder am Rande des dichten und wilden Jungle waren viele derselben mit Grasschneiden beschäftigt, und diese fragten unsere Gefährten nach den Lagern der wilden Hirsche. Sie erhielten zuletzt wirklich einige genaue Angaben und beschlossen auf einem mit Unterholz und Jungle bedeckten nahen Hügel zu treiben.

Diejenigen welche Flinten hatten wurden nun an verschiedenen Stellen am Saume des Holzes aufgestellt und die Treiber mit den Hunden in die Jungle geschickt. Ich hatte noch niemals chinesische Hunde jagen gesehen, und ihre Art zu jagen war mir daher höchst interessant. Sie scheinen wenig oder gar keine Witterung zu haben, aber ein scharfes Auge und schnelle Füsse, und ein verwundetes Thier entgeht ihnen selten. Sie sind, so abgerichtet wie diese Hunde es waren, tüchtige Treiber, und machen jedenfalls Lärm genug; indessen sind sie nicht einen Augenblick mit unsern englischen Jagdhunden zu vergleichen.

Wenige Minuten nachdem das Treiben begonnen hatte, sah man einen Hirsch über das Gesträuch springen, welches die Seite des Hügels bedekt. Ein Hund verfolgte ihn und alle Augen richteten sich nach der Stelle hin und beobachteten den Punkt wo anzunehmen war dass er aus dem Dickicht hervorkommen würde. Endlich war er in dem Bereich der Flinten unserer Jäger. Herr Wills und ein Chinese feuerten beide zu gleicher Zeit. Ein Schuss zerschmetterte das Hinterbein und die Hunde hetzten es bald nieder. Ein Dickicht nach dem andern wurde nun auf dieselbe Weise und mit verschiedenem Erfolge durchjagt, und als es Abend wurde hatten wir durchaus keinen Grund mit unserer Jagd unzufrieden zu sein.

Als wir auf unser Boot zurückkamen, müde und zum umfallen hungrig, stärkten wir uns mit einem guten Mahle, kämpften unsere Schlachten noch einmal durch, und lagen bald in einem tiefen erquickendem Schlafe. Am nächsten Morgen stand ich früh auf, und ging etwa fünf bis sechs Meilen durch das Gebirge nach dem alten Tempel Tein-tung. Von der Spitze des ersten Passes, wo ein kleiner Tempel und eine verfallene Pagode steht, war die Aussicht wirklich grossartig. Hinter mir lag die weite, fruchtbare, von einem Netz von Flüssen und Kanälen bewässerte Ebene von Ning-po, vor mir ein stilles und liebliches Thal, scheinbar auf allen Seiten von Bergen umschlossen. Unten im Thale breiteten sich Reis-

felder aus, und an den niedern Abhängen der Hügel sah man hie und da mit
Thee bebaute Flecke; über diesen aber war alles noch wild und unbebaut und noch von keines Menschen Hand berührt.
Ringsum wuchsen wilde Blumen in grosser Menge. Die Seiten der
Hügel waren ganz gelb von der *Azalea sinensis*, so gross waren die
Blüthen, und so lebhaft ihre Farben. Auch noch ein anderer Strauch war
da, der den Botanikern neu und in Europa vielleicht noch kaum bekannt
ist, die *Amelanchier racemosa*, die eben so schön ist, wie die Azalea und
mit ihren Blüthenmassen vom reinsten schneeigen Weiss mit dieser wett-
eiferte.

Als ich den Hügel hinabstieg kam ich bei einem anspruchslosen
Tempel vorbei, der, wie das an demselben angebrachte Schild aussagte,
„den verehrten Göttern des Bodens" errichtet war.

Solche kleine Tempel findet man oft an den Seiten des Weges, namentlich in der Nähe von Klöstern. Obwohl Götzentempel, zeugen sie
doch von Dankbarkeit gegen das höchste Wesen, für die Regenschauer die
im Frühling strömen und den durstigen Boden tränken.

Da ich mich auf meinem Wege zu dem Tempel an mehreren Stellen
aufgehalten hatte, so war bereits Mittag vorbei, ehe ich dessen heiliges
Gebiet erreichte. Die grosse metallene Glocke auf dem Glockenthurme
wurde eben geläutet, und die Priester eilten in die grosse Halle wo eben
ihre Andacht beginnen sollte, denn „es war die Stunde des Gebets."

Die Berge in der Nähe des Tempels sind reich bewaldet. In der
That, die Priester dieser Secte scheinen die Bäume welche in der Nähe
ihrer Tempel wachsen sehr gewissenhaft zu schonen, und tragen dadurch
viel dazu bei die Schönheit der Landschaft zu erhalten. Einige schöne
Bäume der *Cryptomeria japonica* zieren den Weg zum Tempel, und die
grössten Exemplare der chinesischen Kiefer *(Pinus sinensis)* die ich in
dem Lande gesehen habe stehen in dessen Nähe. Auch einige schöne
Bambusgehölze waren hier, die mehr verdienen als einen flüchtigen Blick
im Vorbeigehen. Die Stämme dieser Bambusart haben oft ein Fuss im
Umfange, und sind glatt, gerade, und dreissig bis vierzig Fuss hoch. Die
rauchästigen Arten welche ich in andern Theilen der Welt gesehen habe,
können mit dieser Art, die im nördlichen China wächst, gar nicht verglichen
werden. Man müsste alle Mittel anwenden sie in unsern indischen Besitzungen am Himalaya einzuführen, wo sie für die Eingebornen eben so
nützlich sein würde wie hier für die Chinesen.

Das Bambus ist eines der werthvollsten Gewächse in China, und wird
zu allen möglichen Zwecken verwendet. Man gebraucht es zu Hüten
und Schilden für die Soldaten, zu Sonnenschirmen und Schuhsohlen, zu Bau-
gerüsten, Maassen, Körben, Seilen, Papier, Pinselhaltern, Besen, Tragsesseln,
Pfeifen, Blumenstöcken und Gitterwerk in den Gärten; mit den Spänen
werden Kissen gestopft; aus den Blättern wird eine Art grober Regen-
Mantel gemacht, dessen man sich bei nasser Witterung bedient und welcher
So-e oder Blätterkleid genannt wird. Auf dem Wasser gebraucht man
es zur Verfertigung von Segeln und Decken für die Boote, zu Fischreisern
und Fischkörben und Bogen; plumpe Boote, oder vielmehr Flösse, Cata-
marans genannt, werden aus einigen fest zusammengebundenen Bambus-
stämmen gemacht. Beim Ackerbau wird das Bambus gebraucht um
Wasserrinnen zu bilden in denen man das Wasser auf das Feld leitet;

die berühmten Wasserräder, Pflug, Egge und anderes Wirthschaftsgeräthe werden zum Theil aus Bambus gemacht. Vortreffliche Wasserröhren werden daraus verfertigt, um das Wasser aus den Quellen von den Hügeln herabzuleiten und Häuser und Tempel in den Thälern mit reinem Wasser zu versorgen. Aus den Wurzeln schneidet man oft die wunderlichsten Figuren, und die Stengel endlich werden zu Verzierungen verarbeitet oder zu Weihrauchanzündern für die Tempel. Die Möbeln aus Ning-po, die schönsten in China, sind oft mit Figuren ausgelegt welche Menschen, Häuser, Tempel und Pagoden vorstellen, alles aus Bambus, und welche die genauesten und treuesten Abbildungen von China und den Chinesen geben. Die jungen Schösslinge werden gekocht und gegessen und süsse Gerichte davon bereitet. Eine Substanz die man in den Knoten findet, *Tabasheer* genannt, wird als Medicin gebraucht. In der Theemanufactur liefert es die Rolltafeln, Trockenkörbe, und Siebe, und endlich obwohl auch das noch nicht das letzte, werden die berühmten Speisestäbchen, — der wichtigste Artikel im häuslichen Leben — aus Bambus gefertigt.

Obwohl der Leser es vielleicht nicht glauben wird; so muss ich ihn doch noch einen Schritt weiter führen und ihm sagen, dass ich noch nicht die Hälfte von dem aufgezählt habe wozu die Chinesen das Bambus gebrauchen. Es möchte in der That fast eben so schwer sein zu sagen wozu es n i c h t gebraucht wird, als wozu es gebraucht wird. Im Hause und auf den Feldern, zu Wasser und zu Lande, in Krieg und Frieden ist es das allgemeine Bedürfniss. Beinahe das ganze Leben hindurch hat es der Chinese überall nöthig, und es verlässt ihn nicht bis er zu seiner letzten Ruhestätte an den Abhang eines Hügels darauf getragen wird, und auch dann noch wogt es neben der Cypresse, Wachholder und Pinie als Denkmal neben seinem Grabe.

Zur Zeit des letzten Krieges, als der Kaiser von China, ohne Zweifel nicht ohne vorher die Sache wohl erwogen zu haben, die Engländer dadurch besiegen wollte, dass er ihnen den gewöhnlichen Bedarf von Thee und Rhabarber vorenthielt, ohne den sie, nach seiner Ansicht, nicht auf die Dauer bestehen konnten, hätten wir, wenn es möglich gewesen wäre, damit antworten müssen, dass wir alles Bambus zerstörten. Mit aller schuldigen Achtung vor der Weisheit Seiner Himmlischen Majestät, möchten doch die Engländer auch ohne Thee und Rhabarber haben leben können; wie aber die Chinesen ohne Bambus hätten fortkommen wollen, lässt sich nicht begreifen.

Als ich in meine alten Zimmer in dem Hause des Priesters kam, fand ich zwei meiner Freunde aus Shanghae, — Herrn Bowman und Dr. Kirk, die sich hier niedergelassen hatten. Der Doctor hatte versucht die Priester in Staunen zu setzen und zu belehren, indem er ihnen eine Heberöhre zeigte, und einen ihrer Wasserkrüge damit leerte. Es ist aber schwer einen Chinesen in Verwunderung zu setzen oder ihn zu überzeugen dass es etwas gebe was er nicht begreift! Der Mann sah eine oder zwei Secunden schweigend vor sich hin, und zeigte dann mit triumphirendem Lächeln im Gesicht auf seine Bambusröhren, die hier gebraucht werden, um das Wasser in die Häuser der Priester zu leiten. „Steigt nicht das Wasser perpendiculär hier hinauf, und bis zu jeder Höhe die man wünscht?" Allerdings thut es das, aber nicht nach dem Princip der Heberöhre, denn die Quelle welche diese Röhren versorgte, war hoch oben am Berge. Nach einem oder zwei Tagen verliess ich den Tempel um in Gesellschaft meiner beiden Freunde den See von Tung-hoo zu besuchen. Wir mietheten Boote, segelten über den See und besahen die Ufer. Als es bekannt wurde dass einer meiner Gefährten ein Arzt sei, kamen von allen Seiten „die Kranken, Lahmen und Blinden" zu uns, die sich einbildeten dass er alle Gebrechen heilen könnte. Bei einer Zusammenkunft die der Doctor mit einem alten Manne hatte, fand ein lächerliches Missverständniss statt. Mein Freund glaubte, nach dem was der Alte sagte, dass er eine Bezahlung anbieten wollte, nach genauerer Untersuchung aber erwiess es sich dass er grade im Gegentheil dem Doctor verständlich machen wollte, dass er seinen Rath und Beistand nur annehmen könnte wenn er umsonst gegeben würde.

In den drei Tagen die wir hier zubrachten hatte ich alle Hände voll mit meinen naturhistorischen Sammlungen zu thun. Die Ufer des Sees waren reich an Pflanzen und noch reicher an Insecten. Viele der letzteren sind für den Entomologen noch ganz neu; meine Sammlungen aber sind noch nicht geordnet und geprüft.

Ich würde noch länger in dieser Gegend herumgestreift sein, aber meine Diener waren jetzt aus dem Boheagebirge zurück und meine Feiertage für diesmal zu Ende. Ich kehrte also nach Ning-po zurück und traf Vorbereitungen zu einer andern und vielleicht noch wichtigeren Reise.

Neuntes Capitel.

Mit meiner Reise in die oberen Gegenden des Min war ich nicht ganz zufrieden. Obgleich einer meiner Leute mir eine hübsche Sammlung von Theepflanzen und Samen aus dem berühmten Schwarztheelande mitgebracht hatte, und obgleich die Expedition nach einem Plane eingerichtet war, dass er kaum, wenn er mich auch wirklich täuschen wollte, sich die Pflanzen und Sämereien anderswo verschaffen konnte, so sah ich doch ein, dass es für mich weit befriedigender wäre, wenn ich jenen District selbst besuchte. Ich konnte mich nicht mit dem Gedanken befreunden, nach Europa zurückkehren zu müssen, ohne vollkommen sicher zu sein dass ich den Theestrauch aus den besten Schwarztheedistricten China's in die Pflanzungen in den nordwestlichen Provinzen Indiens eingeführt hätte. Auch will ich nicht in Abrede stellen dass ich den Wunsch hegte, über das Boheagebirge zu gehen und den weitberühmten Woo-e-shan zu besuchen. Auf alle Fälle beschloss ich noch einen Versuch zu wagen, und entschloss mich von Ning-po abzureisen, wo die Leute nicht so gegen die Fremden eingenommen sind wie weiter südlich, in der Gegend von Foo-chow und Canton.

Der Mann welcher eben erst aus jener Gegend zurückgekehrt war erklärte sich bereit mich zu begleiten, und da er den Weg vollkommen kannte, so hätte ich keinen bessern Führer finden können. Er zeigte mir eine kleine dreieckige Fahne die er von einem Mandarinen bekommen hatte, mit dem er früher nach Peking gereist war, und sagte mir, wenn diese in unsern Händen sei, so würde niemand wagen uns ein Hinderniss in den Weg zu legen. Ich gestehe dass ich an der Macht dieser Fahne ein wenig zweifelte, liess ihm jedoch seinen Willen.

Wir mietheten ein Boot und verliessen Ning-po Abends am 15. Mai. Fluth und Wind waren uns günstig und schnell segelten wir den Fluss hinauf, bei dem britischen Consulat und den Häusern der Missionäre vorbei, die beide am Ufer liegen. Es war ein trüber und finsterer Abend, und als es dunkel wurde fing es stark zu regnen an. Ich war ziemlich niedergeschlagen und konnte mir nicht verbergen dass die Reise welche ich unternahm lang und vielleicht gefahrvoll sein würde. Mein Weg führte durch fast ganz unbekannte Gegenden, und auf meinen Führer konnte ich mich nicht ganz verlassen. Aber der Würfel war gefallen, und mich der Obhut dessen vertrauend der allein und überall schützen kann, beschloss ich den Schwierigkeiten und Gefahren des Weges mit frohem Muthe entgegenzugehen.

Mein Diener erinnerte mich jetzt dass es Zeit sei in meinem Aeussern eine Veränderung vorzunehmen und die Landestracht anzulegen. Als diese Operation vollendet war, glaube ich, hätte mich mein bester Freund nicht mehr erkannt, und ich selbst konnte mich, als ich in einen Spiegel sah, kaum wiedererkennen. „So wird es gut sein", sagte mein Diener; und wenn wir nach Nán-che kommen will ich noch einen Sommerhut kaufen, um die Verkleidung noch vollständiger zu machen."

Am nächsten Morgen mit Tagesanbruch kamen wir bei einer ziemlich grossen Stadt vorbei, welche den Namen Yu-yeou führt und die während des Krieges von unsern Truppen besucht worden war. Sie ist mit Mauern und Wällen umgeben welche einen Hügel von ziemlicher Ausdehnung einschliessen, auf dessen Spitze die Buddhisten einen Tempel errichtet haben. Die Vorstädte ziehen sich weit am Ufer des Flusses hin und bilden den Haupttheil der Stadt. Einige Meilen weiter hinauf wird der Fluss schmal und scheint sich in ein Netz von Kanälen zu verlieren, woran wir erkannten dass wir uns in der Nähe seiner Quellen befanden. Bald darauf kamen wir an eine Zugbrücke, oder schiefe Fläche, wie ich oben beschrieben habe.

Während wir mit fünf andern Booten hier lagen und warteten bis die Reihe an uns käme hinaufgezogen zu werden, ereignete sich ein eigenthümlicher Umstand. Die meisten Boote waren eben so wie wir mit der Fluth von Ning-po hergekommen und gingen nach der kleinen Stadt Pak-wan. Wir mussten etwa eine Stunde warten ehe die Reihe an uns kam. Ein grober tölpischer Kerl, dessen Schiff das letzte von allen war, wurde jetzt ungeduldig und schob die andern Boote bei Seite, um eher als sie an die Reihe zu kommen. Unter einem gewaltigen Schreien und Drohen gelang es ihm endlich bei mehrern vor ihm liegenden Booten vorbei und bis an das meinige heranzukommen. Da wir schon eine ziemliche Weile gewartet hatten war es mir allerdings unangenehm dass dieser sich uns vordrängen wollte, allein weil ich keine Störung haben wollte beschloss ich mich nicht in den Streit zu mengen der sich zwischen ihm und meinen Bootsleuten erhob. Mein Diener jedoch, ein lebhafter und starker Mann, hatte offenbar schon überlegt wie er sich dabei zu benehmen hätte, und war entschlossen den Kerl nicht an uns vorbei zu lassen. Dieser kam jetzt heran, begann unser Boot bei Seite zu schieben, wie er mit den andern gethan hatte, und verlangte ziemlich ungestüm, wir sollten ihm Platz machen, weil er grosse Eile habe. „Ihr könnt hier nicht vorbei," sagte einer von unsern Leuten, und stiess zugleicher Zeit den Bug unsers Bootes gegen das Ufer des Kanals um den Durchweg zu sperren. „O, aber ich will", entgegnete jener, stiess uns, ungeachtet der Einwendungen unserer Schiffsleute, weiter zur Seite hin, und versuchte sich einen Durchweg zu bahnen. Sing-Hoo, dies war der Name meines Dieners, ging jetzt hinaus und fragte den Kerl ärgerlich was er dächte. „Wisst ihr denn," sagte er, dass ein Mandarin in diesem Boote ist? ihr mögt euch nur in Acht nehmen." „Ich kümmere mich viel um eure Mandarinen", sagte der Mann, „ich muss vorbei." „Oh, sehr gut", entgegnete Hoo, „wir wollen sehen." Damit ging er in das Boot, nahm die kleine dreieckige Fahne, ging ruhig hinaus und befestigte sie an dem Maste unseres Bootes. „Hier", sagte er zu dem andern, wollt ihr nun noch vorbei?" Zn meinem grossen Erstaunen wurde unser ungestümer Freund auf einmal so sanft wie ein Lamm, stammelte einige Entschuldigungen über seine Aufführung, und setzte sich ruhig auf dem Hintertheile seines Bootes nieder um zu warten bis die Reihe an ihn käme, während die Schiffer auf den übrigen Booten, die der Sache zugesehen hatten, auf seine Kosten nicht wenig lachten.

Sing-Hoo kam jetzt zu mir, mit einem Lächeln im Gesicht, und sagte, „Sie sehen, welche Wirkung diese kleine Fahne thut." Ich gestand dass ich darüber erstaunt sei und bat ihn mir mehr darüber mitzutheilen. Er erzählte nun, vor einigen Jahren sei er bei einem mit der kaiserlichen Familie verwandten Mandarinen in Dienst gewesen und habe diesen und dessen Familie auf der Reise nach Shantung und Peking begleitet. Die Familie des Mandarinen habe die Fahne, welche sich jetzt in seinen Besitz befinde, auf allen ihren Reisen bei sich geführt, und sie seien dadurch vor allen Beleidigungen geschützt gewesen. Als er in seine Heimath zurückgekehrt sei, habe der alte Herr ihm dieselbe geschenkt, und er habe oft bei ähnlichen Gelegenheiten, wie die gegenwärtige, davon Gebrauch gemacht. Er sprach mit grossem Stolze von seinem Dienste bei der kaiserlichen Familie; er hatte den alten Kaiser Taou-kwang gesehen und die gelbe Livrée getragen, die noch in seinem Besitze war.

Zwei mit der Winde in Verbindung stehende Seile wurden jetzt am Stern unsers Bootes befestigt und wir die schiefe Fläche hinaufgezogen, in den höhern Kanal. Einige Meilen weiter kamen wir an einen andern noch höhern Kanal und wurden wieder auf dieselbe Weise hinaufgezogen. Der zweite Kanal führt zu der schon genannten kleinen Stadt Pak-wan, wo er endigt. Wir verliessen hier unser Boot und gingen zu dem Kanale hinüber welcher nach Shaou-hing-foo und Nechow führt, wo wir ein anderes Boot mietheten in dem wir unsere Reise fortsetzten. Da ich diesen Weg schon oben vollständig beschrieben habe, so will ich mich hier nicht dabei aufhalten. Am folgenden Tage kamen wir an der kleinen Stadt Nechow an. Hier nahmen wir Plätze in einem grossen Boote und fuhren den Hwuychow, oder grünen Fluss hinauf. Ich erinnere hier den Leser dass der Fluss sich nicht weit unter Hang-chow-foo in das Meer ergiesst. Da er, so zu sagen, die Hauptstrasse bildet welche von den nördlichen Theilen der Pzovinz Fokien, so wie von Kiang-see und Hwuy-chow zu den grossen Städten Hang-chow-foo, Soo-chow-foo und Shanghae, an der östlichen Küste, führt, so kommt fast aller schwarze und grüne Thee, der aus dem Norden von China ausgeführt wird, auf diesem Wege herab. Da dieser Gegenstand für den Kaufmann von einigem Interesse sein kann, so werde ich in einem der folgenden Capitel einen Ueberblik über die ganze Strasse geben welche der Thee zurücklegen muss ehe er in den Hafenstädten ankommt.

Auf dem grünen Flusse fuhren wir mit gutem Winde rasch vorwärts. Ausser uns waren noch mehrere Passagiere an Bord, sämmtlich Landleute aus dem Westen, die wenig von den Fremden wussten, und keine Ahnung davon zu haben schienen dass ich einer war. Mein Diener sagte ihnen, wie ich glaube, ich sei aus einer fernen Provinz, jenseits der grossen Mauer; und mit dieser Angabe, so unbestimmt sie war, schienen sie sich vollkommen zu begnügen. Ausserdem war ich mit ihren Sitten wohl bekannt, ich konnte eben so gut wie einer von ihnen mit den Speisestäbchen essen, und meine Kleidung war, wie ich glaube, bis aufs Kleinste richtig, selbst den glänzend schwarzen Zopf mit eingeschlossen, der mit meinem eignen Haare zusammengeflochten war und zierlich bis beinahe auf die Fersen herabhing.

Die Landschaft an diesem schönen Flusse habe ich bereits bei einer frühern Gelegenheit beschrieben. Damals war es Herbst und die Vegetation mit verschiedenen Farben schattirt. Jetzt war es Frühling; die Regenzeit hatte begonnen, und Hügel und Thäler waren mit dem frischesten Grün bekleidet. Die Bergbäche stürzten in den Ravinen herab und bildeten Hunderte von schönen Wasserfällen, die immer besonders dazu beitragen eine Landschaft zu heben; und es ist schwer zu sagen ob dieselbe im Herbste oder im Frühling schöner ist.

Am Abend des dritten Tages nach dem wir Nechow verlassen hatten, kam die alte Stadt Yen-chow-foo in Sicht. Der Strom fliesst hier durch ein schönes und fruchtbares Thal, in welchem die Stadt liegt. „Dieses schöne Thal hat Ueberfluss an Kampfer- und Talgbäumen", ist auf einer alten Karte angegeben welche die gelehrten Jesuiten vor vielen Jahren gemacht haben, und so fand auch ich jetzt. Nicht weit unter der Stadt kommen zwei Flüsse zusammen. Einer, wie ich bereits bemerkt habe, kommt von Nordwesten und entspringt in den Hügeln von Hwuy-chow, auf diesem war ich im vorigen Herbst hinaufgefahren. Der andere fliesst von Südwest her und hat seine Quellen theils in den Gebirgen an der Grenze von Fokien, theils auf einigen Hügeln nordwestlich von der Stadt Chang-shan, wo die drei Provinzen Chekiang, Gnan-hoei, und Kiang-see zusammenstossen.

Diesen letztern und grössern Strom führte mein Weg hinauf. Ich wollte jetzt auf neuen Boden kommen den ich vorher noch nie betreten hatte. Da ich wusste dass, wenn ich den Plan welchen ich vor Augen hatte, ausführte, ich mehr als 200 englische Meilen zu Lande reisen müsste, und zwar über ein gebirgiges Land, so hatte ich Sorge getragen mich mit so wenig Gepäck als möglich zu beladen. Mein Diener jedoch hatte eine besondere Liebhaberei allerlei mitzunehmen, je weiter wir gingen; und mit wie wenig wir aufbrachen, so war doch sein Antheil in kurzer Zeit zu einem unbequemen Umfange angewachsen. Da er in Yen-chow-foo Verwandte hatte, so rieth ich ihm alles bei diesen zu lassen, bis auf einige nothwendige Kleidungsstücke und eine Matte zum Schlafen. Dazu bequemte er sich um so eher, als er genöthigt gewesen war einen schönen neuen Koffer den er in Foo-chow gekauft hatte, als er bei seiner frühern Expedition den Min hinauffuhr, mit Schaden zu veräussern. Nachdem ich ihn alles hatte zusammenpacken sehen, bis auf die bereits näher angegebenen Artikel, schickte ich ihn ans Ufer, damit er das Gepäck in das Haus seiner Verwandten bringen könnte.

Am nächsten Morgen machten wir uns bei Zeiten wieder auf den Weg, und kamen gegen Mittag in eine kleine Stadt, Namens Tā-yang, die am linken Ufer des Flusses liegt, nahe an einer Stromschnelle, welche jetzt in diesem Theile des Flusses ausser dem Bereiche der Ebbe und Fluth häufiger zu werden anfingen. Mit grosser Anstrengung gelang es uns das Boot hinüber zu bringen, und da die Leute sehr ermüdet waren, so beschlossen wir für diesen Tag in Tā-yang zu bleiben. Bei dieser Gelegenheit konnte ich die Producte dieses Theiles des Landes mit Musse untersuchen.

Als ich von meinen Streifereien zurückkehrte sah ich das unser Boot von seiner Station gegenüber der Stadt weggebracht und in eine kleine Bucht gezogen worden war, wo man es für die Nacht befestigt hatte. Der Himmel hatte einige Stunden lang ein drohendes Ansehn gehabt, und noch jetzt deutete alles auf ein heftiges Gewitter. Als es dunkel wurde kamen eine Menge kleine Boote in die Bucht wo wir waren, um vor der Fluth sicher zu sein die, wie man erwartete, den Fluss herabkommen sollte. Ich werde nie die Verwirrung und den Lärm vergessen der sich erhob als die letzten Boote eilig hereinkamen. Es schien jedem durchaus gleichgültig zu sein was seinen Nachbarn begegnen könnte, wenn nur er selbst in Sicherheit war. Unsere Bootsleute gaben den übrigen in Ungezogenheit nichts nach und theilten manchen Puff an die vorüberfahrenden aus.

Sämmtliche Boote von Yen-chow und Nan-che sind gewöhnlich sogenannte Familienboote, d. h. der Capitän oder Eigenthümer hat seine Frau und Familie bei sich, während die Capitäne aus Hwuy-chow, welche den andern Arm des Flusses hinauffahren, ihre Familien zu Hause lassen. Die Frauen haben immer einen Haupttheil bei der Führung des Bootes und rudern und stossen eben so gut wie die Männer. Wenn sie ihren stärkern Hälften in diesen Obliegenheiten, wo es die Arbeit gilt, gleichkommen, so sind sie diesen weit überlegen wenn eine Störung stattfindet bei der die Zunge eine Hauptrolle zu spielen hat. An diesem Abend, als so viele Boote in die Bucht kamen um hier zu ankern, trieben sie sich einander in grosser Verwirrung herum. Da der Hauptstrom sehr reissend war, so schossen die Boote welche herunterkamen mit grosser Schnelligkeit in die Bucht hinein. Die Nacht war sehr finster und es fing an mit grossen Tropfen zu regnen. Das Gewitter welches seit einiger Zeit gedroht hatte kam allmälig gegen den Wind herauf, und von Zeit zu Zeit beleuchteten helle Blitze die Bucht und zeigten uns die bunten Gruppen von denen wir umgeben waren. Die Schiffer schimpften wenn die Boote an einander stiessen, die Kinder schrieen und weinten, und von allen Seiten hörte man die kreischenden Stimmen der Weiber die den Männern Befehle gaben oder einander auszankten. Wer die Sitten dieses Volkes nicht kannte, musste denken dass sich irgend ein grosses Unglück ereigne. Ich hatte jedoch dergleichen Scenen schon zu oft gesehen um irgend beunruhigt zu werden, und obgleich der Regen durch das Dach meines Bootes drang und mein Bett durchnässte, so kam mir doch die ganze Sache ziemlich lustig vor.

Die Chinesen hatten sehr wohlgethan Vorsichtsmassregeln zu ergreifen, denn nach zwei Stunden kam die Fluth, alles vor sich hinreissend, herab. Wäre eins von den Booten welche in der Bucht ankerten in dem Strome gewesen, so würde es ohne Zweifel von seinen Ankern gerissen und in Stücken zerschellt worden sein. Solche Bergfluthen sind in diesen Flüssen nichts seltenes, und die Schiffer, welche dieselben sehr wohl kennen, suchen wo möglich sich immer ausserhalb des Stromes zu befinden wenn sie herabkommen, namentlich wenn zu erwarten steht dass sie bei Nacht eintreten.

Endlich lagen wir sicher vor Anker und der Kampf der Zungen, wie der der Elemente, hörte allmälig auf. Hie und da wurde über das was vorgefallen eine Bemerkung gemacht, und das heitere Gelächter welches dieser folgte zeigte dass die Leute welche kurz zuvor einen Krieg mit Worten gegeneinander geführt hatten wenigstens keinen Hass gegen einander im Herzen trugen.

In unserm Boote allein schien die Dame übler Laune sein. Ihr Mann, der ehe es dunkel wurde ans Ufer gegangen, war noch nicht zurückgekehrt, und sie war offenbar hinsichtlich seines Verhaltens wenn sie ihn nicht unter ihren Augen hatte etwas eifersüchtig, und wie sich später zeigte hatte sie nicht ganz unrecht; denn als er gegen drei Uhr des Morgens zurückkehrte, war er betrunken. Die gute Dame, — eine Mrs. Coudle in ihrer Art — schenkte ihm nichts, und gab mir zugleich Gelegenheit eine chinesische Gardinenpredigt zu hören. Frau Amee blieb nicht hinter ihrem grossen Vorbilde zurück, denn sie brachte ihren Mann bald in Schlaf, und da sie sehr lange fortsprach, so folgte ich seinem Beispiel.

Als ich am nächsten Morgen erwachte war das Gewitter vorüber. Die Sonne färbte so eben die Spitzen der Berge und alle Bäume und Sträucher erglänzten von grossen Thau- und Regentropfen. Der Fluss war bedeutend gesunken, aber der Strom noch zu reissend um weiter aufwärts fahren zu können; ich frühstückte daher zeitig und ging ans Ufer.

Die Niederungen durch welche dieser Fluss geht waren jetzt breiter — die Hügel schienen zurückzutreten und ein schönes breites Thal öffnete sich der Aussicht. Der Boden hier ist ein tiefer sandiger Lehm, auf einer Unterlage von grobem Sande. Ich bemerkte einige Flecke die mit Thee und Maulbeerbäumen bepflanzt waren, aber der Talgbaum *(Stillingia sebifera)* bildet offenbar das Haupterzeugniss des Landes. Die Zahl dieser

Bäume welche man in der Provinz Chekiang zieht, ist ungeheuer, und zeigt dass das aus ihrem Samen gepresste Talg und Oel für sehr wichtige und werthvolle Artikel gehalten werden. Gruppen von Nadelholzbäumen waren über die ganze Gegend verstreut. Sie bezeichnen die Ruhestätte der Todten und nehmen sich sehr freundlich und hübsch aus. Unter diesen Nadelhölzern bemerkte ich oft die schöne Trauercypresse (*Cupressus funebris*) die ich im vorhergehenden Herbste in der Gegend des grünen Thees entdeckt hatte.

Der Kampferbaum ist ebenfallss in diesem Thale gewöhnlich, und eben so der Tung-eau oder Oelbaum, den ich bereits beschrieben habe. Von Getreidearten wird Reis in dem niedern Lande gebaut, während Weizen, Gerste, Hirse und indisches Korn auf den Anhöhen wachsen, wo der Boden verhältnissmässig trocken ist.

Gegen drei Uhr nach Mittag, als die Strömung des Wassers etwas nachgelassen hatte, setzten wir unsere Reise wieder fort. Zwischen Tā-yang und Nan-che hatten wir viele Stromschnellen zu passiren, der Wind aber war gut und wir kamen schnell vorwärts. Am nächsten Tage gegen zwei Uhr waren wir noch etwa 30 Le von Nan-che entfernt und hatten die beste Hoffnung es noch an demselben Abende erreichen zu können. Da ereignete sich jedoch ein Umstand der uns auf unserm Wege aufhielt Wir waren eine Zeitlang schnell an der rechten Seite des Flusses hingesegelt und mussten jetzt, da wir an eine Stromschnelle kamen, auf die andere Seite hinüber, und dicht ans Ufer. Sobald wir hinüber waren sprangen auf einmal vier Männer, die sich hinter einem Damme versteckt hatten auf und hielten unser Boot an. Jetzt erhob sich zwischen unseren Leuten und den Fremden ein Wortwechsel in einem Dialekte der mir vollkommen unverständlich war. Ich rief Sing-Hoo, der nach gut chinesischer Art immer mitten im Gezänk war, und fragte ihn was es gäbe. Er sagte mir, der Capitän unseres Bootes habe auf einer frühern Reise eine Quantität Reis gekauft, aber nicht bezahlt, und der Gläubiger sei mit einigen seiner Freunde gekommen, und wolle, wenn er sein Geld nicht erhalte, unser Segel nehmen. Dies war eben so viel als unser Boot festhalten, denn wenn wir kein Segel hatten konnten wir nicht gegen den Strom, der noch immer sehr reissend war.

Als ich hinauskam fand ich bereits zwei Männer auf dem Dache des Bootes die damit beschäftigt waren die Segel loszubinden und herabzuziehen. Der alte Gläubiger stand am Bug und sah kaltblütig zu wie seine Leute ihre Arbeit verrichteten. Unser Capitän hatte sich nach dem Stern zurückgezogen, wo er ruhig seine Pfeife rauchte. Seine Frau jedoch nahm die Sache nicht mit solchem Gleichmuth hin. Sie stampfte — bitte um Verzeihung, ich muss sagen sie tüpfte — mit ihren kleinen Füssen, in immer höher steigender Wuth, und lief bald zu dem Gläubiger, bald zu ihrem Manne, bald versuchte sie es mit Schmeichelreden, bald mit einem Sturme, aber nichts wollte helfen. „Bezahlt mich" sagte der hartherzige Gläubiger, „oder ich muss die Segel nehmen". Sie bat ihn jetzt er möchte sie doch bis Nan-che fahren lassen, damit sie das Cargo abliefern könnte, dann wollte sie die Schuld bezahlen. „Ach" sagte er, „das hab ich schon einmal gethan, aber statt mich zu bezahlen, nahmt ihr neues Cargo ein und fuhr nach Hang-chow-foo. Nein, nein, ihr müsst mich hier bezahlen, und so lange ich euer Segel habe ist keine grosse Gefahr dass ihr mir wieder entwischt". Drohen, Versprechen, Schmeicheln, alles war umsonst, der alte Mann war unerbittlich. Das Segel wurde losgebunden, einer von den Leuten nahm es auf seine Schultern, und unser Besuch entfernte sich.

Mir war die Sache im höchsten Grade verdriesslich, da ich kein Mittel sah um nach Nan-che zu gelangen. Endlich schlug Sing-Hoo vor in die Stadt zu gehen und ein kleines Boot für mich und mein Gepäck zu holen. Dies schien unter so bewandten Umständen das beste was man thun konnte; ich willigte daher ein, und er ging. Die Leute auf dem Boote schienen sich die Sache sehr wenig zu Herzen zu nehmen. Mit Ausnahme des Capitäns und seiner Frau legten sie sich alle auf ihre Lagerstätten nieder und waren bald fest eingeschlafen.

Am folgenden Morgen mit Tagesanbruch wurde ich durch einen Lärm im Boote aufgeweckt, und als ich die Augen aufschlug bemerkte ich den Capitän der am Bug stehend sich ins Wasser zu stürzen drohte. Seine Frau und einer von den Männern hielten ihn zurück und baten ihn von seinem Vorhaben abzustehen und hineinzukommen. Er sträubte sich heftig, bis er sich von beiden losgemacht hatte, und fing dann an vorsorglich seine Kleider abzulegen. Die andern sahen ihm schweigend zu, und da er noch betrunken war so erwartete ich wirklich dass er in den Fluss springen würde. Als man ihn jedoch sich selbst überliess schien er seinen Sinn zu ändern, und nachdem er einige Augenblicke düster auf den Fluss hinabgesehen hatte, ging er ruhig in das Boot, liess sich seine Pfeife geben und fing an zu rauchen. Bald darauf machte er sich auf den Weg nach Nan-che um zu versuchen ob er das Geld zusammenbringen könnte um seinen Gläubiger zu befriedigen.

Gegen Mittag kam mein Diener mit einem kleinen Boote welches er mitgebracht hatte um mich nach Nan-che zu holen. Jetzt erhob sich zwischen ihm und der Capitänsfrau ein Wortwechsel, wegen etwa hundert Cash — ein Schilling und sechs Pence — die er für das kleine Boot bezahlen sollte. Nach seinen Rechtsbegriffen waren die Eigenthümer des grossen Bootes verbunden uns entweder selbst nach Nan-che zu bringen, oder die Kosten zu tragen. Da sie das Erstere nicht thaten, so beschloss er von der Rechnung für unsere Beköstigung so viel abzuziehen als die Miethe für das kleine Boot betrug. Ich sah voraus dass es einen heftigen Sturm geben würde wenn er das Geld nicht bezahlte, und rieth ihm daher die Rechnung ohne weitere Umstände zu berichtigen. Dagegen jedoch protestirte er nachdrücklich und fing an unser Gepäck in das kleine Boot hinüberzuschaffen. Inzwischen erklärte die Frau dass sie lieber mit uns fahren als ihre hundert Cash verlieren wollte. Und gesagt, gethan, kletterte sie in das kleine Boot und rief einem ihrer Leute zu, ihr ihr Kind zu bringen, ein kleines Wesen von etwa einem Jahre. Die ganze Scene müsste für jeden der dabei nicht betheiligt war höchst unterhaltend gewesen sein, für mich indess wäre es sehr unbequem gewesen mit solcher Bagage zu reisen, ich machte daher der Sache kurz ein Ende und befahl Sing-Hoo das Geld zu bezahlen. Nachdem unser Gepäck in das kleine Boot gebracht war, stiessen wir dieses vorwärts, und mit Rudern und Ziehen kamen wir endlich gegen sechs Uhr Abends in Nan-che an.

Nan-che, oder, wie es zuweilen auf den Karten genannt wird, Lan-chee, liegt gegen 120 Le westlich von Yen-chow-foo. Es ist eine der hübschesten chinesischen Städte die ich gesehen habe, und erinnert mehr an einen englischen Ort als an einen chinesischen. Die Häuser sind meist zwei Stock hoch und haben ein sauberes und nettes Ansehen. Die Stadt ist an den Ufern des Flusses gebaut und hat einen malerischen Hügel hinter sich. Die Ruinen eines Thurms oder einer Pagode geben der Landschaft noch ein besonderes romantisches Ansehen. Die Stadt hat etwa zwei und eine halbe bis drei (engl.) Meilen im Umfange und wahrscheinlich mehr als 200,000 Einwohner. Der Fluss ist mit Booten bedeckt die beständig zwischen hier und Yen-chow, Hang-chow und vielen andern östlich und westlich gelegenen Städte hin- und herfahren.

Sing-Hoo war eifrig darauf bedacht in dieser Stadt eine Menge Einhäufe zu machen. Er sagte mir dass alles was aus Nan-che käme gut sei, und rieth mir für unsere übrige Reise zu Wasser hier gute Vorräthe zu machen. Mittlerweile hatten wir ein anderes Boot gemiethet das uns bis nach Chang-shan bringen sollte, einer Stadt die nahe an der Quelle dieses Flusses liegt, der dann nicht weiter schiffbar ist. Ehe dieses Geschäft geordnet und unsere Einkäufe an Bord gebracht wurden war es beinahe dunkel geworden. Da wir den Tag über nur wenig gegessen hatten, so waren wir ziemlich hungrig und müde. Unsere neuen Bootsleute waren freundlich und auf alle unsere Bedürfnisse aufmerksam. Bald war ein treffliches Mittagsmahl bereit welches aus Reis, Fischen, Eiern und Gemüsen bestand, dem wir noch einige Leckereien aus Nan-che zufügten, wie Kuchen und Wein, welchen letzteren Sing-Hoo besonders empfohlen hatte.

Am nächsten Morgen ging ich ans Ufer um die Stadt zu besehen und einige Gärten in Augenschein zu nehmen in denen Pflanzen verkauft wurden. Man hatte mir gesagt dass Nan-che sich rühme drei oder vier Baumschulen zu besitzen; und da es ein bedeutender Ort ist und ziemlich weit von Shang-hae, Ning-po und andern Küstenstädten entfernt, so hatte ich wirklich Hoffnung einige neue und werthvolle Pflanzen zu finden welche verdienten nach England geschickt zu werden.

Ich ging durch mehrere volkreiche Strassen die ganz dasselbe Ansehen hatten wie in Shang-hae. Die chinesischen Städte haben alle eine auffallende Aehnlichkeit untereinander; die Läden sind immer auf dieselbe Weise gebaut und geordnet, enthalten dieselben Waaren, und die ganze Umgebung hat ein und dasselbe Ansehen. Wer daher einmal in einer grossen chinesischen Stadt gewesen ist, der kann sich ziemlich gut eine Vorstellung von dem ganzen Reiche machen.

Ich fand die Baumschulen in den Vorstädten der Stadt. Drei derselben untersuchte ich, konnte aber nichts Neues finden, oder was der Mühe lohnte mitzunehmen. Sie enthielten grosse Quantitäten Jasmin *(Jasminum Sambac)*, Clerodendron, Rosen, Azaleen, Camellien und Nelumbien, aber nichts was mir neu war òder was ich nicht näher an der Küste in reichlicher Fülle gefunden hätte. Nichts setzte die Leute mehr in Verwunderung als dass ich ihnen sagte, ich könnte in ihren Garten nicht finden was ich brauchte. Sie fragten nach den Namen der Pflanzen die ich suchte, und da ich ihnen sagte dass ich neue Pflanzen suche, die man in den Gärten in Soo-chow, Hang-chow und anderen der Küste näher gelegenen Orten nicht finden könnte, meinten sie, ,,ach, ihr dürft nicht erwarten dass ihr in Nan-che etwas finden werdet was es in Soo-chow nicht giebt". Da mein Besuch fruchtlos war, kehrte ich auf mein Boot zurück, und wir brachen auf und setzten unsere Reise fort.

Das Thal von Nan-che ist wo möglich noch schöner als das in welchem die Stadt Yen-chow liegt. Es ist von Hügeln umgeben, mit Hainen von Pinien, Cypressen, und Kampferbäumen wie getüpft, von einem Flusse mit vielen Zweigen und Windungen durchschnitten, und ausserordentlich fruchtbar. Der Talgbaum wird hier in grosser Masse gebaut, und an manchen Stellen ist das niedere Land beinahe damit bedeckt. Zu der Zeit als ich hier war bildeten die frischen grünen Blätter einen sehr hübschen Contrast zu den dunkeln und finstern Cypressen und Nadelhölzern. Das ganze Thal scheint, so zu sagen, ein grosser und schöner von Hügeln umringter und scheinbar eingefasster Garten; als wir aber den Fluss aufwärts segelten, öffneten sich die Hügel allmälig, nnd das Thal wurde breiter. Ich fand später dass es sich von Tā-yang, nicht weit über Yen-chow-foo, bis nach Chang-shan an der Grenze der Provinz Kiang-see hinzieht. Die entfernten Hügel schienen schroff und kahl, und, selbst bei chinesischem Fleisse, durchaus nicht für den Ackerbau geeignet.

Neunzig Le von Nan-che kam ich an einen kleinen Ort mit Namen Long-yeou, der ebenfalls an den Ufern des Flusses liegt. Hier sah man drei hübsche Pagoden, alle drei an höchst malerischen Stellen gelegen, den schönsten die man hatte finden können. Kampferbäume giebt es hier sehr viele, die hier eine bedeutende Höhe erreichen. Es war gerade die Zeit der Sommermonate, und die Leute waren emsig mit dem Schneiden und Ausdreschen ihres Weizens und ihrer Gerste beschäftigt. Hanf wird viel gebaut, und man fertigt daraus Taue und andere Gegenstände die von den Schiffern gebraucht werden. Auch grosse Quantitäten von Buchweizen, indischem Korn, Hirse und Soya bemerkte ich auf den Feldern. Eine Art Berberis, wie es schien eine Abart unserer englischen, war in ziemlicher Menge angebaut; ich konnte aber nicht ersehen wozu, wahrscheinlich zu medizinischen Zwecken oder als Farbekraut.

Oberhalb Long-yeou wurde der Fluss an manchen Stellen schmal und sehr reissend. Man konnte viele alte Wasserräder sehen die halb versandet und ganz unbrauchbar waren. Bäume und Sträucher badeten ihre Aeste in dem Strome, der mich hier an unsere Binnenflüsse in England erinnerte. Wir kamen bei einer Menge kleiner Dörfer vorbei und sahen keinen Ort von einiger Grösse und Bedeutung, bis wir Chu-chu-foo erreichten, eine grosse Stadt die 90 Le von Long-yeou und 180 Le von Nan-che entfernt liegt.

Am 1. Juni kamen uns, bald nach Tagesanbruch, zwei Pagoden in Sicht, ein Zeichen dass wir uns einer bedeutenden Stadt näherten. Dies war Chu-chu foo, welches nur noch etwa drei bis vier englische Meilen entfernt war. Als wir näher kamen bemerkten wir eine Menge Orangenwäldchen; auch der Theestrauch war in ziemlicher Ausdehnung angebaut, der Thee aber welchen man hier gewinnt gilt nicht für die beste Sorte. Erdnüsse *(Arachis hypogaea)* und Soya giebt es hier in grosser Menge, da beide Früchte in einem leichten sandigen Boden am bessten gedeihen. Mitten in der Ebene erblickt man eine grosse Menge niedriger Hügel. Der Boden dieser Hügel oder Anhöhen ist in der Regel sehr dürr und ziegelroth — wie der kalkartige Sandstein in dieser Gegend. Die Chinesen machen keinen Versuch diese Hügel zu bebauen.

In Chu-chu-foo ist eine hübsche Schiffbrücke unter der wir durch-fuhren. Wenn der Fluss bei starkem Regen anschwillt, wird diese Brücke weggenommen. Obgleich Chu-chu-foo zu den Städten zweiten Ranges ge-zählt wird, so ist es doch nicht sehr bedeutend, wenigstens nicht in mercan-tilischer Hinsicht. Es ist nicht gross, die Mauern haben kaum mehr als zwei Meilen im Umfange, und innerhalb derselben sind noch manche unbe-baute Plätze. In staatlicher Beziehung steht es höher als Nan-che, ist aber bei weitem kein so wichtiger Ort. Wir blieben hier einige Stunden um uns mit einigen nothwendigen Bedürfnissen zu versorgen, und fuhren dann weiter.

Etwa eine Meile oberhalb der Stadt vereinigen zwei Flüsse ihre Ge-wässer: der eine kommt von Südwest, und entspringt an der nördlichen Seite der Gebirge von Fokien; der andere kommt von Westen her, und entspringt wenige Meilen oberhalb Chang-shan, wohin ich jetzt wollte. Wir fuhren den Fluss zur linken Seite hinan, der sehr schmal, seicht, und oft reissend war.

Am Abend machten wir nebst einigen andern Booten an einem klei-nem Dorfe Halt, wo wir übernachten wollten. Der Tag war sehr warm gewesen und die Mosquito's wurden jetzt sehr lästig. In der vorherge-henden Nacht hatte weder ich noch mein Diener ein Auge zuthun können, und ich sah mit Schrecken wie dieses Ungeziefer uns umschwärmte und drohte uns wieder eine schlaflose Nacht zu bereiten. Als unsere Boots-leute hörten dass wir darüber unsere Besorgniss äusserten, fragten sie Sing-Hoo, warum er nicht gehe und etwas Mosquitotabak kaufe, der im nächsten Dorfe zu haben sei und womit er alle Mosquito's aus dem Boote vertreiben könne. Ich schickte ihn sogleich fort um etwas von dieser unschätzbaren Substanz zu holen. Nach einigen Minuten kam er wieder, mit vier langen Stöcken in der Hand, denen nicht unähnlich welche man gewöhnlich gebraucht um in den Tempeln Weihrauch anzuzünden, nur etwas länger und dicker. Er sagte mir dass das Stück nur zwei Cash koste — sicher billig genug wenn sie dem Zwecke entsprachen.

Zwei von diesen Stöcken wurden jetzt angezündet und an der Decke des Bootes aufgehangen. Sie hatten noch nicht fünf Minuten gebrannt als sämmtliche Mosquito's in dem Boote sich nach andern Quartieren umsahen. Wir waren sehr froh darüber und genossen einen festen und erquickenden Schlaf, für den wir sehr dankbar waren. Ich hatte auf dieser ganzen Reise immer grosse Furcht vor diesen Insecten, weil ich keine Vorhänge mitgenommen hatte, um die Masse des Gepäcks nicht noch zu vermehren. Jetzt fand ich indessen dass wir diese gar nicht nöthig hatten, wenn wir uns Mosquitotabak verschaffen konnten.

Die Chinesen bedienen sich verschiedener Substanzen um die Mos-quito's zu vertreiben. Die welche ich jetzt gekauft hatte wird von den Sägespänen eines harzigen Holzes — ich glaube vom Wachholderbaum — gemacht, die mit irgend einem leicht brennbaren Stoffe gemischt werden. Ein Stück von einem Bambusspane, drei bis vier Fuss lang, wird dann mit dieser Substanz überzogen, und das Ganze ist etwa so dick wie ein Rotang oder ein dünner Spazierstock. Das obere Ende des Bambusspanes wird auseinander gespalten, damit man es an einem Nagel an der Wand oder an der Decke des Bootes anhängen kann. Wenn ein solches Stück einmal angezündet ist, so brennt es bis etwa sechs Zoll von dem Haken

hinauf, so weit der brennbare Stoff reicht, und verlischt dann von selbst.
So lange es brennt verbreitet es einen ziemlich starken Geruch, der
namentlich in einiger Entfernung nicht unangenehm ist. Zuweilen werden
die Sägespäne in kleine Papierdüten gethan und dann auf dem Hausflur
angezündet. Zu demselben Zwecke gebraucht man auch mehrere Arten
Wermuth. Die Stengel und Blätter dieser Pflanze werden zusammengedreht und getrocknet, und wahrscheinlich in irgend ein Präparat getaucht
um sie leichter brennbar zu machen.

Die Mosquito's haben den grössten Widerwillen gegen alle diese Substanzen, und wo man dieselben anzündet kommen diese kleinen Quälgeister
sicher nicht hin. Ich versorgte mich mit solchen Stöcken und brannte sie
nachher täglich an; und obgleich die Insecten oft, wenn ich in ein Boot
oder ein Wirthshaus trat, in ganzen Schwärmen vorhanden waren, so verschwanden sie doch augenblicklich sobald ihr „Tabak" geraucht wurde,
und liessen mich in Ruhe sitzen oder einen erquickenden Schlaf geniessen.
Wer immer diesen kostbaren Tabak entdeckt haben mag, er war ein Wohl-
thäter seines Landes und hätte verdient mit dem blauen Knopf und der
Pfauenfeder beehrt zu werden. Ich meine aber dass, wie alle andern
chinesischen Entdeckungen, diese Erfindung so alt ist dass der Name ihres
ursprünglichen Entdeckers nicht mehr aufzufinden ist.

Wir näherten uns jetzt augenscheinlich dem Anfange des Thales von
Nan-che und einer von den Quellen des grünen Flusses. Man zeigte mir
hier den Hügel von dem die Stadt Chang-shan ihren Namen hat, und bald
darauf kamen die Masten der Boote und die Stadt selbst zum Vorschein.
Da wir guten Wind hatten, segelten wir schnell über die Strömung
und ankerten bald, in geringer Entfernung von der Stadt, sicher unter
einer grossen Anzahl anderer Boote.

Da der Fluss von hier an nicht weiter schiffbar ist, so musste ich meine
Reise zu Lande fortsetzen. Ich beschloss daher die Nacht über in Chang-
shan zu bleiben, um wegen meines weiteren Fortkommens Anordnungen
zu treffen.

Zehntes Capitel.

Die Stadt Chang-shan und ihr Handel. — Landreise. — Mein Tragsessel und
Sesselträger. — Beschreibung des Weges. — Zug von Thee-Coolies. —
Wirthshäuser an der Strasse. — Grenze zwischen zwei Provinzen. —
Mittagsessen in einem chinesischen Wirthshause. — Werth der Speisestäbchen. — Abenteuer mit zwei Männern aus Canton. — Die Stadt Yuk-
shan. — Deren Handel und Bedeutung. — Quan-sin-foo. — Mein Diener
speculirt in Grastuch. — Wonach man in China das Ansehen der Person
beurtheilt. — Beschreibung des Landes und dessen Erzeugnisse. — Ankunft
in Hokow.

Chang-shan ist eine Stadt dritten Ranges und liegt, wie man sagt,
140 Le von Chu-chu-foo. Nach der Volksmenge anderer Städte in China
zu urtheilen, mag dieser Ort etwa zwanzig bis dreissigtausend Einwohner
haben. Die Stadt liegt am Fusse eines Hügels, etwa eine Meile vom Flusse
entfernt, die Vorstädte aber dehnen sich bis an den Rand des Wassers

aus. Die Strassen sind schmal, und die Kaufläden haben in Vergleich zu
denen in Hang-chow-foo oder Ning-po ein ziemlich ärmliches Ansehen.
Die Stadt hat keinen Handel mit eignen Erzeugnissen, da sie aber an der
Hauptstrasse liegt welche von den Küstenstädten nach dem grossen Schwarztheelande von Fokien, den grossen Städten Yuk-shan, Quan-sin-foo, Hokow,
dem Poyang-See, und selbst nach Canton führt, so ist sie immer ein sehr
bedeutender Ort, und voll von Hongs, Wirthshäusern, Theeläden und Waaren-
häusern zur Aufnahme der Reisenden, Coolies und Waaren, welche letztere
hauptsächlich aus den schwarzen Theeen von Fokien und Moning bestehen.

Am Morgen nach unserer Ankunft nahmen wir Abschied von unserm
Boote und unsern freundlichen Schiffern, und gingen zu Fusse in ein
Wirthshaus in der Stadt, um für die nächste Station unserer Reise Tragsessel zu miethen. Auf unserem Wege durch die Strassen zogen wir nicht
im Geringsten die öffentliche Aufmerksamkeit auf uns, und da mir an
grosser Popularität nicht viel gelegen sein konnte, so war ich darüber sehr
froh. Als wir in dem Wirthshause ankamen empfing uns der Wirth mit
grosser Höflichkeit, bat uns Platz zu nehmen, und brachte uns etwas
Thee. Auf unsere Frage, ob er uns einen Tragsessel verschaffen könne,
entgegnete er, die welche er besitze seien unbedeckt, und zeigte uns
einige derselben welche im Vorhause standen. Ich bemerkte dass sie
genau so waren wie die Tragsessel im Gebirge, deren ich mich oft auf
den Bergen in der Nähe von Ning - po bedient hatte, und sagte ihm dass
einer derselben ganz meinem Zwecke entsprechen würde. Diese Sänften
sind äusserst einfach, und bestehen aus zwei langen Bambusstangen, mit
einem offenen Sitze in der Mitte und einem kleinen Querholz das an zwei
Stricken von den Stangen herabhängt und auf dem die Füsse ruhen können. Die Bettdecke auf der ich schlief wurde über den Sitz gezogen und
meine Reisekutsche war fertig.

Nach dem Frühstück kamen die Träger und wir brachen auf. Eine
Menge andere Reisende gingen und kamen auf demselben Wege wie wir.
Manche hatten eben solche Tragsessel wie ich, andere hatten über dem Sitze
ein Flechtwerk von Bambus angebracht, welches zum Schutze gegen Regen
und Sonne mit einem Stück in Oel getränkten Papier bedeckt war. Ich
sah zu spät ein dass ich besser gethan hätte einen solchen Sessel zu nehmen, statt meines offenen; da indessen die Sache nun nicht mehr zu ändern
war, so trabte ich weiter, mit einem chinesischen Sonnenschirm über meinem Kopfe, und tröstete mich damit dass ich so wenigstens eine bessere
Aussicht auf die Stadt und Umgegend hätte als in einer bequemeren aber
verschlossenen Sänfte.

Ich hatte jetzt die volkreichsten Strassen von Chang-shan hinter mir
und war bereits im offenen Lande. Es hatte in der Nacht stark geregnet,
und da der Morgen schön war, so hatten die letzten Schauer nur die
natürliche Schönheit der Gegend noch mehr gehoben. Das Gras an den
Abhängen der Hügel und der junge Reis in den Thälern prangten im
frischesten Grün, alle Sträucher und Bäume waren mit grossen Regentropfen beladen die im Sonnenschein glänzten. Kurz, die ganze Landschaft
war reizend und in der frischen Morgenluft kam ich bald in die fröhlichste
Stimmung.

Die Strasse auf welcher wir reisten war eine der breitesten und
besten die mir im Lande vorgekommen sind. Sie war mit Granit ge-

pflastert, gegen zwölf Fuss breit, und vollkommen frei von Unkraut, was
bewies, wenn überhaupt noch ein Beweis nöthig war, dass auf derselben
ein grosser Verkehr herrschte. Das allgemeine Ansehen des Landes war
hügelig, aber in den Thälern zwischen den Hügeln war viel guter Boden.
Die Gegend erinnerte mich an einige der hübschen Inseln im Archipelagus
von Chusan. Wir hatten auf unserem Wege keine Gebirgspässe zu überschreiten, und die kleinen Hügel schienen sich, wie wir weiter gingen,
dem Wege zu öffnen.

Auf den ersten Meilen, nachdem wir Chang-shan verlassen, begegneten
wir nur wenigen Reisenden. Ich überliess mich der Hoffnung dass meine
Tagereise durch eine ruhige Gebirgsgegend führen würde, sah jedoch sehr
bald dass ich mich getäuscht hatte, denn bald begegneten wir langen Zügen
von Coolies die mit Thee beladen waren welcher nach Hang-chow-foo, und
von da nach Shanghae gehen sollte, um dort an englische und amerikanische Kaufleute abgesetzt zu werden. Da meine Träger sehr schnell
gingen, so überholten wir auch viele die mit uns dieselbe Strasse zogen.
Diese kehrten eben zurück, nachdem sie ihre Ladungen in Chang-shan
abgesetzt hatten; aber sie gingen keineswegs mit leeren Händen, sondern
trugen rohe Baumwolle, baumwollene Waaren, Blei, und verschiedene andere Artikel die entweder aus der Fremde eingeführt oder in näher zur
See gelegenen Gegenden erzeugt werden. Fast jedes Le Weges fanden
wir Wirthshäuser und Theeläden an der Strasse. Vor diesen Häusern war
der Weg in der Regel überdeckt, damit die welche stehen blieben um eine
Erfrischung einzunehmen vor Sonne und Regen Schutz finden könnten.

Als wir etwa dreissig Le zurückgelegt hatten, sagten meine Träger
sie müssten ein wenig ausruhen und etwas zu sich nehmen. Ich ging
gern auf diesen Vorschlag ein, denn ich war selbst sehr durstig, und sagte
ihnen sie möchten am nächsten Hause zu dem wir kommen würden halt
machen, was sie auch thaten. Wir gingen in das Haus und ich nahm an
einem Tische Platz, während mein Diener und die Träger sich an einen
andern niederliessen. Die Wirthin setzte uns sogleich eine Theetasse vor
in welche sie etwas Thee schüttete und dann mit kochendem Wasser voll-
goss. Ich brauche kaum zu sagen dass sie uns weder Zucker noch Milch
anbot. An andern Tischen sassen viele Leute, meist Coolies die Thee
nach Chang-shan brachten und deren Kisten die Strasse vor der Thüre
beinahe sperrten. Wir tranken unsern Thee, den ich in seinem reinen
Zustande, und ohne Zucker und Milch, sehr erfrischend fand. Von Zeit
zu Zeit ging jemand der zum Hause gehörte herum und füllte die Tassen
wieder mit Wasser. Dies wird gewöhnlich zwei bis dreimal wiederholt,
bis alle Kraft aus den Blättern ausgezogen ist.

Nachdem wir unsere Pfeifen geraucht und jeder zwei Cash für seinen
Thee bezahlt hatte, stieg ich wieder auf meinen Tragsessel und die Reise
ging weiter fort. Der Weg führte uns nun zwischen zwei Hügeln hinauf,
wo ein grosses steinernes Thor auf dem Passe mir zeigte dass ich die
äusserste Grenze der Provinz Chekiang erreicht hatte, und nun sogleich
nach Kiang-see hinüber kommen würde. Eine feste Mauer, den Festungswerken einer Stadt nicht unähnlich, verband die beiden Hügel, und das
Thor befand sich natürlich in der Mitte des Passes. Der ganze Ort hatte
ein kriegerisches Ansehen und zu beiden Seiten war eine Militärstation,
so dass beide Provinzen gehörig repräsentirt und geziemend bewacht

waren. Diese Stationen befanden sich in einem ziemlich vernachlässigten Zustande, und ich sah nur Weiber und Kinder in der Nähe der Häuser. In Friedenszeiten ist es den Soldaten ohne Zweifel erlaubt das Schwerdt mit dem Pflugschar zu vertauschen und sich mit der Bebauung des Landes zu beschäftigen.

Obgleich sich, mit wenigen Unterbrechungen, kleine Dörfer und Häuser wo man Erfrischungen erhalten konnte, an dem ganzen Wege hinzogen, so kamen wir doch nur selten durch einen Ort von einiger Grösse. Etwa gegen Mittag jedoch, kamen wir an einen Ort der bedeutend grösser war als alle andern welche wir schon passirt hatten — der Name ist mir entfallen — und ehe ich wusste wo ich war, wurde ich vor einem grossen Wirthshause niedergesetzt. An der Thüre standen eine Menge Tragsessel welche Reisenden gehörten die theils in derselben Richtung reisten wie ich, theils aus dem Westen kamen und nach Chang-shan und andern östlicher gelegenen Städten zurückkehrten.

Sobald ich von meinem Sessel abstieg, stellte sich der Wirth vor, und meine Träger meldeten ihm dienstbeflissen dass ich beabsichtige bei ihm zu speisen. Dies war allerdings nicht ganz nach meinem Wunsche, indessen hielt ich es doch für das Beste nicht merken zu lassen dass es mir unangenehm sei, und bestellte daher ein Mittagsessen. Ich hatte Sing-Hoo ausdrücklich anempfohlen nie in Wirthshäusern einzukehren die sehr von Kaufleuten besucht würden, weil ich jedes Zusammentreffen mit Leuten vermeiden wollte die öftere Gelegenheit hätten Fremde zu sehen, gleichviel ob in Shanghae oder in Canton. Vor allen wollte ich den Leuten aus Canton aus dem Wege gehen, die beständig zwischen den Theegegenden hin und her reisen, und die, mit derselben Kenntniss der Fremden wie die Leute in Shanghae, bei weitem mehr in Vorurtheilen gegen dieselben befangen sind. Sing-Hoo war indessen jetzt ein wenig zurück geblieben und bemerkte erst als es schon zu spät war was die Sesselträger thaten. Nachher zeigte es sich, dass die Leute einen sehr guten und wesentlichen Grund hatten, in so fern sie zum Danke dafür dass sie einen Kunden in das Haus brachten, ihr Mittagsessen umsonst erhielten.

Das Wirthshaus war ein grosses und bequem eingerichtetes Gebäude und dehnte sich von der Hauptstrasse der Stadt nach hinten zu aus. Die Fronte war aus einer Anzahl Breter oder Fensterladen zusammengesetzt die nach Belieben weggenommen werden konnten, und die am Morgen abgenommen und Abends wieder aufgehängt wurden. Das Gebäude selbst bestand aus drei Hauptabtheilungen; die erste hatte die Aussicht auf die Strasse, die zweite befand sich hinter dieser und die dritte am hintersten Ende. Einige kleine Zimmer zu beiden Seiten dienten als Schlafkammern.

Die nach der Strasse zu gelegene Abtheilung des Gebäudes war gedrängt voll von Coolies und Sänftenträgern, die hier ihre Mahlzeit einnahmen und ihre Pfeife rauchten. Die zweite und dritte Abtheilung waren für Reisende bestimmt, aber da sich zwischen beiden Abtheilungen grosse Thüren befanden die weit offen standen, so war es nicht schwer von einem Ende des Hauses bis zum andern hindurch zu sehen.

Nachdem ich von meinem Sessel abgestiegen war folgte ich „meinem Wirthe" in die zweite Abtheilung, wo an jeder Seite ein Tisch stand, von denen einer noch nicht besetzt war. An diesem nahm ich Platz, zündete mit dem geziemenden Ernste meine Pfeife an und fing an zu rauchen

Der Wirh setzte mir eine Tasse Thee vor und verliess mich um andern Gästen aufzuwarten. Ich hatte jetzt Musse meine eigenthümliche Umgebung ein wenig zu mustern. An dem gegenüberstehenden Tische sassen zwei Kaufleute denen ich auf den ersten Blick ansah dass sie aus der Provinz Canton waren. Diese fassten mich offenbar mit grossem Interesse ins Auge und hatten ohne Zweifel, sobald ich in das Zimmer trat, erkannt dass ich ein Fremder war, den einen von ihnen hatte ich oft in Shanghae gehehen. Dieser sah mich namentlich an als ob er wünsche dass ich ihn erkennen sollte; diesen Gefallen that ich ihm jedoch nicht, sondern erwiederte seinen forschenden Blick mit der grössten Gleichgültigkeit, als ob ich ihn noch nie zuvor gesehen hätte. Ich bemerkte jetzt dass er mit seinem Begleiter flüsterte, und wenn ich mich nicht täuschte, so glaube ich wirklich das Wort Fankwei gehört zu haben. Mittlerweile war Sing-Hoo angekommen, der jetzt anfing geschäftig hin und her zu gehen und das Mittagsessen aufzutragen, welches bald bereit war. Der Wirth war sehr höflich, aber gewaltig neugierig, und richtete, als wir uns zum Essen niedersetzten, eine Menge Fragen an mich. Mit chinesischer Höflichkeit fragte er mich nach meinem Namen, meinem Alter, woher ich käme, wohin ich ginge, und erhielt auf alle seine Fragen die genügendsten Antworten. Als er z. B. fragte, woher ich käme, antwortete ich „von Chang-shan;" und auf die Frage wohin ich ginge, entgegnete ich, „nach Fokien." Diese Antworten waren vollkommen wahr, obwohl nicht ganz bestimmt. Während dieser Unterhaltung waren die Kaufleute aus Canton ganz Auge und Ohr, und einer derselben namentlich veranlasste den Wirth noch mehrere Fragen an mich zu richten, die er selbst ihm zuflüsterte.

Diesen Herren schien namentlich daran gelegen, zu erfahren von wo aus ich meine Reise angetreten hätte, nach welchem Theile von Fokien ich zu gehen beabsichtige, und welchen Zweck ich dabei im Auge hätte. Da ich eben nicht begriff dass die Antworten auf diese Fragen sie besonders interessiren oder überhaupt etwas nützen konnten, so hielt ich für besser sie darüber im Dunkeln zu lassen.

Jetzt waren mehrere Gerichte vor mir aufgetragen. Der Wirth schenkte Wein ein, ich nahm einen Schluck, griff dann zu meinen Speisestäbchen und ging an meine Mahlzeit. Ich hatte viele Uebung gehabt mit den Speisestäbchen umzugehen und konnte sie daher jetzt beinahe eben so gut handhaben wie die Chinesen selbst: und da ich an alle Formalitäten einer chinesischen Mahlzeit gewöhnt war, so ging ich mit vollkommener Zuversicht daran.

Auf meiner frühern Reise ins Innere, und eben so auf dieser, enthielt ich mich aller europäischen Gewohnheiten und Bedürfnisse. Anstatt Messer und Gabel wurden Speisestäbchen gebraucht, statt stärkerer Getränke Thee und leichte Weine. Auf diese Weise hatte ich mir einen hohen Grad von chinesischer Civilisation und feiner Sitte angeignet. Wenn ich mein Mittagsmal einnahm, so dachte ich nicht mehr an so plumpe Dinge wie Messer und Gabel. Fleisch und Gemüse wurden in der Küche geschnitten, ehe die Speisen gekocht oder auf die Tafel gebracht wurden; dies ist Sache der Diener. Wenn die verschiedenen Gerichte, auf diese Weise zubereitet, aufgetragen sind, so entsprechen die Speisestäbchen — diese alten und nützlichen Instrumente — vollkommen dem Zwecke. Spreche mir noch jemand von Messer und Gabel! Man kann auch ohne diese Reis essen; und wie ungeschickt würde es sein, wollte man alle die zierlichen kleinen Stückchen auf den verschiedenen Tellern mit der Gabel aufstechen! Erstens müsste man sie bis auf den Boden der Schüssel herunterstossen, ehe die Gabel einen festen Halt bekäme, und in vielen Fällen würde es gehen wie so oft dem Neuling beim Gebrauch der Speisestäbchen, der Bissen würde auf dem Wege von der Schüssel in den Mund herunterfallen. Dieser Gefahr entgeht man wenn die Speisestäbchen richtig gebraucht werden. Der kleinste Bissen, selbst ein einziges Reiskörnchen, kann mit vollkommener Leichtigkeit aufgepickt werden. In vollem Ernste, es sind äusserst nützliche und vernünftige Dinge, was man auch dagegen einwenden mag; und ich kenne nichts was bei uns in Gebrauch ist, das ihre Stelle ersetzen könnte. Mit Ausnahme der Finger, die die Natur selbst erfunden hat, giebt es nichts was so zweckmässig wäre wie die Speisestäbchen.

Als das Mittagsessen beendigt war wurde ein hölzernes Becken mit warmem Wasser und einem feuchten Tuche vor mich hingesetzt, damit ich mir Hände und Gesicht waschen könnte. Ich drückte das nasse Tuch aus, rieb damit Gesicht, Nacken und Hände ab, wie es die chinesische Sitte erheischt, und ging dann, nachdem ich meine Abwaschung vollendet, wieder an den Tisch zurück. Einstweilen war das Mittagsessen und die Teller abgetragen worden, und nun wurde mir wieder Thee vorgesetzt.

Die beiden Leute aus Canton blieben noch immer an dem gegenüberstehenden Tische sitzen, die übrigen aber welche vorher, hauptsächlich auf jener Antrieb, manchen verstohlenen Blick auf mich geworfen hatten, waren zum grossen Theil davongegangen. Ich glaube, als sie sahen dass ich gerade so ass und trank wie alle andern, waren sie wahrscheinlich ein wenig überrascht, und wurden dadurch in ihrer ersten Meinung bestärkt, nämlich, dass ich nichts anders sei als sie selbst.

Da meine Sesselträger ebenfalls ihr Mittagsmahl verzehrt hatten, schickten sie Sing-Hoo um mir zu sagen dass sie bereit seien wieder aufzubrechen. Ich machte meinem Wirthe eine leichte Verbeugung, und eine noch leichtere den beiden Herren aus Canton, stieg auf meinen Sessel und ging meiner Wege. Sobald ich das Haus verlassen hatte wurde Sing-Hoo, der unsere Rechnung bezahlte, sehr genau über mich ins Verhör genommen. Wie er erzählte, hatte er sie alle vollständig mystificirt; indem er ihnen sagte, wie er früher schon anderwärts gethan hatte, ich sei aus einer Gegend jenseits der grossen Mauer; eine Angabe die diejenigen welche es am bessten wussten nicht in Zweifel gezogen haben würden.

Unsere Strasse wimmelte noch von Coolies: in der That, auf dem ganzen Wege von Chang-shan bis Yuk-shan, der Stadt welche wir nun zunächst erreichen sollten, bildeten sie eine ununterbrochene Reihe. Als wir noch etwas weiter gingen hatten wir bald eine freie Aussicht über die Gegend. Die Linie oder den Bergrücken welcher die westwärts und die nach Osten zu fliessenden Ströme scheidet, hatten wir jetzt überschritten, das Land schien sich vor uns zu öffnen, und wir näherten uns augenscheinlich einem Flusse von bedeutender Grösse. Endlich erblickten wir einen reichbewaldeten Berg, der mir als der Hügel gezeigt wurde von welchem Yuk-shan den Namen hat und in dessen Nähe die Stadt liegt. Gegen vier Uhr nachmittags, nachdem wir seit dem Morgen etwa 30 Meilen gereist waren, kamen wir in Yuk-shan an.

Yuk-shan ist eine mit Mauern umgebene Stadt von ziemlicher Grösse und mag, wie ich glaube, etwa dreissig bis vierzigtausend Einwohner haben. Sie scheint grösser zu sein als Chang-shan, und liegt, eben so wie dieses, an einem Flusse, wo derselbe anfängt schiffbar zu werden. Alle Waaren aus dem Boheagebirge und den östlich des Poyangsees gelegenen Gegenden, die nach Hang-chow-foo, Shanghae und andern Städten dieses Districts bestimmt sind, werden bis hieher zu Schiffe gebracht und durch Coolies nach Chang-shan hinüber getragen. Diese beiden Städte scheinen daher die beiden verbindenden Glieder zwischen zwei sehr bedeutenden Strömen zu sein, eben sowohl wie zwischen den wichtigsten Gegenden China's. Eine derselben steht mit dem grossen Schwarztheelande in Verbindung, die andere mit den Grüntheedistricten und ebenso mit dem reichen Seiden- und Baumwollenlande in der Nähe der Küste; und die Wichtigkeit dieser beiden Städte und Flüsse wird man noch höher anschlagen, wenn ich sage, dass durch ihre Vermittelung grosse Massen unserer Manufacturwaaren ihren Weg in das Herz des Landes finden.

Nachdem wir eine schöne steinerne Brücke überschritten, befanden wir uns bald vor den Mauern der Stadt. Wir gingen zum Thore hinein und eine der Hauptstrassen entlang. Hier drängte sich das Volk, alles lief in grosser Eile auf und ab, und es herrschte offenbar ein sehr geschäftiges Treiben. Die Kaufläden waren ganz eben so wie die welche ich bereits öfters beschrieben habe, und ich bemerkte nicht dass an diesem Orte ein besonderes Gewerbe betrieben wurde. Wie ihre Nachbarn an dem andern Flusse, scheinen die Einwohner genug zu thun zu haben indem sie die weiter bestimmte Waare, welche hierher gebracht wird, in ihren Speichern lagern und weiter befördern. Die westliche Vorstadt ist sehr ausgedehnt und stösst an den Fluss. Nach diesem Theile der Stadt richteten wir unsere Schritte und erreichten bald das Hong-le, oder Wirthshaus, welches von unsern Trägern, die mit demselben in Beziehung standen empfohlen wurde.

Ich hatte keinen Grund lange in dieser Stadt zu verweilen. Als ich daher das Hong-le erreicht hatte, schickte ich sogleich meinen Diener um ein Boot zu miethen welches uns weiter bringen sollte, und dieser betrieb das Geschäft so rasch dass wir nach einer halben Stunde Yuk-shan schon wieder hinter uns hatten und mit gutem Winde den Fluss aufwärts nach Westen zu fuhren.

Wir hatten unser Boot bis zur nächsten Stadt, Quan-sin-foo, gemiethet, die etwa neunzig bis hundert Le von Yuk-shan entfernt liegt; und da der Strom sehr reissend war, so kamen wir früh am Morgen diesem Orte gegenüber an. Quan-sin-foo ist eine hübsche und grosse Stadt, hat aber, wie es scheint, wenig Handel. Die Mauern und Wälle schienen gut im Stande zu sein, und über den Strom führt eine hübsche steinerne Brücke; ich hielt mich aber nur kurze Zeit hier auf und hatte keine Zeit mich genauer umzusehen.

Sing-Hoo wurde jetzt abgeschickt um ein anderes Boot zu miethen und für die nöthigen Reisebedürfnisse zu sorgen. Er blieb ziemlich lange aus und entschuldigte sich, als er wiederkam, damit, dass er bei einem Freunde und Landsmann gewesen sei, bei dem er sich nach unserem Wege erkundigt habe. Mit dieser Erklärung musste ich mich natürlich begnügen, war aber nicht wenig erstaunt, als bald darauf jemand auf unser Boot kam der zwei grosse Packete mit Grastuch brachte, die zum wenigsten vierzig Pfund wogen. „Wem gehört dies Tuch?" fragte ich. „Ach, das ist mein" entgegnete Sing-Hoo; dieses Tuch ist hier sehr wohlfeil und ich will es einem Freunde in Shanghae mitbringen." Das war sehr ärgerlich: seine alte Liebhaberei, alles mögliche zusammenzuschleppen, ging wieder an. Ich wusste dass wir noch eine lange Reise vor uns hatten, über viele steile und schroffe Gebirge, wo unser Gepäck von Coolies getragen werden musste. Ich hatte mein eigenes Gepäck so sehr wie möglich verringert, und Sing-Hoo selbst hatte schon alles Ueberflüssige in Yenchow-foo zurücklassen müssen; und jetzt brachte er ein Packet, das grösser war als alles übrige zusammen was wir bei uns hatten, und erwartete dass ich zweimal über das Boheagebirge Coolies bezahlen sollte, weil dieses Grastuch in Quan-sin-foo um einige Cash wohlfeiler ist als in Shanghae oder Ning-po! Ich glaube wirklich, einer solchen Berechnung kann nur ein Chinese fähig sein.

Ich versuchte ihm begreiflich zu machen wie thörigt und unangemessen sein Betragen sei, seine Entschuldigung war jedoch plausibel genug. „Sie sehen," sagte er, „dass sie doch einen Coolie haben müssen um unser Gepäck zu tragen; wenn wir dessen aber so wenig bei uns führen, so hat dieser kaum die halbe Ladung. Die Ausgaben werden also durch dieses Tuch durchaus nicht vermehrt und der Mann wird die gehörige Ladung haben." „Und," setzte er mit grossem Ernste hinzu, „Reisende die ein gutes Theil Gepäck haben, sind in unserm Lande immer weit besser angesehen als solche die keines haben."

Während dieses Gesprächs segelten wir schnell stromaufwärts, in der Richtung nach Hokow zu, einer grossen Stadt etwa neunzig bis hundert Le westlich von Quan-sin-foo. Das Thal durch welches der Fluss geht ist dicht mit kleinen Hügeln besetzt, und weithin sieht man rechts und links sich hohe Gebirge in voller Grossartigkeit erheben. Ich bemerkte viele eigenthümliche Felsen, in der Gestalt kleiner Hügel, aber ohne eine Spur irgend einer Vegetation. Sie standen mitten in der Ebene, wie rohe Denkmäler, und hatten ein eigenthümliches und auffallendes Ansehen.

Die Gegend durch welche ich jetzt kam ist ein ausgedehnter Reisdistrict. Man sah keine sehr grossen Bäume, und der Talgbaum, der in den dem Meere näher gelegenen Gegenden einen so bedeutenden Zweig der Bodencultur bildet, wird hier nur selten gefunden. Kampferbäume sind häufig, erlangen aber nicht die Grösse wie in manchen andern Theilen des Landes. Nichtsdestoweniger aber kamen wir auf unserem Wege stromabwärts zuweilen an hübsche und romantische Stellen, wo die Bäume und Sträucher über die Ufer herabhingen und ihre Aeste in dem hellen Strome badeten; und schon diese eigenthümlichen, Denkmälern ähnlichen Felsen waren interessant genug.

Am Nachmittage desselben Tages an dem ich Quan-sin-foo verlassen, kamen wir in Hokow an. Ich war jetzt so weit nach Westen vorgedrungen als nöthig, und gedachte nun von hier aus südlich zu reisen, einem Passe im Boheagebirge zu, über den ich dann nach dem Woo-e-shan gehen wollte. Dieser Theil meiner Reise musste in Tragsesseln zurückgelegt werden.

Elftes Kapitel.

Die Stadt Hokow. — Ihre Lage, Handel und Bedeutung. — Tragsessel im Boheagebirge. — Bergstrasse. — Bettler an der Strasse. — Schöne Landschaft. — Der Priester mit seiner Glocke. — Die Stadt Yuen-shan. —
Ansehen der Strasse. — Thee-Coolies. — Verschiedene Art die Theekisten-
zu tragen. — Grosses Theeland. — Boden und Pflanzungen. — Meine erste
Nacht in einem chinesischen Wirthshause. — Aufnahme. — Schmutziges
Bett. — Ich tröste mich und gehe zur Mahlzeit.

Hokow oder Hohow, wie es von den Südchinesen genannt wird, ist
eine der wichtigsten Binnenstädte im ganzen Reiche. Es liegt unter 29^0
$54'$ nördl. Br. und 116^0 $18'$ östl, L., am linken Ufer des Kin-keang,
auf dem ich herabgekommen war. Der Grösse nach zu urtheilen, und
wenn man es mit andern Städten vergleicht, muss es ungefähr 300,000
Einwohner haben. Es ist der grosse Stapelplatz für den Handel mit
schwarzem Thee. Aus allen Theilen China's kommen Kaufleute hierher,
theils um Thee zu kaufen, theils um ihn von hier nach andern Theilen
des Landes zu versenden.

Die Stadt ist voll von grossen Wirthshäusern, Thee-Hongs und Waa-
renhäusern, die man auf allen Strassen findet, namentlich aber an den
Ufern des Flusses. Gegenüber der Stadt liegen sehr viele Boote vor
Anker; kleine für einzelne Passagiere, grosse Passageboote, zum allgemeinen Gebrauch, und bunt mit Flaggen geschmückte Mandarinenboote. Ausser diesen sieht man hier noch grosse Frachtboote, auf denen der Thee
und andere Waaren entweder östlich nach Yuk-shan, oder westlich nach
dem Poyangsee geschafft werden. Hokow ist für das westliche Binnen-
land dasselbe was Shanghae und Soo-chow für die der See näher liegenden Orte sind.

Am Tage nach unserer Ankunft ging ich in einen Hong oder Gasthaus,
in der Stadt, und miethete einen Tragsessel und Träger um mich über das
Boheagebirge nach Tsong-gan-hien, in der Nähe des Woo-e-shan, tragen
zu lassen. Einen Mann mussten wir haben um unser Gepäck zu tragen,
mit Einschluss des grossen Packetes Grastuch. Als wir mit dem Wirthe
um die Leute und den Sessel handelten, sagte er uns, die Entfernung
zwischen Hokow und dem Woo-e-shan betrage 320 Le, und wir brauchten,
da der Weg an manchen Stellen sehr gebirgig sei, wenigstens vier Tage
für die Reise. Da ich oft meine Karte zu Rathe gezogen hatte um die
Entfernungen zu messen, so war ich erstaunt als ich hörte dass wir noch
so weit hätten; als ich mir jedoch die Sache genauer überlegte, sah ich
bald ein dass der Wirth vollkommen recht hatte. Bei der Berechnung
der Entfernungen hatte ich nämlich die vielen Hügel und Berge über
welche der Weg führt nicht in Anschlag gebracht, die uns nicht allein
aufhielten, sondern auch den Weg bedeutend länger machten als er auf
der Karte erschien.

Diese Gebirge zu übersteigen ist kein Kinderspiel, und ehe wir aufbrachen musste daher der Tragsessel gehörig geprüft und so fest gemacht
werden als möglich war. Die Sessel deren man sich auf langen Reisen
dieser Art bedient sind von einer ganz andern Bauart als diejenige welche
man in den Städten und den ebenen Gegenden des Landes sieht. Der gewöhnliche Tragsessel im Gebirge, der aus wenig mehr als zwei Bambusstangen besteht, nebst einem Querholze auf dem man sitzt, ist sehr gut

für eine kurze Reise, würde aber auf eine Reise von **300** bis **400** Le, wo man einer brennenden Sonne und oft starkem Regen ausgesetzt ist, sehr unzweckmässig sein.

Die Tragsessel in den Boheagebirgen sind mit weit mehr Rücksicht auf die Bequemlichkeit des Reisenden erbaut. Ueber dem Sitze ist ein leichter Bambusrahmen angebracht über welchen ein in Oel getränktes Papier oder Glanztuch gespannt ist. Der Sitz hat eine Rückenlehne, die mit jenem einen Winkel von 45 Grad bildet, und da der Sessel, Fussbrett und alles zusammen in der Regel vier Fuss lang sind, so kann sich der Reisende zurücklehnen und nach Belieben schlafen. Irgend etwas Weiches, wie die gewöhnliche wattirte Bettdecke und dergleichen, wird über den Sitz und die Rücklehne gebreitet, wodurch der Sessel sehr bequem wird.

Nachdem wir alle unsere Anordnungen getroffen stieg ich auf meinen Tragsessel, und wir verliessen Hokow und reisten in südlicher Richtung durch das Thal. Ein kleiner Fluss, der an der Nordseite des Boheagebirges entspringt und in der Nähe von Hokow in den Kin-keang fällt, schlängelte sich durch das Thal hinab, und wir mussten denselben mehrmals überschreiten.

Als wir das Thal von Hokow verliessen kamen wir allmälig in ein gebirgigeres Land, und hie und da führte unser Weg über ziemlich steile Gebirgspässe. Auf dem Wege über einen derselben wurde mein Tragsessel von einer Schaar von Bettlern förmlich belagert, die so zudringlich waren wie ich vorher noch nie welche getroffen. Ein anderer Reisender, der einige Schritte vor mir war, hatte sie eine Zeitlang alle um sich. Ich konnte hören wie er ihnen betheuerte er habe keinen Cash in seiner Tasche, und wie er sie bat ihn seines Weges ziehn zu lassen. Diess schien sie aber nur noch zudringlicher zu machen. Ob er ihnen etwas gab oder nicht, kann ich nicht sagen, aber sie liessen endlich von ihm ab und kamen zu mir. Ich hatte nicht einen einzigen Cash in meiner Tasche, und da Sing-Hoo ein ziemliches Stück zurückgeblieben war, wusste ich mir keinen Rath. Ich machte indess meine Augen zu und stellte mich als ob ich fest schliefe. Als sie ihre Körbe in die Höhe hielten um Almosen zu empfangen, schlief ich natürlich nur noch fester. „Loi-ya, loi-ya"* schrien sie mir in die Ohren und thaten ihr möglichstes um mich aufzuwecken; da sie aber fanden dass die Zunge zu gar nichts nützte, so schlugen sie an die Seiten der Sänfte mit ihren Händen, und fassten endlich gar meine Kleider an. Ich habe grossen Ekel vor jeder Berührung chinesischer Bettler, die in der Regel über alle Beschreibung schmutzig sind. Jetzt sprang ich plötzlich auf, so dass die Sänfte beinahe umschlug, zum grossen Verdruss meiner Träger, die nun sogleich die Bettler zwangen von mir abzulassen und ihrer Wege zu gehen. Als wir die Spitze des Passes erreichten liess ich die Träger mich niedersetzen und ausruhen. Es war ein hübsches kleines Haus, oder Ruheplatz für die Reisenden hier, gerade auf dem Gipfel, von wo aus ich eine herrliche Aussicht über die Gegend hatte.

In dem Thale unter mir lag eine kleine Stadt mit Namen Yuen-shan. Diese scheint auf den ersten Anblick vollständig von Hügeln eingeschlossen; diess ist jedoch nicht der Fall, denn der Bergstrom, den ich oben er-

*So redet man die Mandarinen oder Regierundsbeamten an.

wähnt habe, fliesst durch die Stadt und windet sich zwischen den Hügeln hindurch nach Hokow zu.

Auf dem Wege von dem Berge abwärts nach Yuen-shan hatte ich wieder ein Zusammentreffen mit Bettlern, da ich mich aber mit einigen Cash versorgt hatte so entledigte ich mich ihrer mit leichter Mühe. Viele von ihnen waren lahm und blind, aber alle suchten auf eine oder die andere Weise dicht an meine Sänfte zu kommen.

Wir kamen jetzt an einen Schwibbogen der nahe am Fusse des Hügels über den Weg gebaut war. Als ich hier durch ging kam ein alter Priester heraus und schlug dreimal an eine Glocke. Ob dies mir zu Ehren geschah, oder um die Götter für meine Sicherheit und glückliche Reise günstig zu stimmen, kann ich nicht sagen; so viel aber war augenscheinlich, dass der Priester etwas für seine Mühe erwartete; und Sing-Hoo, der ein guter Buddhist sein wollte, gab ihm einige Cash als wir unter dem Bogen hingingen.

Wir kamen jetzt in die Stadt Yuen-shan. Diese ist von Hokow etwa 60 Le entfernt und liegt am Ufer des Bergstromes. Obgleich nicht gross, so scheint sie doch ein blühender Ort zu sein. Sie liegt an der Hauptstrasse des Schwarztheelandes in Fokien, und fast aller Thee den die Coolies auf ihrem Rücken hierher bringen wird von hier in kleinen Booten nach Hokow verschifft. Da zwischen diesen beiden Städten eine Communication zu Wasser· besteht, so sah ich nicht mehr so viel Verkehr auf der Landstrasse. Jetzt aber sollte ich sogleich an eine Durchfahrt kommen wo ein eben so geschäftiges Drängen und Treiben ist wie zwischen den Quellen der beiden Flüsse, welche ich im vorhergehenden Capitel be-beschrieben habe.

Da es gerade Mittagszeit war als wir in Yuen-shan ankamen, so ging ich in ein Wirthshaus und nahm einige Erfrischung zu mir, während die Coolies ihre Mahlzeit hielten. Als wir unsere Reise wieder fortsetzten, fanden wir viele Reisende auf der Strasse, die sich in Sänften nach dem Theelande tragen liessen oder von dort zurückkehrten. Alle schienen ruhig in ihren Sänften zu schlafen. Dies ist die gewöhnliche Art und Weise der Gebirgsreisenden, und die Sänften sind so gebaut dass man es ganz bequem thun kann.

Wir begegneten jetzt vielen Coolies die mit Theekisten beladen waren. Viele trugen nur eine Kiste. Dies waren, wie mir gesagt wurde, die feineren Sorten; die Kiste darf unterwegs nie auf den Boden gesetzt werden, und daher kommen diese Thee in der Regel in bei weitem bessern Stande am Orte ihrer Bestimmung an als die gröbern Sorten. Diese Kisten werden auf folgende Weise getragen. Zwei Bambusstäbe, jeder etwa sieben Fuss lang, sind mit dem obern Ende an beiden Seiten der Kiste festgenagelt. Die andern Enden kommen unten zusammen, so dass sie ein Dreieck bilden. Auf diese Weise kann man die Kiste auf den Schultern tragen, so dass der Kopf in der Mitte des Dreiecks zwischen den Bambusstäben hervorkommt. Unter der Kiste wird ein kleines Stück Holz befestigt, damit diese bequemer auf den Schultern sitzt. Die beiliegende Abbildung wird diese eigenthümliche Art den Thee zu tragen besser verdeutlichen als jede Beschreibung im Stande ist.

Wenn der Coolie der seine Last auf diese Weise trägt ausruhen will, setzt er das Ende der Bambusstäbe auf den Boden und stellt diese senkrecht in die Höhe; das ganze Gewicht ruht dann auf dem Boden und kann ohne Anstrengung in dieser Stellung erhalten werden. Auf den steilen Gebirgspässen ist diese Art zu tragen sehr zweckmässig, denn an manchen Stellen können die Coolies nur wenige Schritte thun ohne aus-zuruhen, und ohne eine Vorrichtung dieser Art würden sie die Ladung oft auf den Boden niedersetzen müssen. Wenn sie an Wirthshäusern oder Theeläden Halt machen um eine Erfrischung zu nehmen, werden die Bambusstäbe mit den Kisten an die Wand gelehnt.

Alle geringeren Theesorten werden auf die gewöhnliche Weise ge-tragen, d. h. an einem über die Schultern gelegten Bambus, an dessen Enden zu jeder Seite eine Kiste herabhängt. Wenn der Coolie ausruht, sei es auf dem Wege oder an einem Wirthshause, so werden die Kisten auf den Boden gesetzt, wobei sie oft beschmutzt werden, und daher kommt es dass sie nicht in so guter Ordnung am Orte ihrer Bestimmung anlangen wie die welche auf eine andere Weise getragen werden.

Der Weg welchen wir verfolgten war jetzt in jeder Beziehung eine Bergstrasse. Bald kamen wir durch ein schönes Thal, bald wieder wand sich der Weg an der Seite eines Berges herum, oft wieder gerade den Hügel hinan und führte uns in ein anderes Thal auf der gegenüberliegen-den Seite. Wenn wir über die Pässe gingen hielten wir immer an der höchsten Stelle einige Augenblicke an, wo wir nicht allein das Thal über-sehen konnten welches wir eben hinter uns hatten, sondern auch das in welches wir nun kommen sollten. Die langen Züge von Coolies die mit Theekisten und andern Producten ihre Strasse zogen und die Reisenden, in ihren Gebirgssänften, gewährten einen eigenthümlichen Anblick, wenn sie sich bald an einem Berge heraufarbeiteten oder auf der durch die Thäler sich windenden Strasse dahin zogen, und gaben der ganzen Land-schaft ein sehr geschäftiges und belebtes Ansehen. Das waren Ansichten von „China und den Chinesen" wie man sie in ihrem täglichen Leben sieht.

Nachdem wir die Stadt Yuen-shan verlassen hatten betraten wir einen grossen Theedistrict. Die niedern Abhänge aller fruchtbaren Hügel waren mit den Sträuchern wie gesprenkelt. Zuweilen wuchsen diese auf dem ebenen Lande, dieses war aber durchaus trocken und gut entwässert, und bei weitem höher als das Reisland. Der Boden dieser Pflanzungen bestand aus einem rothen, mit einem bedeutenden Zusatze von Kies und Sand ge-mischten Lehm. Viele Theepflanzungen waren erst vor Kurzem angelegt und die Cultur des Strauches ist in dieser Gegend offenbar im Zunehmen. Der Thee welcher hier wächst und bereitet wird kann natürlich weit leichter und billiger nach den grossen Ausfuhrmärkten Shanghae und Canton gebracht werden, als der von der südlichen Seite des Boheage-birges.

Wir näherten uns jetzt dem Ende unserer ersten Tagereise von Hokow aus. Der Tag war weit vorgerückt, und wir beabsichtigten in Chu-chu, einem kleinen Orte nahe am Fusse des eigentlich sogenannten Boheagebirges, zu übernachten. Auf allen meinen Wanderungen in China hatte ich noch nie in einem chinesischen Wirthshause geschlafen, und ich konnte mich nicht enthalten mancherlei Betrachtungen darüber anzustellen. Ich rief Sing-Hoo und liess ihn nebst dem Coolie mit dem Gepäck vorangehen um einen guten Platz auszusuchen wo wir die Nacht über bleiben könnten.

Das Städtchen Chu-chu liegt an den beiden Ufern eines Gebirgsstromes. Es ist ein kleiner und armer Ort, und hat seine Nahrung hauptsächlich von den Reisenden und Coolies die auf ihrem Wege von und nach dem Boheagebirge hier durchkommen, so wie von dem Handel mit Thee der in den umliegenden Districten erbaut und bereitet wird.

Meine Träger folgten Sing-Hoo eine ziemliche Strecke die Hauptstrasse des Städtchens entlang. Er hatte unterwegs verschiedene Erkundigungen eingezogen, und war endlich in eins von den vielen Wirthshäusern des Ortes eingetreten. Nachdem er eilig einen Blick hineingeworfen, und gesehen hatte dass es unserm Zwecke entsprechen würde, kehrte er bis an das Thor zurück um mir Nachricht zu geben. Ich wurde vom Wirthe in der gehörigen Form empfangen und ging durch den äussern Theil des Vorhauses in die Gaststube.

Das Wirthshaus war, obwohl etwas kleiner, nach demselben Plane gebaut wie das welches ich oben beschrieben habe. Der untere nach der Strasse zu gelegene Theil war vollkommen offen und bestand ganz aus Pfeilern und Fensterladen. Mein Wirth wischte mit einem Tuche welches er in der Hand hielt schnell einen Tisch und einen Stuhl ab, und bat mich, mit höflicher Verbeugung, Platz zu nehmen. Hierauf setzte er mir eine Tasse Thee vor und brachte ein Joss-Stöckchen um meine Pfeife anzuzünden. Als dies geschehen war, zog er sich zurück und überliess mich meinen Gedanken.

Ich hatte jetzt Zeit mein Quartier zu überblicken. Im vordern Theile des Gebäudes sassen, an den Tischen welche dort zur Bequemlichkeit der Reisenden hingestellt waren, eine Anzahl Personen bei ihrer Mahlzeit. Ich hatte im Vorbeigehen einen flüchtigen Blick auf dieselben geworfen und konnte jetzt die einzelnen Gruppen mit mehr Musse betrachten. Meine Träger und der Coolie hatten sich bereits an einem dieser Tische niedergelassen, und liessen sich nach den Mühen des Tages ihre Mahlzeit anscheinend sehr wohl schmecken. Sing-Hoo ging geschäftig mit dem Wirthe hin und her, gab Anordnungen wegen meiner Mahlzeit und machte sich, wie gewöhnlich, sehr viel zu thun. Vielleicht that er dies in der Absicht um die Aufmerksamkeit des Wirthes mehr auf seine Geschäfte zu lenken als auf seine Gäste; dem sei aber wie ihm wolle, dieser schien nicht die leiseste Ahnung davon zu haben dass er einen Fremden unter seinem Dache beherberge und belästigte mich nicht im geringsten mit seinen Fragen.

Zu beiden Seiten des Saales in welchem ich sass waren eine Anzahl Schlafstellen — denn ich kann sie kaum Schlafzimmer nennen — in deren einer mein Gepäck niedergelegt wurde. Sie hatte etwa zwölf Fuss ins Gevierte, zwei Betten und einen Tisch aher kein Fenster, oder eine Oeffnung der Art, um Licht einzulassen, sondern die vordere Wand reichte nicht ganz bis zur Decke in die Höhe, so dass von oben her oder durch die Thüre, wenn diese offen stand, ein matter Lichtschimmer eindringen konnte. Nimmt man dazu noch dass der Fussboden uneben und die Wände mit Talg und Schmutz befleckt waren, so kann man sich ungefähr eine Vorstellung von dem Orte machen wo ich die Nacht zubringen sollte.

Unter gewöhnlichen Umständen würde eine solche Aussicht sehr entmuthigend gewesen sein; aber ich hatte meine Rechnung mit allen diesen Dingen abgeschlossen ehe ich meine Reisen in China antrat. Ich hatte nie erwartet meinen Weg mit Bequemlichkeiten ausgestattet zu finden; ïch wusste dass sich das Volk nicht eben durch Reinlichkeit in seinen Wohnungen auszeichnet, und war daher in vieler Hinsicht auf alle Unbequemlichkeiten die mich erwarteten vorbereitet. Alles was ich thun konnte war mich so gut wie möglich in die Umstände zu fügen.

Ich rief also Sing-Hoo und liess ihn meine Bettstelle abfegen, ehe meine Matte und andere Artikel die ich für die Nacht brauchte ausgepackt wurden. Während dies vor sich ging meldete mir der Wirth dass das Essen bereit und auf dem Tische in der Mitte des Saales aufgetragen sei. Es war einfache Hausmannskost; eine grosse Schüssel mit gekochtem Reis, eine kleinere mit Fischen, Eiern und Schweinefleisch. Die Gemüse waren Kohl und Bambus. Letzteres fand ich ausserordentlich gut, und liess mir später auf meiner Reise immer welches bringen.

Dem Reis, Eiern, Fischen und Bambus sprach ich gut zu, das Uebrige überliess ich Sing-Hoo der mit eben solchem Appetite wie ich selbst davon zulangte. Als wir unsere Mahlzeit beendigt hatten, wurden die Teller weggenommen und Thee aufgetragen. Unser Tagewerk war nun zu Ende, die Pfeifen wurden angezündet und der Rauch stieg in Wirbeln zu der Decke der Wirthsstube empor.

Zwölftes Capitel.

Erste Ansicht der Boheagebirge. — Gebirgspass. — Ein schöner Baum. — Dessen Name und Geschichte. — Flora auf dem Gebirge. — Neue Pflanzen. — Quelle des Min. — Steiler Weg und Gebirgspass. — Sturm im Gebirge. — Eine lustige alte Chinesin. — Zucker und Theelöffel. — Ein freundlicher Wirth. — Das Tein-sin. — Ankunft in Tsong-gan-hien. — Dessen Lage, Grösse und Handel. — Thee-Landgüter.

In der Nacht kam nichts vor was unsern Schlummer gestört hätte, und ich schlief so ruhig und fest wie zu Hause. Am Morgen frühstückte ich bei Zeiten und machte mich dann bald wieder auf den Weg. Jetzt erwartete mich eine der grossartigsten Ansichten die ich jemals gesehen. Bisher war ich eine Zeitlang so zu sagen in einem Meere von Gebirgen fortgegangen, jetzt aber lag das weit berühmte Boheagebirge in seiner ganzen Grossartigkeit vor mir, dessen Spitzen die weissen Wolken durchbrachen und weit über dieselben emporragten. Sie schienen sich in tausend Gipfel zu spalten von denen manche höchst merkwürdige und eigenthümliche Formen hatten. Es ist schwer über die Höhe dieser Spitzen ein Urtheil zu gewinnen, doch mögen, mit andern mir bekannten Gebirgen verglichen, die höchsten sich sechs bis acht Tausend Fuss über die Meeresfläche erheben. Manche Stellen an den Abhängen der niedern Hügel sind bebaut, über diesen aber ist alles schroff und wild.

Landschaften dieser Art sehe ich immer gern am frühen Morgen. Ich weiss nicht ob sie dann eine besondere Frische und Schönheit entfalten die sie später am Tage verlieren, oder ob früh der Geist für Ein-

drücke empfänglicher ist als zu anderer Zeit; vielleicht verbindet sich beides um die Morgenaussichten dem Auge so höchst ergötzend und angenehm
zu machen. Hätte ich mir die Zeit für die erste Ansicht des Boheagebirges gewählt, ich hätte sie nicht glücklicher finden können. Der Morgen
war heiter, die Luft kühl, und die Sonne erleuchtete eben die östliche
Seite. Wie ihre Strahlen die schroffen Spitzen beschienen, gaben sie
manchen einen reichen goldenen Anstrich, während die welche im Schatten
standen finster und düster schauten. Eigenthümlich gestaltete Felsen, wie
gigantische Bilder von Menschen und Thieren, schienen die Gipfel zu krönen und gaben dem Ganzen ein höchst merkmürdiges Ansehen.

Unser Weg hatte auf der ganzen Strecke von Hokow an einen durchaus wellenförmigen Charakter; wir stiegen eine Menge Hügel hinan, und
in der Regel auf der andern Seite wieder in die Thäler hinab, im Ganzen
aber erreichten wir allmälig eine immer bedeutendere Höhe über der
Meeresfläche. Jetzt waren wir am Fusse der mittelsten und höchsten
Bergkette angekommen, und fingen nun an dem Gebirgspasse zu emporzusteigen. Die Strasse ist hier etwa sechs Fuss breit und mit Granit gepflastert. Sie windet sich an den Seiten der Berge herum und führt allmälig immer höher, und endlich, als wir eine der obersten Windungen
erreicht hatten, öffnete sich uns in der höchsten Bergreihe eine Aussicht
auf den Pass selbst. Dieser ist bedeutend tiefer als alle andern Theile
der Bergkette, und zu beiden Seiten thürmen sich die Berge hoch empor.
Unmittelbar bevor wir die höchste Höhe erreichten war der Weg so steil
dass selbst die chinesischen Reisenden von ihren Tragsesseln abstiegen und
zu Fusse gingen, wozu sie sich sonst nicht so leicht entschliessen. Von
dem Fusse der Bergkette bis zu dem Passe, an dem wir nun ankamen, betrug die Entfernung zwanzig Le, oder etwa fünf englische Meilen.

Dieser Pass bildet eine sehr lebhafte Durchfurth. Er verbindet die
Provinzen Fokien und Kiang-see und ist die Hauptstrasse durch das Gebirge von den Schwarztheedistricten nach den mittleren und nördlichen
Provinzen des chinesischen Reichs. Bei jeder Biegung des Weges begegneten oder überholten wir lange Züge von Coolies. Die welche nord-
wärts gingen waren mit Theekisten beladen, und die welche nach Süden
zu gingen trugen Blei und andere in dem Theelande gesuchte Waaren.
Auch Reisende in Sänften trafen wir viele, die theils nach den Städten
Tsong-gan-hien nnd Tsing-tsun und deren Umgegend hinreisten, theils von
dort zurückkehrten. Gleichviel ob ich aufwärts nach dem Passe zu, oder
auf den geschlängelten Pfad auf dem ich gekommen war abwärts sah,
überall entfaltete sich vor mir eine eigenthümliche und geschäftige Scene.
Aber der Weg mochte noch so gut sein und noch so viele Coolies zusammentreffen, nie bemerkte ich dass zwei nebeneinander gingen, wie
die Leute in andern Ländern thun; sondern alle gingen einzeln hintereinander her, und von ferne gesehen nahmen sie sich aus wie wandernde
Ameisen.

Von Viertelmeile zu Viertelmeile, und zuweilen noch öfter, steht eine
Theebude, wo sich die welche das Gebirge aufwärts oder abwärts klettern
ausruhen können. Wir machten oft an solchen Orten Halt und erfrischten
uns mit einer Tasse reinen Boheathees auf seinen heimathlichem Gebirge.
Auf dem Hinaufwege ging ich fast immer zu Fusse, weil mir viel daran
lag die Naturerzeugnisse des Gebirges genau in Augenschein zu nehmen.

Meine Sänftenträger waren damit sehr zufrieden, um so mehr als sie dergleichen bei ihren Landsleuten nicht gewohnt waren. Endlich kamen wir an den berühmten Pforten oder riesigen Thoren an welche die Provinzen Fokien und Kiang-see trennen. Die Pfeiler dieser Pforten sind von der Natur gebildet, und nichts anderes als die „ewigen" Berge selbst. Der gewölbte Thorweg hatte grosse Aehnlichkeit mit den Thoren einer chinesischen Stadt. Als wir durch den Bogen gingen, bemerkte ich einen Wachtposten, die Soldaten aber schlenderten müssig herum ohne von uns irgend Notiz zu nehmen oder unser Gepäck zu untersuchen. Wir hatten nun die Provinz Kiang-see hinter uns, und vor uns lag die Provinz Fokien. Nie in meinem Leben hatte ich eine so grossartige und erhabene Aussicht wie die welche sich hier vor mir ausbreitete. Hohe Bergketten thürmten sich zur Rechten und Linken, während vor mir, so weit das Auge reichte, das ganze Land in Berge und Hügel in allen Grössen, deren Spitzen die mannichfaltigsten Gestalten zeigten, wie zerbrochen erschien.

Während ich mit Staunen und Bewunderung die Scene betrachtete, fiel mein Blick auf einen einzeln stehenden Baum von bedeutender Grösse, der etwa hundert Schritt vom Thore stand. Kein anderer Baum von erheblicher Grösse war in dessen Nähe, und da er so einzeln stand, und nahe am Passe, so fiel er bei seiner Höhe und der schönen Symmetrie besonders in die Augen. „Was konnte es sein? war es etwas Neues, oder besassen wir ihn schon in England?" Ich muss gestehen dass ich einige Secunden lang für nichts weiter Augen hatte. Sänften, Coolies und Berge, alles war vergessen, und ich glaube, hätten die „Himmlischen Wächter" mir den Eingang in Fokien verwehrt, so würde ich nur um e i n e Gunst gebeten haben, nämlich hingehen zu dürfen und diesen herrlichen Baum zu betrachten.

Der chinesischen Wache fiel es indessen nicht im geringsten ein mir etwas in den Weg zu legen, und da der Baum an der Strasse stand, so kam ich bald hinan und erkannte eine Japanische Ceder (*Cryptomeria japonica*), ein Baum den ich bereits in England eingeführt hatte, und der, selbst noch jung, dort sehr bewundert worden war. Noch nie zuvor hatte ich ein so schönes Exemplar gesehen, und obgleich ich gewünscht hätte dass es etwas neues sein möchte, so fühlte ich mich doch stolz, dass durch meine Vermittelung ein Baum von solcher Grösse, Symmetrie und Schönheit in Europa eingeführt worden war. Er war wenigstens hundert und zwanzig Fuss hoch — vielleicht noch höher, — so gerade wie ein Lerchenbaum, und die untern Aeste senkten sich bis auf den Boden hinab. Er war noch nicht „beschnitten" worden, wie andere chinesische Bäume, und wurde offenbar mit grosser Sorgfalt gehütet. Meine Chinesen betrachteten ihn mit grosser Verwunderung, und sagten mir er sei das einzige Specimen der Art in diesem Theile des Landes, und von einem der frühern Kaiser, der einmal über das Gebirge gekommen sei, gepflanzt worden.

Die einheimischen Pflanzen in diesen Gebirgen sind sehr interessant. In den Ravinen wachsen namentlich viele Bambusarten, von denen manche sehr schön sind. Die chinesische Kiefer (*Pinus sinensis*) ist überall in grosser Menge vorhanden, wird aber nicht sehr gross. Höher hinauf findet man verschiedene Arten der Eiche, und eine Distel, der gewöhnlichen Distel in England ähnlich, in grosser Menge. Nahe an den Gipfeln der höchsten Berge, die mit niedrigem Gesträuch, Gräsern und anderen Kräutern bedeckt sind, sieht man nur sehr wenige Bäume.

Ich fand einige neue Pflanzen die einer besondern Erwähnung verdienen; eine sehr schöne Species der *Hydrangea*, ferner eine Species der *Spiraea*, mit rother Blüthe, an Farbe der *Spiraea bella* nicht unähnlich im Uebrigen aber von dieser verschieden. Auf der südlichen Seite des Gebirges fand ich auch eine hübsche *Abelia*, die wahrscheinlich in den englischen Gärten eine Lieblingsblume werden wird. Ihre Blüthen sind so gross wie die der *Weigelia rosea*, haben eine bläuliche Schattirung und blühen lange und in grosser Fülle. Als ich diese Pflanze zum erstenmale sah, hielt ich sie für Brown's *Abelia chinensis*, ich bemerke aber dass Dr. Lindley, dem die Pflanze zur Untersuchung geschickt wurde, sie *Abelia uniflora* nennt. Es ist ein bemerkenswerther Umstand dass Dr. Abel, nach dem diese Familie benannt wurde, seine Pflanzen auf demselben Gebirge entdeckte, etwa hundert Meilen westlich von der Stelle wo ich die *Abelia uniflora* fand. Er reiste damals mit der Gesandtschaft von Peking nach Canton.

Von Zeit zu Zeit grub ich lebende Pflanzen aller dieser Species aus, die ich mit mir nahm. Manchmal dachte ich, ich würde dieselben zurücklassen müssen, denn die Chinesen konnten nicht begreifen wozu ich sie mit solchen Dingen belud, die sie für blosses Unkraut und für durchaus werthlos hielten; durch Festigkeit und Ausdauer jedoch, und indem ich bald Versprechungen bald Drohungen anwandte, gelang es mir die Pflanzen einige hundert Meilen weit tragen zu lassen, bis ich sie endlich im Garten meines Freundes Beale in Shanghae unterbringen konnte. Sie sind jetzt in Europa und vielleicht die ersten Pflanzen die direct von dem Boheagebirge hergebracht wurden.

Die Bäche welche von den Bergen herabgossen strömten jetzt südwärts, der Stadt Tsong-gan-hien zu, und ich befand mich ohne Zweifel an einer der zahlreichen Quellen des Min. Als wir von dem Passe aus noch etwa dreissig Le gewandert waren, kamen wir an eine kleine Stadt Namens Ching-hu, wo wir die Nacht über bleiben wollten. Wir waren etwa siebenzig Le von unserm letzten Nachtquartiere, und da unser Weg den ganzen Tag steil und uneben gewesen war, so waren wir müde und sehnten uns nach Ruhe.

Ching-hu ist eine kleine Stadt an den Ufern des Flusses der, je weiter abwärts, allmälig immer grösser wird, bis er zu dem herrlichen Strome anwächst den wir bei Foo-chow-foo sahen. Die Stadt ist in einer Thalschlucht erbaut und zu beiden Seiten derselben erheben sich hohe und steile Berge. Als wir die Hauptstrasse entlang zogen, bemerkte ich drei Männer aus Canton die einen Abendspaziergang machten und offenbar die Schönheit der Lage bewunderten. Ich rief Sing-Hoo und bedeutete ihn er möchte dafür Sorge tragen dass wir nicht in demselben Wirthshause einkehrten wo diese Leute abgestiegen wären, weil ich nicht Lust hatte noch einmal mit Eingebornen zusammenzutreffen die in Städten gewesen waren wo sich Fremde aufhalten.

Es war beinahe dunkel als wir unser Wirthshaus erreichten, ein Gebäude mit Räumlichkeiten für Menschen und Vieh. Letzteres bezieht sich nicht etwa auf Pferde, sondern auf Schweine, die bei den Chinesen sehr beliebt sind, namentlich in Fokien. Die Einrichtung und Bauart des Wirthshauses war genau dieselbe wie die des letzten, ich habe daher nicht nöthig dieselbe hier nochmals zu beschreiben. Von den Anstrengungen des Tages müde, zog ich mich früh zurück, und schlief besser als wenn ich in einem Bett von Dunen gelegen hätte.

Am nächsten Tage hatten wir wieder einen Gebirgspass zu übersteigen, der nicht so hoch war wie der erste, von wo aus man aber eine ebenso schöne Landschaft überblickte. Da er niedriger war, so bedeckten Bäume und Strauchwerk die Abhänge der Berge und erinnerten mich an die reiche tropische Landschaft die ich in der Nähe von Batavia und Singapore gesehen hatte. Hier waren einige schöne Wälder der lanzettblättrigen Pinie *(Cunninghamia lanceolata)*, die schönsten welche ich in China gesehen.

Eine Strasse über diesen Pass zu führen muss ein gigantisches Unternehmen gewesen sein. Die Seiten des Berges, über und unter dem Wege waren steil und schroff. So gefährlich war den Chinesen dieser Berg erschienen, dass sie an vielen Stellen ein massives steinernes Geländer an der untern Seite angebracht hatten. Tief unten in einem schönen Thale, zwischen Felsen und Bäumen, rieselte ein kleiner Bach dahin, der aus den zahlreichen Wasserfällen die an den Seiten des Gebirges herabstürzen sein Wasser erhält. An manchen Stellen war die Höhe so bedeutend dass ich nicht ohne Schwindel hinabsehen konnte.

Auf unserm Wege über diesen Pass hatten wir einen furchtbaren Sturm, so dass ich die Decke von meinem Tragsessel abnehmen lassen musste. Hätte ich dies nicht gethan so wäre ich Gefahr gelaufen vom Winde über die Felsen geweht zu werden; und selbst als die Decke abgenommen war, schien die Gefahr noch immer so gross, dass ich es für das sicherste hielt auszusteigen und zu Fusse zu gehen. In einem Theehause, wo wir unterwegs anhielten, machte uns die Wirthin, eine alte und sehr geschwätzige Frau, viel zum Lachen. „Haiyah" sagten die Träger, als wir eintraten, „was für ein stürmischer Tag, und was für ein Wind ist das!" — „Puh, puh!" entgegnete die Alte, „das ist noch nichts; das dürft ihr noch keinen Wind nennen; man sieht dass ihr noch nicht wisst was in diesen Bergen ein Wind heisst. Unsere Häuser werden oft abgedeckt und manchmal kann man sich draussen nicht auf den Beinen halten. An einem wirklich stürmischen Tage hättet ihr eure Sänfte sicher nicht herauf gebracht, darauf könnt ihr euch verlassen. Ach, ihr solltet einmal einen solchen Sturm hier erleben, dann würdet ihr das noch nicht einen starken Wind nennen."

Als wir den Thee getrunken hatten den sie uns vorsetzte, fragte Sing-Hoo einen von unsern Leuten, was man wohl in diesem Theile des Landes dafür bezahlen möchte. Der Mann sagte, „einen Cash für die Tasse, versteht sich; der Thee ist hier wohlfeil." Wir legten das Geld auf das Präsentirbret und riefen die Alte um es in Empfang zu nehmen. Als sie kam weigerte sie sich etwas anzunehmen, und sagte, ihr Haus sei keine Theebude, wenn es eine wäre, — was vermuthlich nie der Fall sein werde, — dann würde sie unser Geld annehmen." Das war zum ersten Mal dass sich in China jemand sträubte Geld anzunehmen. Die alte Dame kam jedoch dabei nicht zu kurz, denn ich liess mir einige Kuchen und noch einiges Andere geben das zu verkaufen nicht unter ihrer

Würde war, und wir trennten uns als die bessten Freunde. Lange noch mussten wir nachher manchmal recht herzlich über die Alte lachen. Der Himmel hatte sich während des Vormittags bewölkt, und als sich der Wind legte, fing es an gerade herunter zu regnen. Wir mussten in einem andern Theehause ein Obdach suchen und dort einige Stunden bleiben. Es regnete jedoch immer fort, und wir waren froh dass wir nur noch ein kleines Stück weiter konnten, bis in ein kleines Dorf wo ein Wirthshaus war in welchem wir die Nacht über blieben. Der Wirth erwies mir hier die grösste Aufmerksamkeit. Als ich eintrat wurde mir wie gewöhnlich Thee vorgesetzt, diesmal aber lag ein Theelöffel von einer eigenthümlichen Gestalt in der Tasse, und der Thee war mit Zucker süss gemacht. Ich hatte vorher noch nie gesehen dass die Chinesen Zucker oder Theelöffel gebrauchten, und war daher ziemlich verwundert darüber. Ich will nicht entscheiden ob wir den Chinesen nicht auch für unsere Weise den Thee zu bereiten verpflichtet sind, wie für den Thee selbst. — Dies geschah jedoch blos bei meinem ersten Eintritt; der Thee welchen ich später noch erhielt, wurde immer nach der gewöhnlichen Weise bereitet, nämlich, die Blätter wurden in eine Tasse geschüttet und kochendes Wasser darüber gegossen.

Auf die gewöhnliche Frage, wer sein Herr sei, antwortete Sing-Hoo jedesmal, „Ein Loi-ya aus einem Lande weit jenseits der grossen Mauer." Ich zweifle sehr dass er selbst eine deutlichere Vorstellung von der Lage Englands hatte als die Frager aus seiner Antwort entnehmen konnten. Hier aber, in einem kleinen Dorfe, wo der Wirth selbst ein einfacher Landmann war, machte die Nachricht, dass sein Gast ein Loi-ya sei, einen unverkennbaren Eindruck auf diesen, und er verdoppelte seine Aufmerksamkeiten, bis sie selbst lästig wurden. Er machte viele Entschuldigungen wegen der Dürftigkeit der Speisen die er mir vorsetzte. „Hätte ich ihm nur die Ehre, dass ich beabsichtigte in sein Haus zu kommen, vorher melden lassen, so würde er besser vorbereitet gewesen sein," u. s. w, Ich lobte sein Haus und die Kost und that mein möglichstes mich von meinem gutherzigen Wirthe nicht an Höflichkeit übertreffen zu lassen.

Im Laufe des Abends kam ein kleiner Knabe, der Sohn des Wirthes, zu mir und fragte mich ob ich etwa Lust hätte Opium zu rauchen, man hätte sehr gutes im Hause. Ich dankte ihm und lehnte das Anerbieten natürlich ab. Auf meine Frage erfuhr ich dass in allen diesen Wirthshäusern Opium gehalten wird, wo man es in kleinen Quantitäten verkauft, gerade so wie in London die Schenkwirthe Tabak verkaufen. Sehr unbequem ist es, wie ich später selbst die Erfahrung machte, an einem solchen Orte zu sein, wenn man eine Anzahl von Opiumrauchern zu Reisegefährten hat.

Zwischen neun und zehn Uhr Abends, als ich mich eben zur Ruhe begeben wollte, kam Sing-Hoo und sagte mir, der Wirth lasse mich zu einen guten Abendessen einladen das er für mich bereitet hätte, wenn ich nicht irre nannte er es Tein-sing. Ich glaube diese Sitte ist bei den chinesischen Wirthen in diesem Theile des Landes nicht ungewöhnlich, wenn sie einen Gast in ihrem Hause haben den sie besonders ehren wollen. Mir aber war das Bestehen einer solchen Sitte vollkommen unbekannt, und ich sagte daher meinem Diener, er möchte mich bei dem Wirthe entschuldigen, da ich schon gegessen hätte und für die Nacht nichts weiter geniessen wollte. Sing-Hoo jedoch meinte, es sei nicht gewöhnlich das Tein-sing auszuschlagen, und da ich es für besser hielt mich nach der Landessitte zu richten, so folgte ich ihm in den Saal. Hier fand ich eine mit vielen chinesischen Gerichten besetzte Tafel. Unser Wirth hatte zu diesem Zwecke einige Hühner geschlachtet, die in kleine Stücke zerschnitten waren und mit, oder vielmehr in einer vortrefflichen Suppe aufgetragen wurden. Wäre ich hungrig gewesen, so würde ich wahrscheinlich eine vortrefliche Mahlzeit gehalten haben, da ich aber satt war, so konnte man nicht erwarten dass ich mit grossem Appetite zulangen würde. Der Wirth wartete mir selbst auf und nöthigte mich zu essen. Ohne Aufhören zeigte er bald auf dies bald auf jenes Gericht und sagte in der dringendsten Weise, ,,Esst das, esst das.'' Ich kostete von allem und nahm von jedem mehr oder weniger, wie es mir gerade genehm war, und endlich, als ich glaubte dass ich so viel gethan hätte als selbst chinesische Höflichkeit erfordert, legte ich meine Stäbchen nieder und lobte die Art und Weise in der das Tein-sing aufgetragen worden war. Er nöthigte mich aber noch immer, indem er mir die verschiedenen Gerichte näher rückte und ihre Güte lobte. Eudlich war dieser Act zu Ende, das Fleisch wurde weggenommen und Thee auf den Tisch gesetzt. Jetzt war ich wieder frei und konnte zur Ruhe gehen, nicht ohne Furcht vor Alpdrücken und andern Uebeln die eine so reichliche Abendmahlzeit nach sich zieht.

Früh am nächsten Morgen erschien unser Wirth und sagte mir dass das Tein-sing bereit sei. Ich nahm auf dieselbe Weise daran theil wie am Abend zuvor, aber mit grösserem Appetit. Zu meiner Ueberraschung jedoch wurde nach einigen Minuten auch ein Frühstück auf den Tisch gesetzt, als ob ich nichts gegessen hätte. Jetzt kam Sing-Hoo und fragte was er dem Wirthe bezahlen sollte, und bemerkte zugleich dass dieser keine Rechnung machen wolle. Ich musste natürlich ein hübsches Geschenk geben; da ich aber Sing-Hoo oder die Coolies einigermassen in Verdacht hatte dass sie bei dem Tein-sing mit im Spiele gewesen wären, so bedeutete ich ihm dafür zu sorgen dass dergleichen in Zukunft nicht wieder vorkäme. Ich wusste dass ich noch eine lange Reise und viele Ausgaben vor mir hatte, und es wäre mir sehr unangenehm gewesen wenn ich unterwegs mit meinem Gelde nicht ausgelangt hätte.

Ich befand mich jetzt an der äussersten Grenze des grossen Schwarztheelandes von Fokien. Der Theestrauch war in grosser Menge angebaut, in der Regel an den untern Abhängen der Berge, aber auch in den Gärten in den Dörfern. Gegen zehn Uhr des Morgens kamen wir nach Tsong-gan-hien, einer grossen Stadt in der Mitte des Theelandes, wo fast aller Thee dieses Districts gepackt und zur Ausfuhr vorbereitet wird. Tsong-gan-hien liegt nach den Beobachtungen welche schon vor langer Zeit die Jesuiten angestellt haben, unter dem 27^0 $47'$ $38''$ nördl. Breite, in der Mitte einer kleinen fruchtbaren Ebene, rings von Hügeln umgeben, im District von Keining-foo, einer Stadt die ich schon bei meiner Reise den Min aufwärts erwähnt habe.

Die Mauern der Stadt haben ungefähr drei Meilen im Umkreise, aber diese sowohl, wie auch die Wälle, sind an vielen Stellen verfallen und mit Unkraut überwachsen. Sie scheinen sehr alt zu sein und wurden ohne Zweifel in einer Zeit erbaut die kriegerischer war als die jetzige.

Die Bevölkerung mag sich auf **100,000** Einwohner belaufen, doch kann ich dieselbe nicht genau ermitteln. Die Vorstädte, welche ich hier mitzähle, sind sehr gross und volkreich und ziehen sich weit an den Ufern des Flusses hinunter.

Die Stadt hat viele grosse Thee-Hongs in denen der schwarze Thee sortirt und für den fremden Markt verpackt wird. Alle Colies denen ich auf meiner Reise über das Gebirge begegnet war hatten hier geladen. Theehändler aus allen Theilen China's wo Thee erbaut oder exportirt wird, kommen hierher um Einkäufe zu machen und Anordnungen für den Transport zu treffen, namentlich viele aus Canton, die einen bedeutenden Handel mit den Fremden treiben, sowohl in Canton als in Shanghae. Ich sah deren viele auf den Strassen gehen, vermied aber aus guten Gründen so viel wie möglich jedes Zusammentreffen mit ihnen. Sie sind von den Eingebornen in Fokien eben so wohl wie von den nördlichen Chinesen leicht an ihrer Gesichtsbildung zu unterscheiden.

Die Ebene in welcher die Stadt Tsong-gan-hien liegt ist nicht sehr gross. Sie ist auf allen Seiten von Hügeln umgeben auf deren einigen der Theestrauch in grosser Ausdehnung angebaut ist. Manche dieser Hügel haben ein sehr kahles Ansehn, obgleich sich hie und da an den weniger abschüssigen Seiten fruchtbare Stellen finden. Auch in den Niederungen wird der Thee in grosser Ausdehnung gebaut, diese sind aber immer gut über das Ufer des Flusses erhöht. Es wird jedoch besser sein wenn ich die Bemerkungen, welche ich über den Theebau in diesem wichtigen Theile des Landes gemacht habe, in einem besondern Capitel zusammenstelle.

Da ich ziemlich früh am Tage in Tsong-gan-hien ankam, so hielt ich mich hier nur drei Stunden auf, die gerade hinreichten um die Stadt zu beschen und für mich selbst so wie für meine Leute einige Erfrischungen zu nehmen. Als die Zeit abgelaufen war stieg ich wieder in meine Sänfte und schlug den Weg nach dem Woo-e-shan ein, der nur vierzig bis funfzig Le weiter liegt. Sobald wir aus der Stadt waren, hatte der Weg ein ganz anderes Ansehn als vorher. Wir hatten jetzt die grosse Hauptstrasse des Thees verlassen, welche an der Stadt durch die wir so eben gekommen waren endigt. Die Strasse war jetzt schmal und weniger belebt. Die Reisenden in Sänften, die Coolies mit Theekisten auf ihren Schultern, und die ganze bunte Kette die wir auf unserer Reise über das Gebirge gesehen hatten, waren verschwunden, und wir reissten jetzt allein.

Dreizehntes Capitel.

Woo-e-shan. — Der Weg aufwärts. — Ankunft an einem buddhistischen Tempel.
— Beschreibung des Tempels und der Landschaft. — Eigenthümliche Felsen.
— Meine Aufnahme. — Unser Mittagsessen. — Interessante Unterhaltung.
— Ein Abendspaziergang. — Formation der Felsen. — Boden. — Ansicht
der Spitze des Woo-e-shan. — Grabmal eines Priesters. — Eine Mondschein-
landschaft. — Chinesischer Wein. — Bau des Theestrauchs. — Ketten und
Affen gebraucht um den Thee einzusammeln. — Theehändler. — Glückliche
Lage und Zufriedenheit des Landvolks.

Sobald ich aus den Vorstädten von Tsong-gan-hien ins Freie kam
erblickte ich den weitberühmten Woo-e-shan. Er liegt in der Mitte der
Ebene welche ich im vorhergehenden Capitel erwähnte, und besteht aus
einer Anzahl kleiner Hügel von denen keiner höher als etwa eintausend
Fuss zu sein scheint. Diese Hügel haben ein eigenthümliches Ansehen;
die Vorderseite besteht fast ganz aus senkrechten Felsen, und es scheint
als ob sie durch irgend eine grosse Naturrevolution bis zu einer gewissen
Höhe emporgetrieben wären und eine andere Gewalt dann die Spitzen der
ganzen Masse rückwärts gebogen und in tausend Hügel zerbrochen hätte.
Durch irgend eine wirkende Kraft dieser Art mögen sie die eigenthümlichen Gestalten angenommen haben welche ich jetzt vor mir sah.

Der Woo-e-shan gilt bei den Chinesen für einen der wunderbarsten
und zugleich heiligsten Orte im ganzen Reiche. Eines ihrer Bücher, welches Herr Ball anführt, beschreibt ihn mit folgenden Worten: „Unter allen
Gebirgen Fokiens ist Woo-e das schönste und sein Wasser das beste. Es
ist schrecklich hoch und schroff, von Wasser umgeben, und scheint von
Geistern ausgehöhlt zu sein; es kann nichts wunderbareres gesehen werden.
Von der Dynastie Csin und Han, bis auf die jetzige Zeit herab, sind in
unaufhörlicher Reihenfolge Einsiedler und Priester von der Secte des Tao-
cze und Fo hier aufgestiegen, wie die Wolken der Luft und das Gras des
Feldes, zu zahlreich um aufgezählt werden zu können. Seine grösste Berühmtheit jedoch hat er von seinen Producten, und unter diesen ist der
Thee das berühmteste."

Auf einer Erhöhung zwischen Tsong-gan-hien und dem Woo-e-shan
machte ich einen Augenblick Halt, um einen Blick auf die eigenthümliche
Landschaft zu werfen welche vor mir lag. Ich hatte erwartet dass ich
eine wundervolle Aussicht haben würde wenn ich an diese Stelle käme,
aber ich muss gestehen, die Scene übertraf bei weitem alle Vorstellungen
die ich mir darüber gemacht hatte. Die Jesuiten, oder andere die über
China geschrieben haben, übertreiben nur die Höhe der Berge. Diese sind
nicht „schrecklich hoch" sondern niedriger als die meisten andern Berge
in diesem Theile des Landes, und bei weitem nicht so hoch als die Gebirge über welche ich herkam. Meine Begleiter machten mich mit grossem
Stolze auf diese Stelle aufmerksam und sagten, „Seht, das ist Woo-e-shan!
habt ihr in eurem Lande etwas das damit verglichen werden kann?"

Der Tag war schön, und da die Sonnenstrahlen mächtig brannten, so
hatte ich im Schatten eines grossen Kampferbaumes an der Seite des
Weges Platz genommen. Am liebsten wäre ich hier geblieben bis die
Nacht meinen Blicken die Aussicht verhüllte, aber meine Träger, die jetzt
dem Ende ihrer Reise nahe waren, gaben zu verstehen dass sie bereit
seien; und so zogen wir weiter.

21*

Von Tsong-gan-hien bis an den Fuss des Woo-e-shan sind nur 40 bis 50 Le; wir beabsichtigten aber unser Quartier in einem der Tempel nahe an der Spitze zu nehmen, hatten also noch den grössten Theil des Weges vor uns. Als wir am Fusse des Berges ankamen fragten wir nach dem Wege zum Tempel. „Zu welchem Tempel wollt ihr?" war die Antwort; „es giebt beinahe tausend Tempel auf dem Woo-e shan." Sing-Hoo erklärte dass uns die Namen der verschiedenen Tempel nicht bekannt seien, dass wir aber zu einem der grössten wollten. Endlich wurden wir an den Fuss einiger senkrecht emporsteigenden Felsen gewiesen. Als wir die Stelle erreichten erwartete ich den Tempel irgendwo an dem Abhange des Berges über uns zu erblicken, aber da war nichts der Art zu sehen. Ein schmaler in den Felsen gehauener Fussteig, der über fast unzugängliche Stellen führte, war alles was ich sehen konnte. Ich musste jetzt aus der Sänfte steigen und den Fussteig hinauf klettern, — oft auf Händen und Knien rutschend. Mehr als einmal blieben die Coolies stehen und erklärten es sei unmöglich die Sänfte noch weiter zu bringen. Ich drang jedoch darauf und so mussten sie mit derselben mir nachklettern.

Es war jetzt etwa zwei Uhr nach Mittag; kaum eine Wolke war am Himmel zu sehen, und der Tag war schrecklich heiss. Als ich den steilen Weg hinanklimmte drang mir der Schweiss durch alle Poren, und ich fing an an Fieber und alle andere Uebel zu denken, denen der Reisende in diesem ungesunden Klima ausgesetzt ist. Endlich erreichten wir die Spitze des Hügels, wo wir die Aussicht auf eine reiche und üppige Stelle hatten, an der ich sogleich erkannte dass wir uns in der Nähe eines buddhistischen Tempels befanden. Da ich meinen Sänftenträgern und Coolies ein gutes Stück voraus war, setzte ich mich im Schatten eines Baumes nieder um auszuruhen und mich abzukühlen, ehe ich das geheiligte Gebiet des Tempels beträte. Nach einigen Minuten kamen meine Leute mit frohem Gesichte an, denn sie hatten den Tempel zwischen den Bäumen durchschimmern gesehen, und wussten dass Ruhe und Erfrischung sie erwartete.

Die buddhistischen Priester scheinen immer die schönsten Stellen für ihre Tempel und Wohnungen ausgesucht zu haben. Viele dieser Orte verdanken ihre Schönheit hauptsächlich dem Schutz und der Pflege der Bäume. Das Holz in der Nähe buddhistischer Tempel in China wird sorgfältig gepflegt, und der Reisende kann daher, selbst in einer Entfernung von mehreren Meilen, immer erkennen wo ein Tempel liegt. In dieser Hinsicht gleichen die Priester den klugen Mönchen und Aebten früherer Zeit, deren Geschmack und Sorgfalt wir einige der reichsten und schönsten Waldgegenden in Europa verdanken.

Der Tempel, oder die Tempelgruppe der wir uns näherten, lag an dem schrägen Abhange eines kleinen Thales, oder Beckens, auf der Spitze des Woo-e-shan, das eigens zu diesem Zwecke ausgegraben zu sein schien. Im Grunde dieses Beckens schimmerte ein kleiner Teich durch die Bäume, der mit dem berühmten Lien-wha oder *Nelumbium* bedeckt war, — einer Pflanze die bei den Chinesen in grosser Achtung und Verehrung steht, und die man immer in der Nähe buddhistischer Tempel findet. Der ganze Boden, zwischen dem Teiche und den Tempeln war mit Theesträuchern bedeckt, die anscheinend hier sehr sorgfältig gepflegt wurden, während

an dem entgegengesetzten Ufer, den Gebäuden gegenüber, ein dichter Wald
von Bäumen und Sträuchern war.

Auf der einen Seite — wo die Tempel standen — waren einige
eigenthümliche Felsen, die ungeheuern Monumenten ähnlich emporragten
und ein höchst auffallendes Ansehen hatten. Sie standen nahe nebeneinander und waren jeder 80 bis 100 Fuss hoch. Ohne Zweifel hatten diese
durch ihre eigenthümliche Gestalt die Priester angezogen welche diesen
Platz zuerst zu einer Stelle für ihre Tempel erwählten. An der Basis
einer dieser ungeheuern Felsen war das Haus des Oberpriesters erbaut,
dem wir unsere Schritte zulenkten. Wir stiegen eine Treppe in die Höhe,
gingen durch einen Thorweg, und befanden uns vor dem Gebäude. Ein
kleiner Knabe der unter dem Porticus spielte, lief sogleich und meldete
dem Priester dass Fremde zum Besuch kämen. Da ich sehr müde war,
trat ich in den Empfangssaal und setzte mich nieder. Bald kam der Priester und bewillkommte mich mit grosser Höflichkeit. Sing-Hoo setzte ihm
nun auseinander dass ich einen oder zwei Tage auf Woo-e-shan bleiben
wolle, dessen Ruf bis in das entfernte Land gedrungen sei wo ich wohne,
und bat man' möchte uns, so lange wir zu bleiben gedächten, Wohnung
und Kost geben.

Während Sing-Hoo seine Rede hielt nahm der Oberpriester etwas
Tabak aus seinem Tabaksbeutel, drehte ihn einen Augenblick zwischen
seinen Fingern und Daumen und überreichte ihn mir dann um meine Pfeife
damit zu stopfen. Dies ist bei den Bewohnern dieser Hügel eine gewöhnliche Sitte, und bedeutet, wie ich vermuthe, dass die Person der man
ihn überreicht willkommen ist. Offenbar war es gut gemeint; ich nahm
ihn also ebenfalls freundlich an, stopfte meine Pfeife und fing an zu
rauchen.

Unser Wirth führte mich nun in sein bestes Zimmer, bat mich hier
Platz zu nehmen, rief dann den Knaben und befahl diesem uns Thee zu
bringen. Und jetzt trank ich das würzige Kraut rein und unverfälscht auf
seinen heimathlichen Bergen. Noch nie vorher war mir dieses Getränk
so erquickend erschienen, oder ich hatte nie solches Bedürfniss danach
gefühlt; denn nachdem ich in einer glühenden Sonnenhitze den Berg
erstiegen, war ich erhitzt, durstig und müde. Der Thee löschte bald den
Durst und erfrischte meine Lebensgeister wieder, und rief mir die Worte
eines chinesischen Schriftstellers ins Gedächtniss, welcher sagt, „Thee ist
überaus nützlich; pflegt ihn, und der Vortheil wird sich weit verbreiten,
trinkt ihn, und die Lebensgeister werden fröhlich und heiter sein."

Obgleich ich genug chinesisch sprechen kann um mich in verschiedenen Gegenden des Landes verständlich zu machen, so hielt ich es doch
für klug mich mit den Priestern in diesem Tempel in kein langes Gespräch
einzulassen. Ich überliess das Sprechen meinem Diener, der vollkommen
competent war dieses für uns beide zu thun. Den Priestern wurde also
gesagt, ich könnte die Sprache dieser Gegend nicht sprechen, weil ich
aus einem fernen Lande „jenseits der grossen Mauer" herkäme.

Jetzt erschien der kleine Knabe wieder und meldete dass das Mittagsessen auf dem Tische stehe. Der alte Priester verbeugte sich gegen mich,
und bat mich ihm in das Zimmer zu folgen wo die Mahlzeit servirt sei.
Ich ermangelte nicht ihn zu bitten voranzugehn, was ihm natürlich „gar
nicht in den Sinn kam", sondern er folgte mir und wiess mir den Ehren-

platz zu seiner Linken an. Drei andere Priester nahmen an demselben Tische Platz. Einer derselben hatte ein sehr wenig einnehmendes Aeussere, eine niedrige Stirn, einen trotzigen und unverschämten Blick, und war ausserdem noch sehr von den Pocken gezeichnet. Kurz er gehörte zu denen mit welchen man sich am liebsten nicht viel zu thun macht. Ganz anders sah dagegen der alte Priester aus. Dieser war ein Mann von etwa sechzig Jahren und schien sehr verständig zu sein. Sein Gesicht, in dem unverkennbar Sanftmuth, Ehrbarkeit und Redlichkeit ausgeprägt waren, war eins von denen welche man nur gern ansieht.

Als wir uns zu Tische gesetzt hatten wurde jedem von uns ein Becher Wein eingegossen, und der alte Priester sagte, „Che-sue, che-sue" — trinkt Wein, trinkt Wein. Alle hoben ihre Becher in die Höhe und stiessen an. Wie sich die Becher berührten, verbeugten wir uns gegen einander und sagten, „trinkt Wein, trinkt Wein." Hierauf ergriff jeder die vor ihm liegenden Stäbchen und die Mahlzeit nahm ihren Anfang. Die Tafel war mit kleinen Näpfen besetzt welche jeder eine andere Speise enthielten. Ich war überrascht in einem derselben einige kleine Fische zu sehen, denn ich hatte immer gehört dass den Priestern jede Fleischspeise verboten sei. Die übrigen Gerichte bestanden sämmtlich aus Vegetabilien. Es waren junge Bambusschösslinge, verschiedene Arten von Kohl, sowohl frisch als eingelegt, Rüben, Bohnen, Erbsen, und verschiedene andere Gemüse, alle sehr schmackhaft zubereitet. Bei manchen war es schwer sie für das zu halten was sie wirklich waren, dennoch aber waren sämmtliche Gerichte, die Fische ausgenommen, wirklich nichts anderes als Gemüse. Auch Reis wurde uns vorgesetzt, und dieser bildete den hauptsächlichsten Theil unserer Mahlzeit.

So lange wir bei Tische sassen nöthigten mich die Priester beständig zuzulangen. Sie lobten die verschiedenen Gerichte, und sagten, indem sie bald auf dies bald auf jenes zeigten, „esst Fisch, esst Kohl, oder esst Reiss" u. s. w. Zuweilen ging ihre Höflichkeit, nach meiner bescheidenen Meinung, selbst ein wenig zu weit; denn sie zeigten nicht nur auf die Gerichte welche sie empfahlen, sondern stiessen auch mit ihren Speisestäbchen hinein, zogen irgend ein delicates Stück herauf, und sagten, „esst dies, esst dies." Dies war nun allerdings keineswegs angenehm, ich nahm es aber wie es gemeint war, und so blieben wir die besten Freunde.

Zwischen Sing-Hoo und den Priestern entspann sich über Tische eine interessante Unterhaltung. Sing-Hoo war früher viel gereist und erzählte von verschiedenen Provinzen im Norden und Süden des Reichs, von denen sie wenig oder nichts wussten; er sagte ihnen ferner dass er in Peking gewesen sei, beschrieb den Kaiser, und zeigte stolz auf die Livrée welche er noch trug. Dies stempelte ihn in den Augen dieser guten Leute sogleich zu einer sehr wichtigen Person. Sie äusserten ohne Rückhalt ihre Meinung über die Eingebornen der verschiedenen Provinzen, von denen sie ganz wie von fremden Völkern sprachen, etwa wie wir von den Franzosen, Holländern oder Dänen. Die Leute in Canton gefielen ihnen nicht; die Tartaren waren gut — der Kaiser war ein Tartar. Alle auswärtigen Nationen waren schlecht, namentlich die Kwei-tzes, oder Teufelskinder, mit welchem Namen sie die Völker des Westens beehren.

Als die Mahlzeit zu Ende war standen wir auf und kehrten in den Saal zurück. Hier wurde uns warmes Wasser und ein feuchtes Tuch vorgesetzt, damit wir uns nach der Mahlzeit waschen konnten. Die Chinesen waschen sich immer mit warmem Wasser, sowohl im Winter als im Sommer, und gebrauchen selten Seife oder eine dieser ähnliche Substanz. Nachdem ich nach echt chinesischem Gebrauch mein Gesicht und Hände gewaschen hatte, gab ich den Wunsch zu erkennen dass ich hinausgehen und die Hügel und Tempel in der nächsten Umgegend in Augenschein nehmen möchte.

Ich rief Sing-Hoo um mich zu begleiten, und wir stiegen die Treppe hinab und schlugen den Fusssteig ein welcher zu dem Teiche im Grunde des Beckens hinab führte. Auf unserem Wege besuchten wir verschiedene Tempel, von denen jedoch keiner von einiger Bedeutung zu sein schien oder irgend mit denen von Koo-shan bei Foo-chow-foo verglichen werden konnte. Ueberhaupt schienen die guten Priester der Pflege und Bereitung des Thees weit grössere Sorgfalt angedeihen zu lassen als den Gebräuchen ihrer Religion. Vor ihren Wohnungen sah ich überall Gerüste von Bambus wo die mit Blättern gefüllten Siebe der Sonne und Luft ausgesetzt werden. Die Priester und ihre Diener waren emsig mit der Bereitung des werthvollen Blattes beschäftigt.

Der Teich gewährte, als wir näher kamen, einen sehr hübschen Anblick. Die schönen Blätter des Nelumbium hoben sich über die Oberfläche empor und unten im Wasser spielten Gold- und Silberfische, während die ganze Umgebung im höchsten Grade grossartig war. Von dem Teiche aus verfolgten wir dann einen Fusssteig der zu einigen senkrecht aus dem Boden hervorragenden Felsen zu führen schien. Von Ferne konnten wir keinen Ausweg aus diesem Becken sehen, als wir aber näher kamen wurde eine Kluft sichtbar welche den ungeheuren Felsen theilte und durch die ein kleiner Bach strömte an dessen Seite der Pfad hinführte. Es schien wirklich als ob der Bach den Felsen allmälig abgewaschen und sich selbst einen Weg gebildet hätte der nicht mehr als sechs bis acht Fuss breit war.

Diese Felsen bestehen aus Thonschiefer, in dem, in Form von Schichten und Adern eingebettet, grosse Massen von Quarz vorkommen, während überall ein Granit hervordringt, der von dem dunkelblauen Glimmer eine dunkle schwarze Farbe hat. Dieser Granit bildet die Spitze der meisten höheren Gebirge in diesem Theile des Landes.

Auf diesem Thonschiefer liegen Conglomerate von Sandstein, die hauptsächlich aus eckigen Massen gebildet sind welche durch eine kalkhaltige Basis zusammengehalten werden, und neben diesen Conglomeraten findet sich ein kalkhaltiger körniger Sandstein, in welchem Schichten von Dolomit vorkommen. Der Geologe wird hiernach beurtheilen können aus welcher eigenthümlichen Mischung diese Felsen des Woo-e-shan zusammengesetzt sind. Ich nahm einige Proben dieses Gesteins mit die ich sowohl Dr. Falconer in Calcutta als Dr. Jameson in Saharanpore vorlegte, welche beide als ausgezeichnete Geologen bekannt sind.

Der Boden dieses Theelandes besteht aus einem braungelben klebrigen Lehm, der, wie eine genauere Untersuchung zeigte, aus Theilen des Gesteins und vegetabilischen Stoffen besteht. Letztere bilden immer einen grossen Theil in der Zusammensetzung des Bodens wo der Theestrauch am besten gedeiht.

Wir wanden uns zwischen den hohen Felsen an denen das Wasser herabträufelte durch die Kluft hin und gelangten dann bald wieder in das offene Land. Nachdem ich die Felsen und den Boden geprüft, suchte ich nun vornehmlich einen guten Ueberblick über das umliegende Land zu erhalten und schlug deshalb den Weg zu den Höhen über dem Tempel ein. Als ich den Gipfel erreichte, hatte ich eine Aussicht die wohl der Mühe lohnte. Ringsum, und unter mir zu allen Seiten, lagen die schroffen Gebirge des Woo-e-shan, während zahlreiche fruchtbare Stellen in den Schluchten, Thälern und an den Abhängen der Berge mit Theesträuchern wie gesprenkelt erschienen. Da ich mich auf der höchsten Spitze befand, hatte ich einen sehr guten Ueberblick über die reichen Thäler in denen die Städte Tsong-gan-hien und Tsin-tsun liegen. Weit gegen Nordwesten hin sah man die Ketten des Boheagebirges, das sich, so weit das Auge reichte, von Osten nach Westen erstreckte und scheinbar eine unübersteigliche Scheidewand zwischen Fokien und der reichen und volkreichen Provinz Kiang-see bildete.

Die Sonne ging nun hinter den Boheabergen unter, und da das Zwielicht in diesen Regionen kurz ist, so mahnten mich die letzten Strahlen, dass es klug sein würde zu den Tempeln zurückzukehren in deren Nähe ich meine Wohnung aufgeschlagen hatte. Auf meinem Rückwege kam ich an ein Grab in welchem neun Priester beigesetzt waren. Es war an der Seite des Berges und schien ein sehr passender Ruheplatz für die irdischen Ueberreste solcher Leute. Offenbar war es eine Art natürlicher Höhle unter dem Felsen gewesen, mit einer Oeffnung nach vorn. Hier waren die Leichen beigesetzt, der Felsen über denselben bildete das Gewölbe und die vordere Seite war aus demselben Material gebaut. So zwischen ihren Lieblingsbergen begraben werden diese Körper ruhen bis sich die Felsen zerspalten, an dem Tage da die Posaune des Erzengels erschallen wird und die Gräber ihre Todten wiedergeben.

Auf einer Art flachen Terrasse vor diesem Grabe bemerkte ich die Namen der darin Beigesetzten und die Reste von Weihrauchstengeln die kurz vorher, bei dem Besuche welcher den Gräbern zu bestimmten Zeiten abgestattet wird, dort verbrannt worden waren. Der alte Priester sagte mir nachher dass noch Raum für Einen in der Felsenhöhle sei; und dieser Eine, setzte er hinzu, würde er selbst sein: und der alte Mann schien die Zeit wo er in dem Grabe ruhen würde als nicht mehr sehr fern zu betrachten.

Ich befand mich jetzt wieder in der Nähe der Tempel und es war daher keine Gefahr mehr dass ich den Weg verlieren könnte. Die Dunkelheit brach allmälig ein und es war Nacht auf Woo-e-shan. Eine feierliche Stille herrschte ringsumher, die nur dann und wann durch den Klang eines Gong oder einer Glocke im Tempel unterbrochen wurde wo einige Priester ihre Abendandacht verrichteten. Mittlerweile war der Mond aufgegangen und die Scene erschien, wenn dies möglich ist, noch ergreifender als bei Tageslichte. Die wunderbar gestalteten Felsen deren schroffe Massen hoch über die Tempel emporragten, theils hell beleuchtet, theils in dunklen Schatten gehüllt, hatten ein eigenthümliches und unnatürliches Ansehen. Gegenüber lag das Gehölz in dichter Finsterniss und der Teich unten im Grunde flimmerte wie mit Edelsteinen bedeckt.

Ich setzte mich an einem Rande des Felsens nieder, und liess meine

Blicke über diese eigenthümlichen Gestalten und Gruppen schweifen. War es Wahrheit oder Traum, oder war ich in einem Feenlande? Je länger ich hinuntersah, desto mehr verschwammen die Gegenstände, und Felsen und Bäume schienen sich in lebende Gestalten zu verwandeln. Bei solchen Gelegenheiten lasse ich meiner Einbildung gern die Zügel frei, und wenn ich dann und wann einige Luftschlösser baue, so sind sie nicht kostspielig und leicht wieder eingerissen.

Jetzt kam Sing-Hoo, der mich suchte, um mir zu sagen dass das Abendessen bereit sei und die Priester auf mich warteten. Als ich hinneinkam war das Essen schon aufgetragen. Wir setzten uns zu Tische, tranken einander einen Becher Wein zu, und die Mahlzeit ging auf dieselbe Weise vor sich wie zu Mittage. Wie die meisten meiner Landsleute habe ich einen grossen Widerwillen gegen den chinesischen Sam-shoo, einen Branntwein der einige Aehnlichkeit mit dem indischen Arrak hat, aber von Reis distillirt wird. Die Sorte welche man gewöhnlich in den Läden verkauft ist in der That wenig besser als Gift. Der Wein auf Woo-e-shan hingegen war ganz anders: er hatte Aehnlichkeit mit einigen der leichteren französischen Weine, einen angenehmen säuerlichen Geschmack, und war durchaus nicht berauschend, ausser wenn er im Unmass getrunken wurde. Ich konnte mich nicht überzeugen ob er wirklich aus Trauben gemacht, oder ob es ein eigenthümlich zubereiteter und stark mit Wasser verdünnter Sam-shoo war. Jedenfalls aber war er eine sehr angenehme Zuthat zu einer chinesischen Mahlzeit.

Während der Mahlzeit drehte sich die Unterhaltung zwischen Sing-Hoo und den Priestern um die eigenthümliche Landschaft dieser Berge und die vielen Tempel von denen manche an den unzugänglichsten Stellen erbaut sind. Sing-Hoo sagte den Priestern wie entzückt ich auf meinem Nachmittagsspaziergange gewesen sei und welchen Eindruck die eigenthümliche Landschaft auf mich gemacht hätte. Alles was zum Lobe dieser Berge gesagt wurde schien den guten Priestern sehr zu gefallen und machte sie sehr gesprächig. Sie sagten uns dass auf jedem Hügel und jeder Felsenspitze Tempel zu Ehren Buddha's errichtet seien, und dass deren Zahl sich nicht weniger als auf neun hundert und neun und neunzig belaufe.

Das ganze Land auf diesen Bergen scheint den Priestern der beiden bereits genannten Secten zu gehören; bei weitem der grössere Theil aber ist Eigenthum der Buddhisten. Auch einige Gehölze sind hier welche den Bedarf des Hofes von Peking versorgen. Diese werden die kaiserlichen Gehege genannt; ich glaube jedoch dass sie ebenfalls, bis zu einer gewissen Ausdehnung, unter der Pflege und Aufsicht der Priester stehen. Der Theestrauch ist überall angebaut, und oft an den aller unzugänglichsten Stellen, wie auf den Spitzen und an den Rändern steiler Felsen. Herr Ball* sagt, man gebrauche Ketten um die an solchen Stellen wachsenden Blätter des Strauchs zu sammeln; und mir ist als ganz gewiss erzählt worden (ich weiss nicht mehr ob von den Chinesen oder von andern) dass man sich zu diesem Zwecke der Affen bediene, und zwar auf folgende Weise: — Diese Thiere scheinen nicht gern zu arbeiten und würden die Blätter nicht gutwillig sammeln; wenn die Chinesen aber sie auf den Fel-

---

* Cultivation and Manufacture of Tea.

sen sehen wo die Theegebüsche wachsen, so werfen sie mit Steinen nach ihnen; die Affen werden darüber böse und fangen an die Zweige von den Theesträuchern abzubrechen, die sie auf ihre Belagerer hinunterwerfen.

Ich will nicht behaupten dass man auf diesen Bergen keinen Thee mit Hülfe von Ketten und Affen sammele, so viel glaube ich aber versichern zu können, dass die Quantität welche man auf diese Weise gewinnt nur sehr unbedeutend ist. Die beiweitem grössere Masse wird an ebenen Stellen an den Abhängen der Hügel erbaut, die durch die vegetabilische Materie und andern Niederschlag der durch den Regen von den höher gelegenen Stellen herabgespült worden, gedüngt und fruchtbar gemacht worden sind. An den kahleren Stellen zwischen den Hügeln wird sehr wenig Thee gebaut, und solcher Stellen giebt es auf dem Woo-e-shan sehr viele.

Da ich den ganzen Tag auf den Bergen herumgekrochen war, so begab ich mich zeitig zur Ruhe. Sing-Hoo sagte mir nachher, er habe in der ganzen Nacht kein Auge zugethan. Das Ansehen des einen Priesters schien ihm nicht zu gefallen, und da er ohnehin ein starkes Vorurtheil gegen die Bewohner von Fokien hatte, so bildete er sich ein dass man uns in der Nacht berauben oder gar ermorden könnte. Meine Ruhe wurde durch keine solche Befürchtungen gestört, ich schlief ruhig und fest bis der Morgen tagte, und als ich erwachte fühlte ich mich erfrischt und wieder den Mühen des Tages gewachsen. Ich liess mir frisches Wasser bringen um mich zu waschen, ein Labsal das mir in vierundzwanzig Stunden nur einmal zu Theil wurde.

Während meines Aufenthalts traf ich mit vielen Theehändlern aus Tsong-gan-hien zusammen, die hierher gekommen waren um von den Priestern Thee zu kaufen. Diese Leute nahmen ihre Wohnung in den Tempeln, oder vielmehr in den damit verbundenen Priesterhäusern, bis sie ihre Einkäufe gemacht hatten. Dann liessen sie Coolies kommen die den Thee nach Tsong-gan-hien brachten, wo er für den fremden Markt zubereitet und verpackt wird.

Am Morgen des dritten Tages, nachdem ich alles interessante in diesem Theile des Gebirges gesehen hatte, beschloss ich meine Wohnung zu ändern. Sobald das Frühstück vorüber war gab ich dem alten Priester ein Geschenk für seine Güte, welches, obwohl nur gering, mich doch nicht wenig in seiner Achtung zu heben schien. Dann wurden die Sänftenträger gerufen und wir verliessen das gastfreundliche Dach der buddhistischen Priester um entferntere Theile der Hügel zu durchforschen. Was für ein Dach uns nun zunächst beschirmen sollte, davon hatte ich nicht die geringste Ahnung.

Unser Wirth folgte mir bis ans Thor und nahm hier nach chinesischer Weise Abschied. Als wir unsern Weg zwischen den Bergen hin verfolgten, sah ich an allen Abhängen, wo sich Pflanzungen befanden, die Theepflücker in eifriger Arbeit begriffen. Es schien ein glückliches und zufriedenes Volk; mit Scherzen und Lachen gingen sie ihrer Arbeit nach, und manche sangen so fröhlich wie die Vögel in den alten Bäumen neben den Tempeln.

Vierzehntes Kapitel.

Strom der „neun Windungen." — Ein Taouistischer Priester. — Dessen Haus und Tempel. — Du Halde's Beschreibung dieser Berge. — Gigantische Hände an den Felsen. — Einkauf von Theepflanzen. — Abenteuer in der Nacht. — Meine Besucher. — Verpackung der Pflanzen. — Die Stadt Tsin-tsun und ihr Handel. — Abschied von den Woo-e-Bergen. — Gebirgslandschaft. — Die lanzettblättrige Pinie. — Felsen, Schluchten und Wasserfälle. — Ein einsamer Weg. — Bäume. — Vögel und andere Thiere. — Die Stadt She-pa-ky. — Erzeugnisse des Landes. — Gebrauch des Nelumbium. — Pouchig-Thee. — Die Stadt Pouching-hien.

Wir gingen jetzt quer über die Berge, der kleinen Stadt Tsin-tsun zu, die ebenfalls ein grosser Markt für schwarzen Thee ist. Unser Weg war sehr uneben. Es war ein blosser Fusspfad, und an manchen Stellen von schmalen in den Felsen gehauenen Stufen gebildet.

Wir mochten etwa zwei Meilen gegangen sein als wir an einen einzeln stehenden Tempel kamen der am Ufer eines kleinen Flusses liegt welcher sich hier zwischen den Bergen hinschlängelt. Dieser Fluss oder Bach wird von den Chinesen der Strom der „neun Windungen" genannt, weil er zwischen den Hügeln von Woo-e-shan neun grosse Bögen beschreibt. Er theilt die Bergkette in zwei Abtheilungen, die nördliche und die südliche, von denen jene den bessern Thee liefern soll. Hier werden die feinsten Sorten Souchong und Pekoe erzeugt, die aber, wie ich glaube, nur selten, oder in sehr geringer Quantität den Weg nach Europa finden.

Der Tempel welchen wir jetzt erreicht hatten ist ein kleines und unscheinbares Gebäude. Die Reisenden auf der Strasse von Tsin-tsun nach den Hügeln scheinen ihn als eine Art Mittelstation zu betrachten, und als wir ankamen sassen mehrere Reisende und Coolies in dem Porticus und tranken Thee. Der Tempel gehört den Taouisten und ist von einem alten Priester und dessen Frau bewohnt. Die Priester dieser Secte rasiren ihren Kopf nicht, wie die Buddhisten thun, und dürfen, wenn ich nicht irre, verheirathet sein.

Der alte Priester empfing uns sehr höflich, gab mir, wie es die Sitte erheischt, etwas Tabak, und setzte mir eine Tasse Thee vor. Sing-Hoo fragte ihn nun ob er ein überflüssiges Zimmer in seinem Hause hätte, und ob er uns erlauben wollte einen oder zwei Tage bei ihm zu wohnen. Er schien sehr erfreut über die Aussicht bei dieser Gelegenheit etwas verdienen zu können, und führte uns sogleich die Treppe hinauf, in ein kleines Zimmer, welches wir, da wir nicht sehr schwer zu befriedigen waren, für die Zeit unseres Aufenthalts mietheten.

Haus und Tempel waren, ebenso wie einige andere Gebäude dieser Art welche ich bereits beschrieben, an einer senkrechten Felsenwand erbaut, die dem Gebäude als eine vortreffliche und feste Rückenlehne diente. Die Spitze des Felsens hing über das kleine Gebäude, und da das Wasser beständig auf das Dach des Hauses hinabträufelte, so konnte man drinnen beinahe glauben dass es regne.

Der Fluss der „neun Windungen" strömte vorn an dem Tempel vorbei. Eine Menge Boote fuhren auf und nieder, von denen viele, wie mir gesagt wurde, von Gesellschaften besetzt waren die Lustfahrten hieher unternehmen um sich an der Landschaft zwischen diesen Hügeln zu ergötzen. Der Fluss war sehr reissend, und die Boote schienen, wenn sie mit dem Strome gingen, wirklich zu fliegen und waren bald aus den Augen verschwunden. Zu allen Seiten sah man die eigenthümlichsten Felsen und Hügel, nahe an deren Gipfel sich in der Regel ein Tempel und eine Thee-manufactur befanden. Zuweilen schienen sie so steil zu sein dass man nur mit Hülfe einer Leiter zu den Gebäuden gelangen konnte; in der Regel aber waren in den Felsen Stufen gehauen auf denen man zu dem Gipfel hinauf gelangen konnte.

Du Halde, der diese Berge beschreibt, sagt, „die Priester welche diesen Gebirgspass für einen Aufenthalt der Unsterblichen ausgeben möchten, haben, um ihren Zweck besser zu erreichen, an dem ganzen Ufer des Baches entlang, welcher zwischen diesen Bergen hinfliesst, Kähne, Wagen, und andere Gegenstände dieser Art in den Schluchten der steilen Felsen angebracht, und diese phantastischen Zierrathen werden von dem dummen Volke, welches es für unmöglich hält dass diese Gegenstände durch eine andere als übermenschliche Kraft an so unzugängliche Stellen gebracht werden konnten, für wirkliche Wunder gehalten."

Ich habe nichts von diesen Wagen gesehen; und wenn sie überhaupt existiren, so müssen sie entweder besonders zu diesem Zwecke gemacht oder aus einer entfernten Gegend hergebracht worden sein, denn in diesem Theile des Landes sind keine Wagen im Gebrauch; Boote hingegen sind auf dem Flusse nichts seltenes, und wenn sie an solche Stellen hinaufgezogen wurden, so ist darin eben kein so grosses Wunder zu erblicken.

An den Seiten mancher dieser senkrechten Felsen sah man einige eigenthümliche Figuren. Aus der Ferne gesehen schienen es Eindrücke riesenhafter Hände zu sein. Ich bin nicht bis ganz in die Nähe dieser Figuren gekommen, glaube aber dass manche derselben durch das aus dem Felsen hervorsickernde Wasser gebildet worden sind, welches an der Oberfläche herabträufelt. Sie schienen nicht durch Menschenhand gebildet zu sein; aber ein anderes eigenthümliches Ansehn ist diesen Felsen durch künstliche Mittel gegeben worden. Kaiser und andere vornehme und reiche Leute die diese Berge besuchten, haben Steine mit darauf einge-hauenen Schriftzeichen an der Vorderseite dieser Felsen anbringen oder einmauern lassen, die von Ferne gesehen ein höchst eigenthümliches An-sehen haben.

Der alte Priester bei dem ich mein Quartier aufgeschlagen hatte schien äusserst arm zu sein. Das zu dem Tempel gehörige Grundstück war sehr klein zu seinem Unterhalt. Dann und wann kam wohl einer der zu seiner Secte gehörte um in den Tempeln in diesen Bergen seine An-dacht zu verrichten und liess ihm ein kleines Geschenk, aber solche Besuche waren selten, und sein Tempel hatte nichts Grossartiges und Imponirendes was die Reichen und Grossen angezogen hätte, ausser allerdings die Land-schaft welche denselben umgab.

Ich gab dem alten Manne etwas Geld um für mich und meine Leute etwas zu Essen zu kaufen, nahm schnell eine kleine Mahlzeit und ging dann hinauf um die Hügel zu durchsuchen. Ich besuchte mehrere Theepflanzungen und war so glücklich mir etwa vierundert junge Pflanzen zu verschaffen. Diese sind wohlbehalten in Shanghae angekommen und viele davon wachsen jetzt kräftig in den Theepflanzungen der Regierung im Himalayagebirge.

Der alte Priester und seine Frau konnten nicht so viel erschwingen um Licht oder Oel zu brennen, und hatten daher die Gewohnheit sich sehr früh zur Ruhe zu begeben. Da der Abend feucht, und mein Quar-

tier keineswegs sehr bequem war, so folgte ich bald ihrem Beispiele.
Sing-Hoo, der mit mir in einem und demselben Zimmer war, sagte mir
dass er diesen Fokien-Leuten, wie er sie nannte, nicht traue und dass er
die Fallthüre unseres Dachkämmerchens niederlassen und für die Nacht
alles fest zumachen wolle, ehe wir schlafen gingen. Obwohl ich einen gesunden
Schlaf habe, so erwache ich doch immer bei dem geringsten aussergewöhn-
lichen Geräusche. Ungefähr gegen Mitternacht wachte ich auf, hörte aber
eine oder zwei Secunden lang nichts als den starken Regen der auf das Dach
über unserm Zimmer schlug. Bald darauf jedoch zog ein kleines Geräusch
meine Aufmerksamkeit auf sich und ich blickte natürlich sogleich nach
der Fallthüre zu. Zu nicht geringem Erstaunen sah ich wie sich diese
langsam öffnete und der Kopf eines Mannes zum Vorschein kam. Ich
wusste beinahe nicht was ich thun sollte, beschloss aber doch ruhig
liegen zu bleiben und seine Bewegungen zu beobachten, um mich, wenn
es nöthig sein sollte, so gut wie möglich vertheidigen zu können. Allmälig kam nun die ganze Figur des Mannes zum Vorschein, trat in das
Zimmer und fing an herumzutasten, wobei er einige unverständliche Worte
murmelte. Darüber erwachte Sing-Hoo, der erschrocken vom Bette aufsprang und mir zurief ich sollte aufstehen. „Der Regen dringt durch das
Dach in unser Bett" sagte der Mann, den ich sogleich als den armen
alten Priester erkannte. Wir athmeten jetzt frei und lachten nicht wenig
über unsern Schreck. Der alte Mann legte einige Matten auf die Stelle
wo der Regen eindrang und stieg dann die Treppe wieder hinab, in sein
Zimmer. „Macht die Thüre zu" sagte Sing-Hoo zu ihm als er hinausging.
„Es ist besser wenn sie offen bleibt," sagte der alte Priester, „es ist
viel kühler so; und ihr braucht euch nicht zu fürchten, in diesen Gebirgen thut euch niemand etwas zu leide." Sing-Hoo wiedersprach ihm
nicht, als er aber fort war stand er ruhig auf und machte die Thüre zu,
und wir wurden nicht weiter in unserm Schlafe gestört.

Diese alten Leute ahnten nicht im geringsten dass ich ein Fremder
war, aber ich hatte einige Unbequemlichkeit dadurch dass mein Diener
ihnen sagte, ich sei ein Mandarin aus der Tartarei. Zuweilen, wenn ich
in meinem Zimmer war, zeigten die vorübergehenden Landleute, wenn sie
ihre Last abgelegt hatten und eine Tasse Thee tranken, grosses Verlangen
einen Reisenden zu sehen der so weit hergekommen war. Mehrmals kamen
einige ohne weitere Umstände die Treppe herauf. Ich nahm sie, wie ich glaube,
immer mit der grössten Höflichkeit auf und spielte meine Rolle ziemlich
wohl. Einmal jedoch verlor ich beinahe meine Haltung. Ein alter Priester, scheinbar in seiner zweiten Kindheit, kam herein um mich zu sehen,
und fiel in dem Augenblicke als er in das Zimmer trat, auf seine Knie
nieder und warf sich mehrere Male in der aller unterwürfigsten Weise
vor mir nieder. Ich hob ihn freundlich auf und bedeutete ihm dass ich
nicht wünschte so hoch geehrt zu werden. Ein anderer Priester kam und
drückte den Wunsch aus dass ich seinen Tempel besuchen möchte, der
auf einem der benachbarten Hügel stand und den, wie er mir sagte,
schon ein früherer Kaiser mit seinem Besuche beehrt hatte.

Zwei Tage blieb ich unter dem Dache des gastfreundlichen Taouisten
und sah einen grossen Theil der Woo-e-Berge und ihre Erzeugnisse. Am
Abend des zweiten Tages, nachdem ich mit meinen Sänftenträgern und
Coolies ein neues Abkommen getroffen, sagte ich dem alten Priester dass

ich beabsichtige am nächsten Tage früh am Morgen meine Reise fortzusetzen. Er nöthigte mich freundlich meinen Aufenthalt noch ein wenig zu verlängern, als er aber sah dass ich ernstlich entschlossen sei, ging er in seine Theepflanzungen hinaus und brachte mir einige junge Pflänzchen, die er mich anzunehmen bat. Ich konnte mich wirklich über seine Dankbarkeit für das kleine Geschenk welches ich ihm gegeben hatte freuen, und nahm die Pflanzen gern an, die meinen Vorrath nicht gerade sehr bedeutend vermehrten. Sie wurden mit den übrigen Pflanzen sorgfältig mit den Wurzeln in feuchtem Moose verpackt und das ganze Packet mit Oelpapier überdeckt. Letztere Vorkehrung traf ich, sowohl um sie vor der Sonne zu schützen, als auch zugleich um sie vor den Augen der Chinesen zu verbergen, die, obwohl sie in diesem Punkte keine grosse Eifersucht zu zeigen scheinen, uns doch mit zudringlichen Fragen belästigen konnten. Früh am Morgen, nachdem wir unsere Anordnungen getroffen, sagten wir unserem freundlichen Wirth und Wirthin Lebewohl und traten unsere Reise über die Berge in der Richtung nach Tsin-tsun an.

Tsin-tsun ist eine kleine Stadt an den Ufern eines Nebenflusses des Min. Dieser Bach trennt die nördliche Kette des Woo-e-shan von der südlichen. Die Stadt ist an beiden Ufern des Flusses erbaut und durch eine Brücke verbunden. Es giebt hier eine Menge Schenken, Speisehäuser und Theeläden für die Bequemlichkeit der Theehändler und Coolies. Eine grosse Masse Thee der auf den umliegenden Hügeln wächst, wird hierher zum Verkauf gebracht ehe er seinen Weg nach Tsong-gan-hien und von da über das Boheagebirge nach Hokow findet.

Als ich in Tsin-tsun ankam hatte ich grosse Lust den Min hinab nach Foo-chow-foo zu gehen. Dies hätte in ungefähr vier Tagen ohne grosse Mühe sehr bequem ausgeführt werden können, da man die ganze Reise in einem Boote machen konnte, ohne zu wechseln. Gegen diesen Weg war jedoch zweierlei zu bedenken; einmal, dass ich keinen neuen Boden weiter gesehen haben würde, sodann auch, dass wenn ich einmal in Foochow-foo war, ich von dort aus nicht so leicht weiter kommen konnte.

Nachdem ich mir die Sache überlegt hatte beschloss ich weder nach Foo-chow-foo zu gehen, noch auf dem Wege den ich gekommen war wieder zurückzukehren, sondern einen andern Weg einzuschlagen, der östlich bis zur Stadt Pouching-hien und dann über das Boheagebirge und an dessen nördlicher Seite hinab in die Provinz Chekiang führt. Ich mittelte aus dass die Entfernung vom Woo-e-shan nach Pouching-hien 280 Le betrage, und dass, da der Weg gebirgig ist, die Reise drei bis vier Tage in Anspruch nehmen würde.

In Tsin-tsun hielten wir uns nur so lange auf als nöthig war um einige Erfrischungen zu uns zu nehmen, dann wandten wir uns ostwärts und setzten über einen Arm des Flusses der sich hier am Fusse der Hügel hin windet.

Ich sagte jetzt dem weitberühmten Woo-e-shan Lebewohl, gewiss die wundervollste Gebirgsgruppe die ich jemals gesehen. In einigen Jahren, wenn China erst den Fremden wirklich geöffnet sein wird, und der Naturforscher unbelästigt zwischen diesen Bergen herumstreifen darf, ohne dass die Furcht vor Geldstrafen und Gefängniss ihn beunruhigt, wird er dort gewiss einen reichen Genuss finden. Für den Geologen namentlich werden diese Gebirge einen besonderen Reiz haben. Ein Murchison mag sie dann besuchen der uns sagen kann, wie diese eigenthümlichen Hügel gebildet wurden, und zu welcher Periode der Welt sie ihre wunderbaren Gestalten annahmen die jetzt das Staunen des Wanderers erwecken. Der gerade Weg vom Woo-e-shan nach Pouching-hien führt durch die Stadt Tsong-gan; es giebt aber noch einen anderen Weg der in einer mehr südlichen Richtung führt und ungefähr eine Tagereise von Pouching-hien mit der Strasse nach Tsong-gan zusammentrifft; für diesen entschied ich mich. Wir gingen jetzt nach Osten zu, und ein grosses Stück an einem kleinen Bache hin, ebenfalls ein Nebenfluss des Min, der in den Gebirgen entspringt welche in dieser Richtung liegen.

Dieser Bach hat viele Stromschnellen, sein Bett war voll von grossen Felsen und Steinen und er war selbst für kleine Kähne nicht schiffbar. Am Morgen des dritten Tages nachdem wir die Woo-e-Berge verlassen hatten, kamen wir an den Fuss einer sehr hohen Gebirgskette und an die Quelle des Flusses an dessen Ufern wir gereist waren, nicht weit hinter einer kleinen Stadt mit Namen Shemun, in der wir übernachtet hatten.

Die Landschaft welche sich vor uns ausbreitete, als wir das gigantische Gebirge überschritten, übertraf alles war ich bisher in China gesehen hätte. Das Gebirge hatte einen vom Woo-e-shan ganz verschiedenen Charakter. Die Bergabhänge waren mit dichten Waldungen der lanzettblättrigen Pinie *(Cunninghamia lanceolata)* bedeckt. Ich sah hier diesen Baum zum erstenmal so gross dass er als Bauholz gebraucht werden konnte. Manche Stämme waren wenigstens achtzig Fuss hoch und vollkommen gerade, und das Laub ausserordentlich reich und üppig wie ich es früher nie gesehen hatte; an manchen Stellen dunkelgrün, an andern wieder ins bläuliche schimmernd. Es giebt ohne Zweifel viele Abarten dieses Baumes auf diesen Bergen, und als Bauholz muss er in diesem Theile China's von grossem Werthe sein.

Eine vortrefflich gepflasterte Strasse führte uns durch eine tiefe Bergschlucht. Oft kamen die Aeste der Bäume über uns zusammen und verdunkelten den Weg. Alles hatte ein wildes Ansehen, Bäche schossen an der Seite der Berge herab und stürzten über Felsenvorsprünge, wo sie unter dem reichen tropischen Laube der Pinien den Blicken entschwanden. Nachdem sich diese Gewässer unten vereinigt haben bilden sie einen Fluss der weiter hin sich in den Min ergiesst.

Als wir vom Fusse des Gebirges noch ein Stück weiter gegangen waren wurde der Weg so steil dass ich aussteigen und zu Fusse gehen musste. Einigemal, als ich meinen Leuten eine ziemliche Strecke vorausgeeilt war, kam mir der Weg so wild vor, dass ich mich beinahe fürchtete. Es schien ein geeigneter Platz für Tiger und andere wilde Thiere um aus dem dichten Buschwerk hervor zu stürzen. Nachdem wir etwa vier Stunden gestiegen waren erreichten wir die Spitze des Passes. Da der Tag schwül und heiss war, so war ich froh ein kleines Wirthshaus zu finden, wo ich Thee geben liess der uns sehr erfrischte.

Auf der Spitze des Berges blieb ich eine Weile stehen und erfreute mich an einer jener herrlichen Aussichten die den Reisenden für alle Mühen entschädigen; hierauf setzte ich meinen Weg weiter fort. Wie ich schon bemerkt habe, bedecken ungeheure Wälder der lanzettblättrigen Pinie die Abhänge dieser Gebirge. Ausser dieser fanden sich noch die *Pinus sinensis* Kampfer- und Talgbäume in grosser Menge — letztere schienen hier nicht so angebaut zu werden wie in manchen andern Theilen des Landes durch die ich gekommen war. Eugenia's, Guajava's und andere Myrtaceengattungen waren sehr zahlreich — die Guajava war wegen ihrer Frucht in grosser Ausdehnung angebaut. Einige immergrüne Eichen* mit grossen glänzenden Blättern sah man ebenfalls, und diese nahmen sich sehr schön aus. Auch eine wechselblättrige Species, der englischen Eiche nicht unähnlich, wuchs nahe an der Spitze dieser Gebirge. Azaleen waren sehr gewöhnlich, und ich fand auch ein Rhododendron.

Der schönste Vogel den ich auf meiner Reise gesehen habe war die rothschnäbliche Elster. Sie ist nicht ganz so gross wie die Art welche wir in England haben, hat eine schöne hellblaue Farbe und am Schwanze einige lange Federn mit weissen Punkten. In der Regel trifft man sie in Truppen zu zehn bis zwölf, und wenn sie im Fluge ihren Schwanz ausbreitet sieht sie sehr schön aus. Auch noch mehrere andere Arten der Elster beobachtete ich, die mir neu zu sein schienen. Fasane, Rebhühner und Schnepfen gab es hier in grosser Menge. Sie waren sehr zahm und schienen nicht von den chinesischen Jägern belästigt zu werden. Manche andere kleine Vögel, die ich in andern Theilen des Reichs noch nicht gesehen hatte, zeigten sich häufig, und ich bedaurte dass ich nicht die Mittel zur Hand hatte sie meinen Sammlungen beizufügen. Eine kleine Art Hirsche — von der ich schon oben gesprochen — war sehr häufig, und die Chinesen sagten mir dass sich hier nicht selten wilde Schweine und Tiger blicken liessen.

Am dritten Abend nachdem wir den Woo-e-shan verlassen, kamen wir an eine lebhafte kleine Stadt, Namens She-pa-ky, an der Hauptstrasse zwischen Tson-gan-hien und Pouching-hien, wo wir über Nacht blieben. Bis hierher war der Weg an manchen Stellen sehr schlecht gewesen, jetzt aber wurde uns gesagt dass er bis Pouching-hien, welches nur noch eine Tagereise entfernt lag, durchaus sehr gut sei. She-pa-ky liegt mitten in einem schönen und äusserst fruchtbaren Thale. Das Haupterzeugniss desselben ist Reis, doch sah ich auf den niedrigen, bewässerten Feldern auch Nelumbium in grosser Menge angebaut. Das Rhizoma, oder der unter dem Boden wachsende Stengel dieser Pflanze, wird von den Chinesen oft als Nahrungsmittel gebraucht, und ist zu gewissen Jahreszeiten auf allen Märkten zu haben. Es wird in kleine Stücken zerschnitten und gekocht, und eben so wie die jungen Schösslinge des Bambus in einer von den kleinen Schüsseln aufgetragen die eine chinesische Tafel zieren. Eine vortreffliche Art Pfeilwurz wird ebenfalls von demselben Theile dieser nützlichen Wurzel gemacht. Tabak wächst in diesem Theile des Landes ebenfalls in grosser Menge, wie überall in der Provinz Fokien. Die Berge welche diese Ebene umgeben waren an manchen Stellen sehr schön mit Bäumen bedeckt, an andern aber schienen sie unbebaut und kahl zu sein.

Näher nach Pouching-hien zu, kamen wir wieder in ein Theeland, und sahen den Theestrauch auf vielen der niedrigen Berge wachsen. Ich kann nicht sagen ob es dem dürftigern Boden zuzuschreiben ist oder einer weniger guten Behandlung; aber der Thee von Pouching steht auf dem Markte nicht so hoch im Preise wie der vom Woo-e-shan. Die Pflanze aber ist in beiden Districten ohne Zweifel ganz ein und dieselbe Art.

* *Quercus sclerophylla. Q. inversa*, u. s. w.

Unser Weg, der den ganzen Tag, nachdem wir die kleine Stadt She-pa-ky verlassen, sich zwischen den Bergen hingewunden hatte, führte uns jetzt in ein weites und schönes Thal, in dessen Mittelpunkte die Stadt Pouching-hien zum Vorschein kam. Ein ansehnlicher Fluss, einer von den Nebenflüssen des Min, fliesst an ihren Mauern vorbei, und über denselben führt an dieser Stelle eine Brücke. Die Vorstädte hatten ein ziemlich ärmliches Ansehen, und der ganze Ort machte keineswegs einen besondern Eindruck auf mich, und hat mehr Aehnlichkeit mit einem Marktflecken als mit einer Stadt, soll jedoch gegen 150,000 Einwohner haben. Die Mauern und Wälle scheinen sehr alt zu sein; sie sind ganz mit Unkraut und wildem Gesträuch überwachsen, und, wie bei vielen andern chinesischen Städten der Fall ist, von einem Kanal oder Graben umgeben.

Es wird hier ein bedeutender Handel mit Thee getrieben, der in Körbe verpackt und über das Gebirge nach Chekiang versandt wird, von wo er seinen Weg auf den Flüssen abwärts nach Hang-chow-foo, Soo-chow-foo und Ning-po findet, doch wird, wie ich glaube, nur wenig ausgeführt. Ein bedeutender Theil wird auch den Min abwärts nach Foo-chow-foo versandt.

Da ich das grosse Schwarztheeland von China nun hinter mir habe, welches lange Zeit durch die Erzeugung des besten schwarzen Thees für den Handel berühmt gewesen ist, so scheint hier der passendste Ort, ehe ich in der Erzählung meiner „Abenteuer" weiter gehe, auf den nächsten Blättern alles zusammenzufassen was ich in Bezug auf den Thee auf meiner Reise erfahren konnte.

Fünfzehntes Capitel.

Rath für den Leser. — Pflanzenkunde des Schwarztheelandes. — Geologische Gestaltungen. — Boden. — Lage der Theepflanzungen. — Temperatur. — Regenzeit. — Bebauung und Bewirthschaftung der Theepflanzungen. — Grösse derselben. — Verpackung. — Chop-Namen. — Der Weg vom Thee-lande zur Küste. — Transport. — Entfernungen. — Preis des Thees im Theelande. — Kosten der Versendung nach der Küste. — Preise die von fremden Kaufleuten bezahlt werden. — Profit der Chinesen. — Aussicht auf wohlfeilere Preise der guten Theesorten. — Tüng-po's Anweisung zur Bereitung des Thees. — Seine Ansichten über dessen Eigenschaften und Gebrauch.

Da dieses Capitel für den Botaniker und Kaufmann bestimmt ist, so wird es nur weniges enthalten was einem grössern Kreise unserer Leser von Interesse sein kann, diese mögen es daher nach Belieben überschlagen. Wenigstens mögen sie uns nach dieser Warnung nicht tadeln, wenn wir einige schwere botanische Namen bringen, die zur Erörterung unseres Gegenstandes nothwendig sind.

Man giebt allgemein zu dass nichts dem Botaniker besser eine Vorstellung von dem Klima einer Oertlichkeit geben kann, als eine Liste der daselbst einheimischen Pflanzen. Diese Kenntniss ist, bei dem Mangel thermometrischer Beobachtungen, oft von grossem Werthe; und von der Wichtigkeit dieses Gegenstandes vollkommen überzeugt, trug ich Sorge die wichtigsten

Species der Pflanzen, sowohl der wildwachsenden als der angebauten, welche ich in dem Schwarztheelande in der Gegend des Woo-e-shan beobachtete, in meinem Notizbuche zu verzeichnen. Es sind folgende: — Der Kampferbaum *(Laurus Camphora)*, verschiedene Species des Bambus, die chinesische Kiefer *(Pinus sinensis)*, *Cunnighamia lanceolata*, der Talgbaum, *Vitex trifoliata, Buddlea Lindleyana, Abelia uniflora*, eine *Spiraea*, der *Spiraea bella* ähnlich, *Hamamelis chinensis*, *Eurya chinensis*, Macartney- und andere wilde Rosen, Brombeeren und Himbeeren, *Eugenia, Guava* und andere Myrtaceen ähnlicher Art, *Gardenia florida* und *Gardenia radicans* und verschiedene Species von Veilchen, Lycopodien und Farrenkräutern. Natürlich fanden sich noch viele andere Familien ausser diesen, aber die hier genannten reichen hin um eine Vorstellung von der Vegetation dieser wundervollen Berge zu geben.

Die geologische Gestaltung der Woo-e-Berge habe ich bereits oben beschrieben. Da es nicht unwahrscheinlich ist dass der Erfolg welcher den Theebau in diesen Theilen China's gelohnt hat, mit der eigenthümlichen Formation dieser Felsen in Zusammenhange steht, so mag man entschuldigen wenn ich hier das oben über dieselben gesagte noch einmal wiederhole.

Die Felsen bestehen aus Thonschiefer, in dem, in Form von Lagern oder Schichten eingebettet, grosse Massen von Quarzfelsen vorkommen, während in allen Richtungen Granit durch dieselben hervorbricht, der von einem schönen dunkeln schwärzlichblauen Glimmer eine dunkle schwarze Farbe hat. Dieser Granit bildet die Spitze der meisten bedeutenderen Berge in diesem Theile des Landes.

Auf dem Thonschiefer ruht ein Conglomerat von Sandstein, von eckigen Quarzmassen gebildet, die durch eine kalkhaltige Basis zusammengehalten werden, und mit diesem Conglomerat abwechselnd findet sich ein schöner kalkhaltiger körniger Sandstein, in welchem Schichten von Dolomit vorkommen.

Der Boden auf den Theeländereien in der Gegend des Woo-e-shan schien bedeutend zu variiren. Am gewöhnlichsten war ein braungelber, klebriger Lehm, der, wie sich bei genauer Prüfung zeigte, einen bedeutenden Theil vegetabilischer Stoffe enthält, die mit Theilchen der oben genannten Steinarten gemischt sind.

In den Gärten auf den Ebenen am Fusse der Berge hat der Boden eine dunklere Farbe und enthält einen grössern Theil vegetabilischer Stoffe, ist aber in der Regel entweder braungelb oder rothgelb. In der Regel ziehen die Chinesen einen nicht allzureichen Boden vor, wenn sonst andere Umstände günstig sind. So sind zum Beispiel einige Theile des Woo-e-shan ausserordentlich unfruchtbar und liefern nur Thee von sehr geringer Qualität; hingegen ein Berg in derselben Gruppe, der Pa-ta-shan, liefert den besten Thee in der Gegend von Tsong-gan-hien. Der Boden an diesem Bergabhange ist mässig reich, d. h. er enthält einen bedeutenden Theil vegetabilischer Stoffe mit Lehm, Sand und Felsentheilchen gemischt.

Bei weitem der grösste Theil des Thees in diesem Theile des Landes wird an den schrägen Abhängen der Berge erbaut. Auch in Gärten auf dem ebenen Lande bemerkte ich eine bedeutende Quantität, selbst in noch gedeihlicherem Stande als an den Abhängen der Berge; die Gärten lagen aber immer bedeutend über dem Niveau des Flusses und waren folglich gut trocken gelegt. Man kann hieraus sehen dass auf dem Woo-e-shan und dessen Umgegend die Theepflanzen unter folgenden Umständen gedeihen.

1. Der Boden ist mässig reich, von röthlich brauner Farbe, und sehr mit Theilchen der Felsen dieser Gegend gemischt.

2. Er wird durch die eigenthümliche Formation der Felsen und durch das beständig an deren Seiten hervorsickernde Wasser feucht gehalten.

3. Er ist gut trocken gelegt, entweder weil die Berge von Natur abschüssig sind, oder weil die Pflanzungen in der Ebene sich bedeutend über dem Niveau des Wassers befinden.

Dieses scheinen die wesentlichen Erfordernisse hinsichtlich des Bodens, der Lage und der Feuchtigkeit zu sein.

Temperatur. Hinsichtlich der Temperatur des Landes um den Woo-e-shan, muss ich meine Folgerungen aus Beobachtungen ziehen die in Foo-chow-foo auf der einen Seite und in Shanghae auf der andern Seite gemacht wurden. In Foo-chow-foo (25⁰ 30′ N. Br.) stand das Thermometer im Juni und Anfang Juli zwischen 85⁰ und 95⁰ Fahrenheit, und stieg gegen Mitte des letzteren Monats bis auf 100⁰, welche Höhe es, wie ich glaube, selten übersteigt. Im Winter 1844—45 war in den Monaten November, December und Januar das Maximum welches das Thermometer zeigte, 78⁰ und das Minimum 44⁰. Schnee sieht man zuweilen auf den Spitzen der Berge, er bleibt aber nie lange liegen.

Shanghae liegt 31⁰ 20′ nördlicher Breite. Die Abwechselung der Temperatur ist hier grösser als in Foo-chow-foo. In den Monaten Juni, Juli und August zeigt das Thermometer oft 105⁰ Fahrenheit. Der Unterschied zwischen Foo-chow-foo ist, was die Hitze des Sommers anbelangt, nicht bedeutend, desto grösser aber ist die Differenz im Winter. Ende October sinkt das Thermometer oft bis auf den Gefrierpunkt und die Kälte verdirbt alles was von der Baumwollenernte und den halbtropischen Feldfrüchten die hier gebaut werden noch auf dem Felde ist. December, Januar und Februar sind denselben Monaten im Süden von England nicht unähnlich, das Thermometer fällt oft bis 12⁰ Fahrenheit, und der Boden ist mit Schnee bedeckt.

Nach diesen Angaben wird es nicht mehr schwer sein ein richtiges Urtheil über die Temperatur in den Schwarztheedistricten von Fokien zu gewinnen. Tsong-gan-hien liegt 27⁰ 47′ 38″ N. Br., fast gerade in der Mitte zwischen den beiden genannten Orten, nur etwas weiter westlich; wir werden daher der Wahrheit ziemlich nahe kommen wenn wir annehmen, dass die Abwechselung der Temperatur hier grösser ist als um Foo-chow-foo, aber bedeutend geringer als um Shanghae. Ich zweifle nicht dass, wenn wir dieselben Monate im Sommer und Winter annehmen, wir finden werden, dass im Juni, Juli und August das Thermometer am Woo-e-shan oft bis 100⁰ Fahrenheit steigt, während es in den Wintermonaten November, December und Januar nicht selten auf den Gefrierpunkt, und selbst bis 28⁰ herabsinkt.

Regen. Bei allen Beobachtungen die mit der Cultur des Thees in Zusammenhang stehen, ist noch ein höchst wichtiger Umstand in Betracht zu ziehen, nämlich die Periode des Sommerregens. Jeder der überhaupt mit den Principien der Pflanzenphysiologie bekannt ist, wird überzeugt sein, dass das beständige Abpflücken der Blätter von den Theesträuchern der Gesundheit derselben sehr nachtheilig sein muss. Allein gerade zu der Zeit wo diese Operation vor sich geht, ist die Luft in Folge der Regen, welche um die Zeit wenn der Monsun von Nordost nach Südwest umschlägt, sehr häufig sind, mit vieler Feuchtigkeit geschwängert. Die Knospen brechen mit frischer Kraft wieder auf, und die Sträucher sind bald wieder mit neuen Blättern bedeckt. Wenn man diesen Umstand genau in Betracht zieht, so scheint es mir wenigstens klar, dass, wie günstig auch das Klima hinsichtlich der Temperatur, und wie gut der Boden und die Lage der Pflanzungen sein mögen, ohne diese frühen Sommerregen es doch nicht möglich sein würde den Theestrauch mit Erfolg anzubauen. Dies allein zeigt wie vielerlei in Betracht zu ziehen ist ehe man den wahren Grund angeben kann, wie es kommt dass manche Naturerzeugnisse an einem Orte gedeihen, an einem andern gänzlich missrathen.

Pflege und Bewirthschaftung der Pflanzungen. In den Schwarztheedistricten, eben so wie in den Gegenden des grünen Thees, werden jährlich grosse Massen von Pflanzen aus dem Samen gezogen. Der Same wird im October gesammelt und mit Erde und Sand gemischt den Winter über aufbewahrt. Auf diese Weise bleibt er bis zum Frühling frisch, wo er dann in irgend einem abgelegenen Winkel des Grundstückes dicht gesät wird, von wo man die jungen Pflanzen später* an eine andere Stelle bringt. Wenn die Pflanzen etwa ein Jahr alt und neun bis zwölf Zoll hoch sind, können sie umgepflanzt werden. Sie werden in Reihen gepflanzt die etwa 4 Fuss auseinander liegen. Fünf oder sechs Pflanzen werden jedesmal in ein Loch zusammengesetzt, und diese kleinen Flecken stehen in den Reihen gewöhnlich etwa drei bis vier Fuss auseinander. Zuweilen jedoch, wenn der Boden dürftig ist, wie in manchen Theilen des Woo-e-shan, werden sie in den Reihen dicht nebeneinander gepflanzt, und haben, wenn sie ausgewachsen sind, beinahe das Ansehen von Hecken.

Die jungen Pflanzungen werden immer im Frühling angelegt und von dem Regen welcher beim Wechsel des Monsun im April und Mai fällt gut bewässert. Die trübe und feuchte Witterung in dieser Jahreszeit bewirkt dass die jungen Pflanzen sich in ihren neuen Quartieren gut einrichten können, wo sie später nur wenig Arbeit nöthig machen, ausser dass der Boden von Unkraut frei gehalten werden muss.

Die Theepflanzungen sehen in der Ferne immer aus wie kleine Anpflanzungen von Immergrün. Auf dem Wege durch die Felsenlandschaften des Woo-e-shan kommt man überall bei solchen Pflanzungen vorbei, mit denen die Abhänge aller Berge wie gesprenkelt erscheinen. Die Blätter haben eine frische dunkelgrüne Farbe und stechen sehr hübsch gegen die eigenthümliche und oft kahle Umgebung ab.

Die Chinesen wissen sehr wohl dass das Abpflücken der Blätter der Gesundheit des Theestrauchs nachtheilig ist, und tragen immer Sorge dass die Pflanzen, ehe man die Einsammlung des Thees beginnt, stark und kräftig sind. Man lässt die jungen Pflanzungen gewöhnlich zwei bis drei Jahr ungestört wachsen, oder bis sie gut eingerichtet sind und starke und kräftige Schösslinge treiben. Für eine sehr schlechte Wirthschaft würde es gelten wenn jemand früher anfangen wollte die Blätter zu pflücken.

---

* Zuweilen wird der Same sogleich in die Reihen gesät wo er wachsen soll, und in diesem Falle werden die Pflänzchen nicht umgepflanzt.

Selbst wenn die Pflanzungen in voller Kraft standen, bemerkte ich dass die Eingebornen von den schwächeren Pflanzen niemals viele Blätter abnahmen und sie zuweilen ganz übergingen, um sie nicht in ihrem Wachsthum zu störer.

Aber auch bei der sorgfältigsten Behandlung und dem geeignetsten Boden, verkümmern die Pflanzen doch zuletzt und werden ungesund, weshalb die Eingebornen in den am besten bewirthschafteten Theedistricten alljährlich alte Pflanzungen beseitigen und durch frische ersetzen. Wie lange eine Pflanzung in voller Kraft bleibt, hängt natürlich von mancherlei Umständen ab, aber selbst bei der sorgfältigsten Behandlung wird die Pflanze, wenn sie älter als zehn bis zwölf Jahr ist, kaum mehr einen lohnenden Ertrag bringen, und oft werden sie, noch ehe sie so alt sind, ausgerissen und durch andere ersetzt.

Grösse der Theegrundstücke und Verpackung des Thees. Die Theegrundstücke um Tsong-gan, Tsin-tsun und Woo-e-shan sind in der Regel klein. Nicht ein einziges von denen welche ich beobachtet habe hätte einen Chop von **600** Kisten liefern können. Aber die gewöhnlich sogenannten Chops werden nicht von den Pflanzern oder kleinen Theebauern gemacht, sondern auf folgende Weise: — Ein Theehändler aus Tsong-gan oder Tsin-tsun geht oder schickt seinen Agenten in alle kleinen Städte, Dörfer und Tempel in der Gegend, um von den Priestern und kleinen Grundbesitzern Thee zu kaufen. Der so eingekaufte Thee wird dann zu Hause untereinder gemischt, wobei man natürlich die verschiedenen Qualitäten so gut wie möglich auseinander hält. Auf diese Weise wird ein Chop von **620** bis **630** Kisten gemacht, und der ganze Thee dieses Chop ist von einer und derselben Art oder Classe *. Wenn der Thee nicht auf diese Weise behandelt würde, so würden in einem Chop mehrere verschiedene Sorten Thee sein. Die grossen Kaufleute, in deren Händen er nun ist, reinigen und verpacken ihn dann für den fremden Markt.

Wenn die Kisten gepackt sind wird auf jede der Name des Chop geschrieben. Jahr für Jahr finden dieselben Chops, oder vielmehr Chops welche denselben Namen haben, ihren Weg in die Hände der fremden Kaufleute. Natürlich haben manche einen besserklingenden Namen und behaupten einen höhern Preis als andere. Daraus folgt jedoch nicht dass der Chop des einen Jahres, der von demselben Manne gekauft wird, und denselben Namen führt wie ein guter Chop des vorhergehenden Jahres, von eben so guter Qualität sein müsse. Herr Shaw sagte mir, es sei keineswegs ungewöhnlich dass der Kaufmann welcher den Thee zubereitet und verpackt, seine Kisten ungezeichnet lässt bis sie von denen gekauft werden die sie zur Ausfuhr in den Hafen bringen. Letztere, denen die Chopnamen bekannt sind welche gerade am meisten gesucht werden, können dann leicht einen guten Namen finden den sie auf ihre Kisten setzen; auf jeden Fall werden sie sich hüten einen Namen darauf zu setzen der nicht in gutem Rufe steht.

---

* Zuweilen wird ein Chop oder Posten in zwei Packungen vertheilt, die in der Regel jede aus 300 Kisten bestehen. Ball's ,,*Cultivation and manufacture of Tea.*''

Der Weg auf welchem der Thee von dem Schwarztheelande nach Canton und Shanghae gebracht wird. Mein Hauptzweck als ich die folgenden Erkundigungen einzog war der, wo möglich genaue
Angaben zu erhalten, wie viel die Spesen für jede Kiste oder Picul Thee
betragen, bis an den Hafen von wo er ausgeführt wird. Wenn ich im
Stande bin einigermassen genaue Angaben hierüber zu machen, so werden
wir sehen welchen Profit die Chinesen haben wenn sie das Geschäft auf
diese Weise betreiben, und ob irgend eine Wahrscheinlichkeit vorhanden
ist dass sie im Stande sein werden ihre Preise niedriger zu stellen und
so, wenn unsere Einfuhrzölle ermässigt werden, ein gesundes und wohl-
schmeckendes Getränk unserer ganzen Bevölkerung leichter zugänglich zu
machen.

Ich werde daher versuchen den Weg zu beschreiben auf welchem
man die schwarzen Thee aus der Gegend wo sie gemacht werden, nach
den Ausfuhrhäfen — Canton und Shanghae — bringt. Wir haben bereits
gesehen dass beinahe sämmtlicher Thee der in den guten Districten um
den Woo-e-shan wächst, von den Kaufleuten die ihn von den kleinen Theebauern kaufen, nach Tsong-gan-hien gebracht, dort in Chops verpackt und
an die mit dem auswärtigen Handel in Verbindung stehenden Händler verkauft wird, die zum grössten Theil aus Canton sind.

Wenn ein Theechop von einem dieser Kaufleute gekauft ist, werden
eine Anzahl Coolies gemiethet welche die Kisten weiter nördlich über das
Boheagebirge nach Hokow bringen, oder vielmehr nach der kleinen Stadt
Yuen-shan, wenige Meilen von Hokow, wohin er von da weiter zu Schiffe
gesandt wird. Wenn es geringere Sorten sind, so trägt jeder Coolie zwei
Kisten an einem Bambusstabe auf seinen Schultern. Diese Kisten werden
auf dem Wege über das steile und rauhe Gebirge oft sehr bestossen, da
es oft nöthig ist sie auf den Boden niederzusetzen, der nicht selten feucht
und schmutzig ist. Die feinsten Sorten aber dürfen, wie ich bereits gesagt habe, nie den Boden berühren, sondern bleiben immer auf den Schultern der Coolies.

Die Entfernung von Tsong-gan-hien nach Yuen-shan beträgt 220 Le,
oder bis Hokow 280 Le. Ein Kaufmann kann die Reise in seinem Tragsessel in vier Tagen zurücklegen, schwerbeladene Coolies aber brauchen
fünf bis sechs Tage.

In der Gegend von Yuen-shan und Hokow — d. h. an der nördlichen
Seite der grossen Berkette — wird eine grosse Masse Thee für den
fremden Markt gebaut und gemacht. Tausende von Ackern sah ich mit
Thee bepflanzt, aber der grössere Theil dieses Landes war augenschein-
lich erst innerhalb der letzten Jahre urbar gemacht und bepflanzt worden.
Der Thee welcher hier gebaut wird, und eben so der von der Südseite
des Boheagebirges, geht auf seinem Wege nach den Ausfuhrhäfen über
Hokow. Der sogenannte Moning- oder Ning-chow-Thee, der in einer wei-
ter westlich gelegenen Gegend gemacht wird, in der Nähe des Sees
Poyang, wird ebenfalls auf dem Flusse heraufgebracht und geht über
Hokow nach Shanghae.

Die Stadt Hokow — oder Hohow, wie sie in Canton gewöhnlich genannt wird — liegt $29^0 54'$ nördl. Br. und $116^0 18'$ östl. Länge, an

den Ufern des Flusses Kin-keang,* der in den Bergen nordöstlich von Yuk-shan entspringt und nach Westen zu fliesst, bis er sich in den See Poyang ergiesst. Hokow ist eine grosse und blühende Stadt, mit vielen Theehongs die von Kaufleuten aus allen Theilen China's besucht werden. Viele dieser Leute machen hier ihre Einkäufe, ohne weiter zu gehen, während andere über das Boheagebirge nach Tsong-gan-hien gehen. Wenn China einmal den Fremden wirklich geöffnet ist und unsere Kaufleute selbst das Land bereisen können um ihre Einkäufe von schwarzen Thee zu machen, so wird Hokow wahrscheinlich als Centralpunkt gewählt werden, von wo aus sie den Woo-e-shan und Ning-chow eben so wohl wie die Grüntheegegend von Mo-yen und Hwuy-chow besuchen können.

Wenn der Thee in Hokow angekommen ist wird er in grosse flache Boote mit flachem Boden gebracht, und setzt dann seine Reise nach Canton oder Shanghae weiter fort. Der für den Markt in Canton bestimmte Thee geht im westlicher Richtung flussabwärts nach dem Poyangsee. Ball sagt**, er werde nach den Städten Nan-chang-foo und Kan-chew-foo gebracht und auf dem Wege nach dem Passe von Ta-moey-ling, in dem Theile derselben Gebirgskette welcher Kiang-see von Quan-tung scheidet, mehrmals verladen. Ueber diesen Pass wird der Thee wieder von Coolies getragen; die Reise dauert einen Tag, und hierauf wird er wieder auf grossen Schiffen eingeschifft, die ihn nach Canton bringen. Für den ganzen Transport von der Boheagegend bis nach Canton sind etwa sechs Wochen oder zwei Monate nöthig.

Wenn der Thee für den Markt nach Shanghae bestimmt ist, gehen die Theeboote stromaufwärts, in östlicher Richtung, bis nach Yuk-shan. Dieser Ort liegt $28^0 \ 45'$ nördl. Breite und $118^0 \ 28'$ östlicher Länge, etwa 180 Le von Hokow entfernt. Der Strom ist daher reissend und dieser Theil der Reise nimmt im Durchschnitt wenigstens vier Tage in Anspruch, während man stromabwärts dieselbe leicht in einem Tage zurücklegt.

Wenn die Theekisten in Yuk-shan ankommen, werden sie von den Booten in eine Niederlage gebracht. Hierauf werden Coolies angenommen, welche sie über Land ostwärts nach Chang-shan tragen, eben so wie von Tso-gan nach Hokow. Die Stadt Yuk-shan liegt den Quellen eines Flusses nahe der westlich nach dem See Poyang zu fliesst, während Chang-shan an einem bedeutenden Flusse liegt, der sich in die Bucht von Hang-chow ergiesst. Die Entfernung von einer Stadt zur andern, über Land, beträgt etwa 100 Le. Reisende in Sänften können sie leicht in einem Tage zurücklegen, aber mit Theekisten beladene Coolies brauchen zwei bis drei Tage.

Wenn die Theee in Chang-shan ankommen werden sie in Boote gebracht und flussabwärts weiter befördert. Die Entfernung von Chang-shan nach Hang-chow beträgt etwa 800 Le, und kann, da man immer stromabwärts fährt, vollkommen leicht in fünf bis sechs Tagen zurückgelegt werden. In Hang-chow werden die Kisten von den Flussbooten auf

---

* Diesen Namen führt der Fluss in der Nähe seiner Mündung; weiter oben wird er auf der Landcharte Long-shia-tong-ho genannt.
** *Cultivation and Manufacture of Tea.*

die Schiffe übergeladen welche auf den Kanälen fahren und in diesen nach Shanghae gebracht. Die Entfernung von Hang-chow-foo nach Shanghae beträgt 500 Le und wird etwa in fünf Tagen zurückgelegt.

Wir haben auf diese Weise den Weg gezeichnet auf welchem der schwarze Thee vom Woo-e-shan nach Shanghae geht. Die Entfernung und die zur Reise nöthige Zeit ist sonach

von Tsong-gan-hien nach Hokow	280 Le -	6 Tage
Hokow nach Yukshan	180 - -	4 -
- Yukshan nach Chang-shan	100 - -	3 -
- Chang-shan nach Hang-chow-foo	800 - -	6 -
- Hang-chow-foo nach Shanghae	500 - -	5 -
im Ganzen	1860 Le	24 Tage.

Gewöhnlich rechnet man drei Le auf eine englische Meile, und sonach würde die Entfernung 620 Meilen betragen. Ich glaube jedoch dass man mehr als drei Le auf die Meile rechnen darf, vielleicht vier, oder in manchen Theilen des Landes selbst fünf. Wenn dies der Fall ist, so kommen wir der Wahrheit vielleicht näher, wenn wir die ganze Enfernung zu 400 Meilen rechnen. Bei Berechnung der Zeit kann man annehmen dass etwa vier Tage durch Verladung aus einem Boote ins andere, schlechtes Wetter u. s. w. verloren gehen. Sonach würde die ganze Reise im Durchschnitt etwa 28 Tage in Anspruch nehmen.

Hinsichtlich des nächsten Artikels in meiner Rechnung — nämlich der Kosten und Spesen für diese Theee, — muss ich gestehen dass ich nicht mit derselben Sicherheit und Geuauigkeit sprechen kann, wie über die vorhergehenden Artikel. Bei meinen Reisen flussaufwärts und flussabwärts und über die Gebirge hatte ich nicht nöthig mich nach den chinesischen Angaben in Bezug auf Entfernung oder Zeit zu richten. Die Angaben der Chinesen, namentlch in Bezug auf das Innere ihres Landes, müssen mit der grössten Vorsicht angenommen werden. Ich erfreute mich jedoch des Beistandes Herrn Shaw's in Shanghae, der, ausserdem dass er ein tüchtiger Kaufmann ist, eine Kenntniss der chinesischen Sprache besitzt die es ihm möglich machte mich bei Berechnung der Spesen wesentlich zu unterstützen.

Wir wollen zunächst die Spesen für den sogenannten guten gewöhnlichen Congou berechnen. Unter dieser Benennung versteht man solchen Thee der im December 1848 in England zu etwa 8 Pence das Pfund verkauft wurde. Dieser Thee wurde in Shanghae im Jahre 1846 zu etwa 12 Tael* der Picul verkauft, im Jahr 1847 zu 11 Tael, im Jahr 1848 zu 9 bis 10 Tael, und im Juli 1849 zu 12 Tael. Bei diesen Preisen ist der Ausfuhrzoll mit eingerechnet.

Ich will annehmen dass dieser Thee auf dem oben beschriebenen Wege von Tsong-gan-hien hergebracht wurde. Die Spesen für Coolies und Schifferlohn würden dann ungefähr folgende sein : —

---

* Tael, (spr. Teel) in China Benennung einer Münze von etwa 7 Shilling oder 1½ Dollar im Werthe; auch ein Gewicht von 1¼ Unzen.   D. Uebers.

von Tsong-gan-hien nach Hokow (zu Lande) . . 800 Cash für d. Kiste
- Hokow nach Yuk-shan (zu Wasser) . . . 150 - - - -
- Yuk-shan nach Chang-shan (zu Lande) . . 400 - - - -
-- Chang-shan nach Hang-chow-foo (zu Wasser). . 200 - - - -
Kosten für Coolies in Hang-chow foo . . . 10
von Hang-chow-foo nach Shanghae 180
$$\text{Summa} \quad 1740 \text{ Cash.}$$

1740 Cash für die Kiste würde für das Picul * 2718 Cash betragen; oder in Silber etwa 1 Dollar 80 Cent, oder 1.359 Tael. Hierzu muss man noch die Kosten im Theelande selbst rechnen, die Ausgaben der Grosshändler für Aufsicht, Kohlen und Arbeit bei der Feuerung, die Kosten für die Kisten und Verpackung, Zollhaus und Ausfuhrzoll.

Solcher Thee wie der oben genannte wird von den Erbauern selbst das Catty** zu etwa 80 Cash oder 4 Tael der Picul verkauft. Folgende Tafel wird den Totalbetrag dieser Ausgaben zeigen:

Preis des Thees 80 Cash das Catty . . . 4 Tael der Picul
für Kisten und Verpackung . . . . . . 0.847 - - -
Extraausgaben des Grosshändlers . . . . 1 - - -
Transport wie oben . . . . 1.359 - - -
Zollhaus in Hang-chow-foo . . . . . 0.037 - - -
Ausfuhrzoll in Shanghae . . . . . . 2.530 - - -
9.773 - - -

Wenn diese Berechnungen so richtig sind wie ich glaube, so würde sich herausstellen dass der Profit bei gewöhnlichen Theesorten sehr gering ist; so gering in der That, dass es zweifelhaft ist ob sie je noch wohlfeiler geliefert werden können.

Man muss jedoch bedenken dass alle eben aufgezählten Kosten, den ursprünglichen Preis des Thees selbst ausgenommen, für die gewöhnlichen Sorten ganz dieselben sind wie für die feinern, für welche bedeutend höhere Preise bezahlt werden. Die guten und mittlern Ohows zum Beispiel, und die feinsten Theee, wurden im December 1846 in Shanghae das Picul zu 20 bis 28 Tael (mit Einschluss des Ausfuhrzolls) verkauft, im Jahr 1836 zu 18 bis 26 Tael, im Jahr 1848 zu 14 bis 22 Tael, und im Juli 1849 zu 16 bis 25 Tael das Picul. Solche Theee wurden 1847 in England mit 1 Shilling zu 1 Sh. 4 Pence das Pfund bezahlt.

Diese feinen Theesorten werden, wie man sagt, von den kleinen Bauern im Durchschnitt für 160 Cash das Catty an die Grosshändler verkauft, allein diese Angabe ist wahrscheinlich höher als wirklich bezahlt wird. Nehmen wir aber 150 Cash als den ursprünglichen Preis an, so stellt sich die Sache so: —

Preis des Thees, 160 Cash das Catty . . . 8 Tael das Picul
Summe sämmtlicher Spesen und Nebenaus-
gaben wie oben (den Preis des Thees abgerechnet) 5.773
13.773.

* Picul, in China ein Gewicht von 133⅓ engl. Pfund; es wird eingetheilt in 100 Catties oder 1600 Tael. Die Chinesen nennen es Tan.
** Catty, ein chinesisches Gewicht von 1¾ Pfund. D. Uebers.

In runden Zahlen würden sich die Kosten für diese Theee bis in den Hafen von Shanghae auf 14 Tael belaufen. Der Durchschnittspreis den die englischen Kaufleute während dieser vier Jahre bezahlten betrug sonach, nach obigen Preisen, etwa 22 Tael, mit einem reinen Profit also von 8 Tael für das Picul.

Ehe wir jedoch unsern Schluss ziehen, mag es angemessen sein zu bemerken, dass in den Jahren 1846 und 1847 der Handel in Shanghae hauptsächlich als Tauschhandel betrieben wurde, an dessen Spitze einige damals in Shanghae ansässige Makler aus Canton standen. Unter diesen Umständen war es schwer für einen der nicht in die Geheimnisse der Makler eingeweiht war, genau den Preis anzugeben der den Theehändlern aus Tsong-gan bezahlt wurde. Wahrscheinlich indess ist es dass dieser bedeutend geringer war als er nach den obigen Angaben gewesen zu sein scheint. Ferner muss man bemerken dass im Jahr 1848, als die Preise 14 bis 22 Tael standen, die Chinesen klagten, dass sie bei solchen Preisen nicht bestehen könnten. Wenn aber im Durchschnitt der Preis auch 18 Tael stände, so würde dies im Durchschnitt immer einen Profit von 4 Tael ergeben. Wenn man nun bedenkt dass sich dieser bedeutende Handel verhältnissmässig in nur wenigen Händen befindet, so muss auch dieser aufs Geringte angeschlagene Profit, sich auf eine sehr bedeutende Summe belaufen. Es scheint selbst eine Frage ob die chinesischen Händler und Makler nicht bei einem niedrigern Preise, als den angeführten, bedeutend gewinnen würden.

Aus den obigen Angaben scheint hervorzugehen, dass es für den chinesischen Kaufmann von grossem Interesse sein muss, die Erzeugung der feinern Sorten zu betreiben, da er von diesen den grössten Profit ziehen kann.

Ich habe jetzt im Einzelnen gezeigt wie hoch die verschiedenen Klassen des Thees im Theelande zu stehen kommen, welche Entfernung sie zurückzulegen haben ehe sie die Seestädte erreichen, und wieviel die Spesen betragen ehe sie bis in die Hände der fremden Kaufleute gelangen. Es liegt nicht in meinem Plane hier anzugeben wie die chinesischen Theehändler und Makler hinlänglich schadlos gehalten werden können *; wenn aber die obigen Berechnungen der Wahrheit nahe kommen, so dürfen wir die Hoffnung noch nicht aufgeben dass wir unser Lieblingsgetränk, wenigstens die mittlern und feinern Qualitäten desselben, zu einem bei weitem niedrigeren Preise erhalten können als jetzt der Fall ist.

Während ich solche Hoffnung mache, will ich, meinen Landsmänninen zu Gefallen, die nie liebenswürdiger sind als am Theetische, eine Stelle aus einem chinesischen Werke mittheilen, das eine Anleitung für ein Volk von Theetrinkern enthält, wie der Thee am besten bereitet wird. „Wenn der Thee aufgegossen werden soll,“ sagte Tüng-po, „so nehme man Wasser aus einem fliessenden Bache und koche es über lebendigem Feuer. Es ist ein alter Gebrauch, fliessendes Wasser zu nehmen das über lebendigem Feuer gekocht ist; das aus Quellen auf den Bergen soll am besten sein, und dann zunächst das Flusswasser, während das Brunnenwasser

---

* Ich glaube nicht dass der kleine Bauer und Manufacturist zu hoch bezahlt wird; den Hauptprofit ziehen vielmehr besonders die Mittelspersonen.

am schlechtesten. Ein lebendiges Feuer ist ein helles und leuchtendes Kohlenfeuer.

„Wenn du einen Aufguss machst, so koche das Wasser nicht zu schnell, da es zuerst zu perlen beginnt wie Krebsaugen, dann etwa wie Fischaugen, und endlich aufkocht wie unzählige Perlen die überall aufspringen und wallen. Dies ist die rechte Art das Wasser zu kochen." Derselbe Schriftsteller giebt die Namen von sechs verschiedenen Arten von Thee, die alle in hoher Achtung stehen. Da ihre Namen ziemlich poetisch sind, so führe ich sie hier zum Spasse an. Es sind folgende; „der erste Lenzthee, der weisse Thau, der Korallenthau, die thauigen Schösslinge, die Geldschösslinge und der Bächlein-Gartenthee."

„Thee," sagt er, „ist von einer kühlenden Natur, und bringt, wenn er zu reichlich getrunken wird, Erschöpfung und Schlaffheit hervor; die Leute im Lande thun, ehe sie ihn trinken, Ingwer und Salz hinein, um seiner kühlenden Eigenschaft entgegenzuwirken. Er ist eine ausserordentlich nützliche Pflanze; baue ihn, und der Vortheil wird sich weit verbreiten; bereite ihn, und die Lebensgeister werden munter und hell sein. Die Herrscher, Fürsten und Adel schätzen ihn; das niedre Volk, die Armen und Bettler wollen ihn nicht entbehren; alle gebrauchen ihn täglich und trinken ihn gern!" Ein andrer Schriftsteller der über den Thee geschrieben hat sagt, „ihn zu trinken bezweckt die Unreinigkeit wegzuschaffen, vertreibt alle Schläfrigkeit, entfernt oder verhütet Kopfschmerzen, und er steht im Allgemeinen in hoher Achtung."

Sechszehntes Capitel.

Geographie des Theestrauchs. — Beste Theedistricte in China. — Namen der Theepflanze. — Schwarzer und grüner Thee aus einer und derselben Art der Pflanze bereitet. — Meine Chinesen machen auf Verlangen Thee von den Blättern der *Pongamia glabra*. — Der Unterschied zwischen schwarzem und grünem Thee ist allein Folge der Behandlung. — Verfahren bei Bereitung des grünen und des schwarzen Thees. — Unterschied in der Behandlung beider Arten. — Herrn Warringtons Bemerkungen über die Theepflanze. — Die geringern Sorten werden von der *Thea bohea* bereitet, — die besten Sorten von der *Thea viridis*. — Die Theepflanze von Woo-e-shan. — Einfluss des Klima und der Reproduction auf die Theepflanze. — Theebau in Amerika und Australien, — in englichen Gärten.

Die Cultur des Theestrauchs, obwohl bis noch vor kurzem auf die östlichen Theile Asiens beschränkt, ist über einen grossen Ländercomplex verbreitet. Thunberg sagt uns dass er in Japan sowohl wild als angebaut in grosser Menge wachse, und nach Dr. Wallich findet er sich auch in Cochin China. Ich habe ihn in China von Canton im Süden bis zum 31⁰ n. Br. angebaut gefunden, und wie Herr Reeves sagt, findet er sich in der Provinz Shantung, in der Nähe der Stadt Tang-chow-foo, unter 36⁰ 30′ N. B.

Die hauptsächlichsten Theedistricte in China jedoch, welche den grössten Theil des nach Europa und Amerika ausgeführten Thees liefern, liegen zwischen den 26 und 31 Grade nördlicher Breite, und die besten Districte sind die zwischen 27⁰ und 31⁰.

Die Pflanze welche man in der Gegend von Canton baut, und von welcher der Canton-Thee gemacht wird, ist den Botanikern unter dem Namen *Thea bohea* bekannt, während man der nördlichen Art, welche sich in dem Grüntheelande findet, den Namen *Thea viridis* gegeben hat. Erstere Art scheint man in der Voraussetzung, dass alle schwarzen Thee-sorten die von dem Boheagebirge kommen von dieser Species genommen werden, so benannt zn haben, die andere wird *Thea viridis* genannt weil sie die in den Handel kommenden grünen Theesorten liefert; und durch diese Namen irre geführt glaubte man bis noch vor wenigen Jahren fast allgemein, dass der schwarze Thee nur von der *Thea bohea*, der grüne nur von der *Thea viridis* gemacht werden könne.

In meinen „Wanderungen in China," die ich im Jahr 1846 veröf-fentlichte, habe ich einige Bemerkungen über die Pflanzen gegeben von denen der Thee in verschiedenen Theilen China's gemacht wird, und, ob-wohl ich zugab dass die Pflanze von Canton, welche den Botanikern unter dem Namen *Thea bohea* bekannt ist, von der nördlichern, der *Thea viridis*, dem Aussehen nach verschieden sei, zu zeigen versucht, dass von der einen wie von der andern sowohl schwarzer als grüner Thee ge-macht werden könne, und dass der Unterschied in dem Aussehen dieser Theee, was die Farbe betrifft, von deren Behandlung, und zwar von die-ser allein abhänge. Als Beweis führte ich an, dass die Pflanze von wel-cher in der Nähe von Foo-chow-foo, in nicht allzu grosser Entfernung von dem Boheagebirge, der schwarze Thee gemacht wird, ganz dieselbe sei wie die Grüntheepflanze von Chekiang.

Gegen diese Beobachtungen hat man eingewendet, dass, obwohl ich verschiedene Theedistricte in der Nähe der Küste besucht, ich doch nicht die grösseren Districte im Innern des Landes gesehen hätte, welche den Thee liefern der in den Handel kommt. Diess war allerdings vollkommen wahr, allein dieser Einwurf kann jetzt nicht mehr erhoben werden, da ich auf meiner letzten Reise sowohl die Grüntheegegend von Hwuy-chow als die Schwarztheedistricte in der Gegend des Woo-e-shan besucht und auf diesen langen Reisen keinen Grund gefunden habe die Ansicht welche ich mir früher über diesen Gegenstand gebildet habe zu ändern.

Es ist vollkommen wahr dass die Chinesen selten beide Arten des Thees in einem und demselben Districte machen; allein dies geschieht mehr aus Bequemlichkeit und weil sie es so gewohnt sind, als aus einem andern Grunde. Dazu kommt dass die Arbeiter in der Regel den Thee am besten machen in dessen Verfertigung sie die meiste Uebung ha-ben. Aber obwohl dies in den grossen Theedistricten in der Regel der Fall ist, so giebt es doch auch manche Ausnahmen; und es ist be-kannt dass die guten Moningdistricte in der Nähe des Sees Poyang, die bei der Vortrefflichkeit ihres s c h w a r z e n Thees immer mehr an Bedeu-tung gewinnen, früher ausschliesslich g r ü n e n Thee lieferten; und in der Umgegend von Canton werden nach Belieben des Fabrikanten, oder jenachdem es gerade das Bedürfniss erheischt, grüne und schwarze Theee von der *Thea bohea* gemacht.

Hier muss ich etwas erzählen das noch merkwürdiger ist als die Be-reitung von grünem und schwarzem Thee von einer und derselben Art des Theestrauchs. Als ich auf meinem Wege nach den Theepflanzungen der Regierung, in den nordwestlichen Provinzen Indiens, mit sechs chinesischen Theemanufacturisten und einem guten Vorrathe von Pflanzen und Geräthschaften deren man sich zur Bereitung des Thees bedient nach Calcutta kam, äusserte Dr. Falconer, bei dem ich einige Tage wohnte, den Wunsch, er möchte den Process der Theemanufactur sehen, und bat mich dieses den Chinesen mitzutheilen. Er lud den verstorbnen Bathune und einige andere Freunde ein welche das Verfahren ebenfalls gern sehen wollten, und ich sagte den Chinesen was man beabsichtige und liess sie zu diesem Zwecke die nöthigen Geräthschaften auspacken. Dies war bald gethan; ein kleiner Ofen wurde gebaut und zwei Pfannen über den Feuerherden angebracht, ganz so wie in den Manufactureien in China.

Bis hierher ging alles gut, wie aber sollte man sich Theeblätter verschaffen? Weder in Calcutta noch sonst näher als dem Himalayagebirge konnte man welche aufzutreiben. „Wie können wir Thee machen wenn wir keine Theeblätter haben?" fragten die Chinesen erstaunt. Ich setzte ihnen nun auseinander dass Dr. Falconer und seine Freunde nur die Art und Weise der Behandlung sehen wollten, und dass das was sie machen sollten nicht zum Trinken bestimmt sei, sie sollten daher nur in den Garten gehen und sehen ob sie etwas finden könnten was man anstatt der Theeblätter gebrauchen könnte. Diese Erklärung genügte ihnen; sie gingen in den Garten und kehrten bald mit Blättern von mehrern Bäumen zurück, unter andern von der *Pongamia glabra,* die sich am besten zu dem Zwecke zu eignen schienen. Jetzt erhielten einige Leute Befehl eine gehörige Quantität dieser Blätter zu sammeln und in das Zimmer zu bringen welches zu diesem Zwecke im Stand gesetzt worden war.

Inzwischen hatten die Chinesen Feuer angezündet und alles was zur Operation nöthig war vorbereitet. Die Blätter wurden nun in die Pfannen geschüttet und einige Minuten gehitzt, dann herausgenommen und gerollt, dann auf Bambussiebe dünn aufgeschüttet um die überflüssige Feuchtigkeit vertrocknen zu lassen, endlich wieder in die Pfannen geschüttet und mit der Hand umgerührt bis sie vollkommen zusammengedreht und trocken waren. Dann wurden sie gesiebt und nach den verschiedenen Arten sortirt die unter den Namen Hyson skin, Hyson, Young Hyson und Gunpowder bekannt sind. Einige Sorten wurden einige mal wieder über das Feuer gebracht und einiges davon gefärbt. Als die Operation zu Ende war, waren diese Proben den im Handel gewöhnlichen Theesorten so ähnlich, dass von zwanzig Personen sicher neunzehn nicht den geringsten Verdacht geschöpft hätten dass sie etwas anderes vor sich hätten als wirklichen Thee. Hier also hatte man sehr schönen grünen Thee von den Blättern eines grossen Baumes der dem Theestrauch so unähnlich ist als nur irgend möglich, und eben so leicht hätte man aus denselben Blättern eine Waare machen können die dem schwarzen Thee eben so ähnlich gesehen hätte.

Es ist nicht meine Absicht genau auf die Manipulation des schwarzen und grünen Thees einzugehen, ich will aber wenigstens, so kurz als möglich, einige Worte über die Methode der Behandlung während des Processes der Bereitung sagen. Diese Methoden unterscheiden sich, wie man bemerken wird, in einigen wesentlichen Punkten von einander, die gerade hinreichen um die Verschiedenheit der Farbe zu erklären. Es ist kaum nöthig zu bemerken dass beide Arten des Thees auf dieselbe Weise von den Sträuchern gepflückt und von derselben Art der Blätter gemacht werden, nämlich von jungen und solchen die sich erst neu gebildet haben.

Grüner Thee. — Wenn die Blätter von den Pflanzungen hereingebracht sind, werden sie auf flachen Bambussieben dünn ausgebreitet, damit die überflüssige Feuchtigkeit vertrocknen kann. So bleiben sie eine kurze Zeit stehen, in der Regel eine bis zwei Stunden; dies hängt jedoch zum grossen Theil von der Witterung ab.

Einstweilen wird unter den Röstungspfannen ein lustiges Holzfeuer angezündet. Hierauf werden die Blätter in die Pfanne geworfen und mit beiden Händen tüchtig umgerührt und aufgeschüttelt. Die Hitze übt sogleich ihre Wirkung und die Blätter fangen an zu knistern und werden feucht und welk, während sie zu gleicher Zeit einen bedeutenden Dampf ausströmen. So bleiben sie etwa vier bis fünf Minuten, worauf sie schnell herausgenommen und auf den Rolltisch gebracht werden.

Nun beginnt das Rollen. Einige Leute nehmen am Rolltische Platz und vertheilen die Blätter unter sich. Jeder nimmt so viel als er mit seinen Händen zusammenpressen kann und bringt es in Form einer Kugel. Diese wird auf dem aus Rohrstäben zusammengefügten Tischblatte hin und hergerollt und stark gepresst, um den Saft und die Feuchtigkeit auszudrücken und zu gleicher Zeit die Blätter zusammenzudrehen. Diese Blätterkugeln werden öfters auseinander geschüttelt, und gehen von einer Hand in die andere, bis sie zu dem Werkmeister gelangen, der sie genau untersucht, um zu sehen ob die Blätter gehörig zusammengedreht sind. Ist er zufrieden, so werden die Blätter von dem Rolltische weggenommen und auf flache Siebe ausgeschüttet, bis die übrigen denselben Process durchgemacht haben. Niemals aber lässt man sie lange so liegen, und zuweilen werden sie sogleich in die Röstpfanne gebracht.

Wenn man die Blätter wieder in die Pfanne geworfen hat, wird ein gelindes und gleichmässiges Kohlenfeuer unterhalten und die Blätter mit den Händen schnell umgerührt, so dass sie immer in Bewegung bleiben. Zuweilen werden sie noch einmal auf den Rolltisch gebracht und wieder gerollt. Nach etwa einer halben Stunde, oder einer Stunde, sind die Blätter gut getrocknet und die Farbe ist fest geworden, d. h. es ist keine Gefahr mehr dass sie schwarz werden. Sie haben dann eine glanzlose grüne Farbe, werden aber nachher glänzender *.

Der wichtigste Theil der Operation ist nun vollendet, und der Thee kann bei Seite gelegt werden, bis eine grössere Quantität eben so weit fertig ist. Der zweite Theil des Processes besteht darin dass man den Thee wannt und durch Siebe von verschiedener Grösse siebt, um den Staub und andere Unreinigkeit zu entfernen und die verschiedenen Sorten zu sondern, wie Twankay, Hyson-skin, Young Hyson, Gunpowder u. s. w. Während dieses Processes wird der Thee nochmals durchgeheizt, und zwar die gröbern Sorten einmal, die feinern Sorten drei bis viermal. Während dieser Zeit hat sich die Farbe vollständig festgestellt, und die Blätter der feineren Sorten haben eine glanzlose bläuliche Farbe.

---

* Ich meine damit noch nicht die künstliche Färbung.

Hinsichtlich des grünen Thees wird man nun bemerken — erstens, dass die Blätter immer gleich sobald sie abgepflückt sind, geröstet werden; und zweitens, dass sie nach dem Process des Rollens schnell abgetrocknet werden.

Schwarzer Thee. — Wenn die Blätter von der Pflanzung hereingebracht sind, breitet man sie auf grossen Matten oder Flechten von Bambus aus und lässt sie so eine ziemlich lange Zeit liegen. Wenn man sie Abends hereinbringt, bleiben sie bis zum nächsten Morgen liegen.

Die Blätter werden nun zunächst von den Arbeitern mit beiden Händen aufgerafft und in die Höhe geworfen, um sie aufzuschütteln; zugleich werden sie eine Zeitlang mit den Händen geschlagen. Endlich, wenn sie weich und welk geworden sind, wirft man sie in Haufen zusammen und lässt sie etwa eine Stunde oder etwas länger liegen. Wenn sie nach dieser Zeit untersucht werden, so scheint eine kleine Veränderung in der Farbe vorgegangen zu sein; sie sind weich und feucht und haben einen würzigen Geruch. Der nächste Theil des Processes ist genau derselbe wie bei der Behandlung des grünen Thees. Die Blätter werden in eine eiserne Pfanne geschüttet, etwa fünf Minuten geröstet, und dann auf dem Rohrtisch gerollt.

Wenn die Blätter gerollt sind werden sie dünn auf Siebe geschüttet und in die freie Luft gesetzt. Gestelle von Bambus die zu diesem Zwecke dienen sieht man in der Regel vor allen Hütten in den Theehügeln. So lässt man die Blätter etwa drei Stunden liegen, während indessen die Arbeiter an den Sieben herumgehen, die Blätter umwenden und von einander trennen. Zu diesem Theile der Operation wählt man am liebsten einen schönen trocknen Tag, wo die Sonne nicht zu hell scheint.

Nachdem nun die Blätter einen grossen Theil ihrer Feuchtigkeit verloren haben und bedeutend kleiner geworden sind, werden sie wieder in die Factorei gebracht, wo sie zum zweiten mal etwa drei bis vier Minuten in die Röstpfanne kommen und dann wie zuvor herausgenommen und gerollt werden.

Jetzt ist das Kohlenfeuer bereit. Ein trichterförmiger Korb, in der Mitte eng und zu beiden Seiten weit, wird über das Feuer gestellt. In diesen Trichter wird ein Sieb gesetzt welches mit Blättern bedeckt wird, die etwa ein Zoll dick darauf geschüttet werden. Nach fünf oder sechs Minuten, während welcher Zeit sie sorgfältig beobachtet werden, nimmt man sie wieder vom Feuer weg und rollt sie zum dritten Mal. Sobald die Blätterkugeln aus den Händen der Roller kommen, werden sie auf einen Haufen zusammen gelegt, bis der ganze Vorrath gerollt ist; dann werden sie wieder wie zuvor auf Siebe geschüttet und über das Feuer gesetzt, wo sie ein wenig länger stehen bleiben. Die letzte Operation, namentlich das Hitzen und Rollen wird zuweilen noch ein viertes Mal wiederholt: die Blätter haben nun ihre dunkle Farbe angenommen.

Nachdem das Ganze auf diese Weise überarbeitet ist wird es in die Körbe geschüttet, die dann noch einmal auf das Kohlenfeuer kommen. Der Arbeiter macht nun mit der Hand ein Loch in der Mitte der Blätter, sowohl um dem Rauche oder Dampfe, der etwa von den Kohlen aufsteigen könnte, Luft zu machen, als auch damit die Hitze besser hinaufströmen kann, und deckt dann das Ganze mit einem flachen Korbe zu, nachdem vorher die Hitze dadurch dass man das Feuer aufdeckte bedeutend vermindert worden. Der Thee bleibt jetzt über dem gelinden Kohlenfeuer bis er vollkommen trocken ist; er wird jedoch sorgfältig von dem Arbeiter bewacht, der ihn hin und wieder mit den Händen auflockert, so dass alles gleichmässig durchgehitzt wird. Die schwarze Farbe ist jetzt schön hervorgetreten, und gewinnt später noch ein besseres Ansehen. Der weitere Process, wie sieben, reinigen und läutern, wird dann vorgenommen wann und wie es den Arbeitern am bequemsten ist.*

Hinsichtlich der Blätter welche in schwarzen Thee verwandelt werden sollen, wird man also bemerken: — 1) dass sie eine Zeitlang in der Factorei liegen bleiben, nachdem sie gepflückt sind, und ehe sie in die Röstpfannen kommen; 2) dass sie so lange umgewendet werden, bis sie weich und welk sind, und dann in Haufen liegen bleiben, was auch geschieht ehe sie geröstet werden; 3) dass sie, nachdem sie geröstet und einige Minuten gerollt worden, weich und feucht einige Stunden der Luft ausgesetzt werden; und 4) dass sie zuletzt langsam über einem Kohlenfeuer getrocknet werden. Auf diese Unterschiede in der Behandlung des grünen und schwarzen Thees muss man besonders achten, und ich glaube dass dieselben hinlänglich die Verschiedenheit der Farbe erklären, eben so wohl wie die Wirkungen welche der grüne Thee auf manche Constitutionen übt, wie nervöse Erregtheit, Schlaflosigkeit u. s. w., wie Herr Warrington in seiner bereits angeführten Abhandlung in einigen Bemerkungen gezeigt hat.

„Es drängt sich die Frage auf," sagt Herr Warrington in Bezug auf den Unterschied der physischen und chemischen Eigenschaften des schwarzen und grünen Thees, „woher diese unterscheidenden Eigenthümlichkeiten entstehen und welchen Umständen dieselben zuzuschreiben sind? Aus Beobachtungen die ich während meiner Wirksamkeit an der Anstalt an welcher ich angestellt bin zu anderen Zwecken machte, hatte ich über diesen Gegenstand gewisse Folgerungen gezogen. Ich meine die Trocknung medizinischer Kräuter; diese sind zum grössten Theil Nitrogen erzeugende Pflanzen, wie die *Atropa Belladonna, Hyoscamus niger, Conium maculatum* und andere. Die Pflanzen werden uns von denen welche sie ziehen oder sammeln, in Bündel zusammen gebunden vom Lande herein gebracht, und behalten, wenn sie frisch und kühl ankommen, getrocknet eine lebhafte grüne Farbe; wenn sie aber lange unterwegs sind, oder zu lange zusammengebunden bleiben, so erhitzen sie sich, in Folge einer von selbst eintretenden Gährung, so dass sie, wenn sie aufgebunden und auseinander gebreitet werden, dämpfen und fühlbar warm sind. Wenn solche Pflanzen getrocknet werden, so zeigt sich dass die ganze grüne Farbe verloren ist, und man erhält ein Rothbraun, und zuweilen ein schwärzliches Braun. Ich hatte auch bemerkt dass ein reiner Aufguss von solchen Blättern, den man sorgfältig bis zur Trockenheit verdunsten liess, nicht durchaus vom Wasser unaufgelöst war, sondern eine Quantität brauner oxidirter extractiver Materie zurückliess, welcher einige Chemiker den Namen *Apothem* gegeben haben. Ein ähnliches Re-

---

* Wenn der Leser sich noch weiter über diesen Gegenstand zu unterrichten wünscht, so verweisen wir auf Ball's „Cultivation and Manufacture of Tea,"

sultat erhält man durch die Verdunstung einer Infusion von schwarzem Thee. Derselbe Process findet statt wenn der Aufguss von verschiedenen vegetabilischen Substanzen dem oxidirenden Einflusse der Atmosphäre ausgesetzt wird; dieser erhält dann an der Oberfläche eine dunkele Farbe, die sich allmälig der ganzen Auflösung mittheilt, und bei der Verdunstung bleibt dieselbe oxidirte extractive Materie im Wasser unaufgelösst. Ferner habe ich gefunden, dass grüner Thee, angefeuchtet und wieder getrocknet, wenn man ihn der Luft aussetzt, eine beinahe eben so dunkle Farbe annahm wie der gewöhnliche schwarze Thee. Diese Beobachtungen führten mich darauf, dass die eigenthümlichen charakteristischen Merkmale und chemischen Unterschiede welche den schwarzen Thee von dem grünen unterscheiden, einer Art von Erhitzung oder Gährung zuzuschreiben sind, mit welcher eine Oxidation durch Aussetzung in freier Luft verbunden ist, nicht aber dem Umstande dass sie bei dem Process des Trocknens einer höheren Temperatur ausgesetzt werden, wie man gewöhnlich annimmt. Meine Ansicht wurde zum Theil bestätigt, als mir von mehreren die mit der chinesischen Behandlungsweise bekannt sind, gesagt wurde, dass die zu schwarzem Thee bestimmten Blätter, ehe sie geröstet werden, eine Zeitlang in Masse der Luft ausgesetzt bleiben."

Hier also haben wir eine vollständige und deutliche Erklärung der Sache; und wirklich, was Herr Warrington im Laboratorium von Apothecaries' Hall beobachtet hat, das kann jeder beobachten der einen Baum oder Strauch in seinem Garten hat. Wenn man auf die Blätter acht giebt welche im Anfang des Herbst von den Bäumen fallen, so wird man bemerken dass sie eine braune, oder vielleicht eine glanzlose grüne Farbe haben; untersucht man sie aber später, nachdem sie einige Zeit der Luft und Feuchtigkeit ausgesetzt gewesen, so sind sie eben so schwarz wie unser schwärzester Thee.

Ich muss jetzt noch einige Bemerkungen über die Theepflanze selbst hinzufügen. — Es ist bereits bemerkt worden, dass zwei Theepflanzen, die man für verschiedene Abarten hält, in China gefunden werden, welche beide nach Europa gebracht worden sind. Die eine Art, welche in der Gegend von Canton wächst, wird Thea bohea genannt; die andere, nördlichere, Thea viridis. Erstere liefert den geringeren grünen und schwarzen Thee der in der Umgegend von Canton gemacht wird, von letzterer werden alle die feinen grünen Theesorten in dem grossen Gebiet von Hwuychow und den benachbarten Provinzen gemacht. Bis noch vor wenigen Jahren nahm man gewöhnlich an dass die feinen schwarzen Theesorten von den Boheagebirgen ebenfalls von der Cantonschen Pflanze gemacht würden, und daher deren Name; dies ist jedoch nicht der Fall.

Als ich im Jahre 1845 zum ersten mal in Foo-chow-foo war, bemerkte ich dass die in dortiger Gegend angebaute Theepflanze sehr verschieden war von der Art welche in der Gegend von Canton gebaut wird, und scheinbar identisch mit der Thea viridis von Chekiang. Foo-chow-foo liegt nicht sehr entfernt von den Boheabergen, und ich hatte guten Grund anzunehmen dass die Boheapflanze dieselbe sei wie die von Foo-chow-foo, indessen fehlte mir noch ein sicherer Beweis. Jetzt hingegen, nachdem ich auf dem Woo-e-shan selbst gewesen und einen grossen Theil der Umgegend gesehen, und getrocknete Exemplare von allen diesen Pflanzen vor mir habe, bin ich eher im Stande meine Ansicht über diesen so lange streitigen Gegenstand auszusprechen.

Ich glaube dass die Pflanze des Woo-e-shan der Thea viridis nahe verwandt ist und ursprünglich mit dieser identisch war, aber in Folge des Klima einigermassen ausgeartet ist. Ich konnte bei der genauesten Untersuchung nur sehr geringe Unterschiede entdecken, die nicht hinreichten sie als eine besondere Varietät hinzustellen, geschweige denn als eine besondere Species, und an vielen Pflanzen waren auch diese Unterschiede nicht einmal sichtbar. Es waren folgende — die Pflanze vom Woo-e zeigt weniger Neigung Zweige zu treiben als die von Hwuy-chow, und ihre Blätter sind zuweilen etwas dunkler und fein gezackt.

Es ist aber möglich dass man in jeder beliebigen Theepflanzung in irgend einem Theile China's noch mehr und bedeutendere Unterschiede an den einzelnen Pflanzen entdecken kann, als die welche ich eben angeführt habe. Der Grund davon ist deutlich. Die Theepflanze wird durch Samen fortgepflanzt, eben so wie unser Hagedorn, und es ist ganz unmöglich dass die Nachkömmlinge in jeder Hinsicht mit der Mutterpflanze identisch sein können. Statt einer oder zwei Varietäten der Theepflanze in China, haben wir in der That sehr viele, obwohl der Unterschied zwischen denselben sehr gering ist. Nimmt man dazu, dass der Same dieser Pflanze jedes Jahr in einem andern Klima gezogen wird, so darf man sich nicht wundern dass im Laufe der Zeit die Pflanzen in dem einen Districte von denen in einem andern etwas verschieden sind, obgleich sie ursprünglich von einem und demselben Stamm erzeugt sein mögen.

Aus diesen Gründen bin ich der Ansicht dass die Pflanzen von Hwuy-chow und Woo-e eine und dieselbe Species, und dass die geringen Unterschiede welche man daran wahrnimmt Folgen der Reproduction und der Verschiedenheit des Klimas sind.

Was die Pflanze von Canton anbelangt, — die von den Botanikern *Thea bohea* genannt wird — so kommt auch diese, so verschieden sie sowohl ihrer Bildung als ihrer Tracht nach zu sein scheint, wahrscheinlich ursprünglich von einer und derselben Species.

Diese Veränderungen indessen ändern nichts an dem commerciellen Werthe der Pflanzen welche man in den grossen Theeländern Fokien und Hwuy-chow angebaut findet, wo die feinsten Theee erzeugt werden; denn, während der Theestrauch in diesen Districten in Folge der Reproduction veredelt sein mag, so kann er sich in andern Gegenden verschlechtert haben, man wird daher gut thun wenn man sich zur Verpflanzung in andere Theile der Welt, wo man Thee zu ziehen wünscht, immer aus jenen Districten Pflanzen und Samen zu verschaffen sucht.

In den letzten Jahren hat man Versuche gemacht den Theestrauch in den Vereinigten Staaten in Amerika anzupflanzen, und eben so in den australischen Colonien.* Ich glaube dass alle derartige Versuche fehlschlagen werden. Die Theepflanze wird überall wachsen wo Boden und Klima geeignet sind, und wenn sie nur als Zierpflanze dienen soll, so ist gegen ihre Einführung in jenen Ländern nichts einzuwenden; wenn sie aber als Gegenstand commercieller Speculation angebaut werden soll, so

* Von dem Theebau in Indien werde ich in einem der folgenden Capitel sprechen.

ist nicht allein die Frage zu beantworten ob das Klima und der Boden geeignet sind, sondern man muss auch den Preis der Arbeit in Anschlag bringen. Arbeit ist in China wohlfeil; die Arbeiter in den Theeländern erhalten nicht mehr als zwei bis drei Pence täglich. Kann man in den Vereinigten Staaten oder in Australien für diesen Lohn Arbeiter erhalten? Und wenn sie nicht für diesen Preis, oder um nur weniges höher, zu haben sind, wie sollen die Unternehmer an solchen Orten im Stande sein mit den Chinesen auf dem Markte zu concurriren.

Chinesische Theepflanzen sind in unserm Lande keine Seltenheit mehr. In dem königlichen botanischen Garten in Kew wachsen sie seit mehreren Jahren im Freien. Auch in vielen andern Gärten findet man welche, und fast in allen Gewächshäusern. Es sind hübsche immergrüne Sträucher, die im Winter und Frühling eine Menge einfache weisse Blumen treiben, etwa um dieselbe Zeit wo die Camellien in Blüthe stehen. Indessen werden sie nicht wegen der Schönheit ihrer Blumen gezogen — obwohl diese genug Bewunderung verdienen — sondern als die Pflanze welche unser Lieblingsgetränk liefert.

Diejenigen Personen in England welche Theepflanzen besitzen und zu ihrem Vergnügen pflegen, dürfen nie vergessen dass der Strauch, selbst in den Theedistricten in China, nie fortkommt wenn er auf niedrig gelegenem Lande gepflanzt wird: und diess ist ohne Zweifel ein Grund weshalb es bei uns so selten gelingt diesen Strauch zu ziehen. Er müsste immer an einem warmgelegenen Abhange gepflanzt werden. Wenn manche warme Stellen im Süden von England oder Irland dazu gewählt würden, wer weiss ob unsre Landleute sich nicht ihren Thee selbst erbauen könnten? Auf jeden Fall würden sie das würzige Kraut zum Ansehen haben.

Siebenzehntes Capitel.

Gasthaus in Pouching-hien. — Opiumraucher und Spieler. — Werth des Lebens in China. — Eine Störung um Mitternacht. — Sing-Hoo kämpft mit einem Joss-Stöckchen. — Schwierigkeit am nächsten Tage Leute zu erhalten. — Sing-Hoo trägt das Gepäck und wir gehen zu Fusse. — Sein Bambus zerbricht. — Bettlerscene. — Beschreibung der chinesischen Bettler. — Ein „König der Bettler." — Mildthätigkeit. — Fortsetzung der Reise. — Gebirgspass und buddhistische Tempel. — Grenzstadt und tartarische Wache. Wir werden besichtigt und dürfen weiter gehn.

Ich lasse jetzt Thee und Theehügel bei Seite und fahre in meiner Erzählung fort. Als ich in Pouching-hien ankam war es beinahe dunkel. Den ganzen Nachmittag hatte es stark geregnet, und ich freute mich jetzt in einem chinesischen Wirthshause Obdach finden zu können. Das in welchem ich einkehrte schien indessen nicht so angesehen wie ich gewünscht hätte, und ich würde es gern verlassen und ein anderes gesucht haben, wenn das Wetter nicht so schlecht gewesen wäre; so aber entschloss ich mich zu bleiben wo ich war.

Die Sesselträger und Coolies welche wir auf dem Woo-e-shan von neuem gemiethet hatten, waren jetzt an dem bedungenen Ziel ihrer Reise angelangt und beabsichtigten nun am nächsten Tage zurückzukehren. In der Regel lassen sich diese Leute einen Theil ihres Lohnes am Ende jeder Tagereise geben, und ich verlangte jetzt Sing-Hoo sollte ihnen das noch Uebrige auszahlen und sich ihrer sobald als möglich entledigen. Er sagte mir dass dies bereits geschehen sei, dass sie aber in demselben Wirthshause wie wir übernachten wollten.

Endlich kam ein warmes Abendessen auf den Tisch. So derb und unschmackhaft dieses unter andern Umständen erscheinen mochte, so war ich doch jetzt so an die chinesische Lebensart gewöhnt, dass mir das was aufgetragen wurde lockend genug erschien, und ich glaube dass ich demselben volle Gerechtigkeit wiederfahren liess. Meine Sesselträger hatten ihren Lohn erhalten und sassen jetzt an einem Seitentische in einem andern Zimmer, in die Mysterien des Spiels versunken, und Sing-Hoo rauchte ruhig mit dem Wirthe seine Pfeife. Auch noch einige andere Reisende dehnten sich müssig herum, deren Ansehen zum Theil nicht eben den günstigsten Eindruck auf mich machte. Nach der blassen Farbe ihrer Wangen zu schliessen waren es Opiumraucher, wahrscheinlich Spieler, und überhaupt Leute denen man lieber aus dem Wege geht.

Es regnete noch immer stark, und da es draussen finster und unfreundlich, und im Hause nichts weniger als einladend war, so begab ich mich bei Zeiten zur Ruhe. Von den Anstrengungen des Tages müde lag ich bald in festem Schlafe, trotz meines unheimlichen Wirthshauses und der verdächtigen Reisegefährten. Es mochte etwa Mitternacht sein als ich durch einen Lärm streitender Stimmen aufgeweckt wurde, unter denen ich deutlich die meiner Sesselträger und Sing-Hoo's unterscheiden konnte. Weil ich starken Verdacht hatte dass uns ein ernsthaftes Abenteuer drohe, sprang ich sogleich von meinem Bette auf. Der Lärm wurde immer schlimmer, und nach dem Gezänk welches meine Ohren erreichte, fürchtete ich dass sie meinen Diener ergriffen hatten um uns zu berauben oder uns vielleicht gar ans Leben gehen zu wollen. Menschenleben hat in manchen Theilen des Landes keinen grossen Werth, und die Provinz Fokien steht in dieser Hinsicht nicht eben im besten Rufe; und es kam mir ganz so vor als ob ich mich in einer Diebes- und Räuberhöhle befände. Sing-Hoo hatte mir kurz vorher einen Vorfall erzählt der sich in den wildem Gebirgslande zwischen Hoo-chow-foo — der berühmten Seidenstadt — und seinem Geburtsort Hwuy-chow ereignet hatte. Vier Reisende waren eines Abends in einem Wirthshause an der Strasse eingekehrt. Sie liessen sich eine gute Abendmahlzeit geben, rauchten nachher Opium und spielten bis gegen Mitternacht. Am nächsten Morgen bezahlten drei von ihnen ihre Rechnung und reisten ab; der vierte aber war nirgends zu sehen. Später wurde sein Leichnam in einer Grube in der Nähe des Hauses gefunden, in seiner eignen Reisetasche eingeschlossen, und dem Aussehen nach unterlag es keinem Zweifel dass der Mann eines gewaltsamen Todes von den Händen seiner Reisegefährten gestorben war.

Mit dieser Geschichte in meinen Gedanken konnte ich nicht länger zaudern; ich warf meine Kleider über, öffnete die Thüre und ging dem Orte zu wo der Lärm war. Was ich hier sah war hinlänglich genug um auch einen Beherzteren als mich zu erschrecken, und doch war auch etwas Lächerliches dabei. Acht oder zehn Kerle, die Sesselträger mit eingeschlossen, griffen meinen Diener an, der an eine Wand gelehnt sich wie ein Tiger wehrte. Er hatte ein grosses Joss-Stöckchen in der Hand womit er die welche ihm von Zeit zu Zeit am nächsten kamen ins Gesicht stiess. Die kühnsten von seinen Angreifern erhielten so zuweilen einen Stoss der sie fast noch schneller als sie kamen wieder zurücktrieb.

Wäre ich ein gänzlich unbetheiligter Zuschauer gewesen, so würde ich herzlich über die Scene gelacht haben : so aber befand ich mich mitten in einem fremden Lande, unter einem feindlichen Volke, und, da ich der schwächere Theil war, so kann ich nicht läugnen dass ich nicht wenig erschrak. Ich hatte keine Waffe bei mir als ein kleines Taschenpistol, dessen Lauf man abschrauben musste wenn man es laden wollte. Da ich glaubte dass mir im schlimmsten Falle dieses von einigem Nutzen sein könnte, entweder um die Angreifer in Furcht zu jagen, oder um mein Leben zu retten, so ging ich in mein Schlafzimmer zurück und holte es. Als ich es aber genauer untersuchte, fand ich dass der Lauf in Folge der Feuchtigkeit eingerostet war und nicht loszuschrauben ging ; es konnte mir also nichts nutzen.

Der Lärm dauerte noch fort und wurde wo möglich immer ärger. Ich beschloss also der Gefahr kühn die Stirn zu bieten und ging gerade hinein zwischen die Kämpfenden, reinigte zwischen den Angreifern und meinem Diener den Platz und fragte nach der Ursache des Streites. Meine Sesselträger und der Coolie, die mir immer mit der grössten Achtung begegnet waren, traten sogleich zurück und murmelten etwas von einigen Cash die sie nicht erhalten hätten. Als ich die Sache weiter untersuchte, fand ich dass Sing-Hoo nach gut chinesischer Weise, nicht zufrieden mit dem was er von mir erhalten, auch noch versucht hatte die Sesselträger und den Coolie um 300 Cash — etwa einen Shilling nach englischem Gelde — zu prellen. Er läugnete die Beschuldigung zwar hartnäckig, allein ich zweifelte nicht an der Aussage der Leute ; und überdies hatte ich keine Lust mich für einen Shilling in den Streit einzulassen und vielleicht mein Leben zu wagen ; ich befahl ihm daher das Geld uuverzüglich auszuzahlen.

Dies stellte einigermassen die Ruhe im Hause wieder her. Ich befahl nun Sing-Hoo in mein Zimmer zu kommen und schloss die Thür zu. Die Sache war indessen zu weit gediehen, denn die andern waren über sein Benehmen im höchsten Grade entrüstet, und drohten sich an ihm zu rächen. Noch einige Stunden lang konnte ich sie über die Sache sprechen hören, selbst nachdem sie sich schon niedergelegt hatten. Sing-Hoo horchte eifrig auf jedes Wort ihrer Unterhaltung ; er war offenbar in grosser Angst und bat mich um die Erlaubniss ein Licht anzuzünden und es die Nacht über in unserm Zimmer brennen zu lassen.

In dem Nebenzimmer, das nur durch eine Bretterwand von dem meinigen getrennt war, hatten etwa ein Dutzend Opiumraucher ihr Quartier aufgeschlagen Der weichliche, ekelhafte Rauch drang durch die Ritzen und war im höchsten Grade unangenehm. Bald fing das Opium an auf die Raucher seine Einwirkung zu üben, sie sprachen und lachten laut, und waren offenbar in ihrem „Himmel der Wonne." Sing-Hoo's Angelegenheit beschäftigte sie hauptsächlich, und es schien als ob sie gar nichts anderes denken und von nichts anderem sprechen könnten. Was Verrückte unter solchen Umständen thun können — und verrückt waren sie so lange sie unter dem Einflusse des Giftes standen — konnte ich möglicherweise nicht voraussehen. Dies hielt mich mehrere Stunden wach. Endlich jedoch unterlag ich dem Schlafe und wachte nicht eher auf als bis das Tageslicht hell in unser erbärmliches Zimmer schien. Alles war vollkommen ruhig. Sing-Hoo lag noch in festem Schlafe, mit allen seinen Kleidern auf dem Leibe, und die Opiumraucher waren hinübergegangen in das Land der Träume.

Ich weckte Sing-Hoo und schickte ihn fort um sich nach einem andern Sessel und nach Coolies umzusehen, die mich weiter über das Boheagebirge in die Provinz Chekiang befördern sollten. Er kehrte zurück und sagte es sei alles besorgt, und die Leute würden, sobald sie gefrühstückt hätten, in das Wirthshaus kommen. Wir bestellten einstweilen unser Frühstück und fingen an Vorbereitungen zu unserer Abreise zu treffen. Mir lag besonders daran Pouching-hien zu verlassen ehe Sing-Hoo's Feinde einen Racheplan zur Ausführung bringen konnten, denn ich zweifelte nicht dass sie, wenn sie Zeit hätten, einen Versuch machen würden sich zu rächen. Späterhin zeigte sich dass meine Befürchtungen nur zu guten Grund hatten.

Während wir beim Frühstück sassen ging einer von denen die am Abend vorher bei dem Zanke betheiligt gewesen waren hinaus, um zu hintertreiben dass wir Leute zu unserer Weiterreise bekämen. Er erzählte, Sing-Hoo sei ein schlechter Mensch, und wenn er auch guten Lohn verspräche, so würde er doch am Ende der Reise nicht bezahlen. Es gelang ihm nur zu wohl, denn bald kam ein Bote von den Leuten welche gemiethet waren, mit der Erklärung dass sie nicht gehen wollten.

„Ihr seht nun was ihr durch eure Thorheit zu Wege gebracht habt," sagte ich zu Sing-Hoo; „es ist vergeblich noch einen Versuch zu machen um in diesem Quartiere einen Sessel und Coolies zu erhalten; diese Leute werden es mit allen Mitteln die ihnen zu Gebote stehen zu hintertreiben suchen." „Ja," sagte er, „ich sehe dass nichts anderes übrig bleibt als dieses Haus sogleich zu verlassen und alle Verbindung mit demselben und denen welche über Nacht hier waren abzubrechen. Ich will einstweilen das Gepäck selbst tragen, und dann können wir leicht einen Tragsessel und Coolies bekommen, wie vorher." Dies schien das thunlichste, und in der That der einzige Ausweg, wenn wir unter den Umständen in denen wir uns befanden zu unserm Zwecke gelangen wollten. Ich schickte ihn also fort um einen Bambusstock und einige Stricke zu kaufen, womit er das Gepäck auf seinen Schultern tragen könnte. Einstweilen bemühte ich mich selbst meine Pflanzen und übrigen Dinge umzupacken und in ein so kleines Bündel wie möglich zusammenzuschnüren.

Als Sing-Hoo mit den Stricken und dem Bambus zurückkehrte nahm er das Gepäck auf seine Schultern, und wir verliessen das Wirthshaus, wo wir eine höchst unerquickliche Nacht zugebracht hatten.

Mehrere Stunden hatte es stark geregnet und goss jetzt in Strömen. Die Wege waren vollständig überfluthet und beinahe ungangbar. Wir plantschten indess weiter, hatten bald die Stadt im Rücken und befanden uns auf der grossen nördlichen Strasse welche den Pässen über das Boheagebirge zuführt. Etwa eine Meile von den Mauern der Stadt brach der Bambusstock an dem Sing-Hoo unser Gepäck trug auf einmal entzwei, und alle unsere Habseligkeiten fielen in den Schlamm und das Wasser mit dem die Strasse überfluthet war. Es war gerade mitten in einem Reisfelde; kein Haus war in der Nähe wo wir hätten Obdach suchen können, oder wo es möglich gewesen wäre einen andern Bambusstock zu kaufen.

Ich muss gestehen dass ich beinahe meinen Gleichmuth verloren und einige derbe Vorwürfe ausgesprochen hätte; als ich aber meinen Diener ansah, der mit Schweiss bedeckt und von Regen triefend dastand, so hatte ich nicht den Muth ihn zu schelten. Mit den Stücken des zerbrochenen Bambus in den Händen, und das Gepäck (sein eigenes mit dem Grastuch) im Koth und Wasser herumliegend, sah er wahrhaftig zum Erbarmen aus.

Etwa eine halbe Meile von da erblickte ich ein Wetterdach, wie man in dieser Gegend oft quer über den Weg baut um den Reisenden einige Bequemlichkeit zu verschaffen. Dorthin beschloss ich zu gehen, um wenigstens einigen Schutz vor dem Regen zu finden. Ich nahm einen Theil des Gepäcks selbst auf die Schultern, liess Sing-Hoo das Uebrige tragen und eilte dem Schirmdache zu. Diese Schuppen werden in der Regel die Nacht über von Bettlern besetzt gehalten welche sonst keinen Ort haben wo sie ihr Haupt hinlegen können. Als wir eintraten fanden wir eine Anzahl derselben in festem Schlafe liegen, und einen der das Frühstück bereitete. Unsere Ankunft schien ihre Aufmerksamkeit nicht weiter auf sich zu ziehen. Einige von den Schläfern öffneten träge ihre Augen, schlossen sie aber bald wieder, und der Koch fuhr mit der Bereitung des Frühstücks fort.

Da es unmöglich war in dem Zustande in welchem wir uns jetzt befanden weiter zu gehen, so schickte ich Sing-Hoo in die Stadt zurück um einen Tragsessel und Coolies zu holen, während ich bei den Bettlern blieb um das Gepäck zu bewachen. Da ich fürchtete er könnte seinen Feinden in die Hände gerathen, die ihn aufhalten oder ihm ein ernstliches Leid zufügen konnten, so schärfte ich ihm ein sich ja nicht in die Nähe des Stadttheiles zu begeben wo wir übernachtet hatten, und ich glaube er war selbst vollkommen von der Nothwendigkeit dieser Vorsicht überzeugt.

Er ging also um seine Botschaft auszurichten und ich sass nun allein unter den Bettlern. Ich hatte früher noch nie die Ehre einer solchen Gesellschaft gehabt und bin so bescheiden zu hoffen, dass mir dieselbe auch nie wieder zu Theil werden wird. Einige von ihnen waren mit natürlichen Geschwüren bedeckt, andere mit künstlichen, und die niedrige Stirn, der unstäte Blick und die kraftvolle Gestalt anderer deuteten auf einen zerrütteten Geist. Alle waren unrasirt und voller Schmutz und Koth. Bettler giebt es in China sehr viele, und sie zerfallen in der Regel in drei von einander sehr unterschiedene Classen. Zur ersten Classe gehören die welche wirklich Mitleid verdienen, die Blinden und Lahmen und andere die mit schmutzigen Hautkrankheiten behaftet sind; die zweite Classe bilden die welche durch künstliche Mittel Mitleiden zu erwecken suchen; die dritte und zahlreichste Classe besteht aus Blödsinnigen und Verrückten. Die Bettlergemeinde ist über das ganze Reich verbreitet, sie hat ihre eigenen Verordnungen und Gesetze, und es giebt sogar einen wirklichen „Bettlerkönig". Die Bettler in China bilden eine privilegirte Classe, und da sie von Thür zu Thür bitten gehen, so scheinen sie das Mitleid mehr als ein Recht in Anspruch zu nehmen welches ihnen gebührt, als für eine Güte zu halten. Für die Besitzer von Kaufläden in grossen Städten sind sie eine wahre Plage, da man sich ihrer nicht entledigen kann ohne ihnen etwas zu geben. Obgleich der Besitzer eines Ladens oder eines Hauses auf diese Weise gezwungen ist jedem etwas zu geben, so sind doch die Summen welche sie erhalten oft ausserordentlich gering, und die Landesmünze ist diesem Stande der Dinge sehr angemessen. Einhundert chinesische Kupfercash betragen nach englischem Gelde etwa vier Pence, und ein Bettler erhält selten mehr als ein Cash. Oft giebt man ihm selbst noch weniger als dies, auf folgende eigenthümliche Weise: — An jeder Schnur von hundert Cash sind eine Anzahl schlechte; diese werden entweder den Bettlern gegeben, oder der Bettler legt ein solches hin und nimmt dagegen ein vollwichtiges in Empfang, so dass er auf diese Weise ungefähr ein halbes Cash oder den fünfzigsten Theil eines Penny erhält! Ich glaube es ist in manchen Fällen nicht ungewöhnlich dass die Einwohner einer Stadt mit den Häuptern dieser eigenthümlichen Gemeine einen Vertrag schliessen. In diesem Falle wird ein Streifen Papier an die Thürpfosten des Hauses desjenigen geklebt der dieses Uebereinkommen getroffen hat, und er wird während der Zeit für die er bezahlt hat von keinem Bettler belästigt.

Von dieser Art waren die Leute mit denen ich an jenem ereignissvollen Morgen das Dach eines öffentlichen Gebäudes theilte. Sie waren nicht zudringlich, sondern überliessen mich meinen Betrachtungen, die nicht eben die augenehmsten waren. Ich hatte einen Weg von dreihundert Le über das Gebirge vor mir, ehe ich den Fluss erreichen konnte, dessen eine Quelle sich an der nördlichen Seite des Boheagebirges befindet und der sich auf seinem Laufe mit dem grünen Flusse vereinigt, welcher sich in die Bucht von Hang-chow ergiesst. Dies war ein schwieriges Unternehmen; und wenn ich nicht einen Tragsessel erhalten konnte, so blieb mir nichts weiter übrig als den grössten Theil meines Gepäcks zurückzulassen, unter andern auch die Theepflanzen welche ich auf dem Woo-e-Bergen geholt hatte. Ich fing jetzt an zu wünschen dass ich den Min abwärts nach Foo-chow-foo gegangen wäre, statt über das Boheagebirge; allein die Reue konnte zu nichts mehr führen, der Würfel war geworfen und ich musste vorwärts.

In etwa einer Stunde kam Sing-Hoo zurück, mit einem Tragsessel und Leuten, die er sich ohne Schwierigkeit in einem andern Stadttheile verschafft hatte. Schweigend, aber im Herzen froh, sagte ich Pouchig-hien und den Bettlern Lebewohl, stieg auf meinen Sessel und setzte die Reise fort.

Der Weg von Pouching-hien nach dem Fusse der Gebirge zu (ich reise jetzt in nördlicher Richtung) führt durch ein wellenförmiges Land. Die Hauptfrucht auf den Feldern war Reis, aber auch Tabak wurde auf allen Stellen die sich über die bewässerten Reisfelder erhoben in grosser Menge gebaut. Den Talgbaum fand man hier wieder in grosser Menge.

Vierzig Le nördlich von Pouchig-hien kamen wir durch eine grosse Stadt, deren Namen ich damals aufzuschreiben unterliess und jetzt vergessen habe. Hier machten wir etwa zwei Stunden halt um einige Erfrischung zu uns zu nehmen, worauf wir weiter gingen und noch am Abend desselben Tages in einem kleinen Orte im Boheagebirge, mit Namen Tsongso, ankamen. Da ich nicht wieder Gefahr laufen wollte in schlechte Gesellschaft zu gerathen, so befahl ich Sing-Hoo in das vornehmste Wirthshaus des Städtchens zu gehen. Der Wirth empfing mich an der Thür und führte mich nach dem obern Ende des Saales, zu dessen beiden Seiten Schlafzimmer angebracht waren. Nachdem ich eines für mich gewählt und mein

Gepäck darin abgelegt, kehrte ich in den Saal zurück nnd nahm das gewöhnliche Getränk — Tbee, zu mir. Bald war ein treffliches Abendessen
aufgetragen, und so endete ein höchst unruhiger und unangenehmer Tag
auf die friedlichste und angenehmste Weise.

Am nächsten Morgen nahmen wir bei Zeiten unser Frühstück ein und
setzten unsere Reise fort. Der Weg war gut, aber durchaus gebirgig
und sehr ermüdend. Wir kamen an diesem Tage über die Pässe. Die
Berge scheinen, eben so wie die Woo-e-Hügel, Vesten des Buddhismus zu
sein. Als wir am Morgen den ersten Pass erreichten fand ich dass wir
uns im Gebiete eines Tempels befanden, der zur linken Seite des Weges
stand während auf der rechten ein grosses Theehaus zur Erfrischung der
Reisenden erbaut war. Eine Art Schirmdach verband die beiden Gebäude
und bildete einen bedeckten Gang der als Schutz gegen Sonne und Regen
diente.

Ein junger Priester der uns bemerkte, lief und machte einen Tisch
bereit und setzte mir Thee vor. Als ich den Thee getrunken hatte kehrte
er zurück mit einem grossen Buche in der Hand, in welches Subscriptio-
nen für die Unterhaltung des Tempels nebst den Namen der Geber einge-
tragen waren. Dieses überreichte er mir und gab zu verstehen, dass
auch die kleinste Gabe mit Dank angenommen würde. Sing-Soo erklärte
ihm dass ich kein Buddhist sei und nicht für die Unterstützung dieser Religion unterzeichnen würde. Ich gab ihm .ein kleines Geschenk für den
Thee, dankte für seine höfliche Anfnahme und machte mich wieder auf
den Weg, Er machte das Buch zu, trug es fort und schien vollkommen
zufrieden gestellt.

Nach Mittag erreichten wir die Spitze eines andern Passes, mit einem
dem letzten ziemlich ähnlichen Tempel und einem grossen Theehause daneben welches dazu gehörte.

Wir waren jetzt an der Gränze zweier Provinzen, Fokien und Chekiang
und mussten die Grenzstadt passiren wo eine Anzahl Truppen stationirt
waren. Dieser Ort führt den Namen Ching-che und liegt an den Ufern
eines kleinen nach Westen zu fliessenden Bergstromes. Als wir in die
Stadt kamen sah ich überall müssig herumschlendernde Soldaten; einige
waren damit beschäftigt ihre Kleider im Flusse zu waschen, andere sassen
in den Theebuden und rauchten, während wieder andere vor den Thüren
herumlagen und plauderten. Alle schienen scharfe Augen auf die Durch-
reisenden zu haben welche zu untersuchen ihre Schuldigkeit war.

Als wir etwa den halben Weg durch die Stadt zurückgelegt hatten
blieben wir bei einem Theeladen stehen um eine Erfrischung einzunehmen. Sing-Hoo bat mich in meiner Sänfte zu bleiben bis wir die Linien
der Tartaren passirt hätten, und ich hielt es für klug seinem Rathe zu
folgen. Während wir unsern Thee tranken kam ein Mandarin von unter-
geordnetem Range um uns zu visitiren, da er aber nichts aussergewöhn-
liches fand, so fragte er Sing-Hoo nur von wo wir kämen und wohin
wir reisten. Sobald er die nöthige Auskunft erhalten, entfernte er sich
wieder, anscheinend vollkommen zufriedengestellt.

Wir gingen über den Fluss, der wie ich glaube hier die Grenze
zwischen Fokien und Chekiang bildet. Wieder lag ein hoher Berg vor
uns, welchen wir sobald wir über den Fluss waren zu ersteigen begannen.
Hier begegnete mir ein kleiner Unfall, der, wäre er in der Stadt vorge-

kommen, die wir soeben hinter uns hatten, leicht hätte sehr unangenehme Folgen nach sich ziehen können. Eine Bambusstange an meinem Tragsessel, die mir schon früher etwas schadhaft vorgekommen war, brach nämlich plötzlich entzwei, und der Sessel kam auf den Boden zu stehen. Dies war allerdings sehr unangenehm, aber ich dankte Gott dass sie nicht zerbrochen war als wir uns noch innerhalb der Linie der Tartaren befanden.

Die Träger sagten sie könnten sich in einer nahen Hütte eine andere Bambusstange verschaffen; ich liess also Sing-Hoo bei dem Gepäck und der zerbrochenen Sänfte, und ging voraus, dem Passe zu, um auf dem Wege die Botanik dieses merkwürdigen Districts zu untersuchen. Hier fand ich wieder die schöne *Spiraea* welche ich zuerst auf den westlichen Reihen des Boheagebirges angetroffen hatte. Auch hier hatte sie eine bedeutende Höhe zu ihrer Wohnung gewählt und fand sich nie in den Thälern oder an niedern Bergabhängen.

Als ich die Spitze des Berges erreichte sah ich weit unten meine Sänftenträger und Coolies. Sie hatten alles wieder in Ordnung gebracht und kamen jetzt so schnell wie möglich herauf. Auf der Spitze des Berges blieb ich stehen um sie zu erwarten. Sie sagten mir dass sie für ein Paar neue Bambusstangen hätten 200 Cash bezahlen müssen, und als ich ihnen versprach nach Beendigung der Reise ihnen ihren Schaden zu vergüten, schienen sie sehr erfreut und erwiesen sich nachher durch manche kleine Aufmerksamkeit dankbar für das Geschenk.

Der Tag war nun weit vorgerückt und wir hatten noch ziemlich weit bis zur nächsten Stadt wo wir übernachten wollten. Fast an jedem Abend hatten wir in diesen Gebirgen ein schweres Gewitter, und mehrere Stunden lang starken Regen. Schon drohten die Wolken wieder und wir eilten so schnell wir konnten einem Obdach zu.

Endlich erblickten wir die Stadt, die eine herliche Lage zwischen den Bergen hat. Sie heist Er-she-pa-tu. Gerade als wir ankamen rollte der Donner näher und näher, schon begannen grosse Tropfen zu fallen, und wir hatten keine Zeit zu verlieren um ein Wirthshaus zu suchen. Bald fanden wir auch ein recht gutes wo wir die Nacht ganz leidlich zubrachten.

Achtzehntes Capitel.

Ein berühmter buddhistischer Tempel. — Landschaft um denselben. — Bäume und Sträucher. — Betrachtungen über den Buddhismus. — Wichtige Station für christliche Glaubensboten. — Entbehrungen welche diese erwarten. — Römische Katholiken und deren Arbeiten. — Christliche Mildthätigkeit. — Protestantische Missionäre. — Deren Ansichten über das Innere von China. — Ein Traum bei Tage; die Zukunft China's. — Bambuspapier. — Ein Mandarin auf der Reise. — Die Stadt Ching-hoo. — Ein Boot nach Nechow gemiethet. — Rückkehr nach Shanghae.

Die nächste Tagereise war noch im Gebirge. Die Wege waren, obwohl schmal, doch vortrefflich, und zeigten von der unermüdlichen Betriebsamkeit der Chinesen. Ich habe schon gesagt dass sich an vielen

Gebirgspässen Thore finden, von einer ähnlichen Bauart wie die welche den Eingang zu den Städten bilden. An der Grenze von Chekiang, wo wir uns jetzt befanden, bemerkte ich drei solche Thore auf der Spitze des Berges, in geringer Entfernung von einander. Zwischen denselben erblickte man eine lange Reihe von Häusern, die offenbar ursprünglich als Casernen gedient hatten, jetzt aber alle verfallen und unbewohnt waren. Ich vermuthe dass nur in unruhigen Zeiten Truppen an solche Orte gezogen werden, die aber in Friedenszeiten es vorziehen in den Städten oder Dörfern zu bleiben, anstatt zu einer bedeutenden Höhe zwischen den kahlen Gebirgen hinaufzuziehen.

Als wir die Spitze dieses Berges erreichten, sagten uns die Chinesen dass wir an der nördlichen Seite, an der wir nun hinabsteigen müssten, bei einem berühmten Tempel vorbeikommen würden. Dieser Tempel, sagten sie, führe den Namen Shan-te-Maou, und liege in einer herrlichen Gebirgslandschaft, ausserdem sei er berühmt als ein Ort wo die Reisenden einkehrten und ausruhten. Offenbar hatte er bei den Chinesen einen grossen Namen. Wir richteten also unsern Weg dorthin, um daselbst unsere Abendmahlzeit einzunehmen und den noch übrigen Theil des Tages dort zuzubringen. Bald führte uns unser Weg durch einige schöne Bambusgehölze, und diese, sowie andere grosse Bäume, sagten uns, in einer Sprache die dem in China reisenden nicht unverständlich sein kann, dass wir uns innerhalb des Gebiets eines buddhistischen Tempels befänden.

Der Shan-te-Maou steht an einem steilen Bergabhange. Als wir näher kamen erblickten wir bald die Tempel an der rechten Seite des Weges, und das Refectorium an der linken, während der Raum zwischen beiden, zum Schutze gegen Regen und Sonne, überdacht ist. Die Tempel bilden drei grosse Abtheilungen, die sich eine hinter der andern an der Seite des Berges erheben. Sie sind mit Götzenbildern angefüllt, unter denen einige sehr grosse. Das Refectorium ist ebenfalls in sehr grossem Massstabe angelegt, und bringt offenbar den Priestern Buddha's, welche dieses Gebirge bewohnen, einen bedeutenden Gewinn. In der Mitte desselben befindet sich ein grosser überdeckter Raum, der von den Seiten offen und mit Tischen, Bänken und Stühlen für die Gäste angefüllt ist. Zu beiden Seiten sind Küchen, Backhäuser und alles übrige was zu einem grossen Wirthshause gehört.

Der Platz war sehr einladend, und die Erzeugnisse der Gegend für mich höchst interessant; ich beschloss also einen oder zwei Tage hier zu bleiben, ehe ich dem Boheagebirge auf immer Lebewohl sagte. Die guten Priester hatten nichts dagegen; im Gegentheil, sie erboten sich sogleich mir ein Zimmer einzuräumen, wo ich mein Gepäck verschliessen und die Nacht über zubringen könnte.

Die Schönheit der Landschaft um diesen Tempel war von den Chinesen nicht übertrieben worden. Sie ist grossartig und ergreifend. Hohe Berge erheben sich hinter dem Tempel, während man vorn zwischen den Bäumen hindurch auf ein weites und fruchtbares Thal blickt. Ausser den hübschen Bambusgehölzen sind in der Nähe der Tempelgebäude auch noch einige schöne Exemplare verschiedener Arten von Nadelhölzern. Unter diesen fiel am meisten die schöne *Cryptomeria,* oder japanische Ceder, in die Augen, die ich schon öfters erwähnt habe. Diese steht offenbar bei den Priestern Buddha's in grosser Gunst, die sie in hohem Grade verdient.

Ich bemerkte auch zwei Arten der immergrünen Eiche *(Quercus sclero-phylla* und *Quercus inversa)* mit grossen und glänzenden Blättern, denen des portugiesischen Lorbeer nicht unähnlich. Von Sträuchern sind hier *Spiraea callosa, Spiraea Reevesiana, Hydrangea, Azaleen,* wilde Rosen, Brombeeren u. s. w. Auch Insecten sind sehr zahlreich, und unter ihnen manche neue die bisher noch nicht beschrieben worden.

Ich habe bereits bemerkt dass diese Gebirge die Hauptveste des Buddhismus zu sein scheinen. Jetzt will ich versuchen eine Beschreibung von der buddhistischen Form des Gottesdienstes zu geben, dem ich in diesem Tempel beiwohnte.

Ich war neugierig einmal den ganzen Gottesdienst mit anzusehen und nahm daher in einer der Passagen Platz welche zu dem grossen Tempel führen, wenige Minuten früher als sich die Priester versammelten. Ich hatte noch nicht lange hier gestanden als ein alter Priester vor mir vorbei ging, und zu einem grossen Holzblocke trat der in die Form eines Fisches gehauen war und an der Decke einer dieser Passagen herabhing, und an den er einigemal mit einer hölzernen Stange schlug. Den lauten hohlen Ton welcher dadurch entstand hörte man durch das ganze Gebäude. Hierauf wurde dreimal an die grosse metallene Glocke auf dem Glockenthurme geschlagen, worauf die Priester von allen Seiten herbeikamen, jeder mit einem gelben Ueberwurf über der linken Schulter. Zu gleicher Zeit ging ein alter Mann herum der auf ein viereckiges Bret schlug, um die Priester, die etwa zufällig schliefen, aufzuwecken und die lässigen zum Gebet zu rufen.

Der Tempel zu dem die Priester eilten war ein grosses Gebäude, volle 100 Fuss ins Gevierte und etwa 60 Fuss hoch, dessen Dach auf einer Menge massiver hölzerner Pfeiler ruhte. Drei grosse Götzenbilder — die Vergangenheit, Gegenwart und Zukunft — jedes wenigstens 30 Fuss hoch, standen in der Mitte des Tempels. Vor diesen war ein Altar, und vor diesem auf dem Boden lagen mehr als hundert Kniekissen, auf dem die Priester während des Gottesdienstes knieten. Zu beiden Seiten dieser geräumigen Halle standen eine Menge kleinerer Götzenbilder gereiht, die, wie man sagte, vergötterte Könige und andere grosse Männer vorstellen sollten, die sich während ihres Lebens durch Frömmigkeit ausgezeichnet hatten.

Als ich mit den Priestern hineinging sah ich einen Mann der die auf dem Altar stehenden Lichter anzündete und Weihrauch verbrannte. Der in die Höhe steigende Rauch des Weihrauchs erfüllte die Luft mit einem schweren aber nicht unangenehmen Dampfe. Eine feierliche Stille herrschte im Tempel. Die Priester kamen einer nach den andern, in der andächtigsten Weise, — indem sie kaum die Augen vom Boden erhoben, und reihten sich zur rechten und linken Seite des Altars, wo sie auf den Kissen niederknieten und sich mehrere Male vor den Götzenbildern tief verneigten. Jetzt wurde wieder an die grosse Glocke geschlagen, — erst langsam und feierlich, dann allmälig schneller; und hierauf war alles wieder ganz still.

Die Priester hatten sich nun alle versammelt — etwa achtzig an der Zahl — und der Gottesdienst im Tempel nahm seinen Anfang. Der zunächst am Altar stehende Priester läutete eine kleine Glocke, — ein anderer schlug eine Trommel; und alle achtzig fielen mehrmals auf ihre Knie nieder. Einer von ihnen schlug dann abwechselnd an ein rundes Stück Holz, das etwas grösser als ein Menschenschädel und inwendig hohl war, und an eine grosse metallene Glocke. Während dieses Theils der Ceremonie trat ein junger Priester aus der Reihe der andern vor und nahm gerade vor dem Altar seinen Platz, wobei er sich mehreremale tief verbeugte. Nun begann der Lobgesang. Einer von den Priestern, wie es schien der Leiter der Ceremonie, schlug dabei den Tact auf dem ausgehöhlten Holzstücke, und die übrigen sangen in einem sehr traurigen Tone. Zu Anfange des Gottesdienstes standen die Priester welche sich vor dem Altar, halb zur rechten und halb zur linken Seite, gereiht hatten, mit dem Gesicht gegen die grossen Götzenbilder gewendet. Jetzt aber drehten sie sich plötzlich um, so dass sie die Gesichter auf einander zuwandten. Der Gesang, welcher langsam angefangen hatte, wurde allmälig munter und immer munterer, und hörte, als er am schnellsten war, plötzlich auf, und eine oder zwei Secunden war alles still. Endlich hörte man eine einzelne Stimme einige Noten allein singen, worauf dann die ganze Versammlung einfiel und ganz so sang wie zuvor.

Der junge Priester welcher aus der Reihe der übrigen vorgetreten war, nahm jetzt seinen Platz gerade dem Altar gegenüber, aber nahe an der Thür des Tempels, und warf sich mehreremale auf ein Kissen nieder welches zu diesem Zwecke hingelegt war. Dann ging er mit langsamen und feierlich gemessenen Schritten zu dem Altar hinauf, nahm ein Gefäss welches auf diesem stand und füllte dasselbe mit Wasser. Nachdem er mit der Hand einige Kreuze und Kreise beschrieben, sprengte er ein wenig Wasser auf den Tisch. Als dies geschehen war, goss er ein wenig aus dem Gefässe in eine Tasse, und zog sich langsam von dem Altar nach der Thür des Tempels zurück. Beim Hinausgehen tauchte er seine Finger in das Wasser und besprengte einen nahe an der Thür stehenden steinernen Pfeiler.

Während dies vor sich ging sangen die übrigen Priester noch immer fort. Das Zeitmass der Musik wechselte oft: — bald war es schnell und lebhaft, — bald langsam und feierlich, — aber immer in einer klagenden Tonart. Als dieser Theil des Gottesdienstes beendigt war, knieten alle langsam vor dem Altar nieder, und bildeten, als sie wieder aufstanden, eine Procession. Die Priester zur rechten Seite des Altars defilirten auf der rechten, die zur linken auf der linken Seite, einer hinter dem andern zu beiden Seiten der geräumigen Halle hingehend und ein langsames feierliches Lied singend, wobei durch Anschlagen an eine kleine Glocke der Tact angegeben wurde. Als die beiden Processionen am hintersten Ende des Gebäudes zusammenkamen, drehten sie sich alle um und gingen in derselben Ordnung wieder zurück wie sie gekommen waren. Die Procession dauerte etwa fünf Minuten und dann nahmen die Priester wieder ihren Platz vor dem Altar ein, und das Singen ging wieder an, wie zuvor. Nach einer oder zwei Minuten fielen sie sämmtlich auf die Knie nieder und sangen in dieser Stellung eine Zeitlang fort. Als sie wieder aufstanden sangen zuerst die welche auf der linken Seite standen einen Theil des Gesanges allein und knieten dann nieder. Hierauf fingen die zur rechten Seite an zu singen, und knieten, als sie geendigt hatten, ebenfalls nieder. Dann standen die zur linken Seite wieder auf; so wechselten sie etwa zehn Minuten mit einander ab, indem sich bald diese bald jene vor dem Altar niederwarfen. Was hierauf noch folgte war beinahe ganz eben so wie der Anfang.

Diese feierliche Ceremonie hatte nun beinahe eine halbe Stunde gedauert. Während dieser ganzen Zeit war ein dichter Schirm vor dem grossen Thore niedergelassen um die Strahlen der Sonne abzuhalten. Eben als die Ceremonie zu Ende ging wurde der Vorhang weggezogen, und der Eindruck den dieses machte war höchst ergreifend und eigenthümlich. Ein heller blassrother Lichtstrom verbreitete sich wie der Blitz in dem Tempel, die Kerzen auf dem Altar schienen auf einmal nur düster zu glimmen, und die ungeheuern Götzenbilder hatten ein noch massiveres und fremdartigeres Ansehen als zuvor. Ernst und schweigend, wie sie hergekommen waren, zogen sich die Priester einer nach dem andern zurück, tief ergriffen, wie es schien, von der Feierlichkeit welcher sie beigewohnt hatten. Fast alle begaben sich nun in das Refectorium, wo sogleich die Mahlzeit aufgetragen wurde. Die Buddhisten essen keinerlei Fleischspeisen, aber desto grössere Quantitäten von Reis und Gemüse. Ich war wirklich erstaunt über die Quantität von Reis welche einer von diesen Priestern bei einem Male vertilgte; und doch haben sie in der Regel ein armseliges und mageres Ansehen, was wahrscheinlich eben so sehr ihrer sitzenden Lebensart zuzuschreiben ist als der Beschaffenheit ihrer Nahrung.

Am Morgen des dritten Tages, nachdem ich mich mit einer Tasse Boheathees erquickt hatte, wahrscheinlich der letzten die ich auf diesen Gebirgen trinken sollte von denen er seinen Namen hat, sagte ich den Priestern Lebewohl und verliess den Tempel. Meine Leute waren eben mit einer derben Schüssel Reis beschäftigt; ich liess sie diese erst leeren und ging allein den Berg hinunter. Da der Berg sehr steil ist, so hat man den Weg im Zickzack angelegt, ich befand mich daher abwechselnd in einem dichten an die Tropenländer erinnernden Walde, bald wieder, bei einer Windung des Weges, hatte ich eine freie Aussicht in das mit üppig grünenden Reisfeldern bedeckte Thal.

Einen Blick noch warf ich hinauf auf den Tempel der zwischen dem reichen Gehölz das ihn umgab hindurch schimmerte. In hellem Sonnenschein glänzte sein Ziegeldach wie mit Edelsteinen bedeckt, und er sah mehr aus wie ein Zauberpalast als wie eine Wohnstätte von Menschen. Und doch war es ein trauriger Gedanke, dass, wie schön und zauberisch der Anblick, wie herrlich die ihn umgebende Landschaft, eine Wolke ihn bedeckte, finsterer und schwärzer als eine Wetterwolke, denn er war nur „ein Altar für den unbekannten Gott."

Wenn China erst wirklich geöffnet sein wird, dann können diese Gebirge wichtige Stationen für die Arbeiten christlicher Missionäre werden. Es ist ohne Zweifel ein Opfer von nicht gewöhnlicher Art welches diese Männer bringen, wenn sie sich mit ihren Familien an solchen Orten einschliessen, weit entfernt von allem Umgange und Verkehr mit Freunden und Verwandten in der Heimath. Aber die römisch katholische Kirche hat den Weg gezeigt, und mitten unter Gefahren und Schwierigkeiten manche edle Beispiele von Selbstverläugnung und Heldenmuth gegeben. Ich weiss sehr wohl dass manche der Ansicht sind, die katholischen Missionäre hätten andere Zwecke vor Augen als die Ausbreitung des Reiches Gottes auf Erden. Ich glaube ein guter Protestant zu sein, aber ich gehöre nicht zu denen die lieblos genug sind nach anderen Gründen zu suchen um die Handlungsweise jener Männer zu erklären, die alles was ihnen auf Erden theuer ist — Freunde, Heimath, Vaterland — zuweilen für immer verlassen, um den Heiden das Evangelium zu verkündigen. Eine gute Sache muss immer anerkannt und gewürdigt werden; und ich gestehe dass es mir immer weh thut, wenn ich höre dass man die Arbeiten dieser Männer unterschätzt, denn ich weiss sehr wohl welchen Mühen sie sich unterziehen.

Die protestantische Kirche hat manchen noch eben so muthigen und unerschrockenen Kämpfer wie in den Tagen der Reformation. Für diese Missionäre mag der Weg in das Herz des chinesischen Reiches nicht ganz frei sein. Sie halten es vielleicht nicht für ihre Schuldigkeit über das weite Feld hinauszugehen welches sie bereits an den fünf Häfen wo Fremde wohnen inne haben. Es unterliegt indessen keinem Zweifel dass binnen wenigen Jahren in China grosse Veränderungen vor sich gehen werden; vielleicht sogar ist ein neuer Krieg mit allen seinen Schrecken unvermeidlich, und wenn dieser Fall eintritt, dann wird dieses ungeheure Land den Fremden aller Nationen geöffnet; dann werden die christlichen Missionäre im Stande sein ihre Thätigkeit auf jene entlegene Stationen in dem Boheagebirge auszudehnen die ich eben beschrieben habe, und dann, wenn Gott seinen Segen giebt, können diese Tempel einst noch ein Ort werden wo die Sonne des Glaubens leuchtet. Die „fröhliche Botschaft des Evangeliums" wird dann hier verkündet werden, und von Hügel zu Thal, von Thal zu Hügel sich weiter verbreiten, bis das ganze weite Reich die frohe Mähr vernimmt.

Ich hatte mich am Fusse des Hügels im Schatten eines grossen Kampferbaumes niedergesetzt um auf meine Leute zu warten, und mahlte mir alle diese gewaltigen Veränderungen welche einmal in diesem Gebirge vor sich gehen könnten in meinem Geiste aus. Schon hörte ich in meinen Gedanken das Läuten der Glocken die zum sonntäglichen Gottesdienst riefen — schon sah ich die andächtigen Schaaren in ihren Feierkleidern aus dem Thale herauf wandern und hörte den Gesang des schönen Morgenliedes: —

„Wach auf mein Geist, und mit der Sonne
Geh fröhlich an dein Tagewerk."

Während diese Bilder an meinem Geiste vorüberzogen kamen meine Leute an, und ich stieg in meine Sänfte und setzte meine Reise durch das Thal fort. Etwa eine Meile unter dem Tempel sah ich eine Bambuspapierfabrik. Zu diesem Zwecke waren auf den Feldern grosse Wasserbehälter eingerichtet in denen die Bambusstämme gewässert wurden. Wie es schien werden sie eine Zeitlang in eine Auflösung von Kalk geweicht, dann herausgenommen und auf Steinen geschlagen bis sie ganz weich sind, oder bis sich alle kieselhaltige Stoffe, deren in ihren Stämmen ein grosser Theil ist abgesondert haben.

Als wir dieses Reisthal hinter uns hatten stiegen wir wieder einen Berg hinan, auf dessen Spitze uns eine herrliche Aussicht erwartete. Wir waren jetzt ganz an der nördlichen Seite des Boheagebirges. Die Berge schienen nach allen Seiten zu zurückzutreten und ein weites Thal lag vor unsern Blicken. Von hier bis zu der Quelle des Flusses dem wir zueilten war nicht mehr weit, und am Abend kamen wir in eine Stadt mit Namen Sho-co, die zu beiden Seiten des Flusses erbaut ist.

Wir kehrten für die Nacht in dem ersten Gasthause der Stadt ein.

Bei Tische und noch einige·Stunden am Abend unterhielt uns eine junge Dame, wie es schien die Tochter des Wirths, welche auf einem Saiten- instrumente spielte, das einer Guitarre nicht unähnlich war, und dasselbe mit ihrer Stimme begleitete. Es war wirklich eine sehr hübsche Musik, ich hatte vielleicht eben so grosses Vergnügen daran wie die Chinesen selbst. Am Abend sagte uns der Wirth dass er für die nächste Nacht einen vornehmen Mandarinen erwarte, der von dem Hofe von Peking nach Foo-chow-foo reise und Läufer vorausgeschickt habe um Vorberei- tungen zu seiner Aufnahme zu treffen.

Am nächsten Morgen begegnete ich dem alten Herrn und seiner Fa- milie an einem buddhistischen Tempel auf der Ebene, wo sie angehalten hatten um eine Erfrischung zu sich zu nehmen. Er hatte mehrere Frauen und Kinder bei sich, nebst einigen Mandarinen von niedrigerem Range und einem grossen Gefolge von Dienern und Soldaten. Als ich dem Zuge am Tempel begegnete sperrte er vollkommen den Weg. Wir mussten daher, ehe wir weiter konnten, ruhig warten, bis die Herrschaften ihre Mahlzeit beendigt hatten. Ihr Weg ging durch das Boheagebirge, über welches wir gekommen waren, und der unsrige nach der Stadt Ching- hoo, die wir früh am Nachmittag erreichten. Es ist eine kleine geschäf- tige Stadt, und ein Ort von ziemlicher Bedeutung, da sie am Anfange eines Seitenstromes des Flusses liegt welcher sich in die Bucht von Hang-chow ergiesst. Aller Verkehr zwischen den dem Meere nähergelegenen Städten, wie Hang-chow-foo, Shanghae u. s. w., und den Städten am östlichen Boheagebirge, wie Pouching-hien, geht über Ching-hoo. Sämmtliche Korb- theee die in den Districten von Pouching gemacht werden, kommen auf ihrem Wege nach den fruchtbaren und volkreichen Gegenden im Nord- osten hierher.

Sobald wir in der Stadt ankamen gingen wir in ein Wirthshaus um zu essen und uns nach einem Boote umzusehen. Diesmal war ich so klug die Sänftenträger und den Coolie selbst zu bezahlen, weil ich nicht noch einmal eine solche Scene haben wollte wie in Pou-ching-hien. Die Leute hatten sich auf der ganzen Reise sehr gut benommen, ich bezahlte ihnen also, ausser ihrem Lohne, noch eine Kleinigkeit für den Unfall den sie mit der Sänfte gehabt hatten, und fügte noch das gewöhnliche Trink- geld für Wein oder Sam-choo hinzu, welches bei solchen Gelegenheiten immer erwartet wird. Sie schienen vollkommen zufrieden, und gingen, nachdem sie noch viele tiefe Bücklinge gemacht hatten, wieder nach Pou- ching-hien zurück.

Sing-Hoo ging jetzt aus um ein Boot zu miethen welches uns den Fluss abwärts bringen sollte. Während seiner Abwesenheit kam ein Bar- bier in das Zimmer wo ich war, und fragte höflich, ob ich nach einer so langen Reise über das Gebirge nicht wollte meinen Kopf rasiren lassen. Ich habe kaum nöthig zu sagen dass ich ihn ersuchte sich keine Mühe darum zu geben. Mein Diener kam bald zurück und brachte einen Schif- fer mit den er gemiethet hatte um uns bis Nechow herab zu bringen, einer kleinen Stadt nahe an der Mündung des Flusses.

Als ich sanft und schnell den Fluss hinab glitt konnte ich die Schwie- rigkeiten und Gefahren meiner Reise als überstanden betrachten. Obgleich noch zwei bis dreihundert Meilen westlich von einem Hafen wo Fremde wohnen, erschien mir doch der Fluss wie ein alter Freund der mir bis

Ching-hoo entgegen gekommen war um mich sicher nach Hause zu bringen.

Es kam nichts weiter vor was die angenehmen Erinnerungen an meine Reise trüben konnte. Unterwegs besuchte ich noch einmal die hübsche Stadt Nan-che, und blieb einen Tag in Yen-choo-foo um mir einige Pflanzen der Trauercypresse für Herrn Beale's Garten in Shanghae zu verschaffen, und kam endlich in Nechow an.

Der Weg welchen ich noch vor mir hatte ist bereits oben vollständig beschrieben worden. Ich kam zur rechten Zeit in Shanghae an, von wo ich auf dieser langen Reise beinahe 3 Monat abwesend gewesen war. Obgleich ich während dieser ganzen Zeit mit Speisestäbchen gegessen hatte, so hatte ich doch nicht verlernt mit Messer und Gabel umzugehen, und ich habe kaum nöthig zu sagen, dass ich mich über die erste englische Mahlzeit herzlich freute.

Die Theepflanzen welche ich mir auf Woo-e-shan verschafft hatte kamen in guter Ordnung in Shanghae an, und die meisten derselben wachsen und gedeihen jetzt auf den Abhängen des Himalaya-Gebirges.

Neunzehntes Capitel.

Theepflanzen u. s. w. nach Hong-kong gebracht. — Einschiffung nach Indien. — Ich fahre wieder nach dem Norden. — Gärten in Shanghae im Frühling — „Südgarten". — Doppelt gestreifte Pfirsiche und andre Pflanzen — Moutangärten. — Schöne neue Arten der Baumpaeonie. — Chinesische Art dieselben fortzupflanzen. — Wie man sie nach Canton versendet. — Ihr Werth daselbst. — Einführung in Europa. — Ihre Grösse in England. — Azaleen Gärten. — Skimmia Reevesiana. — Neue Azaleen. — Der „Kweiwha." — Die Glycine. — Ihre heimathlichen Hügel. — Chinesische Art dieselbe zu ziehen. — Die gelbe Camellia.

Im August war das Wetter ausserordentlich heiss. Da es in dieser Jahreszeit sehr gefährlich ist der Sonnenhitze ausgesetzt zu sein, und ich für den Herbst noch manches schwere Stück Arbeit vor mir hatte, so wollte ich nicht Gefahr laufen wieder das Fieber zu bekommen. Ich blieb daher ruhig bis gegen Ende September unter Herrn Beale's gastfreundlichem Dache.

Im October und November verschaffte ich mir einen grossen Vorrath von Theesamen und jungen Pflanzen aus Hwuy-chow und verschiedenen anderen Theilen der Provinz Chekiang. Diese wurden alle nach Shanghae gebracht, um für die lange Reise nach Indien vorbereitet und verpackt zu werden. Als sie alle in Herrn Beale's Garten beisammen waren bildeten sie eine höchst interessante Sammlung. Da waren Theepflanzen nicht allein von der Silberinsel, Chusan und den Districten um Ning-po, sondern auch aus den weit berühmten Gegenden dess Sung-lo-shan und der Woo-e-Berge. Eine Anzahl Ward's-Kästen mit Glasfenstern wurden nun für die Aufnahme der Pflanzen vorbereitet, und ich selbst brachte die ganze Sammlung nach Hong-kong. Dort wurden sie getheilt und auf vier verschiedenen Schiffen nach Calcutta gesandt.

Sobald ich alle Pflanzen an Bord gebracht hatte, reiste ich von
Hong-kong nach dem Norden ab. Mein Zweck war jetzt, einige Theemanufacturisten ersten Ranges für die Pflanzungen in Indien zu gewinnen
und mir einen Vorrath von Geräthschaften zu verschaffen die in den
besten Districten zur Bereitung des Thees gebraucht werden, sowie noch
eine andere grosse Sammlung von Theepflanzen zusammenzubringen. Ich
erreichte Shanghae im April 1850; der Winter war vorüber und der
Frühling nahm eben seinen Anfang. An den Bäumen und Sträuchern kamen eben Blätter und Blumen zum Vorschein, die Vögel sangen fröhlich
in jedem Gebüsch, und die ganze Natur war voll von Leben und Freude.
Ich benutzte das schöne Wetter und einige Tage Musse, und beschloss
einen Ausflug in die Gärten in der Nähe von Shanghae zu machen, von
denen einige sehr interessant sind.

Der erste Garten den ich besuchte liegt etwa zwei Meilen von
dem südwestlichen Ende der Stadt und ist den hier wohnenden Fremden
unter dem Namen Südgarten wohl bekannt. Es war einer von denen wo
ich bei meinem ersten Besuch in China manche neue Pflanzen gefunden
hatte.

Dieser kleine Garten nimmt etwa einen Acker Landes ein, und ist
wie mancher andere dieser Orte von einem Graben umgeben der mit
Kanälen in Verbindung steht, die der Einwirkung der Ebbe und Fluth
ausgesetzt sind. Wenn man zum Thore hereinkommt ist das Erste was
einem in die Augen fällt, das Haus des Gärtners. Es ist ein plumpes
Gebäude, ein Stock hoch, und wird von dem alten Paare, zwei Söhnen mit
ihren Frauen und einer grossen Anzahl kleiner Kinder bewohnt. In dieser Gegend des Landes leben die Chinesen immer in kleinen Colonien
dieser Art beisammen. Wenn sich ein Sohn verheirathet so bringt er die
Frau in das Haus, und ein Theil des Gebäudes wird für ihren Gebrauch
besonders eingerichtet. Hier wohnen sie in der freundschaftlichsten Ein-
tracht beisammen, und wenn die Enkel gross werden und sich verheirathen,
nehmen sie einen Theil desselben Gebäudes ein und verlassen nur selten
den Ort wo sie geboren sind.

„Ach seid ihr wieder da!" — „Wie geht es euch?" — „Wie sind
die Pflanzen angekommen?" „Wurden sie in England sehr bewundert?"
Das waren die Fragen mit denen mich der alte Gärtner und seine Söhne
empfingen. Zu gleicher Zeit brachten sie einen Stuhl und luden mich ein
unter dem Sommerzelte der Hütte Platz zu nehmen. Ich erzählte ihnen
dass die meisten Pflanzen wohlbehalten in England angekommen und sehr
bewundert worden wären, und dass die schöne *Weigelia* selbst die Aufmerksamkeit ihrer Majestät der Königin auf sich gezogen hätte. Alles was
ich ihnen erzählte, namentlich das letztere, schien ihnen grosses Vergnügen
zu machen, und die *Weigelia* hat jetzt ohne Zweifel einen bedeutend
höhern Werth in ihren Augen als früher.

Dieser Garten enthält manche von den schönen Pflanzen die in den
Jahren 1843 bis 1846 von der Londoner Gartenbaugesellschaft eingeführt
worden sind. Unter manchen Blumentöpfen am Eingange waren schöne
Pflanzen der jetzt bekannten *Weigelia,* die hübsche *Indigofera decora,*
Forsythia viridissima und eine schöne weisse Art der *Wistaria sinensis.*
Ringsherum an den Seiten des Grabens standen viele prachtvolle Exemplare
der *Edgeworthia chrysantha* und *Gardenia florida Fortuniana,* die hier

im freien Boden wachsen. Manche Gardenien waren vier Fuss hoch und hatten fünfzehn Fuss im Umfang. Mit ihren grossen der Camellia ähnlichen Blüthen bedeckt ist sie ausserordentlich schön, und zu allen Zeiten ein hübscher immergrüner Strauch. Auf einem Beete in der Mitte des Gartens stand die weisse Abart des *Platycodon grandiflorus* in voller Blüthe, und nahe dabei auf einem anderen Beete die *Dielytra spectabilis,* beide sahen sehr schön aus, namentlich die Letztere; ihre grossen beutelähnlichen Blumen, von einer hellen rothen Farbe, mit weiss getupft, die zierlich an einem gekrümmten Reise herabhängen, und ihre moutan-ähnlichen Blätter, machen sie zu einer höchst interessanten Pflanze, die gewiss in den englischen Gärten sehr beliebt werden wird. Mehrere Arten von Rosen wuchsen in Töpfen, und unter diesen die schöne gelbe oder lachsfarbige, welche die Gartenbaugesellschaft eingeführt hat. Diese Rose verdient zu Hause mehr Aufmerksamkeit als man ihr bis jetzt geschenkt hat. Ohne Zweifel wird sie höher geschätzt werden wenn sie erst besser bekannt und richtiger behandelt wird. Man müsste sie am Fusse einer nach Süden oder Westen gerichteten Wand pflanzen und an derselben in die Höhe klettern lassen. Sie wächst schnell, die Blumen haben eine auffallende Farbe, und sie blüht in grosser Fülle. Auch schöne Pflanzen des *Viburnum plicatum* und *Viburnum macrocephalum* sah man hier, sowohl in Töpfen als im freien Lande.

Ich bemerkte auch einige junge Pflanzen der interessanten Palme (*Chamaerops* (?) *excelsa),* welche ich bereits oben erwähnt habe. In der Umgegend von Shanghae ist dieselbe immer vollkommen kräftig, und kommt unbeschützt in den strengsten Wintern fort. Auch noch andre Palmen waren da, diese aber war die einzige welche das Klima zu vertragen schien.

Hier waren auch einige schöne Pfirsichbäume mit doppelten Blüthen. Zwei derselben sind bereits von Dr. Lindley in dem „Journal of the Horticultural Society" beschrieben und „doppelt weisse" und „doppelte carmoisinrothe" Pfirsiche genannt worden. Aber so schön als diese ohne Zweifel sind, so giebt es doch noch eine dritte Art die noch bei weitem schöner ist und noch mehr in die Augen fällt. Diese hat grosse doppelte weisse Blüthen, mit rothen oder carmoisinfarbenen Linien gestreift, wie Incarnat. Man kann sich fast nichts schöneres vorstellen als einen Baum dieser Art in voller Blüthe. Zuweilen „spielen" die Aeste und bringen einfarbige Blüthen hervor — und in diesem Falle ist die Farbe entweder weiss oder carmoisin. Dieser schöne Baum ist jetzt wohlbehalten in England, und es lässt sich erwarten dass er in einigen Jahren in unseren Gärten im ersten Frühjahr grosses Aufsehen machen wird.

Diese Pfirsiche scheint sich vorzüglich gut zu eignen um zeitig Blüthen zu treiben, da sich die Blüthenknospen im Herbste vollständig bilden und mit dem ersten warmen Frühlingstage aufzubrechen bereit sind. Ein wenig künstliche Hitze wird sie daher gegen Neujahr, oder zu jeder Zeit bis in den März zur vollen Blüthe bringen.

Als Frühlingsblumen stehen sie bei den Chinesen in hohem Werthe. Wandernde Gärtner tragen sie in den nördlichen chinesischen Städten auf den Strassen zum Verkauf herum. Die Bluthknospen fangen dann gerade an sich auszubreiten; der Käufer setzt sie in Töpfe, giebt ihnen ein wenig Wasser, und setzt sie an das Fenster oder in das Zimmer. Nach einem oder zwei Tagen brechen die Knospen auf, und der kleine Baum ist über und über mit Blüthen bedeckt. In diesem Zustande sind alle drei Arten sehr schön, der fleischfarben gestreiften aber gebührt nach meinem Geschmack der Vorrang.

In der Mitte des Süd-Gartens befindet sich das Familiengrab — ein grosser Erdhügel mit vielen schönen Blumen bedeckt. Hier liegen die Voreltern des alten Mannes seit vielen Generationen begraben, und hier wird auch er schlafen unter den Blumen die er in seinem Leben geliebt. Dieser Garten enthielt eine gute Auswahl von Sträuchern und Bäumen die schon länger bekannt sind als die welche ich eben aufgezählt habe. Es sind einige Beete hier mit *Reeves's Spiraea (Spiraea Reevesiana)*, ein schöner Strauch, der chinesische Wachholder, *Hibiscus syriacus, Wistaria sinensis, Lagerstroemia*, Pflaumen und der beliebte *la-mae Chimonanthus* womit die chinesischen Damen ihr Haar putzen.

Ich war jetzt um den ganzen Garten gegangen und kam wieder an die hölzerne Brücke über die ich hereingekommen war und an das Haus des Gärtners. Nachdem ich hier ausgeruht, ging ich weiter zu den Moutan-Gärten. Diese liegen fünf bis sechs Meilen von Shang-hae mitten in einem weit ausgedehnten Baumwollenlande. Unterwegs traf ich eine Anzahl Coolies die jeder zwei mit Moutans (Baumpaeonien) gefüllte Körbe trugen, die in voller Blüthe standen und auf den Markt zum Verkauf gebracht wurden. Als ich die Gärten erreichte fand ich viele von den Pflanzen in voller Blüthe, und gewiss ausserordentlich schön. Besonders fielen mir die purpur- und lilafarbenen auf. Eine sehr kleine Zwergart, und wie es scheint eine besondere Species, hatte schön geschnittene Blätter und Blumen von einer dunkeln sammetartigen Purpurfarbe, ähnlich der toscanischen Rose. Die Chinesen nennen diese die „schwarze" Moutan, und ich glaube es ist dieselbe welche Dr. Lindley in dem Journal der Gartenbaugesellschaft beschrieben hat und *Paeonia atrosanguinea* nennt. Eine andere Art, die „Tse" oder purpurfarbene genannt, hat doppelte, sehr grosse Blumen; diese ist wahrscheinlich die Abart welche tausend Blumenblätter haben und nur in dem Garten des Kaisers zu finden sein soll. Die dritte Art wird die „Lan" oder blaue genannt. Diess ist eine lilafarbene Art, mit Blumen von der Farbe der Wistaria sinensis. Es giebt noch andere von verschiedenen Purpurschattirungen die von diesen vollständig verschieden und eben so schön sind.

Die doppelten weissen sind eben so zahlreich und schön. Die grösste derselben hat Dr. Lindley *Paeonia globosa* genannt. Es giebt noch vier oder fünf andere die eben so gross und doppelt sind. Einige von ihnen haben einen leichten lilafarbenen Schimmer, der der Farbe ein sehr weisses Ansehen giebt. Die theuerste ist eine welche die Chinesen „wang" oder die gelbe nennen: dieses ist eine strohfarbene Art, ziemlich hübsch, aber nicht so schön wie manche andere.

Die rothen (hong) sind ebenfalls zahlreich. Merkwürdig genug, die Arten welche in Canton und in England gewöhnlich sind, finden sich hier selten. Es giebt ungefähr ein halbes Dutzend neuer Arten der rothen Päonie in diesen Gärten: eine derselben „Van-yang-hong" genannt, ist die schönste Blume die ich jemals gesehen habe. Die Blüthen haben eine helle rothe Farbe, ganz verschieden von allen andern, sind vollkommen doppelt, und jede Blume hat zehn Zoll im Durchmesser. Im Ganzen zählte ich etwa dreissig verschiedene Arten in diesen Gärten.

Fast alle diese schönen Arten der Moutan sind in Canton gänzlich unbekannt. Dies mag auffallen in einem Lande wo die Leute wegen ihrer Blumenliebhaberei zum Sprichwort geworden sind, aber die Chinesen sind in allem was sie thun so vollkommne Maschinen, dass, wenn man sie nur ein wenig kennt, man sich nicht mehr über diese scheinbare Anomalie wundern kann. Die Sache ist die, dass die Gärten in Canton aus einer andern Gegend mit Moutans versorgt werden, die viel weiter westlich liegt als Shanghae. Seit undenklichen Zeiten sind diese Blumen aus denselben Gärten bezogen worden; sie kommen immer auf demselben Wege und um dieselbe Zeit im Jahre an. Shanghae scheint, bis zur Beendigung des letzten Krieges, nie, was die Blumenzucht betrifft, mit Canton in Verbindung gestanden zu haben, und so kommt es denn dass diese schönen Arten der Baumpäonie niemals ihren Weg nach dem Süden und von da nach Europa gefunden haben.

Es giebt sehr viele Moutangärten, sie sind aber alle sehr klein, und nehmen sich eigentlich nur aus wie kleine zu den Bauerhütten gehörige Gärtchen, werden auch auf dieselbe Weise wie diese bewirthschaftet, nämlich von der Familie des Eigenthümers. Die weiblichen Glieder der Familie scheinen eben so viel Interesse daran zu nehmen wie die männlichen, und sind äusserst habsüchtig und geldgierig. Ich habe durchgängig die Erfahrung gemacht, dass ich immer einen höhern Preis für die Pflanzen bezahlen musste, wenn die Frauen dabei um ihre Meinung gefragt wurden. Der Boden in diesen Gärten ist ein weicher Lehm, gut gedüngt, und dadurch leichter als in dem umliegenden Lande wo Baumwolle wächst.

Die Fortpflanzung und Pflege der Moutan scheint man in Shanghae bei weitem besser zu verstehen als in England. Unsere Gärtner klagen immer dass ihnen die Fortpflanzung nicht gelingen will, und diese schöne Blume hält sich daher immer hoch im Preise. Die Chinesen verfahren dabei nach folgender Methode : —

Zu Anfang October sieht man grosse Massen von Wurzeln einer krautartigen Päonie in den Schuppen oder andern Nebengebäuden aufgehäuft, die zu Stöcken für die Moutans bestimmt sind. Das Bündel von Röhren welches die Wurzel bildet, wird in Stücke gerissen und jedes Würzelchen von der Länge eines Fingers bildet einen Stock auf welchen die Moutan gepfropft wird. Nachdem man eine grosse Anzahl dieser Würzelchen auf das Beet wo die Töpfe stehen geworfen hat, werden die Pfropfreiser von den Pflanzen gebracht welche man fortzupflanzen wünscht. Die zu diesem Zwecke gebrauchten Reiser sind nicht mehr als $1\frac{1}{2}$ bis zwei Zoll lang, und die Spitze eines im letzten Sommer gebildeten Schösslings. Das untere Ende wird in einen Keil geschnitten und auf die fingerähnlichen Knollen oben aufgesetzt. Dieser wird dann auf die gewöhnliche Weise zusammengebunden oder mit Lehm verklebt, und die Operation ist fertig. Wenn eine grosse Anzahl von Pflanzen auf diese Weise gepfropft sind, werden sie in die Baumschule gebracht, wo man sie, etwa anderthalb Fuss auseinander, in eben so weit voneinander stehenden Reihen pflanzt. Die Knospe oder Spitze des Pfropfreises bleibt dann allein über dem Boden; das Ende wo die Verbindung stattfinden soll, ist immer unter dem Boden. Kämpfer sagt, die Chinesen pflanzen die Moutan durch oculiren fort; diess ist aber ein Irrthum, denn das Oculiren ist in China gar nicht gebräuchlich, und wird nicht einmal verstanden. Wahrscheinlich liess er sich dadurch täuschen dass nur ein kleiner Theil des Pfropfreises gebraucht wird, der in der Regel nur eine einzige Knospe an der Spitze hat.

Viele Tausende von Pflanzen werden jeden Herbst auf diese Weise gepfropft, und die wenigen leeren Stellen die man in den Reihen sieht zeugen für den Erfolg dieses Systems; und in der That, es ist selten dass ein Pfropfreis verdirbt. Nach etwa vierzehn Tagen ist die Vereinigung der Wurzel und des Reises vollendet, und im nächsten Frühling sind die Pflanzen gut eingerichtet und kräftig. Oft blühen sie schon im ersten Frühling, und selten später als im zweiten, wo sie dann aus dem Boden genommen und auf die Märkte zum Verkauf gebracht werden. Wenn die Pflanze nur e i n e n Stamm und eine Knospe hat, so steht sie bei dem Gärtner in Shanghae in höherem Werthe als wenn sie grösser wird, und er kann sie dann besser verkaufen, weil sie dann eine sehr grosse Blume hervorbringt und leichter aus dem Boden gehoben und zu Markte gebracht werden kann. Ich konnte deshalb mässig grosse Pflanzen immer wohlfeiler kaufen als kleine.

In den Gärten der Mandarinen wird die Baumpäonie oft sehr gross. In der Nähe von Shanghae war eine Pflanze welche jährlich 300 bis 400 Blüthen brachte. Der Eigenthümer pflegte sie eben so sorgsam wie ein Tulpenliebhaber sein Tulpenbeet. Wenn sie in Blüthe stand wurde sie durch einen Schirm von grober Leinewand sorgfältig vor den brennenden Sonnenstrahlen geschützt und ein Sitz vor ihr hingestellt, wo der Besucher sich niedersetzen und sich an dem Anblick ihrer prächtigen Blumen ergötzen konnte. Hier pflegte der alte Herr selbst täglich mehrere Stunden zu sitzen, und eine Pfeife nach der andern zu rauchen und eine Tasse Thee nach der andern zu trinken, während er die Schönheit seiner Lieblings-,,Moutan-wha" bewunderte. Und allerdings, es war eine herrliche Pflanze, die vollkommen die Bewunderung des alten Herrn verdiente.

Die Baumpäonie findet man wild auf den Gebirgen in den Centralprovinzen China's, und sie wird als Gartenpflanze in allen Provinzen des Reichs gezogen. Die Eingebornen nennen sie ,, M o u - t a n - w h a " oder Moutanblume, und daher haben ihr die europäischen Botaniker, die den chinesischen Namen für diese Species beibehielten, den Namen *Paeonia Moutan* gegeben. Sie wurde von Europäern zuerst in den Gärten bei Canton gesehen, ist aber in diesem Theile von China nicht einheimisch. Die Gärtner in Canton treiben einen grossen Handel mit den Moutanzüchtern, welche die Pflanzen alljährlich aus den Provinzen Hoo-nan uud den westlichen Theilen von Kiang-nan, wenigstens tausend Meilen weit in Booten herbringen. Diess geschieht in den Wintermonaten, wenn die Pflanzen noch keine Blätter haben und sich in einem Zustande der Ruhe befinden. Die Wurzeln werden in Körbe gepackt, fast ganz ohne Boden; und in dieser einfachen Verpackung über das ganze Reich vertheilt, ohne beschädigt zu werden. Bei ihrer Ankunft im Süden werden sie sogleich von den Käufern in Töpfe gesetzt und kommen in dem wärmeren Klima sehr bald zur Blüthe. In den Wintermonaten sieht man auf den Hügeln in der Nähe von Canton oder Hong-kong selten Schnee, und das Wetter ist oft sehr warm. Diese Veränderung wirkt daher auf die Pflanzen wie ein Treibhaus ein, und bringt die Blätter und Blüthen bald zur Reife. Sobald die Blumenknospen vollständig ausgebildet sind, werden die Pflanzen von den Eingebornen eifrig gekauft, die sie zum Schmuck ihrer Balcone, Säle und Gärten verwenden. Der Preis der Pflanzen hängt nicht so wohl von ihrer Grösse und Stärke als von der Zahl der Blüthenknospen ab die sich daran befinden. Das erste was ein Gärtner in Canton thut, wenn nach dem Preise einer Moutan gefragt wird, ist, dass er die Blüthen zählt welche sie wahrscheinlich hervorbringen wird. Hat sie nur e i n e Knospe so kostet sie vielleicht nur einen Viertel-Dollar, hat sie zwei, einen halben Dollar und so weiter; dies ist wohlfeil genug, wenn man die Umstände in Betracht zieht. Wenn die Moutans in das heisse Klima des Südens herabgebracht werden, so können sie sich nicht lange erhalten. Sie blühen, wenn sie stark und kräftig sind, wohl im ersten Jahre, da sie aber hier ihre natürliche Ruhezeit nicht haben, das heisst — einen kalten Winter — so verlieren sie ihre Gesundheit, und wenn sie auch noch fortkommen, so sind sie doch später als Zierblumen gänzlich unnütz. Die Chinesen im Süden versuchen es daher nie, wenn die Pflanze einmal geblüht hat, sie noch länger zu erhalten, und der Werth den dieselbe für sie hat, richtet sich daher ganz nach der Art wie sie im ersten Jahre blüht, nachdem sie aus ihrer Heimath herabgebracht ist. Dieser Umstand hält den beständigen alljährlichen Handel zwischen dem Moutanlande und Canton aufrecht.

Nach Loudon kam die erste Baumpäonie im Jahre 1787 nach Europa. In dem „Arboretum et Fruticetum Britannicum" finden wir folgende Notiz hierüber aus der Feder dieses unermüdlichen Schriftstellers: — „Chinesische Zeichnungen und das übertriebene Lob welches dieser Pflanze in den von den Missionären herausgegebenen Mémoires sur la Chine gezollt wurde, erweckten in Sir Joseph Banks und anderen den lebhaften Wunsch, Pflanzen derselben in England einzuführen. Schon vor 1786 veranlasste Sir Joseph Banks Herrn Duncan, einen Arzt im Dienste der Ostindischen Compagnie, eine Pflanze für den Königlichen Garten in Kew zu erwerben, wo sie 1787 durch Herrn Duncan's Bemühungen ankam.

„Eine der grössten Baumpäonien im Umkreise von 10 Meilen von London stand noch neuerdings in Spring-Grove im Freien, an der Stelle, wo sie von Herrn Joseph Banks gepflanzt worden war. Sie war 6 — 8 Fuss hoch und bildete im Jahre 1825 einen Strauch von 8 — 10 Fuss im Durchmesser. Südlich von London giebt es ebenfalls grosse Pflanzen in Rook'snest, nahe bei Godstone, Surrey, welche 1818 gepflanzt worden sind. Nördlich von London ist die grösste Pflanze in der Gegend auf dem Landsitze des Sir Abraham Hume, bei Wormleybury in Hertfordshire. Sie ist 7 Fuss hoch, bildet einen Strauch von 14 Fuss im Durchmesser, und ist vor 30 Jahren gepflanzt. Im Winter steht sie in der Regel sehr gut, wenn aber im Februar die Blumenknospen zu zeitig anschwellen, so ist es rathsam die Pflanze leicht mit einer Matte zu bedecken. Im Jahre 1835 brachte diese Pflanze 320 Blumen zur Blüthe, aber es ist bekannt dass sie dreimal so viel tragen kann. In den meisten Theilen von Schottland wird die Baumpäonie ohne Schutz wachsen, und in der Nähe der Seeküste beinahe eben so gut wie in England. Die grössten Pflanzen sind in Hopeton House und im Dalkeith Park. In Irland erlangt diese Pflanze mit wenig oder gar keinem Schutze eine bedeutende Grösse, wie man daran sieht dass bei Lord Ferrand eine Pflanze die Höhe von 12 Fuss erreicht hat."

Einige Tage nach meinem Besuch im Moutan-Districte machte ich mich auf um die Azaleengärten zu sehen, die ebenfalls sehr interessant sind. Etwa 5 Meilen von der Stadt sind 2 Gärtnereien von denen jede eine bedeutende und werthvolle Sammlung enthält. Sie sind gewöhnlich unter dem Namen Pou - shan - Gärten bekannt, und werden von den in Shanghae wohnenden Fremden häufig besucht.

Mein Weg führte mich durch ein vollkommen ebenes und sehr gut angebautes Land. Die wechselblättrigen Bäume waren mit frischen grünen Blättern bedeckt und noch nicht von Insecten beschädigt; Weizen und Gerste standen in Aehren und die Luft war vom Duft der Feldbohnen gewürzt welche jetzt in voller Blüthe standen. Gruppen von Bäumen waren über die ganze Gegend verstreut, in der Regel genau in zwei Arten getrennt, die wechselblättrigen und immergrünen; die wechselblättrigen Gruppen bezeichneten die Orte wo die Dörfer und Bauergüter lagen, die immergrünen, welche hauptsächlich aus Cypressen und Wachholder bestanden, wuchsen um die Gräber der Todten.

Ein Spaziergang von etwas mehr als einer Stunde brachte mich in den Garten welchen ich besuchen wollte. Da waren keine äusseren Merkmale, wie etwa ein Name oder ein Schild, die den Fremden zu den Garten leiten konnten; in der That, Jemand der mit den Sitten der Chinesen unbekannt war, würde nicht im Traume daran gedacht haben dass sich in einem armen Dörfchen ein so schöner Platz finde. Ich ging durch einen engen Durchgang zwischen zwei Häusern, und gelangte zur Wohnung des Gärtners. Er empfing mich äusserst höflich, lud mich ein in seinem Hause Platz zu nehmen und rief einen seiner Söhne mir eine Tasse Thee zu bringen. Nachdem ich den erfrischenden Trank zu mir genommen, ging ich mit ihm hinaus um seinen Garten zu besichtigen.

Vor dem Hause waren drei oder vier flache Gerüste mit japanischen Pflanzen bedeckt, von denen der alte Mann eine gute Sammlung hatte. Eine kleine Art der Pinus wurde sehr gepriesen und hatte, nach chinesischer Weise als Zwerg-Baum gezogen, einen guten Preis. In der Regel wird sie auf eine Art Steinkiefer gepfropft. Die *Azalea obtusa* und einige halbdoppelte Arten standen in voller Blüthe und wurden von den Chinesen sehr gepriesen. Die Farbe dieser Art ist in China glänzender und blendender als ich sie je in England gesehen. Eine schöne, ganz neue Art hatte kleine, halbdoppelte, nelkenfarbene Blüthen und blüthe sehr reich. Diese wird in England sehr beliebt werden wenn ihre Vorzüge erst bekannt sind. Ihre ungewöhnliche Farbe, die kleinen Blätter und die ganze zierliche Form werden sie zu Bouquetten und zur Verzierung sehr gesucht machen. Ich habe ihr den Namen *Azalea amoena* gegeben, und sie ist jetzt in England.

Auf demselben Gerüste bemerkte ich einen Strauch den ich fälschlich für eine Stechpalme hielt. Es war eine Art *Skimmia* und ich bemerke dass Dr. Lindley sie als *Skimmia japonica* beschrieben hat; es ist jedoch eine Pflanze die sich von denen welche in unsern Gärten unter diesem Namen bekannt sind sehr unterscheidet, und ich schlage vor sie *Skimmia Reevesiana* zu nennen.* Sie bringt eine ungeheure Menge weissliche Blüthen hervor die sehr angenehm riechen, und bedeckt sich nachher mit Trauben von rothen Beeren, unserer gewöhnlichen Stechpalme ähnlich. Ihre glänzenden immergrünen Blätter und zierliche Gestalt tragen viel zu ihrer Schönheit bei, und werden sie, wenn sie erst mehr bekannt sein wird, sehr beliebt machen. Die Chinesen nennen sie *Wang-shan-kwei*, und sie soll auf dem Wang-shan, einem berühmten Gebirge, entdeckt worden sein.

Nachdem ich einen Blick auf die Pflanzen geworfen hatte welche auf dem Gerüste standen, ging ich in den Haupttheil der Gärtnerei der hinter dem Hause lag. Hier zeigte sich dem Auge ein herrlicher Anblick. Zwei grosse Massen von Azaleen, zu beiden Seiten eines kleinen Ganges geordnet, waren mit Blumen von dem blendendsten Glanze und ausserordentlicher Schönheit bedeckt; auch waren es nicht gewöhnliche Arten. Im allgemeinen gehörten sie zu derselben Section wie die *Azalea-indica* (die Arten der Azalea *variegata* blühen nicht so früh), aber die Arten welche in Canton und im Süden so gewöhnlich sind waren hier selten. Eine sehr schöne Art welche die Tracht der Azalea indica hat und halb wechselblättrig ist, hat blass blaue oder lila-gestreifte Blumen und zuweilen Bläschen von derselben Farbe auf weissem Grunde. Nicht selten bringt sie, wie die bereits beschriebene doppelte Pfirsiche, Spielarten hervor und hat dann neben ihren fleischfarben gestreiften Blüthen einige einfarbige purpurfarbene an einer und derselben Pflanze. Diese Art hat den Namen *Azalea vittata* erhalten.

Eine andere dieser verwandte Art, welche ich *Azalea Bealei* genannt habe, hatte rothe Streifen, und eine dritte war bunt gefleckt und gestreift, und die Farben waren dieselben. Diese sind ganz neu und blühen sehr früh im Jahre, volle drei bis vier Wochen eher als die Section zu welcher die *Azalea variegata* gehört. Eine rothe Art, welche später blüht, verdient besondere Erwähnung. Sie unterscheidet sich in ihrer Tracht von allen andern bekannten Species; ihre Blätter sind dunkel, glänzend und immergrün, und die Blüthen haben eine reine dunkelrothe Farbe und sind sehr gross; jede Blüthe hat etwa drei bis vier Zoll im Durchmesser. Es soll eine japanische Art sein. Jetzt findet man Exemplare von allen diesen schönen Blumen in englischen Gärten.

Ueber eine kleine hölzerne Brücke gelangte ich in die dritte Abtheilung der Gärtnerei, welche eine Sammlung der in der Gegend gewöhnlichen Sträucher enthielt. An den Ufern eines Grabens, auf welchen die Fluth und Ebbe einwirkt, steht eine Reihe *Olea fragrans*. Dies ist die berühmte *Kwei-wha* der Chinesen, und eine ihrer Lieblingsblumen. Es ist ein ziemlich grosser Strauch, ungefähr von der Grösse des spanischen Flieder, und blüht im Herbste. Es giebt drei oder vier Arten die sich hauptsächlich in der Farbe ihrer Blüthen unterscheiden. Diejenigen Arten welche braungelbe Blüthen haben sind die schönsten und werden von den Eingebornen am höchsten geschätzt. Man sieht diesen Strauch in der Nähe aller Dörfer in den nordöstlichen Provinzen des Reichs, und in

---

* Herrn John Reeves zu Ehren der viele chinesische Pflanzen in England eingeführt hat und mir während meines Aufenthaltes in China sehr gefällig war.

grosser Menge in den Gärten und Baumschulen. Wenn er im Herbste in Blüthe steht, ist die Luft in seiner Nähe mit dem köstlichen Dufte buchstäblich vollgeladen. Ein Baum ist genug um einen ganzen Garten zu würzen.

In England wissen wir nichts von der Schönheit dieser reizenden Pflanze. Aber unter allen schönen Erzeugnissen des Ostens giebt es keine andere, die mehr unsere Sorge verdiente, oder die dieselbe reichliger lohnen könnte. Ich bin überzeugt dass englische Gärtner nur die Sache in ihre Hände nehmen dürfen um des vollkommensten Erfolges sicher zu sein. Man sehe die Camellien, Azaleen, Gardenien, und eine ganze Menge anderer sämmtlich in China einheimischer Blumen, von denen die meisten in England bei weitem besser wachsen und zu grösserer Vollkommenheit gebracht werden, als in China selbst. Und warum sollte eine der schönsten Pflanzen China's so vernachlässigt werden? Alles was man braucht ist ein mit einem Satteldache versehenes Gebäude zur Aufbewahrung, wo die Sträucher auf das Beet gepflanzt und nach Belieben mit frischer Luft versehen werden können. Während der Sommermonate, so lange sie wachsen, müssen sie warm und feucht gehalten werden, damit das junge Holz gut reifen kann. Im Herbste halte man sie ziemlich trocken und gebe dem Hause im Winter wenig oder keine künstliche Wärme. Auf diese Weise werden die Pflanzen eine beinahe nach demselben System geregelte Behandlung haben wie in ihrem Vaterlande. In den mittlern oder nördlichern Provinzen China's, wo die Pflanze bei weitem besser gedeiht als in dem wärmeren Klima des Südens, ist der Winter oft ausserordentlich kalt. Das Thermometer sinkt oft bis einige Grade unter Null (nach Fahrenheit). Der Sommer ist sehr heiss: in den Monaten Juni, Juli uud August steht das Thermometer, bei Tage, zwischen **80** und **100** Grad, und im Mai und Juni ist die Witterung in der Regel sehr feucht.

Die Blumen der Kwei-wha sind für den chinesischen Hüttenbesitzer, ebensowohl wie für die Gärtner, welche dieselben in grossen Quantitäten für den Markt ziehen, die Quelle einer guten Einnahme und werden in allen grossen Städten sehr gesucht. Die Damen putzen ihr Haar gern mit Kränzen von diesen Blumen, sie werden auch getrocknet und in Ziervasen aufgestellt, wie in Europa die Rosenblätter; ferner werden sie in die feineren Theesorten gemischt um denselben einen angenehmen Duft zu geben.

In allen diesen Gärten wird die Azalea leicht und in grossem Umfange fortgepflanzt. Gewöhnlich geschieht diess durch Ableger; aber auch Pfropfen wird mit Erfolg angewendet. In den heissen Sommermonaten schützt man sowohl die ältern als auch die jungen Pflanzen vor der Sonnenhitze. Die meisten neuen Arten welche ich oben beschrieben habe blühen zeitig, d. h. im März und April. Die Abtheilung zu welcher die *Azalea variegata* gehört blüht im Mai. Wenn die Blüthezeit vorüber ist wird die Witterung, in Folge des Monsunwechsels, in der Regel feucht. In dieser Zeit wachsen die Pflanzen sehr üppig und treiben junges Holz, und in den schönen Sommer- und Herbstmonaten welche hierauf folgen ist das Wachsthum vollendet und das Holz erlangt seine Reife. Im Norden sind die Azaleen während des Winters einer strengen Kälte ausgesetzt. Wie ich bereits bemerkt habe sinkt das Thermometer oft bis einige Grad unter

Null und die Witterung ist der welche wir in England haben nicht unähnlich.

Die Azalea ist in China einheimisch und wächst an allen Berglehnen
wild. In der Gegend von Hong-kong und Canton findet man sie gewöhnlich
wild hoch oben an den Abhängen der Berge, in einer Höhe von 1000
bis 2000 Fuss über der Meeresfläche. Unter dem 25 ^{0} nördlicher Breite,
in der Provinz Fokien, trifft man sie in weniger hoher Lage, etwa 500
bis 1000 Fuss über der Meeresfläche; und wenn man nach Chusan kommt,
unter dem 30sten Grade n. Br., findet man sie an den niedern Abhängen aller Berge in grosser Menge und sehr üppig, aber nie, oder wenigstens nur sehr selten, in einer bedeutendern Höhe. Wir sehen so,
wie Pflanzen die von der Natur für die Temperatur eines Theils der Erdkugel geschaffen sind, sich selbst einem andern anbequemen können, indem
sie sich eine höhere oder niedrigere Lage auf den Gebirgen wählen.

Obgleich man so findet dass sich diese Familie über einen weiten
Landstrich verbreitet, so sind doch offenbar die oben genannten nördlichern
Theile ihre eigentliche Heimath. Alle die auf der Insel Chusan gewesen
sind werden sich erinnern wie schön dort im April und Mai, wenn die
Azaleen blühen, die Bergabhänge und Gehölze sind. Jeder Hügel ist ein
Garten, bunt von Blumen die von der Hand der Natur selbst gepflanzt und
gepflegt werden. Ehe ich diese Hügel sahe glaubte ich dass es nichts
Prächtigeres geben könnte als jene prachtvollen Ausstellungen von Azaleen
auf unseren Blumenausstellungen, und gewiss, wenn wir nur auf die einzelnen Exemplare sehen, so übertreffen manche durch die Kunst englischer
Gärtner gezogene Blumen, die welche wir in einem Zustande der Natur
finden. Aber die Natur pflanzt und pflegt nicht mit kargen Händen; ihre
Farben sind hell und glänzend, und sie beschränkt sich nicht auf Gewächshäuser und Blumenzelte um ihre Erzeugnisse zur Schau zu stellen, sondern streut sie in wilder Fülle über die Abhänge der Berge aus. Hier
ist sie unerreichbar und hier bringt sie Erfolge zu wege, die man, einmal
gesehen, nie wieder vergessen kann.

Ehe ich die Azaleengärten in Shanghae verlasse, muss ich eine Pflanze
erwähnen die damals, als ich dieselben besuchte, gerade in Blüthe stand.
Es war ein Exemplar der *Wistaria chinensis,* welches, als Zwerggewächs
gezogen in einem Topfe wuchs. Der Baum war, nach der Stärke des
Stammes zu schliessen, offenbar alt. Er war etwa sechs Fuss hoch, die
Aeste gingen regelmässig und symmetrisch vom Stamme aus, und er hatte ganz
das Ansehen eines Baumes in Miniature. Sämmtliche Aeste waren jetzt mit langen Trauben herunterhängender, lilafarbener Blüthen beladen. Diese hingen
von den horizontalen Aesten herab und gaben dem Ganzen das Ansehen
eines Blumenspringbrunnens.

Die Glycine, oder *Wistaria chinensis,* ist in Europa längst bekannt,
und es giebt grosse Exemplare derselben an vielen unserer Haus- und
Gartenmauern. Sie wurde in England aus einen Garten in der Nähe von
Canton eingeführt, der einem chinesischen Kaufmann, Namens Consequa,
gehörte; sie ist aber im Süden von China nicht einheimisch und man
sieht sie dort nur selten in ihrer ganzen Schönheit. In der That, schon
der Umstand dass sie in England vollkommen das Klima verträgt beweist
dass sie weiter nördlich ihre Heimath hat.

Vor dem letzten Kriege mit China waren die Fremden auf enge

Grenzen in der Umgegend von Canton und Macao beschränkt, wo sie keine
Gelegenheit hatten die härteren Pflanzen des Nordens zu sehen, die sie
nur manchmal in Gärten antrafen und in Europa einführten. Jetzt hingegen können wir unsere botanischen Nachforschungen in einem Lande betreiben welches mehr als tausend Meilen weiter nordöstlich liegt, so
wie an manchen andern Stellen an diesem Küstenstriche. Die Insel
Koo-lung-sû, zum Beispiel, nahe bei Amoy, wurde während des Krieges
von unsern Truppen eingenommen und, dem Vertrage gemäss, einige
Jahre besetzt gehalten, bis ein Theil des Lösegeldes bezahlt war. Sie
schien in Friedenszeiten Mandarinen und reichen Kaufleuten zum Aufent-
halte gedient zu haben, und war wegen ihrer Gärten und hübschen
Fischteiche berühmt. Als ich diese Gärten sah waren sie meistens
sehr im Verfall und zeigten überall die traurigen Folgen des Krieges. Aber
um die verfallenen Mauern wuchsen noch immer manche schöne Pflanzen.
Capitän Hall von der Madrasarmee, der eine Zeitlang hier stationirte, war
ein grosser Freund der Botanik und machte sich ein Vergnügen daraus mir
alle Pflanzen anzugeben die er auf seinen Spaziergängen gefunden hatte.
,,Ich habe etwas Neues für Sie,'' sagte er eines Morgens, als ich ihm
begegnete; ,,begleiten Sie mich, ich will Ihnen die schönste Pflanze auf
der Insel zeigen. Ich habe sie so eben entdeckt. Es ist eine Schlingpflanze die schöne lange Trauben lilafarbener Blüthen hervorbringt noch
ehe sie Blätter treibt, und sie riecht köstlich.'' Was konnte es sein? war
es etwas Neues? konnte sie vollständig ausgebildeten Samen tragen? oder
konnte ich mir junge Pflanzen verschaffen um sie nach Hause zu senden, das
waren Fragen die sich mir schnell aufdrängten. Nur der enthusiastische botanische Sammler kann sich eine Vorstellung von der Aufregung und der Freude
machen die man empfindet wenn man nahe daran ist eine neue und schöne Blume
aufzufinden. Capitän Hall führte mich, und bald kamen wir an die Stelle
wo die Pflanze wuchs. Seine Beschreibung war nicht übertrieben gewesen; hier war sie, sie bedeckte eine alte Mauer und schlang sich an den
Aesten einiger nahestehenden Bäume in die Höhe. Sie trug lange Trauben erbsenförmiger Blüthen und füllte die Luft ringsum mit würzigem Dufte.
Soll ich erst sagen dass es die schöne *Wistaria* war? Aber selbst in
Amoy fand sie sich nicht wildwachsend und sie war offenbar aus nördlicheren
Breiten hergebracht.

Als ich Chusan erreichte, unter dem $30°$ n. Br., fand ich eine merkwürdige Veränderung im Ansehen der Vegetation. Tropische Formen waren
ganz verschwunden, oder wurden nur selten angetroffen. Obgleich die
Sommer eben so warm und selbst noch wärmer sind als im Süden, so
sind doch die Winter dort beinahe eben so kalt wie bei uns in England.
Dort, und überall in den Provinzen Chekiang und Kiang-nan schien die
Glycine zu hause. An allen Bergabhängen wuchs sie wild, schlang sich
an den Hecken und Wegen hin, und an den Kanälen und Bergströmen
hingen ihre Blätter und Blüthen bis auf das Wasser hinab.

Bei weitem am schönsten aber nimmt sie sich aus wenn sie sich an den Stämmen und Aesten anderer Bäume emporwindet. Diess ist, wo sie wild wächst,
häufig der Fall und wird von den Chinesen in den Gärten oft nachgeahmt.
Man kann sich kaum etwas prächtigeres und schöneres denken als eine
grosse Pflanze dieser Art in voller Blüthe. Ihre Hauptäste und grösseren
Zweige flechten sich um alle Aeste und Aestchen des Baumes, und Hun-

derte von kleinen Zweigen hängen von da bis nahe an den Boden herab.
Die ganze Masse von Aesten ist mit Knospen bedeckt, die ein oder zwei
warme Tage schnell zur Blüthe bringen. Um sich eine Vorstellung von
der Wirkung zu machen den diese Tausende von langen lilafarbenen
Trauben hervorbringen, muss man sich eine Cascade von Blumen, oder eine
mit den Blüthen der Glycine bedeckte Trauerweide vorstellen. Es giebt
manche grosse Exemplare dieser Art auf der Insel Chusan, und eins namentlich war besonders auffallend. Nicht zufrieden mit einem Baume,
hatte es sich über einen ganzen Busch gezogen und bildete eine hübsche
Laube. Als ich sie zum erstenmal sah stand sie in voller Blüthe und
machte einen wirklich zauberhaften Eindruck.

Besonders gern ziehen die Chinesen die Glycine an Gittern und bilden so lange bedeckte Gänge in den Gärten oder Lauben und Laubgängen
vor ihren Häusern. Ein grosses Exemplar dieser Art habe ich schon bei
Beschreibung des britischen Consulatgartens in Shanghae angeführt; ein
anderes eben so merkwürdiges findet sich in dem Garten eines Mandarinen
in Ning-po. Neben ihr wächst dort die schöne neue Art welche neuerdings von der Londoner Gartenbaugesellschaft eingeführt und im Journal
der Gesellschaft beschrieben worden ist. Das Laub und die Tracht beider
Arten sind beinahe gleich. Die neue aber hat lange Trauben mit reinen weissen
Blüthen. Der freundliche alte Herr dem der Garten gehörte (er ist jetzt
gestorben), erlaubte mir Ableger von dieser Pflanze auf dem Dache seines
Hauses zu machen, und während ich in den Sommermonaten in anderen
Gegenden reiste, bewässerte er dieselben mit eigener Hand. Als ich ihn
vor etwa einem Jahre wiedersah, sagte er mir dass er beinahe achtzig
Jahr alt sei. Einer von den Herren welche mich begleiteten (Dr. Kirk
von Shanghae) wurde ihm als Arzt vorgestellt, und er fragte ihn ob er
wohl noch ein Jahr länger leben könnte. Der alte Mann sagte, er wisse
dass er bald sterben müsse, doch möchte er gern noch ein Jahr leben,
fürchte aber dass diess nicht der Fall sein werde. Seine Vorahnung war
nur zu richtig, denn als ich Ning-po wieder besuchte, etwa sechs Monate
später, fand ich die Thüre seiner Wohnung zugemauert und den Garten
vernachlässigt und mit Unkraut überwachsen.

Ich besuchte noch mehrere andere Gärten, etwa zehn bis zwölf Meilen östlich von Shanghae. In einem derselben fand ich eine sehr merkwürdige Pflanze, die ich hier nicht vergessen darf zu erwähnen. Die
welche meine Wanderungen in China gelesen haben werden sich einer
Geschichte erinnern, von meinen Versuchen eine gelbe *Camellia* zu finden.
— wie ich fünf Dollar für eine bot, — wie ein Chinese bald zwei fand,
statt einer — und wie er das Geld nahm und ich betrogen wurde! In
einer dieser Gärtnereien jedoch fand ich eine gelbe Camellia, die gerade in Blüthe stand als ich sie kaufte. Es ist gewiss eine höchst merkwürdige Pflanze, obwohl nicht eben besonders schön. Die Blumen gehören
zu der Classe der Anemonen oder *Warratah*; die äussern Blumenblätter sind
weiss, die innern haben eine gelbe, der Primel ähnliche Farbe. Dem
Laube nach scheint sie eine von den andern genau unterschiedene Art zu
sein, und wird wahrscheinlich ein kälteres Klima besser vertragen als jede
andere ihres Stammes.

Zwanzigstes Kapitel.

Glückliche Ankunft der Theepflanzen in Indien. — Werbung chinesischer Theebereiter. — Chusan. — Meine Wohnung. — Ein Mandarin raucht Opium.
— Sein Ansehen bei Tage. — Ein Sommermorgen in Chusan. — Ein
kaiserliches Edict. — Die Yang-mae. — Schönheit ihrer Frucht. —
Die Stadt Ting-hae. — Poo-too oder die Betinsel. — Alte Inschriften in
einer unbekannten Sprache. — Ein Chinese fängt Fische in einem heiligen
Teiche. — Er wird von den Priestern, verjagd. — Bambus. — Das heilige Nelumbium. — Sammlung von Theesamen und Pflanzen. — Rückkehr
nach Shanghae. — Die Theebereiter werden in Dienst genommen. — Abreise aus dem Norden von China.

Im Sommer 1850 hatte ich die Freude zu hören dass meine Sammlungen von Theepflanzen glücklich in Calcutta angekommen waren. Den
trefflichen Vorkehrungen welche dort von Dr. Falconer und in Allahabad
von Dr. Jameson getroffen wurden, ist es zu danken dass sie in guter
Ordnung den Ort ihrer Bestimmung im Himalayagebirge erreichten. Ein
Zweck meiner Sendung nach China war nun erreicht. Die Theepflanzungen im Himalaya konnten sich jetzt rühmen eine Anzahl Pflanzen aus den
besten Theedistricten China's zu besitzen, nämlich aus dem Grüntheelande
von Hwuy-chow, und dem Schwarztheelande von den Woo-e-Bergen.

Jetzt aber stand mir noch ein Unternehmen bevor das ich für bei
weitem schwieriger hielt und dessen Erfolg sehr ungewiss war; nämlich
Theebereiter aus einem der besten Districte zu werben. Hätte ich Leute
aus einer Stadt an der Küste haben wollen, so hätte ich mir dieselben
sehr leicht verschaffen können. Erst kurze Zeit vorher war eine ganze
Schiffsladung von Auswanderern bewogen worden sich nach Californien
einzuschiffen, und die Auswanderung wurde sowohl in Amoy als in Canton
in grosser Ausdehnung betrieben. Aber ich brauchte Leute aus weit
landeinwärts gelegenen Gegenden, die mit dem Process der Theebereitung
wohl bekannt sein sollten.

Um in einer zufriedenstellenden Weise zu meinem Zwecke zu gelangen, lieh mir Herr Beale freundlich seinen Beistand. Sein Compradore,
ein Mann der bei den Chinesen in grossem Ansehn stand, übernahm die
Leitung des Geschäfts. Einstweilen verliess ich Shanghae um die Theedistricte bei Ning-po noch einmal zu besuchen und in dieser Gegend noch
einen Vorrath von Samen und jungen Pflanzen zu erwerben.

Gegen Ende Juni wurde das Wetter, wie gewöhnlich, wieder ausserordentlich warm, und es war gefährlich der Sonne ausgesetzt zu sein,
namentlich in einer im Innern des Landes gelegenen Gegend. Ich beschloss
daher das alte Kloster, wo ich wohnte, zu verlassen, und auf einer Insel im Archipelagus von Chusan mein Quartier aufzuschlagen.

Mir lag viel daran die Insel Chusan zu sehen, die wir nach dem Kriege
einige Jahre besetzt hielten, die aber jetzt wieder in Besitz der Chinesen
ist. Sie war ein sehr geschäftiger Platz geworden und hatte sich anscheinend sehr gehoben. Der schöne Hafen war voll von Junken, von
denen manche nach dem Süden, andere nach dem Norden geladen hatten
und welche alle Chusan zu einer Hauptstation zu machen shienen. An
der Küste war eine grosse Stadt entstanden, und es war schwer die alten
Häuser wiederzufinden in denen die Engländer wohnten als die Insel im
Besitz der Truppen Ihrer Majestät war.

Das grosse von den Engländern erbaute Hospital stand noch, und da es in eine Art Zollhaus verwandelt war und öffentlichen Zwecken diente, so ging ich hinein um zu sehen ob ich dort für die Zeit meines Aufenthalts Wohnung erhalten könnte. Hier fand ich einen alten Mandarinen der mich sehr höflich aufnahm und mir ein Zimmer, oben, zunächst dem seinigen anbot.

Der alte Mann war ein unverbesserlicher Opiumraucher. Als mein Diener am Abend mein Bett machte, schlug er es an der Wand auf welche das Zimmer des Alten von dem meinigen trennte. „Ihr würdet besser thun eures Herrn Bett nicht hier aufzuschlagen," sagte einer von den bei dem Zolle angestellten Leuten; „der Loi-ya raucht Opium und macht im Schlafe einen sehr unangenehmen Lärm." Dies war leider nur zu wahr.

Gegen neun Uhr Abends legte sich der Alte zu Bett, zündete sein Lämpchen an und begann den Rauch des berauschenden Giftes einzuziehen. Er rauchte in einzelnen Pausen bis ich zu Bett ging, und noch etwas länger. Zwischen ein und zwei Uhr in der Nacht wurde ich durch ein eigenthümliches Geräusch aus dem Schlafe aufgeweckt. Es dauerte einige Secunden ehe ich mich besinnen konnte wo ich mich befand und wer mein Nachbar war. Endlich fiel mir die Warnung ein die mein Diener erhalten hatte. Das Gift hatte seine Wirkung gethan; der alte Opiumraucher lag offenbar jetzt im Schlafe und war im Lande der Träume. Seine Nasenorgane brachten höchst unharmonische Laute hervor, und diese und ein unangenehmes Aechzen und Stöhnen weckten mich jetzt aus dem Schlafe aus.

Mit Tagesanbruch stand ich auf und ging durch sein Zimmer hinaus. Er schlief noch fest und ruhig. Die Opiumpfeife lag auf einem Tische an seinem Bette und neben derselben stand die kleine Lampe. Der schwere Opiumrauch erfüllte noch das Zimmer, und ich war froh als ich in die freie Luft hinaus kam.

Wie ein ganz anderer Anblick zeigte sich da meinen Blicken! Ich hatte so eben einen beklagenswerthen entarteten Menschen gesehen — „den Herrn der Schöpfung;" jetzt sah ich die Schöpfung selbst. Die Luft war kühl, mild und erfrischend, da der Wind in dieser Jahreszeit aus Süden, und folglich über das Meer kommt. Der Thau glänzte auf dem Grase, und die Vögel stimmten soeben ihr Morgenlied an.

Als ich von meinem Morgenspaziergange zurückkehrte fand ich den alten Mandarinen beim Frühstück. Es war damals kurz vorher ein Edict von dem neuen Kaiser erlassen, welches nicht allein das Opiumrauchen verbot, sondern auch die welche sich diesem Genusse ergaben mit schwerer Strafe bedrohte. Wenn ein Beamter im Dienste der Regierung Opium rauchte, so sollte er seine Anstellung und seinen Rang verlieren, und diese Ungnade und Degradation sollte sich für mehrere Generationen auf seine Familie und Kinder erstrecken. Allein das interessanteste bei dieser Sache war, zu sehen, wie wenig in Sachen dieser Art auf Seine himmlische Majestät von ihren Unterthanen geachtet wird. Das berühmte Edict konnte einige Monate lang gar nicht zur Ausführung gebracht werden. Der Opiumraucher hatte das Jahr mit Rauchen angefangen, und man musste ihm erlauben das Rauchen bis zum Jahresschlusse fortzusetzen! Natürlich musste ein Edict dieser Art grosses Aufsehen machen, nicht allein bei den

Chinesen, sondern auch bei denen welche diese Waare einführen. Indessen die am besten unterrichteten, und die den Charakter der Chinesen einigermassen kennen gelernt hatten, hielten es für nichts als eine Papierverschwendung — eine Sammlung hochklingender Worte ohne Sinn. Und sie hatten nicht unrecht; denn als das neue Jahr kam war das Edict längst vergessen, und die Opiumraucher rauchten eben so gut wie sie zuvor gethan hatten.

In Chusan war das Edict ungefähr um die Zeit angekommen als ich hier war, und der alte Herr wusste offenbar darum. „Nun" sagte ich zu ihm, „was ist das? Sie rauchten in der letzten Nacht Opium; haben Sie das Edict nich gelesen?" „O ja," antwortete er, „es tritt aber erst nächstes Jahr in Kraft." So lange ich mich hier aufhielt, kam er jeden Abend gegen neun Uhr in mein Zimmer und sagte lächelnd, „jetzt gehe ich um zu rauchen; Sie wissen, im nächsten Jahre darf ich nicht mehr;" und ich glaube wirklich der Alte rauchte jetzt mehr als er sonst gewohnt war, und hatte eben so mehr Genuss daran.

Da ich schon in meinem ersten Werke eine vollständige Beschreibung der Insel Chusan gegeben habe, so beschreibe ich dieselbe hier nicht noch einmal, aber ich darf nicht unterlassen eine Frucht zu erwähnen die hier und in mehreren Theilen der Provinz Chekiang an den Abhängen der Berge gebaut wird. Sie wird *Yang-mae* genannt und scheint eine Art der *Myrica* zu sein, der *Myrica sapida* am Himalaya verwandt, welche Frazer, Royle u. A. beschrieben haben. Die chinesische Art ist jedoch bei weitem besser als die indische. Ich glaube sogar die Chinesen haben beide Arten, gebrauchen aber die indische nur als Stamm auf welchen sie die andere pfropfen.

Es giebt in Chusan eine sehr grosse Pflanzung dieses Baumes, und während meines Aufenthaltes hier fing man eben an die Frucht zu Markte zu bringen. Sie wurde sehr wohlfeil verkauft und war bei den Eingebornen sehr beliebt.

Ich hatte oft Yang-mae-Bäume gesehen, aber noch nie mit der Frucht, und ich beschloss daher eine solche Pflanzung zu besuchen. Eines Morgens machte ich mich daher zeitig auf, ging über die erste Hügelreihe, und befand mich bald im Mittelpunkte der Insel, wo die Aussicht von allen Seiten durch Berge begrenzt war. An den Seiten dieser Berge waren grosse Massen der Yang-mae. Die Bäume waren buschig, hatten runde Kronen, und waren etwa fünfzehn Fuss hoch. Zu dieser Zeit waren sie mit dunkelrothen Früchten beladen die auf den ersten Anblick Aehnlichkeit mit der Frucht unseres Arbutus haben, obwohl sie anders gestaltet und bei weitem grösser sind. Ich bemerkte zwei Arten, die eine mit einer rothen die andere mit einer gelblichen Frucht. Die Bäume fielen überall an den Seiten der Hügel sehr in die Augen.

Die Eingebornen waren emsig mit Einsammlung der Frucht beschäftigt, die sie in Körbe packten um sie zu Markte zu bringen. In Tinghae, der Haupstadt von Chusan, werden grosse Quantitäten verbraucht, und ein grosser Theil wird auf das feste Land hinübergeschafft. Die Strassen von Ning-po sind in dieser Jahreszeit gewöhnlich ganz voll von diesen Früchten. Die Sammelnden schienen sich über die Erscheinung eines Fremden sehr zu freuen, und boten mir freigebig von der schönen Frucht an. Sie sah, sowohl auf den Bäumen als auch in den schönen Körben zusammengehäuft, sehr schön und einladend aus.

Bei meiner Rückkehr von den Yang-mae-Pflanzungen hielt ich mich eine kurze Zeit in der alten Stadt Tinghae auf. Alle Spuren der englischen Besatzung waren wieder verschwunden. Schneider, Schuhmacher und andere Handwerker mit ihren schmucken englischen Namen und Schildern, über die ich früher so oft lachen musste, waren nirgends mehr zu sehen. Alles war wieder ganz und gar chinesisch, und niemand der mit der Geschichte dieses Platzes unbekannt war, würde auf den Gedanken gekommen sein dass die Insel vor ein oder zwei Jahren in den Händen der Engländer war.

Nachdem ich mich einige Tage in Chusan aufgehalten hatte, ging ich weiter, nach einer andern Insel, mit Namen Poo-too. Diese wird von den Fremden gewöhnlich die „Betinsel" genannt, und ist von buddhistischen Priestern und deren Anhange bewohnt. Ich hatte einen doppelten Zweck der mich diesmal hierher führte; erstens wollte ich meine Gesundheit, die durch die ausserordentlich heisse Witterung sehr angegriffen war, in der gesunden Luft dieser Insel wieder herstellen, sodann hatte ich die Absicht mir die Abschrift einiger Inschriften zu verschaffen die ich bei meiner früheren Anwesenheit gesehen hatte.

Als ich ans Land gestiegen war schlug ich den Weg über die Hügel ein, einem der vornehmsten Tempel zu der in einem kleinen Thale oder einer Schlucht zwischen den Hügeln erbaut ist. Auf dem Wege dorthin kam ich bei den Steinen vorbei auf denen die Inschriften eingehauen sind. Es waren deren zwei; sie sahen aus wie kleine Grabsteine und am Fusse derselben war, wie gewöhnlich, eine kleine Stelle wo Weihrauch angezündet wurde.

Die Schriftzeichen auf diesen Steinen waren nicht chinesisch, und kein Chinese konnte sie lesen. Ich wandte mich an einige der g e l e h r - t e s t e n Priester auf Poo-too, aber ohne Erfolg; sie konnten sie weder lesen, noch mir den geringsten Aufschluss darüber geben wie sie an diese Stelle gekommen waren.

Die Schriftzeichen hatten Aehnlichkeit mit denen einer nordindischen Sprache. Der eine dieser Steine war offenbar jünger als der andere. Auf diesem standen die unbekannten Schriftzeichen oben am Rande, und unter denselben eine Reihe chinesischer Zeichen. Letztere schienen, als sie gelesen wurden, nichts weiter zu sein als eine sinnlose Phrase, mit welcher die Buddhisten ihr Gebet anfangen: „*Nae mo o me to fa.*" Was die obere Linie bedeutet ist vielleicht irgend ein gelehrter Orientalist zu entziffern im Stande.

Der zweite Stein war offenbar sehr alt und enthielt gar keine chinesischen Schriftzeichen.

Wie, oder wann diese Steine hier aufgestellt wurden, darüber ist es schwer selbst nur eine Vermuthung zu wagen. Der Buddhismus wurde, wie wir wissen, von Indien nach China gebracht, und es ist möglich dass unter diesen Steinen die Gebeine einiger der frühesten Beter liegen. Verfolgt, vielleicht von den Heiden jener Zeit, suchten sie auf der kleinen einsamen Insel, wo ihre Gebeine jetzt ruhen, eine Heimath.

Als ich die Schriftzeichen copirt hatte ging ich weiter, den Hügel hinab, in der Richtung einer grossen Tempelgruppe zu. Am Fusse des

Hügels, vor den Tempeln, war einer hübscher See, mit Nelumbium angefüllt, das jetzt in voller Blüthe stand. Als ich näher kam sah ich einen
Chinesen der in dem See fischte. Dies überraschte mich nicht wenig,
da die Buddhisten in diesem Theile China's keinem Thiere das Leben nehmen und nie Fleisch geniessen, — dies ist wenigstens ihr Bekenntniss.
Der Mann wusste offenbar dass er etwas unrechtes that, denn er versteckte
sich hinter den Pfeilern einer Brücke die hier über den See führt. Seine
Beschäftigung wurde indess bald auf eine höchst lächerliche Weise unterbrochen. Nicht weit von ihm, an der andern Seite der Brücke, stand eine
Gruppe von Männern, deren lange wallende Gewänder und rasirte zopflose
Köpfe erkennen liessen dass sie zur buddhistischen Priesterschaft gehörten.
Sie beobachteten offenbar die Bewegungen des Anglers mit grosser Angst
und Aufmerksamkeit. Endlich trennte sich einer von ihnen, mit einem
Bambus in der Hand, von den übrigen und ging auf einem Umwege, so
dass er von dem Fischenden nicht gesehen werden konnte, auf die Brücke
zu. Der Priester machte seine Sache so geschickt, dass er auf der Brücke
und an der Seite des Anglers war ehe dieser noch wusste dass er beobachtet wurde; und allerdings, die erste Andeutung welche dieser erhielt dass
er entdeckt sei, war mit dem Bambus, den der Priester nicht verfehlte
recht derb auf seine Schultern zu legen.

Die Scene war jetzt für alle, den Schuldigen ausgenommen, im höchsten Grade lächerlich. Er schien erst Lust zu haben sich gegen seinen
Angreifer zur Wehre zu setzen; der Priester aber, ein kräftiger junger
Kerl, handhabte den Bambus ohne Erbarmen. Auch die andern Priester
kamen schnell dem Schauplatze nahe. Als der Deliquent diese bemerkte
dachte er offenbar, Klugheit ist der bessere Theil des Muthes, ergriff die
Flucht und rannte den Hügel aufwärts; und die ganze Gesellschaft von
Priestern setzte in vollem Rennen hinter ihm drein. Wahrscheinlich würde
er gefangen worden sein, hätte nicht mein Erscheinen auf der Bühne die
Aufmerksamkeit seiner Verfolger von ihm abgelenkt.

Sobald die Priester mich erblickten gaben sie ihre Verfolgung auf,
kamen auf mich zu, bewillkommten mich mit der grössten Höflichkeit und
baten mich die Tempel zu besuchen. Inzwischen machte der unglückliche
Angler dass er davon kam, und lief über die Hügel dem Meere zu. Nachdem ich die Begrüssungen der Priester erwiedert hatte, bat ich sie mir
die Ursache dieser ausserordentlichen Scene zu erklären die ich so eben
angesehen hatte. Sie sagten mir der Mann sei ein Dieb und Seeräuber,
und von einer der benachbarten Inseln hergekommen um in dem heiligen
Teiche zu fischen und ihre Fische zu tödten!

Ich ging jetzt in Begleitung der Priester an den See hinunter. Es
kann keine schönere und majestätischere Blume geben als das Nelumbium
in dieser Jahreszeit. Von der kleinen romantischen Brücke aus konnte ich
rechts und links sehen; überall ruhte mein Auge auf Tausenden dieser
Blumen, die weiss oder roth sich über das Wasser erhoben und auf den
schönen hellgrünen Blättern standen. Die Blätter selbst, die entweder auf
der ruhigen Fläche des Sees lagen, oder auf langen Stielen emporragten,
waren kaum weniger schön als die Blumen selbst, und standen im herrlichen Einklange mit diesen. Gold- und Silberfische und andere Arten
von Fischen schwammen munter hin und her und befanden sich offenbar
unter dem Schatten der breiten Blätter sehr wohl, in glücklicher Unwissen-

heit von dem Zusammentreffen ihrer Beschützer mit ihrem räuberischen Feinde.

Die Landschaft ist ausserordentlich malerisch. Von allen Seiten ist der See von schön bewaldeten Bergen umgeben, von denen sich manche funfzehnhundert Fuss über die Meeresfläche erheben. Die alten Tempel, welche mehrere Acker Landes bedecken, liegen an der nördlichen Seite des Sees, und andere, von weniger anspruchsvollem Charakter, ragen an allen Bergabhängen aus den Bäumen hervor.

Der mit Blumen bedeckte See, die bewaldeten Gebirge, die alten Tempel, und das herrliche Licht welches ein reiner Himmel über die Scene ergoss, liessen mich fast glauben dass ich mich an einem bezauberten Orte befand.

In dem Garten eines Madarinen in Ning-po sah ich einmal eine sehr schöne Art des Nelumbium die von den rothen und weissen Arten die ich hier bemerkte verschieden war, und die ich zum Unterschiede *Nelumbium vittatum* nennen mag, da die Blumen fein gestreift waren. Sie war offenbar in diesem Theile China's sehr selten, und zwar so dass es mir nicht gelang eine Pflanze zu erhalten die ich nach England senden konnte.

Obgleich diese Pflanzen wo man es versucht hat sie bei uns zu ziehen, in der Regel in Treibhäusern gezogen werden, so hat die Natur sie doch so eingerichtet dass sie einen sehr niedrigen Grad der Temperatur im Winter ertragen können. In allen Theilen der Provinz Kiang-nan, in Shanghae, Soo-chow und Nanking, wo die Winter sehr streng sind, sind sie überall sehr häufig. Die Teiche und Seen frieren oft zu, und das Thermometer sinkt häufig mehrere Grad unter Null. In den Frühling- und Sommermonaten bilden und vervollkommnen die Pflanzen ihre Blätter, Blumen und Früchte; im Herbste sterben alle über dem Wasser sichtbaren Theile allmälig ab, und nur die grossen Wurzeln bleiben am Leben, die tief im Schlamme vergraben in einem schlafenden Zustande ausdauern, bis die Wärme des Frühlings das vegetabilische Leben wieder weckt. Dies ist die Behandlung welche die Natur dieser schönen Pflanze angedeihen lässt; und es wird uns nie gelingen dieselbe in unserem Lande zu ziehen, wenn wir nicht diesem Beispiele folgen. Unsere Sommer sind allerdings kaum warm genug um die Pflanzen in unsern Seen und Teichen zu erhalten, aber, wenn wir es nöthig finden ihr im Sommer künstliche Wärme zu geben, so dürfen wir nicht vergessen dass sie im Winter eine Periode der Ruhe verlangt. In China sind die Lotusteiche im Winter, wenn die Pflanze ruht, in der Regel beinahe trocken; dies ist ein anderer Punkt den wir in Betracht ziehen müssen wenn wir sie künstlich ziehen wollen.

Das Nelumbium, oder *Lien-wha,* wird in China wegen seiner Wurzeln, die für ein ausgezeichnetes Gemüse gelten und bei allen Classen sehr beliebt sind, in grosser Menge gezogen. Die Wurzeln sind am grössten wenn die Blätter absterben; im Norden von China werden sie dann herausgezogen und in den Wintermonaten auf den Markt gebracht. Die Buden der Gemüsehändler sind in dieser Jahreszeit immer damit angefüllt. Obgleich sie bei den Eingebornen in hohen Ehren stehen und mit vielen andern Gerichten aufgetragen werden, so muss ich doch gestehen dass ich ihnen keinen rechten Geschmack abgewinnen konnte, wie sie auch in der Regel von Fremden wenig genossen werden. Man bereitet eine sehr gute Art Pfeilwurz daraus die der Qualität nach für eben so gut gehalten wird wie die welche wir aus Westindien einführen. Auch die Samenkörner sind sehr beliebt; diese werden gewöhnlich geröstet auf den Tisch gebracht.

Anfang September waren meine zwei Ferienmonate zu Ende, ich verliess nun die Inseln des Archipelagus von Chusan und ging wieder auf das feste Land hinüber. Der Südwest-Monsun war jetzt beinahe vorüber und das Wetter wieder bedeutend kühler. Sichere Leute auf die ich mich verlassen konnte, oder vielmehr die ich gehörig am Zaume hatte, wurden nun in die grossen Theedistricte in Hwuy-chow und Fokien abgesandt um Theesamen zu sammeln, und ich schlug in der Nähe von Ning-po meine Wohnung auf.

Den englischen Consuln bin ich zu vielem Danke für ihre Güte und Gastfreundschaft verpflichtet — zuerst Herrn Sullivan, jetzt in Amoy, und neuerdings Herrn Brooke Robertson. Am Consulate zu Ning-po ist ein herrlicher Garten, den ich oft benutzte um meine Pflanzen unterzubringen.

Nachdem ich mir eine grosse Quantität Theesamen und junge Pflanzen verschafft hatte, verliess ich gegen Ende December den District von Ning-po und segelte nach Shanghae ab. Als ich hier ankam fand ich einige gute Theebereiter und Bleikistenmacher vor, die mittlerweile geworben worden waren, und alles war weit besser gegangen als ich nur irgend gehofft hatte. Auch ein grosser Vorrath von Geräthschaften für die Theemanufactur war angekommen. Es blieb mir also nichts weiter übrig als meine Pflanzen zu packen und die Reise nach Indien anzutreten.

Es war eine lustige Scene wie diese Chinesen aus dem innern Lande von ihren Freunden und ihrer Heimath Abschied nahmen. Ein grosses Boot war gemiethet worden und lag an der Landungsbrücke, um sie und ihre Effecten aufzunehmen und von Shanghae an die Mündung des Flusses hinabzubringen, wo die „Island Queen" vor Anker lag um am nächsten Morgen nach Hong-kong abzusegeln. Der Landungsplatz war gedrängt voll von den Auswanderern und ihren Freunden. Als die Stunde der Trennung schlug, gingen die Chinesen an Bord, und gleich darauf wurde das Boot in den Strom gestossen. Jetzt verbeugten sich die Emigranten an Bord und ihre Freunde am Ufer noch viele viele Male mit gefalteten Händen gegen einander, und wünschten einander Gesundheit und Glück, und ihre Wünsche waren gewiss aufrichtig. Am nächsten Morgen ging die „Island Queen", geführt von Capitän M'Farlane, unter Segel, und wir sagten dem Norden von China Lebewohl.

Einundzwanzigstes Capitel.

Versuche mit dem Theesamen. — Beste Methode ihn nach fernen Ländern zu versenden. — Wie man Eichen und Kastanien versenden kann. — Ankunft in Calcutta. — Verfassung der Sammlungen. — Botanischer Garten der Ostindischen Compagnie. — Amherstia und andere Pflanzen in Blüthe. — Weiterreise nach dem Innern. — Die Sunderbunds. — Ankunft in Allahabad. — Landreise. — Ankunft in Saharunpore. — Zustand der Theepflanzen. — Garten in Saharunpore. — Garten in Mussooree. — Dessen Bäume und andere Erzeugnisse. — Dessen Bedeutung für das Land und für Europa.

Im Herbste 1848 schickte ich grosse Quantitäten von Theesamen nach Indien, zum Theil in lockere Canevassäcke verpackt, zum Theil mit trockener Erde vermischt und in Kisten eingeschlossen, anderen wieder in sehr kleinen Packeten, damit er schnell durch die Post befördert werden könnte; aber keine dieser Methoden war von gutem Erfolge begleitet. Der Theesamen behält, wenn er sich ausser dem Boden befindet, nur kurze Zeit seine Lebenskraft, eben so wie die Eicheln und Kastanien, und es ist daher sehr schwer diese werthvollen Bäume durch Samen in fremde Länder zu verpflanzen.

Im Jahre 1849 jedoch gelang es mir ein sicheres Mittel aufzufinden um den Theesamen in voller Lebenskraft in fremde Länder zu bringen; und da sich diese Methode bei allen Sämereien anwenden lässt, die, wie der Theesamen, sich nur kurze Zeit frisch erhalten, so ist es wichtig dass sie allgemein bekannt wird. Sie besteht einfach darin, dass man den Samen gleich nach der Einsammlung in Ward'skästen säet.

Meinen ersten Versuch stellte ich auf folgende Weise an. Ich hatte mir aus den Districten wo die beste chinesische Seide erzeugt wird einige schöne Maulbeerpflanzen verschafft, die ich nach der gewöhnlichen Weise in Ward'skästen pflanzte und gut bewässerte. Nach zwei oder drei Tagen, als der Boden trocken genug war, streute ich eine grosse Quantität Theesamen auf die Oberfläche und bedeckte denselben etwa einen halben Zoll hoch mit Erde. Das Ganze wurde nun mit Wasser besprengt und Querhölzer darüber angebracht um die Erde fest zu halten. Der Kasten wurde dann in der gewöhnlichen Weise zugeschraubt und so fest gemacht wie möglich.

Als der Kasten in Calcutta ankam fanden sich die Maulbeerpflanzen im besten Zustande, der Theesamen hatte unterwegs gekeimt und die jungen Pflänzchen bedeckten die Oberfläche. Dr. Falconer, der mir den Empfang der Kästen meldete, schieb mir damals: „Die jungen Theepflanzen schossen um die Maulbeerpflanzen herum auf, so dick als sie nur aufkonnten."

In demselben Jahre (1849) wurden grosse Quantitäten von Theesamen in andere Kästen zwischen die Reihen junger Theepflanzen gesäet. Auch diese keimten auf ihrem Wege nach Indien und erreichten glücklich den Ort ihrer Bestimmung im Himalaya.

Als mir der glückliche Erfolg dieser Versuche von Indien aus gemeldet wurde, beschloss ich bei der Packung der Kästen die ich nun unter meiner eignen Obhut mitnehmen wollte nach demselben Plane zu verfahren, und säete nun in alle Kästen Theesamen zwischen die Reihen der jungen Pflanzen.

Nachdem vierzehn Kästen auf diese Weise gepackt und fertig waren, blieb mir noch eine grosse Quantität Theesamen übrig, — etwa ein Bushel. Diesen beschloss ich nun auf folgende Weise unterzubringen. Zwei Glaskästen waren vorbereitet worden in denen eine Sammlung Camellien von China in den botanischen Garten in Calcutta gebracht werden sollte. Vor diesen Kästen wurde der Samen ausgeschüttet und mit einer kleinen Quantität Erde gemengt. Eine Schicht dieser Mischung, die nun aus etwa einem Theil Erde und zwei Theil Samen bestand, wurde in jedem Kasten auf den Boden gelegt und die Camellien vorsichtig aus den Töpfen genommen und oben aufgelegt. Die Lücken zwischen den Pflanzen wurden dann in gehöriger Höhe mit dieser Mischung von Theesamen und Erde ausgefüllt und auf der Oberfläche noch ein wenig Erde hingestreut um die obersten Samenkörner zu bedecken. Das Ganze wurde dann gut bewässert, Querhölzer festgenagelt um die Erde an ihrem Platze zu halten, und die Deckel der Kästen nach der gewöhnlichen Weise befestigt.

Soweit waren meine Sammlungen von Pflanzen und Sämereien, die nun sechszehn Glaskisten füllten, im Stande, als ich mit den chinesischen Theebereitern und Geräthschaften Shanghae verliess, wie im letzten Capitel beschrieben worden. Dies war am 16. Februar 1851. Der Nordostmonsun stand jetzt an der Küste von China fest, und da der Wind gut war, so wurden alle Segel aufgesetzt und in vier Tagen ankerten wir in der Bucht von Hong-kong, nachdem wir nahe an tausend Meilen zurückgelegt hatten. Wir gingen dann sogleich auf das Dampfschiff „Lady Mary Wood", und kamen am 15. März in Calcutta an. Hier nahm ich bei Dr. Falconer, dem Oberaufseher des botanischen Gartens der ostindischen Compagnie meine Wohnung, und damals war es als der Versuch gemacht wurde aus den Blättern der Pongamia glabra Thee zu bereiten, wie ich in einem der vorhergehenden Capitel erzählt habe. Sämmtliche Glaskästen wurden in den Garten geschafft, untersucht und für den nächsten Theil der Reise in Ordnung gebracht.

Als die Kästen in Calcutta geöffnet wurden befanden sich die jungen Theepflanzen in guter Verfassung. Der Same welcher zwischen den Reihen gesät war fing eben an zu keimen. Diesen liess man natürlich ungestört, da genug Raum zum Wachsthum da war; mit dem in den Camellia-Kästen aber mussten jetzt andere Massregeln ergriffen werden. Als ich die Kästen öffnete, war die ganze Masse von Samen, von unten bis oben, angeschwollen, und hatte eben zu keimen angefangen. Die Camellien, die jetzt am Orte ihrer Bestimmung angekommen waren, wurden vorsichtig herausgenommen und in Töpfe gesetzt, und waren so frisch als ob sie nie ihre Heimath verlassen hätten. Vierzehn neue Kisten wurden bereit gemacht, mit Erde gefüllt, der keimende Same dick über die Oberfläche hingestreut und auf die gewöhnliche Weise mit Boden überdeckt. Nach einigen Tagen kamen die jungen Pflanzen aus dem Boden hervor; nicht ein Samenkorn schien verdorben zu sein; und durch dieses einfache Verfahren wurden die Pflanzungen am Himalaya mit etwa zwölftausend Pflanzen vermehrt.

In Europa werden alljährlich viele Versuche gemacht Samen von unsern Eichen und Castanien in ferne Länder zu senden, die in der Regel fehlschlagen. Man säe diesen Samen in Ward'skästen, wie ich so eben beschrieben, und man wird des Erfolges fast sicher sein. Wenn sie sehr weit versandt werden sollen, müssen sie dünn gesät werden, nicht in Massen.

Der botanische Garten der ostindischen Compagnie in Calcutta liegt am rechten Ufer des Hooghly, eine kleine Strecke unter der „Stadt der Paläste". Seit dem Rücktritte des Dr. Wallich bis zur Anstellung Dr. Falconers schienen bedeutende Aenderungen hier vorgenommen worden zu sein. Ich muss jedoch gestehen dass manche dieser Aenderungen keineswegs zum Vortheile des Gartens sind. So sind z. B. mehrere werthvolle Bäume und Baumgruppen umgehauen, die in einem Menschenalter nicht wieder ersetzt werden können. Vergebens sahen wir uns nach jenen schönen Palmen um die unter Roxburgh und Wallich gepflanzt sein mussten, und an deren Stelle wir jetzt einige kleine „botanische Arrangements" finden, die nicht ausgeführt werden können und die wahrscheinlich nie dem Zwecke entsprechen werden den man dabei im Auge hatte.

Die Aenderungen mit denen man jetzt beschäftigt ist scheinen ganz anderer Art zu sein, und sind die ersten Resultate eines wohldurchdachten Planes. Man beabsichtigt an einem Theile des Gartens eine grosse Baumpflanzung anzulegen welche Exemplare von allen fremdländischen Bäumen und Sträuchern enthalten soll die im Klima von Bengalen fortkommen ; in einem andern Theile des Gartens sollen die einheimischen, wie Palmen, Dracaena's u. s. w. einen Platz erhalten ; und ohne Zweifel werden auch andere Classificationen krautartiger und medicinischer Pflanzen gebildet werden. Wenn dieser Plan so ausgeführt wird wie man den Anfang gemacht hat, so wird in wenig Jahren diese herrliche Anlage ein ganz anderes Ansehn haben.

Während meines Aufenthaltes hier sah ich zwei merkwürdige Pflanzen in voller Blühte. Die eine war die *Amherstia nobilis*, die andere die *Jonesia Asoca*. Die Verpflegung der ersteren hielt man für ziemlich schwierig, sie gelingt aber jetzt unter der Behandlung des ersten Gärtners, Herrn Scott, sehr wohl. Die langen Trauben scharlachrother Blüthen waren im höchsten Grade zierlich und hübsch. Die *Jonesia* jedoch ist nach meiner Meinung noch schöner. Ich hatte diese oft zu Hause in Treibhäusern gesehen, aber ich hatte keine Vorstellung von ihrer Schönheit, bis ich sie im Garten in Calcutta erblickte. Sie war jetzt buchstäblich beladen mit ihren schönen orangefarbenen Blüthen, die von den dunkelgrünen Blättern so hübsch abstachen. Wenn dieser Strauch bei uns besser bekannt wäre, so zweifle ich nicht dass wir bei unsern Blumenausstellungen in der Hauptstadt bessere Exemplare sehen würden.

Die meiner Sorgfalt anvertrauten Sammlungen waren jetzt zur Abreise bereit, und ich erhielt von der indischen Regierung Befehl am 25. März in einem der kleinen Flussdampfschiffe, welches mich bis Allahabad bringen sollte, weiter zu reisen. Der Hooghly war in dieser Jahreszeit seicht, da diess in Indien die trockene Jahreszeit ist. Wir mussten daher bis zur Mündung des Flusses hinab und dann quer durch die Sunderbunds. Dieses grosse Gebiet erstreckt sich vom Hooghly an der westlichen Seite der bengalischen Bucht östlich bis Chittagong, und ist über zweihundert Meilen breit. Es ist in Hunderte von Inseln zerschnitten, von denen manche das Aussehen haben als ob sie von Armen des Meeres umgeben wären, während andere von Flüssen gebildet sind, die das Land in allen Richtungen durchschneiden. Diese sind eben so viele Mündungen des

Ganges, durch die sich dieser mächtige Strom in die Bucht von Bengalen ergiesst.

Ich war sehr überrascht über die dichte Vegetation der Sunderbunds. Die Bäume sind niedrig and haben ein buschiges Ansehen; sie wachsen dicht am Wasser und viele baden ihre Aeste in dem Strome. Der Boden ist an manchen Stellen so niedrig dass er bei hohem Wasserstande oder zur Zeit der Fluth beinahe unter Wasser steht.

Ein grosser Theil der Sunderbunds ist nicht von Menschen bewohnt. Hier haust der bengalische Tiger ungestört in seinen heimathlichen Wildnissen. Man erzählte mir dass die armen Holzhauer, die in Booten hierher kommen um Holz zu fällen, oft von diesen Thieren weggeschleppt werden, ungeachtet aller Zaubermittel die sie anwenden dieselben fern zu halten. Oft wird ein Priester in dem Boote mitgebracht, der an der Stelle wo das Holz geschlagen werden soll ans Land steigen und gewisse Ceremonien vornehmen muss, die auf die Tiger als Zauber wirken sollen. Diess ist jedoch oft von wenig Nutzen, wie folgende Anekdote zeigt. Vor einiger Zeit war einem kleinen Dampfschiffe auf dem Wege durch die Sunderbunds das Feuerungsmaterial ausgegangen. Der oberste Offizier redete eines dieser Holzboote an um etwas Holz zu erhalten, damit er bis zur nächsten Kohlenstation weiter könnte. Der arme Holzmann bat und flehte, man möchte ihm das Holz lassen, welches zu sammeln er mehrere Wochen gebraucht und wobei er sechs von seinen Leuten verloren, die ihm von den Tigern geraubt worden wären. „Wie kommt das," sagte der Offizier, „hattet ihr denn keinen Priester mit, um die Tiger zu bannen?" „Ach! das half nichts," entgegnete der Holzmann, „denn der Priester war der erste den die Tiger wegschleppten."

Als wir durch diese engen Durchfahrten steuerten sahen wir zahlreiche Herden von Rothwild die am Rande der Jungeln weideten. Sie waren sehr zahm und liessen uns oft ganz nahe kommen ehe sie von dem Dampfschiffe Notiz nahmen.

Am fünften Tage nachdem wir Calcutta verlassen, kamen wir in den Hauptstrom des Ganges. Die Städte welche an dessen Ufern liegen sind in den Berichten über Indien schon häufig beschrieben worden, ich kann daher einfach angeben dass wir der Reihe nach die grossen Städte Potna, Dinapoor, Ghazepoor, Benares und Mirzapoor passirten, und am 14. April in Allahabad ankamen. Hier vereinigt sich der Jumna mit dem Ganges, welche beide Flüsse über Allahabad hinauf für Dampfschiffe nicht mehr schiffbar sind; wir mussten daher unsere Reise bis Saharanpore zu Lande fortsetzen. Sämmtliche Theepflanzen wurden ans Ufer genommen und in einem offenen Schuppen untergebracht, bis Anstalten getroffen waren um sie weiter zu befördern. Herr Lowther, der Commissionär welcher von der Regierung unsertwegen Anweisungen erhalten hatte, that alles was in seiner Macht stand um Menschen, Pflanzen u. s. w. schnell und sicher an den Ort ihrer Bestimmung zu befördern. Desgleichen bin ich Herrn Warrington, dem Agenten der Regierung, für die Gefälligkeiten mit der er allen meinen Wünschen entgegenkam zu grossem Danke verpflichtet.

Die Chinesen und ihre Habseligkeiten, nebst den Theepflanzen und Geräthschaften, füllten neun Wagen. Da es nicht möglich war an einem Tage mehr als für drei Wagen Zugochsen zu erhalten, so beschloss ich drei am 16., drei am 17, und die übrigen am 18. des Monats abge-

hen zu lassen. Ich selbst verliess Allahabad am Abend des 19. in einem
Fuhrwerk der Regierung, und da ich schnell reiste, so konnte ich auf
dem Wege zwischen Allahabad und Saharunpore die verschiedenen Parthien der Reihe nach besichtigen.

Alles kam zur rechten Zeit sicher und wohlbehalten am Orte seiner
Bestimmung an und wurde Dr. Jameson, dem Oberaufseher der botanischen Gärten in den Nordwestprovinzen und der Theepflanzungen der
Regierung, übergeben. Als die Kästen geöffnet wurden fanden sich die
Theepflanzen im vollkommen gesundem Zustande. Nicht weniger als 12,838
Pflanzen wurden in den Kästen gezählt, und ausserdem noch viele welche
erst keimten. Ungeachtet der langen Reise vom Norden China's her, und
der mehrmaligen Verladung unterwegs, schienen sie so grün und kräftig
als ob sie die ganze Zeit über auf den chinesischen Hügeln gestanden
hätten.

Saharunpore liegt etwa dreissig Meilen vom Fusse des Himalaya.
Sein botanischer Garten ist bekannt. Er hat eine grosse Sammlung von
Zier- und Nutzpflanzen die in dem Klima dieses Theiles von Indien fortkommen und von hier aus verbreitet und freigebig an alle die es verlangen vertheilt werden. Auch medicinische Pflanzen werden in grossem
Masstabe hier gezogen, namentlich Hyoscyamus und Henbane. Kurz, es
ist eine sehr werthvolle Anstalt, und unter Dr. Jameson und dem vortrefflichen Hauptgärtner, Herrn Milner, ausgezeichnet gut verwaltet.

Aber das Klima von Saharunpore ist im Sommer zu heiss für solche
Pflanzen die wir in England gewöhnlich im Freien finden, oder die in den
höhern Gegenden des Himalaya einheimisch sind. Die indische Regierung
hat daher, auf Veranlassung des Dr. Royle, im Jahr 1826, in der Nähe
der bekannten Stationen von Mussooree und Landour, und etwa sechs bis
siebentausend Fuss über der Meeresfläche, noch einen andern Garten angelegt.

Da der Garten zu Mussooree für den Leser von grösserem Interesse
ist als die Gärten von Calcutta und Saharunpore, so will ich versuchen
denselben hier zu beschreiben. Er liegt an der nördlichen Seite der
ersten Bergreihe des Himalaya, und zieht sich ziemlich weit in eine romantische Schlucht hinab. Eine öffentliche Strasse oder ein Reitweg führt
am Rande des Hügels oben am Garten hin, und von diesem Wege hatte
ich die erste Ansicht dieses hübschen und interessanten Platzes. Ein
einziger Blick reichte hin mich zu überzeugen dass dies der berühmte
Garten war aus dem so viele interesante, am Himalaya einheimische Bäume
und Sträucher ihren Weg nach Europa finden. Manche von den Berg-Nadelhölzern fielen sehr in die Augen. Die schöne Deodar überragte alle
andern Bäume, und obgleich sämmtliche Exemplare noch verhältnissmässig
jung waren, so waren sie doch überraschend schön und schlank. Nahe
dabei stand die *Abies Smithiana*. Diese sieht dunkel und finster aus,
aber da sie sehr symmetrisch ist und etwas herabhängende Aeste hat,
nahm sie sich äusserst zierlich aus. Sodann war hier noch die *Cupressus torulosa*, welche so stand dass sie zwischen den andern Bäumen
hervorragte, und eine besondere Art derselben Gattung, die aus Kaschmir
sein sollte.

Als ich in den Garten kam fing ich sogleich an dessen interessante
und mannichfache Erzeugnisse genau in Augenschein zu nehmen. Er
macht, was die Gänge und Anordnung betrifft, keinen Anspruch auf einen

Ziergarten. Schmale Fusspfade winden sich in allen Richtungen zwischen den Bäumen hin, und kleine terrassenartig erhöhte Flecke für die verschiedenen Pflanzen sind alles was man sieht. Nützliche und Zierpflanzen anderer Länder in den nördlichen Provinzen Indiens einzuführen und die Erzeugnisse des Himalaya zu sammeln, um sie mit freigebiger Hand nach allen Seiten hin zu versenden, scheint der Hauptzweck zu sein wofür dieser Garten erhalten wird; gewiss sehr edle Zwecke und würdig der aufgeklärten und freisinnigen Regierung welche sie unterstützt.

Unsere gewöhnlichen Gartenblumen schienen hier fast eben so häufig wie in unsern englischen Gärten. Pelargonien, Fuchsia, Nelken, Dahlien, Violen, Mimulen u. s. w. sah man in grosser Menge, und zu der Zeit als ich hier war standen sie fast alle in Blüthe. Viele unsrer englischen Fruchtbäume und Sträucher sind ebenfalls eingeführt worden, wie Aepfel, Birnen, Pflaumen, Himbeeren u. s. w. Eine Quantität Aepfel- und Birnbäume war eben neu aus Amerika angekommen. Sie waren in einem mit Eis beladenen Schiffe nach Calcutta gesandt worden; und etwa ein Viertel der ursprünglichen Anzahl erreichte glücklich das Himalayagebirge.

Unter den indischen Fruchtbäumen bemerkte ich manche Arten aus Kaschmir, die hier durch Dr. Royle und Falconer eingeführt sind. Auch Dr. Jameson hat Aepfel, Birnen, Pflaumen, Mandeln u. s. w. aus Kabul eingeführt. Diese werden alle einst ihren Weg nach Europa finden, und manche derselben sich gewiss als sehr werthvoll erweisen.

Wie sich erwarten lässt ist dieser kleine Fleck ausserordentlich reich an den vegetabilischen Erzeugnissen des Himalaya. Ausser den bereits angeführten nenne ich hier noch die *A. Webbiana* und *Pinus excelsa*. Weniger bekannt als diese war eine schöne Castanie, *Pavia indica* genannt, eine schöne Pappel *(Populus ciliata)*, eine Art des Buxus — der Bergbuchsbaum, *Andromeda ovalifolia* und *Ilex dipyrena*. Zwei schöne immergrüne Eichen bemerkte ich ebenfalls, die *Quercus dilatata* und *Quercus semecarpifolia*. Unter den krautartigen Pflanzen bemerkte ich einige hübsche Primeln, *Lilium giganteum* und *Wallichianum,* und *Fritillaria pollyphylla*. Hier war auch die ehemals berühmte Prangospflanze in voller Blüthe.

Aber auch noch in anderer Hinsicht hat diese Anstalt einen besondern Werth. Eine Menge eingeborner Gärtner die zu derselben gehören bringen jährlich im Herbste einige Monate auf den Bergen zu um Samen von nützlichen und Zier-Bäumen und Sträuchern zu sammeln, die über die ganze Welt vertheilt werden wo solche Pflanzen wachsen können. Wenn wir die Tausende von Deodar und andern Nadelholzbäumen vom Himalaya in Betracht ziehen die man jetzt fast in jedem englischen Ziergarten findet, so können wir sehen welchen grossen Nutzen eine Anstalt dieser Art, so klein sie ist, für England bringt.

In diesen Tagen, da unser indisches Reich eine solche Ausdehnung gewonnen hat, dass es alle Abstufungen des Klimas und Bodens umfasst, muss man bedauern dass ein Ort dieser Art so klein ist. Der Garten in Mussooree kann vielleicht nicht grösser sein, aber man könnte andere Plätze finden die für die Zwecke für die er bestimmt ist, passender wären. Es mag sehr wahr sein dass wir in unsern Gärten beinahe alle Erzeugnisse des Himalaya, die von Werth sind, in reichlicher Menge besitzen, aber die Bewohner Indiens können von den werthvollen Erzeugnissen unserer Gärten nicht dasselbe sagen. Nach meiner Ansicht müsste ein Hauptzweck, weshalb man einen Garten der Regierung in diesen Gebirgen unterhält, der sein, zum Besten der Einwohner dieses Landes nützliche Bäume aus Europa einzuführen.

Zweiundzwanzigtes Capitel.

Auftrag die Theepflanzungen in Indien zu besichtigen. — Pflanzungen in dem Deyra Doon. — Mussooree und Landour. — Flora der Gebirge. — Höhe und allgemeiner Charakter. — Die Pflanzen im Gebirge gleichen denen in China. — Pflanzung in Guddowli. — Die chinesischen Arbeiter werden hier eingewiesen. — Abschied. — Fruchtbarkeit des Landes. — Theepflanzungen bei Almorah. — Pflanzungen der Zemindars. — Abreise von Almorah nach Bheem Tal. — Ansicht der Schneegebirge. — Pflanzungen zu Bheem Tal. — Allgemeine Bemerkungen über die Theecultur in Indien — Vorschläge zu deren Verbesserung. — Andere Pflanzen welche im Himalaya eingeführt werden sollten. — Nainee Tal. — Ankunft in Calcutta. — Die Victoria regia.

Bald nach meiner Ankunft in Saharunpore erhielt ich durch den Statthalter der nordwestlichen Provinzen den Befehl des Generalstatthalters von Indien, alle Theepflanzungen in den Districten von Gurhwal und Kumaon zu besuchen und über deren Verfassung und die Hoffnungen zu denen sie berechtigen Bericht zu erstatten. Auf dieser Inspectionsreise begleitete mich Dr. Jameson, als Aufseher über alle Theepflanzungen der Regierung. Die ersten Pflanzungen welche ich besuchte waren die in dem Deyra Doon.

Deyra Doon, oder Thal der Deyra, liegt 30° 18' n. B. und 78° östl. L. Es ist von Osten nach Westen etwa 60 engl. Meilen lang, und an der breitesten Stelle etwa 16 Meilen breit. Im Süden wird es durch die Sewalickbergkette begränzt, im Norden durch das eigentliche Himalayagebirge, welches sich hier nahe an 8000 Fuss über die Meeresfläche erhebt. Im Westen öffnet es sich dem Jumna und im Osten dem Ganges; Die Entfernung zwischen beiden Flüssen beträgt etwa 60 engl. Meilen.

Im Centrum dieses flachen Thales ist die Theepflanzung von Kaolagir angelegt worden. Im Jahr 1847 waren acht Acres bebaut, jetzt sind deren 300 bepflanzt und etwa noch 90 in Angriff genommen und zur Aufnahme von mehreren Tausenden junger Pflanzen, die vor Kurzem in den Theepflanzungen aus dem Samen gezogen worden sind, vorbereitet.

Der Boden besteht aus Lehm, Sand und vegetabilischen Stoffen, ist ziemlich hart und bei trocknem Wetter leicht zum Ausbrennen geneigt, aber wenn er feucht ist, oder während der Regenzeit, leicht genug. Er ruht auf einem grobsandigen Unterboden der aus Kalk, Sandstein, Thonschiefer und Quarzfelsen, oder solchem Gestein wie in der Composition der umliegenden Gebirgsketten vorkommt, zusammengesetzt ist. Die Oberfläche ist verhältnissmässig eben, obwohl sie sich gegen die Ravinen und Flüsse zu senkt.

Die Pflanzen sind sauber in die etwa fünf Fuss auseinanderliegenden Reihen geordnet, und die einzelnen Pflanzen stehen 4½ Fuss auseinander. Ein langes üppig wachsendes Gras das in dem Doon zu hause ist, macht viel besondere Arbeit, und es ist sehr schwer zu verhüten dass dieses die Theepflanzen nicht überwuchert. Zu den in allen chinesischen Theegegenden gewöhnlichen Arbeiten, wie gäten und von Zeit zu Zeit den Boden lockern, kommt hier noch ein ausgedehntes Bewässerungssystem. Um dieses zu erleichtern sind die Pflanzen in Gräben gepflanzt, etwa fünf bis sechs Zoll unter dem Niveau des Bodens, und die ausgegrabene Erde ist zwischen den Reihen aufgeworfen, um Fusspfade zu bilden. Die ganze Pflanzung besteht daher aus einer Menge von Gräben. Im rechten Winkel mit diesen ist von dem Kanal ein kleiner Bach abgeleitet, und je nachdem man die Gräben oben öffnet oder zuschüttet kann vom Oberaufseher nach Belieben das Wasser zugelassen werden.

Die Pflanzen schienen mir im Ganzen nicht so frisch und kräftig wie ich sie in guten chinesischen Pflanzungen zu sehen gewohnt war. Der Grund davon ist nach meiner Ansicht, 1) weil die Pflanzung auf dem flachen Lande angelegt ist; 2) das System der Bewässerung; 3) das zu frühe Abpflücken der Blätter; und 4) die heissen und trockenen Winde die von April bis Anfang Juni in diesem Thale häufig wehen.

Von dem Doon schlugen wir die Bergstrasse nach Paorie ein, in dessen Nähe die nächste Pflanzung liegt zu der unser Weg führte. Diese Strasse führte uns über die bekannten Stationen Mussooree und Landour. Als wir in das Gebirge hinaufkamen war es interessant die Veränderungen zu bemerken, welche in dem Charakter der vegetabilischen Erzeugnisse stattfinden. Auf den Ebenen und den niederen Abhängen dieser Berge wachsen solche Pflanzen wie die *Justicia Adhatoda, Bauhinia racemosa* und *variegata, Vitex trifolia, Grislea tomentosa* u. s. w. in grosser Menge. Höher hinauf, nämlich 3000 bis 4000 Fuss über der Meeresfläche, kommt die *Berberis asiatica* zum Vorschein, während wir näher der Spitze Eichen, Rhododendron, *Berberis nepalensis, Andromeda ovalifolia,* Viburnen, Spiräen und viele andere Pflanzen antreffen, die zum Theil auch unser Klima vertragen.

Die Gebirge um Mussooree und Landour erheben sich beinahe 8000 Fuss über die Meeresfläche. Sie sind steil und im Allgemeinen äusserst kahl; hie und da bemerkte ich kleine terrassenartige Flecke welche bebaut waren, allein diese wenigen lagen weit auseinander. Die Aussicht von den Spitzen dieser Gebirge ist an einem heiterem Tage sehr schön. Südwärts liegt das Thal der Deyra ausgebreitet und scheint auf allen Seiten von Bergen umgeben, während man nach Norden zu nichts sieht als schroffe kahle Gebirge und tiefe Schluchten. Bei reiner Luft ist auch die Schneekette sichtbar.

Wir verliessen diese Bergstationen am 30sten Mai und gingen in östlicher Richtung an den Seiten des Gebirges weiter. Das Land ist sehr gebirgig und viele Meilen weit war auf diesem Theile unserer Reise keine Spur von Bodencultur zu sehen.

Ein langer Zug von Paharies oder Gebirgsbewohner trug unsere Zelte, Gepäck und Reisevorräthe. Dr. Jameson und ich ritten auf Ponies, und Madame Jameson, die uns begleitete, wurde in einer Jaun-pan, einer Art leichten Rohrstuhl, getragen. An manchen Stellen führte unser Weg an Abgründen hin in die man nicht ohne Schwindel hinabblicken konnte; ein einziger Fehltritt, und wir wären hinabgestürzt in eine Tiefe wo keine irdische Hülfe uns erreichen konnte.

Auf dem Wege an den obern Abhängen und Spitzen dieser Gebirge hatte ich Gelegenheit den Charakter ihrer vegetabilischen Erzeugnisse zu beobachten. Wie Royle und andere Reisende uns erzählen, hat die Flora des Himalaya in einer bedeutenden Höhe grosse Aehnlichkeit mit der europäischen; und ich kann hinzusetzen, noch mehr mit der Vegetation auf den Bergen in China, die unter demselben Breitengrade liegen. In der That, viele Pflanzen die sich im Himalaya finden sind mit denen welche ich auf dem Boheagebirge und den Bergen von Chekiang und Kiang-see antraf identisch. Ich müsste hier die Namen der verschiedenen Pflanzen angeben die ich auf dieser Reise von Mussooree nach Paorie antraf, es wird jedoch vielleicht besser sein den Leser auf Royles „Illustrations of the Botany of the Himalayan Mountains" zu verweisen.

Am 6. Juni, des Morgens, kamen wir in der Pflanzung Guddowli nahe bei Paorie an. Diese Pflanzung liegt in der östlichen Provinz Gurhwal, unter 30 ^{0} 8' n. B. und 78 ^{0} 45' östl. L. Sie besteht aus einer grossen Strecke Terrassenlandes das sich vom Grunde des Thales oder der Ravine mehr als **1000** Fuss hoch an den Seiten der Berge heraufzieht. Die niedrigste Stelle ist ungefähr **4300**, die höchste **5300** Fuss über der Meeresfläche, und die umliegenden Gebirge scheinen **7000** bis **9000** Fuss hoch zu sein. Ich habe die Pflanzung nicht gemessen, es mögen aber etwa hundert Acres bebaut sein.

Es sind hier ungefähr **5000** Pflanzen, von denen etwa **3400** im Jahre **1844** gepflanzt wurden, die jetzt vollkommen zur Nutzung herangewachsen sind; die übrigen sind zum grossen Theil jünger und erst vor ein, zwei bis drei Jahren gepflanzt. Ausserdem giebt es hier eine grosse Anzahl junger aus dem Samen gezogener Pflänzchen auf Beeten, die zur Umpflanzung reif sind.

Der Boden besteht aus einer Mischung von Lehm, Sand und vegetabilischen Stoffen, sieht gelb aus, und ist für den Anbau des Theestrauchs sehr geeignet. Er gleicht sehr dem Boden in den besten Theedistricten China's und ist mit einer bedeutenden Quantität Steinen gemischt, namentlich mit kleinen Stücken von Thonschiefer, aus dem hier die Gebirge zusammengesetzt sind. Grosse Strecken eben so guten Landes sind gegenwärtig noch mit Jungle bedeckt und könnten in diesem Districte vortheilhaft verwandt werden ohne irgendwie den Rechten der Ansiedler zu nahe zu treten.

Wie gesagt ist diese Pflanzung am Abhange des Berges angelegt. Sie besteht aus einer Reihe von Terrassen die sich vom Thale bis zur Spitze hinaufziehen und auf denen die Theesträucher gepflanzt sind. Im Ganzen hat sie grosse Aehnlichkeit mit einer chinesischen Theepflanzung, obgleich man in China selten Theeland in Terrassen angelegt sieht. Dies mag jedoch im Himalaya, wo so starker Regen fällt, nothwendig sein. Wegen des Wassermangels während der trockenen Jahreszeit, wird hier die Bewässerung nach einem besondern System betrieben, obwohl nur in geringer Ausdehnung.

Diese Pflanzung verspricht sehr viel, und ich zweifle nicht dass sie in einigen Jahren sehr bedeutenden Werth haben wird. Die Pflanzen wachsen vortrefflich und befinden sich offenbar in dieser Lage sehr wohl. Einige haben etwas gelitten weil man sie zu sehr bepflückt hat, wie in Kaolagir; diess kann aber in Zukunft leicht vermieden werden. Im Ganzen ist sie in einer höchst befriedigenden Verfassung und beweisst dass man am sichersten geht wenn man dem Beispiele des chinesischen Theebauers folgt, der niemals seine Pflanzungen auf niederem Reislande anlegt und nie bewässert.

Die Gegend um Paorie ist durchaus gebirgig. Wohin man sieht, nach Osten, Westen, Süden oder Norden, überall erblickt man nichts als Gebirge, steinigte Kluften und tiefe Schluchten. Gegen Norden und Nordosten zu wird die Aussicht durch die Schneegebirge begrenzt. Das Land ist beiweitem fruchtbarer als um Musooree und viel dichter bevölkert. Ueberall sieht man bebaute Flecke, namentlich an den niedern Theilen der Berge und etwa bis zur halben Höhe hinauf. Weiter oben ist in der Regel alles kahl und, wie ich glaube, nur selten von Menschen besucht.

In dieser Theepflanzung wurden die chinesischen Arbeiter eingewiesen, welche ich mitgebracht hatte. Sie erhielten hübsche Hütten und Gärten und es wurde Alles gethan um ihnen den Aufenthalt in fremdem Lande angenehm zu machen. Am Morgen als ich Paorie verliess standen die armen Burschen früh auf und legten ihre Feierkleider an, um von mir Abschied zu nehmen. Sie brachten mir ein grosses Packet Briefe an ihre Verwandten in China, um deren Beförderung sie mich baten, und boten mir noch ein kleines Geschenk an, als Beweis ihrer Dankbarkeit, für die Güte welche ich ihnen während unserer langen Reise erwiesen hätte. Das Geschenk lehnte ich natürlich ab und erklärte ihnen dass ich ihre Absicht vollkommen zu schätzen wisse. Ich muss gestehen dass mir die Trennung von ihnen wirklich leid that. Wir waren lange miteinander gereist und sie hatten immer mit vollkommenstem Zutranen auf mich als ihren Director und Freund gesehen. Ich war ihnen selbst immer freundlich begegnet und hatte dafür gesorgt dass ihnen auch von anderen freundlich begegnet wurde, und nie, seit ich sie in Dienst genommen, bis jetzt, wo ich sie in ihrer neuen Heimath verliess, hatten sie mir den geringsten Anlass zu Verdruss gegeben.

Wir gingen nun weiter nach den Pflanzungen in der Nähe von Almorah. Die Gegend wurde, je weiter wir kamen, immer fruchtbarer, und wir kamen bei vielen zum Bau der Theepflanze sehr passend gelegenen, vortrefflichen Ländereien vorbei. Am 29. Juni langten wir in der Pflanzung zu Hawulbaugh an.

Diese Pflanzung liegt an den Ufern der Kosilla, etwa sechs Meilen nordwestlich von Almorah, der Hauptstadt von Kumaon und gegen 4500 Fuss über der Meeresfläche. Das Land hat einen wellenförmigen Charakter, es besteht aus sanften Abhängen und Terrassen, und erinnerte mich an einige der besten Theedistricte in China. Sogar die Berge haben in diesem Theile des Himalaya viel Aehnlichkeit mit den chinesischen Gebirgen und sind, wie diese, in der Nähe ihrer Spitzen kahl und dürr, an den niedrigen Abhängen aber fruchtbar.

Vier und dreissig Acres Landes waren hier mit Thee bepflanzt, die anstossende Pflanzung von Chullar mitgerechnet. Manche der hiesigen Pflanzen scheinen vom Jahr 1844 zu sein; der grössere Theil aber ist, wie in Paorie, erst ein bis drei Jahr alt.

Der Boden ist, wie man gewöhnlich sagt, ein sandiger Lehm; er ist nicht zu fett, reichlich mit vegetabilischen Stoffen gemischt, und für den Theebau sehr geeignet. Der grösste Theil der Pflanzung ist in Terrassen

angelegt wie in Guddowli; an einigen Stellen aber hat man, in Ueber-
einstimmung mit dem in China beobachteten Verfahren, die natürlichen
Abhänge gelassen. Bewässerung wird in einer mässigen Ausdehnung angewendet.

Sämmtliche junge Pflanzen hier sind kräftig und gesund und gedeihen
sehr gut, namentlich auf dem Boden wo sie nicht vom Wasser überschwemmt
und beschädigt werden können. Einige ältere Sträucher schienen etwas
im Wachsthum verkümmert; diess ist aber offenbar Folge des um ihre
Wurzeln stagnirenden Wassers, zum Theil auch eines zu starken Bepflückens; beiden Uebelständen kann indess leicht abgeholfen werden.

Näher bei Almorah, und etwa 5000 Fuss über der Meeresfläche, sind
zwei kleine Pflanzungen, Lutchmisser und Kuppeena. Erstere hat etwa
drei, letztere vier Acres. Der Boden ist leicht und sandig und sehr mit
kleinen Theilen von Thonschiefer gemischt die sich von den naheliegenden
Felsen ablösen. Diese Pflanzungen werden selten bewässert und das Land
ist steil genug um zu verhindern dass das Wasser stehen bleibt und an
den Wurzeln stagnirt.

Viele von den hiesigen Sträuchern sind schon vor mehreren Jahren
gepflanzt. Sie sind vollständig zur Nutzung herangewachsen und im allgemeinen vollkommen gesund. Ueberhaupt sind diese Pflanzen gut in
Ordnung.

Bisher habe ich nun alle Pflanzungen der Regierung in Gurhwal
und Kumaon beschrieben, bis auf die in Bheem Tal. Ehe ich jedoch
diese besuchte, erhielt ich den Auftrag noch einige andere zu besichtigen
welche den Zemindars* gehörten und die unter dem Schutze des Statthalters und Statthalterassistenten von Kumaon und Gurhwal stehen.

Die erste dieser Pflanzungen liegt bei einem Orte mit Namen Lohba, im östlichen Gurhwal, etwa fünfzig Meilen westlich von Almorah, und in einer Höhe
von 5000 Fuss über der Meeresfläche. Es ist eine der schönsten Stellen
in diesem Theile des Himalaya, die umliegenden Gebirge sind hoch, und
an manchen Stellen steil, während sie an andern sanfte Abhänge und wellenförmige Erhöhungen bilden. An diesen wellenförmigen Abhängen findet
sich sehr viel zum Theebau geeignetes Land. Einige Theesträucher
wuchsen mehrere Jahre kräftig in dem Garten des Statthalters, und diese
sind jetzt volle 10 Fuss hoch. Da diese Pflanzen so gut gediehen, so
kamen natürlich die Behörden der Provinz auf den Gedanken den Theebau
in einem grösserm Masstabe zu versuchen. Im Jahre 1844 erhielt man
etwa 4000 junge Pflanzen aus den Pflanzungen der Regierung, die auf
einen Strich vortrefflichen Bodens gepflanzt wurden, welchen die Eingebornen verlassen wollten. Anstatt jedoch den Leuten zu erlauben ihr Land
aufzugeben, versprach man ihnen Freiheit von Abgaben, unter der Bedingung dass sie die Pflege des Thees übernähmen der auf einem kleinen
Theile, des zum Dorfe gehörigen Bodens angepflanzt worden war.

Dieses Uebereinkommen scheint jedoch seinen Zweck verfehlt zu haben,
entweder, weil den Leuten die nöthige Kenntniss fehlte oder weil sie nicht
den guten Willen hatten, vielleicht auch vereinigte sich beides. Neuer-

---

* Landbesitzer, in der Regel versteht man unter diesem Ausdrucke solche
Grundbesitzer welche ihr Land unmittelbar von der Regierung haben.
Der Uebers.

dings sind eine grössere Anzahl von Pflanzen neu gepflanzt worden, aber, wie ich mit Bedauern sagen muss, mit beinahe eben so geringem Erfolge.

Aber jeder der nur irgend etwas mit der Natur der Theepflanze bekannt ist, und dem man die Art der Behandlung, die man dieser hier zu geben beabsichtigt, sagte, hätte den Erfolg voraussagen können. Als ich die Sache genauer untersuchte fand ich, dass die Bauern das Theeland eben so bewirthschaften wie sie mit ihren Reisfeldern zu thun gewohnt waren, — d. h. sie wendeten ein regelmässiges System der Bewässerung an. Da W a s s e r im U e b e r f l u s s gegeben wurde, so scheint es dass ein grosser Theil der Pflanzen, ja fasst alle, in Folge dessen verdarben. Die letzte obengenannte Anpflanzung wurde spät im Frühjahr vorgenommen, gerade als die trockene Witterung begann, und diesen Pflanzen scheint man wenig oder gar kein Wasser gegeben zu haben. So verfiel man aus einem Extrem in ein anderes das eben so schlecht war, und der Erfolg war natürlich derselbe.

Ich nehme keinen Anstand zu sagen dass dieser District sich sehr gut für den Bau der Theepflanze eignet. Bei einer richtigen Bewirthschaftung kann man in vier bis fünf Jahren eine sehr einträgliche Pflanzung angelegt haben. Land ist im Ueberfluss da, und sowohl für die Eingebornen als die Regierung von geringem Werth.

Die zweite im Besitz von Zemindars befindliche Pflanzung ist in Kutoor. Dies ist der Name eines grossen Districts, dreissig bis vierzig Meilen nördlich von Almorah, in dessen Mittelpunkte die alte Stadt oder Dorf Byznath liegt. Es ist ein schönes wellenförmiges Land mit weiten Thälern, sanften Abhängen, und kleinen Bergen, von vielen Bächen durchschnitten und von hohen Gebirgen umgeben. Der Boden dieses Districts ist sehr fruchtbar und kann auf den niedern, der Bewässerung fähigen Feldern grosse Ernten von Reis tragen, so wie an den Bergesabhängen Getreide und Thee. Ich weiss nicht weshalb, entweder wegen der geringen Bevölkerung oder weil d e r E r t r a g d e r E r n t e n i c h t l o h n t e *, hat man grosse Strecken dieses fruchtbaren Disricts verwildern lassen. Ueberall sah ich verfallene und mit Jungle bedeckte Terrassen welche zeigten dass ehemals das Land besser bebaut war.

Zwischen einigen Bergen, nahe dem obern Theile dieses Districts, sind einige kleine Theepflanzungen angelegt worden die unter dem Schutz und der Oberaufsicht des Capitain Ramsay, dem Statthalterassistenten-Senior von Kumaon stehen. Jede Pflanzung nimmt etwa drei bis vier Acres Landes ein, und sie sind etwa ein Jahr vor meinem Besuche angelegt worden. In dieser kurzen Zeit sind die Pflanzen zu hübschen kräftigen Sträuchern herangewachsen und waren alle vollkommen gesund. Selbst in den am meisten begünstigten Districten in China, sah ich keine Pflan-

---

* Die Feldfrüchte dieses Districts, wie Reis, Mundooa und anderes Getraide sind in solchem Ueberfluss vorhanden und so wohlfeil, dass sie kaum das Fuhrlohn zu dem nächsten Marktflecken tragen, geschweige denn den Transport bis in die Ebenen hinab. In Almorah wird ein Maund Reis oder Mundooa für noch nicht ein Rupie verkauft, Gerste für acht Annas und Waizen für ein Rupie. *

* Der Rupie gilt nach unserm Gelde etwa 20 Neugroschen, der Anna etwa 12 Pfennig.   D. Uebers.

zungen die ein besseres Aussehen hatten als diese. Dieser Erfolg wurde, wie mir Capitän Ramsay sagte, in folgender einfachen Weise erzielt. Sämmtliches Land das zu den beiden Dörfern gehörte mit denen die Theepflanzungen zusammenhängen, wurde von der Einkommensteuer befreit, die jährlich etwa zwei und funfzig Rupien eintrug. Anstatt diese zu bezahlen liefern die Assamees (Bauern) aus beiden Dörfern Düngung und helfen sowohl beim Umpflanzen als beim Pflügen und der Zubereitung des neu einzurichtenden Landes. Neben diesen sind beständig ein Chowdree und vier Gefangene in den Pflanzungen beschäftigt.

Der Hauptgrund aber des Gedeihens dieser Pflanzungen mag, nächstdem dass sich das Land sehr gut zum Theebau eignet, ohne Zweifel in einem guten System der Bewirthschaftung zu suchen sein, welches darin besteht dass die jungen Pflanzen in der geeigneten Jahreszeit, wenn die Luft mit Feuchtigkeit geschwängert war, umgepflanzt und nachher nicht durch übermässige Bewässerung verdorben wurden. Die andere Pflanzung der Zemindar's in Lohba könnte jetzt, wenn man dasselbe System angewendet hätte, in vollem Gange sein.

Aus obiger Beschreibung wird man entnehmen können, dass nach meiner Ansicht die Pflanzungen im Kutoor sich in einem blühenden Zustande befinden; und ich zweifle nicht dass sie so bleiben und die Zemindars sich bald von der Wichtigkeit des Theebaus überzeugen werden, vorausgesetzt dass ihnen drei Dinge, von denen das Gedeihen des Strauches abhängt, streng eingeprägt werden; nämlich: dass niedrig gelegenes und nasses Land zum Theebau untauglich ist, dass es falsch ist, den Thee eben so zu bewässern wie den Reis, und dass man nicht eher anfangen darf zu pflücken als bis die Pflanzen stark und kräftig genug sind. Ich freue mich hier hinzusetzen zu können, dass in diesem Berglande kein thörigtes Vorurtheil in den Gemüthern der Eingebornen herrscht. Um die Zeit meines Besuchs kam ein Zemindar und bat um 2000 Pflanzen, um Theebau auf eigene Rechnung anfangen zu können.

Sehr wichtig ist es dass die Behörden des Districts, und andere einflussreiche Personen, an einem Gegenstande dieser Art Interesse nehmen. Bis jetzt kennen die Eingebornen noch nicht den Werth, aber sie sind so gelehrig wie Kinder, und werden sich gern des Theebaues annehmen, vorausgesetzt dass der „Sahib" sich dafür interessirt. In wenigen Jahren wird der Gewinn den sie davon ziehen werden ein gutes Reizmittel sein.

Gegen Mitte Juli verliessen wir die Districte von Almorah um uns nach denen von Bheem Tal zu begeben. Unser Weg führte über ein hohes Gebirge welches zwischen Almorah und den Ebenen von Indien liegt. Ich glaube es heisst das Gaughur-Gebirge und erhebt sich nahe an 9000 Fuss über die Meeresfläche. Als wir an den Seiten dieses Gebirges emporstiegen hatte ich die erste gute Ansicht der Schneegebirge. Die Nacht über blieben wir in Dâk bungalow. Am nächsten Morgen, als wir unsere Reise fortsetzten, fiel ein leichter Staubregen, und schwere Wolken hingen in Massen an den Seiten der Gebirge, nicht allein über uns, sondern auch weit unter uns in den Klüften. Als ich mich umwandte um diese eigenthümliche und wundervolle Scenerie zu betrachten, lagen die Schneegebirge vor mir, in ihrer ganzen Grossartigkeit und hell von der Sonne beleuchtet. Wenn ich sagen wollte dass sie sich weit über die Wolken erhoben, so würde man sich noch keine Vorstellung von ihrer Höhe machen können, denn ich selbst stand über den Wolken. Ihre schneebedeckten Spitzen schienen an den Himmel selbst zu reichen und das dunkelblaue Gewölbe zu durchbohren.

Nie auf allen meinen Wanderungen hatte sich eine Ansicht wie diese meinen Augen gezeigt. Sie war in der That grossartig und erhaben im vollsten Sinne des Wortes. Wie klein erschienen, mit diesen Gebirgen verglichen, die riesenhaftesten Werke menschlicher Hände. Die egyptischen Pyramiden selbst, die ich wenig Jahre vorher mit Staunen betrachtet hatte, sanken zur äussersten Unbedeutendheit herab! Stundenlang hätte ich diese Pracht und Herrlichkeit betrachten mögen, aber bald umhüllten mich die Wolken und das Schneegebirge war meinen Blicken entschwunden.

Nachdem wir den Gaughur überschritten hatten stiegen wir an der südlichen Seite allmälig abwärts und erreichten die Pflanzungen am Bheem Tal.

Der See Bheem Tal liegt 29^0 $20'$ n. Br. und 79^0 $30'$ östl. L. Er ist 4000 Fuss über der Meeresfläche, und einige der umliegenden Gebirge sollen 8000 Fuss hoch sein. Diese bilden die südliche Kette des Himalaya und die Gränze der weiten Ebenen Indiens auf welche an manchen Stellen die Pässe im Gebirge einen Blick verstatten. In diesen Bergen giebt es viele Tals oder Seen, flaches Wiesenland, und sanfte wellenförmige Abhänge, während höher hinauf die Gebirge steil und schroff sind. Hier in diesen Bergen hat man die Bheem Tal-Theepflanzungen angelegt die wir in drei Klassen eintheilen können.

1) Anoo- und Kooasur-Pflanzungen. — Diese stossen an einander, sind beide auf niedrigem flachem Lande angelegt, und bedecken zusammen etwa sechsundvierzig Acres. Die Pflanzen haben kein gesundes und kräftiges Ansehen; viele sind eingegangen und nur wenige befinden sich in der Verfassung in welcher sie sein müssten. Solche Stellen sollte man nie zum Anbau des Thees wählen. Von diesen Pflanzungen gilt dasselbe was oben von den Pflanzungen im Deyra Doon gesagt worden ist; aber in noch weiterer Ausdehnung. Ohne Zweifel kann man es mit guter Trockenlegung und grosser Sorgfalt bei der Bebauung, dahin bringen — dass die Theepflanze in solcher Lage fortkommt, aber ich bin überzeugt dass sie nie so üppig wachsen wird als nöthig ist wenn der Ertrag lohnen soll. Ausserdem kann man solches Land weit besser zu andern Zwecken verwenden. Es ist herrliches Reisland, und als solches den Eingebornen von grossem Werthe.

2) Bhurtpoor-Pflanzung. — Diese Pflanzung bedeckt etwa vier und einen halben Acre in Terassen gebautes Land am Abhange des Berges, ein wenig östlich von den vorher genannten. Der Boden besteht aus einem leichten Lehm; er ist sehr mit kleinen Stücken von Thonschiefer und Trapp oder Basalt gemischt aus dem die anliegenden Felsen bestehen, und enthält einigen vegetabilischen Stoff oder *humus.* Sowohl die Lage als der Boden dieser Pflanzung eignen sich sehr gut für den Theebau, und der Strauch gedeiht daher hier eben so gut wie bei Guddowli, Hawulbough, Almorah und an andern Orten wo er an den Abhängen der Berge gepflanzt ist.

3) Russia-Pflanzung. — Diese Pflanzung dehnt sich über fünfundsiebenzig Acres aus und liegt an einem Abhange. Sie ist nicht ganz

so hoch wie die in Bhurtpoor, und, obwohl eben so in Terrassen gebaut, ist der Winkel doch bei weitem niedriger. An manchen Stellen standen die Pflanzen sehr gut, im Ganzen aber schienen sie von Nässe und zu starkem Bepflücken zu leiden. Ich zweifle jedoch nicht an dem Gedeihen dieser Pflanzung, wenn man ein besseres System der Bewirthschaftung einführt. Im Garten des Oberaufsehers, neben der Pflanzung, der nicht bewässert werden konnte, sah ich einige sehr kräftige und gesunde Sträucher, und man sagte mir „dass diese nie Wasser erhielten, ausser dem welches vom Himmel herabfällt."

Im Districte von Bheem Tal giebt es einige Strecken vortrefflichen Theelandes. Auf dem Wege über die Berge nach dem Nainee Tal zeigte ich Herrn Batten, dem Statthalter von Kumaon, der mich begleitete, mehrere Strecken die sich ausserordentlich wohl zum Theebau eignen und die für die Eingebornen nur von sehr geringem Werthe sein konnten. In der Regel ist das Land wo Mundooa gebaut wird am besten geeignet. Dr. Jameson verliess mich jetzt und kehrte nach Hawulbaugh zu seinen Geschäften zurück, während ich durch die Ebenen nach dem Nainee Tal weiter ging. Ich freue mich hier die Energie und Geschicklichkeit bezeugen zu können mit welcher Dr. Jameson die von der Regierung seiner Obhut anvertrauten Pflanzungen verwaltet. Wenn man bedenkt dass wir bis vor Kurzem noch gar nichts davon wussten wie die Theepflanze in China behandelt wird, so kann man sich nur wundern dass bei dem Theebaue in Indien so wenige Missgriffe geschehen sind.

Nachdem ich nun alle Theepflanzungen in den Provinzen Gurhwal und Kumaon beschrieben habe, muss ich noch einige allgemeine Bemerkungen über den Bau des Theestrauchs in Indien und einige Vorschläge zu dessen Verbesserung hinzufügen.

1) L a n d u n d B é b a u u n g. — Aus vorstehenden Beobachtungen über die verschiedenen Theepflanzungen welche ich im Himalaya besucht habe, wird man sehen dass ich es nicht billige wenn n i e d r i g e s, f l a c h e s L a n d zum Bau des Theestrauchs gewählt wird. In China, welches bis jetzt als das Mustertheeland angesehen werden muss, legt man die Theepflanzungen nie in solcher Lage an, oder wenigstens so selten dass es kaum in Betracht kommt; vielmehr werden sie dort gewöhnlich an den niedern Bergabhängen angelegt, d. h. in solchen Lagen wie bei Guddowli, Hawulbaugh, Almorah, Kutoor u. s. w. im Himalaya. Es ist wahr dass in der guten Grüntheegegend von Hwuy-chow, in China, in der Nähe von Tun-che, viele hundert Acres flachen Landes mit Thee bepflanzt sind. Aber dieses Land liegt dicht an den Bergen, die sich nach allen Richtungen hin verzweigen, und wird von einem Flusse durchschnitten dessen Ufer sich im Durchschnitt 15 bis 20 Fuss über dem Spiegel des Stromes selbst erheben, ähnlich wie die des Ganges unterhalb Benares. In der That, es hat alle Vortheile eines Hügellandes wie es der Theestrauch besonders liebt. Wenn die Pflanzungen im Himalaya an Ausdehnung gewinnen, so muss man diese wichtige Thatsache wohl ins Auge fassen.

Es fehlt in diesen Gebirgen nicht an solchem Lande, namentlich in den westlichen Theilen von Gurhwal und Kumaon. Sehr häufig findet es sich in den Districten von Paorie, Kunour, Lohba, Almorah, Kutoor und Rheem Tal, und Herr Batten sagte mir dass sich um Gungoli und an verschiedenen anderen Stellen grosse Strecken eben so geeigneten Landes fänden. Ein sehr grosser Theil dieses Landes ist, wie schon gesagt, gänzlich unbebaut, und die bebauten Theile bringen nicht mehr als etwa zwei bis drei Annas jährliche Einkünfte vom Acre.

Dieses Land ist für die Zemindars von geringerem Werthe als das niedere Reisland, wo sie einen guten Wasservorrath zur Bewässerung bei der Hand haben. Man darf mich aber nicht so verstehen als ob ich unfruchtbares Hügelland für den Bau des Theestrauchs empfehlen wolle, — wo nichts weiter wachsen kann. Das ist keineswegs meine Meinung. Der Theestrauch verlangt vielmehr, wenn er lohnen soll, einen guten gesunden Boden — einen leichten Lehm, mit Sand und vegetabilischen Stoffen gemischt, mässig feucht, wo aber das Wasser nicht still steht und stockt. Solcher Boden z. B. der an den Bergabhängen gute Ernten von Mundooa, Weizen oder Hirse bringt ist für den Thee gut geeignet- Solches Land, meine ich, giebt es im Himalaya die Menge, und es ist bis jetzt so wohl für die Regierung wie für die Eingebornen selbst von sehr geringem Werth.

Das System der Bewässerung welches man in Indien bei dem Theebaue anwendet ist in China durchaus ungebräuchlich. In keinem der grossen Theeländer welche ich besuchte sah ich dasselbe in Gebrauch. Als ich die chinesischen Arbeiter, welche ich mit nach Indien brachte und die in Theedistricten geboren und aufgewachsen waren, fragte, ob sie ein solches Verfahren gesehen hätten, antworteten sie alle: „Nein, das ist die Art wie wir Reis bauen; den Thee bewässern wir nie." In der That, ich nehme keinen Anstand zu sagen, dass in neun Fällen von zehn Bewässerung höchst schädlich ist. Wenn der Thee nicht ohne Bewässerung wachsen will, so ist es ein sicheres Zeichen dass das Land nicht für ihn passt. Es ist ohne Zweifel sehr schön wenn man im Falle einer lang anhaltenden Trockenheit Wasser bei der Hand hat, und dadurch eine Ernte retten kann die ohne dasselbe ganz verloren wäre, aber Bewässerung müsste nur im äussersten Nothfalle angewendet werden.

Ich habe schon bemerkt dass gutes Theeland von Natur feucht ist, obwohl nicht stockend; und wir dürfen nicht vergessen dass der Theestrauch keine Wasserpflanze ist, sondern sich wild an den Abhängen der Berge findet. Zur Bestätigung dieser Ansicht ist nur noch zu bemerken nöthig, dass die besten Pflanzungen im Himalaya die sind, in denen die Bewässerung am sparsamsten angewendet worden ist-

Grossen Schaden erleiden die Pflanzungen oft dadurch dass man von zu jungen Pflanzen Blätter abpflückt. In China werden die jungen Pflanzen nicht eher angerührt als bis sie drei bis vier Jahr alt sind. Wenn sonst die Umstände günstig sind werden sie nach dieser Zeit einen guten Ertrag liefern. Alles was man vor dieser Zeit thut, was das Pflücken und Beschneiden anbelangt, müsste nur geschehen um die Pflanzen zu bilden und buschig zu machen, wenn sie nicht von Natur so wachsen. Wenn man zu früh anfängt zu pflücken und damit fortfährt, so wird die Kraft der Pflanzen geschwächt, es dauert lange ehe sie einige Grösse erlangen, und man hat folglich mehrere Jahre lang einen bedeutenden Ausfall des Ertrages. Ein Strauch der nach der rechten Weise behandelt wird giebt nach acht Jahren vielleicht zwei bis drei Pfund jährlich, während ein anderer der eben so alt, aber in Folge des zu starken Bepflückens nicht den vierten Theil so gross ist, kaum eben so viele Unzen liefert.

Dasselbe gilt von Pflanzen die aus irgend einer andern Ursache kränklich geworden sind. Von solchen Pflanzen müssten niemals Blätter abgenommen werden; die Sammler müssten strengen Befehl erhalten diese zu übergehen bis sie wieder vollkommen kräftig sind.

2. Das Klima. — Ich habe bereits gesagt dass mir die östlichen Theile von Gurhwal und Kumaon am besten für den Bau der Theepflanzen in diesen Theilen des Himalaya geeignet scheinen. Meine Bemerkungen über das Klima werden sich daher auf diesen Theil des Landes beziehen.

Aus Witterungsbeobachtungen die vom 28. November 1850 bis 13. Juli 1851 in Hawulbaugh angestellt wurden und welche mir Dr. Jameson gefällig mittheilte, sehe ich dass das Klima dort ausserordentlich mild ist. In den Wintermonaten stand das Thermometer (Fahrenheit) bei Sonnenaufgang nie unter 44^0, und auch so tief nur zweimal, nämlich den 15. und. 16. Februar 1851. Einmal stand es sogar 66^0, am Morgen des 4. Februar; dies ist aber volle zehn Grad höher als gewöhnlich. Das Minimum im Februar muss jedoch einige Grad niedriger sein als die Tabelle angiebt, denn Eis und Schnee sind nicht selten; und in der That finde ich beim 16. Februar bemerkt, „ein sehr frostiger Morgen." Dieser Widerspruch entstand ohne Zweifel, entweder weil ein schlechtes Thermometer gebraucht wurde oder weil es in einer bedeckten Verandah angebracht war. Wir können daher dreist als Minimum 32^0 statt 44^0 annehmen.

Der Juni scheint der heisseste Monat im Jahre zu sein. Ich bemerke dass das Thermometer am 5., 6. und 7. dieses Monats 3 Uhr Nachmittags auf 92^0 stand, und dies war der höchste Grad der in dem Jahre bezeichnet war. Der niedrigste Grad zu derselben Stunde während dieses Monats war 76^0; im allgemeinen aber war auf der Tabelle in der Columne 3 Uhr Nachmittags 80^0 bis 90^0 angegeben.

Die nassen und die trockenen Jahreszeiten sind in den Bergen nicht so streng geschieden wie in der Ebene. Im Januar 1851 regnete es fünf Tage und zehn Nächte, und die gesammte Regenmasse betrug, nach dem Regenmesser, in diesem Monate 5·25 Zoll; im Februar 3·84 Zoll; im März 2·11; im April 2·24; im Mai nichts; im Juni 6·13. Im Juni giebt es in der Regel einige Tage wo es stark regnet, die von den Eingebornen Chota Bursant, oder kleiner Regen genannt werden; nach diesen tritt einige Tage trockenes Wetter ein ehe die regelmässige „Regenzeit" beginnt. Diese kommt im Juli und dauert bis September. October und November sind schön, die Luft ist rein und der Himmel ohne Wolken. Nach diesen Monaten sind in allen Thälern, bis zum Frühling, häufige dichte Nebel.

Vergleicht man das Klima dieser Provinzen mit dem Klima von China, so findet, obgleich wir einige bedeutende Unterschiede bemerken, doch im Ganzen eine grosse Aehnlichkeit statt. Meine Vergleichungen beziehen sich natürlich nur auf die besten Theedistricte, denn, obwohl der Theestrauch von Canton im Süden, bis Tan-chow-foo in Shan-Tung gebaut wird, so liefern doch die Provinzen Fokien, Kiang-see und die südlichen Theile von Kiang-nan fast alle feineren Theee welche in den Handel kommen.

Die Stadt Tsong-gan, eine der grössten Schwarztheestädte in der Nähe

des Woo-e-shan, liegt unter 27⁰ 47' N. Br. Hier steigt das Thermometer
in den heissesten Monaten, nämlich Juli und August, selten über 100⁰ und
hält sich von 92⁰ bis 100⁰ als Maximum; während es in den kältesten
Monaten, December und Januar, auf den Gefrierpunkt und zuweilen noch
tiefer sinkt. Wir sehen also dass Woo-e-shan und Almorah ziemlich gleiche
Temperatur haben. Da die grossen Grüntheedistricte um zwei Grad
weiter nördlich liegen, so sind die Extreme der Temperatur etwas grösser.
Man kann jedoch bemerken, dass, während im Himalaya der heisseste
Monat im Juni ist, in China die höchste Temperatur im Juli und August
vorkommt; dies rührt daher weil die Regenzeit in China früher eintritt
als in Indien.

In China fällt der Regen in starken und reichlichen Schauern gegen
Ende April, und diese Regen dauern in einzelnen Zwischenräumen im Mai
und Juni fort. Die erste Sammlung von Theeblättern, aus denen der Pekoe
gemacht wird, ist kaum vorüber wenn die Luft mit Feuchtigkeit beladen
wird und der Regen fällt; und die Sträucher sind unter so günstigen Umständen für das Wachsthum bald wieder mit jungen Blättern bedeckt, von denen
man die Haupternte des Jahres erhält.

Niemand der mit der Physiologie der Pflanzen bekannt ist kann zweifeln dass eine solche Witterung dem Bau des Thees für merkantilische
Zwecke höchst zuträglich ist. Dieser Vortheile scheint, wenigstens bis zu
einem gewissen Grade, auch der Himalaya theilhaftig zu sein, obgleich die
regelmässige Regenzeit hier später eintritt als in China. Ich habe bereits
gezeigt, nach Dr. Jameson's Witterungsbeobachtungen, dass die Frühlings-
regen, obgleich in den Ebenen Indiens selten, doch in Kumaon häufig sind;
dennoch aber bin ich der Meinung dass es klug sein wird bei Sammlung
der Blätter sich nach dem Klima richten, d. h. vor dem Regen nur einen
mässigen Theil von den Sträuchern abzunehmen und die Haupternte erst
vorzunehmen wenn die Regenzeit begonnen hat.

3. Ueber die Vegetation in China und im Himalaya. —
Einen der sichersten Wegweiser aus dem wir über einen Gegenstand
dieser Art Schlüsse ziehen können geben die einheimischen vegetabilischen
Erzeugnisse der Länder ab. Dr. Royle, der zuerst den Theebau in den
Himalayagegenden empfahl, zog seine Schlüsse, in Ermangelung der posi-
tiven Kenntniss von China welche wir jetzt besitzen, nicht allein aus der
grossen Aehnlichkeit der Temperatur China's mit der in diesen Gebirgen,
sondern auch aus der Aehnlichkeit der vegetabilischen Erzeugnisse. Diese
Aehnlichkeit ist gewiss höchst auffallend. In beiden Ländern, ausgenommen
in den niederen Thälern des Himalaya (und diese liegen ausserhalb des
Kreises unserer Betrachtung), kommen tropische Bildungen nur selten vor.
Nehmen wir z. B. die Bäume und Sträucher, so finden wir solche Gattungen wie *Pinus, Cupressus, Berberis, Quercus, Viburnum, Indigofera,
Andromeda, . Lonicera, Deutzia, Rubus, Myrica, Spiraea, Ilex* und
viele andere die beiden Ländern gemein sind.

Unter den krautartigen Pflanzen haben wir *Gentiana, Aquilegia,
Anemone, Rumex, Primula, Lilium, Leontodon, Ranunculus* u. s. w.
gleichmässig in China und im Himalaya vertheilt, und selbst in den Wasserpflanzen finden wir dieselbe Aehnlichkeit, wie z. B. im *Nelumbium,
Caladium* u. s. w. Und mehr noch, wir finden nicht allein Pflanzen
die zu denselben Gattungen gehören, sondern in manchen Fällen sogar

dieselben Species in beiden Ländern. Die *Indigofera* welche im Himalaya gewöhnlich ist, findet sich auch in grosser Menge auf den Theebügeln in China, und eben so die *Berberis nepalensis*, *Lonicera diversifolia*, *Myrica sapida* und viele andere-

Wenn es nöthig wäre, so könnte ich jetzt zeigen dass in der geologischen Beschaffenheit beider Länder eine eben so auffallende Aehnlichkeit stattfindet wie in ihren vegetabilischen Erzeugnissen. Sowohl in den Gegenden des schwarzen wie des grünen Thees findet sich Thonschiefer in grosser Masse. Es ist jedoch genug angeführt um zu beweisen wie gut sich manche Theile des Himalaya für den Theebau eignen; ausserdem liefert der blühende Zustand mehrerer Pflanzungen den besten Beweis und setzt die Sache ausser allen Zweifel.

4. V o r s c h l ä g e. — Nachdem wir gezeigt haben dass Thee im Himalaya wachsen kann, und dass er einen reichen und lohnenden Ertrag liefern kann, so scheint nun zunächst als das Wichtigste, die Erzeugung von besserem Thee mittelst feinerer Arten der Pflanze und besserer Wartung und Pflege. Es war bekannt dass es in den südlichen Theilen China's eine Art der Theepflanze gebe von der nur geringere Sorten gemacht werden. Da man sich diese leichter verschaffen konnte als die nördlichen Arten der Pflanze, von denen eine grosse Masse der besten Theee gemacht werden, so wurde diese Art ursprünglich nach Indien geschickt, und von dieser stammen alle Arten in den Pflanzungen der Regierung ab.

Diesem Uebelstande abzuhelfen und die besten Arten der Theepflanze aus den Districten zu erhalten welche die Theesorten liefern die in den Handel kommen, wurde ich von dem Directorium der Ostindischen Compagnie im Jahre 1848 nach China gesandt. Ein anderer Zweck war der, einige gute Theemanufacturisten und Geräthschaften aus denselben Districten zu erhalten. Der Erfolg dieser Mission war der dass nahe an zwanzigtausend Pflanzen aus den besten Schwarzthee - und Grüntheegegenden des mittleren China in den Himalayagegenden eingeführt wurden. Sechs Manufacturisten ersten Ranges und ein grosser Vorrath von Geräthschaften aus den berühmtesten Districten von Hwuy-chow wurden ebenfalls mit herüber- und sicher in den Pflanzungen der Regierung untergebracht.

Auf diese Weise ist man dem Ziele welches man vor Augen hat einen grossen Schritt näher gerückt. Dennoch aber bleibt noch viel zu thun übrig. Die neuen chinesischen Pflanzen müssen sorgfältig fortgepflanzt und über alle Pflanzungen vertheilt werden; auch den Zemindars müsste man welche geben, und jährlich noch mehr von den feineren Arten aus China einführen.

Die chinesischen Manufacturisten die man vor einigen Jahren in Calcutta oder Assam in Dienst nahm, sind, so weit ich darüber zu urtheilen im Stande bin, keineswegs Arbeiter ersten Ranges; ich zweifle sogar dass einer von ihnen sein Handwerk in China erlernt hat. Dieser müsste man sich allmälig zu entledigen und ihre Stelle durch bessere Leute zu ersetzen suchen, denn es ist sehr zu beklagen wenn die Eingebornen eine falsche Methode der Behandlung lernen. Die Leute welche ich mitgebracht habe sind Grüntheemacher ersten Ranges. Sie verstehen auch schwarzen Thee zu machen, obwohl sie darin weniger Uebung haben. Sie haben nichts von der Engherzigkeit und den Vorurtheilen der Leute in Canton, sie sind von dem besten Willen beseelt den Eingebornen ihre Kunst zu lehren, und ich zweifle nicht dass manche von diesen ausgezeichnete Theemacher werden können. Und die Unterweisung der Eingebornen ist ein Hauptzweck den man vor Augen haben muss, denn die Uebersiedelung chinesischer Arbeiter für hohen Lohn kann nur als eine zeitweilige Massregel betrachtet werden; zuletzt muss der Himalayathee von den Eingebornen selbst gemacht werden. Jeder eingeborne Pflanzer muss eben so gut den Thee zu machen lernen wie ihn zu ziehen; dann kann er ihn auf eigne Rechnung machen, wie die Chinesen, und die Kosten werden für den Transport weit geringer sein als wenn die grünen Blätter zu Markte gebracht werden.

Da aber die Zemindars weit eher im Stande sein werden Thee zu ziehen als zu machen, so wird es zweckmässig sein ihnen zuerst für grüne Blätter, die sie nach der Manufactorie der Regierung bringen, eine bestimmte Summe zu bieten.

Ich habe angegeben welcher Boden für den Theebau am geeignetsten ist und gezeigt dass sich solcher Boden im Himalaya in fast unschätzbarer Ausdehnung findet. Aber wenn der Zweck der Regierung dahin ginge, eine Compagnie zu gründen welche die Vortheile dieser Gebirge ausbeutete, wie in Assam, so möchte ich dringend rathen die verschiedenen Pflanzungen so viel wie möglich zu concentriren. Man müsste solche Stellen wählen die nicht zu weit von einander entfernt, leicht zugänglich, und wo möglich nahe an Flüssen liegen; denn ohne Zweifel würde ein grosser Theil des Ertrags in die Ebenen oder nach einem Seehafen geschafft werden müssen.

Auf meiner Reise durch das Gebirge habe ich keinen Ort gesehen der sich besser zum Mittelpunkte eignete, als Almorah oder Hawulbaugh. Hier hat die Regierung bereits eine grosse Pflanzung, und in allen Richtungen findet sich dort zum Theebau geeignetes Land in grosser Menge. Das Klima ist gesund und einer europäischen Constitution zuträglicher als in den meisten andern Theilen Indiens. Hier wachsen Pflanzen aus fast allen gemässigten Theilen der Welt so gut als wenn sie hier zu Hause wären; wie z. B. Myrthen, Granaten und Tuberosen aus den Süden Europa's; Dahlien, Kartoffeln, Aloe und Yucca aus Amerika; *Melianthus major* und Zwiebelgewächse vom Cap; Cypresse und Deodar vom Himalaya und Lagerstroemien, Loquate, Rosen und Thee aus China.

Heutzutage, wo der Thee für England und dessen weitverbreitete Colonien fast ein Lebensbedürfniss geworden, ist eine Erzeugung desselben in grossem Maassstabe und für wohlfeilen Preis ein Gegenstand von bedeutender Wichtigkeit. Aber auch für die Eingebornen Indiens selbst könnte die Erzeugung dieses Artikels von grossem Werthe sein. Der arme Paharie, oder Bauer im Gebirge, hat jetzt kaum die gewöhnlichsten Bedürfnisse des Lebens, und sicher nichts von dessen Genüssen. Die gewöhnlichen Arten von Getreide welche sein Land trägt, bringen ihm kaum so viel dass er das Fuhrlohn bis zum nächsten Marktplatze bezahlen kann, noch viel weniger einen Gewinn der ihn in Stand setzte sich nur die wenigen gewöhnlichsten Bedürfnisse und einfachen Genüsse des Lebens zu verschaffen. Eine schlechte Decke dient ihm bei Tage als Kleidung und bei Nacht als Bett, seine Wohnung ist eine blosse Lehmhütte die ihm nur wenig Schutz gegen die rauhe Witterung gewährt. Wenn ein Theil seines

Landes Thee trüge, so würde er ein gesundes Getränk haben, ausserdem würde er seine Waare leichter und vortheilhafter verwerthen können; denn da die Masse in Verhältniss zu ihrem Werthe an Umfang und Gewicht ziemlich klein ist, so würden auch die Transportkosten nur gering, und er dann im Stande sein sich und seiner Familie mehr Bequemlichkeiten und Genüsse zu verschaffen.

Könnte man an diesen Resultaten zweifeln, so dürfen wir nur über die Grenzen von Indien nach China hinüberblicken. Hier finden wir den Thee als eines der nothwendigsten Lebensbedürfnisse im vollsten Sinne des Wortes. Ein Chinese trinkt nie kaltes Wasser, das er verabscheut und für ungesund hält. Thee ist sein Lieblingsgetränk vom Morgen bis zum Abend; nicht was wir Thee nennen, mit Milch und Zucker gemischt, sondern die Essenz des Krautes selbst in reinem Wasser ausgezogen. Wer die Sitten dieses Volkes kennt, der kann sich kaum vorstellen dass die Chinesen ohne die Theepflanze bestehen könnten; und ich bin überzeugt dass der ausgebreitete Gebrauch dieses Getränks viel zur Gesundheit und dem Wohlbefinden der grossen Masse des Volks beiträgt.

Die Eingebornen Indiens sind den Chinesen in vielen ihrer Sitten nicht unähnlich. Die Armen in beiden Ländern geniessen nur selten Fleischspeisen, sondern Reis und anderes Getreide und Gemüse sind ihre hauptsächlichsten Nahrungsmittel; es ist daher nicht unwahrscheinlich dass der Indier sich bald an eine Sitte gewöhnen wird die in China so allgemein ist. Aber um ihn in Stand zu setzen Thee zu trinken, muss dieser wohlfeil erzeugt werden; er kann es nicht erschwingen das Pfund mit vier bis sechs Shilling zu bezahlen; es muss ihm für vier bis sechs Pence geliefert werden, und diess ist leicht möglich, aber nur wenn er ihn auf seinen eignen Bergen baut. Wenn dieses ins Werk gesetzt wird, und ich sehe nicht ein warum es nicht möglich sein sollte, so wird man dem Volke in Indien eine Wohlthat von nicht gewöhnlicher Art erzeugt haben, die ihren Unterthanen zu erzeugen eine aufgeklärte und freisinnige Regierung stolz sein kann.

Wenn aber der Bau der Theepflanze vor allen Dingen wichtig ist, so giebt es in China auch noch andere Erzeugnisse im Pflanzenreiche die nicht übersehen werden sollten, und die, wenn sie eingeführt würden, viel zum Wohlsein des Volkes in Indien beitragen würden. Ein Fruchtbaum, von den Botanikern *Myrica sapida* genannt, findet sich im Himalaya wild. Eine sehr schöne Art dieser Frucht wird in China gezogen, die zu der indischen etwa in demselben Verhältnisse steht wie der Apfel zum Holzapfel. Sie ist bei den Chinesen sehr beliebt und würde für die Bewohner des nördlichen Indien ein grosser Genuss sein. Unsere englischen Kirschen, Kastanien und feinen Birnen sollten ebenfalls mit allen Mitteln eingeführt werden. Sie würden im Klima von Almorah eben so gut wachsen wie zu Hause.

Die verschiedenen Arten des Bambus welche man im Norden von China findet würden im Himalaya ebenfalls von grossem Werthe sein, namentlich eine schöne grosse Art mit glattem Stamme die in der Nähe der Tempel in den Theedistricten gewöhnlich ist. Etwas dieser Art scheint in den Provinzen Gurhwal und Kumaon sehr zu fehlen*.

---

* Die in diesem Capitel mitgetheilten Bemerkungen über den Theebau in

Als ich in Nainee Tal ankam wurde ich von Capitän Jones freundlich aufgenommen, der mir so lange Wohnung in seinem Hause anbot bis
mein Dâk geladen hatte der mich nach Meerut bringen sollte, wohin ich
nun zunächst reiste um über Calcutta nach England zu gehen. Nainee
Tal ist eine der hübschesten Stationen die ich im Himalaya gesehen habe.
Sein romantischer See ist beinahe ganz umgeben von reich bewaldeten
Gebirgen. Eine schöne breite Strasse ist rund um den See geführt, und
die Häuser der Einwohner sind über die schrägen Abhänge der Hügel
verstreut. Täglich sieht man Schooner und Gondeln auf dem See fahren, die sich von einem hohen Standpunkte aus gesehen höchst eigenthümlich ausnehmen. Von einer Stelle aus konnte ich den See und durch eine
Oeffnung zwischen den Bergen die weit ausgedehnten Ebenen von Indien
sehen. Schwere Wolkenmassen hingen über den Ebenen, weit unter dem
Niveau des Sees, und die kleinen Schiffe fuhren buchstäblich über den
Wolken!

Am 28. Juni verliess ich Nainee Tal und schlug den Weg nach den
Ebenen ein. Herr Batten begleitete mich den Berg hinunter bis in einen
kleinen Garten wo uns ein Frühstück erwartete. Die Landschaft ist hier
so wild und so eigenthümlich schön dass alle Versuche sie zu beschreiben vergeblich sind. Hinter uns waren Berge von allen Höhen, zerrissen
und zerbrochen in alle mögliche Gestalten; vor uns lagen die Ebenen Indiens ausgebreitet, wo, so weit das Auge reichen konnte, kein Berg oder
Hügel die Aussicht hemmte.

Herr Batten verliess mich jetzt und kehrte in sein Haus im Gebirge
zurück, während ich meine Heimreise fortsetzte. Ich besuchte unterwegs
die bekannten Städte Delhi und Agra und kam am 29. August in Calcutta
an, wo ich bei Dr. Falconer im botanischen Garten meine Wohnung nahm,
bis das Postdampfschiff bereit war mich als Passagier nach England aufzunehmen.

Am 5. Septbr. hatte ich die Freude die *Victoria regia* zum ersten
Mal in Indien blühen zu sehen. Sie wuchs üppig in einem Teiche im
botanischen Garten, und ohne Zweifel wird sie bald eine grosse Zierde
für die Gärten in Indien sein. Bald wird sie als Königin der Blumen in
allen Landen herrschen, und wie in dem Reiche unserer vielgeliebten
Herrscherin, deren Namen sie trägt, so wird auch in ihrem Reiche die
Sonne niemals untergehn.

Indien sind mit Erlaubniss des Directoriums der Ostindischen Compagnie aus
dem Berichte entnommen welchen ich die Ehre hatte der indischen Regierung
vorzulegen.

Register der Pflanzennamen.

27

Berichtigung.

Seite 6 Zeile 5 von oben statt: die auffallende Kleidung und die langen Röcke der Männer, liess: die eigenthümliche Kleidung und die langen Zöpfe der Männer.

Druck von C. G. Naumann in Leipzig.

Hochzeitsprocession in China.

Die Stadt Ningspo. Schiffsbrücke.

Der Fluss bei Shanghae.

THEEGAERTEN IN SHANGHAE.

Chinesisches Begräbniss und Familiengrab.

THEEPFLANZUNGEN.

Ansicht im Grüntheebezirk

Stdr. v. J. G. Fritzsche, Lpzg.

EINSAMMLUNG DES LING (Trapa bicornis.)

Stich v. J. G. Flegel. Gera 1865.

Strom der „Neun Windungen"

aus der Vogelperspective.

ཕྱ་མ་ཏ་ཕྲ་ཐ

佛陀彌阿無南

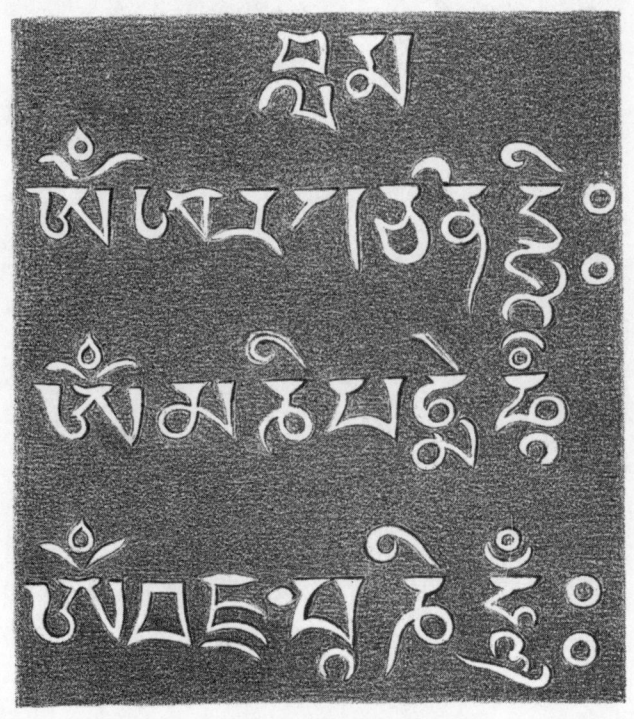

ALTE INSCHRIFTEN AUF DER INSEL POO-TOO.

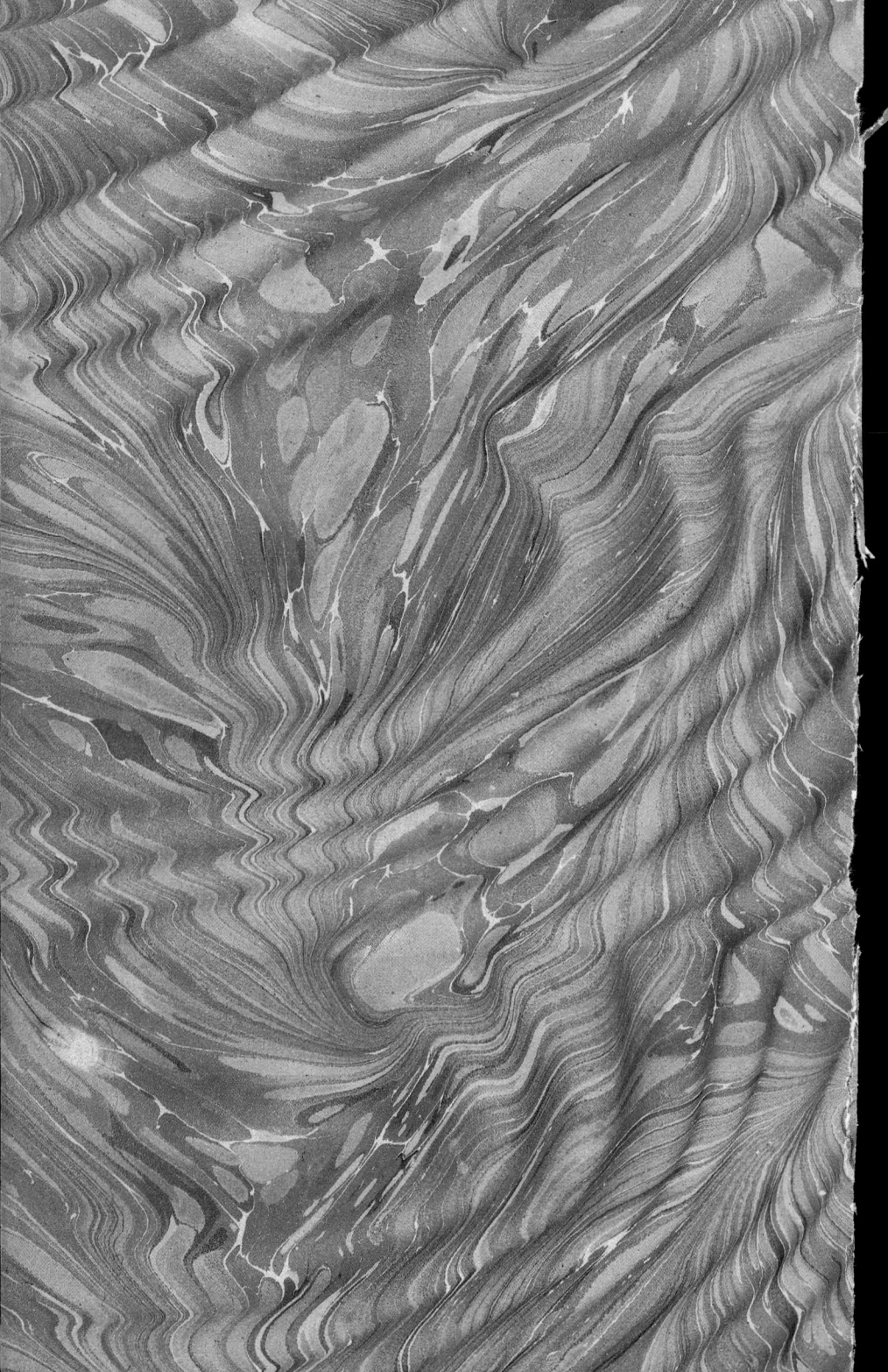